Barbara Haslbeck

Sexueller Missbrauch und Religiosität

Geschlecht – Gewalt – Gesellschaft

herausgegeben von

Prof. Dr. Herbert Ulonska
PD Dr. Monika Friedrich
Dr. Marlene Kruck

(Universität Münster)

Band 6

LIT

Barbara Haslbeck

Sexueller Missbrauch und Religiosität

Wenn Frauen das Schweigen brechen:
eine empirische Studie

LIT

Umschlagbild: „Gehen" von Susanne Kristen
Ausgestellt unter: www.ueberlebensKunst.net
(eine Plattform für Betroffene physischer, psychischer
und sexueller Gewalt)

Bibliografische Information der Deutschen Nationalbibliothek
Die Deutsche Nationalbibliothek verzeichnet diese Publikation in der
Deutschen Nationalbibliografie; detaillierte bibliografische Daten sind
im Internet über http://dnb.d-nb.de abrufbar.

ISBN 978-3-8258-9449-8
Zugl.: Passau, Univ., Diss., 2005

© LIT VERLAG Dr. W. Hopf Berlin 2007
Chausseestr. 128 – 129
D-10115 Berlin

Auslieferung:
LIT Verlag Fresnostr. 2, D-48159 Münster
Tel. +49 (0) 2 51/620 32 - 22, Fax +49 (0) 2 51/922 60 99, e-Mail: lit@lit-verlag.de

Inhaltsvereichnis

Vorwort der Herausgebenden 2
Danksagung 4
Einleitung 6

Teil I: Theoretischer Bezugsrahmen	11

A. Sexueller Missbrauch 13
    I.   Begriffe und Definitionen 13
    II. Zum Ausmaß und Erscheinungsbild sexuellen Missbrauchs 24
    III. Folgen 35
        1. Sexueller Missbrauch als Risikofaktor 35
        2. Die Folgen von sexuellem Missbrauch im Überblick 37
        3. Psychodynamik 40
        4. Sexueller Missbrauch als Trauma 46
        5. Zusammenfassung 70

B. Sexueller Missbrauch als Thema der Kirchen 71
    I.   Sexueller Missbrauch als Thema offizieller kirchlicher Stellungnahmen 72
    II. Sexueller Missbrauch als Thema kirchlicher Initiativen und
        theologischer Publikationen 82
    III. Zusammenfassende Beobachtungen 86

C. Religiosität 88
    I.   Begriffsklärungen 88
    II. Die aktuelle Diskussion zum Religionsbegriff 92
    III. Praktische Theologie und Religiosität 100
    IV. Religiosität im feministisch-theologischen Paradigma 107
    V. Zusammenfassung 112

D. Bewältigung 113
    I.   Begriffsklärungen 114
    II. Theorien und Konzepte 116
        1. Stressforschung 116
        2. Das transaktionale Modell von Belastung und
           Belastungsverarbeitung nach Lazarus 117
        3. Ressourcenorientiertes Coping im Salutogenese-Modell
           nach Antonovsky 122
        4. Posttraumatic Growth nach Tedeschi/Calhoun 141
           4.1. Die Wurzeln des Wachstumskonzepts 141

4.2. Terminologische und konzeptuelle Hintergründe 143
4.3. Ergebnisse 147
4.4. Das Janusgesicht selbst wahrgenommener Reifung 173
4.5. Multifaktorielles Risiko- und Schutzfaktorenmodell 177
4.6. Zur Relevanz des Konzeptes zu posttraumatischem Wachstum 180
III. Zusammenfassende Gedanken 184

Teil II: Empirische Studie 187

A. Praktisch-theologische Verortung der Studie 189
I. Zum gegenwärtigen Stand Praktischer Theologie 189
II. Praktische Theologie als kritische Theorie 194
III. Zum Ausgangspunkt Praktischer Theologie: Die Wirklichkeit 198
IV. Methodischer Weg: Wirklichkeitsnähe 200
   1. Praktische Theologie und der Dialog mit Humanwissenschaften 200
   2. Empirische Theologie – eine eigenständige Form des Theologietreibens? 205
   3. Empirische Theologie als Modell der Praktischen Theologie 208
V. Horizont: Optionale Theologie 211
VI. Zusammenfassung: Die vorliegende Studie als praktisch-theologische Arbeit 213

B. Zur Methodik der Untersuchung 214
I. Die Studie als qualitativ-empirische Arbeit 214
II. Zur Datenerhebung 225
III. Zur Aufbereitung und Auswertung der Daten 235

C. Biographische Verdichtungsprotokolle 237
I. Begründung des Instruments 237
II. Methodisches Vorgehen 239
III. Soziodemographische Daten zu den Interviewpartnerinnen 242
IV. Verdichtete Rekonstruktion der Interviews 243
   1. „Das Spüren ist mir ganz wichtig" – Frau A 243
   2. „Ich suche nach Wahrheit und Sinn" – Frau B 246
   3. „Der schlimmste Tod ist der Seelentod" – Frau C 249
   4. „Ich sehe das für mich heute sehr gesamtheitlich" – Frau D 252
   5. „Wenn ich den Glauben an Gott nicht hätte, hätte ich das überhaupt nicht durchgehalten" – Frau E 255
   6. „Ich habe eine große Verlassenheit" – Frau F 260
   7. „Das Spirituelle ist das Wichtigste in meinem Leben" – Frau G 264
   8. „Ich möchte eine Portion Urvertrauen" – Frau H 268

D. Darstellung der Auswertung 274
   I.   Zum Bewältigungsprozess des Missbrauchs:
       Wahrnehmung und Deutung der Betroffenen 274
       1. Folgen des Missbrauchs 274
       2. Förderliches im Bewältigungsprozess 285
       3. Behinderndes im Bewältigungsprozess 289
       4. Konsequenzen des Bewältigungsprozesses 291
   II. Erfahrungen mit Religion und Kirche 295
       1. Religiöse Sozialisation 296
       2. Erfahrungen mit Kirche 300
       3. Religiöser Zündstoff 307
   III. Zur persönlichen Religiosität im Kontext der Bewältigung
       sexuellen Missbrauchs 312
       1. Individuelles religiöses Erleben und Gefühle im Kontext des
          Bewältigungsprozesses 313
       2. Religiöse Praxis 320
       3. Religiosität im sozialen Kontext 327
       4. Religiöse Interpretationen zur kognitiven Einordnung des
          Missbrauchs 330
       5. Gottesbilder 334
       6. Jesusbilder 341
       7. Zum Stellenwert der persönlichen Religiosität im Rückblick 344

Teil III: Reflexion und Interpretation   351

A. Die zentralen Ergebnisse: Zusammenfassende Darstellung ....
und theoretische Einordnung 353
   I.   Wahrnehmung und Deutung des Bewältigungsprozesses 353
   II. Erfahrungen mit Kirche und Religion 363
   III. Persönliche Religiosität im Kontext des Bewältigungsprozesses 369
   IV. Zusammenfassende Charakterisierung von Entwicklung,
       Gestalt und Rolle von Religiosität im Bewältigungsprozess 380
   V. Einordnung der Ergebnisse der Auswertung in Praktische Theologie 383

B. Herausforderung an Theologie und Kirchen: ....
Zur Suche nach Sinn und Solidarität im Bewältigungsprozess 386
   I.   Inhaltliche Zuspitzung 386
   II. Solidarität 388
       1. Der Wunsch nach Solidarität aus der Perspektive der Befragten 388
       2. Warum ist Solidarität so wichtig? 391
          2.1. Individuelle Perspektive:
              Von der Unmöglichkeit ethischer Neutralität 391

2.2. Strukturelle Perspektive:
 Soziale Transformation durch Enthüllung 395
 3. Theologisches Ausbuchstabieren von Solidarität
 im Kontext von Missbrauch 397
 3.1. Optionalität als theologische Grundhaltung 397
 3.2. Für eine Kultur der Klage 399
 3.3. Wider die falsche Toleranz – Wiederentdeckung
 der Kategorie Sünde 403
 3.4. Die Forderung nach Vergebung – Verrat an den Opfern? 406
 III. Sinn 414
 1. Der Wunsch nach Sinn aus der Perspektive der Befragten 414
 2. Theologische Zuspitzung: Hat Leid Sinn? 416
 3. Was bieten esoterische und charismatische Sinnangebote? 419
 4. Problematische Sinnangebote im Raum der Kirchen 431
 4.1. Das Kreuz als Narkotikum 432
 4.2. Apathisches Christentum 433
 5. Die Rede vom gelingenden Leben 434
 5.1. Die Tyrannei des Gelingens 435
 5.2. Esoterisches Christentum 436
 6. Für eine Diätetik der Sinnerwartung 437
 6.1. Das schwierige Bedürfnis nach sensationellem Sinn 437
 6.2. Theodizee offen halten 438
 6.3. Kritische Unruhe kultivieren 440
 7. Kreuz und Sinn 441
 7.1. Das Kreuz als Wille Gottes 442
 7.2. Das Kreuz als Ausdruck der Solidarität Gottes 443
 7.3. Das Kreuz Jesu als Gewaltüberwindung 444
 7.4. Christentum als Gewaltanschauung 447
 8. Mit anderen Worten: Leiden ist einfach nur Leiden 448

C. Impulse für die Praxis 450
 I. Sich verbünden 450
 II. Was das Gespräch zwischen Opfern und Umstehenden
 so schwierig macht 452
 III. Womit Sie rechnen müssen, wenn Sie sich auf das Gespräch
 mit Betroffenen einlassen 452
 IV. Ermutigende Impulse zum Gespräch mit Betroffenen 455
Schluss 463
Literaturverzeichnis 469

ÜBERSICHT ÜBER DIE GESAMTANLAGE DER ARBEIT

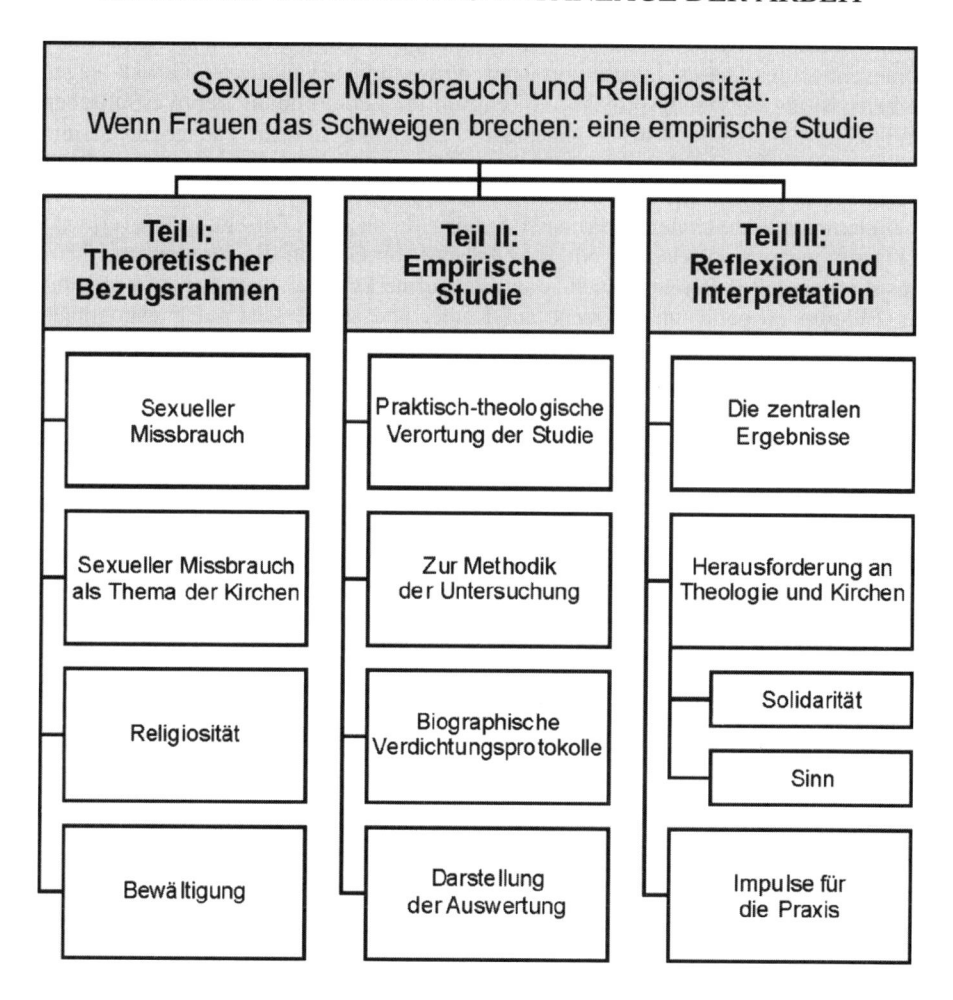

Sexueller Missbrauch und Religiosität.
Wenn Frauen das Schweigen brechen: eine empirische Studie

- **Teil I: Theoretischer Bezugsrahmen**
  - Sexueller Missbrauch
  - Sexueller Missbrauch als Thema der Kirchen
  - Religiosität
  - Bewältigung

- **Teil II: Empirische Studie**
  - Praktisch-theologische Verortung der Studie
  - Zur Methodik der Untersuchung
  - Biographische Verdichtungsprotokolle
  - Darstellung der Auswertung

- **Teil III: Reflexion und Interpretation**
  - Die zentralen Ergebnisse
  - Herausforderung an Theologie und Kirchen
    - Solidarität
    - Sinn
  - Impulse für die Praxis

Vorwort der Herausgebenden

Die Idee zu der hier vorgestellten Buchreihe entstand aus der gemeinsamen Arbeit der Herausgebenden am www.kinderschutzportal.de oder www.schulischepraevention.de. Dieses Internetportal zur Prävention sexualisierter Gewalt gegen Kinder ist als Forschungsprojekt am Zentrum für Lehrerbildung der Westfälischen Wilhelms-Universität Münster angesiedelt. Es richtet sich an Pädagoginnen und Pädagogen und bietet ihnen ein Informationsforum für die Auseinandersetzung mit sexueller Gewalt an Kindern und mit Möglichkeiten der Prävention, besonders für Schülerinnen und Schüler im Primarstufenalter. In unserem Forschungsschwerpunkt befassen wir uns vorwiegend mit einer Facette von Gewalt, die der Gewaltverhältnisse im sexuellen Bereich. Auch ist unsere Aufmerksamkeit zunächst auf bestimmte Zielgruppen gerichtet: einerseits auf Kinder und andererseits auf Pädagoginnen und Pädagogen, die präventiv mit Kindern arbeiten. Zudem kommen die Adressaten unseres Internetportals überwiegend aus den gesellschaftlichen Bereichen Erziehung und (Fort-)Bildung.

Mit der Buchreihe Geschlecht – Gewalt – Gesellschaft möchten wir den Blickwinkel erweitern und Arbeiten ein Forum geben, die sich mit weiteren Facetten von Gewalt befassen, die ihre Aufmerksamkeit auf andere Zielgruppen von Gewalt richten und die andere gesellschaftliche Bereiche, in denen Gewaltverhältnisse entstehen können, in den Blick nehmen, aber auch die Bedingungen reflektieren, in denen Gewaltverhältnisse entstehen oder entstehen können. Die im Titel der Buchreihe angedeuteten Zusammenhänge zwischen Geschlecht, Gewalt und Gesellschaft bilden die inhaltliche Klammer für die in der Reihe erscheinenden Arbeiten. Diese befassen sich neben weiteren Untersuchungen zu sexueller Gewalt gegen Kinder und Jugendliche mit Themen zu geschlechtsbezogenen Gewaltverhältnissen (Geschlecht und Gewalt). Sie gehen aber auch Fragen nach, die sich mit den gesellschaftlichen und strukturellen Bedingtheiten von Gewalt auseinandersetzen (Gewalt und Gesellschaft). Wieder andere Beiträge untersuchen Möglichkeiten und konkrete Beispiele geschlechtspezifischer Arbeit in verschiedenen gesellschaftlichen Teilbereichen (Geschlecht und Gesellschaft).

Die bisher für die Reihe vorliegenden Arbeiten befassen sich mit folgenden Themenbereichen: Gewalt gegen Kinder, Prävention von sexueller Gewalt gegen Kinder, Sexueller Missbrauch und Religiosität sowie Kirchliche Männerarbeit und Religionspädagogik. Neben einem breiten Spektrum von Themen aus heterogenen gesellschaftlichen Bereichen und unterschiedlichen wissenschaftlichen Disziplinen ist auch eine unterschiedliche methodische Vorgehensweise der einzelnen Arbeiten gewollt. Wir möchten mit der Reihe der Verpflichtung zur Interdisziplinarität und Offenheit für unterschiedlichste geschlechtsbezogene, pädagogische, psychologische und theologische Arbeiten zu den Themenbereichen Geschlecht, Gewalt und Gesellschaft nachkommen. Hier spiegelt sich die Intention des Verlags und der Herausgebenden für die Veröffentlichung der Buchreihe wider: Durch die Aufnahme facettenreicher Arbeiten in diese Reihe öffnen wir mehr und mehr den Blick für die Vielfältigkeit und Komplexität des Beziehungsgefüges Geschlecht – Gewalt – Gesellschaft.

Die hier vorliegende Arbeit umfasst alle drei Bereiche, wobei der Aspekt der Gesellschaft sich an der Institution Kirche und der durch sie vermittelten Religiosität orientiert.

Es werden Fragen der tertiären Prävention bearbeitet. Zum einen wird an Hand von Interviews mit betroffenen Frauen nach deren Bewältigungsstrategien im Umgang mit dem Missbrauch gefragt, zum anderen danach, welche Rolle eine vorhandene Religiosität dabei spielt.

Es ist höchst verdienstvoll, dass die Betroffenen selbst zu Wort kommen. Sie brechen ihr Schweigen in den Interviews mit der Autorin. Auch wenn von den Betroffenen negative Erfahrungen mit der Institution Kirche gemacht wurden, stellen die Frauen die Sinnfrage als eine wichtige Bewältigungsstrategie.

In der Analyse der Interviews wird aufgezeigt, dass die Bewältigung als ein unabgeschlossener Prozess zu bewerten ist und die Betroffenen immer wieder vor neue Herausforderungen gestellt werden. Darüber hinaus bedürfen diese Prozesse eines förderlichen und unterstützenden Umfeldes durch empathische Zuhörende, um das Trauma in die eigene Lebensgeschichte integrieren zu können, weil der Bewältigungsprozess unabgeschlossen bleibt, so wie die Lebensgeschichte als Fragment gedeutet wird. Die Autorin macht den Betroffenen Hoffnung, dass bei aller Einschränkung durch die posttraumatischen Belastungsstörungen „trotzdem" eine Bewältigung möglich bleibt.

Bei der Frage nach der Bedeutung von Religiosität macht die Autorin die überraschende Entdeckung, dass positive Erfahrungen in Bewältigungsprozessen religiös gedeutet werden. Aus diesen religiösen Sinndeutungen wird neue Kraft für den langen Weg zur Heilung gewonnen. Alle Versuche, aus christlicher Seelsorgetradition den Weg über den Rat „Vergeben und Vergessen" zu gehen, werden als Betrug an den Betroffenen bezeichnet, da sie ihnen schnell wirkende Lösungen suggerieren und eine Mitverantwortung auflasten: „Wenn Du dem Täter vergeben kannst, geht es Dir besser."

Vielmehr sind Theologie und Kirche erst dann für die Betroffenen glaubwürdig, wenn sie das Leid der Opfer bedingungslos akzeptieren und sich mit ihnen solidarisieren, um zu tun, was Jesus, der Christus Gottes, selbst tat.

Monika Friedrich   Marlene Kruck   Herbert Ulonska

Danksagung

Das vorliegende Buch konnte nur mit tatkräftiger Unterstützung entstehen:

Zuallererst danke ich den Frauen, die sich zum Interview bereit erklärten. Nach einem Gespräch sagte eine Frau zu mir: „Diese Arbeit wird Sie verändern." Das kann ich uneingeschränkt bestätigen. In den Lebensgeschichten der Frauen erlebte ich neben entsetzlicher Zerstörung eine mutige, widerständige und humorvolle Kraft, die mich mit Staunen und Dankbarkeit erfüllt.

Besonderer Dank gilt Frau Susanne Kristen, die mir ihr Bild „Gehen" für die Umschlagillustration überlassen hat. Diese vermag über Inhalt und Anliegen dieses Buches vielleicht mehr zu sagen als viele Worte.

Herr Prof. Dr. Isidor Baumgartner begleitete mich während des gesamten Promotionsprozesses ermutigend, entlastend und wertschätzend. Über ihn lernte ich eine Theologie kennen, die die Fragmenthaftigkeit menschlichen Daseins ernst nimmt. Das Zweitgutachten erstellte Frau Prof. Dr. Martha Zechmeister. Ihr danke ich nicht nur für theologische Anregungen, sondern auch für freundschaftlich verbundene Nachbarschaft.

Die Universität Passau verlieh mir den Ostbayerischen Wissenschaftspreis, der mich großzügig bei der Drucklegung dieses Buches unterstützt.

Herrn Prof. Dr. Herbert Ulonska danke ich herzlich für die Aufnahme meiner Arbeit in die Reihe Geschlecht – Gewalt – Gesellschaft im LIT Verlag und für die entgegenkommende Zusammenarbeit.

In den Jahren der Promotion begleiteten mich wichtige Menschen: meine Eltern, meine acht Geschwister, Freundinnen und Freunde. Seit der Kindergartenzeit darf ich auf den Beistand meiner Freundin Dr. Angelika Denk setzen, die mit allen Höhen und Tiefen eines Dissertationsprozesses vertraut ist. Über das Arbeiten an der Promotion ist die Freundschaft zu Erika Kerstner gewachsen, die mir weit über den theologischen Rahmen hinaus zur solidarischen und klugen Vertrauten wurde. Theologisch und freundschaftlich ermutigte mich stets Dr. Florian Schuppe, dessen ehrliche Rückmeldungen mich weiterführten. Die immense Mühe des Korrekturlesens übernahm meine Schwester Christiane Haslbeck. Ihre selbstlose Hilfe zeigte mir, was Schwesternschaft bedeuten kann. In Phasen der Erschöpfung versorgten mich Petra Haubner und Beate Heindl sowohl inhaltlich als auch menschlich mit Nahrung und Aufmunterung. Eleonore Stern formatierte mit wohltuender Ruhe und kreativen Ideen meine Arbeit. Bibliothekar Herbert Praml bereicherte meinen Arbeitsalltag in der Bibliothek mit großem Sachverstand und freundlichem Engagement.

Die Auseinandersetzung mit sexuellem Missbrauch ging nicht spurlos an mir vorüber. Umso wichtiger war und ist es, Orte und Menschen zu haben, die mir neue Kraft geben. Nach langen Phasen großer Konzentration mit entsprechender Askese durfte ich immer wieder an einen besonderen Ort zurückkehren: Emmaus. Im dortigen Altenpflegeheim in Palästina/Israel erlebe ich jedes Mal wieder aufs Neue, was Leben wirklich trägt: Begegnung. Ich danke stellvertretend für die Gemeinschaft von Emmaus der Hausleiterin Sr. Hildegard Enzenhofer SDS für die Gastfreundschaft und das gemeinsame Ringen um menschliche Lebensbedingungen. Intensive und glückliche Zeiten in Emmaus und in Deutschland verbinden mich mit Magdalena Habrik. Schließlich danke ich Dr. Hendrik Hansen, der mir im Alltäglichen wie Besonderen den Rücken stärkt.

Passau, im April 2007   Barbara Haslbeck

Einleitung

„Mit einer wie mir gibt es nichts als Ärger
ständig dieser Schmerz diese unerfreulichen Wahrheiten
schauerliche Kindheitsgeschichten vom Vater
dem Vergewaltiger die Mutter war auch nicht viel besser
wer hört das schon gerne"[1]

Diese Worte von Carola Moosbach veranschaulichen die Erfahrungen von Frauen, die sexuell missbraucht wurden: Die Menschen in ihrem Umfeld meiden die Konfrontation mit dem Thema. Diese Reaktion ist nicht neu. Noch nicht lange wird sexueller Missbrauch als Problem erkannt und thematisiert. Bis in die 80er Jahre des 20. Jahrhunderts gehörte Missbrauch zu den bestgehüteten Familiengeheimnissen. Inzwischen vergeht kein Tag, an dem die Medien nicht davon berichten. Das Schweigetabu ist längst gebrochen. Allerdings ist kritisch zu fragen, wie von Missbrauch berichtet wird. Das Problem ist nicht mehr, *dass* Missbrauch thematisiert wird, sondern *wie* das geschieht. Eichler/Müllner sprechen von einem neuen „postkritischen Schweigen"[2], das zwar die frühere Verleugnung nicht weiter führt, jedoch die Tatsache ignoriert, dass Missbrauch kein Randphänomen ist – stattdessen wird er als Einzeltat eines abnormen und perversen Täters bewertet. Enders sieht darin eine Struktur, die es ermöglicht, den Schock und die Erschütterung der eigenen Sicherheiten zu umgehen und die Situation der Opfer unsichtbar zu machen: „Nicht der sexuelle Missbrauch ist ein Tabu, sondern die Hilfe für die Opfer."[3]

Die Hilfe für die Opfer fällt so schwer, weil die Auseinandersetzung mit Missbrauch mit großem Schmerz konfrontiert und verbreitete Wunschvorstellungen entmachtet, vor allem das Ideal von der glücklichen Kindheit und die Vorstellung von der heilen Familie. Das Opfer erlebt eine gravierende Verletzung seiner Unantastbarkeit in einer Lebensphase, in der es als Kind auf Zuwendung und Liebe notwendig angewiesen ist. Der Täter gehört in der Regel zum sozialen Nahraum des Kindes. Diese Rahmenbedingungen bilden ein Milieu, in dem Persönlichkeitsentwicklung unter schlechten Vorzeichen

---

[1] Moosbach, Himmelsspuren, 32.
[2] Eichler/Müllner, Sexuelle Gewalt gegen Mädchen und Frauen als Thema der feministischen Theologie, 7.
[3] Enders, Zart war ich, bitter war's, 11.

steht. Sexueller Missbrauch stellt ein Trauma dar, das die Welt des Kindes in den Grundfesten erschüttert. Es handelt sich um die „fundamentale Attacke des Traumas auf die Identität"[4]. Missbrauch trifft das Kind im innersten Kern und hat nachhaltige Auswirkungen. „Traumatische Erlebnisse vernichten die Vorstellungen des Opfers von Geborgenheit, das Bewußtsein seines eigenen Wertes und die Überzeugung, dass der Schöpfung eine sinnvolle Ordnung zugrunde liegt."[5] Sexueller Missbrauch zerstört das kindliche Vertrauen, dass die Welt grundsätzlich gut ist.

Auch im Bereich der religiösen Einstellungen verzeichnet die Traumaforschung Auswirkungen. Menschen, die früh, langfristig und von nahen Bezugspersonen missbraucht wurden, stehen in der Gefahr, eine Posttraumatische Belastungsstörung zu entwickeln, die sich unter anderem durch Veränderungen in den Sinnbezügen zeigt, was sich in Verzweiflung, Hoffnungslosigkeit und Verlust früher vorhandener kraftgebender Überzeugungen ausdrückt.[6] Herman beobachtet eine Veränderung des Wertesystems, die sich etwa im Verlust fester Glaubensinhalte äußern kann.[7] Der Traumaforscher van der Kolk beschreibt die Auswirkung eines Traumas auf die religiöse Einstellung eines Menschen: „Nach einer Traumatisierung scheint jedoch nur eine Minderheit der Opfer der Vorstellung zu entgehen, daß ihr Schmerz, ihr Gefühl des Verratenseins und ihr Verlust sinnlos sind. Für viele ist diese Einsicht eine der schmerzvollsten Lektionen, die das Trauma mit sich bringt; häufig fühlen sie sich von Gott verlassen und von ihren Mitmenschen verraten. Gewöhnlich sorgt Leiden nicht für ein erhöhtes Gefühl der Sinnhaftigkeit. Es führt vielmehr zu Einsamkeit und Vertrauensverfall."[8]

Für Traumatisierte wird vor allem eines zum Problem: der Vertrauensverlust – in die eigenen Fähigkeiten, zu den Mitmenschen, in die Lebenseinstellung. Das brüchig gewordene Vertrauen in die Welt bezieht sich auch und gerade auf Gott. Glaube ist ein Akt des Vertrauens. Wer glaubt, setzt den Fuß auf einen Boden, dessen Tragfähigkeit nach den Maßstäben dieser Welt nicht sicher zu berechnen ist.

---

[4] Huber, Wege der Trauma-Behandlung, 276.
[5] Herman, Die Narben der Gewalt, 77.
[6] Vgl. Kolk, Die Vielschichtigkeit der Anpassungsprozesse nach erfolgter Traumatisierung, 192.
[7] Vgl. Herman, Narben der Gewalt, 170.
[8] Kolk, Trauma und seine Herausforderung an die Gesellschaft, 48.

Über Glaube bzw. Religiosität von Menschen mit Missbrauchserfahrung ist bisher wenig bekannt.[9] Dass Betroffene in den christlichen Kirchen auf Unverständnis stoßen und dort mit behindernden Idealen konfrontiert sind, wurde bereits vereinzelt thematisiert[10] und wird kirchlichen Verantwortlichen immer bewusster. Dennoch ist damit nicht alles erwähnt, was zu Religiosität im Kontext von Missbrauchserfahrung zu sagen ist. Neben kirchlich geprägter und häufig von den Betroffenen als problematisch wahrgenommener Glaubenspraxis berichten sie ebenso von tragenden religiösen Erfahrungen. Im psychotherapeutischen Bereich ist die förderliche Dimension von Religiosität bekannt. Erkenntnisse aus der Traumatherapie betonen die therapeutische Wirkung von protektiven Faktoren und Ressourcen, zu denen auch die Religiosität gehört.[11] Religiöse Einstellungen können dazu beitragen, im Bewältigungsprozess zu vertieften Einsichten zu gelangen. Isolation und Angst werden kleiner, wenn der Mensch sich in einen größeren Zusammenhang eingebettet weiß.

Eine Frau etwa, der durch Missbrauch und Gewalt unermessliches Leid zugefügt wurde, zieht dennoch Kraft aus ihrer religiösen Verankerung, zu der folgende Erfahrung gehört: „Und trotzdem bin ich nicht gänzlich auseinandergefallen."[12] Solche Erfahrungen sollen im Mittelpunkt dieser Arbeit stehen. Es geht darum, die persönliche Religiosität von Frauen, die sexuell missbraucht wurden, wahrzunehmen und darzustellen. Religiosität entwickelt sich im Kontext biographischer Erfahrungen, weshalb von Interesse ist, welchen Einfluss das Missbrauchstrauma auf die religiösen Deutungen einer Person hat. Jedoch entsteht Glaube nicht im luftleeren Raum, sondern ist maßgeblich von den traditionellen Glaubensinstitutionen, den Kirchen, geprägt. Deshalb kann die Erforschung persönlicher Religiosität nicht ohne den Blick auf Erfahrungen mit den Kirchen geleistet werden. Die Perspektive und das Anliegen dieser Untersuchung soll mit einigen Vorbemerkungen spezifiziert werden:[13]

Es geht um die Religiosität von *Frauen* mit Missbrauchserfahrungen. Missbrauch ist ein geschlechtsspezifisches Phänomen: Die Opfer sind in der Mehrzahl Mädchen, die Täter überwiegend Männer. Dabei darf jedoch nicht

---

[9] Eine empirisch-theologische Studie zur Gestalt und Rolle der Religiosität von Menschen mit Missbrauchs- und Gewalterfahrung existiert bisher nicht.
[10] Vgl. Teil I, B. II.
[11] Vgl. Olbricht, Wege aus der Angst. Gewalt gegen Frauen, 174-177.
[12] Ausführlicher unter: Schluss dieser Arbeit.
[13] Zu jeder der folgend beschriebenen Entscheidungen im Forschungsablauf ist in den entsprechenden Kapiteln der Arbeit Näheres zu finden.

vernachlässigt werden, dass auch Jungen missbraucht werden und Frauen Täterinnen sind. Die vorliegende Untersuchung beschränkt sich auf die Erfahrungen von Frauen als Opfern, um zu einer differenzierten Bewertung beitragen zu können.

Befragt werden Frauen, die *sexuell missbraucht wurden*. Die Formulierung im Passiv soll verdeutlichen, dass den Frauen etwas zugestoßen ist, was sie nicht aktiv veranlasst haben. Die Wahl des Imperfekts zeigt an, dass die Missbrauchserfahrungen in der Kindheit, also in der Vergangenheit, liegen und die Frauen darauf als Erwachsene zurückblicken können.

Im Mittelpunkt stehen die *Bewältigungsprozesse* der Frauen. Mit dem Plural ist angezeigt, dass es verschiedene Wege der Auseinandersetzung gibt. Es gibt nicht *die* Bewältigung. Ein Prozess stellt einen langwierigen Vorgang dar, dessen Anfang und Ende schwer zu bestimmen sind. Bewältigung ist ein offener und individueller Prozess, der nicht an ein bestimmtes Ergebnis gebunden ist.

Theologischer Dreh- und Angelpunkt der Arbeit sind Rolle und Gestalt der *Religiosität* der Frauen. Diese sind von Erfahrungen mit den Kirchen nicht zu trennen. Deshalb werden in einem ersten Schritt die Einschätzungen der Befragten gegenüber den Kirchen ermittelt, bevor ihre subjektiven und persönlichen religiösen Sinnmuster evaluiert werden können.

Die vorliegende Arbeit untersucht Religiosität in *ökumenischer Weite*. Im Vorfeld des Interviews wurden die Frauen nicht nach ihrer Konfession gefragt, da davon auszugehen ist, dass die konfessionelle Prägung für die Bewältigungsprozesse der Befragten eine untergeordnete Rolle spielt.[14] In der Studie ist in der Regel von den Kirchen im Plural die Rede, womit die christlichen Großkirchen (katholische und evangelische) gemeint sind. Wird die Kirche im Singular genannt, legen das die jeweiligen inhaltlichen Umstände nahe – etwa im Kontext der Auswertung, wenn eine Frau von „der Kirche" spricht und damit ihre Erfahrungen mit ihrer Kirche meint.

Als praktisch-theologische Arbeit in *katholischer Theologie* bezieht sich die Verortung der Studie in den gegenwärtigen Forschungsstand auf gegenwärtige katholische Praktische Theologie.

---

[14] Unterschiede zwischen Frauen katholischer bzw. evangelischer Prägung könnten im Rahmen eines *qualitativ*-empirischen Projektes ohnehin nicht ausreichend geklärt werden.

Zum Aufbau der Arbeit:
- Die Arbeit gliedert sich in drei Teile.
- Im theoretischen Bezugsrahmen wird der wissenschaftliche Forschungsstand zu den drei wesentlichen Größen des vorliegenden Themas dargestellt: Sexueller Missbrauch, Religiosität und Bewältigung.
- Im zweiten Teil wird die empirische Untersuchung dargestellt. Dazu wird zunächst die Studie in den Rahmen der Praktischen Theologie eingeordnet. Anschließend wird die Methodik des empirischen Vorgehens begründet und beschrieben. In Form biographischer Verdichtungsprotokolle werden die Erfahrungen der Befragten mit Missbrauch, Kirchen und Religiosität in verdichteter Weise veranschaulicht. Schließlich ermöglicht die ausführliche Darstellung der Auswertungsergebnisse einen vertieften und differenzierten Einblick zur Rolle und Gestalt von Religiosität in den Bewältigungsprozessen der Befragten.
- Der dritte Teil versucht, die empirischen Ergebnisse in einer Reflexion und Interpretation zu vertiefen und für praktisch-theologische Diskussion zu erschließen. Zunächst werden die zentralen Aspekte der Auswertung mit vorhandenen Theorien und Erkenntnissen, die im ersten Teil der Arbeit erörtert wurden, ins Gespräch gebracht. Aus der Zusammenfassung und Bündelung der Ergebnisse der empirischen Untersuchung werden herausfordernde Impulse an Theologie und Kirchen formuliert. Abschließend folgen handlungsorientierende Anregungen für die soziale und pastorale Praxis.

Hinweise zu den Formalia dieser Arbeit:
- Am Anfang der drei Hauptteile der Arbeit wird nochmals deren Gliederung abgedruckt, um die Orientierung zu erleichtern.
- Wenn ein Werk mehrfach hintereinander zitiert wird, wird es nur beim ersten Mal vollständig bibliographisch erfasst, bei den folgenden Nennungen mit „ebd.".
- Die Abkürzung biblischer Bücher und der Dokumente des Zweiten Vatikanischen Konzils richtet sich nach dem Lexikon für Theologie und Kirche. Abkürzungsverzeichnis, Freiburg 1993.
- Wenn ein Text nur im Internet verfügbar ist, ist das in der Fußnote vermerkt. Internetseiten, auf die in der Arbeit in den Fußnoten für weitere Information verwiesen wird, werden am Ende des Quellenverzeichnisses mit Angabe des Recherchedatums zusammengestellt.

Teil I

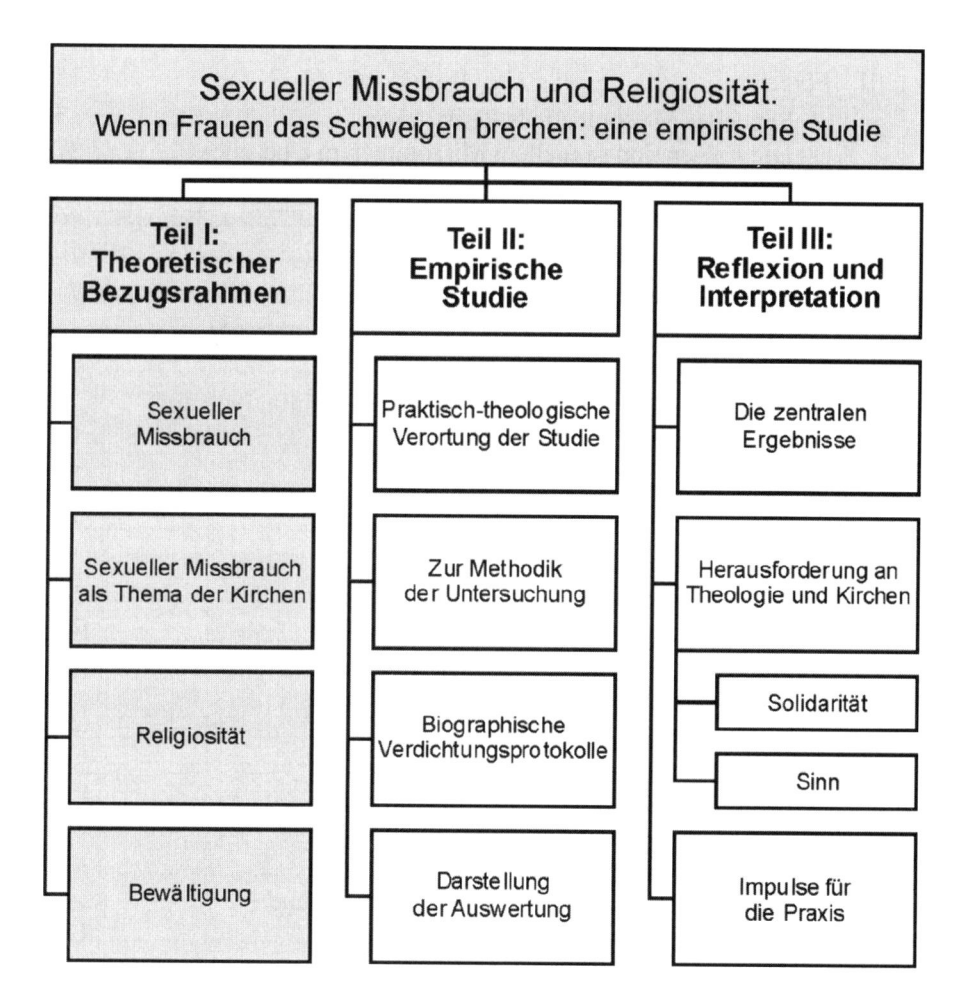

Theoretischer Bezugsrahmen

Sexueller Missbrauch und Religiosität.
Wenn Frauen das Schweigen brechen: eine empirische Studie

- **Teil I: Theoretischer Bezugsrahmen**
  - Sexueller Missbrauch
  - Sexueller Missbrauch als Thema der Kirchen
  - Religiosität
  - Bewältigung

- **Teil II: Empirische Studie**
  - Praktisch-theologische Verortung der Studie
  - Zur Methodik der Untersuchung
  - Biographische Verdichtungsprotokolle
  - Darstellung der Auswertung

- **Teil III: Reflexion und Interpretation**
  - Die zentralen Ergebnisse
  - Herausforderung an Theologie und Kirchen
    - Solidarität
    - Sinn
  - Impulse für die Praxis

Kurzübersicht zu Teil I

Teil I: Theoretischer Bezugsrahmen 11

A. Sexueller Missbrauch 13
    I.   Begriffe und Definitionen 13
    II. Zum Ausmaß und Erscheinungsbild sexuellen Missbrauchs 24
    III. Folgen 35
        1. Sexueller Missbrauch als Risikofaktor 35
        2. Die Folgen von sexuellem Missbrauch im Überblick 37
        3. Psychodynamik 40
        4. Sexueller Missbrauch als Trauma 46
        5. Zusammenfassung 70

B. Sexueller Missbrauch als Thema der Kirchen 71
    I.   Sexueller Missbrauch als Thema offizieller kirchlicher
        Stellungnahmen 72
    II. Sexueller Missbrauch als Thema kirchlicher Initiativen und
        theologischer Publikationen 82
    III. Zusammenfassende Beobachtungen 86

C. Religiosität 88
    I.   Begriffsklärungen 88
    II. Die aktuelle Diskussion zum Religionsbegriff 92
    III. Praktische Theologie und Religiosität 100
    IV. Religiosität im feministisch-theologischen Paradigma 107
    V. Zusammenfassung 112

D. Bewältigung 113
    I.   Begriffsklärungen 114
    II. Theorien und Konzepte 116
        1. Stressforschung 116
        2. Das transaktionale Modell von Belastung und
           Belastungsverarbeitung nach Lazarus 117
        3. Ressourcenorientiertes Coping im Salutogenese-Modell 122
        4. Posttraumatic Growth nach Tedeschi/Calhoun 141
    III. Zusammenfassende Gedanken 184

A. Sexueller Missbrauch
I. Begriffe und Definitionen
1. Sexueller Missbrauch

1.1. Die Vielfalt der Begriffe

Sowohl in der Alltagssprache als auch in der wissenschaftlichen Literatur existiert eine Vielzahl von Begriffen, wenn es um das Phänomen sexueller Missbrauch geht: Sexueller Missbrauch, sexuelle Gewalt, sexualisierte Gewalt, sexuelle Ausbeutung, sexuelle Misshandlung, Inzest, Seelenmord, Kindesmissbrauch etc.[1] Die gebräuchlichste Bezeichnung stellt sexueller Missbrauch dar. Gerade die vielfache Thematisierung von Missbrauch in den Medien verleitet dazu, schwammig und ungenau mit den Begriffen umzugehen, weshalb durch eine Auseinandersetzung mit ebendiesen der Inhalt und die Dynamik von sexuellem Missbrauch präzisiert werden soll:

Alle Begriffe überschneiden sich inhaltlich und bringen gleichzeitig spezifische Aspekte zum Ausdruck. Die Wahl des Ausdrucks sagt immer etwas aus über die Interpretation des Missbrauchsgeschehens. Inzest etwa bezieht sich auf innerfamiliaren Missbrauch, während mit sexueller Gewalt deutlicher die Gewalttätigkeit der Missbrauchssituation ausgedrückt wird. Wenn Wirtz von Seelenmord[2] spricht, dann unterstreicht das die Perspektive der Psychologin mit therapeutischer Praxis, die mit der Wortwahl das vernichtende Ausmaß auf die Betroffenen betont. Brockhaus/Kolshorn sprechen mit der Verwendung des Begriffes sexuelle Gewalt bzw. sexuelle Ausbeutung[3] die Hierarchie zwischen Täter und Opfer an. Mit der Bezeichnung sexuelle Misshandlung wird ausgedrückt, dass die sexuelle eine unter anderen Misshandlungsformen darstellt.

---

[1] Vgl. eine Auflistung unterschiedlicher Bezeichnungen bei Wipplinger/Amann, Zur Bedeutung der Bezeichnungen und Definitionen von sexuellem Mißbrauch, 14-18; hier finden sich neben den Begriffen auch die Begründungen für die getroffenen Formulierungen in den jeweiligen Veröffentlichungen.
[2] Vgl. Wirtz, Seelenmord.
[3] Vgl. Brockhaus/Kolshorn, Sexuelle Gewalt gegen Mädchen und Jungen.

Im Kontext dieser Arbeit soll der Begriff sexueller Missbrauch verwendet werden. In einigen Hinsichten ist der Terminus zu hinterfragen und zu problematisieren:
- Wenn von sexuellem Miss-brauch die Rede ist, schwingt damit die problematische Vorstellung mit, es gäbe einen ordnungsgemäßen Ge-brauch.
- Die Zusammensetzung sexueller Missbrauch *von* Kindern kann in der Hinsicht missverstanden werden, dass die Kinder aktiv am Missbrauch beteiligt seien. Deshalb ist es angemessener, von sexuellem Missbrauch *an* Kindern zu sprechen.
- Eine weitere kritische Anmerkung bezieht sich auf das Wort „sexuell": Im aktuellen Diskurs um sexuelle Gewalt wird eher von sexualisierter Gewalt gesprochen. Das soll ausdrücken, dass es nicht um Sex geht, sondern um Gewalt in sexualisierter Form. An einem einfachen Beispiel kann die Brisanz verdeutlicht werden: Wenn eine Frau ihren Mann mit einer Bratpfanne erschlägt, käme niemand auf die Idee, das hätte etwas mit Kochen zu tun. Ebenso hat eine Vergewaltigung nichts mit Sex, sondern mit Gewalt zu tun. Die sexualisierte Form ist lediglich das Mittel zum Zweck.

Dennoch sprechen auch einige Gründe für den Begriff sexueller Missbrauch:
- Die Bezeichnung hat sich in Forschung und im allgemeinen Sprachgebrauch weitgehend durch gesetzt. Damit ist am ehesten ausgedrückt, worum es geht.
- Die Gesetzgebung benutzt diesen Terminus.
- Der Begriff sexueller Missbrauch an Kindern entspricht durchaus den Gefühlen und dem Erleben der Betroffenen. Damit ist ausgedrückt, dass sie benutzt wurden, dass etwas an ihnen gemacht wurde, an dem sie keinen aktiven Part hatten.

Wenn in dieser Arbeit der Begriff sexueller Missbrauch verwendet wird, dann könnte synonym auch der Terminus sexuelle (bzw. besser: sexualisierte) Gewalt stehen. Aus oben genannten Gründen jedoch findet eine Beschränkung auf die Bezeichnung sexueller Missbrauch statt, da damit der Forschungsinhalt der Studie am klarsten umrissen ist, weil er so auch im allgemeinen Sprachgebrauch, in der Gesetzgebung etc. üblich ist.

Begriffe und Definitionen 15

1.2. Definitionen

1.2.1. *Verschiedene Typen von Definitionen*

Es gibt keine festgelegte und allgemeingültige Definition von sexuellem Missbrauch. Die große Zahl von unterschiedlichen Ansätzen und Zugängen entwirft ein Spektrum von Lesarten, die verschiedenen Typen zugeordnet werden können:[4]

Eine wesentliche Unterscheidung läuft zwischen weiten und engen Definitionen. Enge Definitionen werten als Missbrauch allein Handlungen, die eindeutig sexuelle Handlungen von Erwachsenen an Kindern beinhalten. Weite Definitionen dagegen berücksichtigen auch sexuelle Handlungen ohne Körperkontakt wie etwa Exhibitionismus.

Eine weitere Aufteilung ist möglich zwischen normativen und klinischen Definitionen. Normative Erklärungen legen die bewerteten Handlungen und das beforschte Erleben der Betroffenen im Vorhinein fest, während klinische Definitionen abhängig sind von den Folgen des Missbrauchs. Der Schwerpunkt liegt in der klinischen Perspektive auf den subjektiv erlebten Schädigungen und Beeinträchtigungen der Opfer. Normative Bestimmungen dagegen können zum Beispiel soziokulturelle Hintergründe festlegen, die mit dem Missbrauch in Verbindung gebracht werden. Das feministische Ursachenverständnis etwa kann mit seiner Fokussierung auf patriarchale Gesellschaftsstrukturen und der Analyse von Machtverhältnissen als normativer Ansatz eingestuft werden. Auch in der Rechtssprechung muss definiert werden, was unter sexuellem Missbrauch zu verstehen ist.[5]

Insgesamt lassen sich die verschiedenen Typen nicht trennscharf voneinander unterscheiden. Vielfach werden sich, je nach Forschungsanlage und erkenntnisleitendem Interesse, Abgrenzungen, Überschneidungen und Mischungen ergeben.

1.2.2. *Definitionskriterien*

Was als sexueller Missbrauch definiert wird, hängt von den Kriterien ab, die die Definition bestimmen. Verallgemeinert sind diese Kriterien von zwei Faktoren abhängig: von der Art der Beziehung zwischen Opfer und Täter

---

[4] Vgl. Bange, Ausmaß, 48-52.
[5] Vgl. Teil I, A. I. 1.2.4.

und von der Art der Tat an sich. Welche Kriterien sind es, die sich auf die Definition auswirken?[6]

Gegen den Willen

Sexueller Missbrauch findet demnach gegen den Willen des Kindes statt. Brownmiller titelte ihr Buch von 1976 „*Against our will*"[7], gegen unseren Willen. Damit kennzeichnete diese Veröffentlichung – eine der ersten über Gewalt gegen Frauen – ein wesentliches Charakteristikum der Gewaltthematik. Gleichzeitig zeigen Erfahrungen aus beraterischer und therapeutischer Praxis mit missbrauchten Kindern und Frauen, dass die Betroffenen sich nach eigener Einschätzung nicht immer willentlich wehrten. Das gehört zur spezifischen Missbrauchsdynamik. Ein Kind ist auf die Zuwendung der unmittelbaren Bezugspersonen angewiesen und deshalb bereit, die eigene Wahrnehmung von ihnen abhängig zu machen. Was nun, wenn ein missbrauchender Vater der Tochter suggeriert: „Du willst das doch, das tut dir gut" Sexueller Missbrauch trägt also wesentlich das Kennzeichen „gegen den Willen", aber nicht nur und nicht immer. Als alleiniges Kriterium taugt es nicht.

Das Konzept des wissentlichen Einverständnisses

Häufig wird das Konzept des wissentlichen Einverständnisses, „*informed consent*", als Definitionskriterium vorausgesetzt. Das Konzept sieht vor, dass sexuelle Kontakte dann in Ordnung sind, wenn die Beteiligten ihr wissentliches Einverständnis dazu geben können. Wenn dies nicht möglich ist, handelt es sich um einen Verstoß gegen die sexuelle Selbstbestimmung. Zwischen Erwachsenen und Kindern darf nach dieser Definition kein sexueller Kontakt stattfinden, da Kinder aufgrund ihres Entwicklungsstandes nicht denselben Informationsstand und die gleiche Bewusstheit wie Erwachsene haben, außerdem stehen sie in einem Abhängigkeitsverhältnis und haben auch aufgrund dessen keinen freien Entscheidungsspielraum. Aus der Pädophilenlobby werden zwei Aspekte gegen das Konzept des wissentlichen Einverständnisses angeführt: Auch in Erwachsenenbeziehungen gäbe es dieses Einverständnis nicht immer. Außerdem würde die Initiative zu sexuel-

---

[6] Zu folgenden Kriterien vgl. Bange/Deegener, Sexueller Mißbrauch an Kindern, 96-104; Bange, Ausmaß, 48-52; Brockhaus/Kolshorn, Sexuelle Gewalt gegen Mädchen und Jungen, 21-27.
[7] Brownmiller, Against our will.

len Handlungen oft von den Kindern selbst ausgehen. Diese Einwände können jedoch als Scheinargumente entkräftet werden: Wenn zwischen zwei Erwachsenen das wissentliche Einverständnis nicht vorhanden ist, handelt es sich ebenso wie bei Kontakten mit Kindern um sexuelle Gewalt. Und selbst wenn Kinder aus Eigeninitiative sexuell agieren, darf das als Ausdruck kindlicher Sexualität nicht für erwachsene sexuelle Bedürfnisse instrumentalisiert werden und muss aus der Psychodynamik zwischen Opfer und Täter interpretiert werden: Das Kind ist darauf konditioniert, für ein bestimmtes Verhalten emotionale Zuwendung, finanzielle Ausstattung etc. zu erhalten.

Zwang und Gewalt

Viele Täter üben auf die Opfer Zwang und Gewalt aus. Das kann konkret körperlich stattfinden, jedoch auch durch psychische Gewalt und emotionale Erpressung: „Wenn Mama das erfährt, wird sie krank (...) hat sie dich nicht mehr lieb."[8] Jedoch ist auch bei diesem Kriterium zu problematisieren, dass Missbrauch ebenso völlig ohne Zwang und Gewalt vorkommen kann. So berichtet ein Mädchen: „Er war mein Onkel, er war älter, und du darfst deinem Onkel nicht sagen, was er tun soll. Das war's, wie ich erzogen wurde."[9] Allein das Machtgefälle zwischen Kindern und Erwachsenen reicht aus, um das Opfer mundtot zu machen.

Folgen als Definitionskriterium

Vor allem klinische Definitionen gehen von den Folgen sexuellen Missbrauchs aus. Diese bestehen unbestreitbar und sind sicherlich starke Indikatoren. Als Definitionskriterien jedoch reichen die Folgen sexuellen Missbrauchs allein nicht aus. Erstens zeigen nicht alle Opfer sexuellen Missbrauchs negative Symptome[10], zweitens setzen entsprechende Folgen oft zeitversetzt ein. Finkelhor führt außerdem einen ethischen Gesichtspunkt gegen dieses Definitionskriterium an: Nicht erst die negativen Folgen ma-

---

[8] Vgl. Enders, Zart war ich, bitter war's, 88-95.
[9] Bange/Deegener, Sexueller Mißbrauch an Kindern, 104.
[10] Vgl. Bange, Ausmaß, 119: „Fast alle Untersuchungen zu den Folgen sexueller Kindesmisshandlung weisen nach, dass bis zu einem Drittel der weiblichen und bis zu über 50 Prozent der männlichen Opfer subjektiv nicht unter den Folgen sexueller Kindesmisshandlung leiden." Das Ausmaß der negativen Folgen hängt von der Schwere des Missbrauchs ab.

chen eine Handlung zu einer schlechten Handlung. Am Beispiel der Sklaverei ist dies unmittelbar einsichtig.[11]

Altersunterschied

Empirische Untersuchungen setzen oft einen Altersunterschied zwischen Täter und Opfer als Kriterium für den Missbrauch voraus. Damit wird der Versuch unternommen, den Missbrauch nicht von subjektiven Umständen (fühlt sich das Opfer negativ beschädigt und war die Gewalt offensichtlich oder subtil? etc.) abhängig zu machen. Dabei fällt allerdings unter den Tisch, dass auch Kinder und insbesondere Jugendliche Missbrauch an anderen Kindern verüben.[12]

Mit oder ohne Körperkontakt

Einige Studien machen die Bewertung einer Handlung als Missbrauch davon abhängig, ob Körperkontakt stattgefunden hat oder nicht. Es ist zu fragen, ob realer Körperkontakt das alleinige Kriterium für Missbrauch darstellen kann. Hier schlägt sich die Problematik der subjektiven und der objektiven Einschätzung nieder. Betroffene berichten auch von Missbrauch ohne Körperkontakt, etwa wenn der Täter in Gegenwart des Kindes masturbiert, pornographische Filme zeigt oder macht und/oder das Kind verbal zu sexuellen Handlungen auffordert. Die Opfer machen den Missbrauch vom daraus resultierenden Gefühl des Missbrauchtseins abhängig. Zweifellos sind auch verschiedene Formen nichtkörperlicher sexualisierter Gewalt mit negativen Folgen für die Opfer verbunden. Die Auswirkungen für die Opfer fallen individuell sehr verschieden aus. Viel von der subjektiven Einschätzung ist zum Beispiel an geschlechtsspezifische Sozialisation gebunden. Jungen etwa erleben sich auf der Gefühlsebene weniger als Opfer als Mädchen, da dies nicht zu den herrschenden Männlichkeitsidealen passt.

---

[11] Vgl. Finkelhor, Child Sexual Abuse, 16f.
[12] Vgl. David, Jugendliche Täter, 234: „Ein erheblicher Teil sexualisierter Gewalt wird von Jugendlichen ausgeübt. Ihr Anteil an allen Tätern bewegt sich bei weiblichen Opfern sexualisierter Gewalt zwischen 15 und 46 %, bei männlichen Opfern zwischen 24 und 46 %."; vgl. auch Romer, Kinder als „Täter", 270-277.

Verletzung von Familienregeln oder von sozialen Regeln

Bange schlägt vor, zur Definition von Missbrauch die sozialen Regeln des jeweiligen Systems zu reflektieren.[13] Wenn etwa ein Vater, der sich in der Familie nie nackt zeigte, plötzlich vor der Tochter nackt auftritt, dürfte das anders bewertet werden als in einer Familie, in der Nacktheit nicht ungewöhnlich ist. Wesentlich ist also, welche Verhaltensweisen und sozialen Normen in der Familie üblich sind. Hier wird sehr deutlich, dass es weniger die Tat per se ist, die den Missbrauch ausmacht, sondern vielmehr das vorsätzliche Handeln des Täters und die dahinter stehende Motivation.

1.2.3. *Macht als Faktor*

Auch wenn die verschiedenen Kriterien zu unterschiedlichen Definitionen führen, so kann dennoch von einer Größe ausgegangen werden, die übergreifend in allen Untersuchungen ermittelt wird: Es geht um den Faktor Macht. Zwischen Erwachsenen und Kindern besteht ein Machtgefälle, das aus den ungleichen Entwicklungsstufen resultiert. Erwachsene haben mehr Wissen als Kinder, sie sind Kindern in vielen Hinsichten überlegen: körperlich, koordinatorisch, logistisch, kognitiv. Erwachsene haben Zugang zu Nahrung, Geld und Information. Erwachsene können im Gegensatz zu Kindern die eigenen Affekte regulieren. Als Nesthocker sind Menschenkinder von Geburt an auf die primären Bezugspersonen angewiesen, sowohl körperlich als auch psychisch. Diese Bezugspersonen sind für das Kind absolut, es muss ihnen vertrauen, anders kann es nicht überleben. Dieses Ausgeliefertsein gehört entwicklungspsychologisch also zum Kindsein dazu. Der Blick ist daher in Richtung der Erwachsenen zu richten: Wie gehen diese mit der Macht um? Positiv formuliert haben diese Verantwortung für das Kind. Im Kontext sexuellen Missbrauchs wird sowohl aus der Therapie mit Opfern als auch mit Tätern deutlich, dass es sich in eklatanter Weise um einen Missbrauch eben dieses Machtgefälles zwischen Erwachsenem und Kind handelt. Auf diese Weise entsteht eine Hierarchie, aus der Täter und Opfer hervor gehen. Heiliger/Engelfried sehen darin die Voraussetzung für Missbrauch:

„Voraussetzung für sexuellen Missbrauch von Kindern ist das Machtgefälle zwischen Opfer und Täter, das durch Abhängigkeit, Altersunterschied, Unterlegenheit oder andere Faktoren gekennzeichnet ist. Der Machtüberhang wird zur Befriedigung sexueller Bedürfnisse am Unterlegenen benutzt, genauer: Macht wird sexualisiert:

---

[13] Vgl. Bange/Deegener, Sexueller Mißbrauch an Kindern, 104f.

ein Bedürfnis nach und die Gelegenheit zur Machtausübung verbinden sich mit sexueller Erregung."[14]

Auch Brockhaus/Kolshorn betonen den Faktor Macht im Missbrauchsgeschehen:

„Eine Person wird von einer anderen als Objekt zur Befriedigung von bestimmten Bedürfnissen benutzt. Diese Bedürfnisse sind entweder sexueller Natur und/oder es sind nicht sexuelle Bedürfnisse, die in sexualisierter Form ausgelegt werden (z. B. der Wunsch, Macht zu erleben, zu erniedrigen, sich selbst zu bestätigen o. ä.). Dabei werden vor oder an der Person Handlungen vorgenommen oder verlangt, die kulturell mit Sexualität assoziiert sind. Dazu zählen nicht nur Handlungen, die im engeren Sinne sexuell sind, wie beispielsweise Berührung der Geschlechtsorgane oder Geschlechtsverkehr, sondern auch solche, die in unserer Gesellschaft im weiteren Sinn mit Sexualität in Verbindung gebracht werden, wie z. B. anzügliche Bemerkungen, Nachpfeifen oder Nacktphotos. Die Handlungen erfolgen unter Ausnutzung von Ressourcen- bzw. Machtunterschieden gegen den Willen der Person."[15]

Ähnlich hinsichtlich des Machtgefälles und etwas deutlicher hinsichtlich der relevanten sexuellen Handlungen formulieren Bange/Deegener:

„Sexueller Missbrauch an Kindern ist jede sexuelle Handlung, die an oder vor einem Kind entweder gegen den Willen des Kindes vorgenommen wird oder der das Kind aufgrund körperlicher, psychischer, kognitiver oder sprachlicher Unterlegenheit nicht wissentlich zustimmen kann. Der Täter nutzt seine Macht und Autoritätsposition aus, um seine eigenen Bedürfnisse auf Kosten des Kindes zu befriedigen."[16]

Klaren Bezug auf die Bedeutung der Geschlechtsidentität von Opfer und Täter nimmt die Definition von sexueller Gewalt, die 1995 auf der 4. Weltfrauenkonferenz in China formuliert wurde:

„Sexuelle Gewalt meint jede Art von Verletzung der körperlichen und/oder seelischen Unversehrtheit, die mit der Geschlechtlichkeit des Opfers und des Täters zusammenhängt und die unter Ausnutzung des strukturell vorgegebenen Machtverhältnisses zwischen Männern und Frauen zugefügt wird."[17]

1.2.4. Juristische Definitionen

Die Gesetzgebung muss mit klaren Definitionen den Rahmen abstecken, der juristisch relevant ist. Der Vollständigkeit halber sollen im Folgenden die

---

[14] Heiliger/Engelfried, Sexuelle Gewalt, 22.
[15] Brockhaus/Kolshorn, Sexuelle Gewalt gegen Mädchen und Jungen, 26.
[16] Bange/Deegener, Sexueller Mißbrauch an Kindern, 105.
[17] Zit. nach: Katholische Arbeitsgruppe in der Ökumenischen Projektgruppe der Ökumenischen Dekade, Frauen und Mädchen-Gewalt-Kirche, 9.

zentralen rechtlichen Bestimmungen genannt werden, ohne dabei auf ausführlichere Debatten einzugehen.[18]

Im Deutschen Strafgesetzbuch (StGB) werden in den §§ 174 bis 184 die sogenannten „Straftaten gegen die sexuelle Selbstbestimmung" behandelt. Nach § 184 sind sexuelle Handlungen „nur solche, die im Hinblick auf das geschützte Rechtsgut von einiger Erheblichkeit sind" und „sexuelle Handlungen nur solche, die vor einem anderen vorgenommen werden, der den Vorgang wahrnimmt." Dabei ist nicht relevant, ob die Handlung als sexuelle identifiziert werden kann, vielmehr geht es um die Wahrnehmung der Handlung.

Im deutschen Strafrecht gibt es mehr als ein Dutzend Bestimmungen, die entweder altersunabhängig vor Gewalterfahrungen schützen oder entwicklungsabhängig die freie Entfaltung der sexuellen Entfaltung gewährleisten wollen.
- § 176 regelt den sexuellen Missbrauch von Kindern. Absoluter gesetzlicher Schutz reicht bis zum 14. Lebensjahr.
- § 177 und 178 behandelt den Schutz von Kindern, Jugendlichen und Erwachsenen vor Vergewaltigung und sexueller Nötigung.
- § 174 regelt die ungestörte Entwicklung von Kindern und Jugendlichen im Rahmen von Erziehungs-, Betreuungs- oder Arbeitsverhältnissen.

1.2.5. Zusammenfassung und Festlegung im Rahmen dieser Arbeit

Die Ausführungen zu Definitionstypen und Kriterien haben gezeigt, dass eine allgemein gültige Definition von sexuellem Missbrauch schwer zu entwerfen ist. Vor allem die verschiedenen Arten der Handlungen und die unterschiedlichen Formen der Beziehung zwischen Opfer und Täter bestimmen das breite Spektrum der zu berücksichtigenden Faktoren. Insgesamt zeichnet sich der Faktor Macht als wesentliche Größe ab.

Die Definition hängt davon ab, welche Wertentscheidungen und Ziele im Rahmen einer Arbeit verfolgt werden. Handelt es sich um eine Studie, die sich auf die Folgen für die Betroffenen konzentriert? Oder geht es darum zu ermitteln, welche Motivation auf Seiten des Täters vorherrscht? Je nach Forschungsinteresse wird auch die Definition ausfallen. Wipplinger/Amann stellen zur Definition sexuellen Missbrauchs fest: Es kann „abgeleitet wer-

---

[18] Vgl. Eder-Rieder, Juristische Aspekte des sexuellen Mißbrauchs an Kindern, 814-816; Blumenstein, Strafvorschriften gegen sexuellen Missbrauch, 614-616.

den, dass gerade in diesem Bereich viele emotionale und ethische Wertentscheidungen mitspielen, die jedoch nicht explizit dargestellt werden."[19]

Wenngleich all die unterschiedlichen Möglichkeiten einer Definition angesprochen wurden, so mag folgende Feststellung Banges entlasten:

„Eine allgemein akzeptierte und für alle Zeiten gültige Definition sexuellen Missbrauchs an Kindern kann es aufgrund der beschriebenen Schwierigkeiten nicht geben. Es sind allerdings in erster Linie die Grenzbereiche, die schwer zu bestimmen sind und für Kontroversen sorgen. Darüber, dass die Vergewaltigung eines 8-jährigen Mädchens durch einen 35-Jährigen sexueller Missbrauch ist, besteht keinerlei ernsthafter Dissens."[20]

Sexueller Missbrauch soll für die vorliegende Studie also mit drei Kennzeichen markiert werden:
1. Missbrauch findet statt unter Ausnutzung der Macht des Täters.
2. Es geht um sexuelle Handlungen an Kindern gegen deren Willen oder ohne deren Zustimmungsmöglichkeit.
3. Missbrauch wird durch ein hierarchisches Verhältnis zwischen den Geschlechtern gefördert.

2. *Von Opfern, Tätern & Co*

Im wissenschaftlichen und alltäglichen Sprachschatz existieren zahlreiche Worte, um sexuellen Missbrauch zu beschreiben. Doch nicht nur der zentrale Tatbestand dieser Arbeit – der sexuelle Missbrauch – ist es, dessen Bezeichnungen zu klären sind. Ebenso existiert eine Reihe von Bezeichnungen für die am Missbrauch beteiligten Personen. Am bekanntesten hierfür sind die Begriffe Opfer und Täter.

Einer der beiden Begriffe ist relativ klar und weniger klärungsbedürftig: der Täter. Hier scheint es vergleichsweise wenige alternative Formulierungen zu geben. Der Begriff des Täters bringt ins Bild, was passiert: Da *tut* einer etwas und wird in dieser Hinsicht zum *Täter*. In den Medien sind auch Bezeichnungen wie „Sexstrolch", „Sextäter" und „Kinderschänder" zu finden, die in der Gefahr stehen, die die Hauptverantwortung des Täters und den Machtfaktor zu verzerren. Im Rahmen dieser Arbeit wird durchgehend der Terminus Täter verwendet.[21]

---

[19] Wipplinger/Amann, Bezeichnungen und Definitionen von sexuellem Mißbrauch, 31f.
[20] Bange/Deegener, Definitionen und Begriffe, 52.
[21] In der vorliegenden Studie wurden Frauen befragt, die von Männern sexuell missbraucht würden. Deshalb wird in der Arbeit vom Täter in der männlichen Form und vom Opfer in der weiblichen Form gesprochen. Dabei darf natürlich nicht übersehen werden, dass auch

Der Begriff des Opfers ist in verschiedener Hinsicht problematisch und bedarf deshalb einer Klärung. Inhaltlich lässt sich die Bezeichnung folgendermaßen verstehen: Das Kind, das missbraucht wird, trägt keine Verantwortung für die Handlungen und wird insofern das Opfer des Täters. Manche Frauen mit Missbrauchserfahrungen grenzen sich bewusst vom Opferbegriff ab, da sie nicht lebenslang die passive und abhängige Rolle einnehmen wolle. Sie erleben, dass der Begriff des Opfers wie ein Stigma an ihnen haftet. Außerdem spielt der Terminus Opfer gerade in religiösen Symbolsystemen und insbesondere im Christentum eine zentrale Rolle. In christlich geprägten Kontexten kann die Opferrolle zu einer idealen Haltung erhoben werden. Mit der Abwendung vom Opferbegriff ist vielfach auch eine Distanzierung von den damit verbundenen religiösen Vorstellungen verbunden.

Viele von sexueller Gewalt betroffene Frauen bezeichnen sich selbst als „Überlebende". Diese Bezeichnung stammt ursprünglich aus den USA und heißt dort *„surviver"*. Sie „betont nicht nur die Dynamik der Verletzung, sondern auch die Kraft und den Mut der Frauen, mit diesem Trauma zu leben sowie sich in aktiver Auseinandersetzung damit aus ihrer Opferrolle herauszuarbeiten."[22] Die Benennung als Überlebende kann für Opfer sexueller Gewalt im Aufarbeitungsprozess eine äußerst wertvolle Selbstwahrnehmung darstellen; sie soll daher eine Selbstbezeichnung von und unter betroffenen Frauen auch im Rahmen dieser Arbeit bleiben.

Eine weitere Verbalisierungsmöglichkeit stellt das Wort „Betroffene" dar. Mit dieser Bezeichnung ist möglichst wert- und emotionsarm ausgedrückt, dass eine Person von einer Erfahrung – hier der Erfahrung sexuellen Missbrauchs – betroffen ist. Damit ist noch nichts über das Ausmaß der Schädigung ausgesagt, ebenso wenig sind darin irgendwelche Angaben über Täter oder Opfer und die Dynamik zwischen den beiden zu finden.

Welcher Begriff ist für diese Arbeit nun der angemessene? Die Bezeichnung Betroffene ermöglicht aus besagten Gründen eine neutrale Formulierung und soll deshalb verwendet werden. Außerdem wird der Terminus auch in Praktischen Theologie verwendet und reflektiert.[23] Und trotz aller Vorbehalte gegenüber dem Terminus Opfer soll auch dieser benutzt werden. Noch

---

Frauen Täterinnen sein können und dass auch Jungen Opfer werden; vgl. zum Geschlecht von Opfern und Tätern Teil I, A. II. 4.

[22] Bass/Davis, Trotz allem, 17.

[23] Die Perspektive der Betroffenen „veranlasst die Theologie dazu, die Relevanz für die Lebenswirklichkeit der Menschen als Kriterium theologischer Wahrheit in Anschlag zu bringen." in: Fuchs/Haslinger, Die Perspektive der Betroffenen, 230.

immer wird von sexuellem Missbrauch betroffenen Frauen vielfach Mitschuld an der Tat vorgeworfen und ihnen damit ihr Opferstatus abgesprochen. Zum Zeitpunkt der Tat ist jedes Mädchen und jede Frau das Opfer, und zur Betonung dieser Tatsache sollen sie auch in dieser Arbeit als Opfer bezeichnet werden.

Egal welcher Begriff benutzt wird, und das gilt für Täter wie für Opfer, muss natürlich an eines erinnert werden: KeineR ist nur Täter oder nur Opfer. Bezeichnungen haben Grenzen und gelten nur für einen bestimmten Zusammenhang. Kein Mensch kann und will auf eine einzige Rolle festgeschrieben werden.

II. Zum Ausmaß und Erscheinungsbild sexuellen Missbrauchs

1. Inzidenz- und Prävalenzstudien zu sexuellem Missbrauch

Um das Ausmaß sexuellen Missbrauchs zu ermitteln, werden verschiedene Erhebungsmethoden angewandt. Zentral ist die Unterscheidung in Studien zur Inzidenz und solche zur Prävalenz sexuellen Missbrauchs. Inzidenzstudien erheben die Zahl angezeigter Straftaten im Bereich sexuellen Missbrauchs. Grundlage dafür bildet die polizeiliche Kriminalstatistik (PKS). Diese meldet 15 430 Anzeigen wegen sexuellen Missbrauchs von Kindern (§§ 176, 176a, 176b StGB) für das Berichtsjahr 2003.[1] Dass diese Zahl nicht dem realen Ausmaß entspricht, liegt in der Natur der Sache: Aufgrund der speziellen Psychodynamik auf Seiten der Opfer sexuellen Missbrauchs sind nur wenige Betroffene bereit, die Strapazen eines Prozesses und die damit verbundenen innerpsychischen und familiendynamischen Konsequenzen auf sich zu nehmen. Außerdem zeigen die Zahlen, dass Fremdtäter eher angezeigt werden als Täter aus dem sozialen Nahraum. Das Verhältnis von Opfer und Täter hat also Einfluss auf das Anzeigeverhalten: „Je enger deren Beziehung, desto geringer ist die Anzeigewahrscheinlichkeit."[2] Des Weiteren muss davon ausgegangen werden, dass durch soziale Selektionsmechanismen untere soziale Schichten sowohl auf Opfer- als auch auf Täterseite überproportional stark in der Anzeigenstatistik vertreten sind.[3] Aus all diesen

---
[1] Bundeskriminalamt, Polizeiliche Kriminalstatistik 2003, 137.
[2] Wetzels, Gewalterfahrungen in der Kindheit, 32.
[3] Vgl. ebd., 33.

Umständen geht hervor, dass die PKS weder die realen Fallzahlen sexuellen Missbrauchs noch repräsentative Proportionen des Phänomens abbilden kann.

Da die Zahl angezeigter Strafdelikte also lediglich die Spitze des Eisberges ausmacht, ist eine entsprechende Dunkelziffer anzunehmen. Diese wird seit den 80er Jahren auf 1:18 bis 1:20 eingeschätzt[4], das heißt, auf ein angezeigtes Delikt im Feld sexuellen Missbrauchs kommen 18 bis 20 unangezeigte Missbrauchsfälle. So werden in Deutschland jährlich schätzungsweise etwa 300 000 Kinder missbraucht. Baurmann allerdings korrigierte seine Einschätzungen zum Dunkelfeld von 1978 und 1983 später nach unten: fälschlicherweise seien auch exhibitionistische Akte und die Gruppe der 16-18jährigen jungen Frauen in die Berechnung eingegangen.[5] Insgesamt dürfte aus all dem hervor gehen: Inzidenzstudien können keine zuverlässige Aussage zum Ausmaß sexuellen Missbrauchs geben.

Auf etwas gesichertem Boden bewegen sich hingegen die Studien zur Prävalenz. Diese Studien erforschen die Anzahl der Fälle in einem bestimmten Zeitraum in der Gesamtbevölkerung, im Fall von sexuellem Missbrauch also in der Phase der Kindheit.

In Deutschland gab es bis in die 90er Jahre hinein keine wissenschaftlich gesicherten Ergebnisse zum Ausmaß sexuellen Missbrauchs. Inzwischen existieren sieben solcher Prävalenzstudien.[6] Diese Studien unterscheiden sich hinsichtlich Falldefinition, Stichprobe und Befragungsinstrument in kleinen Abstufungen. Die vergleichende Durchsicht der verschiedenen Untersuchungen macht deutlich: Prävalenzstudien zum Vorkommen sexuellen Missbrauchs führen zu ähnlichen Ergebnissen. Die Zahlen halten sich in vergleichbarem Rahmen. Für Frauen wurden zwischen 16,1 % und 29 % ermittelt, für Männer liegt die Quote zwischen 4 % und 8 %. Die relativen Differenzen hängen mit unterschiedlichen Voraussetzungen von Stichprobe und Falldefinition zusammen, etwa mit unterschiedlichen Altersgrenzen oder der vorausgesetzten Definition des Missbrauchsgeschehens. Die Replikati-

---

[4] Vgl. Baurmann, Kriminalpolizeiliche Beratung, 83; Kavemann/Lohstöter, Väter als Täter, 28.
[5] Vgl. Baurmann, Straftaten gegen die sexuelle Selbstbestimmung.
[6] Vgl. Bange, Ausmaß, 23; die Studien: Schrötensack/Elliger/Gross /Nissen, Prevalence of sexual abuse of children in Germany; Bange, Die dunkle Seite der Kindheit; Bange/Deegener, Sexueller Mißbrauch an Kindern; Raupp/Eggers, Sexueller Mißbrauch von Kindern; Richter-Appelt, Sexuelle Traumatisierungen und körperliche Mißhandlungen in der Kindheit; Wetzels, Gewalterfahrungen in der Kindheit; Lange, Sexuelle Belästigung und Gewalt.

onsstudie von Bange/Deegener[7] ermittelt sehr ähnliche Ergebnisse wie die Vorgängeruntersuchung von Bange[8], was auch einen sicheren Hinweis auf die Aussagekraft der Untersuchungen gibt. Auch die Relation von Frauen und Männern mit Missbrauchserfahrungen trägt sich durch die Studien hindurch.

Ernst problematisiert die Gefahr „überblähter Prävalenzen"[9] in Missbrauchsstudien. Etwa steigt die Prävalenz in einer Untersuchung aus San Francisco[10] auf 54 %, wenn die Altersgrenze auf 18 Jahre gesetzt wird und sexuelle Aktivitäten ohne Körperkontakt einbezogen werden. Ebenso klettert die Prävalenz in die Höhe, wenn auch solche Ereignisse als Missbrauch gewertet werden, die zwar nicht die Befragten als solchen bewerten, jedoch die Befragenden. Dahinter steht die Vorstellung, dass auch sexuelle Erlebnisse, die von den Betroffenen subjektiv (noch) nicht als problematisch empfunden werden, doch als Missbrauch einzuordnen sind.[11] Unterschiedliche Voraussetzungen im Forschungsdesign müssen diskutiert, relativiert und problematisiert werden. Die Kontroverse um überblähte Prävalenzen kann jedoch nicht daran vorbei schauen lassen: Sexueller Missbrauch in der Kindheit findet statt, und zwar in unübersehbarem Ausmaß.

Bei allen Differenzen liefern die Untersuchungen einen gesicherten Bestand an Ergebnissen. Wenn sich die Voraussetzungen in Prävalenzstudien entsprechen, kann mit vergleichbaren Ergebnissen gerechnet werden. So folgert Ernst: „Übereinstimmendes Vorgehen, übereinstimmende Resultate."[12] Resümierend ist festzustellen:

„Befragungen mit eindeutiger Falldefinition, hoher Ausschöpfungsquote und einem Befragungsinstrument, das nicht selber selektionierend wirkt, ergeben in recht guter Übereinstimmung von Studien aus Europa und den Vereinigten Staaten, daß 10-15 % der Frauen und 5-10 % der Männer bis zum Alter von 14 Jahren oder 16 Jahren mindestens einmal einen unerwünschten oder durch ‚moralische' Übermacht

---

[7] Bange/Deegener, Sexueller Mißbrauch an Kindern.
[8] Bange, Die dunkle Seite der Kindheit.
[9] Ernst, Zu den Problemen der epidemiologischen Erforschung, 62.
[10] Russel, The secret trauma.
[11] So etwa erhöht sich die Prävalenz bei Gloor/Pfister auf 68 % der befragten Frauen: 25 % bezeichnen sich als sexuell missbraucht, während 43 % ein Erlebnis angeben, das von den Befragenden als sexuelle Ausbeutung gewertet wurde, vgl. Gloor/Pfister, Kindheit im Schatten.
[12] Ernst, Probleme der epidemiologischen Erforschung, 61.

einer deutlich älteren Person oder durch Gewalt erzwungenen sexuellen Körperkontakt erlebt haben."[13]

Wenn über die Zahl der sexuell missbrauchten Kinder hinaus außerdem die von sexueller Gewalt ab dem 16. Lebensjahr betroffenen Frauen berücksichtigt werden, erhöht sich die Zahl der von Gewalt betroffenen Frauen drastisch. In Deutschland wurde 2004 vom Bundesministerium für Familie, Senioren, Frauen und Jugend die erste repräsentative und international vergleichbare Studie zu Gewalterfahrungen von Frauen ab dem 16. Lebensjahr veröffentlicht.[14] Diese Untersuchung kommt zu alarmierenden Ergebnissen zur Lebenssituation von Frauen:[15]

- Jede zweite bis dritte Frau erlebt körperliche Übergriffe im Erwachsenenleben.
- Jede siebte Frau erlebt strafrechtlich relevante sexuelle Gewalt.

Diese Ergebnisse sollen hier nicht weiter diskutiert werden, da es in der vorliegenden Arbeit um sexuellen Missbrauch geht. Jedoch kann dieser nicht von der Thematik der sexuellen Gewalt getrennt werden. Die Zahlen machen deutlich, dass das Erleben sexueller Gewalt im Kindes- *und* im Erwachsenenleben keine Einzelfälle darstellen.

2. *Studien zu sexuellem Missbrauch in internationalen Vergleich*

Angestoßen durch die Frauenbewegung wurden ab den 70er Jahren erste Bücher zur Thematik sexuellen Missbrauchs veröffentlicht. Dabei handelte es sich in erster Linie um Erfahrungsberichte von Betroffenen.[16] Die wissenschaftliche Auseinandersetzung trieb als einer der ersten der US-Amerikaner Finkelhor in den 80er Jahren voran.[17] Früher als in anderen Ländern befasste sich US-amerikanische Forschung mit sexuellem Missbrauch. Darf dieser Umstand zu der Annahme verleiten, dass diese Problematik in den USA eine größenmäßig bedeutendere Rolle einnimmt? Ist das Vorkommen sexuellen Missbrauchs kulturell gebunden und damit länderspezifisch unterschiedlich?

---

[13] Ebd., 68f.
[14] Bundesministerium für Familie, Senioren, Frauen und Jugend, Lebenssituation, Sicherheit und Gesundheit von Frauen in Deutschland.
[15] Vgl. ebd., 9f.
[16] Eines der frühen Bücher in Deutschland aus dem Jahr 1984: Kavemann/Lohstöter, Väter als Täter.
[17] Finkelhor, Child sexual abuse; Finkelhor, Sourcebook on child sexual abuse.

Inzwischen existieren in zahlreichen anderen Ländern vergleichbare epidemiologische Studien. 1994 machte Finkelhor 21 Studien ausfindig, die außerhalb Nordamerikas und Kanadas durchgeführt wurden.[18] Diese Untersuchungen stammen vor allem aus englischsprachigen und nordeuropäischen Ländern, was Rückschlüsse auf die finanziellen Forschungskapazitäten der jeweiligen Länder zulässt. In allen 21 Studien kommen sexuelle Missbrauchserfahrungen vor, zwischen wenigstens 7 % bei den Frauen und 3 % bei den Männern bis hin zu 36 % bei den Frauen und 29 % bei den Männern. Aufgrund unterschiedlicher Untersuchungsanlagen sind die Ergebnisse nicht direkt vergleichbar. Generalisierend jedoch ist zu beobachten: Sexueller Missbrauch findet überall in größerem Umfang statt, als die offiziellen Zahlen der Anzeigestatistik berichten. Außerdem gibt es keine Anhaltspunkte dafür, dass in US-Amerika mehr Kinder missbraucht würden als in anderen Ländern. Missbrauch geschieht in allen Ländern. Ähnliche Ergebnisse gibt es auch hinsichtlich des Verhältnisses von weiblichen und männlichen Opfern: Für Frauen liegt die Rate 1,5 bis 3 mal so hoch wie für Männer.[19]

Finkelhor kann für die Länder Afrikas und des Mittleren und Fernen Ostens kaum vergleichbare Studien ausfindig machen. Das dürfte mit der schlechteren finanziellen Ausstattung im Bildungs- und Forschungsbereich zusammen hängen. Hier besteht weiterhin Untersuchungsbedarf. Eine differenzierte vergleichende Forschung im internationalen Rahmen ist notwendig, um das Bewusstsein für die Missbrauchsthematik zu heben und um die Missbrauch fördernden kulturellen und sozialen Bedingungen zu identifizieren und zu minimieren.

3. Sexueller Missbrauch – historische Perspektive

Es ist davon auszugehen, dass sexueller Missbrauch nicht nur international verbreitet ist, sondern auch alle Epochen der Menschheitsgeschichte hindurch existiert hat. Missbrauch ist also keine neuzeitliche Erscheinung, die mit zunehmender sexueller Liberalisierung, veränderter Erziehung oder einer allgemein wahrnehmbaren Sexualisierung gerade in den Medien verbunden wäre. Im Gegenteil muss beim Blick in die Geschichte die Vorstellung der glücklichen Kindheit in der heilen Familie sehr schnell aufgegeben werden:

---

[18] Finkelhor, Zur internationalen Epidemiologie von sexuellem Missbrauch an Kindern, 72-85.
[19] Vgl. ebd., 75.

„Die Geschichte der Kindheit ist ein Alptraum, aus dem wir gerade erst erwachen. Je weiter wir in der Geschichte zurückgehen, desto unzureichender wird die Pflege der Kinder, die Fürsorge für sie, und desto größer die Wahrscheinlichkeit, daß Kinder getötet, ausgesetzt, geschlagen, gequält und sexuell mißbraucht wurden."[20]
Antike Heldenerzählungen und Mythen geben Zeugnis davon, dass bereits vor Jahrtausenden sexuelle Handlungen an Kindern vorgenommen wurden. Durch alle Zeiten, in allen Kontexten und Religionen wurden und werden Kinder sexuell ausgebeutet.[21] Auch im 20. Jahrhundert hielt sich bis in die 80er Jahre der Mythos vom „Schwarzen Mann" – dem fremden, gestörten Täter, der den Kindern etwas zuleide tut. Erst dann fiel das Tabu, das durch eine Welle von Veröffentlichungen endgültig gebrochen wurde. Bange hält im Blick auf die Geschichte und auf die heutige Diskussion folgende Beobachtungen fest:

„Mit Ausnahme der heutigen Diskussion wurde sexueller Missbrauch immer als ein besonderes Problem seiner Zeit hingestellt. Die historische Kontinuität wurde nicht wahrgenommen. Nach den Folgen für die Opfer wurde, außer seitens der Frauen- und Kinderschutzbewegung, meist nicht gefragt. Die Wissenschaftler, die Psychologen, die Pädagogen, die Mediziner und die Juristen standen selten auf der Seite der Opfer. Meist waren sie damit beschäftigt zu beweisen, dass die Opfer lügen, fantasieren oder ,es' selbst wollen."[22]

4. *Zum Geschlecht von Opfern und Tätern*

Während die Opfer sexuellen Missbrauchs in der Mehrzahl weiblich sind, ist das Geschlecht der Täter größtenteils männlich. Jedoch sind beide Zahlen einer genaueren Betrachtung zu unterziehen:

Die polizeiliche Kriminalstatistik ermittelt 96,5 % männliche Täter für das Berichtsjahr 2003.[23] Dementsprechend sind lediglich 3,5 % der Täter weiblich, was jedoch nicht unbedingt die Realität abbildet. Nach wie vor gibt es kaum Literatur und Forschungsergebnisse darüber, weshalb Frauen Kinder missbrauchen.[24] Kavemann/Braun schätzen aufgrund der vorliegenden Ergebnisse und der Erfahrungen in beraterischer Praxis, dass der Anteil

---

[20] DeMause, Hört ihr die Kinder weinen, 12.
[21] Zum geschichtlichen Überblick vgl. Trube-Becker, Historische Perspektive sexueller Kontakte zwischen Erwachsenen und Jugendlichen; Bange, Sexueller Mißbrauch an Kindern, 11-39.
[22] Bange, Geschichte, 141.
[23] Vgl. Bundeskriminalamt, Polizeiliche Kriminalstatistik Bundesrepublik Deutschland, 138.
[24] Vgl. Enders, Zart war ich, bitter war´s, 50.

weiblicher Täter bei 10-15 % anzusetzen ist.[25] Weshalb wird dieser nicht unbeträchtliche Anteil so wenig thematisiert? Existiert ein Tabu im Tabu? Frauen als Täterinnen sprengen stereotype Rollenklischees. Männer gelten als die Mächtigeren, Aktiveren, Aggressiveren, während Frauen passiv und still erdulden. Auch die Betonung feministischer Ursachenforschung, Gewalt sei ein Männerphänomen, mag zur Unsichtbarmachung von gewalttätigen Frauen beigetragen haben. Außerdem führt vielfach die fälschliche Vorstellung, Missbrauch habe in erster Linie mit Sexualität zu tun, zur naiven Frage: Was kann denn schon eine Frau – ohne Penis – tun? Was soll denn da an sexueller Praxis stattfinden? Neben dieser Verleugnung existieren Klischees wie das der Frau in den besten Jahren, die eine sexuelle Beziehung zum erwachenden Jüngling pflegt und diesen in die Liebe einführt. Dass Frauen auch Mädchen missbrauchen, scheint gänzlich unvorstellbar.

Sexueller Missbrauch durch Frauen rüttelt also an den Grundlagen einer Gesellschaftsordnung, die von traditionellen Geschlechtsrollen geprägt ist. Das Thema „hinterfragt die Gültigkeit eines vereinfachten ‚Täter-Opfer-Schemas', das stets von männlicher Macht gegenüber weiblicher Ohnmacht ausgeht."[26]

Die Ursachen für Missbrauch durch Frauen unterscheiden sich grundsätzlich nicht von denen bei missbrauchenden Männern.[27] Sexueller Missbrauch durch Frauen wird als Bestrafungsritual oder als Neidproblematik beschrieben[28], jedoch bleibt zentral die Machtdimension:

„Missbrauch ist Machtmissbrauch – auch der Missbrauch durch Frauen. Frauen befinden sich im öffentlichen Bereich in einer strukturell benachteiligten Position und sind oft aufgrund ihres Mutterseins in ihrer beruflichen Karriereplanung eingeschränkt. Die Machtlosigkeit von Frauen im öffentlichen Bereich verwandelt sich in der Sphäre des Privaten in eine Position der Macht gegenüber den ‚eigenen' Kindern."[29]

Damit soll jedoch nicht einer billigen Rechtfertigung von Täterinnen Vorschub geleistet werden. Die Verantwortung bleibt voll und ganz auf der Seite der Täterin, deren alleinige Aufgabe es ist, Erfahrungen von Machtlosigkeit, Neid und Wut zu bewältigen.

---

[25] Vgl. Kavemann/Braun, Frauen als Täterinnen, 122; Enders, Zart war ich bitter war's, 106.
[26] Enders, Zart war ich, bitter war's, 50.
[27] Vgl. Kavemann/Braun, Frauen als Täterinnen, 124f.
[28] Vgl. ebd., 124f.
[29] Enders, Zart war ich, bitter war's, 50f.

Ähnlich tabuisiert wie der Missbrauch durch Frauen ist die Tatsache, dass nicht nur Mädchen, sondern auch Jungen Opfer sexueller Übergriffe werden. Abhängig von Forschungsmethodik, vorausgesetzter Definition und Stichprobe ermitteln nationale und internationale Dunkelfeldstudien, dass zwischen 3 und 30 % aller Jungen in der Kindheit Opfer sexueller Gewalt werden.[30] Darüber hinaus ist in spezifischen Milieus wie bei jugendlichen Sexualstraftätern oder männlichen Strichern von einer noch deutlich höheren Betroffenheit auszugehen.[31]

Die Erfahrungen missbrauchter Jungen unterliegen hohen Schweigegeboten. Auch hier kann von einem Tabu im Tabu gesprochen werden. Die Tatsache, dass Jungen sexuell missbraucht werden, kollidiert mit herrschenden Männlichkeitsidealen, die gerade für die Sozialisation von Kindern große Bedeutung haben. Ein Junge hat aktiv und wehrhaft zu sein, ein Indianer kennt keinen Schmerz. Unter solchen Vorzeichen wird es für Jungen schwer – und später für erwachsene Männer oft noch mehr –, sich als Opfer zu outen. Von Männern missbrauchte Jugendliche erleben häufig eine erhebliche Verunsicherung hinsichtlich ihrer sexuellen Orientierung. Zur sexuellen Traumatisierung kommen Schamgefühle, nun homosexuell zu sein, was in einer heterozentrisch geprägten Gesellschaft eine zusätzliche Abweichung von der Norm darstellt und als negativ empfunden wird. Männliche Opfer reagieren auf den Missbrauch mit deutlichen Beeinträchtigungen. Eine mögliche Reaktion stellen externale, aggressive Verhaltensweisen dar, ebenso und oft übersehen jedoch auch internalisierende Auswirkungen wie Rückzug und Depression.[32]

Zusammenfassend ist festzustellen: Um keine weiteren Tabus im Tabu beizubehalten, ist es wichtig, das Phänomen Missbrauch in allen Formen zu reflektieren. Dazu gehören auch Jungen als Opfer und Frauen als Täterinnen.

5. *Täterstrategien*

Um die Dynamik sexuellen Missbrauchs und die Auswirkungen für die Betroffenen verstehen zu können, sollen einige – allerdings nur sehr grundsätz-

---

[30] Vgl. Boehme, Jungen als Opfer, 246; Julius/Boehme, Sexuelle Gewalt gegen Jungen, 27-71.
[31] Vgl. Boehme, Jungen als Opfer, 246.
[32] Vgl. Eberhardt, Die unverstandenen Opfer, 355-360.

liche – Angaben zu den Täterstrategien folgen.[33] Die Strategien sollen in drei Bereiche eingeteilt werden:
- Grundsätzlich: Wer missbraucht wen?
- Welche Taktiken wendet der Täter bis zum Missbrauch an?
- Welche Mechanismen macht er sich während und nach dem Missbrauch zu Nutze?

<u>Wer missbraucht wen?</u>

Enders ermittelt, dass zahlreiche Täter im Laufe ihres Lebens viele Kinder missbrauchen, die Angaben gehen in den dreistelligen Bereich. Täter missbrauchen oft mehrere Mädchen und Jungen gleichzeitig und haben ihre Opfer sowohl innerhalb der Familie als auch im außerfamilialen Nahbereich und im beruflichen Umfeld.[34] Missbraucher agieren also strategisch. Sie suchen sich Kontexte, in denen sie mit Kindern zu tun haben, wählen etwa entsprechende ehrenamtliche und berufliche Aufgaben. Missbrauch passiert nicht zufällig. Die Täter sind den Opfern in der Regel bekannt:

„Mädchen werden zu etwa einem Drittel von Tätern und Täterinnen aus der Familie missbraucht ((Stief)-Väter, Brüder, Mütter, im Haushalt lebende Opas). Der größte Teil kommt aus dem außerfamilialen Nahbereich – z. B. Verwandte, Pädagogen, männliche Jugendliche, Babysitter. (...) Männliche Opfer werden meist von Bezugspersonen aus dem außerfamilialen Nahraum (z.B. Bekannte, Pädagogen, Trainer) und von Fremden ausgebeutet."[35]

Welche Kinder wählen sich die Täter als Opfer aus? Auch hier ist geplantes Kalkül festzustellen: Täter sondieren Kinder, die ein leichtes Ziel darstellen. Unter besonderes Risiko fallen dabei Kinder unter folgenden Bedingungen:[36]
- „Gefühl, ungeliebt zu sein, wenig Zuwendung, Anerkennung, Liebe und Wärme durch seine Bezugspersonen zu bekommen,
- geringes Selbstwertgefühl,
- defizitäre Lebenssituation der Mutter,
- allgemeines Gewaltklima in der Familie, das zu grundsätzlicher Einschüchterung des Kindes führt,
- autoritäres Verhalten des Vaters/Täters,
- traditionelle Erziehungsvorstellungen wie Verlangen von unbedingtem Gehorsam etc.,

---

[33] Vgl. Enders, Zart war ich bitter war´s, 55-95; Heiliger, Täterstrategien und Prävention.
[34] Vgl. Enders, Zart war ich bitter war´s, 55.
[35] Ebd., 57.
[36] Heiliger, Täterstrategien und Prävention, 658f.

- Probleme in der Beziehung zwischen den Eltern,
- ein Mangel an oder gänzliches Fehlen von Sexualaufklärung des Kindes."

Kinder mit erhöhtem Missbrauchsrisiko sind also solche, die in irgendeiner Form einen Mangel erfahren, sei es in emotionaler, menschlicher, wirtschaftlicher oder körperlicher Hinsicht. Dieses Defizit wird der Täter gezielt bedienen. Conte forderte in einer Studie Kindesmissbraucher auf, eine Handlungsanweisung zum sexuellen Missbrauch zu schreiben. Diese erlauben einen Einblick in die Täterstrategien:

„Versuch irgendeinen Weg zu finden, um mit dem Kind zusammen zu leben. Wenn du ein Repertoire an Witzen hast, welche sich zwischen pikant und pornographisch bewegen (...) lass Pornohefte herumliegen. Sprich über Sex. Beobachte die Reaktion des Kindes. Steck deinen Kopf in ihre Schlafzimmer, wenn sie in ihren Betten sind. Handle so, als ob das ganz natürliche Sachen sind. Sei sympathisch. Probier eine Reihe von Komplimenten. Hab zufällig Kontakt mit ihren Brüsten.
Nimm dich ihrer an, sei nett zu ihnen. Ziele auf Kinder ab, die kein gutes Verhältnis zu ihren Eltern haben. Oder suche Kinder, die bereits Opfer waren. Suche nach irgendeiner Art von Mangel.
Ich würde ein Kind suchen, das nicht viele Freunde hat, weil es dann leichter sein wird, es zu beeinflussen und sein Vertrauen zu gewinnen. Halte Ausschau nach einem Kind, das leicht zu manipulieren ist. Es wird alles mitmachen, was du sagst. Ich würde ihm glauben machen, dass ich jemand bin, dem es vertrauen und mit dem es sprechen kann.
Suche dir einen guten Freund, der Probleme mit Alkohol und Drogen und die Einstellung hat, dass Kinder wie Hunde sind, immer nah ums Haus herum. Sei jemand, der die Kinder in Griff hat. Und wenn ein Kind irgendetwas falsch macht, wird es äußerst streng bestraft. Als Misshandler kannst du ein Kind aussuchen und anfangen, dem Kind besondere Aufmerksamkeit zu schenken. Sie werden darauf anspringen und leicht manipulierbar sein. Wenn die Eltern dir trauen, dann kannst du es auch einrichten, dass sie dich als Babysitter nehmen. Du wirst allein mit dem Kind sein und das Kind wird seine Eltern nicht mögen.
Wähle Kinder aus, die ungeliebt sind. Versuche nett zu ihnen zu sein, bis sie dir sehr vertrauen, und erwecke den Eindruck, dass sie von sich aus bereitwillig mitmachen. Benutze Liebe als Köder (...) Bedrohe sie niemals. Gib ihr die Illusion, dass sie frei entscheiden kann, ob sie mitmacht oder nicht. Sag ihr, dass sie jemand Besonderes ist. Wähle ein Kind, das bereits missbraucht wurde. Dein Opfer wird denken, dass diesmal weniger Schlimmes geschieht."[37]

---

[37] Conte 1985, zit. nach: Enders, Zart war ich, bitter war´s, 66f.

Welche Taktiken wendet der Täter bis zum Missbrauch an?

Täter orten schnell die Bedürfnisse des Kindes und stellen darüber eine besondere Form von Nähe her. Wenn diese erst entstanden ist, ist das wichtigste Ziel des Täters, die Wahrnehmung des Kindes und seiner Umwelt zu vernebeln. Im Umfeld des Kindes tritt er als Kinderfreund und Vertrauensperson auf. Je höher der soziale Status und die Autorität des Täters ist (Arzt, Priester, Lehrer etc.), desto leichter ist der Missbrauch zu verheimlichen. Gegenüber dem Kind ereignen sich zunehmend als zufällig getarnte Berührungen, die die Hemmschwelle zu körperlicher Nähe herabsetzen und zu einer Desensibilisierung der körperlichen Grenzen führen. Das Kind erlebt Zuwendung und Aufmerksamkeit. Oft erfüllen Täter auch materielle und finanzielle Wünsche des Kindes.

Welche Mechanismen macht sich der Täter während und nach dem Missbrauch zu Nutze?

Täter kennen die Opfer in der Regel sehr gut und richten Missbrauchshandlungen so ein, dass sie wie zufällig in den Alltag des Opfers passen, etwa Vorgänge der Körperpflege, Untersuchungen, Hilfestellung beim Sport etc. Die Wahrnehmung des Kindes wird systematisch außer Kraft gesetzt. Kindlicher Widerstand gegen den Missbrauch wird ignoriert. Zu den subtilen Vorgängen der Wahrnehmungsverwirrung kommen nun deutliche Drohungen, Gewaltanwendung und Schuldzuweisungen hinzu. Auf diese Weise üben die Täter Kontrolle über das Kind aus. Viele Täter erklären den Missbrauch zum Geheimnis, das verschwiegen werden muss und dessen Bruch mit Sanktionen belegt wird. Damit wird das Kind in Isolation getrieben. Der Teufelskreis von emotionaler Zuwendung und vernichtender Gewalt führt zur weiteren Verwirrung des Opfers, das sich in der Ambivalenz zwischen Zuckerbrot und Peitsche befindet.

In der Regel muss der Täter nicht mehr viel unternehmen, um im Umfeld des Kindes als unschuldig zu wirken, falls ein Missbrauchsverdacht aufkommt. Durch die systematische Vernebelung der Wahrnehmung im Vorfeld hat er ein positives Bild von sich geschaffen, das von Außenstehenden kaum in Frage gestellt wird. Typischerweise kommt es zur Spaltung in eine Gruppe von skeptischen Menschen und in eine von Personen, die die Lauterkeit des Täters kompromisslos bestätigen.

6. Zusammenfassung

Zum Ausmaß und Erscheinungsbild von sexuellem Missbrauch lassen sich folgende Erkenntnisse festhalten:
- Es gibt keine absolut zuverlässigen Zahlen, da von einer hohen Dunkelziffer auszugehen ist. International vergleichbare Studien lassen den Schluss zu, dass mindestens 10-15% aller Frauen vor dem 16. Lebensjahr sexuell missbraucht worden sind.
- Sexueller Missbrauch ist keine neuzeitliche oder spezifisch westeuropäische Erscheinung, sondern ereignet sich in allen Zeitepochen und Kontexten.
- Die überwiegende Zahl der Opfer ist weiblich, der größere Teil der Täter ist männlich. Dennoch: Auch Frauen sind Täterinnen, auch Jungen werden Opfer!
- Missbrauch passiert nicht zufällig, sondern wird vom Täter strategisch geplant. Dazu gehören die gezielte Auswahl von Kindern mit Defiziten und die Vernebelung der Wahrnehmung des Kindes und seines Umfeldes.

III. Folgen

1. Sexueller Missbrauch als Risikofaktor

Muss sich das Erleben sexuellen Missbrauchs zwingend negativ auf die Betroffenen auswirken? Ist sexueller Missbrauch an sich pathogen? Wovon hängt das Ausmaß der psychischen Beeinträchtigung durch sexuellen Missbrauch ab? Bange greift auf die Ergebnisse zahlreicher Studien zu den Auswirkungen sexuellen Missbrauchs zurück und resümiert:

„Es ist also nichts daran zu rütteln, dass sexueller Missbrauch unabhängig von anderen Faktoren schädigend wirkt. Dennoch sind die beobachteten psychischen und sozialen Auffälligkeiten nicht ausschließlich als Folge der sexuellen Ausbeutung zu sehen. Vielmehr sind sie häufig durch damit einhergehende Faktoren wie beispielsweise emotionale Vernachlässigung oder körperliche Misshandlung bedingt."[1]

Sexueller Missbrauch hat also nachhaltig schädigende Folgen und tritt häufig in Verbindung mit weiteren ungünstigen Entwicklungsbedingungen auf. Viele Studien setzen sich mit der Frage auseinander, welche biographischen

---
[1] Bange, Sexueller Mißbrauch an Kindern, 75.

Risikofaktoren zur Entstehung psychischer und psychosomatischer Krankheiten führen.[2] Auch sexueller Missbrauch gehört zu diesen Faktoren. Hier die Zusammenfassung von Egle/Hoffmanns/Steffen der in verschiedenen Studien ermittelten biographischen Risikofaktoren für die Entstehung psychischer und psychosomatischer Krankheiten:[3]
- Niedriger sozioökonomischer Status
- Mütterliche Berufstätigkeit im ersten Lebensjahr
- Schlechte Schulbildung der Eltern
- Große Familien und sehr wenig Wohnraum
- Kontakte mit Einrichtungen der „sozialen Kontrolle"
- Kriminalität oder Dissozialität eines Elternteils
- Chronische Disharmonie
- Unsicheres Bindungsverhalten nach 12./18. Lebensmonat
- Psychische Störungen der Mutter/des Vaters
- Schwere körperliche Erkrankung der Mutter/des Vaters
- Alleinerziehende Mutter
- Autoritäres väterliches Verhalten
- Verlust der Mutter
- Häufig wechselnde frühe Beziehungen
- Sexueller und/oder aggressiver Missbrauch
- Schlechte Kontakte zu Gleichaltrigen
- Altersabstand zum nächsten Geschwister >18 Monate
- Uneheliche Geburt

Je mehr Risikofaktoren eintreten, desto höher ist die Gefährdung für psychische und psychosomatische Erkrankung. Häufig treten gerade auch bei sexuellem Missbrauch Mehrfachbelastungen durch obige Risikofaktoren auf.

Fast alle Studien zu den Folgen sexuellen Missbrauchs stellen eine mehr oder weniger kleine Gruppe von Personen fest, die sich vom Missbrauch nicht beeinträchtigt fühlt. Die Zahlen gehen von bis zu einem Drittel bei Frauen und von bis zu 50 % bei Männern aus.[4] Wie sind diese Zahlen zu werten?

---

[2] Vgl. Egle/Hoffmann/Steffens, Pathogene und protektive Entwicklungsfaktoren in Kindheit und Jugend, 4-18.
[3] Ebd., 19; die Zusammenfassung bezieht sich auf Längs- und Querschnittstudien, die zwischen 1974 und 1994 erstellt wurden.
[4] Vgl. Moggi, Folgen, 119.

Ein Teil der Betroffenen, die keine Symptome zeigen, muss wohl relativiert werden: Zum einen können die Befragten sich zum Zeitpunkt der Untersuchung in einer Phase befinden, in der sie die negativen Auswirkungen des Missbrauchs noch weitgehend abgespalten haben und deshalb relativ wenig Bewusstheit darüber vorhanden ist. Zum anderen ist gerade mit Blick auf männliche Opfer zu berücksichtigen, dass solchen aufgrund herrschender Männlichkeitsideale wie Stärke und Wehrhaftigkeit ein „Outing" als Opfer erschwert wird. Außerdem werden Jungen häufiger als Mädchen von Tätern missbraucht, die nicht zur Kernfamilie gehören. Je näher Opfer und Täter sich stehen, desto massiver sind die Konsequenzen, was erklärt, weshalb Jungen sich vom Missbrauch weniger beeinträchtigt fühlen.

Die Zahl der Opfer ohne Symptome muss auch im Zusammenhang mit der Art des Missbrauchs gesehen werden. Exhibitionismus etwa ist deutlich weniger belastend einzustufen als eine Vergewaltigung. Das Ausmaß der Betroffenheit von negativen Folgen hängt am deutlichsten mit der Art und Schwere des Missbrauchs zusammen.[5] Herman stellt fest: „Ausschlaggebend für das Ausmaß der Schäden ist das traumatische Ereignis selbst. (...) Es besteht ein einfaches, direktes Verhältnis zwischen der Schwere des Traumas und seiner psychischen Wirkung."[6]

Schließlich ist es möglich, dass den Betroffenen aufgrund sonstiger positiver Lebensbedingungen so gute Bewältigungsstrategien[7] zur Verfügung stehen, dass der Missbrauch leichter verarbeitet werden kann.

2. *Die Folgen von sexuellem Missbrauch im Überblick*

2.1. Kurzzeitfolgen

Sexueller Missbrauch hat sowohl kurz- als auch langfristige Auswirkungen. Diese sind unterschiedlich stark ausgeprägt, abhängig von der individuellen psychischen Struktur und dem Umfeld des Kindes und der Art des Missbrauchs. Missbrauch kann alle menschlichen Grundvollzüge beeinflussen: Denken, Fühlen, Handeln. Die Auswirkungen sexuellen Missbrauchs auf das

---

[5] Näheres dazu unter Teil I, A. III. 4.3.
[6] Herman, Narben der Gewalt, 84.
[7] Mehr dazu im Theorieteil Bewältigung, vgl. Teil I, D.

unmittelbar betroffene Kind lassen sich in folgende vier Bereiche unterteilen:[8]

Somatische und psychosomatische Reaktionen:
- Verletzungen im Genital-, Anal- und Mundbereich
- Würgemale und Hämatome
- Geschlechtskrankheiten
- Schwangerschaft
- Kopf-, Hals-, Magen-, Bauchschmerzen unklarer Genese
- Sprachstörungen
- Schlafstörungen
- Konzentrationsstörungen
- Essstörungen
- Bettnässen
- Selbstverletzendes Verhalten

Emotionale Reaktionen:
- Angststörungen
- Niedriges Selbstwertgefühl
- Depressive Reaktionen
- Suizidgedanken und –handlungen
- Schuld- und Schamgefühle

Soziale Auffälligkeiten:
- Isolation und Rückzug
- Aggressives Verhalten
- Leistungsverweigerung, Schulprobleme
- Delinquentes Verhalten

Auffälliges Sexualverhalten:
- Altersunangemessenes Interesse an sexuellen Handlungen
- Offenes und exzessives Masturbieren
- Frühe sexuelle Beziehungen
- Angst vor Sexualität
- Sexuelle Funktionsstörungen

Die verschiedenen Wirkungen lassen sich zwei Mustern zuordnen: dem eher externalisierenden und dem eher internalisierenden Verhalten. Während

---

[8] Vgl. Moggi, Folgen, 117f.; Brockhaus/Kolshorn, Sexuelle Gewalt gegen Mädchen und Jungen, 148-158; Enders, Zart war ich bitter war's, 164-178; Bange, Sexueller Mißbrauch an Kindern, 77-92.

manches betroffene Kind auf Rückzug schaltet, sich isoliert und Aggression in Form von Selbsthass und selbstverletzendem Benehmen ausagiert, fällt ein anderes Kind durch extreme Gefühlsausbrüche und aggressives Auftreten auf. Es wird ein Zusammenhang zwischen Geschlechtszugehörigkeit und internalisierendem bzw. externalisierendem Verhalten angenommen. Demnach neigen Jungen eher zu aggressiven Reaktionen, Mädchen eher zu autoaggressiven Formen.[9]

2.2. Langzeitfolgen

Alle bisher genannten Kurzzeitfolgen können in der einen oder anderen Variation auch als Langzeitfolge auftreten. Es gibt kein homogenes Erscheinungsbild, das Rückschluss auf sexuellen Missbrauch in der Kindheit zuließe, jedoch lassen sich einige typische Störungsbereiche nennen:[10]

- Emotionale und kognitive Störungen: z.B. Angst, Scham- und Schuldgefühle, niedriges Selbstwertgefühl, negatives Selbstbild
- Persönlichkeitsstörungen: z.B. Borderlinestruktur
- Selbstverletzendes Verhalten
- Psychosomatische Symptome: Schmerzen, Lähmungen, Funktionsstörungen, für die keine organische Ursache festzustellen ist
- Dissoziative Störungen: z.B. Amnesien, Dissoziative Identitätsstörung („Multiple Persönlichkeit")
- Schlafstörungen
- Suchtverhalten
- Essstörungen
- Sexuelle Störungen: z.B. Funktionsstörungen, Promiskuität
- Störungen in interpersonalen Beziehungen: z. B. Misstrauen, Angst vor Nähe, Furcht vor Männern

Die vielfältigen und doch typischen Auswirkungen und Symptome sind zeitlich nicht begrenzt und können auch Jahrzehnte später noch oder wieder den Alltag der Betroffenen beeinflussen. Vergeblich bemühte sich Folgenforschung, ein spezifisches „Missbrauchssyndrom" zu ermitteln, das Diagnose und Therapie vereinfachen könnte. Auch wenn keine generalisierenden Aussagen möglich sind, traten mit zunehmender Sensibilisierung für die Miss-

---

[9] Vgl. Bange, Sexueller Mißbrauch an Kindern, 86f.
[10] Vgl. Moggi, Sexuelle Kindesmißhandlung: Traumatisierungsmerkmale, typische Folgen und ihre Ätiologie, 187-200; Moggi, Folgen, 118.

brauchsthematik verschiedene, offensichtlich typische Phänomene in den Fokus wissenschaftlichen Interesses. Dazu gehören zum Beispiel die Borderline-Persönlichkeit, Essstörungen und selbstverletzendes Verhalten. Seit den 90er Jahren rückt die Posttraumatische Belastungsstörung in den Mittelpunkt der psychiatrischen Forschung zu den Folgen sexuellen Missbrauchs. Diese Diagnose ermöglicht eine symptomübergreifende Auseinandersetzung mit den spezifischen Störungsbildern sexuell missbrauchter Frauen.

3. Psychodynamik

3.1. Psychodynamik I: Praxiserfahrungen

Sexueller Missbrauch verletzt die körperliche und seelische Integrität einer Person. Körperliche Verletzungen sind offensichtlich und damit medizinisch behandelbar. Schwieriger wird es bei psychosomatischen Beschwerden. Psychische Folgeerscheinungen gar benötigen eine differenzierte Auseinandersetzung mit der Psychodynamik des Missbrauchs, denn diese birgt eine Reihe von Tücken, die für Nichtbetroffene auf den ersten Blick schwer zugänglich sind. Diese Psychodynamik zwischen Opfer und Täter soll deshalb illustriert werden:[11]

Ein Vergleich zu Beginn soll verdeutlichen, worum es in der Psychodynamik des Missbrauchs geht: Eine Frau sitzt im voll besetzten Bus neben einem Herrn mittleren Alters. Sie ist in Gedanken versunken und denkt darüber nach, was sie heute zum Abendessen kocht, als sie plötzlich etwas herausreißt. Der Mann neben ihr hat laut und vernehmlich Darmgase von sich gegeben - er furzt - und wirkt dabei völlig unbeteiligt. Was passiert? Die Frau ist irritiert, bekommt einen roten Kopf. Meinen nun die anderen Mitfahrenden, sie hätte etwas damit zu tun? Sie hält die Luft an, um nichts zu riechen. Und: Sie schämt sich. Es ist ihr peinlich, dass nun vielleicht alle meinen, sie hätte sich nicht kontrollieren können. Als sie bei der nächsten Bushaltestelle den Bus verlässt, geht sie mit gesenktem Kopf zum Ausgang

---

[11] Diese Illustration sprengt eigentlich den Rahmen einer wissenschaftlichen Arbeit, da es sich um alltagsbezogene Beobachtung und Reflexionen handelt. Da diese jedoch einen Einblick in die Missbrauchsdynamik erlauben, den die Durchsicht wissenschaftlicher Literatur nicht zu geben vermag, sollen sie dennoch an dieser Stelle einbezogen werden. Es geht um langjährige Praxiserfahrungen von Beraterinnen des Frauennotrufes Passau, hinzugezogen die Literatur von Enders, Zart war ich, bitter war´s, 129-158. Namentlich erwähnt werden soll vor allem Frau Cosima Scheinost, deren kreative Ideen (vor alle die „traumatische Gleichung") in die Darstellung einfließen.

und traut sich nicht, Blickkontakt mit anderen Mitfahrenden aufzunehmen, geschweige denn mit dem Übelriecher. Nur nicht wieder auffallen. Zu Hause beim Kochen ärgert sie sich darüber, dass sie den Mann nicht einfach zur Rede stellte. Als sie das nächste Mal im Bus den Mann sieht, setzt sie sich möglichst weit weg von ihm entfernt auf einen Platz.

Was hat das Ereignis im Bus mit Missbrauch zu tun? Es geht um die Interaktion zwischen zwei Personen. Besser gesagt handelt es sich um eine Aktion und eine Reaktion. Der Mann im Bus agiert, er tut etwas, was den sozialen Regeln zuwider läuft. Eigentlich hätte er sich entschuldigen müssen. Er übernimmt die Verantwortung für sein Tun jedoch nicht. Die Frau neben ihm im Bus ist an der Planung seiner Handlung nicht beteiligt, sie weiß nicht, was er vorhat. Ihr bleibt allein die Re-aktion. Sie reagiert auf seine Aktion mit der Übernahme dessen, was eigentlich auf seiner Seite stattfinden müsste: Sie schämt sich und fühlt sich verantwortlich.

Die Psychodynamik von sexuellem Missbrauch funktioniert, natürlich vereinfacht dargestellt, nach einer Gleichung:

Da gibt es den Täter a und das Opfer b. Außerdem spielt die Größe x in der Gleichung eine wesentliche Rolle:

$$a + x = b$$

Der x-Faktor ist der Anteil, der zum Handeln des Täters dazu gehört. Im Falle der Busszene also z.B. die Schamlosigkeit des Mannes, einfach zu furzen. Dieses Gefühl jedoch, und das ist das Zentrale, wird wie in einer Gleichung mit umgekehrtem Vorzeichen auf die andere Seite gebracht:

$$a = b - x$$

Das heißt also: Die Schamlosigkeit des Täters kommt mit umgedrehtem Vorzeichen auf die Seite des Opfers. Die Frau schämt sich. Dieser Vorgang ist nicht logisch, auch wenn das die mathematische Gleichung vielleicht suggerieren könnte. Nach diesem Prinzip vollzieht sich die wesentliche Dynamik sexuellen Missbrauchs: Der Täter agiert und das Opfer reagiert, indem es die Anteile des Täters mit umgekehrtem Vorzeichen übernimmt. Um falschen Schuldzuschreibungen vorzubeugen: Das Opfer re-agiert und ist insofern nicht eigenständig und bewusst tätig. Den Handlungsvorsprung hat immer der Täter.

Im vorliegenden Zusammenhang geht es vor allem um den x-Faktor und dessen umgekehrtes Vorzeichen auf der Seite des Opfers; im Folgenden soll der Fokus auf der Dynamik beim Opfer liegen. Um welche Anteile handelt es sich, die in der Psychodynamik eine Rolle spielen? Aus den mit der Psychodynamik des Missbrauchs zusammenhängenden Gefühlen und Themen sollen einige zentrale Motive heraus gegriffen werden:

Macht

Der Täter hat Macht über das Kind. Er ist ihm körperlich, kognitiv, emotional, finanziell etc. überlegen. Mit dem Missbrauch übt er Herrschaft über das Kind aus. Das Opfer reagiert mit dem Gefühl der Machtlosigkeit. Es kann nichts dagegen setzen und ist ohnmächtig.

Verantwortung

Bezugspersonen von Kindern tragen die Verantwortung für deren Entwicklung. Wer ein Kind sexuell missbraucht, verhält sich verantwortungslos. Völlig unlogisch, jedoch enorm wirksam, übernimmt das Opfer genau dieses fehlende Verantwortungsbewusstsein.

Schuld

Ähnlich wie mit der Verantwortung verhält es sich mit der Schuld. Das fehlende Bewusstsein für schuldiges Handeln landet auf der Seite des Opfers mit umgekehrtem Vorzeichen. Das Kind sucht die Schuld bei sich selbst. Vielfach redet der Täter das dem Opfer auch direkt ein. In diesem Zusammenhang wird deutlich: Die Rede von Schuld im Kontext sexuellen Missbrauchs ist problematisch. Schuld spielt als Gegenstand von Ethik und Religion eine ambivalente Rolle. Durch die religiösen Konnotationen spielen Wertungen herein, die die Dynamik hochbrisant werden lassen. Gerade im Rahmen der vorliegenden Arbeit muss das reflektiert werden. Hier soll bereits darauf hingewiesen werden: Wenn es um Missbrauch geht, geht es auch um Schuld, und diese landet oft auf der Seite des Opfers.

Scham

Wenn es eines der hartnäckigsten Gefühle zu benennen gäbe, an dem Missbrauchsopfer leiden, dürfte es sich wohl um Scham handeln. Die Opfer übernehmen die fehlenden Schamgefühle des Täters und genieren sich für das Erlebte.

Folgen

Vertrauen

Der Täter baut strategisch ein Vertrauensverhältnis zum Kind auf. Er suggeriert ihm Zuneigung, Anerkennung und Wertschätzung. Der Missbrauch löst im Opfer einen Bruch des aufgebauten Vertrauens aus. Dieser Vertrauensbruch bezieht sich in Folge nicht nur auf das Verhältnis zum Täter. Opfer sexuellen Missbrauchs können auch anderen Beziehungen und dem Leben insgesamt eine misstrauische Haltung entgegenbringen. Wenn Nähe und Vertrauen so gravierend ausgenutzt wurden, scheint ein gewisses Maß an Skepsis eine nahe liegende Konsequenz zu sein.

Sprache

Der Täter hat durch seinen höheren Entwicklungsstand auch sprachlich andere Möglichkeiten als das Kind. Er kann Vorgänge benennen oder nicht, Erklärungen liefern oder nicht. Vor allem kann er sein Handeln zum Geheimnis erklären, das Kind mit Drohungen und Gewalt einschüchtern. Das Opfer reagiert im wahrsten Sinne des Wortes sprachlos. Gerade auch kleinen Kindern und solchen, die keine adäquate sexuelle Aufklärung erlebt haben, fehlen gänzlich die Worte für das, was mit ihnen geschieht.

Angst

Vielfach tatsächlich und vor allem im übertragenen Sinn ist sexueller Missbrauch lebensbedrohend und Angst einflößend. Nicht umsonst sprechen viele vom Seelenmord. Dem furchtlosen Agieren des Täters steht das Entsetzen, die Panik und die Angst des Opfers gegenüber.

Kontrolle

Pädagogische Maßnahmen haben oft mit Kontrolle zu tun. Hat das Kind die Zähne geputzt? Die Hausaufgaben gemacht? Kinder sind in gewissem Maß an solche Kontrolle gewöhnt. Der sexuelle Missbraucher übt gezielt verstärkte Überwachung auf das Kind aus. Diese betrifft vielfach gerade auch körperliche Vollzüge wie Baden des Kindes, Untersuchung des Kindes inklusive der Genitalien etc. Das Opfer erlebt dadurch den Kontrollverlust von Autonomie und Körperbewusstsein.

Wahrnehmung

Mit subtiler Strategie und langfristiger Planung gewinnt der Täter das Vertrauen des Kindes. Dieses lässt sich darauf ein und ist – aus der Perspektive des Kindes plötzlich – mit den übergriffigen Handlungen konfrontiert und erlebt einen völlig anderen Menschen. Für den Täter geht damit die Rechnung auf, denn das hat er geplant. Er hat gegenüber dem Kind und dessen Umfeld ein Bild von sich geschaffen, das dem Praxistest nicht stand hält. Das Opfer muss seine Wahrnehmung massiv in Frage stellen: Vielleicht ist alles gar nicht so, wie es auf den ersten Blick scheint? Vielleicht ist es normal, dass Erwachsene so etwas mit Kindern tun? Während der Täter sehr genau weiß, was läuft, sind die Wahrnehmung des Opfers und meist auch dessen Umfeldes verwirrt und unsicher.

Diese hier sicherlich grob vereinfachte und gleichungsartige Dynamik vermag zu veranschaulichen, weshalb Opfer sexuellen Missbrauchs so tiefgreifende Beeinträchtigungen davon tragen können. Übrigens ist die vorliegende Dynamik ebenso auf erwachsene Frauen, die sexualisierte Gewalt erleben, übertragbar. Zur Dynamik gehört auch, dass diese keinen prognostizierbaren zeitlichen Rahmen hat. Sie hört nicht einfach vier Jahre nach dem Missbrauch auf. Manche Betroffene werden ein Leben lang im Muster der Psychodynamik reagieren, wenn es um Macht, Kontrolle oder Vertrauen geht.

3.2. Psychodynamik II: Psychoanalythische Reflexion

Steinhage[12] erklärt die Psychodynamik sexuell missbrauchter Mädchen und Frauen unter Rückgriff auf den Psychoanalytiker und Freudschüler Ferenczi[13]. Dieser schließt bereits in den ersten Jahrzehnten des 20. Jahrhunderts auf eine „Unzahl"[14] von Fällen sexuellen Missbrauchs, dem auch Kinder etablierter Familien zum Opfer fallen. Er sieht seine Vermutung bestätigt, „daß das Trauma, speziell das Sexualtrauma, als krankmachendes Agens nicht hoch genug angeschlagen werden kann"[15]. Ferenczi sieht in den wesentlichen Reaktionen des Kindes die Vorgänge der Identifizierung und der Introjektion. Konkret bedeutet das:

---

[12] Steinhage, Psychodynamik sexuell missbrauchter Mädchen und Frauen, 470-474.
[13] Ferenczi, Sprachverwirrung zwischen dem Erwachsenen und dem Kind.
[14] Ebd., 307f.
[15] Ebd., 307.

Das Kind befindet sich in der Missbrauchssituation in Angst und Verwirrung gegenüber dem Täter. Gewöhnlich hat es zu ihm Vertrauen, genießt seine Zuneigung und Nähe. Doch diese wird plötzlich bedrohlich. Das Bedürfnis des Kindes nach Beendigung des Missbrauchs wird ignoriert. Das Entsetzen hört erst auf, wenn der Täter sein sexuelles Bedürfnis befriedigt hat und der Missbrauch vorüber ist. Das Opfer erlebt die Missbrauchssituation als extrem bedrohlich. Die damit verbundene Angst ist es, die das Kind dazu bringt, sich völlig mit dem Täter zu identifizieren. Die Angst zwingt das Kind dazu, „sich dem Willen des Angreifers unterzuordnen, jede seiner Wunschregungen zu erraten und zu befolgen, sich selbst vergessend sich mit dem Angreifer vollauf zu identifizieren."[16] Durch diese totale Identifikation ermöglicht sich das Kind, die lebensbedrohliche Situation zu überstehen. Wäre es sich voll im Klaren über die instrumentalisierende und missbrauchende Absicht des Täters, müsste es psychisch zusammen brechen. Nie wieder könnte es Vertrauen und Liebe entgegen bringen. Durch die Identifikation spaltet es diesen vernichtenden Teil des Täters ab.

Gleichzeitig vollzieht sich die Introjektion der Gefühle des Aggressors. „Nur die Verlagerung des Angreifers von außen nach innen kann die allumfassende Angst aufheben und die Psyche vor der existentiellen Bedrohung retten."[17] Das Opfer übernimmt also die Gefühle des Täters von Schuld und Verantwortung ebenso wie dessen Hass- und Vernichtungsanteile. „Das Mädchen hat nun das Gefühl, die Bedrohung selbst ausgelöst zu haben. Damit vollzieht sich eine Umdeutung der Situation: Sie spürt nicht mehr ihre vollkommene Ohnmacht, ihr Ausgeliefertsein, ihre Todesangst, sondern sie macht sich selbst zur aktiv Handelnden. Das Mädchen verwandelt – um sich in dieser Situation zu retten – die äußere Realität in eine innere."[18] Oder dasselbe in den Worten von Ferenczi: „Durch die Identifizierung, sagen wir Introjektion des Angreifers, verschwindet dieser als äußere Realität und wird intrapsychisch, statt extra"[19].

Sowohl die Praxiserfahrungen als auch die psychoanalytischen Reflexionen zur Psychodynamik verdeutlichen: Die negativen Folgen für das Opfer hängen vor allem mit den Gefühlsverschiebungen zwischen Täter und Opfer zusammen. Erst durch das Nachvollziehen dieser Dynamik können Stimmungslagen von Betroffenen verstanden werden, die auf den ersten Blick

---

[16] Ebd., 308.
[17] Steinhage, Psychodynamik sexuell missbrauchter Mädchen und Frauen, 472.
[18] Ebd., 472.
[19] Ferenczi, Sprachverwirrung zwischen dem Erwachsenen und dem Kind, 308.

absurd wirken: Betroffene artikulieren Botschaften wie „Ich bin schuld; ich habe es gewollt; ich bin eine Hure; ich bin böse; ich hasse mich; ich bin eklig". Darin zeigen sich die vernichtenden Botschaften des Täters, die aus psychoanalytischer Sicht über den Vorgang der Identifikation und Introjektion des Aggressors internalisiert werden.

4. Sexueller Missbrauch als Trauma

4.1. Was ist ein Trauma?

4.1.1. Die Geschichte der Entdeckung

Sexueller Missbrauch hat Folgen. So unterschiedlich die Auswirkungen auf die körperliche und seelische Integrität der Betroffenen sein mögen, so gibt es doch eine Möglichkeit, die verschiedenen Symptome unter einer gemeinsamen Perspektive zu untersuchen: Sexueller Missbrauch wirkt traumatisierend. Die Einordnung von Missbrauch als Trauma hat eine eigene Entdeckungsgeschichte. Herman nennt es eine „vergessene Geschichte"[20]. Die Erforschung von Traumatisierung durch sexuelle Reize seit dem ausgehenden 19. Jahrhundert mag an eine spannungsvolle und abenteuerliche Expedition erinnern – eine Forschungsreise, die immer wieder unterbrochen und erneut aufgenommen wurde. Herman sieht einen Zusammenhang zwischen der wissenschaftsgeschichtlichen Dynamik und dem Forschungsgegenstand:

„Die Erforschung psychischer Traumata hat eine eigenartige Geschichte – immer wieder gibt es Phasen der Amnesie. Auf Zeiten intensiver Forschungstätigkeit folgten immer wieder Zeiten, in denen das Thema in Vergessenheit geriet. (...) Der Grund für die periodische Amnesie ist nicht der übliche Wechsel der gerade aktuellen Themen, dem jede geistige Arbeit unterliegt. Daß die Erforschung psychischer Traumata nur schleppend Fortschritte macht, liegt nicht an mangelndem Interesse. Das Thema provoziert vielmehr so starke Kontroversen, daß es periodisch tabuisiert wird. Bei der Erforschung psychischer Traumata stieß man wiederholt in Bereiche des Undenkbaren vor und kam zu grundlegenden Glaubensfragen. Die Untersuchung psychischer Traumata konfrontiert den Forscher mit der Verwundbarkeit des Menschen in seiner natürlichen Umwelt und mit der Fähigkeit zum Bösen als Teil der menschlichen Natur. Wer psychische Traumata untersucht, muß über furchtbare Ereignisse berichten."[21]

---

[20] Herman, Narben der Gewalt, 17.
[21] Ebd., 17.

Für den Umgang mit Traumatisierung spielt es auch eine Rolle, wodurch das Trauma ausgelöst wurde: Während es vielen Menschen leicht fällt, durch Naturkatastrophen traumatisierten Personen Mitgefühl und Solidarität zu zeigen, wird das bei Traumatisierungen im zwischenmenschlichen Bereich schwieriger. Hier ist es nötig, grundsätzliche Annahmen in Frage zu stellen: Kann ein Mensch so bösartig sein? Warum? Diese Verunsicherung im Menschen- und Weltbild führt nicht selten dazu, die Realität des psychischen Traumas anzuzweifeln und die Schuld bei den Opfern zu suchen. „Bei der Erforschung psychischer Traumata muss man ständig gegen die Meinung ankämpfen, das Opfer als unglaubwürdig hinzustellen oder unsichtbar zu machen."[22] Wenn das geschieht, passiert das, was die Strategie des Täters vorsieht. Er ist es, der Schweigen verordnet, der die Wirklichkeit vernebelt und Wahrnehmung wie Glaubwürdigkeit des Opfers systematisch ausschaltet.

Immer wieder in der Geschichte der Erforschung psychischer Traumata setzte sich dieses Muster durch. Das ungeheuerliche, empörende, entsetzende Wissen kann nicht ausgehalten werden und wird dem Reich unbewusster Wünsche, Phantasien und der pathologischen Struktur des Opfers angelastet. Doch nicht nur die Glaubwürdigkeit des Opfers, sondern auch die der Forschenden wurde immer wieder in Zweifel gezogen. Diese Linie lässt sich seit den Anfängen wissenschaftlicher Auseinandersetzung bei Freud verfolgen. Herman benennt drei verschiedene Traumata, die seit dem ausgehenden 19. Jahrhundert ins Bewusstsein rückten und die Traumaforschung wesentlich voran brachten: Hysterie, Kriegstraumata, Gewalt gegen Frauen.[23] Diese drei Stationen sollen im Folgenden nachgezeichnet werden.

a. *Psychoanalytische Hysterieforschung*

Die sich im ausgehenden 19. Jahrhundert entwickelnde psychoanalytische Forschung setzte sich ausführlich mit der Hysterie auseinander, die als *die* Frauenkrankheit schlechthin galt.[24] Als Ahnherr der Hysterieforschung gilt der französische Neurologe Jean-Martin Charcot, der in der Pariser Salpetriere eine Reihe hoch qualifizierter Ärzte seiner Zeit um sich versammelte, unter anderem auch Sigmund Freud. Charcot ging mit diagnostischem Blick an die hysterischen Erscheinungen heran: Er beschrieb, kategorisierte

---

[22] Ebd., 19.
[23] Vgl. ebd., 20.
[24] Das verdeutlicht auch die Etymologie des Wortes: griechisch Hystera = Gebärmutter.

und bewertete das Verhalten der Frauen. Den Gefühlen der Patientinnen galt sein Interesse allerdings nicht. Aus heutiger Perspektive mag das eigenartig wirken, jedoch darf dabei der zeitliche Kontext nicht außer Acht gelassen werden, innerhalb dessen die wissenschaftliche Auseinandersetzung mit Hysterie als Paradigmenwechsel beurteilt werden muss. Charcots Forschungsarbeit fand in einer Zeit statt, in der sich das aufstrebende und aufgeklärte Bürgertum gegen aristokratische und klerikale Weltanschauungen und Strukturen durchsetzen musste. Die Erforschung der Hysterie darf in diesem Kontext als fortschrittlich gelten. „Charcots Thesen zur Hysterie boten wissenschaftliche Erklärungen für Phänomene wie Besessenheit durch Dämonen, Zauberei, Exorzismus und religiöse Ekstasen."[25]

Charcots Schüler setzten es sich zum Ziel, die Ursache der Hysterie zu finden. Anders als ihr Lehrer ließen sie sich auf Gespräche mit den Patientinnen ein und kamen zu auffallend ähnlichen Ergebnissen. Pierre Janet in Frankreich und Sigmund Freud mit Josef Breuer in Wien erkannten, dass hysterische Phänomene die Folge eines psychischen Traumas seien.[26] Freud formuliert das am 21. April 1896 in seinem Vortrag „Zur Ätiologie der Hysterie" vor seinen Kollegen vom Verein für Psychiatrie und Neurologie in Wien folgendermaßen:

„Sie erraten es wohl, meine Herren, daß ich jenen letzten Gedankengang nicht so weit ausgesponnen hätte, wenn ich Sie nicht darauf vorbereiten wollte, daß er allein es ist, der uns nach so vielen Verzögerungen zum Ziel führen wird. (...) Ich stelle also die Behauptung auf, zugrunde jedes Falles von Hysterie befinden sich – durch die analytische Arbeit reproduzierbar, trotz des Dezennien umfassenden Zeitintervalls – *ein oder mehrere Erlebnisse von vorzeitiger sexueller Erfahrung*, die der frühesten Jugend angehören. Ich halte dies für eine wichtige Enthüllung, für die Auffindung eines caput Nili der Neuropathologie."[27] Freud selbst weiß um die Sprengkraft seiner Theorie und versucht am Ende seines Vortrages, Zweifeln entgegenzuhalten: „Auf Widerspruch und Unglauben gefaßt, möchte ich meiner Sache nur noch eine Befürwortung mit auf den Weg geben. Wie immer sie meine Resultate aufnehmen mögen, ich darf sie bitten, dieselben nicht für die Frucht wohlfeiler Spekulation zu halten. Sie ruhen auf mühseliger Einzelerforschung der Kranken, die bei den meisten Fällen hundert Arbeitsstunden und darüber verweilt hat."[28]

---

[25] Herman, Narben der Gewalt, 28.
[26] Vgl. ebd., 23.
[27] Freud, Zur Ätiologie der Hysterie, 438f.
[28] Ebd., 458.

Als Verführungstheorie ist diese Erkenntnis Freuds in die Geschichte eingegangen.[29] In den somatischen Erscheinungen der untersuchten Hysterikerinnen sieht Freud einen Zusammenhang mit den frühkindlichen traumatischen Erfahrungen. Während Charcot die Patientinnen mit Hypnose behandelte, eröffnete Freud ihnen in Gesprächen in wert- und zensurfreier Atmosphäre einen Raum, in dem sie sich mit allen Assoziationen ausbreiten konnten.[30] Durch diese Art der Behandlung begaben sich Arzt und Patientin auf die gemeinsame Suche nach den Ursachen des hysterischen Verhaltens, was für den zeitlichen Kontext mehr als erstaunlich gelten darf. Eine Patientin nannte diesen Prozess treffender weise „*talking cure*"[31].

Bereits ein Jahr später widerruft Freud seine Verführungstheorie und begründete das in einem Brief an Wilhelm Fließ.[32] Die tief greifenden Konsequenzen der Verführungshypothese bringen Freud in große innere Konflikte. Folgende Erfahrungen bringen Freud dazu, seine Theorie aufzugeben:

- „sein Scheitern, auch nur einen Fall zum Abschluss zu bringen,
- sein Unglaube an das Ausmaß des sexuellen Missbrauchs durch Väter,
- das Fehlen eines sicheren Kriteriums, eindeutig zwischen Realität und affektiv besetzten Phantasien unterscheiden zu können,
- die Erkenntnis der zwangsläufigen Unvollständigkeit einer jeden Behandlung, da sich das Unbewusste letztlich nicht vom Bewussten bändigen lässt".[33]

Die drastischen Konsequenzen der Annahme eines Psychotraumas als Ursache von Hysterie beunruhigte Freud so stark, dass er zeitlebens zwischen Verwerfung und Bestätigung seiner Verführungstheorie hin und her schwankte. Diese Dynamik bestimmt die Auseinandersetzung mit der Thematik bis heute. Freuds Widerruf kann als prototypische Stellungnahme beurteilt werden. „An dieser markanten Stelle in der Geschichte der Psychoanalyse werden wichtige, die Wissenschaft voran treibende Neuerungen inauguriert, die zugleich den Anfang einer unheilvollen Tradition bilden: Opfer werden zum Täter deklariert, Täter werden exkulpiert."[34]

---

[29] Der Begriff „Verführung" mag aus heutiger Sicht problematisch wirken, da religiöse Gedankenverknüpfungen (Adam und Eva) und eine Selbstbeteiligung des Kindes assoziiert werden können. Freud gebrauchte das Wort im Sinne von Missbrauch.
[30] Vgl. Rijnaarts, Lots Töchter, 87.
[31] Herman, Narben der Gewalt, 24.
[32] Vgl. Freud, Briefe an Wilhelm Fliess, 283f.
[33] Krutzenbichler, Sexueller Mißbrauch als Thema der Psychoanalyse von Freud bis zur Gegenwart, 95.
[34] Ebd., 94.

Bereits bei der Erforschung der Ursachen der Hysterie kam Freud nicht daran vorbei, Sexualität, insbesondere die weibliche, zu erforschen. An die Stelle der Verführungstheorie trat in den folgenden Jahren die Theorie des Ödipuskomplexes. Veranlasst auch durch eine Selbstanalyse erkennt Freud eigene Missbrauchserfahrungen durch seine Kinderfrau[35] und berichtet von der Verliebtheit in die eigene Mutter. Hier finden sich erste Anzeichen seiner Ödipustheorie. Im Jahr 1900 geht er in seiner Traumdeutung auf die Ödipussage ein und interpretiert diese Geschichte als innerpsychischen Vorgang: Die erste sexuelle Regung des Kindes sei auf den gegengeschlechtlichen Elternteil gerichtet und der gleichgeschlechtliche Elternteil werde als Konkurrenz empfunden.[36] Freuds Blick richtet sich mit zunehmender Entwicklung der Theorie des Ödipuskomplexes auf das individuelle sexuelle Erleben. Verstärkt sieht er in den von den Patientinnen berichteten sexuellen Übergriffen sublimierte sexuelle Wünsche. 1925 beschreibt Freud das folgendermaßen:

„Unter dem Drängen meines damaligen technischen Verfahrens reproduzierten die meisten meiner Patientinnen Szenen aus ihrer Kindheit, deren Inhalt die sexuelle Verführung durch einen Erwachsenen war. Bei den weiblichen Personen war die Rolle des Verführers fast immer dem Vater zugeteilt. Ich schenkte diesen Mitteilungen Glauben und nahm also an, dass ich in diesen Erlebnissen sexueller Verführung in der Kindheit die Quellen der späteren Neurose aufgefunden hatte. Einige Fälle, in denen sich solche Beziehungen zum Vater, Oheim oder älteren Bruder bis in die Jahre sicherer Erinnerung fortgesetzt hatten, bestärkten mich in meinem Zutrauen. (...) Als ich dann doch erkennen musste, diese Verführungsszenen seien niemals vorgefallen, seien nur Phantasien, die meine Patienten erdichtet, die ich ihnen vielleicht selbst aufgedrängt hatte, war ich eine Zeitlang ratlos. (...) Als ich mich gefasst hatte, zog ich aus meiner Erfahrung die richtigen Schlüsse, daß die neurotischen Symptome nicht direkt an wirkliche Erlebnisse anknüpften, sondern an Wunschphantasien, und dass für die Neurose die psychische Realität mehr bedeute als die materielle."[37]

Kritiker werfen Freud vor, er habe mit der Theorie des Ödipuskomplexes die Verführungstheorie abgelöst: „Was folgt, ist die Abkehr von der äußeren Realität hin zu triebbedingter, angeborener Phantasiewelt, aktiver kindlicher

---

[35] Vgl. Rijnaarts, Lots Töchter, 95f; ob Freud und/oder seine Geschwister vom eigenen Vater missbraucht wurden, lässt sich nicht ausreichend klären, vgl. Bange, Verführungstheorie, 693.
[36] Vgl. Rijnaarts, Lots Töchter, 99f.
[37] Freud, „Selbstdarstellung", 59f.

Sexualität und Ödipuskomplex als Zentrum der Ätiologie psychischer Störungen."[38]

Bange merkt gegenüber Freud und seinen Verteidigern an:[39] Neben der Annahme realen Inzests gibt es zahlreiche Textstellen Freuds, in denen er die Erzählungen der Patientinnen für Phantasien hält. Außerdem verstärkt die Annahme des Ödipuskomplexes anstelle der Verführungstheorie eine Problematik, die bis heute andauert: Kindern wird nicht geglaubt. Jedoch räumt Bange auch ein: „Bei aller Kritik an Freud muss jedoch auch gewürdigt werden, dass er einer der ersten war, der sich mit den Folgen sexuellen Missbrauchs auseinander gesetzt hat."[40] In seinem zeitlichen Kontext entsprach Freuds Forschung neuzeitlichem Geist, der sich überhaupt erst entwickeln und durchsetzen musste.

Bis heute reicht die Kontroverse um die Verführungstheorie Freuds. Dieser Diskurs drückt die der Missbrauchsthematik inne wohnende Dynamik aus: Die Infragestellung von Geschlechterrollen und Machtstrukturen in Familien provoziert und fordert emotionale Widerstände heraus. Traumatisierung durch sexuellen Missbrauch ist mehr als einfach nur eine Diagnose. Bange resümiert: „Dieser Streit ist deshalb so interessant, weil er auf individueller und gesellschaftlicher Ebene zeigt, wie schwer es ist, sich mit traumatischen Erfahrungen auseinander zu setzen und ihre Realität anzuerkennen."[41]

b. *Traumatisierung durch Krieg*

Während Freuds Erkenntnisse zu Traumatisierung durch Missbrauch bald verworfen und vergessen wurden, konfrontierten die großen Weltkriege des 20. Jahrhunderts die Gesellschaft mit den weit reichenden psychischen Folgeerscheinungen der Kampfhandlungen bei den teilnehmenden Soldaten.[42] Gerade Männer, die den Krieg physisch unversehrt überstanden hatten, brachen zusammen, litten extrem an Gefühlen von Trauer, Leere, Sinnlosigkeit, Schuld und Scham. Ihr Benehmen ähnelte den Beschreibungen der hysterischen Frauen in der psychoanalytischen Forschung. Während und nach dem Ersten Weltkrieg benötigten viele Kriegsteilnehmer psychiatrische Behand-

---

[38] Krutzenbichler, Sexueller Mißbrauch als Thema der Psychoanalyse von Freud bis zur Gegenwart, 96.
[39] Vgl. Bange, Verführungstheorie, 695.
[40] Ebd., 696.
[41] Ebd., 691.
[42] Vgl. Herman, Narben der Gewalt, 34f.

lung. Zunächst wurden physische Ursachen für die psychische Symptomatik angenommen. Es entstand die Diagnose „Schützengrabenneurose"[43], die durch die erschütternde Wirkung von Minenexplosionen verursacht werde. Diese Bezeichnung wurde beibehalten, auch wenn bald deutlich wurde, dass auch nicht physisch angegriffene Männer – also auch solche ohne unmittelbare Schützengrabenerfahrungen – ähnliche Symptome zeigten. Neben diesen Erkenntnissen entbrannte ein Streit über die angemessene Behandlung der Patienten. Vielfach wurden sie als Feiglinge und Simulanten beschimpft und mit Demütigung und Elektroschocks bestraft. Andere Wissenschaftler hingegen nahmen eine ernsthafte psychiatrische Erkrankung an. Wenige Jahre nach Ende des Ersten Weltkrieges schwand das Interesse an systematischer Erforschung der Kriegstraumata.

Mit dem Zweiten Weltkrieg kehrte die Thematik ins Gedächtnis zurück. Der amerikanische Psychiater Abram Kardiner, ein Schüler Freuds, setzte sich in seiner Untersuchung von 1941 mit traumatischen Kriegsneurosen – The Traumatic Neuroses of War – auseinander. Er spricht auch die periodische Amnesie dieser Thematik an:

„Neurotische Störung als Folge von Kriegen ist ein Thema, das in den letzten 25 Jahren vielen Auf- und Abschwüngen des öffentlichen Interesses und allerlei psychiatrischen Launen ausgesetzt war. In der Öffentlichkeit hält das Interesse, das nach dem Ersten Weltkrieg sehr groß war, nicht vor, und in der Psychiatrie ist es dasselbe. (...) Das liegt auch daran, dass der gesellschaftliche Status der Veteranen nach dem Krieg sinkt."[44]

Während des Zweiten Weltkrieges wurden möglichst kurze Behandlungsstrategien bevorzugt, damit die Soldaten bald wieder einsatzfähig waren.[45] Dabei kamen Verfahren wie Hypnose zur Anwendung, wenngleich auch die therapeutische Wirkung von Gesprächstherapie mit dem nochmaligen Durchleben der traumatischen Erfahrung erkannt und praktiziert wurde. Nach Ende des Zweiten Weltkrieges geriet die Traumaforschung wiederum in Vergessenheit. Erst während der 70er Jahre formierte sich in der Selbsthilfebewegung der Vietnamveteranen ein weiter reichendes Bewusstsein für Traumatisierung durch Krieg und deren Behandlung. Außerdem wurden unter dem Eindruck des Vietnamkrieges erstmals umfangreiche Forschungsarbeiten zu den Langzeitfolgen von Kriegstraumata angefertigt.[46] Die Viet-

---

[43] Ebd., 34.
[44] Kardiner/Spiegel 1947, 406; zitiert nach: Herman, Narben der Gewalt, 39f.
[45] Vgl. Herman, Narben der Gewalt, 41.
[46] Vg. ebd., 42-44.

namveteranen selbst waren es, die die Untersuchungen vorwärts trieben. „Die moralische Überzeugungskraft der Antikriegsbewegung und die nationale Erfahrung der Niederlage in einem nicht zu rechtfertigenden Krieg hatten es möglich gemacht, dass psychische Traumata als dauerhafte und unvermeidliche Spätfolgen des Krieges anerkannt wurden."[47]

Die wissenschaftlichen Erkenntnisse zur Traumatisierung durch Krieg führten im Jahr 1980 dazu, dass von der American Psychiatric Association erstmals das „Posttraumatische Syndrom" ins Manual psychischer Erkrankungen aufgenommen wurde.[48]

c. Traumatisierung durch sexualisierte Gewalt

Als Freud seine Verführungstheorie widerrief, bezeichnete er sich als „ratlos"[49]. Er konnte nicht glauben, dass die häufigen Erzählungen seiner Patientinnen von Missbrauch und Vergewaltigung durch Vater, Bruder, Onkel oder andere Männer der Wahrheit entsprächen. Mit den Erkenntnissen zur Traumathematik durch die Selbsthilfebewegung der Kriegsveteranen entwickelte sich die Sensibilität für die psychischen Auswirkungen von Traumatisierung. Angestoßen durch die Frauenbewegung wurde in den 70er Jahren deutlich, dass nicht nur Männer im Krieg, sondern auch Frauen durch häusliche Gewalt Traumatisierungen erleiden:

„Wie Frauen wirklich lebten, war hinter dem Schleier des Privatlebens verborgen. Die Privatsphäre als allgemein anerkannter gesellschaftlicher Wert war eine wirkliche Barriere dagegen, daß weibliche Lebensrealität ins Bewußtsein drang, machte sie gewissermaßen unsichtbar. Wer über Erfahrungen des häuslichen oder sexuellen Lebens sprach, mußte auf öffentliche Herabsetzung, Spott und Unglauben gefaßt sein."[50]

In Selbsthilfegruppen sprachen Frauen über ihre Erlebnisse und stellten bald die Ähnlichkeit und Omnipräsenz ihrer Erfahrungen fest. Nach und nach traten verschiedene Formen von Instrumentalisierung, Benachteiligung und sexualisierter Gewalt gegen Frauen in das Blickfeld: Vergewaltigung, Inzest, Kindesmissbrauch, Pornographie, Prostitution etc. Mit Blick auf die Symptomatik der Opfer führte kein Weg daran vorbei, deren Leid als Folge von Traumatisierung einzustufen. Krieg findet nicht nur auf den Schlachtfeldern

---

[47] Ebd., 44.
[48] Mehr dazu unter: Teil I, A. III. 4.1.2.
[49] Freud, „Selbstdarstellung", 60.
[50] Herman, Narben der Gewalt, 45.

dieser Welt in Tschetschenien, Ruanda oder im Irak statt, sondern auch in den Kinder-, Schlaf- und Wohnzimmern, in Küchen, Schulen, Behinderten- und Altenheimen. Weibliche Lebenswelten traten aus dem Schatten des Privaten. Was Freud ein Jahrhundert zuvor geahnt hatte, konnte nun nicht mehr verdrängt werden. Sexueller Missbrauch findet statt, häufig und hauptsächlich im sozialen Nahbereich; die Opfer werden durch den Missbrauch traumatisiert. Seit den 90er Jahren konzentriert sich die psychologische, psychiatrische und psychotherapeutische Forschung zu sexuellem Missbrauch vor allem auf die traumatisierende Wirkung bei den Opfern.

d. Entstehung der Psychotraumatologie

Seit einigen Jahren erlebt der Markt an Untersuchungen und Literatur zu traumatisierenden Lebensereignissen einen Boom. Kaum ein Thema bleibt unerforscht und das Spektrum wird immer weiter: Von nicht menschlich verursachten Vorgängen wie Naturkatastrophen und Unfällen bis hin zu interpersonellen Ereignissen wie Missbrauch, Vergewaltigung und Folter.[51] Sowohl individuelle traumatische Erfahrungen – etwa Opfer eines Raubüberfalls werden – als auch kollektive Erfahrungen wie der 11. September 2001 werden untersucht. Die Konfrontation mit Traumata, die eingebettet in gesellschaftlich anerkannte Institutionen und Beziehungen stattfinden, stellen eine große Herausforderung dar: sexuelle Ausbeutung von Kindern in der Familie, Vergewaltigung in der Ehe, sexueller Missbrauch in der Psychotherapie etc.

Huber sieht die Geburtsstunde der Psychotraumatologie bei Kardiner, der bereits zur Zeit des Zweiten Weltkrieges den Begriff der Physioneurose ins Gespräch brachte.[52] Damit drückte er aus, dass sowohl körperliche als auch psychische Beeinträchtigungen mit Traumaerfahrungen zusammenhängen und die ursprünglich körperliche Verletzung durch kriegerische Handlungen vielfältige emotionale und psychosomatische Symptome verursachen kann.

---

[51] Überblicksartige Angaben zu verschiedenen Studien bei: Huber, Trauma und die Folgen, 30f.; Fischer/Riedesser, Lehrbuch für Psychotraumatologie; hier werden unterschieden: Allgemeine (Gesetzmäßigkeiten von Traumatisierung und Auswirkungen), Differentielle (interindividuelle und intersituative Unterschiede) und Spezielle Psychotraumatologie; folgende Bereiche Spezieller Psychotraumatologie werden benannt: Holocaust, Folter und Exil, Kindheitstrauma, Vergewaltigung, Gewaltkriminalität, Arbeitslosigkeit als psychisches Trauma, lebensbedrohliche Erkrankung als Faktor psychischer Traumatisierung, Mobbing.

[52] Vgl. Huber, Trauma und die Folgen, 29; Kardiner, The traumatic neuroses of war, 193.

Die Erforschung der (neuro-)physiologischen Veränderungen infolge von Traumatisierung nahm ihren Anfang.

Innerhalb der nächsten Jahrzehnte entstand ein immer differenzierteres Bewusstsein für die Folgen von Traumatisierung. Huber spricht vom „Paradigmenwechsel"[53]: Von den Anfängen psychoanalythischer Forschung zur Hysterie, verbunden mit der Kontroverse zur Beurteilung von sexuellem Missbrauch als Traumatisierung, über die Studien zu traumatischen Kriegsneurosen bis hin zu den Erkenntnissen über die traumatisierende Qualität von Gewalt gegen Kinder und Frauen wechselte das Paradigma von der Fixierung auf individuelle Pathologie hin zum Wissen um die Dynamik von Traumaerfahrungen. Die Ursachen psychischer Störungen werden nicht mehr allein in der pathologischen Struktur der Patientin gesucht, sondern die Symptome gelten als Folgen der erlebten Gewalt.

Deutsche ForscherInnen aus unterschiedlichen Disziplinen (Psychologie, Medizin, Psychiatrie, Psychotherapie etc.) suchten Anfang der 90er Jahre nach einem Namen für das verbindende Interesse und entdeckten einen gemeinsamen Nenner: die Psychotraumatologie.[54]

Parallel dazu lief eine ähnliche Entwicklung in der bereits weiter fortgeschrittenen US-amerikanischen Forschung zu Stress und Trauma.[55] Die Wortschöpfung Psychotraumatologie versucht, sich von der Chirurgischen Traumatologie abzugrenzen. In mancherlei Hinsicht kann der Vergleich zwischen körperlichen und psychischen Verletzungen zu einer Schärfung der Spezifika von Chirurgischer Traumatologie und Psychotraumatologie beitragen.[56] Einige Analogien zwischen körperlichen und seelischen Verletzungen sind nicht von der Hand zu weisen. Die Alltagssprache etwa weist auf die enge Verbindung der beiden Felder hin: Wer seelisch leidet, drückt das vielleicht aus mit: „Ich fühle mich verletzt; das geht mir unter die Haut; das geht mir durch Mark und Bein". Seelisches Erleben wird über körperliches Befinden interpretiert. Ein im Kontext von Traumatisierung wichtiger Vergleich wird ebenfalls häufig herangezogen: „Die Zeit heilt alle Wunden". Was im Bereich von Wundheilung nach chirurgischen Eingriffen zumeist korrekt ist, kann nicht unmittelbar auf den psychischen Bereich übertragen werden. Dass der Seele Selbstheilungsfähigkeiten zur Verfügung stehen, ist unbestritten, jedoch nicht uneingeschränkt und automatisch. Gerade im Kon-

---

[53] Huber, Trauma und die Folgen, 25.
[54] Vgl. Fischer/Riedesser, Lehrbuch der Psychotraumatologie, 15.
[55] Vgl. Horowitz, Stress Response Syndromes.
[56] Vgl. Fischer/Riedesser, Lehrbuch der Psychotraumatologie, 19-28.

text traumatischer Erfahrungen spielt der Faktor Zeit eine untergeordnete Rolle. Es ist also von besonderer Bedeutung, die spezifische Psychodynamik von traumatisierenden Erlebnissen in einem eigenen Fach interdisziplinär zu untersuchen.

Fischer/Riedesser stellen eine Hypothese auf, weshalb die Erforschung psychischer Traumata ein so vergleichsweise junges Fach ist:

„körperliche Verletzungen kann man sehen und anfassen (behandeln), seelische dagegen nicht. Körperliche haben eine physische Repräsentanz, seelische Verletzungen sind unsichtbar – wenn darum auch nicht weniger real und wirksam als körperliche Verletzungen. Nun fällt es den Menschen wohl immer schon leichter, sichtbare Phänomene als wirksam einzuschätzen im Vergleich mit unsichtbaren."[57]

4.1.2. Die Posttraumatische Belastungsstörung

Die Mehrzahl der Menschen kommt im Laufe ihres Lebens mit einem Trauma in Berührung. Verschiedene Studien ermitteln, dass zwischen 61 % und 81 % der Männer und zwischen 51 % und 74 % der Frauen traumatischen Erlebnissen ausgesetzt sind – unterschiedliche Angaben hängen mit differierenden Forschungsdefinitionen von Trauma zusammen.[58] Das Risiko, infolge dieser Ereignisse an einer Posttraumatischen Belastungsstörung zu erkranken, liegt nach Studien für Männer bei 8 %, für Frauen bei 20 %, wobei das Risiko steigt, je jünger ein Mensch ist.[59]

Die Ursachen von Traumatisierung variieren beträchtlich, jedoch können die psychischen Auswirkungen für die Opfer sehr ähnlich aussehen. Entscheidend ist die erlebte Psychodynamik, die den traumatisierenden Charakter von Erlebnissen ausmacht. Ob ein Verkehrsunfall als traumatisch empfunden wird, hängt auch mit der psychischen Struktur des Opfers und mit relevanten Vorerfahrungen zusammen. Das darf jedoch nicht darüber hinweg täuschen, dass die Art des Traumas das Risiko, an einer Posttraumatischen Belastungsstörung zu erkranken, nicht unwesentlich beeinflusst. Hohe Prävalenzen ergeben sich für Opfer von Vergewaltigung, Kampfeinsätzen im Krieg, Kindesmisshandlung und sexuellem Missbrauch, niedriger dagegen ist die Rate bei Opfern von Unfällen, Bränden, Naturkatastrophen.[60] „Ausschlaggebend für das Ausmaß der psychischen Schäden ist das traumatische Ereignis selbst. Individuelle Persönlichkeitsmerkmale haben angesichts ü-

---

[57] Ebd., 20.
[58] Vgl. Ehlers, Posttraumatische Belastungsstörung, 7.
[59] Vgl. ebd., 7f.
[60] Vgl. ebd., 7; Herman, Narben der Gewalt, 84-90.

Folgen

berwältigender Ereignisse wenig Gewicht. Es besteht ein einfaches, direktes Verhältnis zwischen der Schwere des Traumas und seiner psychischen Wirkung"[61]

Mit der Aufnahme der Posttraumatischen Belastungsstörung in das Diagnosehandbuch der American Psychiatric Association 1980[62] vollzog sich der letzte Schritt eines Paradigmenwechsels, der eine Revolution in der Wahrnehmung von Traumata darstellte: Die psychiatrisch relevanten Symptome von PatientInnen wurden nun nicht mehr als individuelle Pathologien bewertet, sondern als Folge traumatischer Erfahrungen. Ein veränderter Blick gilt seitdem nicht nur den ursächlichen Hintergründen bestimmter psychischer Störungen, sondern auch dem Interpretationsrahmen: Die Posttraumatische Belastungsstörung wird als Folge von extrem belastenden und/oder lebensbedrohlichen Ereignissen interpretiert und insofern als Stressfolge.[63] Damit wird an maßgebliche Stressfolgenstudien angeknüpft, etwa die von Selye[64] oder Lazarus[65]. Der amerikanische Begriff „Post Traumatic Stress Disorder" (abgekürzt PTSD) scheint besser als die deutsche Bezeichnung „Posttraumatische Belastungsstörung" (abgekürzt PTB) auszudrücken, dass es sich um eine Stressverarbeitungsstörung und weniger um eine Belastungsstörung handelt.

Die beiden großen Diagnosehandbücher – das ICD-10 von der Weltgesundheitsorganisation und das DSM-IV von der American Psychiatric Association – ordnen die PTB unterschiedlich ein:
- das ICD-10 als neurotische, Belastungs- und somatoforme Störung
- das DSM-IV als Angststörung

Die diagnostischen Kriterien stimmen im Wesentlichen überein und sollen aus dem ICD-10 vorgestellt werden:

„Posttraumatische Belastungsstörung (F 43.1)
Diese entsteht als eine verzögerte oder protrahierte Reaktion auf ein belastendes Ereignis oder eine Situation außergewöhnlicher Bedrohung oder katastrophenartigen Ausmaßes (kurz oder langanhaltend), die bei fast jedem eine tiefe Verstörung hervor rufen würde. Hierzu gehören eine durch Naturereignisse oder von Menschen verursachte Katastrophe, eine Kampfhandlung, ein schwerer Unfall oder die Tatsache, Zeuge des gewaltsamen Todes anderer oder selbst Opfer von Folterung, Terroris-

---

[61] Hermann, Narben der Gewalt, 84.
[62] Vgl. Resick, Stress und Trauma, 20f.
[63] Vgl. Maercker/Ehlert, Psychotraumatologie, 13.
[64] Selye, Stress beherrscht unser Leben; mehr dazu unter Teil I, D. II. 1.
[65] Lazarus, Streß und Stressbewältigung; mehr dazu unter Teil I, D. II. 2.

mus, Vergewaltigung oder anderer Verbrechen zu sein. Prämorbide Persönlichkeitsfaktoren wie bestimmte Persönlichkeitszüge (z.b. zwanghafte oder asthenische) oder neurotische Erkrankungen in der Vorgeschichte können die Schwelle für die Entwicklung dieses Syndroms senken und einen Verlauf verstärken, aber die letztgenannten Faktoren sind weder nötig noch ausreichend, um das Auftreten der Störung zu erklären.

Typische Merkmale sind das wiederholte Erleben des Traumas in sich aufdrängenden Erinnerungen (Nachhallerinnerungen, flashbacks), Träumen oder Alpträumen, vor dem Hintergrund eines andauernden Gefühls von Betäubtsein und emotionaler Stumpfheit, Gleichgültigkeit gegenüber anderen Menschen, Teilnahmslosigkeit der Umgebung gegenüber, Anhedonie sowie Vermeidung von Aktivitäten und Situationen, die Erinnerungen an das Trauma hervor rufen könnten. Üblicherweise findet sich Furcht vor und Vermeidung von Stichworten, die den Leidenden an das ursprüngliche Trauma erinnern könnten. Selten kommt es zu dramatischen akuten Ausbrüchen von Angst, Panik oder Aggression, ausgelöst durch eine plötzliche Erinnerung und/oder Wiederholung des Traumas oder der ursprünglichen Reaktion darauf. Gewöhnlich tritt ein Zustand vegetativer Übererregtheit mit Vigilanzsteigerung, einer übermäßigen Schreckhaftigkeit und Schlaflosigkeit auf. Angst und Depression sind häufig mit den genannten Symptomen und Merkmalen assoziiert und Suizidgedanken sind nicht selten. Drogeneinnahme und Alkoholkonsum können als komplizierende Faktoren hinzukommen.

Die Störung folgt dem Trauma mit einer Latenz, die Wochen bis Monate dauern kann (doch selten mehr als sechs Monate nach dem Trauma). Der Verlauf ist wechselhaft, in der Mehrzahl der Fälle kann jedoch eine Heilung erwartet werden. Bei wenigen Betroffenen nimmt die Störung über viele Jahre einen chronischen Verlauf und geht in eine andauernde Persönlichkeitsänderung über."[66]

Gerade die Forschungsergebnisse zur Traumatisierung von Überlebenden des Naziterrors[67] zeigen, dass eine Unterscheidung zwischen dem Erleben eines einmaligen Traumas und dem von mehrmaliger, schwerer Traumatisierung notwendig ist. Terr unterteilt zwischen Trauma Typ I und Trauma Typ II.[68] Die körperlichen und psychischen Auswirkungen sind für wiederholt und komplex traumatisierte Menschen gravierender, langfristiger und umfangreicher.

Die Erscheinungen der Posttraumatischen Belastungsstörung lassen sich drei Bereichen zuordnen: Übererregung, Intrusion und Konstriktion.[69]

---

[66] Weltgesundheitsorganisation, Internationale Klassifikation psychischer Störungen, 157.
[67] Vgl. Rossberg/Lansen, Das Schweigen brechen.
[68] Vgl. Terr, To Scared to cry, 61-81.
[69] Vgl. Herman, Narben der Gewalt, 56-72; Maercker/Ehlert, Psychotraumatologie, 13f.

Eine traumatische Erfahrung bringt den menschlichen Organismus in *Übererregung*. Dieser Alarmzustand hält an bzw. jeder Reiz, der mit dem Trauma in Zusammenhang steht, erzeugt Hochspannung in Seele und Körper. Daraus resultieren für die Betroffenen Schlafstörungen, erhöhte Reizbarkeit, Wutausbrüche und Schreckhaftigkeit, da sie sich ständig in einem Niveau erhöhter Erregung befinden.

Intrusion meint die ständige Wiederkehr von Gedanken an das traumatische Ereignis. Diese Erinnerungen an das traumatisierende Geschehen werden nicht auf dem gewöhnlichen Weg der Stressverarbeitung verarbeitet und können durch kleinste Reize im Wach- und Schlafzustand die plötzliche Herrschaft über das Leben der Traumatisierten übernehmen. Solche plötzliche hereinbrechenden Erinnerungen werden als Flashback bezeichnet. Ein Flashback ist ein psychischer Zustand, in welchem Gedächtnisinhalte aus einer vergangenen Stresssituation Macht über Erleben und Verhalten in der Gegenwart bekommen. Dabei werden Bilder, Stimmen, Gerüche, Geschmacks- und Körperempfindungen des traumatischen Erlebnisses reaktiviert und rufen Gefühle, Verhaltensmuster und körperliche Stressreaktionen der vergangenen Situation hervor.

Intrusives Erleben wird oft im Wechsel von *Konstriktion* abgelöst. Die Unausweichlichkeit und Bedrohlichkeit in der traumatischen Situation lösen bei den Betroffenen oft Lähmung und Erstarrung hervor, so dass nicht Angst und Wut, sondern eine „distanzierte Ruhe"[70] eintritt. Schmerzempfinden, Zeitgefühl und Wahrnehmung sind eingeschränkt oder verzerrt. "Diese Wahrnehmungsveränderungen gehen mit Gleichgültigkeit, emotionaler Distanz und völliger Passivität einher."[71] Dieser Zustand wird durch Dissoziation erreicht.[72]

Konstriktion und Intrusion als Reaktion auf traumatische Erfahrungen wechseln einander in „oszillierendem Rhythmus"[73] ab. Diese Ambivalenz kennzeichnet und prägt das Erleben der Betroffenen auf charakteristische Weise. „Die Dialektik gegensätzlicher psychischer Zustände ist das vielleicht eindeutigste Merkmal des posttraumatischen Syndroms."[74]

---

[70] Herman, Narben der Gewalt, 66.
[71] Ebd., 66.
[72] Mehr dazu unter Teil I, A. III. 4.2.3.
[73] Herman, Narben der Gewalt, 72.
[74] Vgl. ebd. 72.

4.2. Wie funktioniert ein Trauma?

4.2.1. Die Traumatische Zange

Was macht ein Trauma zu einem Trauma? Worin unterscheidet sich ein Trauma von einem belastenden Lebensereignis? Huber gibt „tatsächliche, extrem stressreiche äußere Ereignisse"[75] als Traumata an und grenzt diese damit von inneren Konflikten und anderen stressreichen Lebensereignissen ab. Dass ein Ereignis zum Trauma wird, hängt wesentlich mit der Dynamik zusammen, die es im Opfer auslöst. „‚Trauma' ist keine Qualität, die einem Ereignis inhärent ist noch aber einem Erlebnis als solchem. Entscheidend ist vielmehr die Relation von Ereignis und erlebendem Subjekt."[76]

Huber nennt die durch das Trauma ausgelöste Entwicklung die „Traumatische Zange"[77]: Eine Person wird von stressreichen Reizen überflutet, auf die sie nicht vorbereitet ist und deshalb nicht angemessen reagieren kann. Cannon entwickelte bereits 1914 ein Modell, das den gewöhnlichen Weg von Stressverarbeitung beschreibt. Demnach stehen der betroffenen Person zwei Bewältigungsmöglichkeiten zur Verfügung: Fight or flight.[78] Ein lebensbedrohliches äußeres Ereignis wie eine Vergewaltigung erschwert beides. Das Opfer befindet sich in der Traumazange. Könnte die Frau sich durch Rufen oder körperliche Gegenwehr verteidigen oder sie dem Angreifer durch Flucht entkommen, könnte sie dem äußeren Ereignis mit den überflutenden Reizen durch eine individuelle Strategie etwas entgegensetzen. Weder Kampf noch Flucht sind möglich, stattdessen bringt sie die Situation „in die Klemme". Es findet eine Handlungsunterbrechung statt, die umfangreiche psychische Konsequenzen nach sich zieht. Die absolute Handlungsunfähigkeit produziert das Traumaschema, das im Gehirn abgespeichert wird und später durch verschiedene Auslöser aktiviert werden kann.[79] Das Traumaschema führt etwa dazu, dass das Opfer Handlungen und Wahrnehmung unbewusst nach dem Trauma organisiert oder dass kognitive Verzerrungen eine Rolle spielen (z.B. „Ich bin schuld").

Die Traumaklemme produziert zwei Reaktionen, die unmittelbar zusammenhängen: *Freeze* und *Fragment*.[80] Freeze, das mit Einfrieren übersetzt

---

[75] Huber, Trauma und die Folgen, 38.
[76] Fischer/Riedesser, Lehrbuch der Psychotraumatologie, 59.
[77] Vgl. Huber, Trauma und die Folgen, 38f.
[78] Vgl. ebd., 41.
[79] Vgl. Fischer/Riedesser, Lehrbuch der Psychotraumatologie, 351.
[80] Vgl. Huber, Trauma und die Folgen, 43f.

werden kann, könnte als psychische Reaktion auf das Trauma so aussehen: Das Opfer erstarrt, ist wie gelähmt, kann nicht handeln oder andere kreative Lösungswege suchen. Die äußere Bedrohung wird sozusagen neutralisiert, indem innerlich ein Rückzug statt findet. Da keine adäquate Reaktion auf die Aggression möglich ist, suggeriert die Psyche dem Organismus, dass sich gar kein Angriff ereignet. Daran schließt das Fragmentieren an: Das traumatische Ereignis wird aufgesplittert. Es wird nicht als zusammenhängendes Geschehen in das Gedächtnis übernommen, sondern in viele Fragmente aufgeteilt. Auch auf diese Weise ermöglicht die Psyche dem Opfer, die gesamte vernichtende Dimension des Traumas nicht wahrnehmen zu müssen. Hofmann beschreibt diesen Vorgang folgendermaßen: „Traumatische Erinnerung ist fragmentierte Erinnerung"[81]. Das traumatisierende Geschehen wird fragmentiert: Akustische, sensomotorische und visuelle Eindrücke, Gefühle, Gerüche etc.

Von dem Moment an, in dem Freeze und Fragment eine Rolle spielen, kann von einem Trauma die Rede sein. Wenn eine Person einem Ereignis weder Kampf- noch Fluchtimpulse entgegensetzen kann und deshalb die Bedrohung auf psychischem Weg durch Erstarren und Fragmentieren gelöst werden muss, handelt es sich um eine traumatische Erfahrung, die eine Posttraumatische Belastungsstörung nach sich ziehen kann.

4.2.2. Neurophysiologie des Traumas

Das individuelle Erleben des Subjekts wird auch von den neurophysiologischen Gegebenheiten beeinflusst. Da bei traumatisierten Menschen gewisse Reaktionen, die mit neurophysiologischen Vorgängen zusammenhängen, häufig vorkommen, soll dazu ein kurzer Überblick folgen:

Kardiner sprach von der Physioneurose[82] und illustrierte damit, dass Körperliches und Psychisches bei traumatischem Erleben ineinander greifen. Die Voraussetzung der Neurose sah er in einem physiologischen Vorgang. Die neuen bildgebenden Verfahren der Gehirnforschung machen es möglich, die neurophysiologischen Vorgänge bei traumatisierten Menschen nachzuvollziehen – freilich immer nur „nachträglich", also bei bestehender Posttraumatischer Belastungsstörung, nicht im Moment der Traumatisierung. Verfahren wie die Positronen-Emissions-Tomographie (PET) oder Magnet-Resonanz-Tomographie (MRT) geben einen Einblick in die Verarbeitung von äußeren

---

[81] Hofmann, EMDR in der Therapie posttraumatischer Belastungssyndrome, 5.
[82] Kardiner, The traumatic neuroses of war, 193.

Reizen im Gehirn. Dabei kommt eine wichtige Rolle dem limbischen System zu, wo in Amygdala und Hippocampus die Stressverarbeitung statt findet.[83] Hofmann beschreibt die beteiligten Gehirnareale:
„Der Thalamus als Schaltstelle für die eintreffende sensorische Information.

Der Hippocampus (nach seiner Form – ‚Seepferdchen'), ebenfalls Teil des limbischen Systems, der den Zugriff zu räumlich und zeitlich geordneten Informationen der Erinnerungen herstellen kann. Hier liegt sozusagen ein Archiv des Gehirns, in dem in kategorialer Weise ohne große Affekte wichtige ‚Sachinformationen' (z.B. ‚Wo ist in dieser Stadt der Bahnhof?') zur Verfügung stehen.

Das Corpus amygdaloideum (nach seiner Form ‚Mandelkern'), der ein Teil des sog. Limbischen Systems ist, das viel mit der Verarbeitung von Emotionen und Erinnerungen zu tun hat. Hier wird – sehr vereinfacht gesagt – die ‚Wichtigkeit' einer Information bewertet und in einer sehr schnellen Kopplung sind auch Angst, Flucht und Kampfbereitstellungen zu mobilisieren.

Das Frontalhirn, das hier sicher in seiner Funktion nur sehr verkürzt wiedergegeben werden kann, erfüllt wichtige Funktionen der Integration verschiedener Informationen sowie der Planung zukünftiger Handlungen. Dies ist der Ort, an dem wichtige Informationen der Vergangenheit als Erinnerungen zur Verfügung stehen, um sozusagen als ‚Planungsgrundlage' verwendet werden zu können."[84]

Die Gedächtnisforschung schlägt eine Unterscheidung zwischen dem „kühlen" und dem „heißen" Gedächtnissystem vor.[85] Im „Normalfall" („kühl") trifft ein Reiz beim Thalamus ein, der als Schaltstelle weiter gibt an Amygdala und Hippocampus, von dort an das Frontalhirn mit Sprachzentren etc., wo schließlich die innere Verarbeitung abgeschlossen wird. Anders im Ausnahmezustand („heiß"): Der Reiz kommt im Thalamus an und wird sofort an die Amygdala weiter gegeben. Diese fungiert als „Rauchmelder des Gehirns", als Alarmglocke. Blitzschnell schaltet der Organismus auf Gefahrensituation um, noch bevor die Person das bewusst einordnen kann. Traumatische Erlebnisse bleiben nun im Amygdala-System gespeichert. Die hier gespeicherten Erinnerungen können durch traumabezogene Auslöser (Trigger) bewusst und vor allem unbewusst aktiviert werden.

Erinnerungen, die im „heißen" Gedächtnissystem abgespeichert werden, können im Idealfall durch Träume verarbeitet werden. Träume tragen dazu

---

[83] Vgl. zur Neuro- und Psycho- und Stressphysiologie des Traumas Kolk, Der Körper vergisst nicht, 195-217; Kolk, Trauma und Gedächtnis, 221-240; Rothschild, Der Körper erinnert sich, 36-64; Sachsse, Die normale Stressphysiologie; Sachsse, Die peri- und posttraumatische Stressphysiologie.
[84] Hofmann, EMDR in der Therapie posttraumatischer Belastungssyndrome, 5f.
[85] Vgl. Fischer/Riedesser, Lehrbuch der Psychotraumatologie, 263.

bei, überflutende Informationen „im Schlaf" zu verarbeiten. Allerdings gelingt das eher bei einem Monotrauma, also wenn eine Person einer einmaligen Traumatisierung ausgesetzt ist. Im Falle komplexer Traumatisierung wirkt der Freeze- und Fragment-Mechanismus in der Regel der Integration des stressreichen Materials entgegen.

4.2.3. Dissoziation als Hauptmechanismus

Auf die Frage, wie ein Trauma funktioniert, gäbe es viel zu sagen. Da lassen sich die Anzeichen der Posttraumatischen Belastungsstörung aufteilen in Übererregung, Intrusion und Konstriktion, doch was ermöglicht diese Symptomatik überhaupt erst? Den grundliegenden Mechanismus liefert der Vorgang der Dissoziation. Dieser ist an sich nichts Ungewöhnliches. Ständig muss jeder Mensch die eintreffenden Informationen und Reize einordnen, entweder assoziativ oder dissoziativ, also verbindend oder trennend. Der Alltag hält so viele parallele Eindrücke bereit, dass Dissoziation eine unentbehrliche Fähigkeit darstellt, die beispielsweise beim Autofahren trotz Konzentration auf den Straßenverkehr eine Unterhaltung ermöglicht oder das ungestörte Einschlafen neben einem laut tickenden Wecker. Diese Befähigung fördert die Anpassungsfähigkeit an komplexe Umweltbedingungen und ist personengebunden unterschiedlich stark ausgeprägt. Je mehr Stress erlebt wird, desto nötiger ist Dissoziation. Ähnlich und doch anders läuft es im Fall traumatisierender Reizüberflutung. Hier findet eine pathologische Dissoziation statt. „Ziel ist, uns noch oder wieder handlungsfähig zu machen. Der Preis ist ein Entfremdungserleben, in dem wir – durch das Geschehen im Amygdala-System und den weitgehenden Ausfall des Hippocampus, der Sprachzentren und des Frontalhirns – nicht mehr eine raumzeitliche Einordnung des aktuellen Geschehens vornehmen können."[86] Dieser von Huber als „Entfremdungserleben" benannte Vorgang unterscheidet sich von der alltäglichen Dissoziation.

Gerade im Falle des sexuellen Kindesmissbrauchs greift das betroffene Kind auf Dissoziation als Abwehrmechanismus zurück, um sich an die traumatisierende Missbrauchssituation anpassen zu können.

„Schulkinder können sich im allgemeinen gut in Tagträume oder andere dissoziative Zustände versetzen, doch Kinder, die misshandelt oder missbraucht werden, entwickeln diese Fähigkeit zu einer hohen Kunst. (...) Die meisten kindlichen Missbrauchsopfer berichten, dass ihnen der Umgang mit Trance einigermaßen geläufig

---

[86] Huber, Trauma und die Folgen, 53f.

war, einige erreichen sogar eine Art Virtuosität im Umgang mit Dissoziation. Sie lernen etwa, starke Schmerzen zu ignorieren, ihre Erinnerungen hinter komplexen Amnesien zu verstecken, ihr Gefühl für Zeit, Orte oder Menschen zu beeinflussen und Halluzinationen oder Zustände der Besessenheit herzustellen. Manchmal werden die Bewusstseinsveränderungen bewusst herbeigeführt, doch häufig geschehen sie automatisch und werden als fremd und unfreiwillig empfunden."[87] Die durch Dissoziation herbeigeführte Spaltung ist nicht „als Ausdruck einer psychischen Störung, sondern als ‚normale' Anpassung an eine pathologische Umwelterfahrung (zu betrachten,) wenngleich dies die individuellen Folgen nicht mindert."[88]

Mit der Dissoziation sind zwei wichtige Vorgänge verbunden: Derealisierung und Depersonalisierung. Die charakteristische Struktur des Traumas verunmöglicht dem Opfer Kampf und Flucht. Den letzten zur Verfügung stehenden Weg stellt ein innerpsychischer dar: die Derealisierung. Das Geschehen wird als nicht wirklich angenommen, sondern für einen Traum oder eine Phantasie gehalten. Manche berichten von einem „Tunnelblick" in der peritraumatischen Situation. „Das Blickfeld ist seitlich extrem eingeengt, so dass das Geschehen sich wie in einem Tunnel abspielt. (...) Der Betroffene kann zwar nicht fliehen, nimmt aber die Umgebung wie aus wachsender Entfernung wahr."[89] Im Fall chronischer Traumatisierung kann der Schutzmechanismus der Derealisierung sich so tief in die Persönlichkeit des Opfers eingraben, dass sich psychische Störungen anschließen. Dies geschieht vor alle dann, wenn neben der Derealisierung auch die Depersonalisierung eine Rolle spielt. Depersonalisierung bedeutet, dass sich das Opfer verzerrt wahrnimmt. Das Selbst oder Teile davon werden aufgebrochen, indem die Person zum Beispiel den Körper verlässt, die bedrohliche Situation von außen beobachtet, keine Schmerzen hat und Gefühle empfindet, die mit der konkreten Situation nicht zusammenpassen. Die Depersonalisierung führt als Selbstschutzmechanismus zu einer „Selbstverdoppelung"[90], einem „doppelten Selbst"[91]. Diese Doppelung kann im Extremfall zu einer chronischen Spaltung der Identität führen, bekannt unter der Bezeichnung „multiple Persönlichkeit", korrekter „Dissoziative Identitätsstörung".

Richter-Appelt bringt auf einen kurzen Nenner: Das Hauptmerkmal von Dissoziation ist der „teilweise oder völlige Verlust der normalen Integration

---

[87] Herman, Narben der Gewalt, 143.
[88] Kretschmann, Das Vergewaltigungstrauma, 53.
[89] Fischer/Riedesser, Lehrbuch der Psychotraumatologie, 80.
[90] Ebd., 81.
[91] Herman, Narben der Gewalt, 145.

von Erinnerungen an die Vergangenheit, des Identitätsbewusstseins, der unmittelbaren Empfindungen sowie der Kontrolle der Körperbewegungen."[92]

Dissoziation ist kein generell pathologischer Mechanismus. Im Gegenteil stellt sie eine großartige Schutzleistung der Psyche dar. Allerdings können sich dissozative Mechanismen auch schädigend in die Persönlichkeit einprägen, weil die Ich-Kontinuität unterbrochen wird. Eckhardt/Hoffmann unterscheiden die sinnvollen und problematischen Effekte von Dissoziation:

„Die Dissoziation kann als eine im Ansatz sinnvolle Überlebensstrategie, eine entgleiste Abwehrfunktion des Ich verstanden werden. Sie ermöglicht einerseits, dass das übrige Selbst weiter funktioniert und nicht durch unerträgliche Affekte der Erinnerungen an die traumatischen Ereignisse verbunden sind, bedroht ist; andererseits kommt es aber zu einer kontinuierlichen, fortschreitenden Schwächung der Identität. Ein Gefühl für ein kohärentes Selbst, eine kohärente Identität kann sich nicht entwickeln, weil wesentliche autobiographische Faktoren nicht zugänglich sind und weil es durch die dissoziativen Zustände immer wieder zu einem Bruch des Identitätsgefühls kommt."[93]

4.2.4. *Trauma und Dissoziative Identitätsstörung*

In Fällen intensiver und häufiger Dissoziation kann sich im Extremfall eine Dissoziative Identitätsstörung entwickeln. Da diese Diagnose im Zusammenhang mit sexuellem Missbrauch häufig thematisiert wird und auch für Befragte der vorliegenden Untersuchung eine Rolle spielt, soll im Folgenden eine Auseinandersetzung statt finden. Die beiden maßgeblichen diagnostischen Manuale verwenden unterschiedliche Begriffe:

Im ICD-10 der Weltgesundheitsorganisation wird unter „Neurotische Störungen" (F 4) auch die „Multiple Persönlichkeit(sstörung)" (F 44.81) genannt. Im DSM IV der American Psychiatric Association dagegen wird von der Dissoziativen Identitätsstörung (Multiple Persönlichkeitsstörung) (DSM IV 300.14) gesprochen. Zunehmend werden die problematischen Seiten des Begriffs „Persönlichkeitsstörung" bewusst. Inzwischen scheint der Trend hin zum Terminus der „Identitätsstörung" zu gehen.[94]

Worum handelt es sich? Traumatisierte Kinder spalten ihr Selbst in verschiedene Teile auf, die mit der Gesamtidentität nicht verbunden werden.

---

[92] Richter-Appelt, Dissoziation, 53.
[93] Eckhardt/Hoffmann, Dissoziative Störungen, 230.
[94] Vgl. Fiedler, Dissoziative Identitätsstörung, multiple Persönlichkeit und sexueller Mißbrauch in der Kindheit, 219.

Bei fortgesetzten und massiven Traumatisierungen können sich voneinander unabhängige Identitäten entwickeln, was Traumaforscher folgendermaßen beschreiben:

„Bei dissoziativen Reaktionen handelt es sich also um Bewusstseinseinengungen bis hin zu gravierenden Bewusstseinsstörungen vom Charakter der multiplen Persönlichkeit, bei der ganze Identitäts-Entitäten in einem Körper abgegrenzt voneinander existieren können. Eine schwere dissoziative Phase ist hinterher zumeist nicht erinnerlich. Eine solche psychogene Amnesie kann sich auf kurze Momente – sogenannte ‚Alltagsamnesien'–, aber auch auf längere Zeiträume – etwa eine ganze Urlaubsreise – erstrecken. Sehr häufig schaffen sich Patienten durch teilweise exzessiv betriebene Tagträumerei – das vermutlich häufigste dissoziative Symptom überhaupt – eine gewisse Zeit subjektiven Wohlbefindens, in der sie sich z.B. als mächtige Person oder in einer ‚heilen Familie' lebend phantasieren. Häufig werden solche dissoziativen Reaktionen – oft unbewusst, manchmal aber auch bewusst – benutzt, um ängstigenden Situationen zu entgehen: Es wird ein Trancezustand hervorgerufen, durch den die belastende Außenwelterfahrung aus dem momentanen und bewussten Erleben eliminiert wird. So entsteht eine reizvolle Innenerfahrung bei gleichzeitiger sensorischer Deprivation der Außenwelt. Dissoziation kann verstanden werden als Autohypnose."[95]

Die Spaltungen werden aus der Not geboren und stellen einen erstaunlichen Reparaturmechanismus der Seele dar:

„Das Kind ist völlig verwirrt, weil es nicht weiß, was die eigentliche Wirklichkeit ist. Es befindet sich in einem unerträglichen Dilemma. (...) Die Entwicklung unterschiedlicher Persönlichkeitszustände (...) kann auch als eine genuine Leistung der Psyche angesehen werden, ohne die es zu noch schlimmeren Schädigungen käme."[96]

Die unterschiedlichen Identitätsanteile haben meist keinen oder eingeschränkten Kontakt zueinander. Amnesie prägt die Dissoziative Identitätsstörung auf charakteristische Weise: Betroffene berichten davon, dass sie Gedächtnislücken haben, dass ihnen Zeit verloren geht.[97] Die Autonomie der verschiedenen Anteile geht so weit, dass von unterschiedlicher Mimik, Gestik und Tonfall[98] bis hin zu veränderter Herzfrequenz, Hautwiederstand,

---

[95] Dulz/Sachsse, Dissoziative Phänomene: vom Tagtraum über die Multiple Persönlichkeitsstörung zur Dissoziativen Identitätsstörung, 238.
[96] Eckhardt/Hoffmann, Dissoziative Störungen, 229.
[97] Vgl. Fiedler, Dissoziative Identitätsstörung, multiple Persönlichkeit und sexueller Mißbrauch in der Kindheit, 220.
[98] Vgl. ebd., 220.

Hauttemperatur, Atmung, EEG nach dem Identitätswechsel[99] und sogar von verschiedenen Augenfarben[100] berichtet wird.

Es besteht ein enger Zusammenhang zwischen Dissoziativer Identitätsstörung und Borderline Persönlichkeitsstörung. Viele Symptome wie selbstverletzendes Verhalten, Depression, Suizidalität, rasche Stimmungswechsel, Amnesien etc. gehören zu beiden Störungsbildern.[101]

Die wissenschaftliche Erforschung der Dissoziativen Identitätsstörung steht vor einer Grundsatzfrage: Gibt es diese Störung überhaupt? Einige Forscher halten sie für eine Fehldiagnose oder sehen darin ein kulturspezifisches Phänomen, während andere den engen Zusammenhang mit frühkindlicher Traumatisierung vor allem durch sexuellen Missbrauch und Kindesmisshandlung sehen und die Anerkennung der damit verbundenen gravierenden Folgen fordern.[102] Woran liegt dieser Konflikt?

Der Zusammenhang zwischen Realtraumata und Dissoziativer Identitätsstörung gilt inzwischen als erwiesen. Verschiedene Untersuchungen[103] untermauern diese Wechselbeziehung, etwa ermittelt eine Studie für Patienten mit Dissoziativer Identität folgende Zahlen: 83 % wurden sexuell missbraucht, 68 % sind inzestbetroffen und 75 % körperlich misshandelt worden. Auch andere Untersuchungen ermitteln ähnliche Zahlen und gehen davon aus, dass sexuelle Gewalterfahrungen in der frühen Kindheit eine Dissoziative Identitätsstörung verursachen können, während solche Erlebnisse in späteren Lebensjahren zur Posttraumatischen Belastungsstörung führen können. Die Aufmerksamkeit konzentrierte sich also auf sexualisierte Gewalterfahrungen in der Kindheit, was zu kontroverser Diskussion in psychiatrischer und psychotherapeutischer Forschung führte. Die Diagnose der Multiplen Persönlichkeitsstörung sorgte in den 80ern vor allem in den USA für Furore, weil es zu Falschbeschuldigungen und Aufsehen erregenden Prozessen kam. Zusätzlich sorgte die Auseinandersetzung mit Satanismus und rituellem Missbrauch für Zündstoff, da deutlich wurde, dass viele Frauen mit Dissoziativer Identitätsstörung solche Gewalterfahrungen in früher Kindheit erlitten.

---

[99] Vgl Dulz/Sachsse, Dissoziative Phänomene: vom Tagtraum über die Multiple Persönlichkeitsstörung zur Dissoziativen Identitätsstörung , 238.
[100] Vgl. Huber, Multiple Persönlichkeiten, 120f.
[101] Vgl. Dulz/Sachsse, Dissoziative Phänomene: vom Tagtraum über die Multiple Persönlichkeitsstörung zur Dissoziativen Identitätsstörung, 246-248.
[102] Vgl. Fiedler, Dissoziative Identitätsstörung, multiple Persönlichkeit und sexueller Mißbrauch in der Kindheit, 218.
[103] Vgl. Dulz/Sachsse, Dissoziative Phänomene: vom Tagtraum über die Multiple Persönlichkeitsstörung zur Dissoziativen Identitätsstörung, 242f.

Dabei handelt es sich nach Woodsum um eine spezifische Form multidimensionaler Gewaltanwendung:

„Rituelle Misshandlung beinhaltet wiederholte sexuelle, körperliche, emotionale und mentale Angriffe, kombiniert mit ritualisierten Verhaltensweisen, die geplant und einem zwanghaften Muster zu folgen scheinen. (...) Die Täter im Bereich rituelle Gewalt fügen zur sexuellen Gewalt spezielle Misshandlungsformen hinzu wie: Elektroschocks; das Opfer fesseln; es auf unterschiedliche Weise aufhängen; in Gegenwart des Opfers bzw. am Opfer selbst Verstümmelungen vornehmen; ihm Drogen und Alkohol einflößen; es einsperren. Ein weiteres Charakteristikum ist die Tatsache, dass die Misshandlungen in ritualisiert-repetitiver Form – hinsichtlich Zeitpunkt, Ort und Misshandlungsart – wiederholt werden."[104]

Das unvorstellbare Ausmaß vernichtender Ausbeutung durch ritualisierten Missbrauch – zumal in Verbindung mit satanistischem Gedankengut – führte zu Zweifeln an der Glaubwürdigkeit der Betroffenenberichte. In den USA entstand 1992 die False-Memory-Syndrome-Foundation, deren Vetreter angaben, dass

„Erinnerungen – insbesondere auch Kindheitserinnerungen – experimentell erschaffen sind, und postulierten, dass all jenen Erinnerungen mit Skepsis zu begegnen sei, die im Rahmen einer nahen mitmenschlichen Begegnung gemeinsam gefunden würden. (...) Es wurde generell angezweifelt, dass Erinnerungen an Traumata überhaupt verdrängbar sind, und alle Berichte zum Satanismus wurden in den Bereich gesellschaftlicher Massenhysterie und feministischen Fundamentalismus´ verwiesen."[105]

Diese Kontroverse brachte notwendige Korrekturen in die fachliche Auseinandersetzung: Eine genaue und behutsame Differentialdiagnostik kann vor übereilten Schlüssen und Konsequenzen schützen. In einem therapeutischen Verhältnis ist es möglich, falsche Erinnerungen hervorzubringen und suggestiv auf die PatientInnen einzuwirken. Jedoch kann diese Erkenntnis nicht eine andere übersehen lassen: Die Beschäftigung mit sexuellem Missbrauch bringt an die Grenzen dessen, was Menschen für möglich halten. Das heißt jedoch nicht, dass das berichtete Geschehen unwahr sei. Die Kontroverse zur

---

[104] Woodsum 1998, zit. nach: Huber, Trauma und die Folgen, 174.
[105] Dulz/Sachsse, Dissoziative Phänomene: vom Tagtraum über die Multiple Persönlichkeitsstörung zur Dissoziativen Identitätsstörung, 243; zu den Vorwürfen der False-Memory-Bewegung vgl. Fiedler, Dissoziative Identitätsstörung, multiple Persönlichkeit und sexueller Mißbrauch in der Kindheit, 228-230.

Dissoziativen Identitätsstörung führte zu intensiver seriöser Forschungstätigkeit, die deren Ursachen und Behandlungsmöglichkeiten beschreibt.[106]

4.3. Traumatisierungsfaktoren

Nicht jedes traumatische Erlebnis zieht die gleichen Folgen nach sich. Sowohl die psychische Struktur des Opfers und dessen Umfeldes als auch die Art des Traumas haben Einfluss auf das Ausmaß der Schädigung. Huber ermittelt aus zahlreichen Studien 15 Faktoren, die eine besonders schwere Traumareaktion wahrscheinlich machen.[107] Solche Ereignisse

1. „dauern sehr lange;
2. wiederholen sich häufig;
3. lassen das Opfer mit schweren körperlichen Verletzungen zurück;
4. sind vom Opfer schwerer zu verstehen;
5. beinhalten zwischenmenschliche Gewalt;
6. der Täter ist ein nahe stehender Mensch;
7. das Opfer mochte (mag) den Täter;
8. das Opfer fühlt sich mitschuldig;
9. die Persönlichkeit ist noch nicht gefestigt oder gestört;
10. beinhalten sexuelle Gewalt;
11. beinhalten sadistische Folter;
12. haben mehrere Täter das Opfer zugerichtet;
13. hatte das Opfer starke Dissoziationen;
14. hat niemand dem Opfer unmittelbar danach beigestanden;
15. hat niemand nach der Tat darüber mit dem Opfer gesprochen."

Die im Rahmen der vorliegenden Studie befragten Frauen erlebten mindestens vier dieser Faktoren: Als Kinder (9.) waren sie wiederholtem (2.) sexuellem Missbrauch (10.) durch einen nahe stehenden Menschen (6.) ausgesetzt. Zusätzlich treffen auf die Befragten individuell zahlreiche weitere benannte Umstände zu.

---

[106] Vgl. zu seriöser Forschung in den USA und in Deutschland: Dulz/Sachsse, Dissoziative Phänomene: vom Tagtraum über die Multiple Persönlichkeitsstörung zur Dissoziativen Identitätsstörung, 244.
[107] Ebd., 75; auch Bange/Deegener benennen Traumatisierungsfaktoren, vgl. Bange/Deegener, Sexueller Mißbrauch an Kindern, 68-74.

5. Zusammenfassung

Die Auseinandersetzung mit den Folgen sexuellen Missbrauchs entwirft ein breites Spektrum von Mechanismen und Störungen. Dazu sollen abschließend einige generalisierende Thesen formuliert werden:
- *Sexueller Missbrauch hat in der Regel negative Auswirkungen auf die Opfer.* Diese Folgen können unmittelbar oder über Jahrzehnte verzögert eintreten und behalten bei fehlenden Möglichkeiten zur Bewältigung ihre Brisanz. Die Zeit heilt die Wunden nicht. Die Auswirkungen wiegen umso schwerer, wenn der Missbrauch sich häufig, gewalttätig und in der frühen Kindheit ereignete. Jedoch kann auch Missbrauch ohne Gewaltanwendung gravierende Konsequenzen nach sich ziehen. Je näher sich Opfer und Täter stehen, desto seltener ist die Ausübung roher Gewalt nötig und umso verheerender sind die Folgen.
- *Die dem Missbrauchsgeschehen inne wohnende Psychodynamik ist charakteristisch und übertrifft die rein körperlichen Folgen bei weitem.* Die Betroffenen werden unerwartet zum Opfer. Der Täter nutzt das Vertrauensverhältnis zum Kind gezielt aus. Die Betroffenen erleben den Verlust von Kontrolle und übernehmen Schuld- und Schamgefühle des Täters. Der Missbrauch stellt eine Situation der Todesnähe dar („Seelenmord"), in der der Täter willkürlich bestimmen kann, was passiert. Dieses Opfer-Täter-Schema prägt sich tief ein.
- *Dissoziation spielt eine wichtige Rolle.* Dissoziation ermöglicht den Opfern die innere Distanzierung vom Missbrauch. Dieser Vorgang zieht typische Konsequenzen nach sich: Die Betroffenen zweifeln ihre Wahrnehmung an, machen körperliche Entgrenzungserfahrungen, übernehmen den Spaltungsvorgang in die Persönlichkeitsstruktur.
- *Sexueller Missbrauch ist als Trauma zu werten.* Das Opfer gerät in die Traumatische Klemme: Weder Flucht noch Kampf sind möglich. Die einzigen Handlungsmöglichkeiten beim Opfer richten sich auf einen psychischen Vorgang: Freeze und Fragment – Erstarren und Fragmentieren. Bis in neurophysiologische Vorgänge reicht diese Dynamik hinein. Die Einordnung von Missbrauch als Trauma war lange Zeit umstritten. Zu skandalös schien die Erkenntnis von der weiten Verbreitung und den tiefgreifenden negativen Folgen sexuellen Missbrauchs. Die Bewertung von sexuellem Missbrauch als traumatische Erfahrung stellt klar: Die psychischen Auffälligkeiten der Betroffenen sind die quasi normale Konsequenz auf ein außerordentliches Ereignis. Die Schuld ist nicht bei

den Opfern zu suchen. Für Diagnostik und Therapie schließen sich aufgrund des Traumaparadigmas weit reichende Konsequenzen an.

B. Sexueller Missbrauch als Thema der Kirchen

Das Tabu um sexuellen Missbrauch ist längst gebrochen. Seit seiner Aufdeckung ist er ein öffentliches Thema geworden. Medien sind voll von Berichten über Opfer und Täter – mal mehr, mal weniger reißerisch; gesetzgebende Organe versuchen, angemessen zu reagieren; schulische Lehrpläne thematisieren präventives Verhalten; in Kindergärten finden Informationsveranstaltungen statt – kaum eine Institution kann sich der Notwendigkeit entziehen, die Problematik zu thematisieren.

Auch die Kirchen spielen nach wie vor eine wichtige Rolle im gesellschaftlichen Leben. Sie reagieren auf virulente Themen und sind gleichzeitig als kulturelle Größe selbst in die Problemzusammenhänge verwoben. Kirchen erscheinen im gesellschaftlichen Raum in verschiedenen Funktionen und Dimensionen. Menschen nehmen Kirche in unterschiedlichen Zusammenhängen wahr: in der Pfarrgemeinde vor Ort, in einer kirchlichen Beratungsstelle, im Religionsunterricht, im Handeln der MitarbeiterInnen einer kirchlichen Einrichtung; Menschen denken vielleicht an Kirche, wenn sie einen theologischen Vortrag hören, ein spirituelles Buch lesen oder den Papst im Fernsehen sehen. Kirchen haben vielschichtige Erscheinungsformen und Wirkungsweisen. Entsprechend mehrdimensional fällt auch die Thematisierung von sexuellem Missbrauch in den Kirchen aus. Nicht „die Kirche an sich" geht mit der Problematik um, sondern innerhalb der Institution setzen sich unterschiedliche Ebenen damit auseinander. Wenn geklärt werden soll, wie die Kirchen als Institution auf die Erkenntnis der verstärkten Gegenwärtigkeit sexuellen Missbrauchs reagieren, dann sollen im Folgenden vor allem zwei Ebenen unterschieden werden:

- die Ebene der offiziellen Stellungnahmen und Verlautbarungen der Kirchenleitungen
- die Ebene der in der konkreten Praxis stehenden Initiativen, der Verbände und theologischen Netzwerke.

I. Sexueller Missbrauch als Thema offizieller kirchlicher Stellungnahmen

Offizielle Stellungnahmen geben Zeugnis davon, welches Problembewusstsein für eine Thematik in einer Institution aus Sicht der Leitungsebene vorhanden ist. Sie erlauben Rückschluss auf das Selbstverständnis einer Einrichtung. Außerdem haben offizielle Direktiven die Möglichkeit, Einfluss auf die konkrete Praxis zu nehmen. Umgekehrt können sich Initiativen an der Basis auf amtliche Vorgaben berufen, um sich zu legitimieren.

Wie kommt sexueller Missbrauch in kirchlichen Stellungnahmen vor?[1] Die ausdrückliche Auseinandersetzung mit sexuellem Missbrauch von Kindern findet in den Leitungsgremien der Kirchen selten statt. Missbrauch wird eher im Zusammenhang der Thematik Gewalt gegen Frauen thematisiert, was ja auch gute Gründe hat – sexueller Missbrauch ist eine Erscheinungsform sexueller, oder besser: sexualisierter, Gewalt.

1. Ökumenische Dekade – Solidarität der Kirchen mit den Frauen

Es war vor allem die „Ökumenische Dekade – Solidarität der Kirchen mit den Frauen"[2] in den Jahren 1988 bis 1998, die in den Kirchen das Bewusstsein für Gewalt und Missbrauch an Mädchen und Frauen schärfte. In der Dekade wurden nicht nur auf breiter Ebene Gewalt- und Missbrauchserfahrungen aufgedeckt, sondern auch problematische kirchliche Strukturen deutlich, die sich gewaltermöglichend auswirken. In einem Brief zum Abschluss der Dekade an die 8. Vollversammlung des Ökumenischen Rates der Kir-

---

[1] Die folgende Auswahl offizieller Stellungnahmen beansprucht keine Vollständigkeit. Es wurden diejenigen ausgewählt, deren Wirkung im mitteleuropäischen Kontext relevant sind. Als katholische Theologin habe ich dabei besonders die offiziellen Verlautbarungen des Apostolischen Stuhles im Blick. Für Aussagen zur Situation in der Evangelischen Kirche beziehe ich mich auf Stellungnahmen des Kirchenamtes der Evangelischen Kirche in Deutschland.

[2] Vom Ökumenischen Rat der Kirchen (ÖRK) wurde 1988 die Ökumenische Dekade „Solidarität der Kirchen mit den Frauen" ausgerufen. In Deutschland waren an der Dekade Frauen aus den evangelischen und Freikirchen, der mennonitischen und der katholischen Kirche und auch die feministisch-theologischen Netzwerke beteiligt. Obwohl die römisch-katholische Kirche nicht Mitglied im ÖRK ist, hat die Deutsche Bischofskonferenz die Aktion von Anfang an aufgegriffen und den Arbeitsbereich bei der Arbeitsstelle für Frauenseelsorge der DBK angesiedelt. Mit der Frauenseelsorge gemeinsam engagierten sich auch die katholischen Frauenverbände kfd und KDFB in der Dekade.

chen in Harare 1998 werden die Kirchen aufgefordert, Gewalt gegen Frauen als Sünde zu bezeichnen und aus dieser Stellungnahme Konsequenzen zu ziehen:

„Wir erklären unsere Bereitschaft, allen Versuchen einer Entschuldigung, Verharmlosung und Rechtfertigung von Gewalt zu widerstehen. Als Frauen und Männer des Dekadefestivals erklären wir, daß Gewalt in der Kirche eine Sünde wider die Menschheit und die Erde ist. Deshalb fordern wir die 8. Vollversammlung auf, ja wir flehen sie an, Gewalt gegen Frauen vor aller Welt zur Sünde zu erklären. In unserer Verantwortung vor Gott und uns selbst empfehlen wir deshalb, die Vollversammlung möge wegen der Teilhabe der Kirchen einen Prozeß der Buße beginnen und für die Erneuerung unserer Theologien, Traditionen und Praktiken für Gerechtigkeit und Frieden unter Frauen, Männern und Kindern in ihren Häusern und Gemeinschaften eintreten."[3]

2. *Veröffentlichungen der Evangelischen Kirche in Deutschland (EKD)*

Die Synode der Evangelischen Kirche Deutschlands nahm 1995 die Anregung durch die Dekade auf, ein Studienvorhaben zum Problem „Gewalt gegen Frauen" durchzuführen. Es handelte sich um ein längerfristiges Unternehmen, das VertreterInnen aus verschiedenen theologischen Fachdisziplinen und Frauen und Männer aus der kirchlichen und diakonischen Praxis zusammenführte. 1997 fand eine Konsultation statt, deren Beiträge veröffentlicht wurden.[4] 1998 setzte der Rat eine zweite Kommission ein, die ihre Ergebnisse 1999 vorlegte und 2000 publizierte.[5] In dieser Veröffentlichung findet sich eine Bestandsaufnahme der Aktivitäten zu Gewalt gegen Frauen in den Landeskirchen, den kirchlichen Werken und Einrichtungen und in der EKD.[6] Dabei stoßen die Mitglieder der Kommission bald auf Grenzen und sehen folgende Probleme: Männer engagieren sich an der Auseinandersetzung zu Gewalt gegen Frauen nur in geringem Maße. Ebenso fällt die Beteiligung der östlichen Gliedkirchen vergleichsweise gering aus, was mit der stärkeren Tabuisierung von Gewalt zu DDR-Zeiten in Zusammenhang ge-

---

[3] Von der Solidarität zur Rechenschaftspflicht. Brief an die 8. Vollversammlung des ÖRK von den Frauen und Männern des Dekadefestivals, zit. nach: Kirchenamt der EKD, Gewalt gegen Frauen als Thema der Kirche, 104f.
[4] Vgl. Gemeinschaftswerk der Evangelischen Publizistik, Gewalt gegen Frauen – theologische Aspekte (1) und theologische Aspekte (2).
[5] Vgl. Kirchenamt der EKD, Gewalt gegen Frauen als Thema der Kirche.
[6] Vgl. ebd., 40-72.

bracht wird. Im diakonischen Bereich bereiten finanzielle Engpässe Probleme, Projekte zu unterstützen. Positiv fallen die zunehmende Vernetzung mit kommunalen Einrichtungen und das steigende Angebot von Fortbildungen zum Thema Missbrauch von Kindern auf. Reflektiert werden auch theologische Probleme im Kontext von Gewalt gegen Frauen. Resümierend wird festgestellt:

„Werturteile und Handlungsmuster, die Gewalt gegenüber Frauen begünstigen, sind nach wie vor im kirchlichen bzw. theologischen Denken und Handeln und in den kirchlichen Strukturen wirksam. Es ist deshalb zu fragen, welche kirchlichen Traditionen gewaltfördernde Strukturen verstärken, überkommene Einstellungen bestätigen und bestehende Tabus erhalten. Zum einen bedarf es in diesem Kontext eines neuen und erweiterten Nachdenkens über den kirchlichen Gebrauch des Autoritätsbegriffs, wobei das Gefälle zwischen Frauen und Männern in den kirchlichen Strukturen noch zusätzlich gestützt wird durch eine Amtstheologie, die traditionell männlich geprägt ist, und Gottesvorstellungen, die männliche Machtausübung bestätigen können. (...) Zum anderen steht eine gezielte Auseinandersetzung mit den Leitbildern und Idealen, die in der Kirche gepflegt werden, an."[7]

Der Rat der Evangelischen Kirche in Deutschland stellt also den Autoritätsbegriff und die Leitbilder für Frau- und Mannsein und Familie zur Diskussion und fragt nach deren gewaltfördernder bzw. mindernder Funktion. Sehr klar wird ein Zusammenhang zwischen sexualisierter Gewalt als willkürliche Machtausübung und heiklen hierarchischen Mustern in kirchlicher Struktur und Verkündigung hergestellt.

Die Impulse der „Ökumenischen Dekade – Solidarität der Kirchen mit den Frauen" von 1988-1998 werden in der „Ökumenischen Dekade zur Überwindung der Gewalt" von 2000-2010 weitergeführt. Diese wurde auf der 8. Hauptvollversammlung des Ökumenischen Rates der Kirchen 1998 in Harare ausgerufen und wird im Bereich der Evangelischen Kirche in Deutschland und teils von der Arbeitsgemeinschaft christlicher Kirchen unterstützt.[8]

---

[7] Ebd., 149.
[8] Weitere Informationen im Internet unter: http://www.gewaltueberwinden.org/.

3. Veröffentlichungen der Konferenz Europäischer Kirchen (KEK) und des Rates der Europäischen Bischofskonferenzen (CCEE)

Eine intensive Auseinandersetzung mit Gewalt und Misshandlung von Frauen fand auch auf der Ebene der Konferenz Europäischer Kirchen (KEK)[9] 1999 statt. In einem gemeinsamen Brief der KEK und des Rates der Europäischen Bischofskonferenzen (CCEE) an die KEK-Mitgliedskirchen und die Europäischen Bischofskonferenzen wird dazu aufgefordert – in Anbindung an den Brief von Papst Johannes Paul II. an die Frauen 1995 –, Gewalt gegen Frauen als wesentliche Frage anzuerkennen.[10] In einem zusätzlichen veröffentlichten Papier nimmt die KEK auch Stellung zu Misshandlung von Kindern und Inzest. Erstaunlich deutlich wird damit das Problem der Gewalt innerhalb der Familie benannt. Die KEK wendet sich auch direkt an die Opfer:

- „Dies ist nicht Gottes Wille für Sie.
- Dies ist nicht Ihr Fehler.
- Sie sind eine wertvolle Person, die ein gutes Leben verdient hat.
- Sie sind nicht für das gewalttätige oder missbräuchliche Verhalten anderer verantwortlich, und Sie müssen es nicht tolerieren, verstehen oder hinnehmen.
- Sie haben es verdient, einen Menschen zu finden, der Ihre Geschichte glaubt.
- Sie haben das Recht, über das zu sprechen, was geschehen ist.

---

[9] Die Konferenz Europäischer Kirchen (KEK) ist eine Gemeinschaft von 126 orthodoxen, protestantischen und altkatholischen Kirchen sowie 43 assoziierten Organisationen in allen Ländern des europäischen Kontinents. Die KEK wurde 1959 gegründet und hat Büros in Genf, Brüssel und Strassburg. Christen verschiedener Konfessionen haben sich zum gemeinsamen Leben und Zeugnis in einem Geist der Ökumene, des Miteinanderteilens, des gegenseitigen Verstehens und Achtens verpflichtet. Die KEK hat auch versucht, Brücken zwischen Minderheits- und Mehrheitskirchen, zwischen den Generationen, zwischen Frauen und Männern, und zwischen Christen verschiedener Konfessionen zu schlagen. Obwohl die römisch-katholische Kirche kein Mitglied ist, unterhält sie enge Beziehungen zur KEK, und eine Reihe von ökumenischen Begegnungen haben in Europa stattgefunden, die gemeinsam von der KEK und dem Rat der Europäischen Bischofskonferenzen (CCEE) veranstaltet wurden. Weitere Informationen im Internet unter: http://www.cec-kek.org/.

[10] Brief der KEK und des CCEE zu Gewalt gegen Frauen, im Internet unter: http://www.cec-kek.org/Deutsch/Violence.htm.

- Sie haben das Recht, Entscheidungen zu treffen und Veränderungen vorzunehmen.
- Es gibt andere, die in ihrem Leben auch unter Misshandlung gelitten haben und die dennoch einen anderen Weg gefunden haben.
- Es gibt Weggefährten, die bereit sind, Ihren Kampf zu teilen (Selbsthilfegruppen und Unterstützung für Überlebende, Beratungsdienste, Frauenhäuser, Literatur, Telefondienste etc.)"[11]

Damit thematisiert die KEK die Situation der Opfer und spricht nicht nur über sie, sondern spricht sie an. KEK und CCEE beziehen eindeutig Stellung und fordern dazu auf, Gewalt gegen Frauen öffentlich als Sünde zu benennen und offene Gespräche über die der Gewalt zugrunde liegenden Strukturen und Haltungen in den Gemeinschaften zu führen.[12]

4. Veröffentlichungen der katholischen Kirche

In Veröffentlichungen der katholischen Kirche findet sich eine deutliche Stellungnahme zu Gewalt gegen Frauen im Brief von Papst Johannes Paul II. an die Frauen anlässlich der IV. Weltfrauenkonferenz in Peking im September 1995. Zunächst ordnet der Papst die gegenwärtige Situation von Frauen in eine historische Entwicklung ein, von der auch Kirche geprägt ist:

„Wir sind leider Erben einer Geschichte enormer *Konditionierungen*, die zu allen Zeiten und an jedem Ort den Weg der Frau erschwert haben, die in ihrer Würde verkannt, in ihren Vorzügen entstellt, oft ausgegrenzt und sogar versklavt wurde."[13]

Damit benennt Papst Johannes Paul II. die Verflochtenheit der Kirche in eine frauenunterdrückende Geschichte. Dann werden Situationen benannt, die die Gleichberechtigung der Frau im gesellschaftlichen, politischen und wirtschaftlichen Leben verhindern. Dabei wird auch sexuelle Gewalt thematisiert:

„Es ist an der Zeit, die Formen *sexueller Gewalt*, deren Objekt nicht selten die Frauen sind, nachdrücklich zu verurteilen und geeignete gesetzliche Mittel zur Verteidigung hervorzubringen."[14]

---

[11] Stellungnahme der KEK zu Gewalt gegen Frauen „Es geschieht überall – und auch in unserer Gemeinschaft", im Internet unter: http://www.cec-kek.org/Deutsch/Violence2.htm.
[12] Vgl. ebd.
[13] Sekretariat der Deutschen Bischofskonferenz, Brief Papst Johannes Pauls II. an die Frauen, 3.
[14] Ebd., 5.

Die Ursache für die Gewalt an Frauen wird – neben der Jahrhunderte langen Tradition der Frauenunterdrückung – auch im gegenwärtigen Zeitgeist gesucht:

„Im Namen der Achtung der menschlichen Person müssen wir außerdem Anklage erheben gegen die verbreitete, von Genusssucht und Geschäftsgeist bestimmte Kultur, die die systematische Ausbeutung der Sexualität fördert, indem sie auch Mädchen im jungen Alter dazu anhält, in die Fänge der Korruption zu geraten und sich für die Vermarktung ihres Körpers herzugeben."[15]

Solche Vorgänge werden als „Entartungen" bezeichnet:

„Wieviel Hochachtung verdienen angesichts solcher Entartungen hingegen die Frauen, die mit heroischer Liebe zu ihrem Kind eine Schwangerschaft austragen, die durch das Unrecht ihnen gewaltsam aufgezwungener sexueller Beziehungen zustande gekommen ist. (...) Unter solchen Umständen ist die Entscheidung zur Abtreibung, die freilich immer eine schwere Sünde bleibt, eher ein Verbrechen, das dem Mann und der Mitwirkung des Umfeldes anzulasten ist, als eine den Frauen aufzuerlegende Schuld."[16]

Deutlich werden virulente Themen benannt: Die Ausbeutung von Mädchen und Frauen und ihren Körpern und ungewollte Schwangerschaften. Es fällt auf, dass die Erfahrung von Gewalt nicht allein als individuelles Problem verstanden wird, sondern auch in einen größeren Zusammenhang der systematischen Ausbeutung eingeordnet wird. Gleichzeitig drängen sich einige kritische Anmerkungen auf:

Gewalt gegen Frauen kann nicht als spezifisches Problem der Gegenwart eingeordnet werden. Ein Zusammenhang mit Genusssucht und Geschäftsgeist geht an einer korrekten Diagnose vorbei. Auch wenn seit den 70er Jahren eine deutliche Veränderung im Umgang mit Sexualität festzustellen ist, bedeutet das nicht, dass vorher Frauen nicht auch geschlagen, missbraucht und vergewaltigt worden wären. Eine Auseinandersetzung mit der tatsächlich problematischen und sexistischen (also frauenverachtenden) Sexualisierung der Öffentlichkeit ist wichtig, jedoch muss die Ursachenanalyse von sexualisierter Gewalt darüber hinaus gehen. Dabei muss im Blick bleiben, dass es sich um Machtausübung und Gewalt handelt und nicht um Sexualität.

Die Sprache des päpstlichen Briefes steht in der Gefahr, die Opfer in einer eigenartig aktiven Rolle erscheinen zu lassen: Mädchen geben sich für die Vermarktung ihres Körpers her. Wer sich mit den Lebensbedingungen

---

[15] Ebd., 5.
[16] Ebd., 5.

von Kindern auseinander setzt, die zur Prostitution gezwungen, die in der Familie missbraucht oder die für die Produktion von Kinderpornographie benutzt werden, wird sich schwer tun, eine solche Sicht einzunehmen. Eine Eigenbeteiligung der Opfer anzunehmen gehört zu den verbreiteten Täterstrategien. Deshalb ist sehr darauf zu achten, keine mehrdeutigen Aussagen zu machen.

Dass infolge einer Vergewaltigung schwangere Mädchen und Frauen, die das Kind auf die Welt bringen wollen, mit dem Prädikat „heroisch" versehen werden, mag bei Betroffenen auf wenig Verständnis stoßen, zumal kaum von einer „Beziehung" gesprochen werden kann, wie es der Brief formuliert. Zudem könnte für Betroffene der Eindruck entstehen, dass ihre Lebenssituation nach der Vergewaltigung immer weniger wichtig sei als eine durch die Vergewaltigung entstandene Schwangerschaft.

Sehr problematisch wird es für Frauen, die sich zu einer Abtreibung entschließen: Zwar wird die Schuld eher dem Täter (als solcher wird er allerdings nicht bezeichnet, sondern als Mann) als der Frau angelastet, doch wird von Schuld und Sünde gesprochen. Der Begriff der Schuld ist im Kontext von sexuellem Missbrauch für die Opfer höchst problematisch. Es ist zu fragen, ob in diesem Zusammenhang nicht zuerst das Handeln des Täters als Sünde herauszustellen ist.

Sexueller Missbrauch von Kindern in der Familie wird in päpstlichen Verlautbarungen nicht thematisiert, auch nicht etwa im Brief von Papst Johannes Paul II. an die Familie von 1994. An einer Stelle überträgt der Papst das Gebot zur Ehre der Eltern auch auf die Eltern selbst: „Das Gebot ‚ehre deinen Vater und deine Mutter' sagt den Eltern indirekt: Ehrt eure Söhne und eure Töchter! Sie verdienen das, weil sie existieren, weil sie das sind, was sie sind: Das gilt vom ersten Augenblick der Empfängnis an."[17] Die Absicht hinter dieser Aussage ist vermutlich vor allem die Aufforderung zum Schutz des Lebens an die Eltern und weniger der Hintergedanke, dass das Leben und die unantastbare Würde des Kindes innerfamiliären Gefährdungen ausgesetzt sein könnte.

Mehrfach prangert Papst Johannes Paul II. Kindesmissbrauch und Ausbeutungstourismus in Asien an.[18] Der Präsident des päpstlichen Rates für die

---

[17] Sekretariat der Deutschen Bischofskonferenz, Brief Papst Johannes Pauls II. an die Familien, 15.
[18] Im Internet unter: http://www.kath.de/rv/archiv/rv960712.htm; Radio Vatican, Papst Johannes Paul II. ruft 1996 zum Kampf gegen Kindesmissbrauch in Asien aus, im Internet unter: http://www.vaticanradio.org/tedesco/tedarchi/2004/Juli04/ted24.07.04htm.

Familie, Kardinal Alfonso Lopez Trujillo, fordert im Oktober 2000 die internationale Gemeinschaft auf, den Missbrauch von Kindern, insbesondere die Pädophilie, als Verbrechen gegen die Menschlichkeit zu deklarieren und als solches zu verfolgen. Er erklärte in einer Pressekonferenz:

„Diese weltweit verbreitete pathologische Erscheinung ist eine der Auswirkungen einer tiefer liegenden Erkrankung: der Aushöhlung der Werte, des Verschweigens der Wahrheit. Zuerst erfüllt man die Welt mit falschen Idolen, Halbwahrheiten und Lügen; dann empört man sich heuchlerisch über die Wirkungen, die durch diese Verwirrung erzeugt worden sind, denen die Kinder zum Opfer fallen."[19]

Auffallend ist: Der „gewöhnliche" Missbrauch von Kindern in der Familie kommt in den offiziellen Stellungnahmen der katholischen Kirche nicht vor, auch nicht Vergewaltigung in der Ehe. Das Thema Gewalt in der Familie scheint einer Zensur zu unterliegen.

5. *Kirchenamtliche Stellungnahmen zu sexuellem Missbrauch durch Geistliche in der katholischen Kirche*

Mit dem anbrechenden dritten Jahrtausend wird sexueller Missbrauch plötzlich zu einem Dauerthema in katholischer Kirche, das eine Reihe von Veröffentlichungen nach sich zieht. Anlass dafür liefert das weltweit aufbrechende Bewusstsein für die Tatsache, dass auch *in* katholischer Kirche Missbrauch durch Geistliche stattfindet. Immer mehr Opfer treten an die Öffentlichkeit, so dass das Problem nicht mehr weiterhin verschwiegen werden kann.[20] Nachdem Papst Johannes Paul II. im April 2001 auf die Vorwürfe gegen die Kirche mit dem Motu proprio „Sacramentorum sanctitas tutela" reagiert und darin die kirchenrechtliche Zuständigkeit der Glaubenskongregation und päpstliche Geheimhaltung vorgeschrieben wird, eskaliert Ende 2001 die Kritik an katholischer Kirche, indem in allen Teilen der Erde eine große Zahl von Missbrauchsfällen bekannt wird, was zur Stellungnahme Papst Johannes Pauls II. im Gründonnerstagsbrief im März 2002 führt:

---

[19] ZENIT, Vatikan: Kindesmissbrauch soll zum Verbrechen gegen die Menschlichkeit erklärt werden, im Internet unter:
http://www.zenit.org/german/archiv/0010/zd001014.html#3.

[20] Sexueller Missbrauch in der katholischen Kirche stellt ein eigenes wichtiges Themenfeld dar, das den Rahmen der vorliegenden Arbeit sprengt. Im vorhandenen Zusammenhang kann lediglich die Art und Weise der offiziellen Stellungnahmen zu sexuellem Missbrauch reflektiert werden. Zum Weiterlesen sei verwiesen auf: Ulonska/Rainer, Sexualisierte Gewalt im Schutz von Kirchenmauern; Concilium 3 (2004), Struktureller Verrat. Sexueller Missbrauch in der Kirche.

„In dieser Zeit erschüttern uns alle Priester zutiefst die Sünden einiger unserer Mitbrüder, welche die Gnade des Weihesakraments verraten haben." Diese hätten den „schlimmsten Ausformungen des unergründlichen Geheimnisses des Bösen in der Welt nachgegeben. Auf diese Weise entstehen schwerwiegende Skandale, die zur Folge haben, dass ein dunkler Schatten des Verdachts auf alle anderen verdienstvollen Priester fällt, die ihren Dienst ehrlich, konsequent und bisweilen mit heroischer Liebe ausüben."[21]

Im April 2002 findet im Vatikan wegen des sexuellen Missbrauchs Minderjähriger durch Priester in den USA ein Krisengipfel statt. Zur Eröffnung drückt Papst Johannes Paul II. sein Bedauern aus:

„Genauso wie ihr bin ich tief betrübt, dass Priester und Ordensleute, deren Berufung es ist, den Menschen zu helfen, im Angesicht Gottes ein heiligmäßiges Leben zu führen, ihrerseits jungen Menschen so viel Leid und Skandale zugefügt haben. Weil einige Priester und Ordensleute so viel Schaden angerichtet haben, wird die Kirche selbst mit Misstrauen betrachtet, und viele Menschen fühlen sich beleidigt durch die Art und Weise, wie die Kirchenführer in ihrem Umgang mit diesem Problem wahrgenommen wurden. Der Missbrauch, der zu dieser Krise geführt hat, ist unter allen Umständen ein Verbrechen und wird zurecht von der Gesellschaft als Verbrechen bezeichnet. Auch ist er in den Augen Gottes eine verabscheuungswürdige Sünde."[22]

Mit großer Deutlichkeit wird der Missbrauch als Verbrechen bezeichnet. In seiner Stellungnahme ordnet der Papst Missbrauch als Symptom einer Krise der Sexualmoral ein:

„Der Missbrauch von Jugendlichen ist das schwerwiegende Symptom einer Krise, die nicht nur die Kirche, sondern die Gesellschaft insgesamt betrifft. Es ist eine tiefverwurzelte Krise der Sexualmoral und sogar der zwischenmenschlichen Beziehungen. Und die Hauptopfer sind Familien und Jugendliche."[23]

Auch hier wieder wird Missbrauch von Kindern mit einer veränderten Sexualmoral in Verbindung gebracht. Wie bereits oben erörtert wurde, greift dieses Argument als Ursachenerklärung zu kurz.

Auf dem Weltjugendtag in Toronto im Juli 2002 äußert sich Papst Johannes Paul II. im Abschlussgottesdienst unerwartet zu den Missbrauchsvorwürfen: „Das Leid, das einige Priester und Religiöse jungen und verletzlichen Menschen angetan haben, erfüllt uns mit einem tiefen Gefühl von Traurigkeit und Scham."[24]

---

[21] KirchenVolksBewegung Wir sind Kirche, (Mehr als) sieben Jahre krähte der Hahn, 7.
[22] Katholische Nachrichtenagentur, Missbrauch ist Verbrechen, im Internet unter: http://www.kna.de/doku_aktuell/papst_sexskandal.html.
[23] Ebd.
[24] KirchenVolksBewegung Wir sind Kirche, (Mehr als) sieben Jahre krähte der Hahn, 15.

Auch in Deutschland wird Missbrauch durch Priester zum Thema, was im September 2002 zur Herausgabe von Richtlinien der Deutschen Bischofskonferenz führt. Diese sehen für jede Diözese Ansprechpersonen für die Opfer vor und regeln ein einheitliches Vorgehen.[25] Kritische Stimmen mahnen an, dass die Richtlinien der Bischofskonferenz nicht klar genug Partei für die Opfer ergreifen.[26]

So notwendig und enttabuisierend die offene und ehrliche Aufdeckung sexuellen Missbrauchs ist, so sehr drängt sich ein Verdacht auf: Thematisiert katholische Kirche sexuellen Missbrauch an Kindern erst dann, wenn sie selbst unter Verdacht geraten ist? Die offiziellen Stellungnahmen erwecken den Eindruck, es ginge vor allem darum, Schaden vom Bild der Kirche zu beseitigen und weniger darum, die Opfer und ihre Not in den Mittelpunkt zu stellen. Eine solche Wahrnehmung bestätigt etwa das Bild von Papst Johannes Paul II., der auf dem Krisengipfel Folgendes von der Kirche formulierte: „Ein großes Kunstwerk kann beschädigt werden, aber seine Schönheit bleibt; und dies ist eine Wahrheit, die auch jeder ehrliche Kritiker zugeben wird."[27]

---

[25] Vgl. Leitlinien der Deutschen Bischofskonferenz, „Zum Vorgehen bei sexuellem Missbrauch Minderjähriger durch Geistliche im Bereich der Deutschen Bischofskonferenz".
[26] Vgl. Beschluss der BDKJ-Bundesfrauenkonferenz 2003, Stellungnahme zu den Leitlinien, im Internet unter:
http://www.bdkj.de/meinung/position/2003_bukofrauen.pdf; Ulonska, Kommentar zu den Leitlinien der Deutschen Bischofskonferenz.
[27] Katholische Nachrichtenagentur, Missbrauch ist Verbrechen, im Internet unter: http://www.kna.de/doku_aktuell/papst_sexskandal.html.

II. Sexueller Missbrauch als Thema kirchlicher Initiativen und theologischer Publikationen

Offizielle kirchliche Stellungnahmen müssen in ihrem Entstehungskontext verstanden werden. Sie stellen den Versuch dar, auf der Leitungsebene in Übereinstimmung mit der verbindlichen Glaubenslehre oder den Vorgaben der jeweiligen Institution eine für einen großen Zusammenhang gültige Stellungnahme zu leisten. Deshalb darf die unmittelbare Praxisrelevanz solcher Erklärungen nicht überschätzt werden. Kirchen als vielschichtige Systeme reagieren auf unterschiedlichen Ebenen und in verschiedenen Kontexten auf die Missbrauchsproblematik. Eine Reihe von Aktivitäten in Arbeitskreisen, Beratungsstellen, kirchlichen Verbänden, theologischen Netzwerken und Forschung sorgt dafür, dass die kirchliche Auseinandersetzung mit sexuellem Missbrauch in der Praxis stattfindet. Es waren und sind vor allem die Initiativen von engagierten und feministisch wachen Menschen, die die Öffentlichkeit wach rütteln und über ihre aktive Arbeit Gewalt und Missbrauch zum Thema in den Kirchen machen. Vielfach wurden solche Projekte aus der Not geboren: Die unmittelbare Konfrontation mit Opfern sexuellen Missbrauchs schärfte das Bewusstsein für die Notwendigkeit, angemessene Angebote für die Betroffenen zu entwickeln, Aufklärungsarbeit zu leisten und präventive Maßnahmen zu ergreifen. Einige dieser **Initiativen** sollen genannt werden:[1]

- Auf der Ebene der kirchlichen Beratungsstellen (etwa von Caritas und Diakonie) wächst das Bewusstsein für die Notwendigkeit von kollegialer Vernetzung untereinander und mit anderen Fachstellen zu sexuellem Missbrauch. Die Nachfrage und das Angebot von Fortbildung im Bereich Missbrauch und Gewalt nehmen zu.
- In den evangelischen Landeskirchen leisten Frauenseelsorgerinnen kompetente und spezifische Beratungsarbeit und spirituelle Begleitung für Betroffene.[2]

---

[1] Dieser Überblick beansprucht keine Vollständigkeit. Es sind diejenigen Initiativen, auf die ich im Verlauf der letzten Jahre gestoßen bin und die parteiliche Arbeit für und mit Betroffenen leisten.

[2] Beispielsweise Initiative Verbündete Kirche, vgl. http://www.eva-n-gelisch. de/cms/fraueninderlandeskirche/frauenbeauftragte/arbeitsfelderundprojekte/initiativeverb uendetekirche

- In den katholischen Diözesen findet auf der Ebene der Frauenseelsorgereferate Auseinandersetzung mit den Themen Gewalt und Missbrauch statt.
- Kirchliche Frauenhäuser arbeiten vor allem für Frauen, die als Erwachsene Opfer von (meist innerfamiliärer) Gewalt werden.[3]
- Auch in den Bereich der Gewalt gegen Frauen fällt das konsequent feministische Projekt der Ordensfrau Sr. Dr. Lea Ackermann „Solwodi – solidarity with women in distress", in dem Zwangsprostituierten und Opfern von Heiratshandel Perspektiven aus der Gewalt angeboten werden.[4]

Diese Initiativen leisten konkrete Arbeit in der Konfrontation mit Fällen sexualisierter Gewalt. In einigen **Arbeitsgemeinschaften und Verbänden** findet auch inhaltliche Reflexion zur Problematik von Gewalt gegen Frauen, seltener zu sexuellem Missbrauch, statt.

- Verschiedene Einrichtungen der Evangelischen Kirche in Deutschland setzen sich ausdrücklich mit Gewalt gegen Frauen auseinander, etwa in der Evangelischen Akademie in Bad Boll.5 Die von der Ökumenischen Dekade übernommenen Impulse in die EKD haben zu einer fachübergreifenden Reflexion geführt, in der Praxis und Theologie im Gespräch sind.[6]
- Die ökumenische Initiative Kirche von unten (IKvu) dokumentiert und thematisiert den Umgang mit Missbrauch durch Geistliche in der Kirche.[7]
- Die katholischen Frauenverbände nehmen selbstbestimmt und deutlich das Thema Gewalt gegen Frauen, auch in der Familie und in der Kindheit, in den Blick.[8]

In theologischer Forschung sind es in erster Linie **feministische Theologinnen**, die Gewalt und Missbrauch thematisieren:

- Als eine der ersten Theologinnen formuliert 1983 die US-amerikanische Theologin Marie M. Fortune: „Ironischerweise haben wir in der Kirche

---

[3] Vgl. http://www.diakonie.de/de/html/hilfe/512.html.
[4] Vgl. http://www.solwodi.de/.
[5] Vgl. http://www.ev-akademie-boll.de/special/gewueb1.htm.
[6] Vgl. den Bericht des Studienvorhabens zum Thema „Gewalt gegen Frauen" der EKD: Kirchenamt der EKD, Gewalt gegen Frauen als Thema der Kirche.
[7] Vgl. http://www. ikvu.de.
[8] Vgl. http://www.frauenbund.de/ und http://www.skf-zentrale.de/.

noch nichts über sexuelle Gewalt gehört, weil wir darüber nicht gesprochen haben."[9]
- Bereits 1985 veröffentlichen Annie Imbens und Ineke Jonker eine dänische Studie, in der sie Inzestbetroffene zu ihren Erfahrungen mit christlicher Religion befragen.[10]
- 1993 publiziert die Inderin Aruna Gnanadason eine Schrift mit dem programmatischen Titel „Die Zeit des Schweigens ist vorbei. Kirche und Gewalt gegen Frauen"[11], in der dazu aufgefordert wird, der Realität ins Gesicht zu sehen: „Und die Kirchen? Jahrhunderte lang haben sie sich am Schweigen beteiligt. Sie haben dort am konsequentesten geschwiegen, wo ihre Amtsträger ihre eigenen Frauen oder ihnen anvertraute Gemeindemitglieder mißbrauchten. Sie haben aber auch mit einer zweifelhaften Theologie Frauen zum Leiden, zum Ertragen von Schlägen bis hin zum Austragen von Kindern ermutigt (oder gezwungen), die in einem Akt der Vergewaltigung gezeugt wurden – und das bis in die neueste Zeit hinein."[12] Gnanadason nimmt als Koordinatorin maßgeblich Einfluss auf die Ökumenische Dekade des Ökumenischen Kirchenrates.
- 1999 bringen Ulrike Eichler und Ilse Müllner einen Sammelband zum Thema „Sexuelle Gewalt gegen Mädchen und Frauen in der feministischen Theologie" heraus, in dem Beiträge von Vertreterinnen verschiedener Fächer gesammelt sind, die einen mehrperspektivischen Einblick in den Diskussionsstand feministischer Theologie zur Gewaltthematik ermöglichen.[13]
- Feministische Exegetinnen diskutieren die biblischen Texte, in denen Gewalt gegen Frauen vorkommt[14] und identifizieren einige von ihnen als texts of terror, die die gesellschaftliche Benachteiligung von Frauen legitimieren. Gleichzeitig betonen sie, dass das Erzählen der Gewalt in der Bibel als widerständiger Akt zu interpretieren ist, mit dem die Gewalt dem Vergessen entrissen wird.[15]

---

[9] Fortune, Sexual Violence. The Unmentionable Sin (Übersetzung durch Verf.).
[10] Vgl. Imbens/Jonker, Godsdienst en incest.
[11] Gnanadason, Die Zeit des Schweigens ist vorbei.
[12] Ebd., 12f.
[13] Vgl. Eichler/Müllner, Sexuelle Gewalt gegen Mädchen und Frauen als Thema der feministischen Theologie.
[14] Vgl. Bail, Gegen das Schweigen klagen; Müllner, Sexuelle Gewalt im Alten Testament, Fischer, „Geh, und laß dich unterdrücken!".
[15] Vgl. Müllner, Sexuelle Gewalt im Alten Testament, 73-75.

- Andrea Lehner-Hartmann reflektiert das Phänomen Gewalt in der Familie praktisch-theologisch im Kontext der Neuen Politischen Theologie und fordert Erinnerungsarbeit als Dienst an den Opfern familiärer Gewalt.[16] Mit dieser Arbeit liegt die einzige ausführliche praktisch-theologische Auseinandersetzung mit Gewalt in der Familie vor.

Einige **Zeitschriften** – feministisch-theologische bzw. politisch-theologische – thematisieren Gewalt gegen Frauen:
- Die feministisch-theologische Zeitschrift Fama in der Schweiz veröffentlicht bereits 1993 ein Schwerpunktheft zu sexueller Ausbeutung.
- Die feministisch-theologische Zeitschrift Schlangenbrut fokussiert mit mehreren Ausgaben die Thematik Gewalt gegen Frauen bzw. sexuellem Missbrauch.
- Die internationale theologische Zeitschrift Concilium veröffentlicht mehrfach zu Gewalt gegen Frauen; zuletzt erschien 2004 ein Schwerpunkt zu sexuellem Missbrauch Minderjähriger durch Geistliche.

Schließlich sind **Einzelinitiativen** zu nennen, die keinem der genannten Bereiche zuzuordnen sind. Sie thematisieren sexuellen Missbrauch aus der Betroffenenperspektive und ergreifen von da aus Initiative:
- Die katholische Theologin Cornelia Faulde beschreibt 2002 in ihrem Buch „Wenn frühe Wunden schmerzen", wie der christliche Glaube bei der Bewältigung traumatischer Erfahrungen unterstützend und ergänzend wirken kann. Dabei werden christliche Aussagen über Schuld, Vergebung, Sinn, Heil und Hoffnung neu übersetzt.17
- Eine neue Gottessprache fordert und entwirft Carola Moosbach in ihren Büchern, mit denen sie das „versteinerte Gottesbild der traditionellen Theologie aufzubrechen und von Gott und ihrer unendlichen Schönheit, Stärke und Zärtlichkeit neu (zu) erzählen"18 versucht. So entwirft sie eine Theo-Poesie, die Frauen mit Missbrauchserfahrungen den Weg zu Gott öffnen kann.
- Die ökumenische Arbeits- und Selbsthilfegruppe im Internet www.gottes-suche.de vernetzt Christinnen mit Gewalterfahrungen, die sich gegenseitig unterstützen. Ressourcen des christlichen Glaubens werden miteinbezogen und die Frauen suchen miteinander die befreien-

---

[16] Vgl. Lehner-Hartmann, Wider das Schweigen und Vergessen.
[17] Vgl. Faulde, Wenn frühe Wunden schmerzen.
[18] Moosbach, Gottflamme Du Schöne, Umschlagrückseite; vgl. auch dies., Lobet die Eine; dies., Himmelsspuren; Einblick verschafft auch http://www.carola-moosbach.de.

den Perspektiven des Christentums im Leben mit den Traumafolgen. Dabei findet auch Auseinandersetzung mit destruktiven und problematischen religiösen Formen statt.

III. Zusammenfassende Beobachtungen

Sexueller Missbrauch als Thema der Kirchen wurde auf zwei Ebenen dargestellt:
- auf der Ebene der offiziellen Stellungnahmen und Verlautbarungen der Kirchenleitungen
- auf der Ebene der in der konkreten Praxis stehenden Initiativen, der Verbände und theologischen Netzwerke

Insgesamt ist festzustellen: Sexueller Missbrauch kommt als Thema von außen in die Kirchen hinein. Weil er ein zunehmend sichtbares Problem darstellt, müssen kirchliche Praxis und die Kirchenleitungen reagieren. Das wachsende Problembewusstsein für Missbrauch von Kindern entstand vor allem im Zusammenhang der Auseinandersetzung mit sexueller Gewalt gegen Frauen. Missbrauch wird in der Regel – auch in den Kirchen – unter diesem Großbegriff subsumiert. Das ist korrekt, zumal aus Sicht der Psychotraumatologie alle Formen von Gewalt als Trauma zu werten sind und sehr ähnliche psychodynamische Auswirkungen für die Opfer bedeuten. Allerdings sind mit sexuellem Missbrauch spezifische Schwierigkeiten verbunden, etwa tief internalisierte Scham- und Schuldgefühle oder Vertrauensverlust. Das Wissen um die Folgen könnte im Kontext kirchlicher Praxis vertieft werden, um die Situation der Betroffenen qualifizierter wahrzunehmen und zu begleiten.

Auf der Ebene offizieller kirchlicher Stellungnahmen fällt auf, wie wichtig die selbstkritische Auseinandersetzung mit eigenen Strukturen und Glaubensinhalten ist. Die *eigene Verwicklung* in die historisch gewachsene Benachteiligung von Frauen muss überprüft werden. Dabei kann die Notwendigkeit der *Überprüfung und Reflexion kirchlicher Strukturen und Leitbilder* nicht verleugnet werden, was in mehreren Zusammenhängen mutig gefordert und praktiziert wird. Interessant sind vor allem die Leerstellen, also das, was nicht gesagt wird:

Von katholischer Seite werden Missbrauch und Gewalt in der Familie und die eigenen Leitbilder für Frauen und Familie nicht thematisiert. Diese sind kritisch zu hinterfragen, da sie evtl. unterschwellig dazu beitragen, Gewalt und Missbrauch zu verharmlosen. Kirchliche Ideale zu Familie und das traditionelle Frauenbild werden nicht auf ihre evtl. gewaltermöglichende

Relevanz hin untersucht, sondern im Gegenteil in neuen Veröffentlichungen verstärkt aufgegriffen.[19] Auffallend sind auch *Defizite in der Ursachenanalyse*, die Missbrauch als Symptom einer zunehmenden Krise der Sexualmoral werten. Es besteht also die Tendenz, Missbrauch und Gewalt zu einem neuzeitlichen Phänomen zu erklären, das außerhalb der eigenen Institution begründet ist und auch nur dort vorkommt. Erst die Konfrontation mit unwiderlegbaren Beweisen, dass Missbrauch auch in den eigenen Reihen vorkommt, brachte katholische Kirche dazu, sich zu Missbrauch zu äußern.

Missbrauch wurde und wird vor allem durch die Initiativen an der Basis und in feministisch-theologischer Forschung thematisiert. Die Leitungsebenen der Kirchen sind gut beraten, wenn sie die Kompetenz dieser Initiativen ernst nehmen. Eine gewisse Diskrepanz zwischen den Wahrnehmungen der beiden Ebenen ist nicht zu leugnen, wenn es um Bewertung und Ursachenanalyse von Missbrauch geht. Bei der Zusammenschau der Thematisierung von sexuellem Missbrauch in kirchlicher Praxis und theologischen Publikationen fällt auf, dass sich nahezu ausschließlich Frauen engagieren. Das ist nachvollziehbar und mit Blick auf die Betroffenen im Beratungskontext sinnvoll. Zu fragen ist, ob die geschärfte Wahrnehmung auf Frauenseite auch Konsequenzen für Männer in kirchlicher und theologischer Arbeit hat.

Glaubwürdigkeit gewinnen offiziellen Stellungnahmen ebenso wie kirchliche Praxis und feministisch theologische Forschung in dem Maße, in dem sie klar Position für die Opfer ergreifen und der Wortebene die Tatebene folgt. Stellungnahmen auf Hochglanzpapier müssen den Praxistest bestehen. Dies fordert heraus, und zwar alle Ebenen. Kirchen, die sich solidarisch an die Seite der Opfer stellen, zeigen an,

- dass Missbrauch ein Problem in der Mitte der Kirchen ist. Die Zahlen sprechen eine klare Sprache: Es handelt sich nicht um ein Sonderproblem und auch nicht um eine Nebenwirkung moralischen Niedergangs, sondern um alltägliche Lebensrealität vieler Kinder und Frauen.
- dass die Opfer keine Schuld an ihrer Erfahrung haben. Diese liegt auf der Seite der Täter.
- dass es zuerst um die Opfer und die Prävention weiteren Missbrauchs gehen muss. Dazu kann auch die Reflexion und Überprüfung der eigenen Strukturen und Ideale nötig sein.

---

[19] Vgl. etwa die Aussagen zum Genius der Frau in: Sekretariat der Deutschen Bischofskonferenz, Kongregation für die Glaubenslehre, Schreiben an die Bischöfe der Katholischen Kirche über die Zusammenarbeit von Mann und Frau in der Kirche und in der Welt.

- dass Gott sich nicht instrumentalisieren lässt für Menschen, die auf die Kosten anderer leben. Dieser Gott verunsichert die Mächtigen – auch die innerhalb der Kirchen.

Um zu vermeiden, dass kirchliche Stellungnahmen an denen vorbei gehen, um die es eigentlich geht – an den Betroffenen –, ist das Gespräch nötig. Nicht das Gespräch ÜBER Betroffene, sondern das Gespräch MIT Betroffenen. Darin steckt ein Risiko: Die Perspektive der Opfer könnte bestehende Strukturen und Ideale herausfordern und intensive Gefühle auslösen. Daran werden sich kirchliche Stellungnahmen, Praxis und Theologie in Zukunft messen lassen müssen: Sind sie vom Mut getragen, sich in Frage stellen zu lassen, und zeigen sie sich couragiert und berührbar für menschliches Leid?

C. Religiosität

Der theoretische Bezugsrahmen dieser Arbeit steht vor der Herausforderung, die der empirischen Befragung vorausgehenden Begriffe grundlegend zu klären. Einer davon ist der der Religiosität. Entsprechende Literatur existiert in Fülle und aus verschiedensten Perspektiven. Religionspsychologie, Religionssoziologie, Religionswissenschaft, Theologie etc. erforschen Religiosität in ihrem je eigenen Zusammenhang. Im Zusammenhang dieser Studie kann es nicht um den Entwurf eines eigenen Religiositätsbegriffes gehen, jedoch ist die Auseinandersetzung mit der aktuellen Forschungslage nicht nur wissenschaftlich notwendig, sondern auch hilfreich: Die Diskussion über und das Anknüpfen an bestehende Ergebnisse ermöglichen einen handhabbaren Rahmen, der ein Gerüst für die empirische Auswertung der Fragestellung nach Religiosität darstellt. In einem qualitativen Forschungsablauf können theoretische Vorklärungen freilich nur klärenden und stützenden Charakter haben und sollen keine definitorisch engen Feststellungen zur quantitativen Überprüfung liefern.

I. Begriffsklärungen

1. Zu den Begriffen Religion und Religiosität

Die Unterscheidung der Begriffe Religion und Religiosität liefert erste Aspekte für eine Annäherung an die Frage nach Religiosität. Eine feine Linie trennt die beiden sich durchaus überlappenden Felder voneinander:

Begriffsklärungen

Religion als Gegenstand wissenschaftlicher Reflexion wird in Form objektivierbarer Kategorien untersucht, als eine fassbare Größe mit definierten und verbindlichen Riten, Texten, Organisationsformen, rechtlichen und ethischen Bestimmungen. Religion ist in einen gesellschaftlichen Rahmen eingebettet. Religion und gesellschaftlicher Kontext üben aufeinander wechselseitigen Einfluss aus.

Religiosität hingegen ist die individualisierte Form von Religion. Sommer benennt Religiosität als „gelebte Religion (, die) subjektive Aneignung, Verarbeitung und individuelle Praktizierung von ‚Religion' im Kontext der Lebensgeschichte."[1] Im Gegensatz zum Religionsbegriff umfasst der Religiositätsterminus ein weiteres Feld und ist stärker subjektiv-individuell bestimmt. Friesl/Polak sehen Religiosität als „Aussage über die Daseinsweise des Menschen (, als) Fähigkeit, sich auf Transzendenz zu beziehen. Religiosität ist eine Daseinsmöglichkeit"[2]. Dennoch gilt auch hier, dass Religiosität, mag sie sich auch noch so stark individualisiert gestalten, immer eingebettet in die gesellschaftlichen, sozialen, politischen, wirtschaftlichen Bedingungen einer Biographie verwirklicht ist.

Religion und Religiosität stehen in einem Zusammenhang, innerhalb dessen unterschiedliche Perspektiven gewählt werden. Während Religiosität den Fokus auf den Menschen legt, auf Art und Hintergründe seiner Religiosität, liegt das Erkenntnisinteresse bei der Religion auf der institutionalisierten Form derselben, sei es nun in dogmatischer oder soziologischer Hinsicht.

Religiöse Haltungen und Einstellungen realisieren sich lebensweltlich in ganz konkreten Formen und Einrichtungen, in verfasster Religion. Gleichwohl verhalten sich Religiosität und Religion nicht linear und spannungsfrei zueinander: „In diesem ‚Zwischen', wo sich Religion und Religiosität konkretisieren und ereignen, liegt die Unvermeidlichkeit des Bruchs zwischen innerer Erfahrung des Transzendenten und dessen Manifestation und konkreter Umsetzungspraxis."[3]

Die Unterscheidung von Religion und Religiosität liefert für den vorliegenden Zusammenhang folgenden Erkenntnisgewinn:
- In den Interviews sollen die je individuellen Religiositäten der befragten Frauen erhoben werden. Es geht primär um Religiosität, um gelebte Re-

---

[1] Sommer, Lebensgeschichte und gelebte Religion von Frauen, 87; der Terminus „gelebte Religion" bezieht sich auf: Daiber/Lukatis, Bibelfrömmigkeit als Gestalt gelebter Religion, 20f.
[2] Friesl/Polak, Theoretische Weichenstellungen, 83.
[3] Ebd., 84.

ligion, nicht um Religion als Institution. Der Fokus zielt auf die interviewten Frauen, nicht auf eine bestimmte Religionsgemeinschaft.
- Die individuellen Deutungen der Interviewten können, müssen aber nicht in Bezug oder Abgrenzung zu einer institutionalisierten, objektiv fassbaren Form von Religion stehen. Auch wenn die Perspektive primär den subjektiven Einschätzungen der Frauen gilt, so sind implizite (und explizite) Aussagen über gesellschaftliche, kirchliche, sozio-strukturelle Konditionen möglich und von Interesse.
- Ein erkenntnisleitendes Interesse der Interviews gilt dem von Friesl/Polak bezeichneten „Zwischen"[4]: Gemeint ist damit der Ort, an dem Menschen mit ihren individuellen religiösen Selbstkonzepten konfrontiert werden mit konkreten materialisierten Formen von Religion. In dieser Konfrontation entstehen vielfach Ambivalenz und Diskrepanz.

2. *Religiosität und Spiritualität*

Die Begriffe Religiosität und Spiritualität werden in ähnlichen Zusammenhängen verwendet. Beide bezeichnen konkrete, in persönliche Praxis umgesetzte Formen menschlichen Transzendenzbezugs. Dieser Transzendenzbezug kann ganz unterschiedlich aussehen. Religiosität wird vielfach als praktizierte Seite einer institutionalisierten Religion verstanden, insbesondere des Christentums. Menschen, die sich als spirituell bezeichnen, können, müssen aber nicht an eine bestimmte institutionalisierte Religion angebunden sein. Oft wird mit dem Begriff Spiritualität eine bewusste Abgrenzung zu kirchlich geprägten religiösen Praktiken und Vorstellungen vollzogen. Der alltagssprachliche Umgang mit den Begriffen Religiosität und Spiritualität unterliegt erheblich den subjektiven Erfahrungen und Deutungen der jeweils Sprechenden.[5] Während der Terminus Religiosität eher im innerkirchlichen Milieu verwendet wird, bezieht sich Spiritualität tendenziell auf außerkirchliche Formen.[6]

Spiritualität erlebt derzeit ein großes Comeback: Während in Westeuropa dem Begriff Religiosität etwas anrüchig Kirchliches anhaftet, steigt im postmodernen Kontext die Nachfrage nach spirituellen Angeboten und

---

[4] Ebd., 84.
[5] Gerade in den Interviews kommt dieser Zusammenhang zum Tragen: Frauen, die negative Erfahrungen in ihrer religiösen und/oder kirchlichen Sozialisation gemacht haben, grenzen sich tendenziell vom Begriff Religiosität ab und verwenden für sich eher den Terminus Spiritualität.
[6] Vgl. Daiber/Lukatis, Bibelfrömmigkeit als Gestalt gelebter Religion, 28.

Begriffsklärungen

Weltdeutungen. Dem Bedürfnis nach erfahrungsorientierter Spiritualität wird in unterschiedlichen Zusammenhängen entsprochen. Auch im kirchlichen Bereich nimmt die Aufmerksamkeit für diese Entwicklung zu, was sich in den Angeboten kirchlicher Seelsorgereferate, Bildungshäuser und Ordenseinrichtungen spiegelt.

Auch im Bereich feministischer Theologie wird an Entwürfen zu feministischer Spiritualität gearbeitet.[7] Im postchristlichen Feminismus wird ausschließlich der Terminus Spiritualität gebraucht und auf den Begriff Religiosität verzichtet.

So unterschiedlich die verschiedenen Ansätze den Begriff Spiritualität verstehen mögen, so lässt sich doch eine ähnliche Stoßrichtung ausmachen: „Sowohl innerchristlich wie außerchristlich verweist der Begriff spirituell in der Regel auf eine Lebensorientierung mit einer deutlichen symbolisch-rituellen Praxis."[8] Wer sich als spirituell bezeichnet, verbindet diese spirituelle Ausrichtung gewöhnlich mit bestimmten ritualisierten Formen, die spirituelle Erfahrungen ermöglichen sollen.

In der vorliegenden Untersuchung ist es nicht möglich, die Begriffe Religiosität und Spiritualität voneinander abzugrenzen. Im Rahmen der theoretischen Reflexion wird zwar durchgehend auf den Religiositätsbegriff zurück, wie er auch in den relevanten wissenschaftlichen Veröffentlichungen gebraucht wird. Spätestens im empirischen Teil wird jedoch offensichtlich, dass eine trennscharfe Differenzierung zum Terminus Spiritualität nicht durchführbar ist, da die befragten Frauen selbst beide Begriffe ineinander verflochten verwenden.

---

[7] Weiterführende Literaturangaben bei: Strack, Spiritualität. Gegenwart, 516f.
[8] Daiber/Lukatis, Bibelfrömmigkeit als Gestalt gelebter Religion, 28.

II. Die aktuelle Diskussion zum Religionsbegriff

Auch nach den vorangehenden Begriffsklärungen bleiben viele Fragen offen. Was nun ist Religiosität? Wo ist die Grenze anzusetzen zwischen religiösen und nicht-religiösen Einstellungen? Wenn Religiosität individuell definiert wird, gibt es dann trotzdem objektive Bewertungskriterien, die eine wissenschaftliche Auseinandersetzung ermöglichen?

Im Folgenden werden aus der Breite unterschiedlicher Zugänge zum Religionsbegriff einige wesentliche Diskussionslinien benannt, deren Erkenntnisse zu den Determinanten für ein Einordnungsraster zu Religiosität führen sollen.

1. Substantieller oder funktionaler Religionsbegriff?

Der substantielle Religionsbegriff bezieht sich auf den Inhalt der Religion, auf deren Substanz. Es wird der Versuch unternommen, Religion durch „Angabe des Bezugsgegenstandes"[1] zu definieren.

„Nicht der Akt des Sich-Selbst-Übersteigens ist als religiös zu bezeichnen, erst der ‚Ort' und Inhalt der Bezugnahme erlauben es, von Religion zu sprechen. Der Inhalt muss auf jeden Fall explizit als ‚göttlich', ‚numinos', ‚heilig' benannt werden und erkennbar sein: radikal transzendent, anders als menschlich und irdisch."[2]

Mit diesem Verständnis von Religion kann in erster Linie institutionell und damit inhaltlich-dogmatisch bestimmte Religion erfasst werden.[3] So können klare Grenzen zwischen Religion und Nicht-Religion gezogen werden. Gleichzeitig werden damit aber auch die vielfältigen Formen postmoderner Religiositäten nicht wahrgenommen, da diese aus dem Rahmen inhaltsdefinierter Religion herausfallen. Alle sich sprachlich und inhaltlich nicht ausdrücklich auf Gott beziehenden religiösen Interpretationen werden nicht als Religion erfasst.

Der funktionale Religionsbegriff richtet den Blick nicht auf die inhaltliche Füllung, sondern auf die Funktion von Religion. Das Interesse gilt nicht dem Inhalt, sondern dem Zweck von Religion. Auf diese Weise steht der

---

[1] Pollack, Was ist Religion?, 168.
[2] Friesl/Polak, Theoretische Weichenstellungen, 55.
[3] Gerade in empirischen Studien in der Theologie wird vielfach der substantielle Religionsbegriff zugrunde gelegt. Dabei wird nach der Einstellung von Menschen zu einer bestimmten Religionsgemeinschaft gefragt. Eine Übersicht zu solchen Studien bei: Friesl/Polak, Theoretische Weichenstellungen, 56-60.

funktionale Religionsbegriff in der durch die Aufklärung ermöglichten religionskritischen Tradition, die Religion aus der Außenperspektive analysiert. Die Religionskritik von Denkern wie Feuerbach und Marx bereitete den Boden zur Entstehung der ideologisch ungebundenen Religionswissenschaft. Ebenso entstand im späten 19. Jahrhundert die Religionssoziologie, die als Teilwissenschaft der Soziologie das Verhältnis von Religion und Gesellschaft untersucht. Führende Theoretiker der Religionssoziologie wie Max Weber und Emile Durkheim stellten die Fragen des Verhältnisses von Religion und Gesellschaft in den Mittelpunkt ihrer Arbeiten[4] und reflektierten damit die funktionalen Aspekte von Religion. Im 20. Jahrhundert wurde in den Entwürfen von Peter L. Berger[5], Thomas Luckmann[6] und Niklas Luhmann[7] der funktionale Religionsbegriff in der Religionssoziologie weiter geführt.[8]

Gemeinsam ist all den Studien die Blickrichtung auf die anthropologischen und sozialen Motivationen und Hintergründe von Religion. Der funktionale Religionsbegriff ermöglicht durch die anthropologische Perspektive eine breite Spurensuche nach Religion. So können auch außerkirchliche Phänomene als Religion erfasst werden. Diese Konsequenz führt tendenziell zu Beliebigkeit. Die Unterscheidung zwischen religiösen und nichtreligiösen Phänomenen ist schwer zu vollziehen. Wo die substantielle Definition zu enge Grenzen setzt, droht bei der funktionalen die Grenzlosigkeit.

Aus den angesprochenen Vor- und Nachteilen der beiden Religionsbegriffe zeichnet sich ab, dass keiner von beiden in Reinform als Ausgangspunkt für die vorliegende Erhebung geeignet ist. Ein rein substantieller Religionsbegriff kann schon aufgrund des qualitativ-empirischen Zugangs nicht genügen. Die Interviewten sollen ihre Religiosität fern definitorischer Festlegungen beschreiben können. Gleichzeitig verleitet ein funktional bestimmter Religionsbegriff dazu, Religiosität lediglich auf den damit verbundenen Zweck zu reduzieren.

---

[4] Vgl. Weber, Gesammelte Aufsätze zur Religionssoziologie; Durkheim, Die elementaren Formen des religiösen Lebens.
[5] Berger/Luckmann, Die gesellschaftliche Konstruktion der Wirklichkeit.
[6] Luckmann, Die unsichtbare Religion.
[7] Luhmann, Funktion der Religion.
[8] Vgl. zur Entwicklung der Religionssoziologie: Knoblauch, Religionssoziologie.

2. Die Kombination von substantiellem und funktionalem Religionsbegriff

Der Streit zwischen substantiellem und funktionalem Religionsbegriff wird zunehmend durch die Kombination beider Elemente zu lösen versucht. Pollack stellt vier Forderungen an einen Religionsbegriff, der die Einseitigkeiten rein substantieller oder funktionaler Bestimmungen überwinden soll:[9]

- Der Begriff muss sowohl institutionalisierte, historisch gewachsene Religionen als auch neureligiöse Formen erfassen können.
- Es gilt, sowohl die Außen- als auch Innenperspektive von Religion zu beachten. Die akademische Reflexion benötigt die forschende Distanz, aus der heraus Diagnosen gestellt werden können. Gleichwohl darf die Eigenperspektive der Betroffenen nicht übergangen werden.
- Wissenschaft darf weder den Geltungs- noch den Wahrheitsanspruch von Religion zum Forschungsgegenstand machen. Neutralität auf Seiten der Forschenden ist unabdingbar.
- Eine angemessene Religionsdefinition braucht sowohl die theoretische Auseinandersetzung als auch die empirische Überprüfung. Der Religionsbegriff stellt also eine „heuristische Hypothese"[10] dar, die empirisch überprüfbar und korrigierbar sein muss.

Zur Bestimmung des Religionsbegriffes setzt sich Pollack (in Anbindung an zahlreiche Forschungsergebnisse[11]) mit dem religiösen Bezugsproblem auseinander: dem Problem der Kontingenz. Die Erfahrung von Kontingenz durchzieht alle Lebensbereiche und betrifft alle Lebensvollzüge, individuell und kollektiv. Es „erscheinen an jeder gesellschaftlichen oder individuellen Wirklichkeit die nicht realisierten Möglichkeiten mit und versetzen das Aktuelle in das Licht des Potentiellen."[12] Die Kontingenz an sich, als philosophische Frage, stellt nicht den Ausgangspunkt für die Religion dar. Vielmehr stellt sich das Problem in dem Moment, in dem Menschen Kontingenz als Grenzerfahrung erleben, etwa als Tod, Verzweiflung oder Freude. Was Menschen als kontingent erleben, ist individuell bestimmt und hängt von historischen, biographischen, sozio-kulturellen, psychischen etc. Faktoren ab. Die Kontingenzfrage stellt sich heute anders als vor 100 Jahren.

---

[9] Vgl. Pollack, Was ist Religion?, 182f.
[10] Ebd., 183.
[11] Literaturangaben dazu vgl. Pollack, Was ist Religion?, 184.
[12] Ebd., 184.

Dem Problem der Kontingenz wird unterschiedlich begegnet. Verschiedene Lösungsmöglichkeiten versuchen, der Thematik die Schärfe zu nehmen. Eine der möglichen Bewältigungsmöglichkeiten für das Problem der Kontingenz bietet die Religion. Die religiöse Problemlösung vollzieht sich in zwei Bewegungen:

Religion löst das Kontingenzproblem, indem sie sich auf einen Transzendenzhorizont außerhalb der menschlichen Erfahrung bezieht. Durch diesen Bezug auf einen Horizont außerhalb des Versteh- und Nachvollziehbaren ist es möglich, Antworten auf die Kontingenzfrage zu finden, die einer rationalen Überprüfung nicht mehr standhalten müssen. Was nun Menschen als transzendent, als sich selbst überschreitend, erleben, hängt vom jeweiligen Kontext ab. „Der Transzendenzbegriff ist also ein Relationsbegriff, der sich stets nur in Abhängigkeit vom Immanenzbegriff bestimmen läßt."[13]

Die Überschreitung zum Transzendenten wird vervollständigt durch eine gegenläufige Bewegung: das im Transzendenten Vorgestellte benötigt die Verankerung im menschlich Erfahrbaren. Jede religiöse Tradition findet dafür eigene Formen, bevorzugt in rituellen, kultischen und mythischen Praktiken. Im Christentum etwa sei an die Sakramente erinnert, auch an die vielfältigen Formen neuer Religiosität wie Handauflegen, Jahreskreisfeste etc. „Die Verbindung von Bestimmtheit und Unbestimmtheit, von Zugänglichem und Unzugänglichem, von Immanenz und Transzendenz ist eine Grundstruktur aller Religionen. Durch sie gewinnen sie Alltagsrelevanz, Verständlichkeit, Anschaulichkeit und Kommunikabilität."[14]

Pollack kombiniert mit seinem Entwurf zum Religionsbegriff funktionale und substantielle Aspekte. Insofern Religion eine Lösungsmöglichkeit des Kontingenzproblems darstellt, hat sie funktionale Bedeutung. Auch andere Strategien stehen Menschen zur Verfügung, die Kontingenzfrage in den Griff zu bekommen, etwa Philosophie und Psychotherapie. Das Spezifische an der durch Religion eröffneten Perspektive liegt in ihrer substantiellen Bestimmung. Diese sieht vor, dass der Mensch sich auf einen transzendenten Horizont bezieht. In dieser Transzendenzverwiesenheit liegt der substantielle Gesichtspunkt.

---

[13] Ebd., 186.
[14] Ebd., 186.

3. Religiosität als „Existenzvollzug mit Bezug auf Transzendenz"[15]

Wenn Pollack in seiner Definition den funktionalen mit dem substantiellen Religionsbegriff verknüpft, bleibt eine Frage offen: Wie ist der Transzendenzhorizont zu definieren? Gibt es benennbare Kriterien darüber, was als Transzendenzbezug zu werten ist – und was nicht?

Auch Polak/Friesl entwerfen eine Definition von Religiosität, in der der Transzendenzinhalt bestimmt wird. Auf einen kurzen Nenner gebracht bestimmen sie Religiosität als „Existenzvollzug mit Bezug auf Transzendenz"[16]. Beide Variablen dieser Definition bedingen sich wechselseitig. Weder ein reiner Existenzvollzug, etwa in Form von ausgeprägtem Gefühlserleben oder denkerisch-intellektuellen Hochleistungen, noch ein bloßer Transzendenzbezug, beispielsweise in Form eines ritualisierten Gebetes, machen je für sich Religiosität aus. Beide Dimensionen gehören zusammen.

Polak und Friesl greifen bei der Frage nach der Transzendenz auf die Diskussion des substantiellen und funktionalen Gottesbegriffes zurück. Während die substantielle Definition den Inhalt von Transzendenz klar als Gott oder eine zumindest numinose Größe festlegt, kann die funktionale Bestimmung beliebige alltagsweltliche Phänomene, deren religiöse Funktion von Interesse ist, zum Transzendenzinhalt erklären. Im postmodernen Kontext dürfte weder die eine noch die andere Auslegung eine sinnvolle und angemessene Basis darstellen, von der aus Transzendenzinhalte empirisch erfasst werden können. Für den weiteren Fortgang dieser Studie sollen einige inhaltliche Kriterien festgelegt werden. Diese knüpfen an die Ergebnisse von Polak und Friesl an, die als Voraussetzungen ihres Religiositätsbegriffes Folgendes formulieren:

„Ursprünglichster und substantieller Inhalt von Transzendenz muss das ‚Heilige' selbst sein, das die Frage nach ihm überhaupt erst möglich macht und freisetzt. Wir halten es hier absichtlich von allen theologischen und spezifisch-religiösen Bestimmungen frei, setzen aber in jüdisch-christlicher Tradition seine Präsenz und Wirklichkeit ebenso voraus wie seine Namen- und Bildlosigkeit, seine Unnennbarkeit und radikale Andersartigkeit. Dieses Heilige entzieht sich selbstverständlich dem wissenschaftlichen Zugriff, ist aber auch religionsphilosophische Voraussetzung, von der her der Begriff der Transzendenz überhaupt erst seinen Sinn gewinnt. (...) Wir gehen, christlicher Erfahrung verpflichtet, davon aus, dass sich dieses ‚Heilige' aber durchaus unter profanen Vorzeichen, also in der konkreten, menschlichen Rea-

---

[15] Friesl/Polak, Theoretische Weichenstellungen, 88.
[16] Ebd., 88.

lität zu erkennen geben kann und gibt. (...) Dies erlaubt es uns, alle Transzendenzen, auf die Menschen sich beziehen, und seien diese noch so irdisch und profan, auf ihre Religiosität hin zu betrachten."[17]

In Kürze: Transzendenzinhalt ist das „Heilige"[18], namen- und bildlos, unnennbar und radikal anders, in konkreter menschlicher Realität erkennbar, frei von theologischen Bestimmungen.

Transzendenzbezug meint also den individuell unterschiedlich geprägten Bezug auf eine Größe, die den eigenen Horizont überschreitet, mithilfe derer das Kontingenzproblem gelöst werden soll. Diese transzendierende Größe, im Wortgebrauch von Polak/Friesl das Heilige, kann in jüdisch-christlicher Tradition beschrieben werden als gleichzeitig sowohl radikal andersartig als auch als konkret in menschlicher Realität erfahrbar. Transzendenz bedeutet „jene Wirklichkeit, jene ‚Substanz', jener Inhalt, auf die sich Existenzerleben und Existenzdeutung beziehen. Transzendenz meint (...) jenen konkreten Inhalt, jene Wirklichkeit, auf die der Mensch stößt, wenn er aus sich selbst herausgeht, sich auf andere(s) hin übersteigt."[19] Diese übersteigende Wirklichkeit hat je individuelle Gestalt.

Polak und Friesl ergänzen ihre Definition von Religiosität als Transzendenzbezug um die Dimension des Existenzvollzuges. Weder der reine Transzendenzbezug noch der reine Existenzvollzug können als religiös gelten. Erst in der Verschränkung beider Elemente entsteht gelebte Religion. *Existenzvollzug* wird in drei Dimensionen ausbuchstabiert: *Fühlen, Denken und Handeln.*[20]

- *Fühlen* als menschlicher Existenzvollzug meint im religiösen Bereich die emotionalen Befindlichkeiten wie Angst oder Dankbarkeit, die den individuellen Zugang zu Religion wesentlich ausmachen.
- *Denken* betrifft alle rationalen und intellektuellen Vollzüge menschlicher Existenz. Menschen konstituieren Religion in wichtigen Ausformungen kognitiv.

---

[17] Ebd., 91.
[18] Das „Heilige" als Transzendenzinhalt greift begrifflich auf den Entwurf von Rudolf Otto, Das Heilige, zurück. Otto beschreibt religiöses Erleben als Ergriffensein vom Heiligen und Numinosen. Einzig damit aber ist der Terminus für diese Studie nicht hinreichend gefüllt. Religiöses Erleben vollzieht sich nicht allein im Schaudern vor Numinosem und Heiligem. Vgl. zur kritischen Auseinandersetzung mit R. Otto die Ausführungen bei Grom, Religionspsychologie, 398-400.
[19] Polak/Friesl, Theoretische Weichenstellungen, 92.
[20] Vgl. ebd., 89f.

- *Handeln* als dritte Komponente von Existenzvollzug kommt im religiösen Bereich in Form von moralischen Handlungsmaximen oder anderen handlungspraktischen Konsequenzen zum Tragen.

Die Differenzierung in Transzendenzinhalte und die Unterscheidung verschiedener Dimensionen des Existenzvollzuges ermöglichen ein Einordnungsraster für die Auswertung und Reflexion religiöser Erfahrung. Gleichzeitig dürfte klar geworden sein, dass jede theoretische Unterteilung nicht im mathematischen Sinn eine klare Anzahl unterschiedlicher Typen ermitteln kann. Für den vorliegenden Zusammenhang ist festzuhalten:

- Wenn Menschen sich auf Transzendenz beziehen, kann das sehr unterschiedlich aussehen, sowohl in inhaltlicher Hinsicht (etwa expliziter Bezug auf Gott oder auf einen säkularen Wert, der Transzendenzinhalte durchscheinen lässt) als auch vom Reflexionsniveau her.
- Ausgehend von der These, dass menschliche Existenz sich in bestimmten Dimensionen ausfächert, hat das auch je nach Schwerpunkt Auswirkungen auf die Prägung der je individuellen Religiosität. Konkret heißt das zum Beispiel: Individuelle Religiosität kann eher handlungsorientiert oder gefühlsbetont sein.

4. *Dimensionen religiöser Erfahrung*

Verschiedene Entwürfe versuchen, Dimensionen von Religiosität zu ermitteln.[21] Daiber/Lukatis stellen die Schwierigkeit fest, solche Dimensionen zu bestimmen und voneinander zu trennen. Sie betonen die Gestalteinheit gelebter Religion[22], die sich als „umfassend prägende, stilbildende, die Biographie bestimmende, Identität ermöglichende Kraft"[23] verwirklicht. Dennoch unterscheiden sie, entsprechend den verschiedenen Wirkungsbereichen menschlichen Existenzvollzuges, drei Dimensionen gelebter Religion:

Wenn Menschen sich in emotionaler, kognitiver und pragmatischer Hinsicht in der Welt verwirklichen, dann gibt es auch entsprechend ähnlich gerichtete Dimensionen religiöser Erfahrung. Diesen drei Dimensionen entsprechen drei Sinnsysteme, innerhalb derer die Religiosität bestimmte Funktionen übernimmt:

---

[21] Vgl. Glock, Über die Dimensionen der Religiosität; Kecskes/Wolf, Christliche Religiosität.
[22] Vgl. Daiber/Lukatis, Bibelfrömmigkeit als Gestalt gelebter Religion, 22.
[23] Ebd., 22.

- Der emotionalen Dimension von religiöser Erfahrung entsprechen die symbolisch-darstellenden Sinnsysteme: Religiosität stabilisiert emotional durch symbolische Handlungen.
- Der kognitiven Dimension entsprechen die Wissenssysteme: Religiosität sichert dogmatische Wissensbestände.
- Der pragmatischen Dimension entsprechen die ethisch-normativen Sinnsysteme: Religiosität stellt ethisch-moralische Handlungsdirektiven zur Verfügung.

Alle drei Dimensionen von Religiosität werden in der Realität in unterschiedlichen Anteilen verwirklicht. Manche Menschen neigen eher zu einer institutionell und dogmatisch klar umgrenzten Religiosität, andere tendieren zu sehr individuellen und gefühlsbetonten Ausprägungen. Für diese Studie ist es von Interesse, solche Tendenzen zu beobachten.

5. Zusammenfassung zum Begriff der Religiosität

Ausgehend von obigen Ausführungen soll für die vorliegende Arbeit der Begriff der Religiosität gekennzeichnet werden:

Einen wesentlichen Bezugspunkt von Religiosität stellt die Kontingenzfrage dar. Für das Kontingenzproblem gibt es verschiedene Lösungsmöglichkeiten. Eine mögliche Antwort gibt die Religion, die individuell in gelebter Religion bzw. Religiosität verwirklicht ist.

Religiosität realisiert sich in einer zweifachen Bewegung: Religiöse Menschen entwerfen einen sich selbst überschreitenden Horizont außerhalb ihrer menschlicher Erfahrung. Gleichzeitig drücken sich die Vorstellungen aus diesem Transzendenzbereich in konkreten Formen aus, sie materialisieren sich in menschlicher Realität.

Näher zu bestimmen ist dieser überschreitende Horizont, der Transzendenzinhalt. Dieser ist von einer Ambivalenz geprägt. In Anbindung an die biblischen Zeugnisse der Geschichte von Mensch und Gott kann der Transzendenzinhalt als radikal anders, namen- und bildlos, nicht bestimmbar gefasst werden. Gleichzeitig und ebenfalls im Rekurs auf fundamentale neutestamentliche Botschaften ist dieser überschreitende Horizont in der ganz alltäglichen, menschlichen Realität erfahrbar und inkarniert. Das heißt, dass auch mit alltagsweltlichen Phänomenen religiöse Erfahrungen verbunden sein können.

Die transzendenzverwiesene Überschreitung findet durch existentiellen Vollzug statt. Dazu gehören Denken, Fühlen und Handeln. Religion hat die Funktion, eine von verschiedenen Antwortmöglichkeiten für das Kontingenzproblem zu liefern. Gelebte Religion/Religiosität entsteht durch den individuellen Bezug auf einen transzendierenden Horizont. Dieser Horizont kann sowohl außerhalb menschlicher Erfahrung liegen als auch in konkreten weltlichen Dingen erfahren werden.

III. Praktische Theologie und Religiosität

1. Warum interessiert sich Praktische Theologie für Religiosität? - Religiosität als Zeichen der Zeit

Warum interessiert sich die Praktische Theologie[1] für Religiosität? Das Fach Praktische Theologie ist in mehrfacher Hinsicht in eine dynamische Entwicklung eingespannt: Sowohl innerkirchliche Veränderungen als auch gesellschaftlicher Wandel beeinflussen das Fach erheblich, ja sie machen die Disziplin wesentlich aus. Mit innerkirchlichen Entwicklungen ist vor allem ein Datum verbunden: das II. Vatikanum. Die Perspektive der Praktischen Theologie wurde durch die Anliegen der Pastoralkonstitution Gaudium et spes maßgeblich für die konkrete menschliche Wirklichkeit sensibilisiert: „Freude und Hoffnung, Trauer und Angst der Menschen von heute, besonders der Armen und Bedrängten aller Art, sind auch Freude und Hoffnung, Trauer und Angst der Jünger Christi" (GS 1).

Es sind die „Zeichen der Zeit" (GS 4), die wahrgenommen werden müssen und die christliches Denken, Fühlen und Handeln leiten sollen. In Anlehnung an die Grundanliegen des II. Vatikanums formulieren Haslinger u.a.: Die „Frage ist, mit welchem Selbstverständnis, mit welchem Verständnis von Mensch und Welt Theologie und Kirche in dieser Zeit präsent sind,

---

[1] Natürlich ist anzufragen, inwieweit von der Praktischen Theologie im Singular gesprochen werden kann. Jede Definition ihres Gegenstandsbereiches, der Fächer, der Methoden etc. ist bestimmt von den jeweiligen ForscherInnen. Haslinger u.a. etwa schreiben im Handbuch Praktische Theologie 1999: „Zu Selbstverständnis und Konzept DIESER (Hervorhebung durch Verf.) Praktischen Theologie", womit sie die Begrenztheit jeden Entwurfes andeuten wollen, vgl. Haslinger u.a., Ouvertüre. Zu Selbstverständnis und Konzept dieser Praktischen Theologie, 19. Mit dem zweibändigen Handbuch Praktische Theologie von Haslinger u.a. 1999 und 2000 liegt ein Querschnitt deutschsprachiger Praktischer Theologie vor.

wie das Deutungspotential des christlichen Glaubens – solidarisch und kritisch – so zur Geltung kommt, dass es mit den Ressourcen der Menschheit eine gemeinsame Kraft für die Gestaltung des Lebens in Würde entwickelt und so das Aufdecken und Anbrechen des Reiches Gottes spürbare Wirklichkeit wird."[2] Das Konzil gab als Richtschnur für solche Präsenz von Kirche und Theologie die „Welt der Menschen" (GS 2) an. Mit dieser Hinwendung zur Welt vollzog sich ein gravierender Paradigmenwechsel: Kirche und Theologie sind Teil der Welt der Menschen und unterliegen damit auch dem Wandel. Sie sind geschichtliche Größen und wurden damit aus ihrer „Position der weltenthobenen Beobachtungs- und Beurteilungsinstanz herausgelöst."[3] Auf Augenhöhe sind sie hineinverwoben in die Höhen und Tiefen dieser Welt. Diese konziliare Standortbestimmung bleibt Herausforderung für Praktische Theologie, deren Realisierung danach zu bewerten ist, wie stark sie sich mit konkreter Realität auseinander setzt. Zu dieser menschlichen Realität gehören auch religiöse Praxis, Erfahrungen, Hoffnungen und Enttäuschungen. Religiosität stellt eine der grundlegenden Signaturen menschlicher Existenz – auch und gerade unter den pluralen Bedingungen der Postmoderne.[4]

Praktische Theologie steht nicht nur unter der Einwirkung sich verändernder kirchlicher Strukturen und Strömungen, sondern ist ebenso gesellschaftlichen Einflüssen ausgesetzt. Beide Größen – Kirche und Gesellschaft – üben wechselseitigen Einfluss aufeinander aus und sind Transformationen ausgesetzt. Gerade der mit der Moderne aufbrechende Horizont vorher geschlossener Christentümlichkeit setzte einen Prozess in Gang, der mit den Stichworten Partikularisierung, Individualisierung und Globalisierung angedeutet sei. Gerade der Bereich der Religiosität war und ist großen Veränderungen ausgesetzt, seit das Deutungsmonopol der Kirchen immer mehr abnimmt. Die Säkularisierungsthese jedoch bestätigte sich nicht: Religiosität verschwand nicht, sondern wurde vielmehr „unsichtbar"[5]. Diese Unsichtbarkeit neuer Religiosität erfordert eine spezifische Wahrnehmungskompetenz, die Praktischer Theologie auferlegt ist, wenn sie die Welt der Menschen

---

[2] Haslinger/Bundschuh-Schramm/Fuchs/Karrer/Klein/Knobloch/Stoltenberg, Ouvertüre: Zu Selbstverständnis und Konzept dieser Praktischen Theologie, 19f.
[3] Ebd., 21.
[4] Zur Vielgestaltigkeit gegenwärtiger religiöser Selbstkonzepte vgl. Polak, Megatrend Religion; Hempelmann/Dehn/Finke, Panorama der neuen Religiosität; Zulehner/Hager/Polak, Kehrt die Religion wieder, 2001.
[5] Vgl. Luckmann, Die unsichtbare Religion.

verstehen und begleiten will. Die Schulung der Wahrnehmung von Religiosität hat hohe Bedeutung, wie es Daiber beschreibt:
„Die Kirchen sind offensichtlich immer wieder in der Gefahr, die differenzierte Anwesenheit von Religion in der modernen Gesellschaft zu übersehen. Der eingetretene Funktionswandel verführt sie gerade dazu, die heutige Gesellschaft zumindest als nichtchristliche Gesellschaft zu identifizieren (...) Die Ablehnung einer differenzierten Wahrnehmung dient der Identitätsbestimmung, allerdings auf Kosten einer angemessenen Beschreibung der Wirklichkeit. Dem gegenüber bleibt die Notwendigkeit der an der Vielfalt der Realität orientierten Wahrnehmung und der theologischen Auseinandersetzung mit ihr bestehen. Religiöse Phänomene der modernen Gesellschaft müssen identifiziert und auf ihre theologische Bedeutsamkeit hin hinterfragt werden."[6]
Wer genau hinsieht und hinhört, riskiert dabei den Verlust eigener Sicherheit. Dies jedoch führt zum Aufspüren von Phänomenen, die aufmerksam machen sollten – Daiber bezeichnet sie als „religionsverdächtig"[7]. Die – vermeintlich so banale – Wahrnehmungskompetenz Praktischer Theologie kann nicht hoch genug bewertet werden. Man weiß, was man sieht. Was nicht gesehen wird, geht unter und führt zu einer Einbuße an Relevanz und stellt die Glaubwürdigkeit der reflektierenden Instanz in Frage. Bereits die sorgfältige Kairologie hat theologische Qualität.

Neben der Identifikation solcher religiöser Erscheinungen geht es in einem zweiten Schritt um deren theologische Reflexion. Die ermittelte Wirklichkeit wird theoriegeleitet oder theoriegenerierend reflektiert.[8] Unter Hinzuziehung eines theologischen Bezugsrahmens entsteht eine Verknüpfung von Praxis und Theorie.[9]

2. *Wie interessiert sich Praktische Theologie für Religiosität? – Vom Dialog mit sozialwissenschaftlicher Forschung*

Religiosität als wichtiger Ausdruck menschlicher Existenz, als Zeichen der Zeit, ist im Sinne des Evangeliums und wiederholt durch das II. Vatikanum von hoher Relevanz für Praktische Theologie. Doch unter welchen Bedin-

---

[6] Daiber, Predigt als religiöse Rede, 91.
[7] Fechtner/Friedrichs/Grosse/Lukatis/Natrup, Religion wahrnehmen, 13.
[8] Zur Unterscheidung von theoriegeleiteter bzw. –generierender Auswertung in quantitativen bzw. qualitativen Verfahren praktisch-theologischer Arbeiten vgl. Günther, Wenn die Ehe scheitert, 181.
[9] Vgl. ebd., 180-182.

Praktische Theologie und Religiosität 103

gungen setzt sie sich mit ihr auseinander? *Wie* interessiert sich Praktische Theologie für Religiosität?

Die Erforschung von Religiosität bedarf – wie die Erhebung jeder Größe, die subjektiv konstruiert wird – eines Untersuchungsinstruments, das den individuellen Selbstkonstruktionsprozessen und damit verbundenen Einwirkungen äußerer Faktoren gerecht wird. Es geht also um die Wahrnehmung einer Wirklichkeit, die nicht als unumstößliche, wissenschaftlich festlegbare Größe vorausgesetzt werden kann. Den geeigneten Zugang dazu schaffen sozialwissenschaftliche Instrumentarien, die mit Mitteln der empirischen Forschung subjektive Vorgänge sichtbar und nachvollziehbar machen kann.[10] Die Erforschung von Religiosität in der deutschsprachigen Religions- und Kirchensoziologie hat seit den 90er Jahren große Fortschritte erzielt. Feige/Lukatis stellen 2004 bei der Durchsicht dieser Studien fest: „Empirie hat Konjunktur."[11]

Dies ist umso interessanter, weil die religionssoziologische Forschung eine wechselvolle Geschichte hinter sich hat:[12] Die Sektion Religionssoziologie in der Deutschen Gesellschaft für Soziologie (DGS) besteht heute aus einem Zusammenschluss von ForscherInnen aus Soziologie und Theologie sowie einigen aus Religionswissenschaft, Ethnologie, Psychologie und Politologie. Die Neugründung der Sektion im Jahr 1994 folgte auf ein seit den späten 50er Jahren festzustellendes Verstummen des soziologischen Interesses an Religion. Dazu trugen Kontroversen zwischen Religionssoziologen mit theoretischem Schwerpunkt und eher praktisch orientierten Kirchensoziologen bei. Zudem entsprach das abnehmende Interesse auch dem gesellschaftlichen Kontext. Einzelne Initiativen zu religionssoziologischer Forschung[13] verdichteten sich und forderten die Institutionalisierung in der DGS. Die GründerInnen der Sektion Religionssoziologie im Jahr 1994 wollen die alte Rivalität zwischen kirchen- und religionssoziologischen Schwerpunkten überwinden. Die Diskussion pendelt zwischen theoretischem Diskurs und phänomenbeschreibenden Untersuchungen, welche handlungsprak-

---

[10] Dabei geht es vor allem um qualitative Verfahren, die subjektiv erlebte und gedeutete Wirklichkeit zugänglich machen. Zu den Charakteristika qualitativer Forschung vgl. Porzelt, Qualitativ-empirische Methoden in der Religionspädagogik; mehr in dieser Arbeit unter Teil II, B. I. 1.
[11] Feige/Lukatis, Empirie hat Konjunktur.
[12] Vgl. Wohlrab-Sahr, Die Sektion Religionssoziologie in der Deutschen Gesellschaft für Soziologie, 37-42.
[13] Dafür zu nennen seien beispielsweise Karl-Fritz Daiber, Ingrid und Wolfgang Lukatis, Alfred Dubach, Wolfgang Marhold, Karl Wilhelm Dahm und Volker Drehsen.

tische Impulse für die Kirchen nach sich ziehen können. Die Erforschung von Religiosität ist ohne empirische Mittel nicht mehr denkbar.

3. Was sind die Ergebnisse praktisch-theologischer Forschung zu Religiosität?

Das bereits erwähnte Wiedererstarken religionssoziologischer Forschung seit Beginn der 90er Jahre lässt sich auch an den eindrucksvoll gestiegenen Zahlen entsprechender Studien ablesen: Feige/Lukatis finden 2004 bei ihrer Durchsicht von Arbeiten mit religionssoziologischem Interesse seit 1990 rund 170 Titel, wobei diese Sammlung keinen Anspruch auf Vollständigkeit erhebt.[14] Deutlich zeichnet sich das wissenschaftliche Interesse an der Erforschung von Religiosität ab.

Nach wie vor aktuell ist die Frage, wie Religion/Religiosität theoretisch zu definieren ist und welche empirischen Methoden angemessen sind. Auf forschungspraktischer Ebene stellt sich diese Frage zuerst und vor allem bei der Auswahl der Erhebungs- und Auswertungsmethode. Feige/Lukatis sehen in diesem Vorgang ein wesentliches Charakteristikum religionssoziologischer Forschung: „dass Religion/Religiosität eben nicht einfach ‚ist' – und sie demzufolge nicht einfach mit sozialwissenschaftlicher ‚Technik' isomorph abgebildet bzw. befragt werden kann –, sondern dass sie durch Tradition qua Kommunikation ‚gemacht' wird – und dass ihre in standardisiert-massenstatistischen Umfragen sichtbar werdende Gestalt durch die besonderen, kommunikativ engführenden Bedingungen solcher Umfragen eben auch verzerrt werden kann."[15] Religiosität *ist* nicht, sie stellt einen kommunikativen Vorgang dar. Aufgrund dieser Verfasstheit muss empirisches Forschen sorgfältig reflektieren, mit welchen Mitteln Religiosität sinnvoll untersucht werden kann. Dass standardisiert-massenstatistische Verfahren hier wenig Aussagekraft haben, dürfte klar sein. Aufwändige qualitative Verfahren haben bessere Möglichkeiten, die subjektiven kommunikativen Aneignungsprozesse von Religiosität zu beschreiben. Gleichzeitig kann auch dieser Weg vor Verzerrungen und Verlusten der Authentizität der Befragten nicht schützen. Auch die Fragenden sind Teile des Kommunikationsvorganges und müssen ihren Rolle reflektieren.

---

[14] Vgl. Feige/Lukatis, Empirie hat Konjunktur, 12.
[15] Ebd., 15.

Praktische Theologie und Religiosität

Feige/Lukatis ordnen die Inhalte der Forschungsarbeiten zu Religion/Religiosität seit 1990 acht Themenfeldern zu:[16]
- Religiosität und Kirchlichkeit in der Bevölkerung bzw. in bestimmten Konfessionsgruppen
- Religion als Beruf / Kirche als Organisation
- Gender-Aspekte im Raum von Kirche und Religion
- Religiosität und Kirchlichkeit in der jungen Generation
- Religion, Kirche und Kultur
- Religion und Lebensgeschichte
- New Age, Okkultismus und andere neu-religiöse Gestalten
- Nicht-christliche Weltreligionen mit je eigenem ethnischem Kontext

Oft finden sich mehrere der genannten Themen in einer Untersuchung, die Felder können sich überschneiden. Die Reflexion der vorliegenden Studien lassen drei formale Akzente hervortreten:[17]

Wachsende Publikationszahlen
Nach einer Zeit relativen Schweigens zu religionssoziologischen Themen verdeutlicht die zunehmende Zahl von Veröffentlichungen in diesem Bereich das wieder erwachte und steigende Interesse.

Neue Themenschwerpunkte
Die oben genannten Themenfelder der Untersuchungen geben die klassischen Gegenstände religionssoziologischer Forschung wieder. Darüber hinaus bildeten sich in den 90er Jahren vor allem drei neue Schwerpunkte, die mit aktuellen Entwicklungen zusammen hängen: Die durch Wende und Wiedervereinigung veränderte religiöse Landschaft in Deutschland und Europa schlägt sich in der Erforschung von Religiosität und Kirchlichkeit in Ostdeutschland und Osteuropa nieder. Ein weiterer neuer Fokus wurde durch die Entwicklung sozio-methodologischer Mittel ermöglicht: Die Frage nach Religion in der Lebensgeschichte von Menschen. Biografische Verfahren nahmen zu. Ein drittes Themenfeld befasst sich mit der Anwendung feministisch-theologischer Reflexion in empirischen Studien: Die Gender-Thematik in Religion und Kirchen trat in den 90ern in empirischen Studien deutlich in Erscheinung.

---

[16] Vgl. ebd., 18f.; ein ausführlicher Forschungsbericht mit Nennung der Titel im Internet unter: http://www.efh-hannover.de/fb_institute/psi/emp-1990.pdf.
[17] Vgl. ebd., 25-27.

Methodisch-differenziert kombinierende Zugänge zur Sozialgestalt des Religiösen

Die sozialwissenschaftliche Qualität religionssoziologischer Studien nahm – parallel zur Entwicklung in den Sozialwissenschaften insgesamt – zu. Feige/Lukatis stellen eine methodische Professionalisierung fest: die Zunahme von aufwendigen qualitativen Verfahren; Studien, in denen mehrperspektivische Zugänge gewählt werden; Zeitreihenanalysen.[18]

Als Fazit ist festzustellen: Die Erforschung von Religion/Religiosität mit soziologischen Mitteln hat sich etabliert. Der Graben zwischen Religions- und Kirchensoziologen scheint überwunden zu sein. „Diese Studien betreiben eine religionssoziologische Realitätsanalyse, ohne binnentheologische Sprachspiel-Forschung zu sein."[19] Religionssoziologische Forschung reagiert wach auf die sich verändernde Dynamik von Religion/Religiosität in und außerhalb der institutionellen Religionsgemeinschaften. Um die Qualität der Untersuchungen zu gewährleisten, ist die differenzierte Auseinandersetzung sowohl mit soziologischer Methodologie als auch mit dem vorausgesetzten Religionsbegriff nötig. So Feige/Lukatis: „die Zahl der in einem weiteren und engeren Sinne ‚qualitativ' operierenden Projekte wächst und damit auch der Zwang, den verwendeten Religionsbegriff soweit zu reflektieren und sozial-empirisch zu ‚grounden', dass weder die fröhliche Naivität theorieloser Statistikanwendung noch die analytische Prärogative theologisch-programmatischen Soll-Denkens die zutage geförderten Einsichten völlig vernebeln können."[20] Wer den subjektiven Charakter von Religiosität ernst nimmt, kann keine substanzhafte Definition von Religion voraussetzen. Die Mittel der Sozialforschung ermöglichen einen angemessenen Weg zur Erfassung und Darstellung individueller Religiosität und eine weiterführende Konzeptualisierung durch Heranziehen eines geeigneten theoretischen Bezugsrahmens.

---

[18] Vgl. ebd., 27.
[19] Ebd., 29.
[20] Ebd., 30.

IV. Religiosität im feministisch-theologischen Paradigma

1. Überblick

Feministische Theologinnen untersuchen die Auswirkungen der Geschlechterdifferenz auch in Bezug auf die Religiosität. Veröffentlichungen aus feministisch-theologischer Perspektive zu Religiosität von Frauen lassen sich vereinfachend zwei Interessenschwerpunkten zuordnen:

Ein Teil der Publikationen fokussiert Religiosität von Frauen beschreibend, systematisierend, problematisierend – vor allem in Abgrenzung zu männlich dominierten Konzepten – und versucht, neue Möglichkeiten zu eröffnen. Das zweite erkenntnisleitende Interesse feministisch-theologischer Forschung gilt der empirischen Untersuchung konkreter religiöser Selbstkonzepte.

Für die vorliegende Studie sind vor allem die empirischen Arbeiten von Interesse, wobei die problemanzeigenden und systematisierenden Konzepte zu geschlechtsspezifischer Religiosität wichtige Bezugspunkte darstellen. Bei diesen geht es vor allem um die Darstellung negativer Folgen androzentrischer Religion für die religiöse Sozialisation von Frauen.[1] Oftmals wird in Abgrenzung zu solchen Negativbesetzungen der Terminus Spiritualität gebraucht, und zwar sowohl von christlichen[2] als auch von nicht- bzw. postchristlichen[3] Wissenschaftlerinnen.

Bisherige Veröffentlichungen zum Themenkreis feministischer Spiritualität haben vielfach ein besonderes Augenmerk auf liturgische bzw. rituelle Vollzüge. Solche scheinen Kristallisationspunkte zu sein, an denen sich die Anbindung an traditionelle Formen und die Abgrenzung von diesen zu einem neuen Selbstverständnis verdichten.[4] Zu den rituellen Formen gehören zum Beispiel auch liturgischer Tanz (in kirchlichen Gruppen) oder Jahreskreisfeste (eher im außerkirchlichen Bereich). Symbole aus der Natur oder weibliche Bilder spielen eine wichtige Rolle. Wesentlich ist der Erfahrungsbezug religiöser Zeichen und Praktiken. Außerdem findet eine neue Auseinandersetzung mit biblischen Frauengestalten wie Maria oder Maria Magda-

---

[1] Vgl. Hintersberger, Elemente und Strukturformen weiblicher Spiritualität; Pahnke/Sommer, Göttinnen und Priesterinnen.
[2] Vgl. Leistner, Laß spüren deine Kraft.
[3] Vgl. Radford Ruether, Unsere Wunden heilen.
[4] Vgl. dazu die erhellende Übersicht zu Frauenritualen bei Northup, Frauenrituale.

lena statt. Weibliche Bilder der biblischen Überlieferung werden neu entdeckt, etwa die Weisheit (Sophia/Chokma).[5]

Insgesamt wird deutlich, dass die Gestaltung der Religiosität von Frauen immer weniger an traditionelle kirchliche Formen angebunden ist. Ganz im Zuge postmoderner Entwicklung, geprägt von Dechristianisierung mit gleichzeitiger Respiritualisierung[6], wählen Frauen aus dem immer größer werdenden Markt an Sinnangeboten bewusst aus oder sind auch unbewusst von entsprechenden Inhalten geprägt. Empirische Untersuchungen zu Religiosität von Frauen beschreiben solche Aneignungsprozesse.

Empirische Studien zu Religiosität mit Genderperspektive finden allmählich ihren Platz in der Forschung[7]. Das Interesse an empirischen Untersuchungen zur Religiosität von Frauen nimmt derzeit zu und führt auch zur verstärkten Profilierung der methodischen Möglichkeiten. Inzwischen existieren eine Reihe von Studien[8] aus dem Bereich feministisch-theologischer (Biographie-)Forschung zu Religiosität.

2. *Strukturlinien der bisherigen Ergebnisse*

Wie die Ergebnisse empirischer Studien zeigen, führt die Auseinandersetzung mit herkömmlicher Religiosität für viele Frauen zu einer „Erfahrung, die von den Erschütterungen einer Identitätskrise begleitet ist."[9] Aus der Reflexion dieser Krisenerfahrungen heraus entwickeln feministische Theologinnen Kriterien für eine frauenbezogene Religiosität. Ebenso wenig wie von *der* feministischen Theologie im Singular gesprochen werden kann, gibt es nicht ein für alle Entwürfe gültiges Konzept zu Religiosität bzw. Spiritualität. Jedoch lassen sich aus einer Reihe von Entwürfen gewisse Strukturlinien ersehen, die einen ähnlichen Fokus haben. Augst unterscheidet drei wesentliche Aspekte feministischen Neuansatzes:[10] Die Forderung nach Aufhebung der Spaltung von Alltag und Religion, nach Aufhebung der Abwer-

---

[5] Vgl. Concilium 5 (2000), Die Macht der Weisheit. Feministische Spiritualität.
[6] Vgl. Zulehner/Hager/Polak, Kehrt die Religion wieder, 9.
[7] Regina Sommer untersucht Arbeiten zum Zusammenhang von Lebensgeschichte und Religion bei Frauen, vgl. den Überblick in: Sommer, Lebensgeschichte und gelebte Religion von Frauen, 61-65.
[8] Vgl. Klein, Theologie und empirische Biographieforschung; Matthiae, Clownin Gott; Augst, Religion in der Lebenswelt junger Frauen aus sozialen Unterschichten; Klinkhammer, Moderne Formen islamischer Lebensführung; Franke, Die Göttin neben dem Kreuz; Sommer, Lebensgeschichte und gelebte Religion von Frauen
[9] Strack, Spiritualität. Gegenwart, 515.
[10] Vgl. Augst, Religion in der Lebenswelt junger Frauen aus sozialen Unterschichten, 78-83.

tung des Körpers und die Annahme von politischem Handeln als Teil der Religion.

2.1. Aufhebung der Spaltung von Alltag und Religion

Hier geht es um die Frage nach dem Ort von Religion. Die moderne Aufteilung menschlichen Lebens in voneinander unabhängige Bereiche erstreckt sich auch auf den Bereich der Religion. Religiöse Erfahrungen können an einem bestimmten Ort zu einer bestimmten Zeit unter bestimmten Rahmenbedingungen gemacht werden. Feministische Theologinnen beklagen diese Spaltung, die den religiösen vom säkularen Bereich trennt. Dem gegenüber steht eine Religiosität, die erfahrungs- und biographiebezogene Gestalt hat. Religiöse Erfahrungen müssen auch im Alltag möglich sein. Alltägliches Geschehen wirkt sich religionsproduktiv aus. Gewöhnliche Erfahrungen wie Erziehungsarbeit, Partnerschaft oder Menstruation können religiöse Fragen aufwerfen. Gleiches gilt für außerordentliche Erlebnisse und Gefühle wie Trauer, Krise oder Glück.

2.2. Aufhebung der Abwertung des Körpers

Eine weit zurückreichende theologiegeschichtliche Tradition führte zu einer negativen Bewertung von Körperlichkeit im Christentum.[11] Der Körper als Gegenstück zur Ratio wurde zum Ort der Begierde und der Sünde, der verleugnet oder durch diverse Formen der Selbstkasteiung gedemütigt und in Grenzen gewiesen werden muss. Diese Engführung des Körperbildes traf und trifft Frauen umso mehr, als sie traditionell dem Gegenmodell von Verstand/Vernunft zugeordnet werden und als der emotionalere, körperbetontere Teil der Menschheit gelten. Auch im Bereich religiöser Erfahrung spielt der Körper entweder keine Rolle oder es wird eine idealisierte Form vorgegeben, was im katholischen Bereich vor allem in Gestalt von Maria statt fand und findet. Solche Normierung und Herabsetzung von Körperlichkeit wird im feministisch-theologischen Diskurs problematisiert. Alternative Konzepte versuchen, eine Neubelebung der Kategorie Körper zu ermöglichen. Dabei geht es sowohl um die Wiedereroberung des Körpers als gottgewollte Schöpfung mit der Erlaubnis zu lust- und leibbetonten Erfahrungen als auch um die Wahrnehmung der Verletzbarkeit – vor allem des weibli-

---

[11] Vgl. Moltmann-Wendel/Ammicht-Quinn, Körper der Frau/Leiblichkeit, 336-339.

chen Körpers – und den damit verbundenen Imperativ, solche Grenzverletzungen der menschlichen Unantastbarkeit zu bekämpfen.

2.3. Politisches Handeln als Teil der Religion

Während Religion von vielen Menschen mit Innerlichkeit und Rückzug verbunden wird, haben feministische Konzepte eine klare Handlungsorientierung. Was geglaubt wird, soll sich auch im ganz konkreten Leben umsetzen. Religiös motiviert zu leben ist dann nicht mehr nur eine individuelle Angelegenheit, sondern fordert auch zum gemeinschaftlichen Engagement heraus. Dieser politische Anspruch ist eng mit dem Selbstverständnis Feministischer Theologie als Befreiungstheologie verknüpft.[12] Religiöse Praxis vollzieht sich nicht zu Hause im stillen Kämmerlein, sondern mit Blick auf die Welt. Religion stellt ein kritisches Korrektiv zu den Verhältnissen in der Welt dar, indem die Opfer der herrschenden Verhältnisse in den Mittelpunkt gerückt werden und die Veränderung unmenschlicher Strukturen praktisch tätig angestrebt wird. Diese politische Option nährt sich aus der biblischen Botschaft, die von Gottes Parteilichkeit mit den Unterdrückten und zu kurz Gekommenen erzählt.

3. *Religiosität und Biographie*

Unterschiedliche Faktoren wirken bei der Ausformung von Religiosität mit. Ganz sicherlich gehört dazu die Geschlechtszugehörigkeit.[13] Die Hinterfragung bestehender geschlechtsspezifischer Rollenmuster wirft auch Fragen nach den Konsequenzen für die religiöse Sozialisation auf. Ebenso wie Frauen heute aus einem breiten Spektrum an Lebensentwürfen und Kombinationsmöglichkeiten auswählen können und müssen, finden in ähnlicher Weise komplexe und ambivalente Aneignungsprozesse bei der Ausbildung der persönlichen Religiosität statt. Diese Prozesse werden nicht nur durch postmoderne Pluralität von außen mitbestimmt, vielmehr sind Frauen auch als Subjekte innerhalb dieser pluralen Gesellschaftsordnung Trägerinnen ihrer Entscheidungen. Für oder gegen welche Haltungen, Werte, religiöse Deutungsmuster etc. Frauen sich entscheiden, hängt in hohem Maße von biographischen Erfahrungen ab. So etwa stellen Franke/Matthiae/Sommer fest:

---

[12] Zum Selbstverständnis von feministischer Theologie als Befreiungstheologie vgl. Strahm, Befreiungstheologie(n), 56-60.
[13] Vgl. zu geschlechtsspezifischer Sozialisation Bilden, Geschlechtsspezifische Sozialisation; Gildemeister, Geschlechtsspezifische Sozialisation.

„Der Zusammenhang zwischen der jeweiligen Biographie und Religiosität scheint keinesfalls beliebig zu sein. Vielmehr sind religiöse Überzeugung und Praxis eng mit den lebensgeschichtlichen Erfahrungen im Rahmen bestimmter sozialer, politischer und wirtschaftlicher Bedingungen verknüpft. Diese Verknüpfungen generieren wiederum neue Praxisformen und Reflexionen."[14]

Die Betonung des Zusammenhangs von Religiosität und Biographie entspricht auch einem zentralen Postulat feministischer Forschung, dem Ausgang jeder wissenschaftlichen Reflexion von der Erfahrung.[15] Die Gestalt von Religiosität hängt immer wesentlich mit biographischen Erfahrungen zusammen.[16] Feministische Hermeneutik setzt bei dieser Erfahrung an.[17]

4. Folgerungen

Die vorliegende Untersuchung versteht sich als Beitrag zur feministisch-theologischen Erforschung von Religiosität. In einigen wesentlichen Punkten knüpft sie an die bereits vorhandenen Erkenntnisse an:

- Im Mittelpunkt der Studie stehen die Erfahrungen der befragten Frauen.
- Diese Erfahrungen sind nicht isoliert vom übrigen Leben, sondern sind eng mit der Biographie verbunden. Deshalb bietet es sich an, die Interviews erfahrungs- und lebenslaufbezogen zu strukturieren.
- Für die Interviewauswertung bieten die bereits vorhandenen feministisch-theologischen Reflexionen zu Religiosität systematisierende Anhaltspunkte. Die Ergebnisse bilden sensibilisierende Konzepte, die den Blick für die Erfahrungen der Befragten schärfen. Dabei geht es vor allem um die Kategorie Körper, die Verbindung von Alltag und Religion und die Option für politisches Engagement.

---

[14] Franke/Matthiae/Sommer, Frauen Leben Religion, 7.
[15] Zum Erfahrungsbegriff in der Feministischen Theologie vgl. Kohler-Spiegel, Erfahrung.
[16] Vgl. Klein, Theologie und empirische Biographieforschung; Maaßen, Biographie und Erfahrung von Frauen.
[17] Dass Biographie einen wichtigen Einfluss auf die Ausformung von Religiosität hat, wird nicht nur von feministischen Theologinnen vertreten, sondern auch von weiteren Theologen reflektiert. Zum Weiterlesen vgl. Luther, Religion und Alltag, 37-44; Grözinger/Luther, Religion und Biographie; Nassehi, Religion und Biographie.

V. Zusammenfassung

Die vorliegende Arbeit untersucht die religiöse Einstellungen und Erfahrungen von Frauen, die sexuell missbraucht wurden. Deshalb muss im Vorfeld der Begriff der Religiosität geklärt werden. Dabei entstehen jedoch fast mehr Fragen als Antworten. Die vorangegangenen Ausführungen stellen lediglich den Versuch dar, wesentliche Dimensionen zu klären, um einen Rahmen für die Untersuchung abzustecken. Zusammenfassend soll festgehalten werden:

- Religiosität stellt die gelebte Seite von Religion dar und hat subjektiven Charakter.
- Theologische Reflexion bezieht sich auf den Begriff Religiosität. Alltagssprachlich ist die Bezeichnung Spiritualität etwa bedeutungsgleich oder markiert eine Weitung der persönlichen Praxis über den kirchlichen Rahmen hinaus.
- Religiosität erfüllt Funktionen und verweist den Menschen auf einen ihn überschreitenden Horizont.
- Religiöse Erfahrungen lassen sich nach drei Dimensionen ordnen: nach kognitiv, emotional und/oder pragmatisch ausgerichteter Religiosität.
- Praktische Theologie setzt sich mit Religiosität auseinander, weil sie als Zeichen der Zeit die grundlegenden Hoffnungen und Ängste von Menschen spiegelt.
- Praktische Theologie bedient sich empirischer Methoden, um Religiosität sichtbar zu machen.
- Religionssoziologische Studien erforschen zunehmend die Frage nach der Religion in der Lebensgeschichte von Menschen. Die empirische Erforschung gelebter Religion von Frauen, etwa durch biographische Verfahren, nimmt zu.
- Die empirischen Ergebnisse feministisch-theologischer Forschung zur Religiosität von Frauen problematisieren androzentrische und Frauen benachteiligende Religion. Im Mittelpunkt frauenbezogener Religiosität stehen Kategorien wie Erfahrung, Körperlichkeit, Individualität und Verbundenheit.

D. Bewältigung

Sexueller Missbrauch hinterlässt Spuren. Die Mehrheit der Betroffenen ist von den Auswirkungen des Ereignisses nachhaltig beeinträchtigt. Der Wunsch danach, die Erfahrungen zu bewältigen, ist groß. Einfache Lösungen gibt es nicht. Insbesondere die Erforschung der Auswirkungen sexuellen Missbrauchs als Trauma bringt wichtige Erkenntnisse für Forschung und Therapie. Seit der Einführung der Diagnose „Posttraumatische Belastungsstörung" sind die vielfältigen Langzeitwirkungen von Traumatisierung bekannt, die sich auf der somatischen, psychischen und sozialen Ebene zeigen. Die Bewältigung dieser Auswirkungen ist ein höchst komplexer und individueller Vorgang. In den letzten Jahrzehnten wurde wissenschaftlich reflektiert, unter welchen Bedingungen solche Bewältigungsprozesse ablaufen, welche Variablen dabei eine Rolle spielen, welchen Einfluss die betroffene Person hat etc. Diese Ergebnisse sollen in mehreren Schritten referiert werden:

Van der Kolk spricht von der „Vielschichtigkeit der Anpassungsprozesse"[1]. Auf verschiedenen Ebenen reagieren die Betroffenen auf das Trauma, unbewusst und bewusst. Jede Strategie, die negativen Auswirkungen des Missbrauchs einzuschränken, kann als Bewältigungsversuch bezeichnet werden. Seit einigen Jahren wird dafür vielfach der englische Begriff *Coping* verwendet. Umgangssprachlich gibt es noch eine Reihe weiterer Begriffe, die sich auf diesen Vorgang beziehen: Es ist die Rede von Aufarbeitung, von Heilung, von Behandlung. All das bezieht sich auf das, was unter den Oberbegriff Bewältigung subsumiert werden kann. Klärung ist nötig, um differenziert den Gegenstand dieser Studie zu schärfen. Der Hintergrund und Anwendungsbereich dieser Begriffe soll im Folgenden geklärt werden.

Nicht nur umgangssprachlich, sondern auch wissenschaftlich existieren verschiedene Konzepte zu Bewältigung. Deshalb soll berichtet werden, welche Ergebnisse der Forschung für den Bewältigungszusammenhang relevant sind. Dabei geht es vor allem um die Erkenntnisse der Stress- und der Salutogeneseforschung. Die Erforschung der Folgen sexuellen Missbrauchs erweist diesen als Traumatisierung. Deshalb sollen die zentralen Ergebnisse der Traumaforschung zu Bewältigung referiert werden.

---

[1] Kolk, Die Vielschichtigkeit der Anpassungsprozesse nach erfolgter Traumatisierung, 169.

I. Begriffsklärungen

In der vorliegenden Arbeit geht es um Religiosität in Bewältigungsprozessen von Frauen, die sexuell missbraucht wurden. Was unter sexuellem Missbrauch und Religiosität zu verstehen ist, wurde bereits erläutert. Nun ist die Frage, welches Feld der Begriff Bewältigung eröffnet. Kann sexueller Missbrauch bewältigt werden? Ist religiöse Bewältigung von „gewöhnlicher" Bewältigung zu unterscheiden? Muss Bewältigung zwingend auch im religiösen Bereich stattfinden? Heißt Bewältigung, dass die Betroffene gänzlich unbelastet lebt? Einmal bewältigt – immer bewältigt?

Offensichtlich existieren unterschiedliche Zusammenhänge, in denen von Bewältigung die Rede ist. Es ist sinnvoll, zwei Bereiche zu unterscheiden: den der wissenschaftlichen Auseinandersetzung und den der landläufigen Meinung bzw. subjektiven Interpretation. Die vorliegende Arbeit findet im Spagat zwischen diesen beiden Größen statt. Sie versucht, unter Bezugnahme auf vorhandene Theorien und Konzepte zu Bewältigung die individuellen Bewältigungswege der befragten Frauen nachzuvollziehen und einzuordnen.

Die wissenschaftliche Forschung ist auf die Begriffe Bewältigung bzw. Coping einzugrenzen, die auch im deutschsprachigen Bereich in etwa gleichbedeutend benutzt werden. Das englische Verb *to cope* wird im Wörterbuch übersetzt mit „zurechtkommen, mit etwas fertig werden, bewältigen, gewachsen sein, etwas schaffen"[2]. Das Wort Bewältigung geht etymologisch auf die indogermanische Wurzel „val", d.h. stark sein, zurück. Bewältigen bedeutet „in seine Gewalt bringen, mit etwas fertig werden"[3]. Zwei Aspekte zu den Begriffen Bewältigung und Coping können das Spannungsfeld, in denen sie stehen, veranschaulichen:

Muss die Bewältigung mit Erfolg verbunden werden? Entgegen der allgemein verbreiteten Meinung, Bewältigung bedeute „*erfolgreiche* Auseinandersetzung mit einer Belastung"[4], kann mit Kremer gesagt werden, dass der förderliche Ausgang von Bewältigung und Coping nicht relevant ist.[5] Es geht um den Vorgang, nicht um den Erfolg.

Die Begriffe Bewältigung und Coping sagen nichts darüber aus, wie lange und wie oft der Vorgang statt findet. Da Bewältigung in der Regel ein Vorgang ist, der durch ein krisenhaftes Ereignis ausgelöst wird, kann davon

---

[2] PONS Wörterbuch für Schule und Studium Englisch- Deutsch, Stichwort cope, 253.
[3] Kluge, Etymologisches Wörterbuch, 106.
[4] Trautmann-Sponsel, Definition und Abgrenzung des Begriffs Bewältigung, 14.
[5] Kremer, Interne Copingressource Religiosität, 4.

ausgegangen werden, dass es sich nicht um einen einmaligen und zeitlich eingrenzbaren Ablauf handelt.[6]

Im Bereich der Alltagssprache existieren eine Reihe von Begriffen, die mit Bewältigung verbunden werden, etwa Aufarbeitung oder Heilung. Diese Termini transportieren Botschaften darüber, wie der Bewältigungsvorgang gesehen wird: Wer von aufarbeiten spricht, stellt sich ein klar umrissenes Problemfeld vor, das Stück für Stück abgetragen werden kann – nach getaner Arbeit kann die/der Betroffene ruhen. Heilung impliziert ein Geschehen, das sich tendenziell spontan und einmalig ereignet. Im Kontext von Traumabewältigung fällt auch der Begriff der Behandlung. Dieser lässt auf eine eher schulmedizinische Vorstellung schließen: Die Störung ist zu diagnostizieren und durch adäquate Behandlung zu bewältigen. Einen interessanten Weg geht van der Kolk mit dem Ausdruck des „Anpassungsprozesses". Er sieht vor, dass der Faktor Trauma als feste, unumstößliche Größe besteht, an die sich die Betroffenen auf verschiedenen Ebenen anpassen. Dabei ist zu problematisieren, ob der Traumatisierungsfaktor damit nicht zu unauflösbar angenommen wird.

Die für diese Arbeit relevanten Bezugskonzepte aus psychologischer und psychotherapeutischer Forschung benutzen den Terminus Bewältigung, was einen ausreichenden Grund darstellt, diesen Begriff zu übernehmen. Auch wenn die beiden Begriffe Bewältigung und Coping nicht absolut deckungsgleich sind, weisen sie doch viele Gemeinsamkeiten auf und können deshalb synonym verwendet werden.[7]

Andere Bezeichnungen zum Gebiet der Bewältigung können aufgrund der inbegriffenen Färbungen nicht gemeinsamer Nenner für wissenschaftliches Arbeiten sein, jedoch illustrieren sie aufschlussreich das Feld, mit dem gemeinhin Bewältigung verbunden wird.

---

[6] Vgl. Kremer, Interne Copingressource Religiosität, 4.
[7] Vgl. ebd., 5.

II. Theorien und Konzepte

1. Stressforschung

Nun ist zwar gesagt, dass die Begriffe Bewältigung und Coping denselben Vorgang betreffen, jedoch noch nichts darüber, was genau darunter zu verstehen ist. Bewältigung folgt auf ein Ereignis, das den Copingprozess in Gang setzen kann. Einen solchen Auslöser stellt in der Regel eine stressreiche Erfahrung dar. Bewältigungsforschung setzt die Erforschung von Stress voraus, die vor allem in den 60er in 70er Jahren vorangetrieben wurde.[1] Die verschiedenen Konzepte zu Stress unterscheiden sich in ihrem Verständnis davon, was als Stress zu verstehen ist. Handelt es sich um einen von außen kommenden Reiz, der Stress verursacht, oder um eine Reaktion des Organismus auf Umwelt- oder Lebensereignisse?

Ohne in das große Feld der Stressforschung einzusteigen, seien die drei grundlegenden Modelle benannt, die in der Stressforschung unterschieden werden können:[2]

- Situationsbezogene Konzepte: Stress wird als Größe definiert, die von außen an den Menschen herantritt und ihn zu Anpassungsleistungen zwingt. Im Mittelpunkt steht der Reiz, der als Stress angesehen wird. Reizbezogene Stresskonzepte eignen sich vor allem für die Erforschung von bestimmten Lebensereignissen; die „live-event" Forschung legt ihren Fokus auf die durch bestimmte Stressoren ausgelösten Prozesse bei den Betroffenen.

- Reaktionsbezogene Konzepte: Es handelt sich um das Gegenteil der situationsbezogenen Konzepte. Stress wird reaktionsbezogen definiert: Es findet eine Reaktion des Menschen auf Umwelt- und Lebensereignisse statt. Diese Reaktion ist individuell unterschiedlich und abhängig von Erfahrungen, Bewertungen, psychischer Struktur und aktueller Verfassung der betroffenen Person. Im Zentrum steht die Person mit ihren individuellen Ressourcen und Einschränkungen.

- Relationale Konzepte: Relationale Konzepte versuchen, die Kluft zwischen den Polen Reiz und Reaktion zu überwinden. Beide nehmen Ein-

---

[1] Vgl. Selye, Stress beherrscht unser Leben; Nitsch, Stress: Theorien, Untersuchungen, Maßnahmen.
[2] Vgl. Lazarus/Launier, Stressbezogene Transaktionen zwischen Person und Umwelt, 220-227.

fluss darauf, ob und wie die betroffene Person eine Situation als Stress erlebt. Situations- und reaktionsbezogene Stresskonzepte machen darauf aufmerksam, dass der auslösende Reiz oder die Person selbst Einfluss darauf haben, ob Stress entsteht. Jedes Konzept für sich allein steht in der Gefahr, einseitig eine Seite der Medaille in den Blick zu nehmen. Der relationale Ansatz bringt hier weiter, insofern er weniger bestimmte Faktoren – Reize wie Persönlichkeitsmerkmale – als stressproduzierende Faktoren identifiziert, sondern die Dimension der Stress*verarbeitung* hereinnimmt. Es geht nicht um die Bestimmung fester Größen, sondern um eine Dynamik zwischen Situation und Person. In der Stressforschung zeichnet sich über die jahrzehntelange Forschungsperiode eine immer deutlicheres Votum für die relationalen Konzepte ab.

Die Ergebnisse der Stressforschung zeigen für den vorliegenden Zusammenhang: Das Erleben von Missbrauch muss als stressreicher Faktor bewertet werden. Insofern gibt es einen Zusammenhang mit der „live-event" Forschung. Gleichzeitig hängt das Ausmaß der Belastung für die Betroffenen auch von deren sozialem Umfeld, psychischer Struktur, Ressourcen etc. ab. Außerdem gibt es einen Zusammenhang zwischen der Schwere, Dauer und Art des Missbrauchsverhältnisses und dem Ausmaß der psychischen Belastung. All diese Faktoren zeigen an, dass im Bereich sexuellen Missbrauchs eine relationale Herangehensweise sinnvoll ist.

2. *Das transaktionale Modell von Belastung und Belastungsverarbeitung nach Lazarus*

Der Begriff Stress ist in aller Munde. In Buchhandlungen füllen zahlreiche Ratgeber gegen Stress die Regale. Im Bereich wissenschaftlicher Forschung hat sich inzwischen eher das Begriffspaar Belastung und Belastungsverarbeitung bzw. Bewältigung oder Coping durchgesetzt. Die Verbindung der Stressforschung mit dem Copingparadigma geht vor allem auf die Arbeiten von Richard S. Lazarus und seine Forschungsgruppe in Berkeley zurück.[1] Er stellt fest: „Das Konzept ‚Stress' ist meines Erachtens von weit geringerer Bedeutung für Anpassungsprozesse als das Konzept der ‚Bewältigung'"[2].

---

[1] Vgl. Lazarus/Folkman, Stress, Appraisal and Coping; auf dieses Werk gehen die folgenden Ausführungen zurück.

[2] Lazarus, Stress und Stressbewältigung – Ein Paradigma, 216.

Lazarus transaktionales Modell stellt den Menschen als einen vor, der aktiv seine Umwelt gestalten kann und auf diese gleichzeitig auch reagiert. Damit grenzt er sich von Konzepten ab, in denen die Größen Mensch und Umwelt getrennt voneinander gedacht werden. Beide stehen in Transaktion. Jede Veränderung hat Einfluss auf beide Seiten, die dadurch in ein neues Miteinander gebracht werden: „Das Transaktionsmodell bringt die Person und ihre Umwelt in eine dynamische, gegenseitig reziproke und bidirektionale Beziehung"[3].

Das Modell von Lazarus ist durch zwei Stadien gekennzeichnet: Im ersten Stadium geschieht eine kognitive Bewertung des Geschehens („*cognitive appraisal*"), im zweiten Schritt findet die Belastungsbewältigung, *Coping*, statt. Mit diesen zwei Phasen ist eine wichtige Akzentverschiebung bei Lazarus gegenüber anderen Stresskonzepten auszumachen: Der Stressor, das belastende Ereignis, ist insofern interessant, als es vom Individuum bewertet wird und je nach Einschätzung zu Bewältigungsverhalten führt. Belastung und Belastungsverarbeitung werden also zusammen gedacht.

2.1. Bewertungsprozesse (*appraisal*)

Der transaktionale Vorgang wird davon bestimmt, wie das Verhältnis zwischen Person und Umwelt bewertet wird. Die Person ordnet jede Erfahrung durch Bewertung danach ein, ob Bewältigung nötig ist und wenn, in welcher Form, um Wohlbefinden herzustellen. Es handelt sich also um einen kognitionspsychologischen Prozess[4], der mehrere Stufen durchläuft:

Primäre Bewertung

Im Vorgang der primären Bewertung geht es darum, grundsätzlich zu entscheiden, welche Konsequenzen ein Ereignis für das Wohlbefinden einer Person hat (*appraisal of well-being*). Dabei gibt Lazarus drei Kategorien an: a) irrelevant, b) günstig/positiv oder c) stressbezogen. Entweder hat ein Geschehen keine Konsequenzen für das subjektive Ergehen oder es wird als positiv erlebt oder aber als Größe, die das Wohlbefinden stört. Das Gleichgewicht zwischen Umwelt und Person kommt ins Wanken. Wenn ein Vorgang als stressbezogen eingeordnet wird, schließen sich daran weitere Bewertungsvorgänge an:

---

[3] Lazarus/Folkman, Stress, Appraisal and Coping, 293.
[4] Vgl. Kremer, Interne Copingressource Religiosität, 12-16.

Es geht um die drei wesentlichen stressrelevanten Beziehungen Schädigung/Verlust, Bedrohung und Herausforderung. Schädigend/verlustreiche (*harm-loss*) Erfahrungen sind solche, die bereits geschehen sind, etwa der Tod eines Menschen, ein Unfall, eine misslungene Prüfung. Bedrohung (*threat*) löst Geschehen aus, das Schaden oder Verlust in Aussicht stellt. Dabei kann es sich um erwartete, noch nicht vollzogene Ereignisse handeln. Schließlich kann eine stressbezogene Erfahrung auch als Herausforderung (*challenge*) bewertet werden.

Die Übergänge zwischen Bedrohung und Herausforderung sind fließend. Abhängig von der Person-Umwelt-Beziehung, den vorhandenen persönlichen Ressourcen und der Bewertung möglicher Folgen wird eine Person eine als stressbezogen bewertete Situation eher als Bedrohung oder als Herausforderung einordnen.

Sekundäre Bewertung

Wenn im primären Bewertungsvorgang ein Geschehen als stressbezogen qualifiziert wird, schließen sich daran sekundäre Bewertungen an, die die möglichen Bewältigungsstrategien einzuschätzen versuchen. Dabei überprüft die Person ihre persönlichen Ressourcen und Bewältigungsmöglichkeiten (*appraisal of coping options and ressources*). Das Bewerten der verfügbaren Ressourcen bezieht sich auf verschiedene Ebenen: psychische, materielle, soziale und körperliche Ressourcen tragen dazu bei, ob und wie eine Person mit einer Bedrohung und/oder Herausforderung umgehen kann.

Während in der primären Bewertung die Konsequenzen für das Wohlbefinden ermittelt wurden, stehen bei der sekundären Bewertung die Bewältigungsmöglichkeiten im Mittelpunkt. Beide Ebenen laufen jedoch zeitlich nicht streng nacheinander, sondern bedingen sich gegenseitig. Das Wissen um die persönlichen Ressourcen etwa hat Einfluss darauf, wie eine veränderte Person-Umwelt-Beziehung bewertet wird.[5] Gerade dieser Vorgang wurde von Lazarus im Laufe seiner Forschungsarbeit immer stärker betont.

Neubewertung

Die primären und sekundären Bewertungsvorgänge führen zu einer Neubewertung (*reappraisal*) künftiger Belastungssituationen. Jede aktuelle Person-Umwelt-Veränderung zieht Bewertungs- und Bewältigungsprozesse nach

---

[5] Vgl. Lazarus/Launier, Streßbezogene Transaktionen zwischen Person und Umwelt, 238.

sich, die Konsequenzen haben auf die Person. Sie wird jede neue Situation abhängig von vorangegangenen Erfahrungen und Bewertungen neu einschätzen. Es handelt sich also um einen rückgekoppelten Prozess. Immer wenn neue Informationen in den Bewertungsprozess eintreten (aus der Umwelt oder in der Person), dann kommt es – rückgekoppelt an bisherige Muster – zu einer Neubewertung. Bereits vorhandene Erfahrungen und Bewältigungsmuster, das soziale Umfeld und persönliche Faktoren beeinflussen diesen Neubewertungsprozess förderlich oder behindernd.

2.2. Bewältigungsprozesse (*coping*)

Lazarus/Folkman definieren Coping als „sich ständig verändernde kognitive und verhaltensorientierte Bemühungen, um spezifische äußere und/oder innere Anforderungen zu bewältigen, die als die persönlichen Ressourcen beanspruchend oder übersteigend bewertet wurden."[6] In Bewertungsprozessen entscheidet die Person, ob eine Situation bewältigungsrelevant ist und wird entsprechend gelagerte Impulse in Gang setzen. Dieser Copingvorgang ist ein komplexer Prozess, den Lazarus/Launier in Abgrenzung zu – aus ihrer Perspektive – unzulänglichen Konzepten mit folgenden Merkmalen beschreiben:[7]

- Coping ist ein Prozess und insofern mit Veränderung verbunden. Wie diese Veränderung auszusehen hat, ist nicht vorgegeben. Das Erfolgskriterium gehört nicht konstitutiv zur Definition von Bewältigung. Wichtiger als Stabilität und Konsistenz sind Veränderung und Dynamik.[8]
- Coping ist ein komplexer Prozess und insofern ein schwer beschreib- und messbarer Vorgang. Bewältigungsverhalten hat keine spezifische Erscheinungsweise, sondern ist an seiner Zielrichtung zu erkennen. Coping ist insofern funktionales Verhalten.
- Coping ist nicht-automatisiertes Verhalten, das heißt, es ist nicht von vornherein klar, wie die Handlung auszusehen hat, um eine Situation zu meistern. Davon zu unterscheiden ist die Anpassung (*adaptation*), die mit Routine und vorgegebenen Mustern verbunden ist[9], zum Beispiel das reflexartige Bremsen im Straßenverkehr.

---

[6] Lazarus/Folkman, Stress, Appraisal and Coping, 141.
[7] Vgl. Lazarus/Launier, Streßbezogene Transaktionen zwischen Person und Umwelt, 242-245.
[8] Vgl. ebd., 242.
[9] Vgl. Lazarus/Folkman, Stress, Appraisal and Coping, 283f.

Das transaktionale Modell nach Lazarus

- Coping ist ein Vorgang, an dem verschiedene Faktoren beteiligt sind: das Individuum durch kognitive Entscheidungen und präventives Bewältigungsverhalten ebenso wie soziale und institutionelle Rahmenbedingungen.
- Coping trägt zu gesunder Persönlichkeitsentfaltung bei. Die Beschäftigung mit Abwehrmechanismen und Scheitern von Bewältigung führt zu einer Vernachlässigung der Perspektive auf die wachstumsfördernde Wirkung von Coping.

Lazarus unterscheidet zwei verschiedene Bewältigungsfunktionen:

„Bewältigungsprozesse besitzen daher zwei Grundformen, nämlich einmal die Verbesserung einer Situation, indem man seine eigenen Aktionen darauf einstellt oder die Situation selbst verändert, und zum zweiten in der Veränderung der physischen und erlebnismäßigen Komponenten der durch den Stress erzeugten Emotionen selbst, so dass sie unter Kontrolle bleiben und nicht das Wohlbefinden und soziale Funktionieren beeinträchtigen."[10]

Der Bewältigungsprozess geht also in zwei unterschiedliche Richtungen: Entweder richtet er sich nach außen mit der Option, die gestörte Transaktion zwischen Person und Umwelt zu verändern (instrumentell), oder er wendet sich durch Regulierung der Emotion nach innen (palliativ). Problemlösend orientiertes Coping ist dann möglich, wenn der Person entsprechende Handlungsmöglichkeiten zur Verfügung stehen. Emotionszentriertes Coping kann auf sehr unterschiedlichen Wegen stattfinden: Durch affektregulierende Maßnahmen, durch Distanzierung, durch positive Umbewertung des stresserzeugenden Ereignisses, durch Verdrängung etc. Hier wird sehr deutlich, dass es kein gutes oder schlechtes Coping gibt. Jeder Versuch, eine belastende Situation zu verändern, ist ein Bewältigungsversuch.

Die Unterteilung in problemlösendes und emotionszentriertes Verhalten ist im Einzelfall zu überprüfen, da es nicht immer zu trennen ist. Auch eine Emotionsausbruch kann problemlösend wirken, indem etwa Menschen zu Hilfe kommen und in einer Angelegenheit Initiative ergreifen.

Die Ergebnisse von Lazarus führen im Kontext der vorliegenden Studie zu folgendem Resümee: Lazarus unterscheidet zwei Vorgänge im Umgang mit stressauslösenden Erfahrungen: Eine Phase der Bewertung und eine Phase der Bewältigung. Das Erleben sexuellen Missbrauchs wird in der Mehrzahl der Fälle von den Betroffenen als Schädigung bewertet. Selbst wenn sie das aufgrund von Verdrängungsmechanismen nicht bewusst tun, ist nach

---

[10] Lazarus, Streß und Streßbewältigung – Ein Paradigma, 216f.

Forschungsergebnissen von einer stressreichen Belastung auszugehen. An die Bewertung schließt sich die Einschätzung der Bewältigungsmöglichkeiten an, deren Ergebnis evtl. Neubewertungen in Gang setzt. Die Bewertung der Copingmöglichkeiten hängt von unterschiedlichen Faktoren ab: vom sozialen und kulturellen Umfeld der Betroffenen, den materiellen und psychischen Ressourcen, juristischen und politischen Bestimmungen etc. Der Bewältigungsprozess von sexuellem Missbrauch selbst kann – in Anlehnung an Lazarus – mit folgenden Merkmalen gekennzeichnet werden:

- Es handelt sich um einen Prozess, der Veränderung in Gang setzt.
- Es gibt verschiedene Formen der Bewältigung: nach außen gerichtete und nach innen wirkende.
- Der Bewältigungsprozess hängt nicht nur von der betroffenen Person, sondern auch einer Reihe anderer Faktoren ab.
- Zu Coping gehören sowohl emotions- als auch handlungszentrierte Aktivitäten.
- Bewältigung hört nicht an einem bestimmten Punkt auf.
- Der Bewältigungsprozess führt zu Neubewertungen im Umgang mit Belastungen.
- Bewältigung kann – muss aber nicht – gesundheitsförderliche Wirkungen entfalten.

3. *Ressourcenorientiertes Coping im Salutogenese-Modell nach Antonovsky*

Lazarus bestimmte maßgeblich die Verbindung der Stressforschung mit der Copingforschung. Die Aufmerksamkeit verlagerte sich damit von der starken Konzentration auf die Stressoren hin zu den Bewältigungsmöglichkeiten des Individuums. Etwa zeitgleich mit Lazarus machte sich ein weiterer Forscher auf Spurensuche nach dem Schlüssel zu einem glücklichen, unbelasteten Leben: Aaron Antonovsky. Seine Forschungsergebnisse spiegeln und inspirieren ein neues Fachgebiet in der Psychologie, die Gesundheitspsychologie.

Im Folgenden werden zunächst medizingeschichtliche Fragestellungen skizziert und die Disziplin Gesundheitspsychologie vorgestellt, um anschließend das grundlegende Anliegen von Antonovsky zu entwickeln. Nach der Darstellung der zentralen Bausteine seines salutogenetischen Ansatzes werden Konsequenzen für den vorliegenden Zusammenhang formuliert.

3.1. Aus der Medizingeschichte

Das Anliegen von Antonovsky ist besser zu verstehen, wenn es im Kontext wichtiger Diskussionslinien zum Gesundheitsverständnis in der Medizin betrachtet wird. Die traditionelle Ansicht der Schulmedizin geht nach Antonovsky von einer „fundamentalen Dichotomie zwischen gesunden und kranken Menschen"[1] aus. Ziel medizinischer Behandlung ist es, alle Krankheitsfaktoren möglichst effektiv zu beseitigen und damit wieder den „Normalzustand" herzustellen. Die Dichotomie besteht in der Aufteilung der Welt in krank und gesund. Sinn und Zweck des medizinischen Systems ist die Krankheitsversorgung: Aller Einsatz zielt darauf ab, Krankheiten zu reduzieren. Die großen Erfolge in der Bekämpfung von Infektionskrankheiten und der medizinisch-technische Fortschritt in Diagnostik und Therapie führten zu beeindruckenden Ergebnissen. Kritisch zu hinterfragen ist allerdings das Verständnis von Krankheit und Gesundheit und das Menschenbild, das im Zuge dieser Entwicklung mittransportiert wurde. Aus verschiedenen Richtungen werden zunehmend kritische Stimmen am dichotomen Modell der Medizin laut:[2]

- Mit der erfolgreichen Bekämpfung vieler epidemieartiger und infektiöser Erkrankungen (zumindest im westeuropäischen Kontext) verändert sich das Krankheitsspektrum hin zu eher chronisch-degenerativen Krankheiten, deren Heilung nicht vergleichbar effektiv erzielt werden kann.
- Der medizinisch-technische Fortschritt führt zu immer aufwändigerer Diagnostik und Therapie und längeren Lebenserwartungen. Damit sind Kostenexplosionen verbunden, die eine neue Blickrichtung anmahnen: Ist es nicht notwendig, neben kurativer Medizin auch Wert auf Prävention und Gesundheitsvorsorge zu legen?
- Zunehmend richtet sich Kritik gegen eine Apparatemedizin, die das Befinden der zu behandelnden Personen nicht mehr im Blick hat. Die ganzheitliche Dimension im Umgang mit PatientInnen wird eingefordert. Ziel medizinischer Behandlung ist weniger Lebenslänge als Lebensqualität.

---

[1] Antonovsky, Salutogenese, 23.
[2] Vgl. Nöldner, Gesundheitspsychologie, 11; Bengel/Strittmatter/Willmann, Was erhält Menschen gesund?, 14-21; Sroebe/Stroebe, Lehrbuch der Gesundheitspsychologie, 13-26; Schwarzer, Geschichte der Gesundheitspsychologie, 190-193.

- Die Erforschung von Risikofaktoren für Erkrankung macht deutlich, dass neben der Behandlung von Krankheiten ein gezieltes Präventionsprogramm nötig ist.

Solche kritischen Stimmen richten sich gegen ein biomedizinisches Krankheitsmodell, das unter dem Eindruck naturwissenschaftlichen Denkens des 19. Jahrhunderts steht: Der Körper ähnelt einer Maschine, deren Funktion bei Störungen wieder hergestellt werden muss. Dafür werden einzelne Bauteile zerlegt und bei Bedarf repariert bzw. erneuert. Die zu behandelnde Person hat keinen eigenen Einfluss auf den Vorgang. Dieses biomedizinische Modell wurde besonders in den 70er Jahren diskutiert und erweitert: Immer stärker trat ins Bewusstsein, welche Wirkung psychische und soziale Faktoren auf die Entstehung und den Verlauf von Erkrankungen haben. Alle krankheitsbezogenen Abläufe hängen auch mit den psychischen und sozialen Bedingungen der Person zusammen: Vom Wahrnehmen von Krankheitssymptomen und Schmerzen über die Erstellung der Diagnose bis hin zur Festsetzung der Therapie gibt es einen Bezug zu den individuellen Rahmenbedingungen.

Auch durch die Ergebnisse der Stressforschung wird deutlich, dass subjektive Bewertung und Rahmenbedingungen eine wichtige Rolle in der Auseinandersetzung mit einer (gesundheitlichen) Belastung spielen. Zunehmend werden auch psychosoziale Faktoren zur Erklärung von Krankheiten herangezogen. Umgekehrt fragen forschende Personen nach den protektiven psychosozialen Ressourcen, die die Krankheitsbewältigung erleichtern und ermöglichen. Die Wechselwirkungen zwischen Körper und Seele, zwischen aktueller Belastung und bereits vorhandenen Stresserfahrungen, zwischen verschiedenen Systemen des Körpers wie Immunsystem, vegetatives Nervensystem, Hormonsystem etc. werden in interdisziplinären Untersuchungsanlagen erforscht: Medizinische Psychologie, Verhaltensmedizin, Psychoneurologie etc. Diese fächerverbindenden Zugänge machen deutlich, dass Krankheit ist nicht einfach das zu beseitigende Gegenteil von Gesundheit ist, sondern hängt mit einer ganzen Reihe von Faktoren zusammen. Krankheit ist ein relationales Geschehen.

Diese Erkenntnisse führten dazu, diejenigen Faktoren, die krankheitsgefährdend wirken, herauszufinden und gegen diese einzuwirken. Um Erkrankung zu vermeiden, werden präventive Strategien entwickelt. Etwa ist nachgewiesen, dass ein Zusammenhang besteht zwischen Bluthochdruck, Übergewicht, psychischen Stressoren und der Wahrscheinlichkeit, einen Herzinfarkt zu erleiden. Es geht also darum, solche Risikofaktoren zu ermitteln und

Theorien und Konzepte: Salutogenese-Modell

effektive Maßnahmen gegen solche einzuleiten. Das Risikofaktorenmodell wirft den Blick nicht isoliert auf die Krankheit als solche, sondern auch auf die entsprechenden Risikofaktoren, wobei auch hier die Aufmerksamkeit bei der Erkrankung und nicht den Ressourcen liegt. Es setzt vor allem auf individuelle Verhaltensänderungen bezogen auf mögliche Risikofaktoren. Kontext- und verhältnisbezogene Änderungen hingegen werden kaum realisiert, wie Bengel, Strittmatter und Willmann feststellen.[3]

Eine Weiterentwicklung des biomedizinischen und des Risikofaktorenmodells fand mit dem Beschluss auf der WHO-Konferenz im kasachischen Alma Ata im Jahr 1978 statt, der Gesundheit für alle bis zum Jahr 2000 forderte.[4] In der Ottowa Charta von 1986 wurde die Durchführung eines Programms zur Gesundheitsförderung (*Health Promotion*) festgesetzt.

Diese Perspektive der Gesundheitsförderung stellt eine Überwindung des dichotomen Krankheitsmodells dar, indem es nicht mehr allein das Gesund- bzw. Kranksein des Menschen im Blick hat, sondern dessen Lebensgestaltung den Handlungshorizont bestimmt. Die Frage ist nicht mehr: Wie kann diese Krankheit geheilt werden?, sondern: Wie können Menschen – einzeln und miteinander – gut leben? Die Entwicklungen im Verständnis von Krankheit machen deutlich: Das rein biomedizinische Modell muss zugunsten eines mehrdimensionalen Ansatzes korrigiert werden, der die Dichotomie zwischen gesund und krank überwindet. Je nach Ansatz werden biomedizinische, systemtheoretische, handlungstheoretische, wissenschaftssoziologische oder sozialökologische Aspekte bei der Definition von Gesundheit und Krankheit hervorgehoben.[5]

3.2. Neue Disziplin Gesundheitspsychologie

Das gewachsene Bewusstsein für die Bedeutung subjektiver Bewertungen und Ressourcen für die Bewältigung von Stress zeichnet sich in einer neuen Disziplin der Psychologie ab: Die Gesundheitspsychologie. Vor allem im Zuge der Anfragen an das biomedizinische Modell der Gesundheit und dessen Ablösung durch das psychosoziale und das Risikofaktoren-Modell ent-

---

[3] Vgl. Bengel/Strittmatter/ Willmann, Was erhält Menschen gesund?, 19.
[4] Die 134 Regierungsvertreter benannten in Alma Ata Bedingungen für eine zureichende Gesundheit und berücksichtigten dabei explizit politische und sozioökonomische Faktoren als Ursachen für Krankheit. Zur Entwicklung seit Alma Ata vgl. Wulf, Die Zukunft der Vergangenheit.
[5] Vgl. Ziegelmann, Gesundheits- und Krankheitsbegriffe, 150.

fachte sich seit den 70er Jahren die Diskussion um eine Psychologie, deren Mittelpunkt die Erhaltung der Gesundheit darstellt.

Die Entwicklung der Disziplin Gesundheitspsychologie wurde maßgeblich in der US-amerikanischen Forschung voran getrieben. In Deutschland wurde sie erstmalig 1988 an einer Universität eingerichtet.[6] Seit 1992 gibt es innerhalb der Deutschen Gesellschaft für Psychologie (DGPs) die Fachgruppe Gesundheitspsychologie; ein Jahr später erschien erstmals die Zeitschrift für Gesundheitspsychologie, die das wichtigste deutschsprachige Forum für die gesundheitspsychologische Diskussion darstellt.

Die Gesundheitspsychologie kann als intradisziplinäre Integrations- und Anwendungsdisziplin innerhalb der Psychologie bezeichnet werden. Zu ihren Grundlagendisziplinen gehören die Entwicklungs- und Sozialpsychologie, außerdem lebt sie von den Beiträgen aus Disziplinen der angewandten Psychologie.[7] Im Unterschied zur Klinischen Psychologie, die sich auf seelische Störungen und Verhaltensabweichungen konzentriert, setzt sich gesundheitspsychologische Forschung eher mit körperlichen Erkrankungen/Behinderungen und riskanten bzw. präventiven Verhaltensweisen auseinander. Es besteht eine enge Verbindung der Gesundheitspsychologie mit der Verhaltensmedizin, die als interdisziplinäre Wissenschaft ähnliche Fragestellungen im Blick hat.[8] Aufgrund der Tatsache, dass die Gesundheitspsychologie sowohl mit den psychologischen Grundlagen- und Anwendungsdisziplinen als auch mit den gesundheitswissenschaftlichen Nachbardisziplinen zusammen arbeitet, kann sie als Integrationsdisziplin bezeichnet werden.

Jerusalem sieht drei zentrale Anliegen der Gesundheitspsychologie:[9] Theorieentwicklung, Zunahme empirischer Ergebnisse und Anwendungsbezug. Die gesundheitspsychologische Theorie und dazugehörige empirische Forschung erstrecken sich auf verschiedene Fragestellungen: Persönlichkeit und Krankheit, Stress und Stressbewältigung, protektive Ressourcen, Gesundheitsverhalten und Gesundheitsförderung. Der Anwendungsbezug realisiert sich vor allem in der Kooperation mit Forschung und Praxis von Fachleuten aus dem Gesundheitswesen und im Entwurf von Maßnahmen zur Gesundheitsförderung.

---

[6] Es handelt sich um die Freie Universität Berlin.
[7] Vgl. Schröder, Klinische Gesundheitspsychologie, 194.
[8] Vgl. zur Verbindung und Abgrenzung von Gesundheitspsychologie und Verhaltensmedizin: Haisch, Gesundheitspsychologie, Verhaltensmedizin und Public Health.
[9] Vgl. Jerusalem, Gesundheitspsychologie in Deutschland, 188.

Schwenkmezger/Schmidt weisen auf die Breite der Disziplin hin, ein Fach, „das Gesundheit und Krankheit, die Prävention und Behandlung, erzieherische und damit verhaltensändernde Beiträge ebenso einschließen soll wie wissenschaftliche und anwendungsbezogene Analysen."[10] Diese Weite des Faches kann es erschweren, das Fach zu etablieren und das Profil zu bestimmen. Deshalb schlagen Schwenkmezger/Schmidt vor, Gesundheitspsychologie im engeren und im weiteren Sinne zu unterscheiden: „Erstere ist vor allem auf die Gesundheitsförderung und die primäre Prävention ausgerichtet und befasst sich mit der Aufrechterhaltung der Gesundheit auf der Ebene des Individuums und der Gesellschaft unter Einschluß ökologischer Aspekte. Letztere betrifft darüber hinaus auch Aufgabenstellungen, die traditionell zur Medizinischen Psychologie, teilweise auch zur Klinischen Psychologie zu rechnen sind."[11]

Gesundheitspsychologie macht psychologische Erkenntnisse für die Gesundheitsförderung nutzbar. Mit dieser Akzentsetzung, die auch auf die Ergebnisse der Stressforschung zurück greift, findet eine Blickverlagerung von der Krankheit zur Gesundheit statt, die auch das salutogenetische Modell von Antonovsky wesentlich kennzeichnet.

3.3. Die salutogenetische Fragestellung: patho- versus salutogenetisches Modell

Gesundheitswissenschaftliche Forschung hat in den letzten vier Jahrzehnten rasant an Umfang, Inhalt und Tempo zugenommen. Der Wandel vom biomedizinischen zum psychosozialen Modell der Gesundheit spiegelt sich vor allem in der Stress- und Ressourcenforschung. Lazarus stellte heraus, wie wichtig die subjektiven Bewertungsvorgänge bei der Konfrontation mit Stressoren sind. Diese Bewertung hängt auch von den Ressourcen der Person ab. Neben der Analyse von Risikofaktoren nahm die Untersuchung der gesundheitsförderlichen Ressourcen zu. Als Ressourcen sind diejenigen Faktoren zu bezeichnen, „die geeignet sind, die psychische, physische und soziale Gesundheit eines Menschen zu fördern, vor allem bei einer Gefährdung der Gesundheit durch Belastungen und Krankheit."[12] Neben materiellen Ressourcen sind aus gesundheitspsychologischer Sicht vor allem die personalen Ressourcen interessant. Antonovsky knüpft mit seinem Modell der Saluto-

---

[10] Schwenkmezger/Schmidt, Gesundheitspsychologie, 2.
[11] Ebd., 3.
[12] Weber, Ressourcen, 466.

genese an die stress- und ressourcentheoretische Forschung an. Er kritisiert am herkömmlichen Modell der Gesundheitsversorgung die rein kurative Orientierung, die durch ein Übermaß an Organ- und Symptombezogenheit ein mechanisches und pathogenetisch orientiertes Modell repräsentiert[13] und vollzieht eine grundlegende Veränderung des Blickwinkels.

Antonovsky selbst spricht von einer „absoluten Kehrtwendung"[14] in seiner Arbeit, die ein Projekt im Jahr 1970 in Gang setzte. Er untersuchte das Anpassungsverhalten an die Menopause von Frauen verschiedener ethnischer Herkunft in Israel. Zu den befragten Frauen gehörte auch eine Gruppe, die zwischen 1914 und 1923 in Mitteleuropa geboren wurde und somit zu Beginn des nationalsozialistischen Regimes zwischen 16 und 25 Jahre alt war. Diese Frauen wurden in der Untersuchung befragt, ob sie Häftlinge in einem Konzentrationslager waren. Die emotionale Befindlichkeit dieser Frauen war – erwartungsgemäß – häufig schlechter als die der Frauen in der Vergleichsgruppe. 29% der Frauen, die den Terror der Konzentrationslager überlebt hatten, gaben an, über eine gute emotionale Gesundheit zu verfügen, während sich die Frauen ohne solchen biographischen Hintergrund zu 51% für psychisch stabil und belastbar einstuften. Die auffallend unterschiedliche Höhe dieser Bewertung wurde interpretiert. Antonovsky wählte eine Perspektive, die sich nicht am Defizit orientiert und resümiert:

„Den absolut unvorstellbaren Horror des Lagers durchgestanden zu haben, anschließend jahrelang eine deplazierte Person gewesen zu sein und sich dann ein neues Leben in einem Land aufgebaut zu haben, das drei Kriege erlebte ... und dennoch in einem angemessenen Gesundheitszustand zu sein! Dies war für mich die dramatische Erfahrung, die mich bewusst auf den Weg brachte, das zu formulieren, was ich später als das salutogenetische Modell bezeichnet habe."[15]

Der salutogenetische Blick fragt danach, warum Menschen trotz Belastungen gesund bleiben. Wie schaffen es Menschen, auch nach extremen Belastungen unversehrt und glücklich zu sein? Was sind die besonderen Eigenschaften und Fähigkeiten solcher Menschen?

Antonovsky schafft für sein Modell den Neologismus Salutogenese. Dabei handelt es sich um eine Zusammensetzung des lateinischen Wortes salus[16] (übersetzt: Unversehrtheit, Heil) und des griechischen Wortes γένεσις

---

[13] Vgl. Bengel, Salutogenese, 483.
[14] Anonovsky, Salutogenese, 15.
[15] Ebd., 15.
[16] Maoz, ein Kollege von Antonovsky, sieht einen Zusammenhang des salutogenetischen Paradigmas mit der jüdischen Religion: „In der jüdischen Kultur, aus der ja sowohl Anto-

Theorien und Konzepte: Salutogenese-Modell 129

(übersetzt: Entstehung), das in Opposition zum Begriff der Pathogenese steht, der den biomedizinischen Ansatz bestimmt. Jedoch versteht Antonovsky sein Modell nicht als andere Seite der Medaille zum pathogenetischen Paradigma. Er fragt nicht nach Gesundheit als einem absoluten Zustand, sondern danach, wie ein Mensch mehr gesund und weniger krank wird.[17] Die Unterschiede von patho- und salutogenetischem Paradigma beschreibt Antonovsky im Bild des Flusses:

„(...) meine fundamentale philosophische Annahme ist die, dass der Fluss der Strom des Lebens ist. Niemand geht sicher am Ufer entlang. Darüber hinaus ist für mich klar, dass ein Großteil des Flusses sowohl im wörtlichen als auch im übertragenen Sinn verschmutzt ist. Es gibt Gabelungen im Fluss, die zu leichten Strömungen oder in gefährliche Stromschnellen und Strudel führen. Meine Arbeit ist der Auseinandersetzung mit folgender Frage gewidmet: ‚Wie wird man, wo immer man sich in dem Fluss befindet, dessen Natur von historischen, soziokulturellen und physikalischen Umweltbedingungen bestimmt wird, ein guter Schwimmer?'"[18]

Antonovsky wirft dem pathogenetischen Modell vor, dass es sich ausschließlich auf die Rettung und Bergung der ertrinkenden Menschen im Fluss konzentriert, technisch hoch entwickelt und finanziell aufwändig ausgestattet. Dabei wird jedoch nicht danach gefragt, warum und wie diese Menschen in den reißenden Strom geraten sind. Im Bild des Stromes können verschiedene Forschungsfragen gestellt werden, aus eher patho-zentrischer Sicht etwa: Wer ertrinkt am ehesten? Womit kann jemand am besten gerettet werden? Oder aus eher ressourcenorientierter Perspektive: Was erleichtert das Schwimmen? Wie kann der Flusslauf entschärft werden? Die Dichotomie jedoch wird erst überwunden, wenn klar ist, dass *alle* sich im Fluss befinden – es gibt kein außerhalb. Salutogenetisch gedacht sind alle Menschen in diesem Fluss. Leben heißt, im Strom zu sein und damit permanent Einflüssen und Gefährdungen ausgesetzt zu sein. Solche Veränderungen sind nicht die Ausnahme, sondern der Alltag. Vielen Ansprüchen ausgesetzt zu sein, einen fordernden Beruf auszufüllen, sich mit Menschen auseinander zu setzen und zu streiten, einen Menschen zu verlieren, krank sein, Schmerz empfinden – all das sind weniger außerordentliche Ereignisse als gewöhnliche Erfahrungen. Kurz gesagt: Stress gehört zum Leben.

---

novsky als auch ich stammen, spielt die absolute primäre Heiligkeit des Lebens eine große Rolle.", Maoz, Salutogenese, 16.
[17] Vgl. Bengel, Was erhält Menschen gesund?, 24.
[18] Antonovsky, Salutogenese, 92.

Jeder Mensch hat einen eigenen Flussverlauf, abhängig von sozialen, politischen, kulturellen und wirtschaftlichen Bedingungen, von Geschlecht und Alter etc. Trotz aller Unterschiede ergibt sich ein verbindende Frage: „Leben ist tödlich und heilsam zugleich. Und so lautet die Frage: Wie kommt es eigentlich, dass die meisten so gut über die Runden kommen und das Ziel ihres Lebens erreichen? Wie kommt es eigentlich, dass Menschen so gut schwimmen können? Und vielleicht auch: Wie kann man erreichen, dass sie noch besser schwimmen lernen?"[19]

3.4. Das Gesundheits-Krankheits-Kontinuum

Im pathogenetischen Modell herrscht eine Dichotomie in der Bewertung von Menschen als entweder gesund oder krank. Antonovsky stellt dem ein anderes Modell gegenüber: Die Kontinuumshypothese. In dieser geht er davon aus, dass jeder Mensch zu jedem Zeitpunkt seines Lebens sich irgendwo zwischen den Polen Gesundheit und Krankheit befindet, einmal ist er gesünder, einmal kränker. Es gibt keine Entweder-Oder-Relation, sondern ein mehr und weniger an gesund oder krank sein: „Wir sind alle sterblich. Ebenso sind wir alle, solange noch ein Hauch von Leben in uns ist, in einem gewissen Ausmaß gesund. Der salutogenetische Ansatz sieht vor, dass wir die Position jeder Person zu jedem beliebigen Zeitpunkt untersuchen."[20]

Aufgrund dieser grundlegenden Prämisse interessiert sich Antonovsky dafür, welche Faktoren dazu beitragen, wenn Menschen sich auf dem Gesundheits-Krankheits-Kontinuum eher im gesunden Bereich bewegen. Das Salutogenesemodell zeichnet eine spezifische Art aus, solche Faktoren zu bewerten. Antonovsky fragt: „Der Stressor: Pathogenetisch, neutral oder salutogenetisch?"[21] Während in einigen Konzepten der Stressforschung Stressoren als pathogen gelten, sieht Antonovsky in ihnen Größen, die sich sowohl positiv als auch negativ auf des emotionale Befinden der Person auswirken können. Was einer als Überlastung empfindet, aktiviert bei einer anderen die Überzeugung, an einer Herausforderung zu wachsen.

Das Kontinuumsmodell hebt die Spaltungen des dichotomen Gesundheitsverständnisses auf. Es macht zum Beispiel bewusst, dass eine Person immer mehr ist als eine bestimmte Krankheit, zum Beispiel mehr als „der Blinddarm auf Station 5". Jacobs fasst zusammen, worin die entscheidenden Punkte der Kontinuumskonzeption liegen:

---

[19] Jacobs, Salutogenese, 94f.
[20] Antonovsky, Salutogenese, 23.
[21] Ebd., 26.

- „totale Gesundheit und totale Krankheit als unerreichte und unerreichbare Extrempole eines Kontinuums bestimmen,
- die Apartheid zwischen Gesunden und Kranken abschaffen,
- wo immer es geht, den gesamten physischen, psychischen und sozialen Gesundheitsstatus einer Person berücksichtigen (wobei die damit verbundenen methodischen Probleme selbstverständlich beträchtlich sind),
- sich auf die Suche zu machen nach den gesundheitsförderlichen Stressoren sowie nach jenen Größen, die man ‚salutary facts' nennen könnte, also nach jenen Faktoren, die die Bewegung der Menschen in Richtung des gesunden Poles des Kontinuums voran treiben."[22]

3.5. Das Kohärenzgefühl

Antonovsky knüpft mit seinem Modell an die Ressourcenforschung an. Diese ermittelt Größen und Merkmale, die es einer Person ermöglichen, mit Belastungen leichter umzugehen. Ausgehend von den Fragen, die von der KZ-Überlebendenforschung angestoßen wurden, geht Antonovsky zu einer „Rehabilitation der Stressoren"[23] über. Ein stressreicher Reiz muss nicht zwingend pathogen wirken, sondern wird überhaupt erst als stressrelevant eingeordnet. Als solcher kann er sehr unterschiedliche Verarbeitungsstrategien auslösen. Antonovsky sucht nach Kriterien, diese verschiedenen Wirkungen zu erklären und nimmt an, dass bestimmte Faktoren die Verarbeitung der ausgelösten Spannung bestimmen. Diese Faktoren nennt er zunächst „generalisierte Widerstandsressourcen (*generalized resistance ressources*, GRR): Geld, Ich-Stärke, kulturelle Stabilität, soziale Unterstützung und dergleichen, also jedes Phänomen, das zur Bekämpfung eines weiten Spektrums von Stressoren wirksam ist."[24] Diese Größen genügen ihm jedoch nicht, um das Phänomen ausreichend zu erklären. Er sucht nach einem Konzept, das nicht erst im Nachhinein durch die aufgewiesene Wirksamkeit eines bestimmten Faktors verifiziert werden kann (nichtsdestotrotz haben die GRR ihre Bedeutsamkeit im salutogenetischen Modell).

Unter welchen Bedingungen bleiben Menschen gesund? Als Antwort auf die salutogenetische Fragestellung findet er das Konzept des Kohärenzgefühls. Dieses wird von ihm „als eine globale Orientierung definiert, die das Maß ausdrückt, in dem man ein durchdringendes, andauerndes aber dynamisches Gefühl des Vertrauens hat, dass die

---

[22] Jacobs, Salutogenese, 103.
[23] Antonovsky, Salutogenese, 27.
[24] Ebd., 16.

eigene interne und externe Umwelt vorhersagbar ist und dass es eine hohe Wahrscheinlichkeit gibt, dass sich die Dinge so entwickeln werden, wie vernünftigerweise erwartet werden kann."[25]
Diese Orientierung, zu Englisch: *sense of coherence* (SOC), versucht Antonovsky durch empirische Studien zu belegen. Schuhmacher sieht im Kohärenzgefühl eine „generelle Einstellung und Orientierung dem Leben gegenüber (...) als eine dispositionelle personale Bewältigungsressource."[26] Kohärenz bedeutet Zusammenhang. Je mehr ein Mensch kohärent ist, desto leichter kann er mit Belastungen umgehen.

Das Kohärenzgefühl gliedert Antonovsky in drei Komponenten: Verstehbarkeit (*comprehensibility*), Handhabbarkeit oder Bewältigbarkeit (*manageability*) und Sinnhaftigkeit oder Bedeutsamkeit (*meaningfulness*). Kohärenz heißt, dass jemand das Leben als verstehbar, bewältigbar und bedeutsam erlebt. Bengel/Strittmacher/ Willmann beschreiben die drei Komponenten des Kohärenzgefühls folgendermaßen:

„1. Gefühl von Verstehbarkeit (*sense of comprehensibility*)
Diese Komponente beschreibt die Erwartung bzw. Fähigkeit von Menschen, Stimuli – auch unbekannte – als geordnete, konsistente, strukturierte Informationen verarbeiten zu können und nicht mit Reizen konfrontiert zu sein bzw. zu werden, die chaotisch, willkürlich, zufällig und unerklärlich sind. Mit Verstehbarkeit meint Antonovsky also ein *kognitives Verarbeitungsmuster*.
2. Gefühl von Handhabbarkeit bzw. Bewältigbarkeit (*sense of manageability*)
Diese Komponente beschreibt die Überzeugung eines Menschen, dass Schwierigkeiten lösbar sind. Antonovsky nennt das auch instrumentelles Vertrauen und definiert es als das ‚*Ausmaß, in dem man wahrnimmt, dass man geeignete Ressourcen zur Verfügung hat, um den Anforderungen zu begegnen*' (Antonovsky, Übersetzung durch Franke, 1998, S. 35). Dabei betont Antonovsky, dass es nicht nur darum geht, über eigene Ressourcen und Kompetenzen verfügen zu können. Auch der Glaube daran, dass andere Personen oder eine höhere Macht dabei helfen, Schwierigkeiten zu überwinden, ist damit gemeint. Ein Mensch, dem diese Überzeugung fehlt, gleicht dem ewigen Pechvogel, der sich immer wieder schrecklichen Ereignissen ausgeliefert sieht, ohne etwas dagegen unternehmen zu können.[27] Antonovsky be-

---

[25] Ebd., 16.
[26] Schuhmacher, Kohärenzgefühl, 267.
[27] Die Traumaforscherin Herman beschreibt ähnlich: „Nur eine kleine Minderheit außergewöhnlicher Individuen ist offenbar selbst in Extremsituationen unverwundbar. Untersuchungen in verschiedenen Bevölkerungsgruppen kommen dabei zu ähnlichen Ergebnissen: Besonders belastbare Menschen sind überdurchschnittlich kommunikativ, bewältigen Anforderungen reflektiert und aktiv und sind in hohem Maße davon überzeugt, dass sie ihr Schicksal meistern können." Vgl. Herman, Die Narben der Gewalt, 86.

trachtet das Gefühl von Handhabbarkeit als *kognitiv-emotionales Verarbeitungsmuster*.
3. Gefühl von Sinnhaftigkeit bzw. Bedeutsamkeit (*sense of meaningfulness*) Diese Dimension beschreibt das ‚*Ausmaß, in dem man das Leben als emotional sinnvoll empfindet: Dass wenigstens einige der vom Leben gestellten Probleme und Anforderungen es wert sind, dass man Energie in sie investiert, dass man sich für sie einsetzt und sich ihnen verpflichtet, dass sie eher willkommene Herausforderungen sind, als Lasten, die man gerne los wäre'* (Antonovsky, Übersetzung durch Franke, 1997, S. 35). Antonovsky sieht diese motivationale Komponente als die wichtigste an. Ohne die Erfahrung von Sinnhaftigkeit und ohne positive Erwartungen an das Leben ergibt sich trotz einer hohen Ausprägung der anderen beiden Komponenten kein hoher Wert des gesamten Kohärenzgefühls. Ein Mensch ohne Erleben von Sinnhaftigkeit wird das Leben in allen Bereichen nur als Last empfinden und jede weitere sich stellende Aufgabe als zusätzliche Qual."[28]

Gerade die dritte und wichtigste Komponente ist im Kontext einer theologischen Arbeit von besonderer Relevanz. Augenfällig besteht hier eine wichtige Verbindung zu religionspsychologischer Forschung. Kaum eine andere Größe dürfte so ausdrücklich zu den institutionalisierten Sinnanbieterinnen gehören wie die Religion. Die Frage ist, ob und wie der von Religionen angebotene Sinn hilft, Kohärenzgefühl auszubilden.

Antonovsky nimmt an, dass sich das Kohärenzgefühl entwicklungspsychologisch bis ins Erwachsenenalter hinein ausbildet und anschließend stabil bleibt.[29] Das SOC formt sich unter dem maßgeblichen Einfluss kultureller Erfahrungen aus und hängt mit der Möglichkeit der Teilnahme an sozial anerkannten Entscheidungsprozessen zusammen.

Das in Kindheit und Adoleszenz entwickelte Kohärenzgefühl unterliegt in der ersten Dekade des Erwachsenenalters einer spezifischen Dynamik: Es geht darum, die Unstimmigkeiten in den Lebenserfahrungen aufzulösen, indem sie kognitiv zusammengefügt und eingeordnet werden. Ab Ende dieser Dekade verbleibt das SOC auf dem bis dahin ausgeprägten Level. Mit dieser Theorie hat Antonovsky allerdings vor allem Menschen mit hohem Kohärenzgefühl vor Augen, denen neben einem starken SOC weitere generelle Widerstandsressourcen zur Verfügung stehen. Eine Person mit niedrigem Kohärenzgefühl gerät eventuell unter zusätzlichen Einfluss von Widerstandsdefiziten und wird sich zunehmend in einem Teufelskreis sehen, aus dem eine aufsteigende Bewegung schwierig wird. Antonovsky formuliert

---

[28] Bengel/Strittmacher/Willmann, Salutogenese, 29f.
[29] Vgl. Antonovsky, Salutogenese, 114.

mit anderen Worten: „Ich gehe davon aus, dass das Erwachsenenalter zwischen denen, die diese Lebensphase mit einem starken und denen, die sie mit einem mäßigen SOC beginnen, eine zunehmende Ungleichheit bezüglich der Stärke des SOC zeigen wird."[30] Individuelle Abweichungen von dieser statistischen Tendenz räumt Antonovsky ein.[31] Der von ihm angenommene gleichbleibend hohe Wert des SOC im Erwachsenenalter wird in der Forschung inzwischen jedoch angezweifelt. In all den Krisen und Ausgesetztheiten des Lebens kann das Kohärenzgefühl nicht als habituelle, unveränderliche Größe angenommen werden.[32]

Nahe liegender Weise sieht sich Antonovsky häufigen Anfragen von Menschen aus medizinischer und therapeutischer Praxis ausgesetzt, wie das SOC geändert und gefördert werden könne. Die Frage dreht sich also um die „Möglichkeit intentionaler Modifikation"[33]. Er gibt zwei Varianten an: eine temporäre und eine langfristige. Das SOC als stabile dispositionale Einstellung eines Menschen ist dennoch Fluktuationen um einen Mittelwert ausgesetzt, etwa beim Tod eines nahestehenden Menschen oder nach einer Vergewaltigung. Im medizinisch-therapeutischen Bereich gibt es verschiedene Möglichkeiten, eine momentane Verstärkung des SOC zu fördern. Je mehr eine Person versteht, was mit ihr im Krankenhaus geschieht, je mehr sie das Gefühl hat, in Entscheidungen integriert zu sein, je mehr ihr das Leben kohärent scheint, desto schneller wird sie eine Belastung bewältigen können. Antonovsky betont, dass diese scheinbar unwichtigen momentanen Veränderungen des SOC relevant sind, „denn sie bedeuten ein bisschen mehr oder weniger leiden, ein bisschen mehr oder weniger Spaß."[34]

Weitaus schwieriger entpuppt sich die nachhaltige Erhöhung des Kohärenzgefühls. Voraussetzung dafür sind langanhaltende therapeutische Beziehungen, die Menschen „das Rüstzeug in die Hand geben, innerhalb ihres

---

[30] Ebd., 117.
[31] Bengel/Strittmacher/Willmann resümieren die empirischen Ergebnisse zum SOC und ziehen eine andere Konsequenz: „Entgegen der Annahme Antonovskys, dass das Kohärenzgefühl im Erwachsenenalter eine stabile Eigenschaft ist, finden sich in den vorliegenden Studien Hinweise, dass mit zunehmendem *Alter* auch die Stärke des Kohärenzgefühls zunimmt.", vgl. Bengel/Strittmacher/ Willmann, Salutogenese, 87.
[32] Vgl. Maercker, Kohärenzsinn und persönliche Reifung als salutogenetische Variablen, 190.
[33] Vgl. Antonovsky, Salutogenese, 118.
[34] Ebd., 118.

Lebensbereichs etwas ausfindig zu machen, was ich SOC-verbessernde Erfahrungen nennen möchte."[35]

3.6. Das Salutogenesekonzept in der Diskussion

Das Salutogenesemodell wird unterschiedlich bewertet: mal euphorisch als Paradigmenwechsel[36], mal fragend: Handelt es sich um alten Wein in neuen Schläuchen?[37], mal kritisch als „zwei Seiten derselben Medaille"[38]. Geht es um eine Modeerscheinung oder eine echte Neuerung?

Generell muss sich Antonovsky die Frage gefallen lassen, ob er mit seinem Modell nicht die Dichotomie des biomedizinischen Krankheitsmodells weiter transportiert, indem er statt Krankheit eben Gesundheit anvisiert und damit nur die andere Seite der Medaille präsentiert. Die Antwort auf diese Frage fällt, je nach Schule und Fach, sehr unterschiedlich aus. Jedoch kann darüber hinaus in jedem Fall festgestellt werden, dass mit Antonovsky eine grundlegende und notwendige Veränderung der Perspektive in den Humanwissenschaften vollzogen wurde. Endlich räumte die weitverbreitete Defizitanalyse den Platz zugunsten einer Ressourcenorientierung.

Vor allem hinsichtlich der Erforschung des Kohärenzgefühls gibt es auch eine Reihe kritischer Anfragen:[39] Diese beziehen sich hauptsächlich auf seine mangelhafte empirische Replifizierbarkeit. Einige der Annahmen sind empirisch schwer überprüfbar. Problematisch stellt sich auch die Abgrenzung von Kohärenzgefühl gegenüber anderen psychologischen Konstrukten dar. Die Operationalisierung der dazu gehörigen Komponenten weist Ähnlichkeiten mit psychologischen Konzepten zu Kontrollüberzeugung, Selbstwirksamkeitserwartung, Optimismus, Hardiness oder Resilienz auf.[40]

Bengel/Strittmacher/Willmann resümieren, dass auf das Salutogenesekonzept – trotz der großen Popularität des Begriffes – in den zwei Jahrzehnten seit seiner Veröffentlichung nur etwa 200 Studien Bezug nehmen.[41]

---

[35] Ebd., 119.
[36] Vgl. Schüffel/Brucks/Johnen/Köllner/Lamprecht/Schnyder, Handbuch der Salutogenese, 1.
[37] Vgl. Schwenkmezger/Schmid, Gesundheitspsychologie: Alter Wein in neuen Schläuchen?.
[38] Vgl. Zerssen/Türk/Hecht, Saluto- und pathogenetische Ansätze – zwei Seiten derselben Medaille.
[39] Schuhmacher, Kohärenzgefühl, 268f.
[40] Bengel/Strittmacher/Willmann, Salutogenese, 52-62.
[41] Vgl. ebd., 86.

Auch deshalb ist die empirische Fundierung des Konzepts beschränkt. Entwicklungsbedarf im salutogenetischen Forschungsparadigma sehen Bengel/Strittmacher/Willmann in der Frage nach der Bedeutung der sozialen Unterstützung (Einzelergebnisse bestätigen einen solchen Zusammenhang), zur Wirkungsweise von SOC auf konkrete Gesundheits- und Risikoverhaltensweisen und zur Beziehung von SOC und Bildungsstand, sozioökonomischem Status und Berufstätigkeit.[42]

Bei aller Kritik: Das Salutogenesekonzept erfreut sich dennoch großer Beliebtheit, da es als heuristisches Modell Neuentdeckungen ermöglicht. Es bietet ungewohnte Einsichten in die Zusammenhänge von Gesundheit und Krankheit und liefert einen übergeordneten Einordnungsrahmen. Bengel betont den Integrationswert des Modells: Es berücksichtigt „Einflussgrößen auf sozialer, physiologischer, biochemischer, emotionaler und kognitiver Ebene (...). Es stellt ein komplexes, meta-theoretisches, heuristisches Prozessmodell dar."[43]

Der salutogenetische Grundgedanke mag nicht ganz neu sein und bereits in anderen Zeit- und Forschungsepochen formuliert worden sein; Antonovsky jedoch war der erste, der die pathogenetische Zentrierung nicht nur kritisierte, sondern auch ein plausibles Alternativmodell entwickelte. Damit steht er in einer Entwicklungslinie weg von der biomedizinischen Sicht hin zu einer ganzheitlichen und ressourcenorientierten Perspektive auf Gesundheit.

Nicht nur als Forscher, auch als ethisch reflektierter Mensch war Antonovsky lebenslang bereit, seine Arbeit auf das Wohlergehen der Menschen hin zu überprüfen. So fragte er etwa in seinem letzten Beitrag im Jahr 1995 danach, wer mit welchem Recht definiert, was Gesundheit sei.[44] So bestehe die Gefahr, „eigene Werte bzw. die Werte der Mächtigen, die Werte derer, die die Definitionsmacht inne haben, als gesund auszugeben."[45] Spannend wird das zum Beispiel im konkreten Umgang mit Homosexuellen, mit Frauen, die sich für Karriere und gegen Kinder entscheiden oder mit Männern, die Rollenideale nicht erfüllen. Ebenso sieht Antonovsky die Gefahr, dass das salutogenetische Konzept fälschlicherweise als Konzept zu einem moralisch integren Leben verstanden wird:

---

[42] Vgl. ebd., 87f.; zur Kritik an Antonovsky siehe auch ebd. 92f.; Maercker, Kohärenzsinn und persönliche Reifung als salutogenetische Variablen 190f.
[43] Bengel, Salutogenese, 475.
[44] Vgl. Franke, Zum Stand der konzeptionellen und empirischen Entwicklung, 188.
[45] Ebd., 188.

Theorien und Konzepte: Salutogenese-Modell

„Es gibt viele Wege, ein starkes Kohärenzgefühl zu erreichen. Ich würde gerne behaupten, dass ein starkes Kohärenzgefühl nur in einer Gesellschaft möglich ist, die Autonomie, Kreativität, Freiheit, Gleichheit, Wärme in menschlichen Beziehungen, Würde und Respekt für alle Menschen erlaubt. Dies sind Werte, an die ich glaube. Aber unglücklicherweise muss ich feststellen, dass ein starkes Kohärenzgefühl nicht nur unter verschiedenen sozialen und kulturellen Bedingungen entstehen, sondern auch aufrechterhalten werden kann. Es lässt sich vereinbaren mit vielen unterschiedlichen Arten des Lebens, auch mit solchen, die Werte verletzen, die mir bedeutsam sind. Wer sagt, dass Gesundheit der einzige Wert im menschlichen Leben ist oder auch nur der wichtigste? (...) Natürlich muss gesagt werden, dass das starke Kohärenzgefühl und die daraus resultierende gute Gesundheit von Nazis, von religiösen Fundamentalisten, patriarchalen Männern, Kolonialisten, aristokratischen und kapitalistischen Unterdrückern nur auf Kosten ihrer Opfer erreicht werden kann."[46]

Unter solchen Vorzeichen wächst das Salutogenesemodell über eine reine Theorie, die empirisch zu überprüfen ist, hinaus zu einem ressourcenorientierten Ideenrahmen für die förderliche Entwicklung von Menschen, deren gesellschaftlicher und sozialer Kontext relevant ist.

3.7. Zusammenfassung und Ertrag für die vorliegende Studie

Der von Antonovsky kreierte Terminus Salutogenese illustriert eine forschungsgeschichtlich nachhaltige Veränderung: Als Alternative zum pathogenetischen Paradigma markiert er in aller Deutlichkeit eine Veränderung der Blickrichtung von der Defizitorientierung hin zur Ressourcenorientierung. Eine medizingeschichtliche Verengung auf die Bedingungen und Therapie von Krankheit führte dazu zu übersehen, dass ein beträchtlicher Teil der Menschheit gut, gesund und glücklich lebt, auch nach schwierigen Lebensereignissen. Die Untersuchung der kognitiven und emotionalen Muster und der Lebensumstände solcher Menschen brachte zutage, dass die Verstärkung von personalen Ressourcen und gesundheitsfördernden Bedingungen einen Schutz vor Erkrankung bieten und Wege zu einem psychisch belastungsfreieren Leben bieten. Solche Faktoren zu erforschen und das Wissen darüber Menschen zugänglich zu machen ist die Herausforderung an die Gesundheitswissenschaften. Die Etablierung des Faches Gesundheitspsychologie als eigene Disziplin an Hochschulen bezeugt das gestiegene Interesse für gesundheitsorientierte Fragestellungen.

Salutogenese ist mit der Aufhebung von Spaltungen verbunden: Menschen sind nicht entweder krank oder gesund, sondern mal mehr gesund oder

---

[46] Ebd., 189.

krank und mal weniger. Belastungen und Veränderungen gehören zum Leben und sind nicht als solche krankheitserregend. Der Umgang mit ihnen ist umso konstruktiver, je mehr einer Person Ressourcen und Kohärenzgefühl zur Verfügung stehen. Das Kohärenzgefühl mit seinen drei Komponenten Verstehbarkeit, Machbarkeit und Sinnhaftigkeit bedeutet vor allem: Das Leben ist für einen Menschen zusammenhängend – kohärent eben. Ereignisse können in die persönliche Lebensgeschichte integriert und mit Sinn versehen werden, sie „passen" dazu.

Gleichzeitig liegt in der salutogenetischen Sichtweise ein realistisches Wissen von menschlichem Leben vor. Menschen sind im Strom des Lebens vielfältigen Herausforderungen und Gefahren ausgesetzt, für die das nötige Kohärenzgefühl nicht wie ein Zaubermittel oder Medikament erworben werden kann, was den einen möglich ist, den anderen eben nicht. Letzteres wäre zynisch. Wenn Antonovsky schreibt: „Zur Entmystifizierung der Gesundheit"[47], dann plädiert er damit auch für die möglichst breite Förderung von Gesundheit, einerseits durch individuelle Anstrengungen in Medizin und Therapie, andererseits durch die Hinterfragung und Neukonzeption institutioneller Gefüge, die auf die Ermöglichung von Gesundheit Einfluss haben. Gesundheit ist Allgemeingut, nicht als Luxus für eine exklusive Gruppierung oder als Sonderwissen für Experten gedacht. Ob ein Mensch im Gesundheits-Krankheitskontinuum eher auf der Seite der Gesundheit oder der Krankheit steht, hängt mit individuellen Ressourcen ebenso zusammen wie mit sozialen und politischen Rahmenbedingungen. Antonovsky sah gerade in den späteren Lebensjahren die Gefahr seines Ansatzes, als naive, individualistische und allzu optimistische Perspektive missverstanden zu werden und nahm politische und ethische Fragen im Kontext seiner Forschung in den Blick.

Was hat das salutogenetische Modell mit der Bewältigung von sexuellem Missbrauch zu tun?

Auch wenn es zunächst banal klingen mag: Frauen mit Missbrauchserfahrungen haben Ressourcen, haben bestätigende Lebenserfahrungen, unterstützende soziale Bezüge. Dies sei vor allem deshalb betont, da in der landläufigen Auseinandersetzung mit der Thematik Missbrauch in der Regel schwerst psychisch kranke, multidimensional belastete und ressourcenarme Opfer angenommen werden. Im Leben von missbrauchten Frauen gibt es ebenso Lachen, Glück und Gelingen. Niemand ist nur krank oder nur gesund oder nur Opfer.

---

[47] Antonovsky, Salutogenese. Zur Entmystifizierung der Gesundheit.

Missbrauch löst Spaltung aus. Das missbrauchte Kind muss zu psychischen Tricks greifen, um das Geschehen abzuspalten. Dieser äußerst wirksame und nachhaltige Mechanismus heißt Dissoziation. Durch die Abtrennung der Missbrauchsrealität vom „normalen" Leben ist es dem Kind möglich, die Zerstörung nicht zu spüren. Dissoziation geht sogar über den rein psychischen Vorgang hinaus bis in körperliche Spaltungsmechanismen – das Kind kann durch Out-of-Body-Experience Gewalt und Schmerz total ausblenden. Nicht umsonst besteht ein Zusammenhang zwischen der Erfahrung sexuellen Missbrauchs und Borderline-Persönlichkeitsstruktur bzw. verschiedenen dissoziativen Störungen. Missbrauch ist für das Kind nicht verstehbar, es kann ihm nichts entgegen setzen, er lässt sich nicht einordnen. Er zerstört das Vertrauen in unmittelbare Bezugspersonen und damit in die Welt. Aus diesen Gründen dürfte die Ausprägung des Kohärenzgefühls für Frauen mit Missbrauchserfahrungen unter erschwerten Bedingungen ablaufen.

Das salutogenetische Modell kann wichtige Handlungsimpulse für den professionellen therapeutischen Kontakt mit Missbrauchsbetroffenen und die Frauen selbst aussenden:

Zuallererst heißt das: Wichtiger als der Blick auf die psychischen, psychosomatischen und körperlichen Störungen infolge des Traumas ist der Blick auf die personalen Ressourcen. Diese gilt es zu heben und zu verstärken, da sie wie ein Nährpolster einen (überlebens-) wichtigen Rahmen bieten, der das Leben mit dem Trauma und/oder sein Coping erleichtern. Die Betroffene erlebt, dass ihr bereits eine Reihe von Bewältigungsstrategien zur Verfügung stehen, dass sie in manchen Lebensbereichen Glück und Erfolg hat, dass sie dem Elend der Kindheit etwas entgegensetzen kann. Dies korrespondiert mit dem Gefühl der Bewältigbarkeit.

Das bedeutet nicht, dass kein Platz sein soll für die Wahrnehmung von Zerstörung, Verlust an Vertrauen und Lebensfreude, die mit dem Trauma zusammenhängen. Wenn Kohärenzgefühl bedeutet, dass das Leben emotional und kognitiv als zusammenhängend und passend erlebt wird, dann darf das negative Erfahrungen nicht ausklammern. Es geht darum, die abgespaltenen Traumaerfahrungen in den biographischen Faden einzuflechten. Dies geschieht dadurch, dass diese Widerfahrnisse eingeordnet, die damit verbundenen Gefühle aktualisiert und die Realität des Missbrauchs und seine psychischen Auswirkungen verstanden werden. Auf diese Weise wächst das Gefühl der Verstehbarkeit.

Im Bereich von Traumatisierung ist schließlich die Dimension der Bedeutsamkeit bzw. der Sinnhaftigkeit die größte Herausforderung. Missbrauch hat keinen höheren Sinn, sondern zerstört stattdessen alle Möglichkeiten, ein solches Verwurzeltsein in die Welt und ein Vertrauen in den guten Lauf dieser Welt zu entwickeln. Gleichzeitig konstruieren Betroffene manchmal bereits als Kind einen Bedeutungsrahmen, der die Gewalt einzuordnen hilft: Das Kind sieht die Ursache bei sich selbst oder interpretiert das Geschehen als verdiente Strafe oder Liebe; es nimmt den Missbrauch in Kauf, damit die Schwester nicht auch noch Opfer wird; es wird ihm suggeriert: Gott will den Missbrauch etc. Solche krankmachenden Sinnzuweisungen müssen erst identifiziert und gesprengt werden, was durch diverse Spaltungsvorgänge und Täterintrojekte ein ernst zu nehmende Schwierigkeit darstellt.

Traumatisierung Sinn zuzuweisen bleibt problematisch oder ist vielmehr ethisch unmöglich. Dennoch: Manche Betroffene können nach vielfältigen Bewältigungsbemühungen rückblickend feststellen, dass diese Auseinandersetzungen sie persönlich weiter gebracht haben. Die Sinnverleihung bezieht sich also auf subjektive Prozesse und nie auf das Ereignis Missbrauch als solches. Sinn kann nur selbst gedeutet und nicht von außen vorgeschlagen werden. Das können religiöse Interpretationen sein, die auf Muster aus der religiösen Sozialisation als Kind zurückreichen oder sinn-volle Schlüsse in neuen Deutungsschablonen, oder eine Kombination aus beidem. Für das therapeutische Setting bedeutet das, hellhörig auf solche Äußerungen zu sein. Der Schlüssel bleibt jedoch die Ressourcenaktivierung.

Die Annahme von Antonovsky, dass die Ausprägung von Kohärenzgefühl mit Ende der ersten Dekade des Erwachsenenalters abgeschlossen sei, ist mit Selbstzeugnissen von Frauen mit Missbrauchserfahrungen nicht unbedingt deckungsgleich. Gerade die Verdrängungs- und Abspaltungsmechanismen führen dazu, dass manche Opfer erst nach Jahrzehnten beginnen können, die lebensbeschneidenden Muster zu verändern und dabei zu einem grundlegend gewandelten Blick auf die eigene Lebensgeschichte und deren Kohärenz zu gelangen. Jedoch ist hier anzumerken: Nach Traumatisierung durch Missbrauch gehört es eher selten zum Alltag, das auszuprägen, was Antonovsky Kohärenzgefühl genannt hat. Was aus salutogenetischer Perspektive bleibt, ist die Schulung der Bewusstheit auf die Ressourcen und die Überwindung der Stigmatisierung als Opfer.

4. Posttraumatic Growth nach Tedeschi/Calhoun

4.1. Die Wurzeln des Wachstumskonzepts in der Trauma- und Belastungsforschung

Das Salutogenescmodell von Antonovsky illustriert einen wichtigen Paradigmenwechsel innerhalb der Gesundheitswissenschaften. Es fragt nicht mehr: Was macht Menschen krank?, sondern richtet den Blick auf die Gesundheit: Warum bleiben Menschen gesund?

Antonovsky entwarf als Antwort auf diese Frage sein Konzept des Kohärenzgefühls. Durch individuell unterschiedlich ausgeprägten Ausformungen davon, wie Menschen ihr Leben als verstehbar, handhabbar und sinnvoll erleben, können Menschen mit den großen und kleinen Herausforderungen des Alltags leichter umgehen. Antonovsky fordert eine neue Sicht auf Krankheit und Gesundheit – sie schließen sich nicht gegenseitig aus, sondern sie markieren Pole, zwischen denen Menschen sich hin und her bewegen, im Idealfall mit hohem Kohärenzgefühl näher am Gesundheitspol. Mit diesen Ansichten korrigiert und erweitert er die Defizitorientierung herkömmlicher Medizin. Es geht ihm in erster Linie zum einen um eine veränderte Perspektive innerhalb der Gesundheitswissenschaften, zum anderen um einen Blick auf die personalen Ressourcen und förderlichen Haltungen des Individuums. Für den Kontext der vorliegenden Arbeit konnten daraus einige wichtige Impulse gewonnen werden.

Eine weitere Forschungsrichtung bildet für den bestehenden Zusammenhang eine relevante Bezugstheorie: Es handelt sich um das Konzept der persönlichen Reifung. Da es sich nicht um einen einzigen Entwurf handelt, gibt es mehrere Begriffe nebeneinander: Im Englischen heißt es „*Personal Growth*", persönliches Wachstum oder Reifung, ebenso ist die Rede von „*Posttraumatic Growth*", posttraumatischem Wachstum.[1]

Anders als Antonovsky setzen diese Ansätze schon im Namen bei dem Ereignis an, an dem der Untersuchungsgegenstand anknüpft: Es geht um gravierende und schwere Lebensereignisse. Dabei werden nicht nur die schwerwiegenden negativen Auswirkungen der Traumata beschrieben, son-

---

[1] Im Folgenden wird für den englischen Begriff *Posttraumatic Growth* die deutsche Übersetzung posttraumatisches Wachstum verwendet.

dern auch eine unübersehbare Zahl von Menschen, die *nicht* an klinisch bedeutsamen Störungen leiden.[2]

ForscherInnen setzen sich infolgedessen auch mit solchen Fragen auseinander: Warum bleiben manche Menschen gesund (oder werden es wieder), obwohl sie in Konzentrationslagern Terror ausgesetzt waren, obwohl sie Geiselhaft und Folter erlebten, obwohl sie sexuellen Missbrauch erlitten – kurz gesagt: obwohl sie Einflüssen ausgesetzt waren, nach denen körperliche und/oder psychische Erkrankung eigentlich normal wären? Ist es möglich, Extrembelastung ohne psychische Folgeschäden zu überstehen?

In Selbstzeugnissen und Interviews berichten Menschen, die extreme Erfahrungen hinter sich haben, häufig von persönlichem Wachstum im Laufe oder als Ergebnis ihres Aufarbeitungsprozesses. Verschiedene Studien untersuchten solche Phänomene. Anders als im Salutogenesekonzept gründet die Forschung zu persönlicher Reifung auf Arbeiten in verschiedenen Fächern:[3] Medizinpsychologische Untersuchungen, etwa zu querschnittgelähmten Unfallopfern[4], Krebspatienten[5], HIV Positiven[6]; persönlichkeitspsychologische Konzeptionen und Studien[7]; Entwicklungspsychologie der Lebensspanne und Untersuchung von Lebenskrisen[8]

Hintergrund des Wachstumskonzeptes stellen also Studien zu belastenden bzw. traumatischen Lebensereignissen dar. Für manche Studien stellt der logotherapeutische Ansatz von Viktor Frankl[9] eine sensibilisierende Theorie für die Erforschung von Wachstum in der Sinndimension nach traumatischen Erfahrungen. Maercker resümiert den Forschungsgegenstand in den verschiedenen Studien folgendermaßen:

„Persönliche Reifung wird allgemein definiert als Zuwachs an Erfahrungen und an Fähigkeiten wie Bewältigungsstrategien, Empathie und Weisheit sowie als positiv wahrgenommene Einstellungsänderungen, die das persönliche Wertesystem, die Lebensphilosophie und die Wertschätzung anderer Menschen betreffen. Subjektiv wird persönliche Reifung vor allem als Sinnhaftigkeit eines Geschehens für die

---

[2] Vgl. Maercker, Extrembelastungen ohne psychische Folgeschäden, 341.
[3] Vgl. Maercker, Kohärenzsinn und persönliche Reifung als salutogenetische Variablen, 189.
[4] Vgl. Bulman/Wortman, Attributions of blame and coping in the „real world".
[5] Vgl. Tayor/Wood/Lichtman, It could be worse.
[6] Vgl. Schwartzberg, Struggling for meaning.
[7] Vgl. Park/Cohen/Murch, Assessment and prediction of stress-related growth; Tedeschi/Calhoun, Trauma and transformation.
[8] Vgl. Ulich, Krise und Entwicklung; Maercker, Psychische Folgen politischer Inhaftierung.
[9] Vgl. Frankl, Der Mensch vor der Frage nach dem Sinn; Frankl, Der Wille zum Sinn.

Theorien und Konzepte: Posttraumatic Growth

eigene Entwicklung empfunden. Persönliche Reifung kann durch traumatische Erfahrungen, Lebenskrisen und Krankheit forciert werden."[10] Die US-amerikanischen Forscher Tedeschi und Calhoun[11] sind zwar nicht die ersten, die sich mit persönlicher Reifung auseinander setzen, jedoch haben sie wesentlich dazu beigetragen, die vorhandenen empirischen Arbeiten in diesem Bereich zu systematisieren.[12] Sie benennen ihr Konzept *Posttraumatic Growth* – posttraumatisches Wachstum – und verwenden den Begriff „Trauma" in einem weiten und wenig restriktiven Sinne, ähnlich wie „*crisis*" oder „*highly stressful events*", und weichen damit von engen Definitionen wie der der American Psychiatric Association ab.[13] Wesentlich ist für sie, dass das traumatische Ereignis die Anpassungsfähigkeiten des Individuums stark herausfordert bzw. übersteigt und die bestehenden subjektiven Interpretationsmuster außer Kraft setzt. In Verbindung mit dem erkenntnisleitenden Interesse der vorliegenden Arbeit ist es offensichtlich, dass der Ansatz von Tedeschi und Calhoun eine wichtige Sehhilfe für die Bewältigungsprozesse von Frauen mit sexuellen Missbrauchserfahrungen liefern kann. Deshalb soll dieses Konzept im Folgenden ausführlicher dargestellt werden.

4.2. Terminologische und konzeptuelle Hintergründe

Tedeschi/Calhoun kritisieren – ähnlich wie Antonovsky – die einseitige Fokussierung von Psychologie und Psychiatrie auf Krankheiten und Verhaltensauffälligkeiten nach Traumatisierung.[14] Persönlichkeitsstörungen, Angststörungen, depressive Symptomatiken, Essstörungen etc. stehen im Mittelpunkt der Auseinandersetzung. Dem gegenüber steht eine kleine, aber wachsende Zahl an Veröffentlichungen, die nicht dem defizitorientierten Mainstream folgen, sondern von Menschen berichten, die an belastenden Lebensereignissen nicht zerbrechen und darüber hinaus ihren Bewältigungsprozess sogar als positive Entwicklung reflektieren.

---

[10] Maercker, Kohärenzsinn und persönliche Reifung als salutogenetische Variablen, 189.
[11] Vgl. Tedeschi/Calhoun, Trauma and Transformation; Calhoun/Tedeschi, Posttraumatic Growth. Future directions. Die Literatur von Tedeschi/Calhoun liegt ausschließlich englischsprachig vor. Alle folgenden Zitate wurden von der Verfasserin übersetzt und werden nicht mehr gesondert als Übersetzungen gekennzeichnet.
[12] Vgl. Aldwin/Levenson, Posttraumatic Growth, 19.
[13] Vgl. Tedeschi/Calhoun, Posttraumatic Growth. Conceptual Foundations and Empirical Evidence, 1.
[14] Vgl. Tedeschi/Park/Calhoun, Posttraumatic Growth. Conceptual Issues, 1.

Tedeschi/Calhoun haben vor der Verwendung des Begriffes Posttraumatic Growth verschiedene andere Wendungen benutzt: *perceived benefits* (empfundener Vorteil/Nutzen), *positive aspects* (positive Aspekte), *transformation of trauma* (Transformation des Traumas). In ähnlich gelagerten Studien gibt es Bezeichnungen wie: *positive psychological changes* (positive psychologische Veränderungen), *stress-related growth* (stressbezogenes Wachstum), *flourishing* (Aufblühen, Gedeihen), *positive by-products* (positive Nebenprodukte), *discovery of meaning* (Entdecken von Bedeutung), *positive emotions* (positive Gefühle), *thriving* (Gedeihen), *positive illusions* (positive Illusionen), *positive reinterpretation* (positive Interpretation), *transformational coping* (transformierendes Coping).[15] Aufgrund von vier Faktoren entscheiden sich Tedeschi/Calhoun für den Terminus posttraumatisches Wachstum:[16]

- Mit dem Begriff *posttraumatisches* Wachstum ist gesagt: Es geht um *gravierend* krisenhafte Ereignisse, also um wirklich traumatisierende Erfahrungen und nicht einfach nur um Stress auslösende Situationen.
- Das Wachstum findet tatsächlich statt. Es wirkt als reale Transformation und nicht als Illusion.
- Posttraumatisches Wachstum ist ein andauernder Prozess und kein Copingmechanismus, der als einer unter anderen gewählt werden könnte.
- Posttraumatisches Wachstum setzt erheblich traumatisierende Ereignisse voraus. Infolgedessen ist nicht anzunehmen, dass neben dem Wachstum mit keiner weiteren Beeinträchtigung der Betroffenen zu rechnen ist. Insofern ist es wichtig, nicht einfach „nur" von Wachstum und Gedeihen zu sprechen.

Posttraumatisches Wachstum ist immer aus der Perspektive der Betroffenen zu formulieren. Diese allein sind der Maßstab dafür, ob sie ihren Prozess nach dem Trauma als persönliche Reifung erfahren. Sie erleben im Rückblick, dass die Auseinandersetzung mit dem Trauma ihre Einstellung zum Leben allgemein wie auch zur eigenen Biographie grundlegend verändert und positiv beeinflusst hat. „Posttraumatisches Wachstum ist nicht einfach eine Rückkehr zum Ausgangspunkt – es ist eine Erfahrung von Veränderung, die für manche sehr tief greift."[17]

---

[15] Vgl. Tedeschi/Calhoun, Posttraumatic Growth: Conceptual Foundations and Empirical Evidence, 3.
[16] Vgl. ebd., 4.
[17] Ebd., 4.

Eine weitere wichtige Feststellung zum Terminus bezieht sich auf die Relation der beiden angesprochenen Vorgänge: Trauma und anschließendes Wachstum. Dies könnte zur Annahme führen, dass die Traumatisierung als solche das Wachstum fördere, indem sie den Boden für die nachfolgende Reifung bereite. Der Prozess läuft jedoch anders: Das, was Menschen als posttraumatisches Wachstum wahrnehmen, sind *ihre* Verarbeitungsprozesse *nach* dem Trauma. Nicht das Trauma löst Wachstum aus, sondern die Anpassungs- und Copingleistungen des Individuums. Dies festzustellen ist vor allem auch deshalb wichtig, da damit eine schön redende nachträgliche Überhöhung der Traumaerfahrung korrigiert wird. Im Kontext von Trauma dieses als eine wachstumsfördernde Größe zu bezeichnen, kann von Betroffenen nur als zynisch erlebt werden.

Tedeschi/Calhoun vergleichen den Prozess posttraumatischen Wachstums mit einem Erdbeben:[18] Das Trauma als psychologisches Erdbeben führt zu erheblichen Erschütterungen und bedroht das Leben. Die Welt ist plötzlich anders, als sie war, bisherige Funktionen und Deutungsmuster gelten nicht mehr. Je stärker das Bisherige verwüstet wurde, desto mehr ist die komplette Identität angefragt und gefordert. Alle Annahmen über die Welt sind zusammengebrochen: Die Welt ist nicht mehr vorhersehbar, verstehbar, kontrollierbar. Diese Bedrohung löst hohen psychologischen Stress aus. Nun können sich verschiedene Reaktionen anschließen: Die einen fallen in eine Phase der Verwirrtheit, andere trauern um das Vergangene, manche verlieren die Hoffnung auf eine Besserung der Lebensumstände, wieder andere erinnern sich an bisherige erfolgreiche Strategien nach einem Erdbeben und versuchen diese auf die vorhandene Situation hin zu modifizieren und anzuwenden. Psychologisch gesehen laufen solche Neukonstruktionen über kognitive Prozesse, in denen die Person neue Plausibilitäten und Interpretationsschemata für die veränderten Verhältnisse entwirft. Im Bild des Erdbebens: Neue Gebäude werden errichtet, die für zukünftige Beben besser gerüstet sind. ForscherInnen arbeiten an der Ursachenanalyse des Erdbebens. Das Erdbeben löst also Wirkungen sowohl auf individueller als auch auf gemeinschaftlicher/sozialer Ebene aus. Wenn sich nun diese Neukonstruktionen als sicherer und gegen Erschütterungen besser gewappnet herausstellen, wird das als Wachstum bezeichnet.

Das Psychotrauma als „*seismic event*" kann sehr unterschiedliche Formen des Umgangs damit auslösen. Wenn Betroffene ihren Prozess der Auseinan-

---

[18] Vgl. ebd., 5.

dersetzung selbst als Verbesserung ihrer Lebenssituation und als generellen Zuwachs an Lebenswissen und Lebenszufriedenheit interpretieren, kann von Wachstum gesprochen werden.

Der Entwurf des posttraumatischen Wachstums wird von Tedeschi/Calhoun von verschiedenen ähnlich gelagerten Konzepten abgegrenzt.[19] Es handelt sich dabei um die Resilienzforschung, die Studien zu Hardiness (Widerstandsfähigkeit), Konzepte zu Optimismus und das Salutogenesemodell von Antonovsky.

In der **Resilienzforschung** geht es um die Fähigkeit von Menschen, trotz erheblich einschränkenden Lebensbedingungen ein einigermaßen belastungsfreies, „normales" Leben zu führen. Dieses Phänomen wurde vor allem bei Kindern aus extrem schwierigen Familienzusammenhängen erforscht. Resilienz wird offensichtlich durch kognitive Fertigkeiten gefördert, die die sozialen Fähigkeiten erfolgreicher machen. Ebenso wird davon ausgegangen, dass bestimmte Bereiche der Persönlichkeit von den widrigen Umständen unberührt bleiben und diese dann erfolgreich als Copingressourcen zur Verfügung stehen.[20]

Hardiness wird definiert „als die Tendenz, sich schwierigen Situationen aktiv anzupassen, indem man potentiell stressreiche Ereignisse als weniger bedrohliche Angelegenheit wahrnimmt."[21] Drei aufeinander bezogene Haltungen spielen eine Rolle bei der Ausprägung von Hardiness (Widerständigkeit):

- Engagement für das eigene Leben ergreifen.
- Das Gefühl, in Schwierigkeiten selbst Kontrolle ausüben zu können.
- Die Annahme, dass die Konfrontation mit Problemen eine Herausforderung darstellt.

Menschen mit einem hohen Level an Widerständigkeit werden als aktiv, aufgeschlossen und wissbegierig beschrieben.

Optimismus beinhaltet subjektive Annahmen über den positiven Ausgang von Ereignissen, die die Auseinandersetzung mit stressreichen Erfahrungen positiv beeinflussen.[22]

---

[19] Vgl. ebd., 4.
[20] Vgl. Tedeschi/Park/Calhoun, Posttraumatic Growth. Conceptual Issues, 7f.; mehr zu Resilienzforschung vgl. Garmezy, Stress resistant children; Rutter, Psychosocial resilience and protective mechanism; Werner, High-risk children in young adulthood.
[21] Vgl. Tedeschi/Park/Calhoun, Posttraumatic Growth. Conceptual Issues, 8f.; mehr zu Hardiness vgl. Kobasa, Stressful life events, personality, and health; Kobasa/Maddi/Puccetti/Zola, Effectiveness of hardiness.
[22] Vgl. Scheier/Carver, Optimism, coping, and health.

Das **Salutogenesemodell** schlägt die Konstruktion des Kohärenzgefühls vor, das durch das Gefühl der Verstehbarkeit, Bewältigbarkeit und Sinnhaftigkeit in Belastungssituationen das Coping erleichtert.[23]

Tedeschi/Calhoun sehen in diesen Konzepten Parallelen zu ihrem eigenen Entwurf, da sie auf die konstruktive Auseinandersetzung mit belastenden Lebensereignissen fokussieren. Gleichzeitig sehen sie aber auch einen deutlichen Unterschied: Während die genannten Entwürfe sich auf bestimmte persönliche Charakteristika konzentrieren, die den Umgang mit Belastung erleichtern können, geht es ihnen um die Erforschung des Prozesses posttraumatischen Wachstums. Bestimmte förderliche Haltungen und Eigenschaften wie Optimismus oder Aktivität können, müssen aber nicht, zu der Einschätzung führen, dass der posttraumatische Bewältigungsweg eine Wachstums- und Reifungsdynamik hat. Tedeschi/Calhoun konzentrieren ihr Erkenntnisinteresse auf diesen Prozess, auf die damit zusammenhängenden Konsequenzen und dabei zu Tage tretenden Veränderungen und Neubewertungen. Sie gehen sogar so weit zu vermuten, dass Menschen mit ausgeprägt hohen Werten an Widerständigkeit, Kohärenzgefühl oder Optimismus evtl. weniger von persönlichem Wachstum berichten, da ihnen dadurch von vorne herein bessere Copingmöglichkeiten zur Verfügung stehen.[24]

Es geht ihnen also weniger um isolierte Eigenschaften als um die generelle Transformation im Anschluss an die individuellen Anpassungsleistungen an das Trauma. Interessant ist für Tedeschi/Calhoun der Prozess der Auseinandersetzung und seine Ergebnisse: „Wir postulieren, dass der Kampf mit dem Trauma das Entscheidende ist für posttraumatisches Wachstum."[25] Das Wachstum ist nie Ergebnis des Traumas. Es ist das individuelle Ringen mit der neuen Realität nach dem Trauma, das darüber entscheidet, ob und in welchem Maße Reifung statt findet.

4.3. Ergebnisse

4.3.1. Bereiche posttraumatischen Wachstums

Die Erforschung posttraumatischen Wachstums ist von einer eigenartigen Paradoxie geprägt: Durch das Trauma werden einerseits die Widerstands-

---

[23] Vgl. ausführlich in Teil I, D. II. 3.
[24] Vgl. Tedeschi/Calhoun, Posttraumatic Growth: Conceptual Foundations and Empirical Evidence, 4.
[25] Ebd., 4.

kräfte der Person geschwächt, andererseits wachsen ihr im Prozess der Verarbeitung neue Kräfte zu. Die Paradoxie bündelt sich darin, „dass aus dem Verlust ein Gewinn gezogen wird."[26]

Worin besteht der Gewinn aus dem Verlust? Tedeschi/Calhoun gehen die Ergebnisse von Studien durch, die Wachstum ermitteln. Dabei sprechen sie die Schwierigkeit an, dass viele dieser Arbeiten nicht primär darauf angelegt waren, Reifung zu erforschen. Sie benennen drei Bereiche, in denen posttraumatisches Wachstum sichtbar wird:
- Veränderung der Selbstwahrnehmung
- der Beziehung zu anderen Menschen
- und der Lebensphilosophie.[27]

Diese drei Gebiete beziehen sich auf Reifungsvorgänge des Individuums. Das ist konsequent, insofern posttraumatisches Wachstum immer ein stark individuell bestimmtes Geschehen ist. Ergänzend sei jedoch angemerkt, dass auch sozial wirksame und strukturelle Wandlungen durch posttraumatisches Wachstum möglich sind.[28]

a. Veränderung der Selbstwahrnehmung

Überlebende versus Opfer

Mit einer entscheidenden Frage ist über die veränderte Selbstwahrnehmung einer Person viel ausgedrückt: Versteht sie sich als Opfer oder als Überlebende? Entweder die Betroffene erlebt sich weiterhin als Opfer, ohnmächtig und dem übermächtigen Einfluss hilflos ausgeliefert, oder sie will dem vernichtenden Ereignis aktiv etwas entgegen setzen und wird damit zur Überlebenden. Realistisch betrachtet spiegeln die beiden Begriffe jedoch kein entweder - oder, sondern eher die Pole eines Kontinuums, auf dem die Betroffenen sich mal eher als Opfer und mal eher als Überlebende erfahren. Charakteristisch für das Vorliegen von Wachstum ist jedoch die Öffnung der subjektiven Perspektive vom Opfersein zur aktiven Überlebenden.

Selbstvertrauen

Gestiegenes Selbstvertrauen gehört zu den am häufigsten berichteten Ergebnissen posttraumatischen Wachstums. Die subjektive Einschätzung

---

[26] Ebd., 6.
[27] Vgl. Tedeschi/Park/Calhoun, Posttraumatic Growth. Conceptual Issues, 10-16.
[28] Zur strukturellen Dimension posttraumatischen Wachstums vgl. Teil I, D. II. 4.3.7.

Theorien und Konzepte: Posttraumatic Growth

„Wenn/weil ich das überstanden habe, packe ich auch die nächste schwierige Situation" führt zu einer signifikanten Erhöhung des Selbstwertgefühls. Die Person traut sich mehr zu, weiß um ihre Belastbarkeit und hat neue Copingstrategien zur Verfügung. Insofern könnte das Trauma als eine Impfung verstanden werden, die die Widerstandskräfte mobilisiert: „Die Idee des Traumas als Impfung könnte hier anwendbar sein."[29]

Verletzbarkeit

Paradoxerweise berichten manche Menschen nicht nur von gestiegenem Selbstbewusstsein und Lebensfreude, sondern sie haben auch ein intensiveres Empfinden für die Verwundbarkeit ihres Lebens. Sie spüren, dass ihr Leben ausgesetzt und zerbrechlich ist. Als Konsequenz verstärken sie Aktivitäten und Beziehungen, die diese Fragilität ertragbar machen sollen, indem sie etwa Kontakte pflegen und soziale Unterstützung zulassen.

b. Veränderung der Beziehung zu anderen Menschen

Selbstenthüllung und emotionaler Ausdruck

Psychische und physische Gesundheit wird durch die Fähigkeit gefördert, sich mitzuteilen und Gefühle auszudrücken. Es scheint so, dass auch im Kontext posttraumatischen Wachstums die Fähigkeit zur Selbstenthüllung als positiv empfunden wird. Allerdings weisen Tedeschi/Park/Calhoun darauf hin, dass im Kontext von Vergewaltigung und Inzest besondere Schwierigkeiten auftreten: „Wenn jemand zum Opfer einer vertrauten Person wird, stellt das wahrscheinlich eine größere Schwierigkeit dar, im Bereich der interpersonellen Beziehungen zu wachsen, als bei anderen Traumata wie etwa Krankheiten oder Katastrophen."[30] Der Aufbau sicherer persönlicher Beziehung wird nach einem gravierenden Vertrauensbruch – nichts anderes ist die Gewaltanwendung einer nahestehenden Person – zur großen Herausforderung im Reifungsprozess. Es bedarf vieler kleiner Schritte, um wieder ein Gespür für eine gesunde Nähe zu entwickeln, die die persönliche und emotionale Öffnung möglich macht.

---

[29] Tedeschi/Park/Calhoun, Posttraumatic Growth. Conceptual Issues, 11.
[30] Ebd., 12.

Compassion (Mitgefühl) und Altruismus

Traumatisierte Menschen berichten häufig von einem gewachsenen Einfühlungsvermögen für die Situation von anderen Menschen, die in Schwierigkeiten stecken. Das selbst durchgestandene Trauma befähigt sie, anderen Benachteiligten nahe zu sein. Manche sehen es als Auftrag an sich selbst, anderen beizustehen und ihnen zu helfen. Tedeschi/Park/Calhoun bezeichnen das auch als Geschenk des Traumas: „Das Geschenk des Traumas ist ein Verständnis von Ereignissen auf der affektiven Ebene, das nur ein Überlebender haben kann."[31]

c. *Veränderung der Lebensphilosophie*

Tedeschi/Park/Calhoun räumen ein, dass unter Veränderung der Lebensphilosophie nicht Philosophie im engeren Sinne gemeint ist. Vielmehr stellen sie in den Studien bei vielen Traumatisierten die Erschütterung kognitiver Annahmen über das Leben fest, was zu Fragen führen kann: Was darf ich vom Leben erwarten? Wie sieht mein Beitrag zu dieser Welt aus? Hat mein Leben Sinn? Neue, kreative Antworten auf solche Fragen gehören zu posttraumatischem Wachstum und sollen unter dem Sammelbegriff „Lebensphilosophie" zusammengefasst werden. Dazu gehören auch die – im Rahmen der vorliegenden Arbeit besonders relevanten – Entwicklungen im Bereich der Spiritualität.

Prioritäten und Wertschätzung des Lebens

Traumaerfahrung sprengt die gewöhnlichen Alltagskategorien und katapultiert die Person aus den vorhandenen Interpretationsrastern. Dieses Herausfallen aus der Normalität ermöglicht manchen Betroffenen einen neuen Blick auf ihren gewohnten Rahmen. Das Leben als solches wird als Geschenk erlebt, weil es nicht mehr als selbstverständlich empfunden wird. Mit einer neuen Wertschätzung für die kleinen und unscheinbaren Dinge im Leben erschließen sie sich eine große Vielfalt und Intensität an bereichernden Erfahrungen.

Existentielle Themen und Sensibilität für Sinnfragen

Die traumatische Erfahrung konfrontiert das Opfer mit der eigenen Verwundbarkeit. Die Person kann dieser Erkenntnis nicht mehr entweichen und

---

[31] Ebd., 13.

muss sich ihr stellen. Dadurch gewinnt ihr Leben einen Tiefgang, der vor dem Trauma nicht möglich und nicht nötig war. Dieses Verwiesensein auf existentielle Themen ist nicht gerade bequem, da es eben nicht um Oberflächliches geht. Eine besondere Offenheit für Tiefgründiges bedeutet nicht gleichzeitig, dass die Fragen auch beantwortbar wären. Es gehört also zu posttraumatischem Wachstum, existentielle Fragen zu spüren und zu stellen.

Spirituelle Entwicklung

Existentielle Fragen können Menschen auf spirituelle Themen und Erfahrungen verweisen. Manche können ihren bereits vorhandenen spirituellen Deutungsrahmen als Hilfe bei der Auseinandersetzung mit dem Trauma nutzen, während andere in diesem Prozess ein neues spirituelles Selbstverständnis entwickeln. In welcher Hinsicht auch immer Spirituelles zum Tragen kommt, in jedem Fall kann es eine wichtige Rolle beim posttraumatischen Wachstumsprozess spielen. Tedeschi/Park/Calhoun verstehen Spiritualität als „größeren Sinn dafür, irgendwie mit etwas Transzendentem verbunden zu sein, auf eine Weise, die vor dem Kampf mit dem Trauma nicht möglich war."[32] Wachstum in der spirituellen Entwicklung kann sowohl im Rahmen institutionalisierter Religion als auch ohne traditionelle religiöse Formen stattfinden.

Weisheit

Was genau unter Weisheit zu verstehen ist, hängt jeweils vom kulturellen Kontext ab. Dennoch lassen sich einige Merkmale bestimmen, die allgemein mit Weisheit verbunden werden: Es geht um eine Lebenswissen und Fähigkeiten, die mit dem Älter- und Reiferwerden in Verbindung stehen, was konkret Menschenkenntnis und Selbsterkenntnis, Fähigkeiten im Augleichen und Kommunizieren bedeuten kann – es geht also ebenso um intellektuelle wie um emotionale Qualitäten. Je älter Menschen werden, desto öfter erleben sie Verluste und entsprechend steigt die Möglichkeit zur Entwicklung von Lebensweisheit. Jedoch ist Weisheit nicht allein älteren Menschen vorenthalten. Bei Menschen, die durch Traumaerfahrung gezwungen sind, sich mit gravierenden und existentiellen Themen auseinander zu setzen, sind ähnliche Vorgänge zu beobachten, die als Weisheit bezeichnet werden kön-

---

[32] Ebd., 14.

nen. Der Zusammenhang von posttraumatischem Wachstum und der Entwicklung von Weisheit ist anzunehmen.

Tedeschi/Calhoun entwickelten im Jahr 1996 einen Fragebogen, mit dem Wachstumserfahrungen quantitativ erfasst werden sollen. Dabei unterscheiden sie fünf Bereiche, in denen Wachstum statt findet:[33]

- Gewachsene Dankbarkeit für das Leben und veränderte Prioritäten
- Intensivere und intimere Beziehungen zu anderen
- Größeres Selbstbewusstsein für die eigene Stärke
- Finden von neuen Möglichkeiten und Wegen
- Spirituelle Entwicklung

Auch diese fünf Bereiche sind den bereits beschriebenen drei Gebieten posttraumatischen Wachstums zuzuordnen: Selbstwahrnehmung, interpersonelle Beziehungen und Lebensphilosophie, wobei 1. und 5. zum Bereich Lebensphilosophie gehören, 3. und 4. zu Selbstwahrnehmung und 2. die interpersonellen Beziehungen in den Blick nimmt.

Im deutschsprachigen Raum wurde der Fragebogen von Park/Cohen/Murch[34] zu persönlicher Reifung nach Belastung durch Andreas Maercker übersetzt und übernommen. Der Fragebogen umfasst 50 Items zur Erfassung persönlichen Wachstums und liegt auch in einer Kurzform mit 15 Items vor:[35]

Durch das Ereignis...
- lernte ich, anderen gegenüber freundlicher zu sein.
- fühle ich mich freier, eigene Entscheidungen zu treffen.
- lernte ich, dass ich anderen Menschen etwas Wertvolles vermitteln kann.
- lernte ich, mich mehr auf mich selbst zu besinnen und mich nicht so zu verhalten, wie es andere von mir erwarten.
- lernte ich, mich Problemen zu stellen und dabei nicht zu schnell aufzugeben
- lernte ich, mehr Sinn im Leben zu finden.
- lernte ich, wie man auf andere zugehen und ihnen helfen kann.
- lernte ich, mehr Vertrauen in mich selbst zu haben.
- lernte ich, bei anderen Menschen genauer zuzuhören.
- lernte ich, neuen Ideen und Erkenntnissen gegenüber offen zu sein.

---

[33] Vgl. Tedeschi/Calhoun, Posttraumatic Growth: Conceptual Foundations and Empirical Evidence, 6.
[34] Vgl. Park/Cohen/Murch, Assessment and prediction of stress-related growth.
[35] Maercker, Kohärenzsinn und persönliche Reifung als salutogenetische Variablen, 193.

- lernte ich, mich anderen gegenüber offener mitzuteilen.
- entstand bei mir das Bedürfnis, etwas auf dieser Welt zu bewirken.
- lernte ich, dass es in Ordnung ist, andere um Hilfe zu bitten.
- lernte ich, für meine eigenen Rechte einzustehen.
- erfuhr ich, dass es mehr Menschen gibt, die sich um mich kümmern, als ich dachte.

Die Auswahl der Items spiegelt die Erkenntnisse von Tedeschi/Calhoun wieder: Posttraumatisches Wachstum erweitert die Selbstwahrnehmung, indem Ressourcen und neue Perspektiven zur Verfügung stehen; es verändert die sozialen Beziehungen, indem es Mitgefühl und Engagement vertieft; es erweitert die Sinndimension, indem es den Horizont über den Alltag hinaus weitet.

Tedeschi/Calhoun erinnern daran, dass mit dem Wachstum nicht automatisch ein Ende von Belastung verbunden ist und warnen davor, aus den Ergebnissen falsche Schlüsse zu ziehen: „Viele Personen, die vernichtenden Tragödien ausgesetzt sind, erfahren Wachstum, indem sie gegen ihre Schwierigkeiten ankämpfen. Die Ereignisse selbst jedoch sind nicht erstrebenswert – lediglich das Positive, das durch die notwendige Auseinandersetzung entstand."[36]

4.3.2. Förderliche Faktoren für posttraumatisches Wachstum

Überwältigende Gefühle nach dem Trauma drängen die Person nach einem entlastenden Umgang mit diesen. An diesem Punkt setzt die kognitive Verarbeitung ein, die unterschiedliche Formen annehmen kann. Aldwin beschreibt transformierendes Coping und unterscheidet dabei zwei Copingformen: Während die einen sich in einer maladaptiven Spirale bewegen, kommen andere in einer adaptiven Spirale weiter.[37] Tedeschi/Calhoun führen diesen Vorgang mit ihrer Beobachtung weiter: Je schneller eine Person fähig ist, nach einem Trauma Copingprozesse in Gang zu setzen, desto höher ist die Wahrscheinlichkeit, dass sie persönliche Reifung erlebt. Frühe Erfolge im Bewältigungsprozess sind also ein guter Indikator für posttraumatisches Wachstum.[38] Diese Erkenntnisse werfen Fragen auf: Es scheint Menschen zu

---

[36] Tedeschi/Calhoun, Posttraumatic Growth: Conceptual Foundations and Empirical Evidence, 7.
[37] Vgl. Aldwin, Stress, coping and development.
[38] Vgl. Tedeschi/Calhoun, Posttraumatic Growth: Conceptual Foundations and Empirical Evidence, 9.

geben, die leichter bewältigen können als andere – woran liegt dieser Unterschied? Um welche förderlichen Faktoren handelt es sich dabei?

a. Individuelle Faktoren

Einige Charakteristika erleichtern betroffenen Personen die Aufarbeitung der Traumafolgen. Es handelt sich um die Eigenschaften Extraversion und Offenheit für Erfahrungen. Tedeschi/Calhoun überprüften mit einem Fragebogen zu Persönlichkeitsmerkmalen deren Verbindung zu posttraumatischem Wachstum und fanden die auffallendste Relation unter den fünf großen Persönlichkeitsdimensionen zum Merkmal Extraversion, außerdem zur Offenheit für Erfahrungen. Im Detail ergaben sich Zusammenhänge mit Aktivität, positiven Emotionen und Offenheit für Gefühle.[39] Des weiteren überprüften sie die Verbindung zwischen Optimismus und posttraumatischem Wachstum und fanden entsprechende Korrelationen.

Auch der Zusammenhang zwischen neurotischem Verhalten und posttraumatischem Wachstum wurde untersucht und konnte überraschenderweise nicht verifiziert werden. Im Gegenteil: Menschen, die sowohl über positive als auch über negative Auswirkungen der Belastung berichteten, erleben mehr Wachstum als Personen, die nur von positiven Veränderungen berichten.[40]

Für alle genannten Faktoren gilt, dass sie positiven Einfluss auf die kognitiven Prozesse ausüben. Die Auseinandersetzung mit belastenden Ereignissen und Gefühlen ist für optimistische, extrovertierte und aktive Menschen leichter als für depressive, introvertierte und ängstliche Personen. Allerdings sind Aussagen darüber, ob bestimmte prätraumatische Persönlichkeitsmerkmale posttraumatisches Wachstum vorhersagbar machen, mit Vorsicht zu genießen und bedürfen eingehender Langzeituntersuchungen.

b. Strukturelle Faktoren

Über die individuellen Faktoren hinaus gibt es einen wirksamen strukturellen Einflussfaktor: Das soziale Umfeld. Dieses wirkt darauf ein, ob und wie posttraumatisches Wachstum möglich ist. Die soziale Unterstützung beginnt bereits im unmittelbaren Umfeld des Traumas. Die besondere Bedeutung der gegenseitigen Unterstützung und des Austauschs unter Traumatisierten gehört inzwischen zum psychotraumatologischen Basiswissen. Das heißt für

---

[39] Vgl. ebd., 8.
[40] Vgl. ebd., 8.

den Fall eines Traumas, von dem mehrere Menschen betroffen sind (z.b. Geiselnahme), dass die Opfer sich untereinander treffen und ihre Gefühle mitteilen. Sie erleben dabei, dass sie nicht allein sind. Menschen, die das Gleiche erlitten haben, können von Betroffenen als LeidensgenossInnen wahrgenommen werden und haben insofern einen wichtigen Vertrauensvorschuss: „Die Glaubwürdigkeit derer, die ‚dort' waren, kann entscheidend sein für das Maß, in dem Traumaüberlebende bereit sind, neue Perspektiven aufzunehmen."[41]. Jedoch sind kollektive Traumatisierungen eher der Sonderfall; viel häufiger erleben Menschen individuelle Traumata (z.b. Missbrauch, Vergewaltigung, Nahtoderfahrung). Doch auch dann kann der Kontakt mit Menschen, die Ähnliches erlebt haben, etwa in Selbsthilfegruppen, hilfreiche Impulse aktivieren. Betroffene erleben Solidarität und lernen im Erzählen ihrer eigenen Erfahrungen, die emotionalen Seiten ihres Traumas auszuloten.

Im Alltag ist das soziale Umfeld der Traumatisierten jedoch der erste Ort, an dem die Erfahrungen ihren Niederschlag finden, weniger der Austausch mit LeidensgenossInnen und/oder in der Selbsthilfegruppe. Gerade die Personen, die mit dem Trauma nicht unmittelbar zusammenhängen, haben wichtigen Einfluss darauf, ob und wie die Betroffenen im Bewältigungsprozess wachsen. Im Mittelpunkt steht dabei, dass sie ihre Erfahrungen mitteilen können und gehört werden. Tedeschi/Calhoun nennen diesen Vorgang „Selbstenthüllung" – *„self-disclosure in supportive social environments"*[42]. Die soziale Unterstützung muss dauerhaft und stabil sein, um Wachstum zu ermöglichen.

4.3.3. *Kognitives Bewältigen*

Die Zusammenschau von Studien zu posttraumatischem Wachstum ergibt folgendes Bild:[43] Der durch ein Trauma ausgelöste Bewältigungsprozess ruft – grob gesagt – zwei verschiedene Bewegungen in der betroffenen Person hervor: eine emotionale und eine kognitive.

Zunächst muss betont werden, dass es sich um ein schwer wiegendes und gravierendes Trauma handeln muss. Es bringt die Annahmen der Person über ihre Welt, ihre eigene Wirkmächtigkeit und ihre sozialen Bezüge komplett zum Sturz, das Vorhandene driftet auseinander. Dieser Zusammenbruch

---

[41] Vgl. ebd., 9.
[42] Ebd., 11.
[43] Vgl. ebd., 5 und 9.

stellt eine Bedrohung dar, die intensive emotionale Reaktionen auslöst: Furcht, Panik, Bodenlosigkeit, Entwurzelung, Einsamkeit, Ohnmacht, Sinnlosigkeit, Verzweiflung. Diese intensiven Gefühle sind offenbar „nötig", um den Reifungsprozess anzustoßen. Alle bisherigen Deutungsschablonen müssen zerstört worden sein. Die emotionalen Erschütterungen schwächen die Person. Die Bewältigung eines Traumas ist zuallererst ein hochemotionaler Vorgang und kein intellektuelles Gedankenspiel.

Diese erste Phase nach dem Trauma nimmt unterschiedlich viel Zeit in Anspruch. Häufig sind die Betroffenen von intrusiven Gedanken und negativem Grübeln geplagt. Das Aufgeben von bisherigen Lebensidealen und Sinnmustern führt zu großen Verunsicherungen und psychischen Extremzuständen. Dabei muss auch eine Art Trauerarbeit geleistet werden, da der radikale Bruch mit dem bisher Vertrauten auch Abschied, Schmerz und Trauer bedeutet. Je intensiver das emotionale Leiden an den Folgen des Traumas ist, desto nötiger ist kognitives Bewältigen: „Der Schmerz aktiviert die kognitive Verarbeitung, während eine rasche Lösung wahrscheinlich anzeigt, dass die Welt der persönlichen Annahmen nicht ernsthaft erschüttert wurde und sich dem traumatischen Ereignis anpassen konnte."[44]

Wie entstehen nach der traumabedingten Zerstörung von Weltdeutungen neue Interpretationsmuster? Auf die emotionalen Reaktionen folgen kognitive Prozesse, in denen die Betroffenen neue Ziele und Bedeutungen entwickeln. Das anhaltende Entwerfen solcher Schemata assoziieren Tedeschi/Calhoun mit posttraumatischem Wachstum.[45] Je stärker eine Person auf kognitivem Wege tragfähige Deutungen entwickelt, desto intensiver wird sie persönliche Reifung erleben. Die Annahmen über die Welt, wie sie vor dem Trauma war, müssen verworfen und neue Muster gefunden werden. Wesentlich dabei ist der fortdauernde kognitive Prozess in Kombination mit einem ausgeprägten Selbstvertrauen. Dies geht vor allem auch aus Untersuchungsergebnissen hervor, die einen Zusammenhang ermitteln zwischen grübelndem Umgang mit Belastung und Depression. Bestimmte Formen von grübelndem Umkreisen des Traumas wirken depressionsauslösend und begleitend und sind von kognitiven Prozessen, die Wachstum fördern, zu unterscheiden. Nach vorne gerichtetes Bewältigen kann nicht dauerhaft von negativen intrusiven Gedanken begleitet sein. Begrifflich unterscheiden Tedeschi/Calhoun deshalb negative Gedanken als Grübeln (*rumination*) vom kognitiven Bewältigen (*cognitive processing*), wobei jedoch nicht vergessen

---

[44] Ebd., 8.
[45] Vgl. ebd., 9.

werden darf, dass das Nachdenken über das Trauma konstitutiv ist für anschließendes Wachstum.[46] Die Unterscheidung zwischen förderlichem Nachdenken und abträglichem Grübeln ist im Zweifelsfall nicht leicht zu ziehen. Negativ auf die Ermöglichung posttraumatischen Wachstums wirkt sich jedenfalls das Nachdenken darüber aus, wie das traumatisierende Ereignis vermieden hätte werden können.[47] Dennoch kann nicht übersehen werden, dass infolge des traumatisierenden Ereignisses langwierige und mitunter belastende Nachdenkprozesse in Gang gesetzt werden, die die Voraussetzung für kognitives Bewältigen darstellen.

Kognitives Bewältigen besteht im Wesentlichen darin, dass die Betroffenen die Diskrepanz zwischen ihren unerreichten Zielen oder Schemata und dem traumatisierenden Ereignis reflektieren. Dabei entwickeln sie den „*universal character of the trauma narrative*"[48]. Dazu gehört die Neubewertung des Lebens in das Stadium vor und das nach dem Trauma. Das Trauma wird als Wendepunkt erlebt. Die Bereitschaft zum Überarbeiten, zum Re-Prozessieren von kognitiven Schemata trägt zur subjektiven Zufriedenheit bei. Zunächst geht es vor allem darum, das eigene Leben verstehen zu können. Verstehbarkeit des Vorgefallenen ermöglicht persönliche Reifung.

Posttraumatisches Wachstum bedeutet nicht, dass keine Belastung mehr da wäre. Auch weiterhin berichten Betroffene über negative Emotionen. Zwar ist das Wachstum geringer, je stärker von anhaltender Belastung berichtet wird, jedoch ist es auch eine realitätsbezogene Konsequenz, wenn nach einem schwerwiegenden Trauma weiterhin Schwierigkeiten spürbar bleiben.[49] In dieser Hinsicht liegt ein großer Vorteil des Konzeptes von Calhoun/Tedeschi, das damit nicht zu ideologischen Verzerrungen tendiert.

Tedeschi/Calhoun resümieren die Ergebnisse verschiedener Studien und sehen ihre Hypothese bestärkt: Kognitives Bewältigen und posttraumatisches Wachstum hängen zusammen.[50] Die Konzentration auf Tatsachen und Gefühle allein führt nicht zu persönlicher Reifung, erst durch kognitive Vorgänge wird diese ermöglicht.[51]

---

[46] Vgl. ebd., 9.
[47] Vgl. ebd., 10.
[48] Ebd., 9.
[49] Vgl. ebd., 10.
[50] Vgl. ebd., 10.
[51] Ebd., 11.

4.3.4. Bewältigung durch narrative Enthüllung

Wachstum wird durch Enthüllung des Traumas ermöglicht, die eine unterstützende soziale Umgebung erfordert. Deshalb ist es wichtig, Traumatisierten Möglichkeiten zu bieten, von den Veränderungen nach dem Trauma zu erzählen („*to craft narratives about the changes*"[52]). Dadurch können neue Perspektiven in die eigene Deutung integriert werden.

Das Erzählen kann sowohl verbal als auch schriftlich stattfinden. Mit der Narration werden die emotionalen Seiten des Traumas enthüllt. Die Betroffenen sind wieder damit konfrontiert und dadurch gezwungen, das Trauma und die damit verbundene Zerstörung der Deutungsmuster zu rekonstruieren. Die Rekonstruktion meint nicht die Rückkehr zum Ursprünglichen, sondern ist ein kreativer Prozess. Viele traumatisierte Menschen ziehen das erste Mal im Leben Resümee. Sie erleben den immensen Verlust durch das Trauma und die Infragestellung aller bisherigen Lebensziele, die nach dem Trauma komplett neu definiert werden müssen. Der Rückblick auf die posttraumatischen Prozesse schafft ein neues Selbstbild: Da gibt es die Person vor und die nach dem Trauma. Die Lebenserzählung verändert sich, bekommt eine Wende. Wer posttraumatisches Wachstum erlebt, wird es als eine Veränderung zu einem lebendigeren, intensiveren, sinnerfüllteren Leben interpretieren.

Tedeschi/Calhoun sehen einen Zusammenhang zwischen Lebenserzählung und Identität.[53] Entfaltet eine Person ihre Lebensgeschichte narrativ, reflektiert und kreiert sie damit ihre Identität. Dies geschieht nicht einmalig und immergültig in der Biographie, sondern kann sich wiederholen und immer wieder ändern. Traumatisierende Ereignisse liefern gewöhnlich einen Anstoß für die Vergewisserung und Revision der subjektiven Lebenserzählung. Wer die eigene Biographie ausrollt, kann ein Trauma mit dem vorherigen und anschließenden Leben verknüpfen und damit Lebensbrüche und Spaltungen vermeiden. Im Kontrast zwischen dem Selbst vor dem Trauma und dem Selbst nach dem Trauma wird die Identität klarer und zusammenhängender.[54]

Durch das Trauma werden Copingstrategien entfacht, die der betroffenen Person eventuell noch gar nicht bekannt waren. Im Erzählen können neue

---

[52] Ebd., 8.
[53] Vgl. Calhoun/Tedeschi, Posttraumatic Growth: Future Directions, 232.
[54] Vgl. ebd., 233.

Stärken und Ressourcen entdeckt werden. Selbstwertgefühl und Selbstbewusstsein steigen im Enthüllen der Biographie an. Das Erzählen fasst nicht nur die Veränderung nach und infolge der Krise zusammen und hat insofern konsolidierende Funktion, sondern sie betrifft den Lebenskern, der vom Trauma angegriffen wurde und der durch die persönliche und öffentliche Enthüllung wiederhergestellt und transzendiert werden kann. Neimeyer fordert die Erforschung von Reifung nach Traumatisierung in einem narrativen Rahmen, da durch diesen ein „lebens-verbessernder Prozess"[55] angestoßen werden kann.

Das soziale Umfeld übt maßgeblich Einfluss darauf aus, ob Betroffene sich trauen, von ihrer Traumatisierung und den anschließenden Veränderungen zu erzählen. Mehrere Studien ermitteln einen Zusammenhang zwischen intrusiven bzw. depressiven Gedanken und sozialem Druck.[56] Soziale Unterstützung ist umso hilfreicher, je konstanter und langfristiger sie die Betroffenen umgibt. Tedeschi/Calhoun sehen in der Selbstenthüllung von Betroffenen im sozialen Kontext einen „fruchtbaren Boden für die Revision von Schemata, was wesentlich zur Wachstumserfahrung gehört."[57]

4.3.5. *Weisheit und posttraumatisches Wachstum*

Der Begriff der Weisheit wird vom kulturellen Kontext geprägt. Im westlichen Kulturkreis wird Weisheit eher als individuelle Größe angesehen, die nicht automatisch an Alter oder bestimmte Lebenserfahrungen geknüpft ist.[58] Weisheit ist nicht automatisch mit Alterung verbunden, jedoch gibt es hier einen simplen Zusammenhang: Je älter ein Mensch ist, desto öfter hat er Verluste und krisenhafte Ereignisse erlebt und musste diese bewältigen. Tedeschi/Calhoun sehen einen fortwährenden und wechselseitigen Einfluss von posttraumatischem Wachstum auf die Entwicklung von Lebensweisheit. Mit Weisheit meinen Tedeschi/Calhoun:

„Die Fähigkeit, Reflexion und Aktion auszugleichen, das Wissen und Nichtwissen über das Leben abzuwägen, besser die Paradoxien des Lebens aushalten zu können,

---

[55] Neimeyer, Fostering Posttraumatic Growth: A Narrative Elaboration, 58.
[56] Vgl. Tedeschi/Calhoun, Posttraumatic Growth: Conceptual Foundations and Empirical Evidence, 11.
[57] Tedeschi/Calhoun, Posttraumatic Growth: Conceptual Foundations and Empirical Evidence, 12.
[58] Vgl. Tedeschi/Park/Calhoun, Posttraumatic Growth. Conceptual Issues, 15.

offener und zufriedenstellender die fundamentalen Fragen menschlicher Existenz angehen zu können."[59]

Menschen, die Traumatisierungen ausgesetzt waren, haben eine gewisse Prädisposition für die Entwicklung von solcher lebensbezogener Weisheit. Durch das Erzählen und Enthüllen der Lebensgeschichte entwickeln sie entsprechende Anteile. Viele der für posttraumatisches Wachstum ermittelten Variablen können mit denen für die Messung von Weisheit identifiziert werden.[60] Charakteristisch für Weisheit wie für posttraumatisches Wachstum ist die Fähigkeit zum Aushalten von Paradoxien:

„Im Verlust steckt Gewinn; Bewältigen heißt, auf Heilung ebenso zu warten wie sie aktiv zu verwirklichen suchen; das Trauma muss der Vergangenheit zugerechnet werden und soll gleichzeitig Bedeutung haben, indem es in der Zukunft Licht verbreitet; man muss das Angewiesensein auf Hilfe von außen anerkennen, jedoch ereignet sich die Heilung letztlich im Inneren; sowohl Ruhe als auch Belastung können gleichzeitig bestehen."[61]

Tedeschi/Calhoun schlagen vor, dass die Ergebnisse der Untersuchungen zu Weisheit mit den Resultaten zu posttraumatischem Wachstum in Verbindung gebracht werden. Baltes/Staudinger /Maercker/Smith beschreiben Weisheit als fundamentales Lebenswissen, als „Einsichten in die wesentlichen Aspekte menschlicher Verfassung und menschlichen Lebens"[62], sowie als das Anerkennen der Unvorhersehbarkeit des Lebens. Ähnlich liegen die Ergebnisse zu posttraumatischem Wachstum. Wem das Auseinanderfallen der Welt nach einem Trauma widerfährt, weiß um die unkalkulierbare Ausgesetztheit menschlicher Existenz und erlebt gleichzeitig das Vorhandensein von förderlichen Ressourcen und das Wachstum neuer Kräfte. Deshalb resümieren Tedeschi/Calhoun: „Ein Trauma könnte für manche Menschen ein Katalysator für die Entwicklung von Weisheit sein"[63], in den Worten der Weisheitsforscher eine „weisheitsermöglichende Lebenserfahrung"[64].

---

[59] Tedeschi/Calhoun, Posttraumatic Growth: Conceptual Foundations and Empirical Evidence, 12.
[60] Vgl. Calhoun/Tedeschi, Posttraumatic Growth: Future Directions, 233.
[61] Ebd., 233.
[62] Baltes/Staudinger/Maercker/Smith, People nominated as wise, 155.
[63] Calhoun/Tedeschi, Posttraumatic Growth: Future Directions, 234.
[64] Baltes/Staudinger/Maercker/Smith, People nominated as wise, 156.

4.3.6. Spiritualität und posttraumatisches Wachstum

Posttraumatisches Wachstum kann sich auch, wie bereits erwähnt wurde, im spirituellen Bereich auswirken. Tedeschi/Calhoun nehmen fünf Bereiche an, in denen Wachstum statt findet, darunter auch „spirituelle Entwicklung"[65]. Sie sehen eine Verbindung zwischen der Interpretation von Leid in Literatur und religiösen Traditionen und dem Konzept des posttraumatischen Wachstums:

„Das Phänomen, das wir posttraumatisches Wachstum nennen, ist schon seit Jahrhunderten bekannt. Religion und Literatur haben die Rolle von menschlichem Leiden damit beschrieben und erklärt, dass es Menschen näher zur Weisheit, zur Wahrheit und zu Gott bringt. (...) Kulturelle Traditionen haben die Idee der Möglichkeit von positiver Veränderung nach einem Trauma mit den zentralen Geschichten des Lebens verbunden. In der ägyptischen Mythologie flog der Phönix jahrelang über die arabische Wüste, fiel auf den Boden, wurde von Flammen verzehrt und er stand aus der eigenen Asche wieder auf. Nach der Sintflut entstand ein Regenbogen und damit neue Hoffnung auf Menschlichkeit. Nach Christi Kreuzigung wurde allen Menschen, die glaubten, dass er Gottes Sohn war, die Sünden vergeben. Das Verständnis von Leiden spielt eine wichtige Rolle in den östlichen Traditionen wie etwa Buddhismus und Hinduismus."[66] Zum Leiden Christi schreiben Tedeschi/Calhoun an anderer Stelle: „Ein wichtiges Thema der christlichen Traditionen sind zum Beispiel die Erzählungen über die transformative Wirkung der Hinrichtung Jesu. Sein Leiden wird so eingeschätzt, dass es die Kraft hat, andere zu transformieren."[67]

In keiner weiteren Veröffentlichung vertiefen oder qualifizieren Tedeschi/Calhoun ihre Erkenntnisse zum Bereich Spiritualität. Im deutschsprachigen Raum wurde das Konzept des posttraumatischen Wachstum im Zusammenhang mit Spiritualität bisher von der Schweizer Psychoanalytikerin Wirtz aufgegriffen, die die transformative Potenz traumatischer Erfahrungen in der Perspektive der Transpersonalen Psychologie reflektiert.[68]

2004 findet in der US-amerikanischen Zeitschrift Psychological Inquiry eine schwerpunktmäßige Auseinandersetzung mit dem Konzept von Cal-

---

[65] Tedeschi/Calhoun, Posttraumatic Growth: Conceptual Foundations and Empirical Evidence, 6.
[66] Vgl. Tedeschi/Park/Calhoun, Posttraumatic Growth. Conceptual Issues, 3f.
[67] Tedeschi/Calhoun, Posttraumatic Growth: Conceptual Foundations and Empirical Evidence, 2.
[68] Vgl. Wirtz, Die spirituelle Dimension der Traumatherapie; Wirtz, Das Unbewältigbare bewältigen.

houn/Tedeschi statt.[69] Vierzehn Artikel reflektieren und diskutieren das Modell posttraumatischen Wachstums. Auch hier findet keine explizite Fokussierung auf die Rolle und Bedeutung von Spiritualität bei posttraumatischem Wachstum statt. Die Traumaforscherin Janoff-Bulman jedoch setzt sich mit existentieller Neubewertung als Ergebnis posttraumatischen Wachstums auseinander und führt dabei auch spirituelle Elemente bzw. Konsequenzen an.[70]

So bezieht sich Janoff-Bulman auf die Bereiche posttraumatischen Wachstums und unterscheidet drei verschiedene psychologische Prozesse, die die positiven Veränderungen bewirken können. Die drei Modelle schließen sich nicht gegenseitig aus, jedoch schaffen sie die Möglichkeit, durch differenzierende Betrachtung die Reifungsprozesse besser zu verstehen. Durch jeden der drei Wege werden in der Person positive Veränderungen in Gang gesetzt, wobei darüber bei den betroffenen Personen unterschiedliche Bewusstheit besteht. Neben den beiden ersten Modellen, Stärke durch Leiden und psychologische Vorbereitetheit, ist das dritte Modell, die existentielle Neubewertung, im Zusammenhang mit Spiritualität relevant, weshalb nachfolgend Janoff-Bulmans Weiterführung des Konzeptes von Calhoun/Tedeschi kurz dargestellt werden soll.[71]

a. Stärke durch Leiden

Dieses Modell ist im westlichen Kulturkreis weit verbreitet und geht von der Erfahrung aus, dass Anstrengung, Leiden und Mühe nicht nur Verlust bedeuten, sondern stattdessen zu neuer Kraft führen können. Im sportlichen Bereich ist dieser Zusammenhang offensichtlich: Der Körper nimmt an Muskelkraft und Kondition zu in Abhängigkeit von der Ausdauer und Intensität des Trainings. Im alltäglichen Sprachgebrauch zeigt sich bspw. in Sätzen wie „Was uns nicht tötet, macht uns stärker" die Bedeutung von Abhärtung. „Das ist die implizite Botschaft über den erlösenden Wert von Leiden, die in vielen Religionen gelehrt wird, und außerdem eine Form der ‚kein Schmerz, kein Gewinn' Konzeption von persönlichem Profit."[72]

Diese Vorstellung von „durch Schmerz wachsen" machen sich viele Traumatisierte zu eigen. Sie müssen unermessliches Leiden ertragen und

---

[69] Psychological Inquiry 1 (2004); alle folgenden wörtlichen Zitate wurden von der Verfasserin aus dem Englischen übersetzt.
[70] Vgl. Janoff-Bulman, Posttraumatic Growth: Three Explanatory Models.
[71] Vgl. ebd., 31-33.
[72] Ebd., 31.

erleben dabei ungeahnte Stärken. Im Copingprozess entdecken sie neue Ressourcen. Am Ende ihres Bewältigungsweges sehen sie sich selbst als Veränderte und Gestärkte.

Wenn eine Person Reifung durch Leid erlebt, interpretiert sie die neue Kraft als das erfolgreiche Bestehen im Widerstand gegen die Traumatisierung. Es ist also nicht nötig, dass sie die gesamte Welt der subjektiven Einschätzungen und Bewertungen revidiert und zu neuen Schlüssen kommt. „Zu wissen, dass Überlebende Schmerz und Leid erfahren und ihren Kampf bestanden haben genügt zum Verständnis ihrer neugefundenen Stärke. Sie sind massiv heraus gefordert worden und daraus gestärkt hervorgegangen."[73]

b. *Psychologische Vorbereitetheit*

Dieser Weg posttraumatischen Wachstums läuft vor allem über die Veränderung der subjektiven Einschätzungen. Durch diese Neukonstruktion schaffen sich die Betroffenen einen Schutz gegen weitere Belastungen. Durch den Wandel der Bewertungen sind sie besser vorbereitet auf weitere Lebensbelastungen.

Die bereits zitierte Metapher des Erdbebens kann wieder als Beispiel dienen, um den Vorgang zu veranschaulichen: Durch eine extreme Erschütterung der Welt wird alles Bisherige erschüttert. Um wieder einen Alltag zu finden, ist die Beseitigung der eingestürzten Gebäude und die Neukonstruktion von tragfähigen Häusern erforderlich. Diese werden durch die Erfahrungen des Erdbebens sicherer und stabiler. Analog dazu werden beim psychischen Trauma die inneren Strukturen zerstört. Durch erfolgreiches Coping werden diese renoviert und können zukünftig einen besseren Schutz vor Erschütterungen bieten. Ähnlich kann das Bild der Impfung zum Vergleich herangezogen werden, wobei Janoff-Bulman einräumt, dass eine Impfung durch eine kleine Dosis über die anschließende Entwicklung von Antikörpern zwar gegen eine große Krankheit zu schützen vermag, während ein Psychotrauma an Dramatik schwer zu überbieten ist und nicht durch eine entsprechende Impfung vorgebeugt werden kann.[74]

Durch die Konfrontation mit unerwartetem Unglück müssen die Betroffenen ihre subjektiven Annahmen grundsätzlich in Frage stellen. Sie erkennen, dass Leben nicht kalkulier- und planbar ist. Durch solche Einsichten sind sie für weitere Belastungen besser gerüstet. Durch das Coping können

---

[73] Ebd., 31.
[74] Vgl. ebd., 32.

sie die Traumaerfahrung integrieren und sind so psychologisch auf weitere Krisenerfahrungen vorbereitet. „Sie können nicht länger sagen, ‚Das kann mir nicht passieren'. Sie wissen nur zu gut, dass es passieren kann, und ihre neuen inneren Einschätzungen sind wieder aufgebaut im Wissen, dass es in Zukunft wieder passieren könnte. Sie sind errichtet, um dem Schock der Tragödie besser wiederstehen zu können."[75]

c. Existentielle Neubewertung

Erlebt ein Mensch durch Leiden Stärke, macht er eine transformierende Selbsterfahrung. Wer subjektive Einschätzungen in Frage stellt und neu konstruiert, ist besser für Belastungen vorbereitet. Das dritte Modell posttraumatischen Wachstums nennt Janoff-Bulman „Existentielle Neubewertung". Dieses enthält, anders als die beiden anderen, überraschende und schwerer nachvollziehbare Einsichten. Viele Überlebende von gravierenden Traumata geben an, dadurch eine neue Einstellung zum Leben gewonnen zu haben. Einfache Dinge können sie intensiver erleben und schätzen. Das Leben selbst wird zum geschenkten, nicht einforderbaren Gut. Die existentielle Neubewertung vollzieht sich in der Wertschätzung für das Leben, im Kontakt mit anderen Menschen und im spirituellen Bereich:

„Überlebende erwähnen häufig ihr erneuertes religiöses Vertrauen oder ihre tiefe Dankbarkeit für die Natur und ihre Schönheit. Mit der Dankbarkeit für das Leben geht eine Sensibilität für erneuerte Prioritäten einher – eine Anerkennung, was wirklich wichtig ist – und diese beinhalten meistens engere soziale Beziehungen und den Bezug zu Gott oder der Natur. Diese faszinierenden, sogar verbreiteten Antworten können nicht einfach damit erklärt werden, dass Überlebende bewältigten und ihre fundamentalen Einschätzungen erfolgreich erneuerten, um ihre Erfahrungen zu verbinden. Eher benötigt es eine größere Vertrautheit mit dem existentiellen Kampf von Überlebenden um den Prozess des Wiederaufbaus der inneren Welt, besonders um den Prozess der ausdrücklichen Sinnsuche im Angesicht des Verlustes."[76]

Janoff-Bulman versucht, diesen existentiellen Prozess zu beschreiben: Überlebende versuchen, das Trauma und die damit verbundene Erschütterung ihrer Welt zu verstehen. Das Leiden soll verständlich werden, nachvollziehbar und begreifbar, besonders im unmittelbaren Zeitraum nach dem Trauma. Längerfristig suchen die Betroffenen nach Möglichkeiten, seine Bedeutung zu erschließen, es einzuordnen. Das Geschehen soll einen Sinn haben. Die Traumatisierten müssen ihre Annahmen über die eigene Unverletzbarkeit

---

[75] Ebd., 32.
[76] Ebd., 32.

infolge des Traumas verabschieden, sie sind sinnlos geworden. Nun fragen sie, warum es passiert ist, und das weniger generell, sondern, weshalb es speziell ihnen passiert ist. „Im Fundament unserer inneren Welt gehen wir davon aus, dass unsere Identität und wie wir uns verhalten bestimmen, was uns widerfährt."[77] Gutes Handeln und Sein führt demnach also zu einem guten Leben – so ist das Leben verständlich und nachvollziehbar. Das Trauma wälzt diese Annahmen unbarmherzig nieder.

„Überlebende kämpfen darum, dem Ereignis Sinn zu verleihen. Das überraschend hohe Vorkommen von Selbstbeschuldigung (‚Ich hätte dieses oder jenes tun sollen') und von Gegenargumenten (‚Wenn ich nur dieses oder jenes getan hätte') sind symptomatisch für diesen Kampf (...) Nichtopfer beharren auf ihren eigenen Ansichten über ein nicht zufälliges Universum, indem sie Wege suchen, den Opfern die Schuld für ihr Unglück zuzuschieben; auf diese Weise bewahren Nichtopfer ihre eigenen tröstlichen Annahmen in einer sicheren, vorhersagbaren Welt."[78]

Die Konfrontation mit einer sinnlosen, unplanbaren Welt zwingt Überlebende zur existentiellen Neubewertung. Verlust und Leid sind jederzeit wieder möglich. Diese Gewissheit führt zu unterschiedlichen Neubewertungen. Sie kann zur psychischen Kapitulation führen, indem eine Person dies als Bedingung menschlichen Lebens annimmt. Eine andere erschließt sich einen neuen Zugang zum Leben: Sie hat erfahren, dass Leben nicht selbstverständlich ist und kann deshalb eine neue Dankbarkeit und Wertschätzung dafür empfinden.

In dieser Hinsicht ergeben sich Übereinstimmungen zwischen der existentiellen Neubewertung von Traumatisierten und den Schriften der Existenzphilosophie: „Wir haben vielleicht nicht die Fähigkeit, Unglück zu verhindern, aber wir haben die Freiheit, ein wertvolles Leben zu schaffen durch unsere Verpflichtungen."[79] Die Absurdität des Lebens fordert dazu heraus, eigene Bedeutungen und Sinnzuschreibungen zu schaffen – wie es etwa Camus in der „Pest" beschreibt. Traumaüberlebende berichten oft über solche neuen Prioritäten: Sie verbringen mehr Zeit mit Freunden und Familie, engagieren sich in sozialen Projekten, interessieren sich für spirituelle Themen.

Janoff-Bulman resümiert, dass in allen drei Modellen Schmerz und Leiden als Katalysatoren dienen können. Gleichzeitig sieht auch sie das Nebeneinander von negativen und positiven Auswirkungen im Copingprozess. „In den Nachwirkungen des Traumas erleben Überlebende Desillusionierung

---

[77] Ebd., 33.
[78] Ebd., 33.
[79] Ebd., 33.

und Dankbarkeit, Unvorhersagbarkeit und Vorbereitetsein, Verletzbarkeit und Stärke."[80]

4.3.7. Posttraumatisches Wachstum und soziale Transformation

Wenn Menschen von posttraumatischem Wachstum berichten, erzählen sie manchmal von einer neuen Wertschätzung für die unscheinbaren Angelegenheiten im Leben, von vertieften Beziehungen, von gewachsenem Selbstwertgefühl und von spirituellen Einsichten. Es handelt sich dabei also um sehr individuelle Vorgänge, die von den Betroffenen selbst als Reifung erlebt werden. Jedoch können die Ergebnisse zu posttraumatischem Wachstum auch von der individuellen auf eine strukturelle Ebene übertragen werden: Nicht nur Einzelpersonen, sondern auch Gruppierungen, Völker, Gesellschaften, ja ganze Kontinente können weit verbreiteten traumatischen Ereignissen ausgesetzt sein, so etwa Krieg, Naturkatastrophen, Diktaturen oder Hungersnöte. Beispiele ließen sich viele finden, vom Holocaustregime in Deutschland über den Völkermord in Ruanda über die Terroranschläge vom 11. September 2001 bis hin zur großen Flutkatastrophe in Asien Ende 2004. Parallel zum individuellen Reifungsprozess kann auch ein sozialer Transformationsprozess in Gang gesetzt werden. „Positive Veränderungen können sich aus solchen Ereignissen ergeben, wenn individuelle Erzählungen geteilt und in die sozialen Erzählungen integriert werden, und zwar derart, dass die Ereignisse als Wendepunkte bewertet werden."[81]

Ebenso wie jede Einzelperson funktionieren auch soziale Einheiten nach bestimmten Annahmen und Mustern, die von kollektiven Traumata in Frage gestellt werden. Die Revision solcher sozialer Schemata erfolgt über das Erzählen. Wieder spielt die Enthüllung durch Narration eine wichtige Rolle. Durch das Erzählen wird deutlich, nach welchen Mustern die Gesellschaft das traumatisierende Geschehen bewertet. Im Idealfall entfachen solche Gespräche eine Diskussion über die verbindenden Annahmen, Werte und Leitbilder in der sozialen Einheit, über ihre Identität und welche Auswirkungen das Trauma darauf hat.

Pals/McAdams betonen die Rolle der Kultur für die Ausprägung von individuellen und sozialen Annahmen. „Lebensgeschichten werden nach den narrativen Annahmen, Parametern, Rahmenbedingungen, und Tabus, die in einer bestimmten Kultur geläufig sind, konstruiert, erzählt und verstanden.

---

[80] Ebd., 34.
[81] Tedeschi/Calhoun, Posttraumatic Growth: Conceptual Foundations and Empirical Evidence, 14

Theorien und Konzepte: Posttraumatic Growth

Kulturen gewähren implizite Richtlinien dafür, was eine erzählbare, kohärente Erzählung ausmacht."[82] Es gibt Geschichten, die leichter zu erzählen sind als andere. Was gesellschaftlich zulässig ist, darf sein, was jedoch an Tabus rührt, wird mit Zensur belegt. Während Vergewaltigung etwa im muslimischen Kontext weithin als Schande für die Familie eingeordnet wird und damit tabu ist, wird im westlichen Bereich der Tatbestand inzwischen als Verstoß gegen die sexuelle Selbstbestimmung geahndet (wobei auch hier weiterhin zahlreiche Klischees die Auseinandersetzung bestimmen). So fassen Pals/McAdams zusammen: „Wir glauben, dass Traumaerzählung durch kulturelle Erzählungen stark geformt wird, die wiederum von ökonomischen, politischen, religiösen, ideologischen und historischen Faktoren geformt werden, die wahrscheinlich in jeder Gesellschaft individuell geprägt sind. Das umfassende Verstehen von posttraumatischem Wachstum erfordert eine ernsthafte Reflexion der Rolle der Kultur."[83]

Kulturelle Stereotypen haben Einfluss auf die Einstellungen, mit denen eine soziale Einheit auf ein Trauma reagiert. Durch den Prozess posttraumatischen Wachstums ergeben sich wechselseitige Wirkungen. Etwa stieß der Vietnamkrieg in den USA eine breite Reflexion über die Bedeutung von Moral und nationalem Konsens bei der Kriegführung an.[84]

Bloom nimmt an, dass die soziale Transformation des Traumas so alt ist wie die Menschheit selbst.[85] Riten und Bräuche, etwa zu Trauer, Heilung und anderen Übergängen, stellen den Versuch dar, die Widerfahrnisse des Lebens gemeinschaftlich zu bewältigen. Bloom sieht eine lebendige Verbindung zwischen dem Individuum und der sozialen Gruppe, die sich gegenseitig beeinflussen. Durch diese Dynamik sieht sie sich berechtigt, einen Transfer zu ziehen von der Ebene des Individuums zur Ebene der Gruppe.

Wie kommt die Dynamik posttraumatischen Wachstums in eine Gruppe? Sowohl individuell erlittenes Trauma als auch ein durch eine Gruppe erlebtes Trauma können kollektive Auseinandersetzung initiieren. Im Zweifelsfall lässt sich nicht klar unterscheiden, wer und was den Auslöser für eine soziale Transformation gibt – in der Regel sind die Ursachen mehrschichtig.

---

[82] Pals/McAdams, The Transformed Self: A Narrative Understanding of Posttraumatic Growth, 67.
[83] Ebd., 68.
[84] Vgl. Tedeschi/Calhoun, Posttraumatic Growth: Conceptual Foundations and Empirical Evidence, 14.
[85] Vgl. Bloom, By the crowd they have been broken, by the crowd they shall be healed. The social transformation of trauma, 179.

Die Rolle von tonangebenden DenkerInnen für eine soziale Gruppe ist zu betonen.[86] Tedeschi/Calhoun erinnern etwa an die Bedeutung von Personen wie Desmond Tutu und Nelson Mandela in der Leitung des südafrikanischen Befreiungskampfes gegen die Apartheid.[87] Oft sind es gerade solche charismatische Persönlichkeiten, die aus ihren eigenen Traumaerfahrungen heraus fähig werden, andere für eine gute Sache zu begeistern und damit einen erstaunlichen sozialen Wandel zu bewirken. Bloom beschreibt verschiedene Wege, über die soziale Transformation im Anschluss an Traumaerfahrung statt findet:[88]

Ein wichtiger Bereich davon ist die gegenseitige Selbsthilfe. Diese ist besonders im Therapiemilieu von Bedeutung. In der Sozialpsychiatrie wird der Zusammenhang zwischen der Situation psychisch Erkrankter und dem sozialen System betont. Deshalb stellt die Gruppe ein wichtiges Feld dar, in dem sich Betroffene entwickeln können, vergleichbar mit einem Mikrokosmos der Gesellschaft. Am Beispiel von Selbsthilfegruppen wie den Anonymen Alkoholikern ist dieser Vorgang leicht nachvollziehbar: Der Einstieg in die Gruppe ist mit der Erzählung der eigenen Geschichte verbunden, wodurch der Einzelne nicht nur in eine Gemeinschaft eingebunden wird, sondern auch mitbeteiligt wird an den Bewältigungsprozessen der anderen und somit größere Sensibilität und Empathie entwickelt. Das 12-Schritte Programm[89] solcher Selbsthilfegruppen gibt dem Individuum einen Rahmen vor, der Bedeutung und Halt schafft. Dieses Programm enthält Vorgaben, die mit alten Ritualen verglichen werden können: „Opfer, Erprobung, Bekenntnis, etwas ändern und öffentliches Zeugnisablegen gehören von alters her zu unserem Stammeserbe."[90] Dadurch kann die Einzelperson ihre Erfahrungen in einem übergeordneten Rahmen besser verstehen. Das individuelle Trauma tritt aus der schambesetzten und unsagbaren Ortlosigkeit heraus und wird so zum Ausrufezeichen und Stein des Anstoßes für eine Gesellschaft.

Des Weiteren beschreibt Bloom Formen der sozialen Transformation, die mit konkretem Handeln verbunden sind: der politischen und befreienden Aktion, dem Einsatz für Gerechtigkeit. Die Befreiung von Unschuldigen und

---

[86] Vgl. ebd., 180.
[87] Vgl. Tedeschi/Calhoun, Posttraumatic Growth: Conceptual Foundations and Empirical Evidence, 14.
[88] Vgl. ebd., 181-207.
[89] Das 12-Schritte Programm der Anonymen Alkoholiker im Internet unter: http://www.anonyme-alkoholiker.de.
[90] Bloom, By the crowd they have been broken, by the crowd they shall be healed. The social transformation of trauma, 187.

Benachteiligten ist mit Idealen verbunden und vermag viele Menschen zu inspirieren und deren Handeln zu beeinflussen. Was veranlasst Menschen, die Mühen und Risiken eines politischen Kampfes auf sich zu nehmen? Bloom stellt voran: „Helfer werden nicht geboren, sie werden hervorgebracht."[91] Die generativen Bedingungen solcher Personen können folgendermaßen beschrieben werden: Studien ermitteln, dass viele in einer Familie aufwachsen, die sie für soziale Themen sensibilisiert. Die Bereitschaft zum Helfen ist insofern auch erlerntes Verhalten. Andere erleben Diskriminierung und Traumatisierung am eigenen Leib und entwickeln dadurch intensive Empathie für die Situation weiterer Benachteiligter. Solche Erfahrungen können den Anstoß liefern, sich radikal und existentiell im Kampf gegen unmenschliche Lebensbedingungen einzusetzen. „In vielen Teilen der Erde, durch geschriebene, gefilmte und künstlerisch gewonnene Werke, sind Überlebende gezwungen worden, ihre traumatischen Erfahrungen zu nutzen, um Zeugnis abzulegen über ihre Verluste, die dem Tod eine Stimme geben sollen, die als Warnung an die Täter und an die Zuschauer der Zukunft dienen."[92] Die Zeugnisse der Überlebenden erinnern und mahnen.

Als Beispiele für solche Formen der sozialen Transformation sei an Holocaust-Gedenkstätten erinnert und an die Wahrheitskommission in Südafrika. Auch ursprünglich kleine Einzelinitiativen ziehen weite Kreise, etwa Aktionen wie die der Mütter von der Plaza de Mayo. Sie erinnerten durch ihre beständige Präsenz auf der Plaza an das Verschwinden, die Folter und den Tod tausender unschuldiger junger Menschen während der argentinischen Militärdiktatur, gaben den Opfern mit den Photos ihrer Kinder ein Gesicht und haben durch gezielte Nachforschungen manche Verbrechen klären können.[93] Der Protest dieser Mütter wurde zum Vorbild einiger weiterer Initiativen.[94] International formieren sich immer mehr Bewegungen, die sich dem Erbe gewaltlosen Widerstandes verpflichtet fühlen und durch Aktionen in besonderen Konfliktsituationen versuchen, die Öffentlichkeit für das Problem zu sensibilisieren.[95]

---

[91] Ebd., 187.
[92] Ebd., 191; im englischen Original für Zuschauer „bystander".
[93] Vgl. zu den Madres de Plaza de Mayo im Internet unter: http://www.madres.org; vgl. auch Craske, Women & Politics in Latin America, 17, 118f, 121f, 132, 177, 198f.
[94] Vgl. in Deutschland: Mütter für den Frieden im Internet unter: http://www.ofdc.de.
[95] Als Beispiele im Internet unter: http://womeninblack.net; http://machsomwatch.org.

Vielleicht etwas unbekannter, dennoch wirksam sehen künstlerische Wege des Umgangs mit traumatischen Erfahrungen aus. Auch auf dieser Ebene bieten sich Chancen für die soziale Transformation von Trauma. Kunst bietet verschiedene Möglichkeiten an, sich gemeinschaftlich mit Krisen und erlebter Gefahr auseinander zu setzen. Theater, Malerei, Musik, Literatur und Tanz können in ihren je eigenen Ausdrucksformen Schmerzvolles und Tabuisiertes thematisieren, neue Akzente setzen und revolutionäre Gedanken einer breiteren Öffentlichkeit nahe bringen. Bloom nennt als Beispiel das Theater der Unterdrückten von Augusto Boal.[96] Dieser kombiniert therapeutische, künstlerische und politische Aspekte im Theater, das die Zuschauenden als Subjekte des Spiels beteiligt. Inhaltlich geht das Theater von den Unterdrückungserfahrungen des jeweiligen Kontextes aus, die körperlich ausgedrückt und damit transformabel werden soll. Boal wurde wegen seiner Theaterarbeit als Oppositioneller im brasilianischen Militärsystem verhaftet, gefoltert und schließlich ins Exil getrieben.

Einer besonderen Erwähnung ist die soziale Transformation von Trauma durch Humor wert. Bloom merkt an: „Jede große Komödie wurzelt in einer Tragödie."[97] Damit beschreibt sie die Erfahrung, dass Komik vielfach auf der Erfahrung von Leid aufbaut. Humor ist ein großartiges Mittel, um mit Schmerz umgehen zu können. Humor hat therapeutischen Wert. Lachen setzt entlastende physiologische Vorgänge frei. Es schafft psychologisch gesehen Abstand von der Schwere und erlaubt innere Freiheit, wenigstens für einen Moment. Als Beispiel für soziale Transformation traumatischer Erfahrung durch Humor kann der jüdische Witz angeführt werden. „Der jüdische Witz war die Waffe der Schwachen: Er war vorsichtig, subtil, andeutend, aber präzise."[98]

4.3.8. *Posttraumatisches Wachstum und psychische Belastung*

Zieht die Entwicklung von posttraumatischem Wachstum eine Beseitigung oder Verminderung der psychischen Belastung nach sich? Tedeschi/Calhoun

---

[96] Vgl. Boal, Theater der Unterdrückten.
[97] Vgl. Bloom, By the crowd they have been broken, by the crowd they shall be healed. The social transformation of trauma, 201.
[98] Alexander, Auschwitz ist ein Witz, 13; aktuell versuchen junge israelische Comedians, den Erfahrungen des Genozids mit Komik zu begegnen – nicht unumstritten, etwa: „Ein KZ-Überlebender kauft sich ein Handy. Der Verkäufer sagt: ‚Sie können die Nummer selbst wählen, damit sie sich leichter an sie erinnern.' – ‚Gut', sagt der Mann und krempelt einen Ärmel hoch: ‚Ich nehme diese. Die vergesse ich nie.'", in: Alexander: Auschwitz ist ein Witz, 13.

Theorien und Konzepte: Posttraumatic Growth 171

entwickelten ihr Konzept im letzten Jahrzehnt des 20. Jahrhunderts. Die Ergebnisse verschiedener Studien, die sich auf das Konzept beziehen, ergeben ein uneinheitliches Bild:[99] Während einerseits der Zusammenhang zwischen Grübeln und Depression sowie zwischen kognitivem Bewältigen und posttraumatische Wachstum beschrieben wird, ermitteln andere keinen Zusammenhang zwischen Wachstum und Belastung. Die Reflexion des Konzeptes in Journal Psychological Inquiry im Jahr 2004 spricht diesen Punkt immer wieder an, etwa Park: „Was bedeutet Wachstum im Leben derer, die es erleben? Die Antwort ist unklar, sowohl theoretisch als auch empirisch."[100] Park unterscheidet zwischen der Erforschung von posttraumatischem Wachstum an sich und der Untersuchung von Wachstum und seinen Konsequenzen für das Individuum. Zweiteres ist im klinischen Kontext von großer Bedeutung. Insofern wird nachvollziehbar, weshalb so intensiv nach Beziehungen zwischen Wachstum und Anpassung gesucht wird.

Die Erforschung zum Einfluss von posttraumatischem Wachstum auf die psychische Gesundheit steckt noch in den Anfängen und ist ausbaubar. Jedoch gibt es auch ohne empirisch verifizierte Ergebnisse einen guten Grund dafür, die Untersuchung von persönlicher Reifung nicht an die Bedingung psychischer Unbelastetheit zu koppeln:

Calhoun/Tedeschi fragen selbst: „Bedeutet der Mangel an Zusammenhang zwischen Belastung und Wachstum nicht eine Begrenzung des Konzeptes?" Sie verneinen diese Frage. „Posttraumatisches Wachstum ist nicht das Gleiche wie die Zunahme an Wohlbefinden oder die Abnahme von Belastung. Außerdem liefert den Anstoß zum Wachstum der Kampf des Individuums mit einer Reihe hoch belastender Umstände, die die menschlichen Annahmen über die Welt und ihren Platz darin signifikant heraus fordern. Die Beibehaltung von Wachstum könnte auch immer wieder kognitive und emotionale Erinnerungen benötigen, die nicht angenehm sind."[101]

Die Erfahrung von Trauma fordert in der Regel das psychologische (und unter Umständen auch das körperliche) Immunsystem so radikal heraus, dass auch langfristig und selbst bei subjektiv empfundenem Wachstum nicht von völliger Beschwerdefreiheit auszugehen ist. Eine solche zu fordern, könnte

---

[99] Tedeschi/Calhoun, Posttraumatic Growth: Conceptual Foundations and Empirical Evidence, 13f.
[100] Park, The notion of Growth Following Stressful Life Experiences: Problems and Prospects, 73.
[101] Tedeschi/Calhoun, Posttraumatic Growth: Conceptual Foundations and Empirical Evidence, 13.

geradezu als naiv bewertet werden. Keiner der Bereiche posttraumatischen Wachstums schließt aus, dass nicht auch weiterhin negative Gefühle auftreten, die jedoch mit der bereits errungenen Reifung evtl. leichter verarbeitet werden können.

Forschungsbedarf besteht weiterhin auch für den Zusammenhang von posttraumatischem Wachstum und physischer Gesundheit.[102]

4.3.9. Zusammenfassung

Tedeschi/Calhoun fassen den Prozess posttraumatischen Wachstums in folgende Schritte zusammen:[103]

- Der Prozess wird durch eine massiv traumatisierende Erfahrung in Bewegung gesetzt, die die individuellen Schemata komplett in Frage stellt.
- Bestimmte persönliche Eigenschaften können sich förderlich auswirken: Extraversion, Offenheit für Erfahrungen und Optimismus.
- Zunächst müssen überwältigende Emotionen bewältigt werden, daran schließt intensives kognitives Coping an, was eine zentrale Rolle für das Wachstum spielt.
- Einen wichtige Faktor stellt die soziale Unterstützung dar: Diese ermöglicht die Enthüllung und Erzählung des Traumas.
- Posttraumatisches Wachstum scheint mit der Entwicklung von genereller Lebensweisheit verbunden zu sein.
- Posttraumatisches Wachstum ist zwar mit der Abnahme von psychischer Belastung verbunden, jedoch geht mit ihr nicht die völlige Beseitigung von Belastung einher; eher vermag weiterer Schmerz das Wachstum in Gang zu halten und weitere Verbesserung zu bewirken.
- Tedeschi/Calhoun gehen davon aus, dass posttraumatisches Wachstum sowohl ein Ergebnis als auch einen Prozess darstellt,[104] weshalb es sich um einen andauernden und interaktiven Vorgang handelt.

Das Konzept zu posttraumatischem Wachstum beschreibt nicht einfach einen Copingmechanismus oder einen psychologischen Anpassungsvorgang, es handelt sich vielmehr um ein komplexes Phänomen.[105] Dieses gestaltet sich iterativ und erfordert weitere Längsschnittuntersuchungen zu seiner Erforschung. Eine wichtige Rolle spielt „die Konstruktion von höheren Ord-

---

[102] Vgl. ebd., 13.
[103] Vgl. ebd., 12f.
[104] Vgl. ebd., 12.
[105] Vgl. ebd., 15.

nungsschemata, welche eine Anerkennung des Paradoxen ermöglichen. Metaphorische und narrative Elemente dienen Traumaüberlebenden, indem sie es mit einem Leben aufnehmen, das überraschend wurde, komplizierter als erwartet und schmerzvoll. Forscher müssen auf die individuellen Versuche fokussieren, mit denen Menschen die Folgen des Traumas durchzustehen versuchen, um eine allgemeine Erkenntnis für diese transformativen Prozesse zu entwickeln."[106]

Forschende Personen müssen sich dessen bewusst sein, dass ihre Perspektive nicht die der Traumabetroffenen ist. Konkret heißt das, dass die Betroffenen selbst oft genug überrascht sind von der Reifungserfahrung – schließlich dürfte ihnen kaum Reifung als Ziel vor Augen stehen, sondern einfach eine Verbesserung der Lebensqualität. Es handelt sich bei ihrer Auseinandersetzung mit dem Trauma um einen dramatischen Prozess, der immer in der Gefahr steht, in unermessliche psychische Abgründe zu führen. Für die Betroffenen geht es um ihr Überleben, sie haben keine Wahl. Sie können sich keine Reflexion über ihre kognitiven Prozesse leisten.

4.4. Das Janusgesicht selbst wahrgenommener Reifung

4.4.1. Zu den Grenzen des Konzeptes zu posttraumatischem Wachstum

Die kritische Auseinandersetzung mit dem Konzept von Tedeschi/Calhoun in der Zeitschrift Psychological Inquiry verweist in mehreren Beiträgen auf einen Bereich, für den weiterer Diskussionsbedarf besteht. Dabei handelt es sich um die bereits problematisierte Frage, ob posttraumatisches Wachstum an die Abwesenheit von psychischer Belastung gebunden ist.

Der Schweizer Maercker und die Deutsche Zoellner schließen als erste ForscherInnen im deutschsprachigen Raum an das Modell von Calhoun/Tedeschi an und erweitern es um die Annahme der Janusgesichtigkeit posttraumatischen Wachstums: *„The Janus Face of Self-Perceived Growth: Toward A Two-Component Model of Posttraumatic Growth"*[107]

Maercker/Zoellner würdigen den großen Verdienst von Tedeschi/Calhoun, da sie psychologische Forschung in einem breiten Maß für das Gebiet von Reifung und Wachstum sensibilisierten, wodurch eine große Menge an Erfahrungen gesammelt werden konnte. Allerdings mahnen Maer-

---

[106] Ebd. 15.
[107] Maercker/Zoellner, The Janus Face of Selve-Perceived Growth.

cker/Zoellner die Notwendigkeit von empirischer Operationalisierbarkeit an, welche ihnen auch im erneuerten Modell von Tedeschi/Calhoun (2004) fehlt: „In der neuen Version ihres Modells gibt es unglücklicherweise keine weiteren Spezifizierungen. Anstelle einer ausgedehnten Überarbeitung sind die Begriffe immer noch ambivalent und die theoretischen Vorhersagen sind immer noch etwas unklar."[108] Sie schlagen verschiedene, bereits vorhandene Messinstrumente vor, mit denen andauernder Stress, Stress im Allgemeinen, Psychopathologie und Weisheit gemessen werden können. Schwierigkeiten sehen sie für die Bereiche Rumination (Grübeln), Schemaänderung und narrative Entwicklung, weshalb weiterer Forschungsbedarf hinsichtlich adäquater Erhebungsinstrumente besteht.

Maercker/Zoellner fragen nach dem Verhältnis von Wachstum und Anpassung. Sie stimmen mit Tedeschi/Calhoun darin überein, dass posttraumatisches Wachstum nicht einfach mit einem psychologischen Anpassungsvorgang zu vergleichen ist.

Außerdem problematisieren Maercker/Zoellner, ob posttraumatisches Wachstum in einer Langzeitstudie gemessen werden kann; zusätzlich fragen sie nach der Zuverlässigkeit der Selbsteinschätzung der Befragten und nach dem Einsatz einer zusätzlichen Außenbewertung. Solche offenen Fragen sind aufgrund des derzeitigen Forschungsstandes nicht zu beantworten. Insgesamt gehen Maercker/Zoellner davon aus, dass „echtes posttraumatisches Wachstum allgemein positiv verbunden ist mit den Funktionen psychischer Gesundheit und dass selbst berichtetes posttraumatisches Wachstum teilweise auf Verzerrungsprozessen beruht."[109] Während die einen neben dem Wachstum auch von Belastung berichten, blenden das andere aus. Zur Dynamik von Traumatisierten gehören Verdrängung, Vermeidung und Wunschdenken. Es ist davon auszugehen, dass diese Vorgänge auch im Bereich von posttraumatischem Wachstum gelten. Deshalb erinnern Maercker/Zoellner daran, diese „dunkle Seite"[110] des Traumas genügend zu berücksichtigen.

Damit diese vernachlässigte Seite Gestalt bekommt, entwarfen sie das Modell des Janusgesichtes selbst wahrgenommener Reifung. Dabei gehen sie von einer Beobachtung aus, die im Umgang mit Traumatisierten häufig vorkommt: Eine Person hat eine katastrophenartige Erfahrung hinter sich und sagt mit schmerzverzerrter Miene: „Für irgendetwas muss es gut gewe-

---

[108] Ebd., 42.
[109] Ebd., 43.
[110] Ebd., 43.

sen sein. Ohne diese Erfahrung hätte ich nicht ...". Es geht also um die subjektive Einschätzung, dass das Trauma letztendlich zu einem tieferen Begreifen des Lebens führte. Jedoch ist diese Annahme nicht die ganze Wahrheit. Maercker/Zoellner beschreiben es folgendermaßen:

„Posttraumatisches Wachstum wird von nun an so betrachtet, dass es eine konstruktive, selbsttranszendierende Seite hat, wie es Tedeschi und Calhoun annehmen, und eine selbsttäuschende, illusionäre Seite. Die konstruktive Seite könnte real sein, zusammen mit funktionalem Anpassen oder mit funktionalem kognitivem Umstrukturieren, während die selbsttäuschende Seite mit verleugnenden, vermeidenden Gedanken, Wunschdenken, Selbsttröstung oder Palliation verbunden sein könnte."[111]

Die Vorstellung von der illusionären Seite selbstwahrgenommenen Wachstums knüpft an das Konzept der Positiven Illusion von Taylor[112] an. Taylor und ihre KollegInnen fanden heraus, dass Menschen nach bedrohlichen Erlebnissen manchmal tendenziell mit verzerrten Selbstannahmen reagieren, mit einem übertriebenen Sinn für persönliche Kontrolle und unrealistischem Optimismus.[113] Der Begriff positive Illusion umfasst

„den Kern dieses Phänomens, nämlich das Auftreten von positiven, verzerrten Annahmen im Angesicht der bedrohenden Information. (...) Wenn Menschen ein Trauma oder einen Rückschlag erleben, antworten sie darauf mit kognitiven Anpassungsbemühungen, die sie befähigen sollen, zu ihrem früheren Selbstverständnis und Wissen über die Welt zurückzukehren oder es zu übersteigen. Die Themen, an die solche Transformationen anschließen, können eine Suche nach der Bedeutung der Erfahrung beinhalten, eine Bemühung darin, das Gefühl von eigener Macht wieder zu erlangen und den Versuch, ein positives Selbstwertgefühl wiederherzustellen."[114]

4.4.1. *Ein präziseres Modell zu posttraumatischem Wachstum*

Die Ergebnisse zur positiven Illusion veranlassen Maercker/Zoellner, vom Janusgesicht selbst wahrgenommener Reifung zu sprechen. Dabei unterscheiden sie zwei Aspekte, zum einen hinsichtlich der Komponenten, zum anderen bezüglich des Ablaufes der Reifung:[115]

---

[111] Ebd., 43.
[112] Vgl. Taylor, Adjustment to threatening events; Taylor/Armor, Positive illusions and coping with adversity; Taylor/Kemeny/Reed/Bower/Gruenewald, Psychological ressources, positive illusions, and health.
[113] Vgl. Maercker/Zoellner, The Janus Face of Selve-Perceived Growth, 43.
[114] Ebd., 43.
[115] Vgl. ebd., 45.

- Wenn eine Person von Wachstum berichtet, kann das sowohl eine konstruktive als auch eine illusionäre Seite haben.
- Selbst wahrgenommenes Wachstum ist sowohl eine Bewältigungsbemühung als auch ein Bewältigungsergebnis.

Das heißt also: Im Bewältigungsprozess können sowohl adaptive als auch maladaptive Funktionen nebeneinander existieren, abhängig vom Stadium der Auseinandersetzung und von individuell unterschiedlichen Bewältigungsstilen. Wenn Maercker/Zoellner die beiden Gesichter der Bewältigung unterscheiden, ist damit noch nichts über deren Wirksamkeit ausgesagt. Die illusionäre Seite ist nicht automatisch mit Verleugnung verknüpft, sondern kann mit bewusstem Nachdenken über das Trauma und aktiver Copingbemühung verbunden sein. Auf diese Weise handelt es sich um eine akute Bewältigungsstrategie mit kurzzeitiger palliativer Funktion, insofern also mit positivem Effekt für die betroffene Person. Anders verhält es sich, wenn Vermeidungsverhalten, wie etwa Wunschdenken, dazu beiträgt, langfristig das Trauma zu verleugnen und zu verdrängen. Von der illusionären Seite der Bewältigung ist anzunehmen,

„dass diese Komponente durch die Wahrnehmung von Bedrohung ausgelöst wird und vor allem als akute, palliative Copingstrategie wirkt. Sie weist auch auf eine interindividuell unterschiedliche Annahme hin: Die illusionäre Komponente kann, in manchen Fällen, aber nicht immer, einem Verleugnungsprozess dienen. Nur in Fällen, in denen selbst wahrgenommenes posttraumatisches Wachstum einzig und allein illusionär ist und im Dienst einer kognitiven Vermeidungsstrategie steht, wird es sich verschlechternd auf die Anpassung auswirken."[116]

Die konstruktive Seite der Bewältigung hat folgende Konsequenzen:

„Die realistisch konstruktive, selbsttransformierende Komponente posttraumatischen Wachstums sollte, wie auch immer, mit Aspekten von Anpassung oder Wohlbefinden verbunden werden, kurzfristig und auf lange Sicht. Von dieser Komponente posttraumatischen Wachstums ist anzunehmen, dass sie das Ergebnis der aktiven Auseinandersetzung mit dem Trauma reflektiert und folglich das eventuelle Ergebnis von Coping vorhersehbar macht. Wenn das Trauma erfolgreich bewältigt wird, kann davon ausgegangen werden, dass die konstruktive, selbsttransformierende Komponente posttraumatischen Wachstums allmählich wächst und die illusionäre Komponente mit der Zeit abnimmt."[117]

Maercker/Zoellner gehen davon aus, dass die konstruktive, selbsttransformierende Seite zunimmt, je länger eine Person im Bewältigungsprozess

---

[116] Ebd., 45.
[117] Ebd., 45.

steht. Hier wird deutlich, inwiefern Wachstum nicht nur Bewältigungsergebnis, sondern auch Bewältigungsbemühung ist: Je mehr eine Person Wachstum erlebt, desto intensiver wird sie den Copingprozess vorantreiben und evtl. weiteres Wachstum feststellen.[118]

In der Übersicht können für die beiden Gesichter selbst wahrgenommener Reifung also folgende Aspekte genannt werden:

	Illusionäre Seite	**Konstruktive Seite**
Merkmale	• palliativ • evtl. Verleugnungsstrategie • evtl. Vermeidungsstrategie	• realistisch konstruktiv • selbst transformierend • ermöglicht Anpassung • erzeugt Wohlbefinden
Dauer	• kurzfristig	• kurz- und langfristig
Effekt	• Wiederherstellung des Selbstwertgefühls durch Kontrolle und Optimismus	• Reflexion des Bewältigungsprozesses ermöglicht Vorhersagbarkeit des eigenen Lebens
Folgen/ Konsequenz	• Schmerzreduktion • wenn als langfristige Vermeidungsstrategie: → Verschlechterung	• nachhaltige Verbesserung des Befindens

4.5. Psychotraumatologische Konsequenzen: Multifaktorielles Risiko- und Schutzfaktorenmodell

Maercker verbindet die Ergebnisse zu persönlichem Wachstum von Tedeschi/Calhoun und dem Salutogenesemodell von Antonovsky mit der aktuellen psychotraumatologischen Forschung. Dem stellt er voran: „Das Gesundbleiben nach Traumen ist – aus psychologischer Perspektive gesehen – der Sonder- und nicht der Regelfall. Durch das traumatische Ereignis wird in

---

[118] Zur empirischen Überprüfung des Modells von Maercker/Zoellner vgl. Maercker/Zoellner, The Janus Face of Selve-Perceived Growth, 46f.

jedem Fall das Adaptationsvermögen der Psyche schwersten Anforderungen ausgesetzt, und es findet eine zumindest kurzfristige Dysregulation der psychologischen und biologischen Funktionsabläufe statt."[119] Deshalb muss davon ausgegangen werden, dass das Gesundbleiben und/oder das selbst wahrgenommene persönliche Wachstum nach einem Trauma oftmals ein Wiedergesunden, eine Genesung darstellt. Damit Traumatisierten diese Genesung leichter möglich ist, kann die Unterscheidung von Schutz- und Risikofaktoren hilfreich sein:

- „Schutzfaktoren nach traumatischen Ereignissen sind z.b. Kohärenzsinn, die soziale Unterstützung und bestimmte Bewältigungsstile, wie die offene Auseinandersetzung mit dem Trauma.
- Risikofaktoren für posttraumatische Prozesse sind das Alter zum Zeitpunkt der Traumatisierung, frühere belastende Lebensereignisse, frühere psychische Störungen und niedrige sozioökonomische Schichtzugehörigkeit."[120]

Maercker war 1994-1997 an einer Studie in Dresden beteiligt, in der der psychische Zustand von ehemaligen politischen Gefangenen der DDR untersucht wurde.[121] In dieser wurden drei Variablen ermittelt, die die Ausbildung einer posttraumatischen Belastungsstörung begünstigen:

- weibliches Geschlecht
- geringe soziale Unterstützung
- niedriger Kohärenzsinn[122]

Mit diesem Ergebnis bestätigt die Untersuchung bereits vorhandene Analysen: Frauen sind von posttraumatischer Symptomatik stärker bedroht; das soziale Umfeld übt Einfluss auf die Verarbeitung des Traumas aus; es spielt eine wichtige Rolle, ob eine Person das Ereignis verstehen, handhaben und deuten kann.

Die Berücksichtigung solcher gesundheitsabträglicher Faktoren kann für den Bereich der Prävention und Therapie wichtige Impulse geben. Die posttraumatische Belastungsstörung ist die einzige psychische Störung, bei der die Ursache in die Diagnose aufgenommen ist. Gleichzeitig ist jedoch offensichtlich, dass nicht alle Menschen, die ein Trauma erleben, auch eine posttraumatische Belastungsstörung entwickeln. Es scheint also eine Reihe von

---

[119] Maercker, Extrembelastungen ohne psychische Folgeschäden, 341.
[120] Ebd., 343.
[121] Vgl. Maercker/Schützwohl, Long-term effects of Political Imprisonment.
[122] Vgl. Maercker, Extrembelastungen ohne psychische Folgeschäden, 348.

Theorien und Konzepte: Posttraumatic Growth

Faktoren zu geben, die positiven oder negativen Einfluss ausüben können. Zu unterscheiden sind prätraumatische, peritraumatische und posttraumatische Faktoren.

Der rapide gewachsene Erkenntnisstand zur posttraumatischen Belastungsstörung legt nahe, die zentralen posttraumatischen Prozesse und die modulierenden Bedingungen gesondert zu betrachten.[123] Erstere werden in den psychotraumatologischen Theorien und Modellen bezüglich Ätiologie, kognitiven Vorgängen etc. bei posttraumatischer Belastung erforscht. Die modulierenden Bedingungen ziehen die Umstände der posttraumatischen Reaktion in Betracht, etwa die individuellen Risiko- und Schutzfaktoren. So können gesundheitspsychologische Zusammenhänge besser erforscht werden, etwa: Warum entwickeln manche Traumatisierte eine Störung und andere nicht? Welche Faktoren wirken beeinträchtigend, welche förderlich für die Auseinandersetzung mit dem Trauma?

Maercker integriert im Sinne solcher gesundheitspsychologischer Fragestellungen die salutogenetische Perspektive von Antonovsky und die Ergebnisse von Tedeschi/Calhoun und entwirft daraus ein multifaktorielles Modell:[124] Dieses sieht nicht allein die posttraumatische Belastungsstörung als Folge der Traumatisierung. Ebenso nimmt es andere Störungen bzw. psychische Gesundheit und/oder Reifung an. Das Modell reflektiert verschiedene Gesichtspunkte im traumatischen Prozess:

Prätraumatische persönliche Gegebenheiten:
Wie alt ist die Person? Handelt es sich um eine Frau oder einen Mann? Welche psychischen Erkrankungen und Belastungen erlebte sie bereits? Prätraumatische Faktoren haben Einfluss auf das Ausmaß der Belastungsreaktion des Opfers. Eine bereits geschwächte Persönlichkeit hat schlechtere Widerstandskräfte, ebenso prädisponiert die weibliche Geschlechtszugehörigkeit.

Peritraumatische Gesichtspunkte:
Wie lebensbedrohlich und schwer ist das Trauma? Handelt es sich um ein interpersonelles Geschehen? Wie lange dauerte es? Wie stark und in welchen Bereichen ist die Schädigung?

---

[123] Vgl. Maercker, Posttraumatische Belastungsstörungen, 637.
[124] Ebd., 638.

Wie reagiert die betroffene Person unmittelbar während des Traumas? Wie sehen die affektiven Reaktionen aus – Schock? Dissoziation? Es handelt sich um die direkt auf das Trauma bezogenen Umstände und die unmittelbaren Reaktionen des Opfers. Ein Trauma wirkt umso vernichtender, je lebensbedrohlicher, länger oder öfter es auftrat. Traumatisierung durch Menschen löst gravierendere Belastungsreaktionen aus als eine Naturkatastrophe, da die Vertrauensfähigkeit zu anderen Menschen stark verletzt wird. Außerdem ist mit umso stärkerer Stressreaktion zu rechnen, je mehr sich eine Person während des Traumas selbst aufgibt.

Posttraumatische Gesichtspunkte:
Wie interpretiert die Person das Trauma? Reagiert sie mit Alpträumen, Angst, Schuldgefühlen? Versucht sie, durch Introversion, durch Substanzmissbrauch, durch Aggression die emotionalen Folgen des Traumas zu betäuben?
Kann die Person nach dem Trauma vom Geschehen erzählen? Hat sie ein unterstützendes Umfeld? Erfährt sie Anerkennung als Opfer?

Die Betrachtung der posttraumatischen Bedingungen zeigt sehr deutlich, dass sowohl pathologische als auch salutogenetische Rahmenbedingungen und Reaktionen möglich sind. Die betroffene Person kann sich in maladaptiven und adaptiven Bewältigungsmechanismen befinden, was mit individuellen Persönlichkeitsmerkmalen und mit strukturellen Gegebenheiten zusammen hängt. Während der Versuch, traumabezogene Reize zu meiden sich negativ auf die posttraumatische Symptomatik auswirkt, haben alle Formen der Offenlegung des Traumas positiven Einfluss auf dessen Integration. Dazu gehört auch, dass die betroffene Person im sozialen Umfeld als Opfer bzw. Überlebende anerkannt werden muss.

4.6. Zur Relevanz des Konzeptes zu posttraumatischem Wachstum im Rahmen dieser Arbeit

Im Folgenden werden wichtige Aspekte aus der vorhergehenden Darstellung des Konzeptes zu posttraumatischem Wachstum resümierend zusammen gestellt, welche für die vorliegende Arbeit weiterführende Impulse liefern:
   Das Konzept zu posttraumatischem Wachstum wurzelt in Untersuchungen unterschiedlicher Disziplinen (Medizin-, Entwicklungs-, Gesundheits- und Persönlichkeitspsychologie) zu belastenden Lebensereignissen und im logotherapeutischen Ansatz von Viktor Frankl. Es stellt den Versuch dar, die

einseitige Zentrierung auf die pathologischen Auswirkungen von Traumatisierung zu überwinden.

Der Begriff posttraumatisches Wachstum zeigt an, dass es sich um einen Reifungsprozess handelt, der nach dem Trauma in Gang gesetzt wurde. Ursache für das Wachstum ist nicht das Trauma, sondern der anschließende Bewältigungsprozess. Der Terminus sagt auch aus, dass es sich nicht um eine bestimmte Eigenschaft oder persönlichkeitsabhängige Größe (wie etwa Optimismus) handelt, sondern um einen Prozess, in dem einzig die betroffene Person persönliches Wachstum feststellen kann. Die subjektiv wahrgenommene Reifung kann sowohl Ergebnis als auch Bemühung im Copingprozess darstellen.

Die Bereiche posttraumatischen Wachstums wirken sich auf drei wesentliche Gebiete aus: auf das Selbstbild, auf die interpersonalen Beziehungen und auf die Lebensphilosophie. Jeder dieser drei Bereiche kann – im Kontext dieser Arbeit – eine „religo-phile" Komponente haben: Explizit der dritte Sektor der Lebensphilosophie, für den auch Tedeschi/Calhoun erhöhte Wertschätzung für das Leben und spirituelle Vertiefung annehmen, aber auch die beiden anderen Bereiche – schließlich ermöglichen ein verändertes Selbstbild mit neuem Bewusstsein für die eigenen Stärken und vertiefte menschliche Beziehungen religiöse Neueinschätzungen und sind pastoralpsychologisch relevant.

Sowohl individuelle Faktoren als auch strukturelle Gegebenheiten haben Einfluss darauf, wie eine Person mit der posttraumatischen Belastung umzugehen vermag.

Der wesentliche individuelle Vorgang vollzieht sich im Anschluss an die intensive emotionale traumatische Erschütterung über kognitives Bewältigen, durch das die betroffene Person die „heile" Welt vor dem Trauma mit der zerstörten Welt nach dem Trauma vergleicht, alte Schemata aufgibt und neue, widerstandsfähigere konstruiert. Es handelt sich also um einen langfristigen und individuellen Prozess, der nicht durch Deutungen von außen forciert werden kann. Sinn kann nur die traumatisierte Person selbst finden.

Untersuchungen zeigen, dass die Einordnung des Traumas in die eigene Biographie vor allem durch das Erzählen der Erfahrung möglich wird. Narrative Enthüllung dessen, was vorgefallen ist, hat heilsame Wirkung. Erzählung braucht Menschen, die zuhören. Im Bereich von sexuellem Missbrauch treten in dieser Hinsicht für die Betroffenen besondere Schwierigkeiten auf: Durch die gesellschaftliche Tabuisierung, die damit einhergehenden Scham- und Schuldgefühle auf Seite der Opfer sowie die psychodynamischen

Verdrängungs- und Spaltungsmechanismen haben die Subjekte der Enthüllung Schwierigkeiten, einen geeigneten Rahmen für die Erzählung ihrer Geschichte zu finden.

Das Konzept zu posttraumatischem Wachstum steht in auffallender Verbindung zu den Ergebnissen über die Entwicklung von Weisheit. Weisheit hängt inhaltlich wesentlich mit der Fähigkeit zusammen, Paradoxien auszuhalten – etwa, wenn eine Inzestbetroffene neben der vertieften Dankbarkeit für die kleinen Dinge im Leben auch schmerzvolle Emotionen um den Verlust von kindlicher Unbeschwertheit erlebt. Solche Widersprüche sind also nicht auszuschalten, sondern stimmen mit Konzepten für Weisheit und Reifung überein.

Posttraumatisches Wachstum kann sich auch auf den Bereich der Spiritualität auswirken. Aus theologischer Perspektive wäre es spannend zu reflektieren, in welcher Hinsicht in der Psychotraumatolgie von Spiritualität gesprochen wird. Vielfach handelt es sich um eine funktionale Relevanz von neuer Spiritualität, etwa um die Ermöglichung der Neudeutung von Leid oder die solidarische Verbundenheit mit anderen Leidtragenden. Die Literatur zu posttraumatischem Wachstum verbindet den Begriff der Spiritualität vor allem mit dem der Transformation, welche sich auf einen transzendierenden Horizont bezieht. Durch existentielle Neubewertung öffnet sich der Blick der Betroffenen für neue Deutungen und ermöglicht ihnen die Integration von offensichtlich Unaushaltbarem. Das körperliche und psychische Überleben des Traumas kann (!) so den Zugang zu einer neuen Tiefen- und Sinndimension erschließen, die von vielen Menschen mit Spiritualität assoziiert wird.

Posttraumatisches Wachstum ist zuallererst ein höchst individueller Vorgang. Gleichzeitig hat es eine strukturelle Dimension: Auch in einem größeren Zusammenhang kann sich soziale Transformation vollziehen. Die soziale Transformation von Trauma gestaltet sich vor allem über den Weg der gegenseitigen Unterstützung in der Gruppe (Selbsthilfe), durch politisches Handeln und in verschiedenen Formen der Kunst (Musik, Theater, Literatur etc.). Im Mittelpunkt steht die Offenlegung des Traumas und damit das Herausholen aus Isolation und Scham- bzw. Schuldgefühlen. Durch die Transformation kann die soziale Einheit sich dahingehend strukturell verändern, dass weitere Traumatisierung verunmöglicht wird (Frühwarnsysteme für Naturkatastrophen, Aufdeckung von Folter etc.). Die soziale Dimension von Wachstum hat im Rahmen dieser Arbeit vor allem auch Brisanz, wenn sie auf kirchliche Zusammenhänge hin reflektiert wird. Wird das Erleben von sexuellem Missbrauch als individuelle Widerfahrnis gewertet, oder nehmen

Kirchengemeinden, Verbände und Theologie das Trauma zum Anstoß, eine Veränderung missbrauchsermöglichender Strukturen durchzusetzen?

Das Wahrnehmen von posttraumatischem Wachstum bedeutet nicht gleichzeitig eine Abwesenheit von psychischer Belastung. Dieses Ergebnis ist nicht Mangel, sondern kann als Plus an Realitätsbezug bewertet werde.

Selbst wahrgenommenes Wachstum hat zwei Seiten – ein Janusgesicht: Neben der konstruktiven, transformierenden Seite, die eine langfristige Integration des Traumas ermöglicht, gibt es auch die illusionäre Seite, die durch kurzfristige Palliation erleichtert, jedoch auch mit weniger förderlichen Verleugnungs- und Vermeidungsvorgängen verbunden sein kann. Im Hinblick auf die Bewältigungsprozesse von Frauen, die sexuellen Missbrauch erlebten, bietet das Bild des Janusgesichtes eine hilfreiche sensibilisierende Theorie: Zum einen können beide Seiten gleichzeitig existieren, zum anderen haben beide ihre Berechtigung und können nicht billig gegeneinander ausgespielt werden. In erster Linie muss es darum gehen, die psychischen Vorgänge zu verstehen und nicht darum, sie zu bewerten.

Das multifaktorielle Modell zeigt an, dass unterschiedliche Bedingungen die Verarbeitung eines Traumas beeinflussen: Die Art des Traumas, Persönlichkeitsstrukturen, kognitive Bewertungen und das soziale Umfeld, das narrative Enthüllung er- oder verunmöglicht etc. Die Bewältigung eines Traumas, also auch des Erlebens sexuellen Missbrauchs, ist von vielen Faktoren abhängig. Ein systemischer Blick auf diese Zusammenhänge und die Wirkmechanismen ist nötig.

III. Zusammenfassende Gedanken zu den verschiedenen Konzepten zu Bewältigung

Jedes der drei beschriebenen Modelle stellt einen Interpretationsrahmen zur Verfügung, wie eine Person mit einer traumatischen Erfahrung umgeht. Im Folgenden sollen im Überblick die voranbringenden Impulse der verschiedenen Modelle für die vorliegende Arbeit zusammen gefasst werden.

Lazarus knüpft mit seinen Arbeiten unmittelbar an die Stressforschung der 60er und 70er Jahre an. Ihm ist die Verlagerung des wissenschaftlichen Interesses vom Stress zur Bewältigung zu verdanken. Er bringt Belastung und Belastungsverarbeitung zusammen, verdeutlicht mit seinem transaktionalen Modell die verschiedenen am Copinggeschehen beteiligten Größen und beschreibt die Bewertungsvorgänge, mit denen die betroffene Person ihre Umwelt und/oder ihr Inneres an die belastende Situation zu adaptieren versucht. Von besonderer Bedeutung sind die kognitiven Prozesse, über die innerpsychische Deutungen für das Geschehen erstellt werden. Coping ist nach Lazarus ein offener Veränderungsprozess.

Antonovsky erstellt mit seinem Konzept der Salutogenese einen Neuentwurf, wie Gesundheit und Krankheit gedacht werden können. Dabei beobachtet er, wie Menschen auf Belastungen reagieren und nimmt personale Ressourcen an, die der Person die Verarbeitung erleichtern. Dazu gehört auch das Kohärenzgefühl, das sich vor allem darin ausdrückt, ob eine Person ihr Leben verstehen, bewältigen und mit Sinn versehen kann. Antonovsky setzt sich nicht explizit mit Traumaerfahrung auseinander, vielmehr staunt er über die Tatsache, dass manche Menschen mit dramatisch traumatisierenden Lebenserfahrungen trotzdem psychisch gesund bleiben können und sich selbst als zufrieden und glücklich bezeichnen. Die nachhaltige Wirkung von Antonovskys Arbeit liegt vor allem im Paradigmenwechsel von der Defizitzentrierung hin zur Ressourcenorientierung. Diese Perspektive eröffnet in allen gesundheitswissenschaftlichen Bereichen neue Ideen.

Für die vorliegende Arbeit können die Annahmen zum Kohärenzgefühl einige wertvolle Hinweise liefern: Menschen mit ausgeprägtem Kohärenzgefühl haben bei der Bewältigung eines Traumas bessere Möglichkeiten, gegen das Zerstörerische und Sinnlose anzukämpfen. Insbesondere die dritte Komponente, das Gefühl der Sinnhaftigkeit (*sense of meaningfulness*), wird von vielen Personen mit religiösen Bewertungen und Gefühlen verbunden. Es zeigt sich also, dass Religiosität, die die Bedeutsamkeit und Sinnhaftigkeit auch widersprüchlicher Erfahrungen zulässt, eine bewältigungsförderliche

Wirkung haben kann. Jedoch darf nicht übersehen werden, dass gerade für traumatisierte Menschen, und insbesondere, wenn das Trauma in der Kindheit erlitten wird, die Ausprägung eines Kohärenzgefühls unter erschwerten Bedingungen steht.

Die Untersuchungen zu posttraumatischem Wachstum haben unmittelbaren Bezug zu dieser Arbeit: Es geht um Wachstumsprozesse, die an eine Traumatisierung anschließen. Tedeschi/Calhoun knüpfen an das salutogenetische Modell an, indem sie den Blick auf das bis dahin eher vernachlässigte Thema Wachstum nach Traumatisierung richten. Sie suchen nicht nur nach personalen Ressourcen, die Wachstum ermöglichen, sondern sehen die Reifung selbst als Ergebnis und als Weg der Bewältigung. Auch sie gehen davon aus, dass Coping ein offener Prozess ist, der maßgeblich durch kognitive Schemataänderung vorangetrieben wird. Anders als Lazarus und Antonovsky beschreiben Tedeschi/Calhoun etwas konkreter, auf welche Weise dies geschehen kann: Eine wichtige Rolle spielt die Enthüllung des Traumas durch Erzählen und die Anerkennung des Opferstatus der Betroffenen durch die soziale Umgebung. Die Bereiche posttraumatischen Wachstums erstrecken sich vom erneuerten Selbstbild über vertiefte soziale Beziehungen hin zu einer veränderten Lebensphilosophie, zu welcher auch spirituelle Einstellungen und Deutungen gehören. In dieser Hinsicht liegt eine besondere Nähe des Konzeptes von Tedeschi/Calhoun zum erkenntnisleitenden Interesse dieser Untersuchung.

Mit besonderer Aufmerksamkeit sollen die Ergebnisse zum Janusgesicht selbst wahrgenommener Reifung herangezogen werden. Dieses Konzept vermeidet die Polarisierung in Bewältigung und Scheitern, die den multifaktoriellen posttraumatischen Prozessen kaum gerecht zu werden vermag. Tedeschi/Calhoun beschreiben mehrfach, dass persönliche Reifung nicht automatisch an die Abwesenheit von psychischer Belastung gebunden ist. Durch die Hinzunahme psychologischer Theorie zur täuschenden Illusion werden die individuellen Deutungswege nachvollziehbar. Die Unterscheidung in konstruktive Veränderungsprozesse und Selbsttäuschungsprozesse, deren Zweckdienlichkeit nicht in Frage gestellt werden darf, wird den komplexen subjektiven Vorgängen gerechter als ein aussortierendes Raster, das nach gelungen/misslungen oder real/illusionär aufteilt.

Maercker sieht den deutlichsten Unterschied zwischen den Konzepten von Antonovsky und von Tedeschi/Calhoun darin, dass das Kohärenzgefühl bei Antonovsky als überdauernde Größe angenommen wird, während persönliche Reifung nach Tedeschi/Calhoun durch die subjektive Bilanzierung positiver Folgen im Bewältigungsprozess nach einem Trauma festgestellt wird.[1] Außerdem vermutet er nach der Durchsicht empirischer Studien, „dass die Messung der persönlichen Reifung ein surplus von Erkenntnissen, Einstellungsänderungen und Befindlichkeiten erfasst."[2] Während mit dem Fragebogen zu Kohärenzgefühl vor allem die Abwesenheit von Symptomatik ermittelt werden kann, ermöglicht das Konzept zu posttraumatischem Wachstum einen Einblick, der gesundheitspsychologische Gesichtspunkte verstärkt:

„Diese multifaktorielle Sicht auf die Gesundheit legt vielmehr nahe, zur Gesundheit auch das Wohlbefinden und die Lebensqualität zu rechnen. Letzteres auch dann, wenn die Lebensqualität durch erlebte Belastungen und deren körperliche und psychische Manifestationen eindimensional einzuschätzen sind. (...) Die persönliche Reifung könnte eine Facette dieses breiter verstandenen Gesundheitskonzeptes sein. Persönliche Reifung kann sich dabei in mehreren Bereichen zeigen und positiv auswirken: Die Wertschätzung der Sozialbezüge kann verbessert werden und damit das Verbundenheitsgefühl mit anderen Menschen. Möglicherweise kann daraus ein gestärktes Selbstvertrauen resultieren und das zunehmen, was frühere Generationen Weisheit oder Lebensklugheit nannten. Eine ausgeprägte persönliche Reifung fällt in diesem Sinne nicht vollständig mit dem Verschwinden der Symptomatik zusammen, obwohl es die Symptomfreiheit und Abwesenheit von Krankheit zu einem gewissen Grad befördert."[3]

---

[1] Vgl. Maercker, Kohärenzsinn und persönliche Reifung als salutogenetische Variablen, 190f.
[2] Ebd., 197.
[3] Ebd., 197.

Teil II

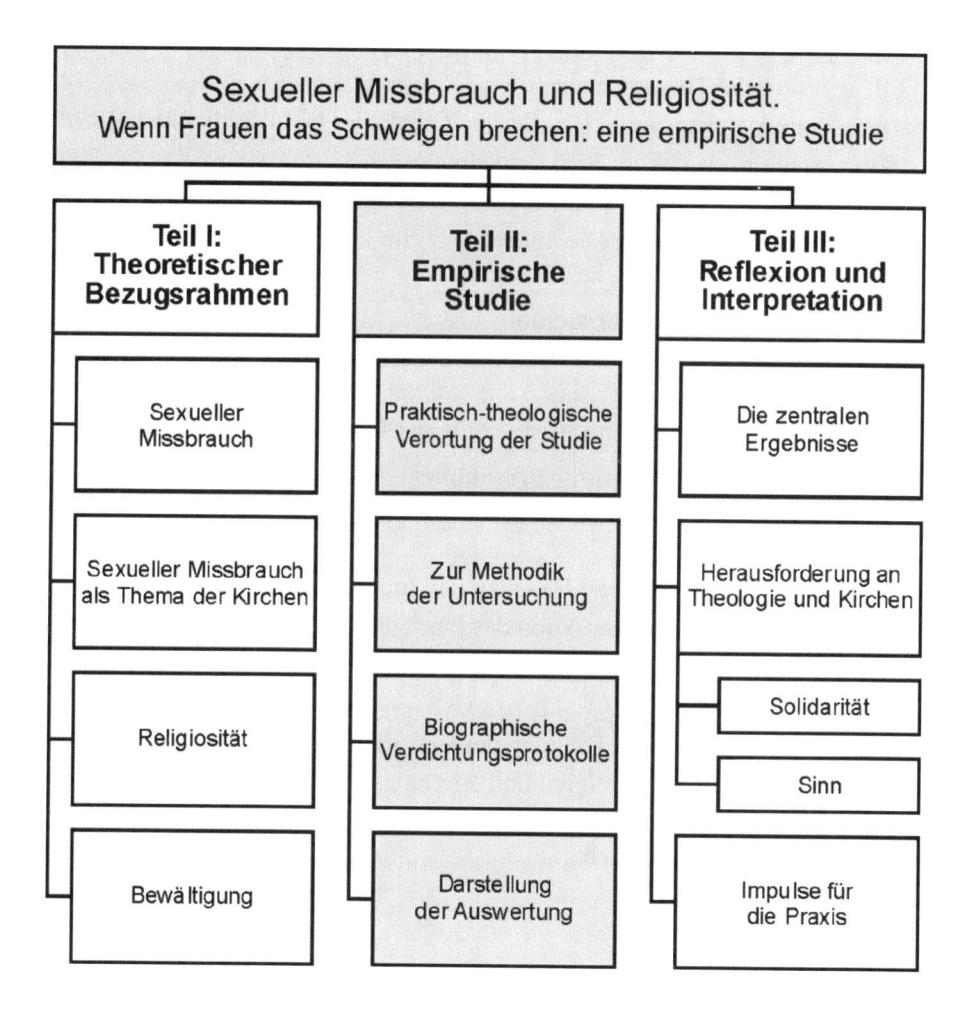

Empirische Studie

Sexueller Missbrauch und Religiosität. Wenn Frauen das Schweigen brechen: eine empirische Studie		
Teil I: Theoretischer Bezugsrahmen	**Teil II:** Empirische Studie	**Teil III:** Reflexion und Interpretation
Sexueller Missbrauch	Praktisch-theologische Verortung der Studie	Die zentralen Ergebnisse
Sexueller Missbrauch als Thema der Kirchen	Zur Methodik der Untersuchung	Herausforderung an Theologie und Kirchen
Religiosität	Biographische Verdichtungsprotokolle	Solidarität
		Sinn
Bewältigung	Darstellung der Auswertung	Impulse für die Praxis

Kurzübersicht zu Teil II

Teil II: Empirische Studie   187

A. Praktisch-theologische Verortung der Studie 189
    I.   Zum gegenwärtigen Stand Praktischer Theologie 189
    II. Praktische Theologie als kritische Theorie 194
    III. Zum Ausgangspunkt Praktischer Theologie: Die Wirklichkeit.... 198
    IV. Methodischer Weg: Wirklichkeitsnähe 200
    V. Horizont: Optionale Theologie 211
    VI. Zusammenfassung: Die vorliegende Studie als praktisch-theologische Arbeit 213

B. Zur Methodik der Untersuchung 214
    I.   Die Studie als qualitativ-empirische Arbeit 214
    II. Zur Datenerhebung 225
    III. Zur Aufbereitung und Auswertung der Daten 235

C. Biographische Verdichtungsprotokolle 237
    I.   Begründung des Instruments 237
    II. Methodisches Vorgehen 239
    III. Soziodemographische Daten zu den Interviewpartnerinnen 242
    IV. Verdichtete Rekonstruktion der Interviews 243

D. Darstellung der Auswertung 274
    I.   Zum Bewältigungsprozess des Missbrauchs: Wahrnehmung und Deutung der Betroffenen 274
    II. Erfahrungen mit Religion und Kirche 295
    III. Zur persönlichen Religiosität im Kontext der Bewältigung sexuellen Missbrauchs 312

A. Praktisch-theologische Verortung der Studie
I. Zum gegenwärtigen Stand Praktischer Theologie

1. Geschichtliche Stationen Praktischer Theologie

Im Rahmen dieser Arbeit ist die umfassende Darstellung der Diskussion zum Stand aktueller praktisch-theologischer Forschung nicht zu leisten und auch gar nicht nötig. Nichtsdestotrotz sollen für die vorliegende Arbeit einige übergreifende Entwicklungen, Linien und Themen Praktischer Theologie angesprochen werden, insofern diese für die vorliegende Studie relevant sein können. Ziel dabei ist, die Arbeit als praktisch-theologische zu verorten. Gleichzeitig ermöglicht die folgende Standortbestimmung eine theoretische Grundierung des methodischen Vorgehens.

Grözinger blickt im Jahr 2003 auf praktisch-theologische Publikationen der letzten zehn Jahre zurück und sieht die beiden zentralen inhaltlichen Anstöße dieser Zeit für Praktische Theologie in zwei Veröffentlichungen:[1] Das Individualisierungstheorem von Ulrich Beck und die Erlebnisgesellschaft von Wolfgang Schulze. Bemerkenswerterweise sind beide Werke keine theologischen Theoreme. Grözinger sieht in den beiden Themen „die großen Problembereiche benannt, in denen sich praktisch-theologisches Denken heute vollzieht: Die Spannung von Globalisierung und Individualisierung sowie die Erfahrungs- und Erlebnisbezogenheit des Aufbaus von lebensgeschichtlicher Identität."[2] Beide Themen lassen einen starken Wirklichkeitsbezug Praktischer Theologie durchscheinen. Dass Stichworte wie Individualisierung und Erlebnisorientierung zum „Kerngeschäft" Praktischer TheologInnen gehören, ist bei weitem keine Vorgabe, die sich wissenschaftsgeschichtlich immer schon ähnlich dargestellt hätte. Vielmehr markieren einige größere kirchen- und gesellschaftspolitische Veränderungen Wendepunkte, die den Weg zum heutigen Verständnis Praktischer Theologie bahnten. Diese seien im Folgenden skizziert:[3]

---

[1] Vgl. Grözinger, Wandlungen in der Praktischen Theologie?, 480.
[2] Ebd., 480.
[3] Zur Entwicklung der Praktischen Theologie vgl. Knobloch, Was ist Praktische Theologie?, 49-82

Lange bevor Praktische Theologie eine universitäre Teildisziplin wurde, durchlief sie eine jahrhundertelange Entwicklungsgeschichte, die von inner- und außerkirchlichen Bewegungen geprägt war: Bereits die Schriften des Neuen Testaments bezeugen praktisch-theologisches Interesse. Ihre Entstehung selbst entsprang dem Wunsch der ersten christlichen Gemeinden, ihre Inhalte und Strukturen für nachkommende Generationen zu sichern – insofern lagen pastorale Gründe vor. In der Väterzeit setzte sich das pastorale Interesse vor allem in der Katechese fort.

Eine entscheidende Entwicklung ist in der Entstehung der Kanonistik im 12. Jahrhundert zu sehen. Als selbstständige Disziplin trennte sie sich von der spekulativen Theologie ab. Ebenso entstand auch die Moraltheologie, die sich, parallel zur Kanonistik, „in einer theologischen Arbeitsteilung mit den *agenda* – im Unterschied zu den *credenda*"[4] auseinander setzte. Mit der Entstehung von Kirchenrecht und Moraltheologie lösten sich praktisch-theologische Anliegen von der spekulativen Theologie. Christliches Leben sollte mithilfe rechtlicher und ethischer Regelungen gewährleistet und bestimmt werden.

In dieser Entwicklung zeichnet sich eine zentrale theologische Frage der Hochscholastik ab: Ist Theologie eine *scientia* oder eine *sapientia*, ist sie also eine Theologie der Lehre oder des Lebens? Diese Frage leitet eine bis heute wirkende Entwicklung ein: Es geht um die Trennung der Theologie in eine *theologia speculativa* und in eine *theologia practica*, in ein theoretisch orientiertes Wissen und ein praxisorientiertes Reflektieren. Die mit der *theologia practica* verbundenen Anliegen wurden zunehmend an den Rand der „eigentlichen" Theologie gedrängt, was aus heutiger Perspektive problematisiert wird: „Über diese Ausdifferenzierung der Theologie – sowenig sie rückgängig zu machen war – konnte niemand glücklich sein. War doch mit ihr in gewissem Sinn die Einheit von Lehre und Leben in Frage gestellt."[5]

Die Ergebnisse des Konzils von Trient schließlich haben deutliche pastoral-praktische Anliegen, die in erster Linie die Kompetenzen des Seelsorgers behandeln, dem die Gläubigen als Objekte anvertraut sind. Das Profil des Seelsorgers war dabei nicht frei vom absolutistisch geprägten Führungsstil seiner Zeit. Es bestanden also einerseits das ganze Mittelalter hindurch klare praktisch-theologische Impulse, andererseits war damit auch die Gefahr „ei-

---

[4] Ebd., 59.
[5] Ebd., 57.

Praktisch-theologische Verortung der Studie 191

ner Absegnung der bestehenden politischen Machtverhältnisse mit all ihren unchristlichen strukturellen Ungerechtigkeiten"[6] verbunden.

Die Einrichtung von Praktischer Theologie als Universitätsdisziplin in der Neuzeit geht auf Hochschulreformen in der österreichischen Donaumonarchie unter Erzherzogin Maria Theresia (1717-1780) zurück. Es war Franz Stephan Rautenstrauch (1734-1785), der die Reform der Theologie vornahm und der im Entwurf der Pastoraltheologie an der Universität eine unbedingt notwendige Ergänzung der theorielastigen Theologie sah. Im Kontext des 18. Jahrhunderts gliedert sich diese theologische Reform in eine tiefgreifende Transformation der gesellschaftlichen Verhältnisse ein. Das weltanschaulich geschlossene System brach auf und differenzierte sich. Die Kirche verlor zusehends das Monopol auf Weltdeutung und versuchte, diesen Funktionsverlust durch besondere Intensivierung flächendeckender Pastoral auszugleichen, ohne auf die Veränderungen inhaltlich oder konzeptionell zu reagieren. Zentral ging es um die Aufgaben und Kompetenzen des Priesters. Wenn aus heutiger Perspektive die damit verbundene mangelnde Menschennähe auffallen mag, muss diese Entwicklung jedoch im zeitgenössischen Rahmen (etwa Ultramontanismus) eingeordnet werden.

Sowohl in der katholischen als auch in der evangelischen Praktischen Theologie entstanden im 19. Jahrhundert verschiedene Entwürfe Praktischer Theologie, die eine Öffnung der binnenkirchlichen Beschränkung vergangener Entwürfe darstellen. Otto spricht von der „Überwindung der ekklesiologischen Verengung"[7]. Nur kurz genannt seien:[8]

- Von katholischer Seite: Johann Michael Sailer (1751-1832), Johann Baptist Hirscher Anton Graf (1811-1867) und Josef Amberger (1816-1889).

- Von evangelischer Seite: Friedrich Daniel Ernst Schleiermacher (1786-1834) und Carl Immanuel Nitzsch (1787-1868).

Eine wesentliche Kursbestimmung Praktischer Theologie im 20. Jahrhundert fand auf katholischer Seite mit der Herausgabe des „Handbuchs der Pastoraltheologie" durch Franz Xaver Arnold, Karl Rahner, Viktor Schurr, Leonhard M. Weber und Ferdinand Klostermann zwischen 1964-1972 statt. Das Handbuch verlagerte das Hauptanliegen der Praktischen Theologie von der

---

[6] Greinacher, Der geschichtliche Weg zur Praktischen Theologie, 47.
[7] Otto, Grundlegung der Praktischen Theologie, 60.
[8] Vgl. Knobloch, Was ist Praktische Theologie?, 67-74; Greinacher, Der geschichtliche Weg der Praktischen Theologie, 48-51.

Praxisanleitung zur Praxistheorie. Mit diesem Handbuch überwand Praktische Theologie endgültig den Muff der „Pastorentheologie".
Auch wenn im Mittelpunkt die Kirche steht, wird diese doch – im Geist des II. Vatikanums – erstmals nicht als fest bestimmte Größe vorausgesetzt, sondern all ihre Vollzüge einer Reflexion unterzogen. Rahner sieht den je aktuellen Selbstvollzug der Kirche als Inhalt der Praktischen Theologie.[9] Neben der Betonung der Geschichtlichkeit des Heils sieht Rahner den Auftrag der Kirche zu Revolution und Götzenkritik:

„Die Kirche ist also gerade als sie selbst die Institution des Kampfes gegen jenes bloß Institutionelle, das beansprucht, Platzhalter und Repräsentant Gottes zu sein; wenn ‚Revolution' die kämpferische Verneinung eines bestimmten Abgegrenzten als des Endgültigen ist, dann ist die Kirche die Revolution in Permanenz. (...) Dass sie diese beständige Revolution und Destruktion der Götzen bleibt und nicht am Ende ihren ganzen ‚Religionsbetrieb' mit Gott verwechselt (ihre wesenhafte Versuchung), das ist das bleibende Wunder der Gnade, das ihr verheißen ist und das sie immer staunend entdeckt, um es zur Kritik an sich selbst zu kehren"[10].

Neben diesem neuen Blick auf die Kirche erweitert das Handbuch der Pastoraltheologie auch in anderen Hinsichten den Fokus Praktischer Theologie. Dazu gehört etwa die Öffnung für die Humanwissenschaften und die Auseinandersetzung mit dem Theorie-Praxis-Zusammenhang in der Praktischen Theologie, was endgültig die Unterordnung der Praktischen Theologie unter die anderen theologischen Fächer als deren Ausführungsorgan für die pastorale Praxis ablöste.

Zwischen der Veröffentlichung des Handbuchs der Pastoraltheologie und den eingangs von Grözinger angeführten Schwerpunkten gegenwärtiger Praktischer Theologie liegen fast 40 Jahre. In diesem Zeitraum entspannt sich innerhalb Praktischer Theologie die Diskussion um eher wissenschaftstheoretische Themen wie etwa den Erkenntnisgegenstand und das Theorieverständnis ebenso wie Entwürfe und Reflexionen zur Methodologie Praktischer Theologie und deren Kontext. Für die Entwicklung Praktischer Theologie von evangelischer Seite sind exemplarisch Gert Otto[11], Karl-Fritz Daiber[12] und Henning Luther[13] zu nennen, für die katholische Praktische Theo-

---

[9] Vgl. Rahner, Ekklesiologische Grundlegung, 122f.
[10] Ebd., 127.
[11] Otto, Grundlegung der Praktischen Theologie.
[12] Daiber, Grundriß der Praktischen Theologie.
[13] Luther, Religion und Alltag.

logie sei auf Stefan Knobloch[14], Norbert Greinacher[15], Rolf Zerfaß[16] und Paul M. Zulehner[17] verwiesen.
Wie der kursorische Überblick zur Entwicklung Praktischer Theologie zeigte, handelt es sich um ein dynamisches Fach. Abhängig von gesellschaftlichem Kontext und kirchlichen Entwicklungen treten bestimmte Themen in den Mittelpunkt theologischer Reflexion. Vom anfänglichen Anliegen der Weitergabe des jesuanischen Ethos in den ersten christlichen Gemeinden über eine klerikal geprägte Praxisanleitung hin zur universitären Institutionalisierung des Faches und Öffnung Praktischer Theologie auf die Zeichen der Zeit spannt sich ein Bogen, der sich weiter entfalten wird.

2. Gegenwärtige Bestimmung Praktischer Theologie

Grözinger benennt Individualisierung und Erlebnisorientierung als die zentralen Inhalte Praktischer Theologie. Wie sieht eine Praktische Theologie aus, die solche Erfahrungen adäquat wahrnehmen und reflektieren kann? Die HerausgeberInnen des Handbuchs der Praktischen Theologie von 1999 formulieren zwölf Thesen, die Praktische Theologie bestimmen sollen:
„Praktische Theologie ist
- die Disziplin der Theologie,
- die kritisch und
- wissenschaftlich verantwortet,
- kontextuell von den Erfahrungen der jeweils betroffenen Menschen als ihrem hermeneutischen Horizont ausgehend und
- fundiert durch eine realitätsgerechte Wahrnehmung der individuellen wie auch der sozio-strukturellen Lebenswirklichkeit,
- folglich nach einer induktiven und kontinuierlich zu adaptierenden Methodik strukturiert,
- die Praxis der Menschen reflektiert
- unter dem Zuspruch und Anspruch des in der biblischen Tradition wurzelnden Glaubens an den Gott Jesu Christi,
- verortet im strukturellen Rahmen der Kirchen als deren kritische Reflexionsinstanz,

---

[14] Vgl. Knobloch, Was ist Praktische Theologie?; Knobloch, Praktische Theologie.
[15] Vgl. Greinacher, Das Theorie-Praxis-Problem in der Praktischen Theologie.
[16] Vgl. Zerfaß, Praktische Theologie als Handlungswissenschaft.
[17] Vgl. Zulehner, Pastoralheologie.

- ausgerichtet an dem Ziel, konzeptionell eine Praxis zu fördern, die ein je individuelles und soziales Leben entsprechend der Würde des Menschen vor Gott ermöglicht,
- und betraut mit der Aufgabe, für eine solche Praxis bzw. für die eigenständige Reflexion derselben Kompetenz zu vermitteln."[18]

Zentrale Merkmale gegenwärtiger Praktischer Theologie bestehen also darin:
- Praktische Theologie versteht sich als theologische Disziplin und kritische Theorie.
- Ausgangspunkt ist die menschliche Erfahrung.
- Methodisch steht sie im Dialog mit den Sozial- und Humanwissenschaften.
- Theologische Basis ist die Option Gottes für den Menschen.

Diese Kennzeichen gegenwärtiger Praktischer Theologie sollen im Folgenden erläutert werden.

II. Praktische Theologie als kritische Theorie

Zwei verschiedene Dimensionen sind benannt: Praktische Theologie als Theorie und als Kritik. Eines ergibt sich aus dem anderen:

Mit dem Theoriebegriff ist eine alte Kontroverse Praktischer Theologie angesprochen. Es geht um das Verhältnis von Theorie und Praxis. Wie schon der Name andeutet, hat Praktische Theologie etwas mit Praxis zu tun. Bereits Schleiermacher betonte: „Der Ausdruck praktisch ist allerdings genau nicht ganz richtig, denn praktische Theologie ist nicht die Praxis, sondern die Theorie der Praxis."[19] Wenn Praktische Theologie nicht einfach die praktische, handlungsbezogene Seite von Theologie ist, sondern theoriegenerierend von der Praxis ausgeht, muss geklärt werden, was Praxis überhaupt ist. Haslinger stellt fest: „Hinter der Frage, was Praxis eigentlich ist, verbirgt sich also mehr als nur eine propädeutische Pflichtübung oder ein wissenschaftstheoretischer Luxus. Angezeigt ist ein fundamentaler Stellenwandel hinsichtlich des Stellenwerts der Praxis: Diese firmiert nicht als das Gegenüber, das Andere oder die Defizitform der Theologie, sondern als der positiv zu bestimmende, konstitutive Ort ihrer Entstehung."[20] Praxis ist nicht ein-

---

[18] Haslinger u.a., Praktische Theologie – eine Begriffsbestimmung in Thesen, 385.
[19] Schleiermacher, Praktische Theologie, 12.
[20] Haslinger, Die wissenschaftstheoretische Frage nach der Praxis, 104.

fach das Gegenteil von Theorie, sondern deren unerlässlicher Ausgangspunkt.

Wenn Praktische Theologie tatsächlich die Realität in Augenschein nimmt, dann geht das nur über Kommunikation. Diesen Kommunikationsvorgang reflektieren Habermas[21] und Peukert[22]. Sie liefern wesentliche Beiträge zum Entwurf von Praktischer Theologie als Handlungstheorie.

Habermas unterscheidet in seiner Theorie des Kommunikativen Handelns zwischen erfolgsorientiertem bzw. zweckrationalem Handeln und kommunikativem Handeln. Während ersteres instrumentellen Charakter hat und der handelnde Mensch mit strategischem Kalkül vorgeht, zeichnet sich kommunikatives Handeln durch die Vorannahme eines das Tun der verschiedenen Akteure beeinflussenden gemeinsamen Zieles aus. Habermas beschreibt damit nicht einfach menschliches Handeln, sondern stellt eine ideale Form vor. Peukert knüpft an Habermas an und überträgt die Ergebnisse auf Praktische Theologie als Handlungswissenschaft. Dabei grenzt er sich von einem Handlungsbegriff ab, bei dem sich der Theoretiker als autonomer Beobachter versteht, der Handeln von außen beurteilt und eine gültige Theorie ableiten kann.[23] So bleiben wichtige Rahmenbedingungen der Theoriebildung unberücksichtigt: Dass es immer verschiedene Interpretation geben kann, dass Theorien zeitgebunden und damit überholbar sind, dass die Person des Forschers durch kreative und innovative Wege subjektiven Einfluss ausübt. „Indem er (der Forscher, Am. d. Verf.) die These aufstellt, alles menschliche Handeln sei gesetzmäßig erfassbar, widerlegt er diese These durch das eigene Handeln."[24] Sowohl Handelnde als auch Theoriebildende bilden ihre eigenen, subjektiv gefärbten Theorien über die Wirklichkeit, in der sie stehen und die sie wiederum je individuell wahrnehmen. Wenn nun kritisiert wird, dass Theorie nicht neutral von außen entwickelt werden kann, welche Alternative bietet sich?

Peukert spricht von der „ethischen Kernstruktur intersubjektiven Handelns"[25] und sagt damit zweierlei: Handeln ist intersubjektiv und setzt Ethik voraus. Praxis ist kein hierarchischer Vorgang, sondern findet immer intersubjektiv statt. Das Verhältnis der beiden an der Interaktion beteiligten Personen ist gleichberechtigt. Wenn eine allgemeine Handlungstheorie aufge-

---

[21] Habermas, Theorie des kommunikativen Handelns.
[22] Peukert, Wissenschaftstheorie, Handlungstheorie, Fundamentale Theologie.
[23] Vgl. Peukert, Was ist eine Praktische Wissenschaft?, 67f.
[24] Ebd., 67.
[25] Ebd., 68.

stellt werden soll, muss es auch eine allgemeine Norm für diese Interaktion geben. Diese besteht in der unbedingten Anerkennung des Interaktionspartners. Peukert formuliert folgende Grundthese:

„Wenn ich überhaupt mit einem anderen in Interaktion eintrete, so akzeptiere ich ihn grundsätzlich als gleichberechtigten Partner, der mir widersprechen kann, und setze mich in dem, was ich sage, seiner Kritik und Gegenrede aus, dass ich mich verpflichte zu versuchen, in Auseinandersetzung mit ihm zu einer Übereinstimmung über die Wahrheit von Behauptungen oder die Richtigkeit von Normen zu kommen. In der Praxis von Interaktion sind also elementare, in der Interaktion selbst notwendig bejahte Postulate enthalten, die sich als unausweichlich erweisen und die es ermöglichen, diese primäre Anerkennung in gemeinsam zu findende konkrete Handlungsanweisungen umzusetzen. Diese notwendig immer schon vorausgesetzte gegenseitige Anerkennung kann im Prinzip keinen Kommunikationspartner ausschließen, sie zielt vielmehr auf eine unbegrenzte Kommunikationsgemeinschaft."[26]

Die Beiträge von Habermas und Peukert verdeutlichen: Handeln kann instrumentell oder kommunikativ angelegt sein. Während ersteres hierarchische Verhältnisse schafft, ist das zweite intersubjektiv angelegt und einem gemeinsamen ethischen Bezugsrahmen zugeordnet. Wenn Praktische Theologie handelt, dann geschieht das unter der Notwendigkeit der Anerkennung des Interaktionspartners in einem ethischen Rahmen. Praktische Theologie als Handlungstheorie steht vor der Herausforderung, in diesem Rahmen Theoriebildung zu betreiben. Damit ist eine radikale Hinwendung zur menschlichen Praxis verbunden. Sie ist Basis jeder Reflexion. Die Theorie entsteht nicht an den Schreibtischen von theologischen Gelehrten, sondern in Kommunikation mit ebenbürtigen GesprächspartnerInnen. Damit vollzieht sich ein „Abschied vom machtförmigen Denken"[27], der Manipulation durch hierarchisch entwickelte Theorie unmöglich machen soll. Im Horizont christlicher Verkündigung kann damit im Prozess der Theoriebildung die befreiende und egalitäre Gottesbotschaft durchscheinen.

Praktische Theologie ist also nicht die Anwendungsform von Theologie, ihre praktische Umsetzung, sondern entwickelt, ausgehend von der Praxis, eigene Theorie. Dieser Vorgang benötigt wissenschaftstheoretische Reflexion, wie sie etwa in den Ergebnissen von Habermas und Peukert zur Theologie als Handlungswissenschaft vorliegen. Otto bestimmt das Verhältnis zwischen Theorie und Praxis entsprechend: „Praxis (ist) aber gegenüber der Theorie nicht ein Zweites, Nachgeordnetes, sondern Theorie ist konstitutiv

---

[26] Peukert, Was ist Praktische Wissenschaft?, 68f.
[27] Ebd., 77.

auf Praxis bezogen, ebenso wie Praxis die Frage nach der Theorie wach hält."[28]

Wodurch nun wird Praktische Theologie zur *kritischen* Theorie? Theorie ist mehr als einfach nur die Beschreibung eines Zusammenhanges oder Vorganges. Sie entsteht weder aus einem luftleeren Raum heraus noch in einen ebensolchen hinein. Theorie entspringt einem Rahmen, der auf etwas hin gerichtet ist, der ein Mehr an Wissen, an Kompetenz, an Fülle erstrebt. Sie hat Momente des Entwurfs und der Kritik. Woran orientiert sich dieses Mehr der Theorie? Peukert spricht von der ethischen Kernstruktur intersubjektiven Handelns und weist damit darauf hin, dass Ethik eine wichtige Rolle spielt. Praktische Theologie als Handlungstheorie braucht ethische Normen. Solche artikulieren sich vielfach üblicherweise als Imperativ, doch nicht nur. In Form kritischer Anfrage kann Theorie Realität reflektieren. Es ist nicht die Theorie allein, die Kritik beinhaltet, sondern auch der Gesamtkontext, in den die Theoriebildung eingebettet ist.

Für den Entwurf von Praktischer Theologie als kritischer Theorie ist in erster Linie an die Frankfurter Schule zu denken, deren Hauptvertreter Theodor W. Adorno, Erich Fromm, Max Horkheimer, Herbert Marcuse und später Jürgen Habermas die Kritische Theorie entwickelten. Aufgrund der religionskritischen Haltung der Frankfurter Schule wurde diese im kirchlichen Raum wiederholt in Frage gestellt. Inzwischen beziehen sich jedoch einige Konzeptionen Praktischer Theologie auf die Kritische Theorie der Frankfurter Schule.[29] Worin liegt die Aktualität der Kritischen Theorie für Praktische Theologie?

Die Kritische Theorie reflektiert den Zusammenhang von Praxis, Theorie und den diese entwerfenden Subjekten – und das unter der Option, dass „Emanzipation des Menschen aus versklavenden Verhältnissen"[30] möglich sein soll. Theorie soll sich nicht selbst genügen, ist nicht um ihrer selbst willen geschaffen, sondern um zu transformieren. Diese transformierende Dimension des Konzeptes der Kritischen Theorie bietet den Anknüpfungspunkt für Praktische Theologie und ihren Entwurf als Kritische Theorie.

Haslinger stellt heraus, dass es in der Theologie um die Wende zum Menschen geht: „Dass es um den Menschen geht, dass also der Mensch und sein ihm entsprechendes, von Unterdrückung freies Menschsein der Zweck allen Denkens und Handelns ist, bildet andererseits auch die Maxime für eine

---

[28] Otto, Grundlegung der Praktischen Theologie, 20.
[29] Angaben dazu vgl. Haslinger, Diakonie zwischen Mensch, Kirche und Gesellschaft, 53.
[30] Horkheimer, Traditionelle und Kritische Theorie, 263.

Theologie, die die anthropologische Wende vollzogen und verstanden hat"[31] Praktisch-theologische Theorie muss der Überprüfung dieser Maxime standhalten. So kann sie selbst zum kritischen Korrektiv werden. Sie ermöglicht, kirchliches Handeln „analytisch, wertend und urteilend"[32] darauf hin zu reflektieren, ob im Mittelpunkt der Mensch steht.

III. Zum Ausgangspunkt Praktischer Theologie: Die Wirklichkeit

Das II. Vatikanum legte Praktischer Theologie eine Richtschnur vor: „Es gilt also, die Welt, in der wir leben, ihre Erwartungen, Bestrebungen und ihren oft dramatischen Charakter zu erkennen und zu verstehen." (GS 4) Die menschliche Lebenswelt ist Ausgangspunkt jeder theologischen Reflexion. Dieser Anspruch ist theologiegeschichtlich nicht immer gleich bewertet worden. Neuscholastischen Theologen des 19. Jahrhunderts etwa wäre der Erfahrungsbezug von Theologie nicht nur unwichtig, sondern wohl anrüchig. Die Betonung des Wirklichkeitsbezugs von Praktischer Theologie hat zwei Richtungen: „Die Gegenwart ist dabei nicht nur eine Adresse zum Empfang theologischer Lehre, sondern ein locus theologicus."[33] Es genügt nicht, Wirklichkeit wahrzunehmen, um vorgegebene pastorale Konzepte besser in diese hinein vermitteln zu können; es geht also um mehr als nur einen rein funktionalen Vorgang. Die Realität selbst wird Einfluss auf die Theologie haben. Sie ist nicht nur theologierelevant, sondern auch theologiegenerativer Ort.

Haslinger/Stoltenberg postulieren die Wirklichkeitsnähe Praktischer Theologie.[34] Wissenschaftstheoretisch wird sie dieser Notwendigkeit durch den Vorgang der Kontextualisierung gerecht. Diese ist weit mehr als einfach nur die theologische Inaugenscheinnahme menschlicher Erfahrungen. Praktische Theologie ist nicht eine Instanz außerhalb der Praxis, sondern sie steckt selbst mitten drin. Diese eigene Kontextbindung muss reflektiert werden und steckt auch Grenzen der Relevanz praktisch-theologischer Theorie ab. Jede Erkenntnis bleibt partikulär und kann keine Allgemeingültigkeit beanspruchen. Mit dieser Beschränkung steht Praktische Theologie im Erbe jüdisch-

---

[31] Haslinger, Diakonie zwischen Mensch, Kirche und Gesellschaft, 54.
[32] Otto, Grundlegung der Praktischen Theologie, 20.
[33] Ziebertz, Empirische Forschung in der Praktischen Theologie als eigenständige Form des Theologietreibens, 47.
[34] Vgl. Haslinger/Stoltenberg, Ein Blick in die Zukunft der Praktischen Theologie, 516-521.

christlicher Offenbarung: Die universalen Inhalte des Glaubens drücken sich in der Geschichte Gottes mit den Menschen aus und haben insofern historische und unterschiedliche Gestalt. Dieses Wechselspiel zwischen der Anerkennung der Universalität des Gottesglaubens und der Partikularität seiner Verwirklichung bleibt Herausforderung an Praktische Theologie.[35]

Die geforderte Wirklichkeitsnähe von Praktischer Theologie lässt sie zur „Wahr-Nehmungswissenschaft"[36] werden. Vor der Reflexion und dem Entwurf steht die Wahrnehmung menschlicher Erfahrung und Praxis, der höchste Sorgfalt gelten muss. Insofern Praktische Theologie Wirklichkeit wahr nimmt, ist sie eine ästhetische Wissenschaft. Die ästhetische Dimension Praktischer Theologie geht vor allem auf die Arbeiten Grözingers zurück. Dieser fragt einleitend: „Wie kommt der christliche Glaube zu verantworteten Handlungsmodellen?"[37] und findet eine Antwort in der Verbindung von Ästhetik und Theologie. Kirchliches Handeln wird hinterfragt nach den Dimensionen, die über das Konkrete hinaus gehen, die transparent sind für weitere Deutungs- und Erfahrungsmöglichkeiten.

Praktische Theologie als Wahr-Nehmungswissenschaft nimmt nicht irgendeine Welt wahr, sondern die Welt des Menschen. Sie begibt sich auf Augenhöhe mit ihm, um dessen subjektive Deutungen wahrzunehmen und zu reflektieren. Wirklichkeit als Ausgangspunkt von Praktischer Theologie ist die Wirklichkeit von Menschen als Subjekten und damit vielgestaltig und wandelbar. Mit Henning Luther ist damit daran zu erinnern, dass die „Unhintergehbarkeit der Individualität des einzelnen letzter Bezugspunkt christlicher Religion ist"[38].

Zur wahrzunehmenden Wirklichkeit gehört Praktische Theologie als theoriegenerierender Ort selbst. Auch dieser Ort wird wesentlich von den reflektierenden Subjekten geprägt. Abhängig von Alter, Geschlecht, körperlichem Befinden, kultureller Prägung etc., also von der Wirklichkeit der Forschenden, entstehen unterschiedliche Akzente in der Theorie. *Wie* Forschende etwas wahrnehmen und erklären hat Einfluss darauf, *was* sie sehen und interpretieren.

Die Wahrnehmung dieser subjektiven Gegebenheiten erlaubt nicht nur

---

[35] Vgl. Haslinger u.a., Zu Selbstverständnis und Konzept dieser Praktischen Theologie, 27.
[36] Vgl. Haslinger/Stoltenberg, Ein Blick in die Zukunft der Praktischen Theologie, 518-521.
[37] Grözinger, Praktische Theologie und Ästhetik, 1.
[38] Luther, Religion und Alltag, 30; für Otto sind die Ansätze von Grözinger und Luther diejenigen, die die ekklesiologische Verengung in der Praktischen Theologie zu sprengen vermochten; vgl. Otto, Grundlegung der Praktischen Theologie, 60-68.

aufschlussreiche psychologische Einblicke in Forschungsarbeit, sondern sind – nach Klein – notwendig: „Wo auf die räumlichen, zeitlichen, finanziellen und psychischen Bedingungen des Nachdenkens, die kulturellen, sozialen, geschlechtsspezifischen Voraussetzungen der Subjekte reflektiert wird, da können Verzerrungen in der Erkenntnis vermieden und Gültigkeitsbereich und Reichweite der Aussagen bestimmt werden."[39]

IV. Methodischer Weg: Wirklichkeitsnähe

1. Praktische Theologie und der Dialog mit Humanwissenschaften

Die Wahrnehmung der Zeichen der Zeit braucht adäquate Instrumente. Seit dem II. Vatikanum begibt sich theologische Forschung in den Dialog mit außertheologischen Disziplinen, die sich ebenso mit der Beobachtung und Erforschung menschlicher und sozialer Wirklichkeit befassen. Um Wirklichkeitsnähe zu realisieren, bedarf die Praktische Theologie der Kooperation mit den Humanwissenschaften.

Für die vorliegende Studie sind es vor allem die Methoden der empirischen Sozialforschung und Ergebnisse psychologischer Forschung, die einen wichtigen Beitrag dazu leisten, individuelle Religiosität im Kontext der Missbrauchsthematik zu erheben und zu verstehen.

Praktische Theologie ist heute ohne den Austausch mit Humanwissenschaften kaum vorstellbar. Das Tun allein jedoch legitimiert nicht das Wie. Klein fordert eine verstärkte Reflexion praktisch-theologischer Methodologie und vergleicht deren Wichtigkeit mit der Frage nach der adäquaten Methode des Zugangs zu biblischen Texten, wie sie in der Exegese schon lange diskutiert wird.[40]

In welchem Verhältnis stehen Praktische Theologie und Human- bzw. Sozialwissenschaften zueinander? Van der Ven unterscheidet in seiner wissenschaftstheoretischen Reflexion vier Modelle: Die Mono-, Multi- Inter- und Intradisziplinarität.[41]

---

[39] Klein, Subjekte und Orte der Praktischen Theologie, 66.
[40] Vgl. Klein, Methodische Zugänge zur sozialen Wirklichkeit, 249.
[41] Vgl. Ven, Entwurf einer empirischen Theologie, 103-130; ders., Unterwegs zu einer empirischen Theologie, 102-128; ders., Praktische Theologie und Humanwissenschaften, 267-278.

Praktisch-theologische Verortung der Studie   201

1.1. Monodisziplinarität

Das Modell der Monodisziplinarität lässt sich nur mit Wissen um die theologiegeschichtliche Entwicklung des Faches nachvollziehen.[42] Als 1774 durch Franz Stephan Rautenstrauch das Fach Pastoraltheologie geschaffen wurde, ereignete sich damit ein erster Schritt der Herauslösung der Praktischen Theologie aus der Anwendung von Theologie zur Angewandten Theologie. Bis dahin hatte Praktische Theologie rein ausführenden Charakter: Es ging um die pastorale Umsetzung der in Dogmatik, Moraltheologie, spiritueller Theologie etc. vorgelegten Konzepte, sie war also lediglich Vollzugsinstrument und keinesfalls Ort eigenständiger Reflexion. Die Konzeption von Rautenstrauch veränderte das Verhältnis von Theorie und Praxis. Praxis war nicht mehr die selbstverständliche Konsequenz der Theorie, sondern war Gegenstand universitärer Forschung. Allerdings blieb Praktische Theologie angewandte Theologie. Der Studienplan sah vor, nach vier Jahren klassischer Theologie ein Jahr für Praktische Theologie einzuräumen, ähnlich der Ausbildung in Medizin und Jura. Das, was im Studium vermittelt wurde, sollte auf Praxisrelevanz hin untersucht werden. Praktische Theologie wurde damit zur „Krone des Theologiestudiums"[43], die ganz im Dienst der Kirche stand. Rautenstrauchs Modell ist insofern monodisziplinär, als sich Praktische Theologie rein auf die Umsetzung der in den anderen theologischen Disziplinen vorgegebenen Erkenntnisse und Methoden bezieht.

Damit verfolgt Praktische Theologie einen deduktiven Ansatz:[44] In den theologischen Fächern liegen Erkenntnisse vor, die für die konkrete Praxis die Richtschnur darstellen. Weder inhaltlich noch methodisch müssen weitere Ergebnisse berücksichtigt werde. Die Inhalte für Praktische Theologie werden aus theologischen Fächern deduziert und nicht aus der Auseinandersetzung mit der pastoralen Wirklichkeit. Bereits zu Rautenstrauchs Zeiten stellte sich die Beschränkung dieses Vorgehens heraus. Es kann lediglich in sehr homogenen, überschaubaren Kontexten zu zufriedenstellenden Ergebnissen führen. Ven nennt zwei Hauptgründe, die einen deduktiven Ansatz in der Praktischen Theologie heute unmöglich machen: den „Säkularisierungsproceß und in Verbindung damit den Prozeß der kirchlichen Diversifikation"[45]. In einer sich immer stärker ausdifferenzierenden Gesellschaft, in

---

[42] Vgl. Ven, Entwurf einer empirischen Theologie, 104-107.
[43] Ebd., 105.
[44] Vgl. ebd., 105f.
[45] Ebd., 105.

der die Rolle der Kirchen einen dramatischen Funktionsverlust erlebt, ermöglicht das Instrumentarium universitärer Theologie allein nicht mehr die adäquate Methodik zur Wahrnehmung menschlicher Wirklichkeit. Insofern hat das Modell der Monodiszipinarität seine Grenzen bereits erwiesen.

1.2. Multidisziplinarität

Die Auseinandersetzung mit den Grenzen des monodisziplinären Ansatzes führte zum Entwurf des multidisziplinären Modells. Dessen Prämisse sieht vor, dass in Praktischer Theologie Wirklichkeit möglichst realitätsgetreu wahrgenommen werden soll, und das methodisch reflektiert und wissenschaftlich verantwortet. Daher wird ein mehrperspektivischer Weg beschritten: Mehrere Disziplinen setzen sich mit einem Phänomen auseinander. Jedes Fach wendet dabei die eigenen Methoden an, um den Wissensradius zur Thematik zu erweitern. Die Ergebnisse werden anschließend ausgetauscht.

Für die Praktische Theologie ergibt sich aus dem Konzept der Multidisziplinarität ein Zwei-Phasenmodell: In einem ersten Schritt geht es darum, die Ergebnisse sozialwissenschaftlicher Forschung zu Kirche und Pastoral zu sichten und zu sammeln. In der zweiten Phase werden die Ergebnisse theologisch reflektiert, „und zwar indem sie in bestimmte theologische Rahmen gestellt, mit theologischen Theorien zusammengebracht und normativ theologisch evaluiert werden."[46] Das Modell der Multidisziplinarität findet seinen Niederschlag im ersten Band des Handbuches der Pastoraltheologie[47] von 1964, das den multidisziplinären Ansatz erstmals im Raum von katholischer Theologie und Kirche offiziell artikuliert.

Ven nennt drei Gründe gegen das Modell der Multidisziplinarität:[48]

Wenn im Zwei-Phasenmodell die Erhebung sozialwissenschaftlicher Theorie Voraussetzung für die theologische Reflexion ist, dann kann nur Gegenstand werden, was auch sozialwissenschaftlich erforscht wird. Jedoch gibt es einige genuin praktisch-theologisch relevante Wirklichkeitsbereiche, die sozialwissenschaftlich nicht oder wenig erforscht werden (z.B. pastorale Themen, individuelle Religiosität).

In Phase zwei hat Praktische Theologie nicht mehr methodisches Know How als im Modell der Monodisziplinarität. Erneut tut sich das Methoden-

---

[46] Ebd., 108.
[47] Arnold/Rahner/Schurr/Weber/Klostermann, Handbuch der Pastoraltheologie.
[48] Vgl. Ven, Praktische Theologie und Humanwissenschaften, 270f.

problem auf. Mit welchen legitimen Mitteln kann die sozialwissenschaftlich erhobene Theorie reflektiert werden? In den beiden Phasen unterscheiden sich das formale Objekt der sozialwissenschaftlichen Reflexion und das der theologischen Betrachtung gravierend. Dieser Graben ist nicht aufhebbar.

1.3. Interdisziplinariät

Das Modell der Interdisziplinarität unterscheidet sich vom letztgenannten vor allem durch die Art des Zueinanders von Theologie und Sozial- bzw. Humanwissenschaften: Während bei Ersterem ein Nacheinander statt findet, läuft bei Zweiterem ein wechselseitiger Dialog ab. Das „Inter" bezieht sich auf das Verhältnis der beiden Disziplinen. „Multidisziplinarität besteht in einer seriellen Schaltung von Monologen, Interdisziplinarität in einer parallelen Schaltung von Dialogen."[49] Durch diese Konstellation soll eine reziproke Beziehung zwischen den Fächern möglich sein, um das mechanische Zweiphasenmodell der multidisziplinären Version zu überwinden.

Die Interdisziplinarität kann sich in zwei Formen verwirklichen: Entweder findet sie in *einer* Person statt: Diese vereint quasi in „Personalunion" sowohl theologische als auch sozialwissenschaftliche Kompetenzen und bringt diese in einen interdisziplinären Dialog. Es findet also eine Art innerer Dialog statt. Die zweite Möglichkeit besteht in der Zusammenarbeit von mehreren Personen aus beiden Fächern. Hier entspinnt sich also ein realer Dialog zwischen zwei oder mehreren Fachleuten aus Theologie und Sozial- bzw. Humanwissenschaften. Es geht um eine ernsthafte und kritische Auseinandersetzung zwischen zwei Disziplinen, die beide bereit sein müssen, eigene Methoden und Ergebnisse zu hinterfragen und die Inhalte des Austauschs tatsächlich zu integrieren.

Die Grenzen dieses Modells liegen im Ideal der Reziprozität des Dialoges: Dieser ist nicht leicht zu verwirklichen und liegt unter Umständen auch nicht im Interesse der Beteiligten. In der Realität werden Projekte als interdisziplinär deklariert, in denen jedoch eher mono- oder multidisziplinäre Vorannahmen das Arbeiten prägen.[50] Es ist zu fragen, unter welchen Vorzeichen die interdisziplinäre Zusammenarbeit läuft. Vielfach findet in theologischer Forschung weiterhin das Zwei-Phasenmodell statt, auch wenn dieses als interdisziplinäres deklariert wird.

---

[49] Ebd., 113.
[50] Vgl. Ven, Praktische Theologie und Humanwissenschaften, 272.

1.4. Intradisziplinarität

Intradisziplinarität stellt den Versuch dar, die Beschränkungen der drei anderen Modelle zu überwinden, indem Theologie sich selbst die Arbeitsweisen sozial- und humanwissenschaftlicher Forschung aneignet und diese in das eigene methodische Instrumentarium übernimmt. Dadurch kommt Praktische Theologie nicht nur ihrem Auftrag zur Wirklichkeitsnähe nach, sondern reformiert auch das Profil des eigenen Faches. Van der Ven fordert, dass Theologie selbst empirisch werden müsse.[51] Empirische Theologie arbeitet mit sozialwissenschaftlichem Instrumentarium ebenso wie mit dem gängigen theologischen Interpretationsrahmen. Damit wird versucht, Praktische Theologie möglichst stark auf Wirklichkeit hin auszurichten.

Bereits theologiegeschichtlich sind solche intradisziplinären Bewegungen auszumachen, etwa die Aufnahme der aristotelischen Ethik in das Werk des Aquinaten Thomas oder die Frankfurter Schule als Hintergrund der Theologie von Johann Baptist Metz.[52] Ähnliche Vorgänge sind in anderen Fächern wie der Biochemie, Soziolinguistik etc. festzustellen.

Auch gegen den intradisziplinären Ansatz gibt es Einwände.[53] Dennoch ist festzustellen, „dass die empirische Intradisziplinarität ein praktikabler Vollzug der Kooperation zwischen Praktischer Theologie und Humanwissenschaften ist."[54]

Zusammenfassend lässt sich feststellen:
Die Verflechtung von Praktischer Theologie mit Humanwissenschaften ist längst vollzogen. Herausforderung bleibt die Verhältnisbestimmung der beiden Fächer. Es hat sich gezeigt, dass der rein funktionale Rückgriff von Praktischer Theologie auf Ergebnisse sozialwissenschaftlicher Forschung ohne Einfluss auf theologische Methodologie problematisch ist. Auch das Ideal des reziproken Austausches zweier Disziplinen lässt sich schwer verwirklichen und muss sich den Vorwurf der wissenschaftlichen Naivität gefallen lassen. Durch die Integration der sozialwissenschaftlichen Methodologie in die Theologie wird den Ansprüchen von Wirklichkeitsnähe einerseits und wissenschaftlicher Reflexion andererseits gerecht.

---

[51] Ven, Unterwegs zu einer empirischen Theologie, 102; zur theologischen Legitimität empirischer Methodologie vgl. Ven, Entwurf einer empirischen Theologie, 118-130; zu den Phasen des empirisch-theologischen Zyklus vgl. ebd. 130-137.
[52] Vgl. Ven, Entwurf einer empirischen Theologie, 117.
[53] Vgl. Ven, Entwurf einer empirischen Theologie, 9-37.
[54] Vgl. Ven, Praktische Theologie und Humanwissenschaften, 277.

2. Empirische Theologie – eine eigenständige Form des Theologietreibens?

Praktische Theologie braucht zur Herstellung von Wirklichkeitsnähe den Dialog mit Human- und Sozialwissenschaften. Bereits erwähnt wurde das Ergebnis von Feige/Lukatis, zu dem sie bei der Durchsicht von Studien zu Religiosität kommen: „Empirie hat Konjunktur"[55]. Praktisch-theologische Forschung lebt vom Beitrag sozialwissenschaftlicher Forschung. Dieser Einfluss auf Praktische Theologie ist zu reflektieren. Liegt Empirie in der Theologie einfach nur im Trend, ist sie also eine „Modeerscheinung", oder eignet sich mit ihr Praktische Theologie eine eigene, spezifische Prägung an? Handelt es sich lediglich um eine Sehhilfe für Theologie oder entsteht damit eine neue Prägung von Theologie? Ist die von van der Ven geforderte empirische Theologie eine eigenständige Form des Theologietreibens? In überblicksartiger Weise soll im Folgenden der Prozess der Aufnahme sozialwissenschaftlicher Methodik in Praktische Theologie skizziert werden und dabei die damit verbundenen Hintergründe und Konsequenzen angesprochen werden:[56]

Praktische Theologie will Wirklichkeit begreifen. Sie ist deren Ausgangspunkt. Im Zuge postmoderner Aufsplitterung eines vormals geschlossenen Systems von Erscheinung und Deutung menschlicher Lebenswelt ergibt sich die Schwierigkeit, diese Vielgestaltigkeit adäquat zu orten und zu beschreiben. „Mit dem zunehmenden Gewahrwerden der Differenzierungsprozesse in der modernen Gesellschaft geht die Erfahrung einher, dass Kirche und Kultur, Theologie und Religion sowie Theorie und Praxis auseinandertreten."[57] Was Menschen zum Beispiel glauben, muss nicht mehr zwingend mit Kirche zu tun haben. Diese Praxis ist das Objekt praktisch-theologischer Untersuchung. Die spezifische Herausforderung besteht in der Wahrnehmung dieses Untersuchungsgegenstandes, der stärker denn je subjektiv geprägt ist. Die Subjekte der Praxis müssen erfasst werden. In dieser Hinsicht hat Praktische Theologie hermeneutisches Interesse: Sie versucht, die subjektiven Aneignungsprozesse nachzuvollziehen und zu verstehen.

An erster Stelle steht die Wahrnehmung der Praxis. Praktische Theologie ist praxisbezogen, was jedoch nicht als theoriefern missverstanden werden

---

[55] Feige/Lukatis, Empirie hat Konjunktur.
[56] Vgl. dazu Ziebertz, Objekt – Methode – Relevanz. Empirie und Praktische Theologie; ders., Empirische Forschung in der Praktischen Theologie als eigenständige Form des Theologietreibens; Klein, Methodische Zugänge zur sozialen Wirklichkeit.
[57] Ziebertz, Objekt – Methode – Relevanz. Empirie und Praktische Theologie, 308.

darf. Die Wahrnehmung und Reflexion der Praxis erbringt Theorie, sie ist systematisch erhobenes Wissen. Ziel von Praktischer Theologie ist also Theoriebildung. Wie jede andere Wissenschaft, die Theorie produziert, muss auch Praktische Theologie spezifische Methoden entwickeln und begründen können. Mit Blick auf das Untersuchungsobjekt legen sich die Methoden sozialwissenschaftlicher Forschung nahe. Wirklichkeitsnähe ist vor allem über die Instrumente empirischer Forschung fass- und beschreibbar.

Dabei muss Praktische Theologie begründen, wie sie mit der empirischen Methodologie umgeht: Im Rückgriff auf außertheologisch erhobene Daten oder als eigenständige Forschungspraxis innerhalb der Theologie? Wie bereits von van der Ven vorgelegt wurde, sprechen gute Gründe für die Aneignung empirischer Methodik durch praktisch-theologische Forschung, also für den intra-disziplinären Ansatz. „Der Vorteil des intra-disziplinären Ansatzes liegt darin, dass alle Entscheidungen innerhalb des Referenzrahmens der Praktischen Theologie verbleiben und terminologische und konzeptuelle Irritationen (weitgehend) ausgeschlossen sind. Die Praktische Theologie erhöht auf diese Weise ihre Kooperationsfähigkeit mit der Religionssoziologie und der Sozialwissenschaft, sie alle streben nach Begriffen, mit denen die religiöse Wirklichkeit verstanden und erklärt werden kann. Intra-Disziplinarität kann die Basis schaffen, dass Inter-disziplinarität möglich wird."[58]

Praktische Theologie erfasst Wirklichkeit also mit empirischen Methoden. Hier ist zu klären, um welche Wirklichkeit es sich handelt. Vielfach wird erwartet, dass über den Weg empirischer Forschung eine Art Wirklichkeitskontrolle stattfindet. Diese Annahme entpuppt sich bei näherer Betrachtung als Illusion. Jede Form empirischer Forschung, ob qualitativ oder quantitativ, enthält eine Reihe von Vorannahmen und Entscheidungsprozessen, die die Wirklichkeitswahrnehmung nicht unerheblich beeinflussen. Wissenschaftstheoretisch geht es um das Konzept des Objektivismus einerseits und um das des radikalen Konstruktivismus andererseits. Ist Wirklichkeit objektiv wahrnehmbar oder als Ergebnis vielfältiger Konstruktionsvorgänge nicht fassbar? Klein bezieht sich auf Alfred Schütz und mahnt an, im Forschungsprozess die Folgen immanenter Deutungen und Sinngebungen zu reflektieren. Die forschende Person stellt Konstruktionen zweiten Grades auf:[59] Die Konstruktion ersten Grades sind die Alltagskonstruktionen, also das, was

---

[58] Ziebertz, Empirische Forschung in der Praktischen Theologie als eigenständige Form des Theologietreibens, 51.
[59] Vgl. Klein, Methodische Zugänge zur sozialen Wirklichkeit, 250.

Menschen ständig tun, wenn sie sich Leben erklären. Diese subjektiven Konstruktionen sind Objekt der forschenden Person, die wiederum in der Reflexion mit den Mitteln ihrer Disziplin Konstruktionen zweiter Ordnung daraus entwirft. Nicht nur sozialwissenschaftliche Praktiken, sondern auch geisteswissenschaftliche Methoden arbeiten mit solchen Konstruktionen. Wenn Praktische Theologie also Theorien entwirft, ist deren konstruktiver Charakter nicht zu vernachlässigen. Ziebertz bezeichnet eine empirisch-theologische Untersuchung als einen „Diskursraum (, der) mögliche Interpretations- und Deutungsschemata zur Verfügung stellt."[60]

Einen weiteren Aspekt trägt Sozialforschung in die Ausprägung einer empirischen Theologie hinein: Sie ist Handlungswissenschaft. Als solche genügt es ihr nicht, Theorie mithilfe empirischer Mittel zu generieren, sondern die Theorie steht immer in einem Verwendungszusammenhang. Die Erkenntnis ist nicht zweckfrei, sondern auf theologisch reflektierte Anwendung hin orientiert. Dabei kommt das kritische Moment einer empirisch inspirierten Praktischen Theologie zum Tragen: Die erhobene Theorie stellt bisherige kirchliche Praxis in Frage und macht die empirisch beforschte Wirklichkeit zur Richtschnur theologischen Nachdenkens. „Das bedeutet, dass der Objektbereich ‚Praxis' eben nicht nur ‚Anwendungsgebiet' ist, sondern dass von der Praxis her Anfragen bestehen an die theologische Reflexion."[61]

Inwiefern ist empirische Theologie als eigenständige Form des Theologietreibens zu sehen? Mette beschrieb 1978 die Ängste und Verunsicherungen, die mit der Aufnahme von Empirie in theologisches Denken entstanden – er spricht dabei vom „heißen Eisen"[62]. Brisant wurde es in dem Moment, als deutlich wurde, dass sich empirische Methoden nicht einfach in die übliche Theologie einfügen lassen, sondern mit ihnen ein neues theologisches Denken möglich ist.

Empirische Theologie fördert Erkenntnisse zutage, die mit systematischer und biblischer Theologie nicht zu erbringen sind und ergründet die subjektiven Konstruktionsprozesse, in denen sich Menschen mit Religion auseinander setzen. Sie ist in der Lage, Religiosität auch dort zu orten, wo der institutionelle kirchliche Rahmen längst nicht mehr relevant ist.

---

[60] Ziebertz, Empirische Forschung in der Praktischen Theologie als eigenständige Form des Theologietreibens, 55.
[61] Ziebertz, Objekt – Methode – Relevanz. Empirie und Praktische Theologie, 319.
[62] Mette, Theorie der Praxis, 297.

Theologisch liegt die Öffnung auf empirische Methodik in der Linie des II. Vatikanums. Dazu gehört die Bereitschaft theologisch Forschender, die Augen aufzumachen, die Zeichen der Zeit zu sehen und zu verstehen. Dieser Auftrag lässt Praktische Theologie zu einer Wahrnehmungswissenschaft werden, die um den konstruktiven Charakter jeder menschlichen Deutung, auch des eigenen Faches, weiß. Als kritische Theorie sendet eine empirisch orientierte Praktische Theologie wichtige Impulse: „Sie erinnert daran, dass die Wirklichkeit von Kirche und Christentum eine *Praxis* ist, der eine eigene theologische Dignität zukommt."[63]

3. Empirische Theologie als Modell der Praktischen Theologie

Theoriebildung in der Praktischen Theologie zielt darauf ab, kirchliche Praxis zu reflektieren und zu verbessern. Der große Boom empirischer Forschung in der Praktischen Theologie scheint sich reibungslos in den praktisch-theologischen Dreischritt einzureihen: Sehen – Urteilen – Handeln. Dieser Dreischritt wurde von Josef Cardijn entwickelt und in der Christlichen Arbeiterjugend (CAJ) in die Praxis umgesetzt.[64] Im Mittelpunkt dieses Modells steht die Praxis, die zu sehen ist (Kairologie), die zu reflektieren ist (Kriteriologie) und aus der schließlich Handlungsimpulse abgeleitet werden (Praxeologie). Der Dreischritt zielt nicht so sehr auf die Entwicklung wissenschaftlicher Methodik, sondern hat die konkrete Praxis zum Ziel und wurde für und von Menschen in solchen Zusammenhängen entwickelt. Mit der zunehmenden Aufnahme empirischer Methoden in die Praktische Theologie und deren Reflexion sind kritische Fragen an das viel zitierte Modell des praktisch-theologischen Dreischritts zu stellen. Klein führt drei Gründe an, weshalb Vorsicht geboten ist:[65]

- Der erste Schritt „Sehen" setzt voraus, dass das allgemeingültige Erfassen von Wirklichkeit möglich ist. Doch sowohl Alltagswelt und deren menschliche Deutung als auch die Instrumente und Entscheidungen der forschenden Personen sind Konstruktionen. Von einem objektiven Auf-

---

[63] Ziebertz, Empirische Forschung in der Praktischen Theologie als eigenständige Form des Theologietreibens, 55.
[64] Vgl. Hochstaffl, Die Konzeption von Praxis, 324; der praktisch-theologische Dreischritt ist nicht als einziges Modell in Praktischer Theologie zu sehen; andere Modelle etwa sind das Regelkreismodell und das Praxisberatungsmodell, die sich auch überschneiden, vgl. Hochstaffl, 319-324.
[65] Vgl. Klein, Methodische Zugänge zur Wirklichkeit, 248f.

nehmen von Realität kann in Praktischer Theologie nicht ausgegangen werden.
- Der zweite Schritt „Urteilen" impliziert ein Bild von Theologie, das diese zu einer – in Absetzung zur erhobenen Wirklichkeit – höherwertigen Beurteilungsinstanz werden lässt. „Das theologische Urteil droht die Dignität der sozialen Wirklichkeit zu erdrücken, der Blick auf ihre theologische Eigenständigkeit wird verstellt."[66]
- Mit dem dritten Schritt „Handeln" wird eine Strategie entworfen, die Handlungsanweisungen für die Praxis entwirft. Diese jedoch stehen in der Gefahr, nicht induktiv von der Praxis auszugehen, sondern deduktiv aus den herbeigezogenen theologischen Kriterien gestellt zu werden und damit als theoretische Forderungen die Praxis unter Druck zu setzen.

Die Auseinandersetzung Praktischer TheologInnen mit empirischer Sozialforschung führte zu einer verstärkten Anerkennung der normativen Kraft von Wirklichkeit. Diese gilt es in den Blick zu nehmen, und zwar nicht aus der enthobenen Instanz einer übergeordneten Wissenschaft. Die Wirklichkeit ist der Ort, an dem theologisch relevante Fragen entstehen.

Um die Spaltung zwischen Realität und wissenschaftlicher Theologie im praktisch-theologischen Dreischritt zu überwinden, schlägt Klein ein zweistufiges System der Theoriebildung in der Praktischen Theologie vor.[67]
- Erhebung und Theoriebildung: Das Deuten und Handeln von Menschen soll methodisch reflektiert erhoben werden. Daraus bilden sich Theorien, die den sozialen und gesellschaftlichen Kontext einbeziehen und dadurch menschliches Deuten und Handeln verständlich machen.
- Reflexion und Vermittlung: Die Ergebnisse aus Erhebung und Theoriebildung werden für die jeweiligen Verwendungszusammenhänge reflektiert und vermittelt. Das können theologische Fächer ebenso sein wie die pastorale Praxis.

Diese beiden Schritte empirisch-theologischer Theoriebildung scheinen mit dem Urteilen und Handeln des Dreischrittes zu kollidieren, insofern dies nicht direkt statt findet. Deshalb ist zu fragen, inwiefern dieses Vorgehen erstens ein theologisches ist und es zweitens Impulse für die tatsächliche Praxis frei setzt:

Praktischer Theologie sind die Zeichen der Zeit als Quelle jeder theologischen Reflexion aufgegeben. Insofern haben die Erfahrungen von Menschen

---

[66] Ebd., 249.
[67] Vgl. ebd., 257f.

und deren Hintergründe unverzichtbare theologische Relevanz. „Explizit theologisch sind die Optionen, Fragestellungen, Interessen und Vermittlungen, die den Zugang zur sozialen Wirklichkeit bestimmen: Im Gegensatz z.B. zu den Erkenntnissen der Produktforschung zur Vermarktung einer Handcreme besitzen die Erkenntnisse über Erfahrungen, Nöte und Hoffnungen von AsylbewerberInnen aus sich heraus eine theologische Relevanz."[68]

Auch Ziebertz identifiziert theologische Implikationen im empirischen Forschungsprozess.[69] Er sieht im Entdeckungszusammenhang bereits theologische Relevanz. Die Lebenswelt muss überhaupt erst als theologierelevant erkannt werden. Vor allem im Kontext des Verwendungszusammenhangs steckt in mehreren Hinsichten theologische Ladung: Die Ergebnisse empirisch-theologischer Forschung haben Einfluss auf die Reflexion und die Kontrolle pastoralen Handelns. Die erhobene Theorie stellt die Weichen für die Orientierung des Handelns, indem sie ein Wissen zur Verfügung stellt, an dem sich PraktikerInnen ausrichten können. Empirische Theologie entfaltet ihre Wirkung auch in der Disziplin Theologie selbst: Als *kritische* Theorie erinnert sie daran, dass die Praxis der Ausgangspunkt jeder Theologie sein muss und trägt insofern dazu bei, eine deduktive Theologie zu vermeiden.

Ziebertz hat damit nicht nur die theologische Relevanz empirischer Theologie beschrieben, sondern auch deren Praxistauglichkeit. Die im ersten Schritt erhobene Wirklichkeit und Theorie trägt im zweiten Schritt zu einer differenzierteren Wahrnehmung der Praxis bei. Betroffene können ihr eigenes Erleben und Deuten besser nachvollziehen und einordnen. Fachleute und kirchliche Professionelle werden befähigt, die Hintergründe und Lebenssituationen der ihnen anvertrauten Menschen besser zu begreifen und dadurch die eigene Praxis effektiver und zielorientierter zu gestalten. „Dieses Modell verabschiedet sich von dem Modell Praktischer Theologie, bei dem theologische Erkenntnisse in der Praxis ‚angewendet' werden. Es ist als Reflexion der Praxis konzipiert, deren theologisch begründete und reflektierte Optionen den Untersuchungsgegenstand, die Erkenntnisinteressen und -ziele, die Wahrnehmung, die Reflexion und die Vermittlung zur Weiterverwendung der Ergebnisse bestimmen."[70]

---

[68] Ebd., 258.
[69] Vgl. Ziebertz, Empirische Forschung in der Praktischen Theologie als eigenständige Form des Theologietreibens, 51-54.
[70] Klein, Methodische Zugänge zur Wirklichkeit, 258.

Praktisch-theologische Verortung der Studie 211

V. Horizont: Optionale Theologie

Praktische Theologie hat ihren Ausgangspunkt in der Wirklichkeit. Diese ist methodisch reflektiert zu ermitteln. Der Wirklichkeitsbezug Praktischer Theologie ist nicht nur wissenschaftstheoretisch, sondern auch theologisch relevant. Mit dieser Ausrichtung der Theologie gibt sie ein Votum ab: Für eine klare Hinwendung zum Menschen. Es ist zu reflektieren, welche Aussagen über Gott diese Bewegung bewirkt und inwiefern diese als jüdisch-christliche zu identifizieren sind.

Otto bezeichnete Praktische Theologie als „kritische Theorie religiös vermittelter Praxis in der Gesellschaft"[71]. Diese Definition wurde problematisiert: Der Praxisbereich wird unüberschaubar, wenn *alles* Religiöse in der Gesellschaft Gegenstand des Faches ist. Haslinger gibt deshalb als Praxisbereich „christlich identifizierte und identifizierbare Praxis"[72] an. Die Herausforderung besteht nun darin, Kriterien aufzustellen, was Praxis als christliche identifizierbar macht. Die Praxis findet unter einem christlich geprägten Horizont statt. Dieser Horizont soll mit einigen Markierungen umrissen werden.

Haslinger/Stoltenberg stellen rückblickend fest, dass die Erfahrungen mit bevormundender Theologie unter Praktischen TheologInnen dazu führten, kaum und sehr zurückhaltend von Glaubensinhalten zu sprechen. „Praxisrelevanz wird geradezu definiert als Gegenstück zu theologischer Inhaltlichkeit."[73] Diese Skepsis hat gute Gründe – jedoch gibt es ebenso gute Gründe dafür, in einer nichthierarchischen, aber klaren Weise so von Glauben zu sprechen, dass er eine Orientierung für christliches Handeln möglich macht. Sölle mahnt an, von Gott nicht in Lehrsätzen und Dogmen zu sprechen, sondern im Erzählen.[74] Sölle geht es nicht um die Frage: Glaubst du an Gott?, sondern um die Frage: Lebst du Gott? Nicht die Glaubenssätze machen den Horizont jüdisch-christlicher Tradition aus, vielmehr handelt es sich um einen Vorgang. Der Gott der ChristInnen drückt sich aus in der Art und Weise, wie Menschen leben. So erzählen sie von ihm und transportieren ein Bild über Gott. Es ist zu fragen, welchen Gott die Inhalte praktisch-theologischen Denkens bezeugen. Der Mut zu klaren Stellungnahmen scheint im Kontext postmoderner Beliebigkeit umso nötiger. Das christliche Gottesbild ist nicht

---

[71] Otto, Grundlegung der Praktischen Theologie, 77.
[72] Haslinger, Diakonie zwischen Mensch, Kirche und Gesellschaft, 47.
[73] Haslinger/Stoltenberg, Ein Blick in die Zukunft der Praktischen Theologie, 526.
[74] Sölle, Gott denken, 242.

„vielleicht irgendwie irgendetwas", sondern hat – in Anbindung an die biblischen Schriften – klare Konturen. An dieser Stelle ist eine differenzierte Darstellung und Auseinandersetzung mit relevanten Konzepten nicht zu leisten, jedoch soll ein Raum abgesteckt werden, in dem heutige Praktische Theologie statt findet. Haslinger/Stoltenberg formulieren: „Weil es in der Praktischen Theologie um Gott geht, muß es ihr um den Menschen gehen."[75] In der Konsequenz heißt das, dass Theologie optional sein muss. Sie genügt sich nicht selbst, sondern streckt sich auf etwas hin aus. Die Optionalität der Theologie bezieht sich auf den Menschen. Der Begriff der Option ist vor allem aus dem Kontext der lateinamerikanischen Befreiungstheologie bekannt und inzwischen auch in anderen Zusammenhängen zu einem Leitbild christlichen Handelns geworden. Dahinter steht die Vorstellung, dass die jeweils benachteiligten Menschen eines Kontextes zum Maßstab christlicher Theologie werden.[76] Haslinger/Stoltenberg sehen drei Perspektiven, die aus der Optionalität von Theologie erwachsen:[77]

- Optionale Theologie fordert zur Differenzierung heraus und schult die Wahrnehmung dafür, welche Lebensbedingungen befreiend oder beschneidend wirken.
- Es geht um eine konkrete Verantwortung für benachteiligte Menschen. Konkret heißt auch, dass deren Probleme nicht als individuelles Geschick ihnen überlassen bleiben, sondern zu realem politischem Engagement herausfordern.
- Letzter Bezugspunkt von optionaler Theologie bleibt immer die individuelle Person. Damit ist sie ein kritisches Korrektiv gegenüber systemimmanenten Mechanismen, die auf ihre Subjekte einwirken. Gerade Praktische Theologie ist herausgefordert, Engführungen auf die Gemeindesituation von Kirche nicht zuzulassen, sondern die individuell vielgestaltigen Formen christlichen Lebens wahrzunehmen.

Eine optionale Theologie erzählt von einem Gott, der radikal immanent ist.[78] Konkret bedeutet das seine Parteilichkeit für Benachteiligte, die zu deren differenzierter Wahrnehmung und Handeln heraus fordert. Die Macht Gottes besteht nicht in seiner omnipotenten Transzendenz, sondern in seiner individuellen Zuwendung.

---

[75] Haslinger/Stoltenberg, Ein Blick in die Zukunft der Praktischen Theologie, 530.
[76] Vgl. Mette, Praktisch-theologische Erkundungen, 205-220.
[77] Vgl. Haslinger/Stoltenberg, Ein Blick in die Zukunft der Praktischen Theologie, 528f.
[78] Vgl. Sölle, Gott denken, 247f.

VI. Zusammenfassung: Die vorliegende Studie als praktisch-theologische Arbeit

Die vorliegende Studie versteht sich als praktisch-theologische Arbeit. Aus den Ausführungen zu Geschichte, Inhalten, Methodik und Horizont Praktischer Theologie lassen sich für den vorliegenden Zusammenhang folgende Aspekte bündeln:

Praktische Theologie setzt bei der menschlichen Wirklichkeit an. „Freude und Hoffnung, Trauer und Angst der Menschen von heute, besonders der Armen und Bedrängten aller Art, sind auch Freude und Hoffnung, Trauer und Angst der Jünger Christi." (GS 1) Konkret sollen die Erfahrungen sexuell missbrauchter Frauen wahrgenommen werden.

Die Erkenntnisse der Humanwissenschaften tragen zu einem wissenschaftlich verantworteten und regelgeleiteten Vorgehen bei. Psychologisches Wissen und soziologische Methodik werden intradisziplinär integriert.

Das empirische Vorgehen ist nicht nur methodisch naheliegend, sondern markiert die Studie als empirisch-theologische. Als solche hat sie konstruktiven Charakter. Die Entstehungsbedingungen und inhaltlichen Prämissen der Arbeit werden aufgedeckt, um die forschungsleitenden Hintergründe aufzudecken.

Die Ergebnisse der praktisch-theologischen Reflexion stellen eine kritische Theorie dar. Als solche ist das Ergebnis nicht absichtslos, sondern hat eine Veränderung zum Ziel, die die Situation von Frauen mit Missbrauchserfahrungen erleichtern soll.

Die theologische Reflexion der Arbeit steht insofern in einem optionalen Horizont. Die Option Gottes für den Menschen soll im Kontext der Erfahrungen der Befragten ausbuchstabiert werden.

B. Zur Methodik der Untersuchung

I. Die Studie als qualitativ-empirische Arbeit

„Die Seele zu beleuchten, ist längst kein Monopol der Theologie mehr."[1] So beschreiben es Religionspsychologen, die damit festhalten: Um dem, was Menschen am Herzen liegt und wichtig ist, auf die Spur zu kommen, gibt es verschiedene Zugänge. Eine theologische Arbeit braucht die Ergänzung um die Instrumente und Sehhilfen anderer Disziplinen. Im vorliegenden Zusammenhang ist es die empirische Sozialforschung, die einen adäquaten Zugang zum Forschungsthema gestattet. Während quantitative Sozialforschung in regelgeleiteten Schritten zu einer validierten Bewertung und Theorie des Forschungsthemas gelangt, geht es in qualitativer Sozialforschung um die Sichtbarmachung und Erforschung von Sinnzusammenhängen. Mehrere Gründe legen hier die Wahl des qualitativen Weges nahe:

Bisher existiert keine empirische Studie zur Religiosität sexuell missbrauchter Frauen.[2] Deshalb bietet der qualitative Zugang eine Möglichkeit, die Erfahrungen und subjektiven Theorien der Befragten aufzudecken.[3]

Es geht um die Ermittlung individueller religiöser Deutungsmuster. Diese müssen – wissenschaftlich reflektiert – rekonstruiert werden. Somit schließt sich die Untersuchung an die gegenwärtige Diskussion „um Säkularisierung, Pluralisierung und Individualisierung religiöser Orientierungen (an, in der betont wird,) dass empirische Studien im Zusammenhang mit derartigen Thesen einer ‚rekonstruktiven' Forschungspraxis bedürfen, in der die Vielfalt individueller und sozialer religiöser Orientierungen und ihr Zusammenhang mit unterschiedlichen Handlungs- und Lebensformen in den multikulturellen Gesellschaften der Spätmoderne angemessen beschrieben und analysiert werden können."[4] Qualitative Sozialforschung bietet das entsprechende rekonstruktive Potential.

---

[1] Henning/Murken/Nestler, Einführung in die Religionspsychologie, Buchrückseite.
[2] Zu erwähnen ist die Studie von Imbens/Jonker, Christianity and Incest, in der Inzestbetroffene aus christlichen Familien befragt werden; die Autorinnen ordnen ihre Arbeit jedoch nicht in die Sozialforschung ein.
[3] Qualitative Sozialforschung eignet sich insbesondere zur Beschreibung fremder Welten und Entdeckung neuer Zusammenhänge, vgl. Oswald, Was heißt qualitativ forschen?, 79-81.
[4] Popp-Baier, Qualitative Methoden in der Religionspsychologie, 185.

Die vorliegende Untersuchung setzt sich mit Frauen als Forschungssubjekten auseinander und reiht sich in Frauenforschung ein. Diese ist traditionell mit dem qualitativen Ansatz verbunden, da durch das offene Verfahren Verzerrungen durch Hierarchien und androzentrische Zugänge vermieden werden sollen.[5] Zu den grundlegenden Prämissen feministischer Forschung zählt die Annahme, dass Forschung immer eine Interaktionsbeziehung zwischen zwei Menschen darstellt und diese im Forschungsprozess zu reflektieren ist.[6] Forschungsmethoden sind keine wertfreien Messinstrumente, was zu den Prämissen des qualitativen Ansatzes gehört.

Im Folgenden sollen die Charakterista qualitativer Sozialforschung kurz dargestellt werden, bevor die Erhebungs- und Auswertungsmethode für die vorliegende Untersuchung begründet und vorgestellt werden.

1. Charakteristika qualitativer Forschung

In einigen Hinsichten hat qualitative Sozialforschung spezifische Qualitäten, die sie von quantitativer Forschung unterscheiden und ihr in bestimmten Kontexten den Vorrang geben. In Anlehnung an Porzelt[7] seien folgende Charakteristika benannt:

Subjektiv erlebter und gedeuteter Wirklichkeit auf der Spur

Wirklichkeit ist immer subjektiv. Es gibt keine objektive Realität, sondern nur die aus dem Erleben des Subjektes gedeutete Wirklichkeit. Wenn Sozialforschung menschliche Wirklichkeit adäquat erfassen will, muss sie sich in die Welt dieser subjektiven Konstruktionen hinein begeben und diese nachvollziehen. Dazu ist ein Forschungsstil nötig, der es den Forschungssubjekten möglich macht, ihre Gedanken und Interpretationen darzustellen. Das äußert sich konkret in einer lebensweltorientierten Sprache.

Theorieentwicklung: Forschung als beständiger Lernprozess

Im qualitativen Forschungsprozess werden nicht vorweg Hypothesen formuliert, die überprüft werden sollen, wie das quantitatives Vorgehen tut. Dies stünde im qualitativen Prozess in Gefahr, zwar Auskunft über das Wissen und die Meinung der Forschenden abzugeben, aber nichts mit der zu erkun-

---

[5] Vgl. ebd., 214f.
[6] Vgl. Abels, Zur Methodologie-Debatte in der feministischen Forschung, 131-143.
[7] Vgl. Porzelt, Qualitativ-empirische Methoden in der Religionspädagogik, 63-67.

denden Wirklichkeit zu tun zu haben. Von forschenden Personen ist eine Haltung größtmöglicher Offenheit gefordert, um fremden Deutungen auf die Spur zu kommen. Eine ergebnisoffene Haltung führt dazu, dass Hypothesen sich im Laufe eines qualitativen Forschungsprozesses entwickeln. Der gesamte Ablauf ist ein Lernprozess, inhaltlich wie methodisch.

Freilich wäre es naiv zu glauben, ein qualitatives Projekt könne völlig ohne theoretisches Vorwissen auskommen. Ein Vorverständnis dessen, um was es geht, ist selbstverständlich nötig und zulässig, allerdings darf es nicht die Offenheit für neue Entdeckungen und Zusammenhänge verstellen. Vorwissen soll sensibilisieren für das inhaltliche Feld der Forschungsarbeit und ist einem ständigen Lernen und Wachsen unterworfen.

Mikroskopische Tiefenschärfe ohne statistische Repräsentativität

Qualitative Forschung lässt keine repräsentativen Aussagen zu. Es geht darum, „wenige Einzelfälle in ihrer individuellen Komplexität möglichst differenziert und detailliert zu ergründen."[8] Wie mit einem Mikroskop werden die Bedingungen subjektiv erlebter Wirklichkeit unter die Lupe genommen. Jeder Einzelfall ist situativ und individuell. Diesen gilt es darzustellen, jedoch bleibt das Erkennen an diesem Punkt nicht stehen, sondern zielt auf fallübergreifende Strukturaussagen zu den Deutungsmustern bestimmter Personengruppen, zu auffallenden Gemeinsamkeiten und Unterschieden. Diese sind zwar nicht allgemeingültig,[9] können jedoch Ausgangspunkte für eine allgemeinere Theorie darstellen.

Angemessenheit: Maßgeschneiderte Methoden als Norm

Um subjektive Wirklichkeit fassen zu können, bedient sich qualitative Forschung maßgeschneiderter Methoden. Was für die Erforschung der Situation Langzeitarbeitsloser sinnvoll ist, ist nicht unbedingt für die Befragung von Frauen nach einem Schwangerschaftsabbruch hilfreich. Jedes Projekt braucht eigene Strategien, um Alltagsnähe herzustellen. Es kann nicht mit vorgegebenen Experimenten gearbeitet werden, um zu vermeiden, dass Personengruppen, die nicht in das Forschungsdesign passen, ausgeschlossen werden. Es gehört zu den Charakteristika qualitativer Forschung, dass der

---

[8] Ebd., 65.
[9] Oswald warnt auch vor der Gefahr in qualitativen Studien, „Quasiquantifizierungen" durch Worte wie „typischerweise", „in der Regel", „häufig" etc. vorzunehmen, vgl. Oswald, Was heißt qualitativ forschen?, 76f.

Forschungsgegenstand Ausschlag darüber gibt, welche Methoden gewählt werden. Die maßgeschneiderten Methoden ermöglichen ein kontrolliertes Fremdverstehen von subjektiver Wirklichkeit.

Alltagsähnlichkeit gewährleistet Authentizität

Die gewählte Erhebungsform muss so stark wie möglich einer natürlichen Situation im Alltag der Untersuchungsgruppe entsprechen. Lamnek fordert das Prinzip der Natürlichkeit. „Verfremdende Einflüsse durch eine ungewöhnliche, unnatürliche Kommunikationssituation während der Erhebung führen zu verfremdenden und unnatürlichen Interpretationen und Deutungen der untersuchten Personen."[10] Wenn in einer Forschungssituation keine Fremdheit entsteht, ist die Wahrscheinlichkeit größer, authentische Selbstaussagen zu gewinnen. Alle an der Erhebungssituation beteiligten Größen müssen daraufhin reflektiert werden: Die forschende Person, die technische Ausstattung, der Fragebogen, die Sprache, der Ort und die Dauer der Kommunikation, der Zeitpunkt etc.

Explikation ermöglicht Nachvollziehbarkeit

Qualitative Forschung ist nicht repräsentativ, aber ihre Ergebnisse müssen intersubjektiv nachvollziehbar sein. Dazu ist es unabdingbar, den Forschungsprozess transparent zu halten. Indem jeder Schritt des Ablaufes nachvollzogen werden kann, ist eine Wertung der Forschungsresultate auch für Außenstehende möglich. Explikation findet auch insofern statt, als qualitative Projekte idealerweise in einer Forschergruppe diskutiert werden und durch verschiedene Perspektiven blinde Flecken im Untersuchungsablauf entdeckt werden können. Alle Entscheidungen im Untersuchungsfortgang müssen in der Veröffentlichung beschrieben und die daraus folgenden Entscheidungen für Methoden und inhaltliche Auswertung zugänglich gemacht werden. Subjektiven Verzerrungen und Fehlinterpretationen kann so wirksam entgegen getreten werden.

---

[10] Lamnek, Qualitative Sozialforschung, 509.

2. Zum Erhebungsinstrument: Problemzentriertes Interview nach Witzel

Qualitative Datenerhebung kennt verschiedene Wege. Porzelt unterscheidet vier grundlegende Typen der Datengewinnung:[11]
- Teilnehmende Beobachtung
- Qualitatives Einzelinterview
- Gruppenverfahren
- Recherche bzw. Generierung von Dokumenten (z.B. Zeichnungen, Tagebücher)

Anders als in quantitativer Forschung nimmt das Interview in qualitativen Projekten eine besondere Rolle ein und kommt häufig zum Einsatz. Für die vorliegende Studie liefert das qualitative Einzelinterview einen gangbaren und sinnvollen Weg, an die Deutungen der befragten Frauen heranzukommen. Es handelt sich also um eine mündliche Kommunikationsform, die einer Alltagssituation nahe kommt.

Es besteht eine Fülle von verschiedenen Interviewvarianten, die je nach Forschungsfrage und -situation ausgewählt und modifiziert werden.[12] Eine grundlegende Frage für die Wahl des geeigneten Instruments heißt: Wie strukturiert muss das Gespräch sein? Das Spektrum reicht von sehr offenen Formen des Gesprächs (wie etwa das narrative Interview in der Biographieforschung) bis hin zu stark strukturierten Leitfadeninterviews. Im vorliegenden Zusammenhang galt es, folgende Rahmenbedingungen zu beachten:
- eine möglichst entspannte und vertrauensvolle Atmosphäre zu schaffen, in der auch schwierige Lebensthemen erzählt werden können. Eine „Verhörtechnik" sollte vermieden werden, da diese ein hinderliches Gefälle zwischen Interviewerin und Befragter erzeugen könnte.
- gleichzeitig einen Rahmen zu schaffen, der Sicherheit vermittelt. Die Befragten sollten eine Struktur haben, an dem sie sich festhalten können.
- zwischen der erwünschten Gegenstandsorientierung und der nötigen Selbstbestimmung der Befragten abzuwägen.

Aufgrund dieser Faktoren fiel die Entscheidung für eine offene Form des problemzentrierten Interviews nach Witzel.[13] Es liegt ein Interviewleitfaden vor, der jedoch keine Frage-Antwort-Situation vorsieht, sondern der als

---

[11] Vgl. Porzelt, Qualitativ-empirische Methoden in der Religionspädagogik, 68.
[12] Ein Überblick zu qualitativen Interviews ist zu finden bei Hopf, Qualitative Interviews – ein Überblick; Friebertshäuser, Interviewtechniken – ein Überblick.
[13] Vgl. Witzel, Verfahren der qualitativen Sozialforschung.

Strukturierungsrahmen und Gedächtnisstütze für die interviewende Person dient. Diese bringt sich als unterstützende Größe in den Erzählfluss der befragten Person ein – unterbricht also nicht die Erzähllogik. Wann welche neue inhaltliche Dimension ins Interview hinein kommt, hängt von der Situation ab.

Witzel charakterisiert sein Verfahren mit drei Begriffen:[14]

- Problemzentrierung soll ermöglichen, eine bestimmte, von der forschenden Person als Problemstellung definierte Situation in den Blick zu nehmen. Sowohl der Wissenshintergrund der Forschenden als auch die Problemsicht der Befragten müssen reflektiert werden.15
- Gegenstandsorientierung bedeutet, dass die Forschungsmethoden auf die jeweilige Situation abzustimmen sind. Witzel wendet sich gegen instrumentenorientierte Sozialforschung.
- Prozessorientierung verpflichtet zur flexiblen Analyse des Forschungsprozesses, der auf die methodische Umsetzung Rückwirkungen hat. Methoden sind nicht von Inhalten zu trennen. Alle Größen im Prozess nehmen Einfluss aufeinander und müssen reflektiert werden.

Um diese Anliegen verwirklichen zu können, muss das Gespräch möglichst einer Alltagssituation entsprechen und sich an der Sprache und Logik der Befragten orientieren. Über den im Alltag gewohnten Gesprächsverlauf greift das problemzentrierte Interview insofern hinaus, als es durch geeignete und personzentrierte Nachfragen versucht, zu einer „Problementwicklung in Form der Selbst- und Verständnisreflexion"[16] anzuregen. Witzel regt auch an, das problemzentrierte Interview mit anderen Methoden zu kombinieren und um einen Kurzfragebogen zur Erhebung sozialstatistischer Daten zu ergänzen.[17]

3. Zur Auswertungsmethode: Qualitative Inhaltsanalyse nach Mayring

Die sicherlich arbeitsaufwendigste Phase im qualitativen Forschungsprozess stellt die Auswertung dar. Eine große Menge von Daten soll hermeneutisch verantwortet untersucht und ausgewertet werden.

---

[14] Vgl. ebd., 70-72.
[15] Vgl. ebd., 69.
[16] Ebd., 77.
[17] Vgl. Diekmann, Empirische Sozialforschung, 451.

Lamnek unterscheidet vor allem fünf verschiedene Formen inhaltsanalytischen Vorgehens: die qualitative Inhaltsanalyse nach Mayring, die Objektive Hermeneutik nach Oevermann, die strukturelle Beschreibung nach Hermanns et al. und die strukturale Rekonstruktion nach Bude.[18] Für die Auswertung von Texten (wie etwa Interviews) wird die qualitative Inhaltsanalyse auf breiter Ebene angewendet, da mit ihr eine große Datenmengen durch ein regelgeleitetes Verfahren reduziert werden kann. Qualitative Inhaltsanalyse zielt ab auf

- den „wissenschaftlich kontrollierten Nachvollzug der alltagsweltlichen Handlungsfiguren, die durch kommunikative Akte repräsentiert werden,
- und die Systematisierung eines Musters aus diesen Figuren."[19]

Auch für die vorliegende Studie bietet sich dieses von Mayring[20] entwickelte Verfahren an, das im Folgenden – in Anlehnung an Lamnek[21] – dargestellt werden soll.

3.1. Ablaufmodell der Inhaltsanalyse nach Mayring

Stufe 1: Festlegung des Materials
Nicht der gesamte Text ist auszuwerten, sondern die Teile, die sich auf die Forschungsfrage beziehen.

Stufe 2: Analyse der Entstehungssituation
Der Entstehungszusammenhang der konkreten Erhebungssituation ist zu reflektieren. Dazu gehören alle Rahmenbedingungen, die beteiligten Personen, vorausgehende Gespräche, emotionale Hintergründe etc.

Stufe 3: Formale Charakterisierung des Materials
Es ist zu beschreiben, in welcher Form das schriftliche Material vorliegt und wie es erhoben wurde. Technische Hilfsmittel und Transkriptionsregeln sind zu nennen.

Stufe 4: Richtung der Analyse
Wenn das Material beschrieben ist, geht es in einem weiteren Schritt um die Reflexion, in welche Richtung die Analyse gehen soll. Dabei kann das vor-

---

[18] Vgl. Lamnek, Qualitative Sozialforschung, 513.
[19] Ebd., 511.
[20] Vgl. Mayring, Grundlagen und Techniken qualitativer Inhaltsanalyse; ders., Einführung in die qualitative Sozialforschung; einen Überblick mit ansprechenden Graphiken und aufschlussreichen Beispielen aus der Forschungspraxis bietet Lamnek, Qualitative Sozialforschung, 517-531.
[21] Lamnek, Qualitative Sozialforschung, 518-520.

gegebene Thema des Projektes ebenso eine Rolle spielen wie die emotionale und kognitive Befindlichkeit der am Gespräch beteiligen Personen.
Stufe 5: Theoriegeleitete Differenzierung der Fragestellung
Die Fragestellung der Analyse muss vorab genau geklärt werden. Diese ist in bisherige Forschung über Gegenstand einzubinden und muss in Unterfragestellungen differenziert werden. Dieses Vorgehen verstößt nicht gegen das Gebot der Offenheit, da sich die Vorannahmen der forschenden Personen auf die Formulierung der Forschungsfrage beziehen und nicht auf die empirische Wirklichkeit. Die Kontextbindung und das Vorwissen der Forschenden kann nicht bestritten werden, sondern ist offen in den Prozess einzubinden.
Stufe 6: Bestimmung der Analysetechnik
In diesem Schritt ist die Analysetechnik zu bestimmen. Mayring unterscheidet explikatives, zusammenfassendes und strukturierendes Verfahren.
Stufe 7: Definition der Analyseeinheit
Aus dem gesamten Material sind die auszuwertenden Textteile festzulegen.
Stufe 8: Analyse des Materials
Schließlich geht es um die Analyse des zuvor festgelegten Materials.

Grundsätzlich lassen sich drei verschiedene Methoden bzw. Schritte für die Analyse unterscheiden, die Mayring in folgendem Bild illustriert:
„Man stelle sich vor, auf einer Wanderung plötzlich vor einem gigantischen Felsbrocken (vielleicht ein Meteorit?) zu stehen. Ich möchte wissen, was ich da vor mir habe. Wie kann ich dabei vorgehen?
Zunächst würde ich zurücktreten, auf eine nahe Anhöhe steigen, von wo ich einen Überblick über den Stein bekomme. Aus der Entfernung sehe ich zwar nicht mehr die Details, aber ich habe das ‹Ding› als Ganzes in groben Umrissen im Blickfeld, praktisch in einer verkleinerten Form (*Zusammenfassung*).
Dann würde ich wieder herantreten und mir bestimmte besonders interessant erscheinende Stücke herausbrechen und untersuchen (*Explikation*).
Schließlich würde ich versuchen, den Felsbrocken aufzubrechen, um einen Eindruck von seiner inneren Struktur zu bekommen. Ich würde versuchen, einzelne Bestandteile zu erkennen, den Brocken zu vermessen, seine Größe, seine Härte, sein Gewicht durch verschiedene Messoperationen feststellen (*Strukturierung*)."[22]
Es gilt also, einen umfangreichen Textkorpus zusammen zu fassen. Dadurch findet Datenreduktion statt, die Überblick erlaubt. Anders läuft es in explikativen Verfahren, in denen Daten möglichst detailliert nachvollzogen werden. Im Zeitlupentempo werden vor allem widersprüchliche und sperrige Daten

---

[22] Mayring, Qualitative Inhaltsanalyse, 54.

interpretiert. Durch Strukturierung des Datenmaterials werden grundlegende Gemeinsamkeiten und Unterschiede der Befragten deutlich. Durch Kategorienbildung treten Strukturen hervor.[23] Den wichtigsten und häufigsten Vorgang im inhaltsanalytischen Prozedere stellt die Strukturierung dar. Sie hilft, Inhalte zu strukturieren und Typisierungen zu bilden.[24]

3.2. Hilfestellung durch computergestütztes Arbeiten und Datendisplay

Das inhaltsanalythische Vorgehen nach Mayring wurde in der vorliegenden Studie durch zwei Instrumente hilfreich ergänzt: Durch computergestützte Auswertung und durch die Anfertigung von Datendisplays. Lange Zeit galt computergestützte Auswertung als Charakteristikum quantitativer Sozialforschung. Seit den späten 80er Jahren werden auch Auswertungsprogramme für qualitative Verfahren entwickelt. Das Computerprogramm übernimmt nicht die Arbeit der Analyse, sondern stellt eine „Unterstützungsleistung"[25] dar, die folgendes ermöglicht:

- die Exploration des Datenmaterials, z.B. durch die Möglichkeit, in den Texten schnell und einfach nach Begriffen oder Begriffskombinationen zu suchen
- die Organisation und das Datenmanagement, d.h. die Texte sind zusammen mit den zugehörigen Rahmendaten wesentlich besser zugänglich als beim herkömmlichen Abheften von Transkriptionen in Aktenordnern.
- die Erschließung des Datenmaterials durch Schlüsselworte bzw. ein Kategoriensystem
- die Segmentierung von Texten und die Zuordnung von Kategorien
- die Zusammenstellung von Textpassagen nach thematischen Kriterien
- die Klassifikation und Definition von Variablen
- die Erstellung von Memos

Qualitatives Arbeiten ist mit einem sehr großen Aufwand an mechanischen Tätigkeiten verbunden, die schnell zur „organisatorischen Mammutaufga-

---

[23] Weiterführendes unter Mayring, Qualitative Inhaltsanalyse, 472f.
[24] Eine ausführlichere Darstellung der inhaltsanalythischen Strukturierung in den Veröffentlichungen von Mayring und im Überblick bei Lamnek, Qualitative Sozialforschung, 526-531.
[25] Kuckartz, Qualitative Daten computergestützt auswerten: Methoden, Techniken Software, 585.

be"[26] werden. Computerprogramme können die Forschenden bei diesen Vorgängen unterstützen, indem sie Struktur und Übersicht in den Auswertungsprozess bringen. Die vorher üblichen aufwendigen cut and paste Techniken werden erheblich vereinfacht. Zusätzlich kann jeder codierte Text im Verlauf der Auswertung beliebig einer neuen Kategorie zugeordnet werden, so dass eine enorme Zunahme an Flexibilität das Arbeiten erleichtert. Computergestützte Auswertung entlastet die Forschenden nicht nur in organisatorischer Hinsicht, sondern sie trägt dazu bei, die im Material vorhandenen Informationen voll auszuschöpfen.[27]

Neben der erheblichen Hilfestellung durch das Computerprogramm WINMAX 97 PRO wurde für die vorliegende Untersuchung eine zusätzliche Methode angewandt, um die Auswertung voran zu treiben: Die Erstellung vergleichender Übersichten der Interviews in Tabellenform – sog. „Cross-Case Displays" nach Miles/Huberman.[28] Gerade in der Schlussphase der Auswertung konnten dadurch wertvolle Ein- und Durchsichten in der Fülle der Ergebnisse erzielt werden. Diese Tabellen wurden in zweifacher Form angefertigt:

- Zu jedem Themenschwerpunkt wurden prägnante Stichworte der befragten Frauen aufgelistet (bzw. ob die Frau sich dazu geäußert hat) mit einem Kreuz vermerkt.
- Zu jeder befragten Frau wurden die wichtigsten Themenschwerpunkte aufgereiht.

Der Fokus gilt also entweder den Inhalten oder den Einzelfällen. Konkret sieht das an einem vereinfachten Beispiel so aus:

---

[26] Vgl. Kelle, Computergestützte Analyse qualitativer Daten, 489.
[27] Vgl. Kuckartz, Qualitative Daten computergestützt auswerten: Methoden, Techniken Software, 586.
[28] Vgl. Miles/Huberman, Qualitative Data Analysis, 207-238.

	Bewältigungsstrategien	Negative Einflüsse	Vorbilder	Gottesbilder
Frau A				
Frau B				
Frau C				
Frau D				

und

	Frau A	Frau B	Frau C	Frau D
Bewältigungsstrategien				
Negative Einflüsse				
Vorbilder				
Gottesbilder				

Die Aussagen in den Tabellen wurden durch farbliche Markierungen strukturiert, so dass grundsätzliche Unterschiede und Gemeinsamkeiten in den Themen und unter den befragten Frauen (auch optisch) hervor traten.

Miles/Huberman sehen in den Displays eine komprimierte Zusammenschau von Information, die den Blick in der Analyse auf das Wesentliche lenkt. Mit einfachen Worten: „*You know what you display.*"[29]

---

[29] Ebd., 11.

II. Zur Datenerhebung

1. Der Interviewleitfaden: Struktur und Überprüfung

	Thema – Bereich	Frage	Erkenntnisleitendes Interesse – Ziel
1	Angaben zur momentanen Lebenssituation	Wo stehen Sie gerade im Alltag? Was beschäftigt Sie momentan?	Freireden Ankommen Sicherheit geben Vertrauen entwickeln
2	Angaben zu den Missbrauchserfahrungen	Können Sie einige grundlegende Angaben zu Ihren persönlichen Missbrauchserfahrungen machen?	Eintauchen in die Thematik Missbrauchsgeschichte (Täter, Zeitpunkt usw.) klären
3	Folgen des Missbrauchs	Wie ist es Ihnen mit den Missbrauchserfahrungen ergangen? Als Kind? Als Erwachsene? Wo haben Sie Auswirkungen gespürt?	Subjektives Erleben der Missbrauchsfolgen und Ausmaß des Leidens nachvollziehbar machen
4	Bewältigungsprozess	Was half/hilft Ihnen, mit diesen Erfahrungen und den Folgen des Missbrauchs zu leben? Wer half/hilft Ihnen? Was und wer behindert Sie bei der Verarbeitung?	Rückblick auf Prozess insgesamt
5	Fokus Religiosität	Sehen Sie in Ihrem Bewältigungsprozess auch etwas Religiöses? Gibt es Rituale, besondere Orte, Symbole, Zeiten, die für Sie heilig sind, die eine ganz besondere Rolle spielen?	Sensibilisierung für Bereich Religiosität
6	Religiöse Sozialisation	Wie sah Ihre religiöse und moralische Erziehung aus? Wie hielten es die Eltern mit Religion?	Einblick in die biographische Entwicklung der persönlichen Religiosität

7	Erfahrungen mit Kirche/n	Welche Erfahrungen machen Sie mit der Kirche/n? Was stört Sie, wovon wollen Sie nichts wissen? Was gefällt Ihnen?	Erkenntnisse zu negativen und positiven Erfahrungen mit Kirche und zur Bindung an die Institution
8	Bilanz und Rückblick: Religiosität heute	Wenn Sie auf Ihre Bewältigungswege zurückblicken: Welche Veränderungen haben sich im religiösen Bereich ergeben? Wie würden Sie heute Ihre Religiosität/Spiritualität beschreiben? Was gehört für Sie dazu? Welche Tätigkeiten, Gedanken, Orte haben für Sie etwas mit Religion zu tun – sind für Sie heilig? Wie stellen Sie sich Gott vor? Was bedeutet Ihnen Jesus? Wie sehen Sie Menschen?	Vertiefung – Ergänzung Resümee zu Gottesbild Jesusbild Menschenbild
9	Heutiger Stand	Welche Bedeutung hat für Sie die Aussage: „Ich bin Überlebende?" Was würden Sie anderen betroffenen Frauen raten?	Bilanz
10	Abschluss	Was war Ihre Motivation, sich für dieses Interview zu melden? Wie geht es Ihnen jetzt?	Verortung im Hier und Jetzt

Der Interviewleitfaden wurde nach den Anforderungen des problemzentrierten Interviews nach Witzel erstellt. Der Interviewleitfaden ist relativ knapp gehalten, was vor allem mit der vorliegenden Thematik zusammen hängt. Eine Befragung zu biographischen Themen kann generell intensive Gefühle hervor rufen. Die Auseinandersetzung mit einem Trauma und insbesondere mit sexuellem Missbrauch berührt die Person im Innersten – vor allem die Interviewpartnerin, aber auch die Interviewerin. Insofern erscheint ein umfangreicher Fragenkatalog ein ungeeignetes Instrument zu sein, da er wenig Spielraum für spontane Reaktionen lässt und von der Interviewpartnerin als unpersönliches Korsett empfunden werden könnte.

Zur Datenerhebung

Ein Grund für den Wunsch nach einem überblickbaren, eher inhalts- als fragenorientierten Leitfaden hängt auch mit der Psychodynamik des Missbrauchs zusammen: Das Erleben sexuellen Missbrauchs bedeutet für die Opfer eine Grenzverletzung, die oftmals lebenslang die sozialen Kontakte beeinflusst. Im Bild gesprochen: Wenn davon ausgegangen werden kann, dass jede Person um sich eine Art schützende Hecke hat, die nicht ohne weiteres jedem beliebigen Menschen Einlass gebietet, dann bedeutet das Erleben sexuellen Missbrauchs, dass jemand diesen Schutzwall rigoros mit einer Säge abschneidet. Dadurch wird es für die Betroffenen schwer, ein Gespür dafür zu entwickeln, wer nahe kommen darf und wer auf Distanz zu halten ist. Um eine solche Entgrenzung zu vermeiden, soll es den Interviewpartnerinnen möglich sein, sich in einer angenehmen Gesprächsatmosphäre mit den eigenen Erfahrungen auszubreiten, statt mit einer Fülle von Fragen bombardiert zu werden und damit Leistungsdruck und ein hierarchisches Gefälle zwischen Forscherin und Befragter zu schaffen.

Der Leitfaden folgt einem einfachen inhaltlichen Duktus:

- Zunächst soll die Interviewpartnerin Gelegenheit haben, aus dem momentanen Leben zu berichten. Dies dient zum einen dazu, eine angenehme Gesprächsatmosphäre zu schaffen, zum anderen wird sie damit nicht auf ihr Opfersein reduziert. Auf diese Weise kann sie zuerst vom Gelingenden und Alltäglichen in ihrem Leben berichten, bevor sie in die schwierigere Missbrauchsproblematik einsteigt.
- Es folgen Angaben zum erlebten Missbrauch. Dabei geht es nicht so sehr um Details, nach denen schon aus Schutzgründen für die Interviewpartnerin nicht intensiv gefragt werden soll, sondern um allgemeine Angaben zum Alter und Zeitraum des Missbrauchs, zur Person des Täters bzw. der Täter, zur Art der Beziehung zwischen Opfer und Täter. Diese Umstände des Missbrauchs haben Einfluss auf die Art und das Ausmaß der Folgen für das Opfer. Außerdem soll mit diesem Fragebereich die Aufmerksamkeit weg vom Alltag hin zur speziellen Problematik Missbrauch gelenkt werden.
- Bevor nach dem Bewältigungsprozess gefragt werden kann, muss erst mal klar sein, was zu bewältigen ist. Deshalb ist es wichtig zu ergründen, an welchen Folgen die Interviewpartnerin litt bzw. leidet. Mit der Unterscheidung zwischen Folgen im Kindesalter und im Erwachsenenalter besteht die Möglichkeit, eine Dynamik in der Wahrnehmung der Missbrauchsfolgen zu beobachten.

- Nachdem die Konsequenzen des Missbrauchs für das persönliche Leben benannt wurden, geht es um die Frage, auf welche Weise die Interviewpartnerin mit den Belastungen umging und aktuell um geht. Dabei wird sowohl nach positiven wie nach negativen Erfahrungen gefragt, und zwar in jeder Hinsicht, ob mit Menschen, Institutionen, Therapie, inneren Einstellungen etc.
- Im Gespräch wird nun zum ersten Mal bewusst der Bereich Religiosität thematisiert. In größtmöglicher Offenheit und Anpassung an die Sprache und Lebenswelt der Interviewpartnerin soll Raum für eigene religiöse Erfahrungen, Interpretationen, Erlebnisse, Gefühle sein.
- Aktuelles religiöses Erleben hängt immer auch mit biographischen Erfahrungen zu tun. Deshalb soll nach der religiösen Sozialisation im Elternhaus gefragt werden. Das ist auch deshalb von Interesse, da sexueller Missbrauch in der Regel dort statt findet und von daher kritisch zu beobachten ist, ob die Betroffene ihre religiöse Erziehung mit dem Missbrauch in Verbindung bringt.
- Selten lässt sich subjektive Religiosität von Erfahrungen mit den Kirchen trennen, besonders im hiesigen Kontext, in dem trotz zunehmender Entkirchlichung und Entkonfessionalisierung über Religionsunterricht, Sakramentenvorbereitung etc. nach wie vor Berührungspunkte mit Kirchen bestehen, gerade für die Generation der befragten Frauen. Deshalb werden die Erlebnisse mit Kirchen und Einschätzungen zu dieser in Sachen Missbrauch thematisiert.
- Schließlich besteht nochmals die Möglichkeit, die eigene Religiosität zu beschreiben. Es handelt sich um den letzten Teil zum Thema Religiöses im Bewältigungsprozess und soll ausreichend Platz bieten, die unterschiedlichen Dimensionen der Erfahrungen auszuloten, etwa Veränderungen im Lauf der Auseinandersetzung mit dem Trauma, zudem soll auch Raum sein für direkte Nachfragen nach Wandel im Gottesbild, nach der Rolle von Jesus und nach dem Bezug zu anderen Menschen, schließlich nach der Sozialgestalt der Religiosität, falls diese Themen noch nicht von der Interviewpartnerin angesprochen wurden.
- Nun soll möglich sein, im Rückblick auf den Bewältigungsprozess Bilanz bzw. ein Resümee zu ziehen. Alle Frauen, die sich offensiv mit ihren Missbrauchserfahrungen auseinander setzen, kennen die Selbstbezeichnung „Überlebende". Da dieser Terminus sehr viel Aussagekraft hat, um die dramatischen Transformationsprozesse bei der Bewältigung sexuellen Missbrauchs zu beschreiben, soll die Interviewpartnerin direkt

Zur Datenerhebung 229

danach gefragt werden. In eine ähnliche Richtung geht die zweite Frage, was sie anderen Frauen empfehlen würde. Hier besteht die Gelegenheit, das Wichtigste und Wertvollste der eigenen Erfahrungen zu resümieren.
• Schließlich geht es darum, das Interview zu beenden. Die Frage nach der Motivation für das Gespräch gibt Einblick in die Erwartung der Interviewpartnerin, wozu ihr Engagement dienen wird. Mit der Klärung des Befindens zum Schluss des Gesprächs soll es der Interviewpartnerin möglich sein, sich in der Gegenwart zu verorten und wieder in den Alltag hinausgehen zu können.

Der Leitfaden für das Interview folgt insofern einem einfachen Duktus, als er den Versuch darstellt, einen möglichst natürlichen und ununterbrochenen Gesprächsfaden entstehen zu lassen: von der Gegenwart in die Vergangenheit zum erlebten Missbrauch, von dort aus zur Reflexion der Folgen des Missbrauchs, schließlich zum Rückblick auf die Versuche, die Beeinträchtigungen zu bewältigen, auch die religiösen, hin zu einer Bestandsaufnahme der aktuellen religiösen Selbstwahrnehmung.

Der Leitfaden wurde in einem Probeinterview auf Anwendbarkeit hin getestet. Dabei ergaben sich folgende korrigierende Beobachtungen:
• Der Begriff Religiosität muss geklärt bzw. der Sprache der Interviewpartnerin angepasst werden. Dies erfordert vorsichtige, nachvollziehbare und alltagspraktische Umschreibungen („Religiössein heißt nicht unbedingt, jeden Sonntag in die Kirche zu gehen, sondern das können die Quellen sein, aus denen ich lebe; das, was mir heilig ist" etc.), Nachfragen und Achtsamkeit für individuelle Schlüsselerfahrungen.
• Die Interviewerin muss erklären, in welchem Bezug sie und ihre Arbeit zur Institution Kirche stehen. Sonst kann es zu Verzerrungen kommen, die auf dem Missverständnis beruhen, dass die Interviewerin sich nur für kirchliche Formen von Religiosität interessiere.

Von Interview zu Interview reifte der Leitfaden und auch mein Gesprächsverhalten als Interviewerin. Rückblickend können zum Interviewleitfaden folgende Eindrücke festgehalten werden:
• Die meisten Frauen waren durch das vorhergehende Telefonat sehr gut vorbereitet darauf, dass es im Interview um ihre Erfahrungen mit der Bewältigung ihres Missbrauchs geht. Deshalb war es nicht schwierig, die Frauen nach ihren Missbrauchserfahrungen zu fragen. Allerdings erwies es sich als Hürde, einerseits nach den „Rahmenbedingungen" (Täter, Alter etc.) des Missbrauchs zu fragen, andererseits aber nicht weiter in die

Erlebnisse einzusteigen. Die Gefahr bestand darin, die Interviewpartnerin zwar auf ihre Missbrauchserfahrung anzusprechen, sie dann aber nicht ausführlicher davon erzählen zu lassen. Die meisten der befragten Frauen wollten jedoch auch nicht viel vom Missbrauch erzählen und benannten die Vergangenheit mit knappen und präzisen Beschreibungen.

- Die inhaltliche Struktur des Leitfadens erwies sich als angemessener Rahmen, der dem inneren Erleben der Frauen während des Interviews entsprach.
- Insgesamt bewährte sich das vorsichtige, tastende Vorgehen im Interview mit eher wenigen Unterbrechungen durch gezielte Fragen. Insofern stellte der Interviewleitfaden einen Gedächtnisstütze und einen strukturierenden Bezugsrahmen dar, durch den der Erzählfluss angeregt und nicht unterbrochen werden sollte.
- Im Bereich Religiosität stellte sich heraus, dass gezielte Nachfragen und Themenangebote angenommen wurden und hilfreich waren. Dazu gehören insbesondere die Fragen nach dem Gottesbild und der Bedeutung von Jesus, falls diese Themen nicht explizit von den Frauen selbst angesprochen worden waren.
- Die Nachfragephase zur persönlichen Religiosität erbrachte in allen Gesprächen ein Mehr an Erkenntnissen. Die Chance, aus der heutigen Situation Veränderungen wahrzunehmen, ermöglichte einen neuen Blick auf die Bewältigungsprozesse.

2. *Zu den Interviewpartnerinnen: Bestimmung, Suche und Auswahl der Zielgruppe*

Im Vorfeld der Ausschreibung des Forschungsprojektes wurde zunächst die angezielte Untersuchungsgruppe bestimmt. Diese sollte aus erwachsenen Frauen bestehen, die sexuellen Missbrauch als Kind erlebt haben. Für diese Bestimmung gibt es mehrere Gründe:

- Sexueller Missbrauch von Kindern ist ein klarer Tatbestand. Schwieriger wäre es mit der Bezeichnung sexuelle Gewalt, da unter diesem Sammelbegriff sehr verschiedenartige Phänomene subsummiert werden.
- Es macht Sinn, wenn die Erfahrungen der Untersuchungsgruppe relativ vergleichbar sind. Auch wenn die Folgen für Frauen, die als Erwachsene sexuelle Gewalt erleben, ähnlich aussehen wie bei Frauen, die als Kind missbraucht wurden, so hat eine erwachsene Frau, die vergewaltigt wird,

Zur Datenerhebung

mit spezifischen Schwierigkeiten zu kämpfen, die sich vom Erleben von Vergewaltigung als Kind unterscheiden können.
- Mit der Bestimmung, dass der Missbrauch in der Kindheit stattgefunden hat, ist auch klar: Der Missbrauch ist ein Ereignis, das die Betroffene aus der Erwachsenenperspektive reflektieren kann. Sie hat also bereits eine gewisse Distanz zu den Missbrauchserfahrungen und ist somit eher fähig, Veränderungen und Bewältigungsprozesse wahrzunehmen und zu beschreiben.
- Die vorliegende Studie versucht, den Einfluss von Missbrauchserfahrungen auf individuelle Religiosität sowie umgekehrt die Wirkung der individuellen Religiosität auf das Erleben des Missbrauchs sichtbar zu machen. Auch wenn religiöse Sozialisation lebenslang statt findet, ist doch die Kindheit eine privilegierte Zeit der religiösen Entwicklung. Auch aus diesem Grund ist es aus praktisch-theologischer Perspektive von Interesse, die Entwicklung während dieser Lebensphase genauer zu betrachten.

Das Erleben sexuellen Missbrauchs zieht für die Mehrzahl der Betroffenen eine Traumatisierung nach sich. Die gewachsene psychotraumatologische Forschung ordnet sexuellen Missbrauch als Trauma ein, das sich je nach Dauer und Art der Gewaltanwendung und der Art der Beziehung zum Täter dramatisch vernichtend für das Opfer auswirken kann. Die vorliegende Studie versteht sich als Versuch, die Erkenntnisse der Psychotraumatologie für Praktische Theologie zu erschließen, weshalb die Fokussierung auf Frauen mit Missbrauchserfahrungen einen geeigneten Ausgangspunkt bietet.

Die Suche der Interviewpartnerinnen fand über eine Ausschreibung statt, in der im Wesentlichen Angaben zu zwei Bedingungen gemacht wurden. Es wurden Frauen gesucht,
- die in der Kindheit sexuell missbraucht wurden und
- die über ihre Auseinandersetzung und ihren Bewältigungsprozess sprechen wollen. In diesem Prozess kann auch Religiöses eine Rolle spielen.

Außerdem machte ich Angaben zur meiner Person und zu meinem Forschungsinteresse. Altergrenzen und weitere Details über die Art des Missbrauchs wurden nicht vorgegeben, da solche Festlegungen evtl. irritierende Wirkung gehabt hätten. Im Laufe der Untersuchung zeigte sich auch, dass das tatsächlich unnötig war. Alle Frauen, die sich zum Interview meldeten, sind früh, wiederholt und von Tätern im sozialen Nahfeld missbraucht worden. Näheres ist den Verdichtungsprotokollen zu entnehmen.

Die Ausschreibungen wurden über die Landesarbeitsgemeinschaft der autonomen Notrufe in Bayern[1] verbreitet. Als Mitarbeiterin des Frauennotrufs in Passau war ich über diese Landesarbeitsgemeinschaft vernetzt und konnte so diese Infrastruktur nutzen. Auf einer Konferenz dieses Gremiums im Februar 2001 stellte ich das Projekt vor und sandte die Ausschreibung anschließend per Telefax mit der Bitte um Aushang und um gezielte Information an in Frage kommenden Frauen an alle bayerischen autonomen Notrufe. Für diese Suche nach Interviewpartnerinnen ließ ich mich durch eine Anregung von Rijnaarts leiten: „Eine Frau schreibt einen Artikel, hält einen Vortrag über Inzest oder macht anderweitig publik, dass sie sich mit dem Thema befasst. Auf diese Weise kommt sie mit Opfern in Kontakt, die bereit sind, über ihre Erlebnisse zu sprechen."[2] Dieses Vorgehen nennt Rijnaarts das „Schneeballsystem", durch das im Unterschied zu gewöhnlichen Untersuchungsanlagen auch Frauen zu Wort kommen, die nicht klinisch auffällig sind. Die vorliegende Studie erreichte also Frauen außerhalb psychiatrischer Versorgung.

Es ist zu reflektieren, ob die Suche nach Interviewpartnerinnen auf diesem Weg – also über nichtkirchliche Notrufprojekte – Einfluss hatte auf die Untersuchungsgruppe. Auf diese Weise kann davon ausgegangen werden, dass sich Frauen aller religiösen Prägungen, nicht nur kirchlich gebundene, auf die Ausschreibung melden. Dies jedoch ist eine Annahme, deren Überprüfung aussteht. Es ist zu fragen, ob Frauen mit Missbrauchserfahrungen sich *gezielt* an ein kirchliches oder nichtkirchliches Projekt wenden. Beobachtungen aus der Praxis zeigen eher, dass die Betroffenen sich in großer Not an einen Notruf oder an eine Beratungsstelle wenden, ohne deren Trägerschaft zu berücksichtigen. Auf jeden Fall muss für die Auswahl der vorliegenden Untersuchungsgruppe eine gewisse Einschränkung angenommen werden: Angesprochen wurden Frauen, die im Umfeld von autonomen Frauennotrufen von der Ausschreibung erfuhren und nicht Frauen, die sich bewusst an kirchliche Einrichtungen wandten.

Die Befragten sind entweder im Rahmen von Selbsthilfegruppen, durch Mitarbeit im Frauennotruf oder als Klientinnen im Kontakt mit dem Notruf. Dies lässt Rückschlusse auf die Untersuchungsgruppe zu:

- Es handelt sich um Frauen, die sich aktiv mit ihren Missbrauchserfahrungen auseinander setzen.

---

[1] Informationen zu autonomen Notrufen in Bayern im Internet unter: http://www.frauennotrufe.de/.
[2] Rijnaarts, Lots Töchter, 275.

Zur Datenerhebung

- Einige der Befragte engagieren sich im Selbsthilfebereich für andere Betroffene, was darauf schließen lässt, dass sie bereits ein hohes Maß an Auseinandersetzung im Umgang mit dem Missbrauch gewonnen haben.
- Auf die Ausschreibung meldeten sich zwölf Frauen. Diesen stellte ich in einem Telefonat das Anliegen und das Vorgehen meines Projektes vor. In diesem Telefonat ging es um folgende Informationen und Themen:
- Zunächst stellte ich mich vor und klärte meine Rolle im Interview.
- Ich sichere den vertraulichen Umgang mit den persönlichen Daten in jeder Phase der Untersuchung und absolute Anonymität zu.
- Eine Nachfrage nach dem aktuellen Umgang mit der Missbrauchsgeschichte der Frau sollte klären, wie stark sie derzeit unter posttraumatischer Belastung steht. Wichtig war dies vor allem, um die Betroffene durch das Interview nicht in einer Krise zusätzlich zu belasten. Aus forschungsethischen Gründen sollten nur Frauen mit ausreichender Distanz zum Trauma in einer Situation relativer psychischer Stabilität befragt werden. Aus diesem Grund betonte ich auch, dass das Interview einen einmaligen Kontakt darstellt, der evtl. existentielle Themen anrührt. Für diesen Fall sollte die Frau einen Rahmen haben, in dem sie Unterstützung erfährt. Da die interessierten Frauen sich aus dem Umfeld von Frauennotrufen meldeten, war eine solche Hilfestellung durch Notruf-Mitarbeiterinnen immer gewährleistet.
- Es bestand Raum zu Rückfragen, Bedenken, Wünschen.
- Das Vorgehen und der Ort des Interviews wurden besprochen.
- In oder nach diesem Telefonat erklärten sich neun Frauen zum Interview bereit.

3. *Zum Ablauf des Interviews*

Als Ort für das Interview wünschten sich sechs Frauen den Frauennotruf und drei Frauen ein Treffen in der eigenen Wohnung. Vor den Interviews in den jeweiligen Frauennotrufen traf ich mit den entsprechenden Mitarbeiterinnen im Notruf Absprachen zur ungestörten Nutzung eines Raumes, außerdem bat ich um besondere Aufmerksamkeit für die interviewte Frau in den Tagen nach dem Interview, falls diese sich nach dem Interview ein unterstützendes Gespräch wünscht.

Zu Beginn des Zusammentreffens, nach einem ersten gegenseitigen „Beschnuppern", nahm ich das Aufnahmegerät in Betrieb und testete es in einem Probelauf, so dass die Interviewpartnerin sich mit diesem Medium vertraut machen konnte und darauf eingestellt war, dass die Kassette nach 45 Minuten gewechselt werden muss.

Es hat sich bewährt, die Interviewpartnerin gleich zu Beginn des Treffens zu Nachfragen zu ermutigen. Meistens fragten die Frauen nach dem Ziel meiner Arbeit und/oder nach meinen persönlichen Erfahrungen mit der Missbrauchsthematik. Auf diese Weise hatte die Frau die Möglichkeit, ein Stück weit meine Belastbarkeit und Vertrauenswürdigkeit zu testen.

Zu Beginn wurde nochmals geklärt, dass es sich bei dem Interview nicht um ein Gespräch im üblichen Sinne, aber auch nicht um ein „Abhandeln" von Fragen handelt. Folgende Erklärung konnte das Geschehen am besten beschreiben: Die Interviewpartnerin sollte Raum haben, sich mit ihren Erfahrungen auszubreiten, so wie es für sie an diesem Tag stimmte.

Noch im Vorfeld des Interviews klärte ich meine Rolle als Interviewerin und als Theologin. Es stellte sich heraus, dass die befragten Frauen sich sehr dafür interessierten, was eine Frau in der katholischen Kirche beruflich machen kann. Keine Frau fühlte sich durch meine Person dazu gedrängt, allein von ihrer kirchlichen Religiosität zu berichten. Dazu trug auch bei, dass ich noch vor dem Interview erklärte, was ich unter Religiosität verstehe.

Insgesamt trugen zum Gelingen einer angenehmen Gesprächsatmosphäre vor allem die Haltungen der personzentrierten Gesprächsführung nach Rogers bei, welche mit den drei Schlagworten Echtheit, Wertschätzung und Einfühlung zu kennzeichnen sind.[3] Vor allem das Verbalisieren der emotionalen Erlebnisinhalte der Interviewpartnerin förderte die Selbstexploration der Interviewpartnerin. Zwar stellt ein Interview kein nondirektives Gespräch dar, sondern gibt durchaus Richtungen vor. Trotzdem stellt die Autonomie der befragten Person und ihr Expertentum für das eigene Leben einen wichtigen Orientierungspunkt dar. Sie ist es, die jederzeit im Gespräch das Ruder in der Hand haben soll und bestimmen kann, was sie sagen will.

Die Interviews dauerten zwischen einer Stunde und zweieinhalb Stunden. Die Mehrzahl der Interviews überschritt nicht die Länge zweier 45 Minuten Kassettenseiten, d.h. die Interviews dauerten in der Regel etwa eineinhalb Stunden.

Zwei Frauen nutzten die Pause beim Kassettenwechsel für eine kurze Pause. Der größere Teil der Interviewpartnerinnen war so intensiv in die Dynamik des Gesprächs verwickelt, dass sie ohne Ermüdung hochkonzentriert von sich erzählten. Am Ende des Interviews konnten sich die Frauen

---

[3] Vgl. Baumgartner, Pastoralpsychologie, 446-461.

mit der Frage nach dem momentanen Befinden gut im Hier und Jetzt verorten.

Mich erstaunte, wie prompt die Frauen in das Interview einstiegen, ohne große Anlaufphase und sehr gut vorbereitet. Es war zu spüren, dass die Frauen sich bereits im Vorfeld des Interviewtermins mit ihrem Bewältigungsweg und ihrer Religiosität auseinander setzten, was durch den Text in der Ausschreibung und das vorhergehende Telefonat unterstützt wurde.

Die Offenheit der Interviewpartnerin und damit die Qualität des Interviews war auffallend größer, wenn ich meine eigene Einstellung zu sexuellem Missbrauch mitteilte. Diese Art der Parteilichkeit erweckte das Vertrauen der Befragten und nahm die Hürde vor der „Wissenschaftlerin".

4. Nach dem Interview

Nach dem Interview verschriftete ich meine Eindrücke, Vermutungen und Gefühle während des Interviews. Dies sollte zum einen dazu dienen, die Besonderheiten der Interviewsituation festzuhalten, zum anderen der Gefahr von vorschnellen interpretativen Selbstläufern vorzubeugen und ein Gespräch bestimmten persönlichen Kategorien und Meinungen zuzuordnen. Dieses Vorgehen sollte erleichtern, subjektive Verzerrungen meinerseits von tatsächlichen Äußerungen der Interviewpartnerin zu trennen.

Etwa zwei Wochen nach dem Interview fragte ich bei der Interviewpartnerin telefonisch nach, wie es ihr nach dem Interview erging. Einige Frauen erlebten das als wohltuendes Interesse und meldeten sich auch später noch einmal, etwa zum „Jahrestag" des Interviews.

Etwa eineinhalb Jahre nach Aufnahme der Interviews erstellte ich die Verdichtungsprotokolle zu den Interviewpartnerinnen, die diese dann autorisierten und damit zur Veröffentlichung freigaben. Dabei legte ich den Frauen eine Reihe von Sätzen aus ihrem Interview vor, aus denen sie einen als „Titel" für ihr Verdichtungsprotokoll auswählen konnten. Durch dieses Vorgehen versuchte ich, die Befragten so weit als möglich als Subjekte zu beteiligen.

III. Zur Aufbereitung und Auswertung der Daten

Die Interviews wurden vollständig auf Tonband aufgenommen und anschließend transkribiert. Um die Mühe des langwierigen Transkribierens zu erleichtern, versuchte ich, die Transkription durch das Spracherkennungsprogramm Dragon naturally speaking zu beschleunigen. Der Versuch schlug

fehl, da die Trefferquote für richtig erkannte Wörter auch nach ausgiebigem Training nicht zufriedenstellend erhöht werden konnte. Dies wurde sicher auch durch den im natürlichen Reden freieren Satzbau und mundartige Färbungen im Ausdruck verstärkt.
Der Transkription wurden einige Regeln zugrunde gelegt:
- Füllwörter wie „äh", „ähm", „mmh", „oh" etc. wurden bereinigt, sofern sie keine inhaltlichen Auswirkungen hatten.
- Dialekt wurde nur zurückhaltend in Aussagen übernommen, in denen der im Dialekt ausgedrückte Zusammenhang auch nur in diesem nachvollzogen werden kann.
- Wenn durch schlechte Aufnahmequalität oder hohe Sprechgeschwindigkeit Wörter für die Transkription nicht mehr rekonstruierbar waren, ist das in Klammern mit (unverständlich) angegeben. Sollten mehrere Worte oder ein Satz nicht transkribierbar sein, ist das entsprechend in Klammern vermerkt, etwa: (unverständlicher Satz).
- Nonverbales Geschehen, das für die Auswertung relevant ist, wird in Klammern angegeben, etwa: (lacht), (weint), (schlägt wütend auf den Tisch).
- Wenn die Interviewpartnerin grammatikalisch den Satzduktus verlässt oder mitten in einem Satz abbricht und neu beginnt, wird das in der Transkription mit drei Punkten markiert, etwa: „Ich meine... nein, gestern war es anders".
- Pausen, die länger als einen Moment dauerten, und bedeutsam sind, werden in Klammern angegeben: (Pause).
- Das große I steht für Interviewerin, das große A für Interviewpartnerin A (entsprechend bei B, C, D...)
- Alle anonymisierten Daten werden mit dem Kürzel xy bezeichnet und in Klammern genauer bestimmt, etwa xy (Ort), xy (Geburtstag), xy (Name der Mutter).
- Die Interpunktion des Textes wurde nach den Regeln der neuen deutschen Rechtschreibung vorgenommen. Hier musste die Originalaufnahme manchmal zugunsten der Lesbarkeit in Sätze geformt werden.

Der vollständig transkribierte Text umfasste ca. 250 DIN A4 Seiten. Diese wurden für die Auswertung im Computerprogramm Win MAX 97 pro vorbereitet. Dazu wurden die Interviews jeweils in Nur-Text-Dateien konvertiert. Im Programm Win MAX 97 pro sind die Texte unabänderliche Dokumente, der Text an sich kann also nicht mehr verändert werden.

Von den neun Interviews war eines für die Auswertung ungeeignet. Die Befragte hatte aufgrund ihrer dissoziativen Identitätsstörung („multiple Persönlichkeit") große Mühe, im Gespräch einen Faden zu halten. Mehrmals wechselte sie die Persönlichkeit und wusste dann nicht mehr, um was es gerade inhaltlich ging. Leider konnte dieses Gespräch deshalb nicht in den weiteren Auswertungsvorgang einbezogen werden. Insgesamt wurden also acht Interviews transkribiert und mithilfe von WinMax 97 pro ausgewertet. Nach diesem Vorgang wurden Datendisplays angefertigt, die die Daten der Auswertung für die ausführliche Darstellung strukturierten.

C. Biographische Verdichtungsprotokolle

I. Begründung des Instruments

Die Verwendung biographischer Verdichtungsprotokolle legen mehrere Gründe nahe: Der große Umfang des Datenmaterials macht eine vollständige oder teilweise Veröffentlichung unmöglich. Gleichzeitig gehört es zu den zentralen Anliegen qualitativ-empirischer Forschung, einzelfallbezogen und nachvollziehbar zu arbeiten.[1] Insofern bieten Verdichtungsinterviews die Gelegenheit, die interviewte Einzelperson in ihrer individuellen Biographie aufscheinen zu lassen und damit Zugang zu den Einzelfällen der Untersuchung zu schaffen. Anhand dieser Verdichtungen ist es möglich, die Bedeutung von Ereignissen (wie etwa sexuellem Missbrauch) für eine biographische Entwicklung nachzuvollziehen. Durch die verdichtete Rekonstruktion des Interviews können die je subjektiven inneren Zusammenhänge nachvollzogen werden.

Die vorliegende Untersuchung stützt sich auf einen problemzentrierten Interviewleitfaden, der die forschungsrelevanten Themen fokussiert. Der konkrete Ablauf des Interviews orientierte sich am biographischen Faden der interviewten Frauen, und zwar unter besonderer Berücksichtigung der Themen Missbrauch und Religiosität. Auch wenn die vorliegende Arbeit damit also nicht die *gesamte* Biographie einer Person beinhaltet, sind es doch die Grundanliegen der Biographieforschung, die im Hintergrund stehen und deretwegen die Verwendung von biographischen Verdichtungen sinnvoll erscheint.

---
[1] Vgl. Lamnek, Qualitative Sozialforschung, 311-328.

Klein beschreibt in Anbindung an Kohli[2] drei Erwartungen der Biographieforschung: Ganzheitlichkeit und Syn-optik, Subjektivität und prozessuale Sichtweise:[3]

- Mit der Forderung nach Ganzheitlichkeit ist der Wunsch verbunden, menschliches Leben nicht in postmoderner Manier aufzusplittern und in verschiedene Bereiche zu fragmentieren, die unverbunden nebeneinander stehen. Es geht darum, die gegenseitigen Einflussnahmen der Lebensbereiche und Abschnitte im Auge zu behalten – also dem Leben der Interviewpartnerinnen mit der Haltung der Syn-Optik zu begegnen.
- Biographieorientierte Forschung geht davon aus, dass die Befragten selbst ExpertInnen ihres Lebens sind. Es sind die subjektiven Deutungen und individuellen Besonderheiten von Menschen, die ihr Leben bestimmen. Deshalb geht es im biographischen Ansatz um die „wissenschaftliche Wahrnehmung der eigenen Sinnstrukturen"[4].
- Jede aktuelle Einschätzung eines Menschen ist bestimmt durch das, was er bereits erlebte und was er sich von der Zukunft erwartet, wünscht und von ihr befürchtet. Leben ist geprägt von Veränderung und insofern als Prozess zu verstehen. „Konzeptionen, die den Menschen statisch betrachten, ohne seine kreativen Möglichkeiten der Veränderung in der Zukunft und seine Gewordenheit in der Vergangenheit, machen ihn leicht zum kalkulierbaren und verfügbaren Objekt."[5] Biographische Forschung stellt den Versuch dar, den prozesshaften Charakter menschlicher Deutungen im Rahmen seiner biographischen Entwicklung zu beschreiben und zu verstehen.

Diese Desiderate biographischer Sozialforschung erinnern im Rahmen dieser Arbeit daran: Es geht darum, mit syn-optischer Herangehensweise die subjektiven und prozesshaften Zusammenhänge menschlicher Konstruktion nachzuvollziehen. Dies geschieht sinnvollerweise, indem die Betroffenen selbst zur Sprache kommen und indem sie ihre Einschätzungen in einer längeren biographisch orientierten Erzählung entfalten können. Zum Thema Religiosität im Kontext von Missbrauchserfahrungen etwa kann relevant sein, welchen Missbrauch die Betroffene erlebte, wie die religiöse Erziehung aussah, welche Bewältigungsmöglichkeiten ihr zur Verfügung stan-

---

[2] Vgl. Kohli, Erwartungen an eine Soziologie des Lebenslaufs.
[3] Vgl. Klein, Theologie und empirische Biographieforschung, 84-86.
[4] Ebd., 85.
[5] Ebd., 85f.

Begründung des Instruments 239

den/stehen, welche Erfahrungen sie mit VertreterInnen der Kirchen macht/machte etc.

Neben diesen Anregungen aus der Biographieforschung sprechen auch untersuchungsinterne Gesichtspunkte für die Verwendung von biographischen Verdichtungsprotokollen:

Die befragten Frauen selbst gaben mehrfach direkt an, dass sie an eine Veröffentlichung ihrer Geschichte denken. Diese Motivation ist im Zusammenhang der Psychodynamik des Missbrauchs zu erklären: Nach wie vor liegt ein eisernes Schweigetabu für sexuellen Missbrauch vor, insbesondere für innerfamiliären. Die innerpsychischen wie gesellschaftlich-strukurellen Verdrängungsmechanismen führen zum Unsichtbarbleiben der Erfahrung sexuellen Missbrauchs. Seit den 80er Jahren werden Missbrauch und Inzest zwar zunehmend auch öffentlich thematisiert, jedoch oftmals eher reißerisch und in klassischen Opfer/Täterstereotypen. Das gilt auch und vielleicht gerade besonders für den kirchlichen Bereich. Das ändert jedoch nichts an der Tatsache, dass der größte Teil der Frauen sich schämt und/oder schweigt. Nur wenigen stehen die Ressourcen zur Verfügung, sich aktiv mit ihrer Geschichte auseinander zu setzen und sie dem Schweigebann zu entreißen.

Diejenigen Frauen, die sich zu den Interviews bereit erklärten, gehören zu diesen Frauen, die sich durch das Erzählen ihrer Missbrauchsgeschichte von Schuld- und Schamgefühlen befreien und den Anspruch haben, durch die Veröffentlichung das gesellschaftliche und kirchliche Tabu zu brechen. Aus diesem Grund soll in dieser Arbeit durch verdichtete Rekonstruktion ein Einblick in die Biographien der befragten Frauen möglich sein.

II. Methodisches Vorgehen

Günther[1] gibt zwei Schritte für die Erstellung von Verdichtungsprotokollen an: die Sequenzierung des Datenmaterials und die anschließende Paraphrasierung. Für die Sequenzierung werden inhaltlich zusammengehörende Passagen des Interviews zusammengestellt. Diese Themenblöcke werden dann paraphrasiert und damit in eine lesbare Form gebracht, die die typischen Merkmale der Person wiederzugeben versucht.

Wesentlich für die Erstellung der Verdichtung ist die Orientierung am Sprechstil und der Wortwahl der Befragten. In den folgenden Verdichtungsprotokollen werden, so weit wie möglich, die Formulierungen der befragten

---

[1] Vgl. Günther, Wenn die Ehe scheitert, 246.

Frauen übernommen. Damit ist das Ziel verbunden, einen möglichst authentischen Eindruck der Frauen zu vermitteln.

Biographische Rekonstruktion ist immer ein subjektiver Vorgang und will keine objektive Wahrheit darstellen. Es geht um die individuellen Plausibilitäten der Befragten, um *deren* Wahrheiten. Deshalb werden in der Verdichtungen im Indikativ (und nicht im Konjunktiv) formuliert – für die Befragten *ist* es so. Es geht um deren Perspektive und nicht um den wissenschaftlichen Blick auf diese. Die Verdichtungsprotokolle sind in drei Bereiche untergliedert:

- Zur Person und Missbrauchsgeschichte
- Religiöse Sozialisation und Erfahrungen mit Kirche
- Persönliche Religiosität

Mit dieser Aufteilung wird einerseits der Ablauf des Interviews übernommen, das chronologisch in etwa diesen Dreischritt verfolgte; es handelt sich insofern also um eine „natürliche", naheliegende Untergliederung. Andererseits wurde diese im Interesse leichterer Lesbarkeit und zügigerer Überblickbarkeit gewählt. Zudem ist in dieser Aufteilung schon ein Rahmen vorgegeben, der sich im Interviewleitfaden spiegelt und der die Sensibilität der LeserInnen für die Auswertung vorbereiten kann.

Während die ersten beiden Bereiche unmittelbar nachvollzogen werden können, ist vermutlich der dritte Bereich mit einer klärenden Bemerkung zu versehen: Mit *persönlicher* Religiosität sind die Deutungen, Vorstellungen und Praktiken der befragten Frau gemeint, die für sie aktuell stimmen. Es geht also um die individuelle Religiosität, die mit religiöser Sozialisation und Erfahrungen mit Kirche zusammenhängen kann, aber nicht muss. Allerdings ist der Begriff der Religiosität – wie bereits an anderer Stelle ausführlich erörtert – ein schillernder und wird von den befragten Frauen nicht im wissenschaftlichen Sinn verwendet. Auch aus diesem Grund bieten die Verdichtungsprotokolle eine gute Möglichkeit, sich in den individuellen Plausibilitätsrahmen einer Person hineinzudenken und von dort aus zu versuchen, ihre Religiosität nachzuvollziehen.

Insgesamt ist anzumerken, dass, bei allem Bedürfnis nach Strukturierung, die einzelnen Verdichtungsinterviews sehr geprägt sind von der jeweiligen Persönlichkeit und vom Mitteilungsstil der befragten Frau. Die eine erzählt breiter und bunter, die andere knapper und fokussierter, wieder eine andere vorsichtiger und zurückhaltender. In dieser Vielfalt liegt der Reiz der folgenden Verdichtungsprotokolle, in jedem für sich und im Vergleich miteinander.

Methodisches Vorgehen

Die folgenden Verdichtungsprotokolle wurden den Frauen nach vorheriger Absprache zugesandt, damit sie selbst den Text durchsehen und für die Veröffentlichung frei geben können. Außerdem wurden jeder Frau einige Originalsätze aus dem Interview zur Auswahl gestellt, um damit eine „Überschrift" für das Verdichtungsprotokoll zu erstellen. Diese Mitbeteiligung der Befragten sollte ermöglichen, sie in den Forschungsprozess einzubeziehen.

Zwei Frauen lehnten es ab, ihr Verdichtungsprotokoll zu lesen, da es sie zu sehr destabilisieren würde, jedoch stimmten sie einer Publikation zu. Die Veröffentlichung von biographischen Erfahrungen, noch dazu traumatisierenden, löst in den Betroffenen viel aus. Schwarz auf weiß von eigenen dramatischen Erfahrungen zu lesen konfrontiert die Betroffenen und kann sie triggern. Hier wird deutlich, welch große ethische Verantwortung im Untersuchungsprozess auf der Seite der Forscherin liegt und wie wichtig es ist, personbezogen, einfühlsam und flexibel auf die Befragten zu reagieren. Die anderen Frauen freuten sich über die Möglichkeit, ihr Protokoll zu autorisieren und dadurch in den Forschungsprozess eingebunden zu werden.

Die Verdichtungsprotokolle sind also von den jeweiligen Frauen korrigiert (mit Ausnahme von Interview C und E) und wurden von den Befragten zum Abdruck freigegeben. Bei der Überschrift handelt es sich um ein wörtliches Zitat aus dem Interview, das die Befragten selbst aussuchten. Die sprachliche Formulierung der Protokolle greift möglichst stark die Originalsprache des Interviews auf.

III. Soziodemographische Daten zu den Interviewpartnerinnen

Um einen kurzen vergleichenden Überblick über die Lebenssituationen der Befragten zu ermöglichen, wurden diese um folgende soziodemographische Angaben gebeten:

Frau	A	B	C	D
Alter	35	53	25	48
Ausbildung	Studium	Sekretärin	Floristin	Industriekauffrau
Derzeitige Berufstätigkeit	Familienarbeit	Altenpflegerin	ohne Beschäftigung	Verwaltungsangestellte
Familienstand	verheiratet, zwei Kinder	verheiratet, zwei Kinder	ledig	geschieden, zwei Kinder
Konfession als Kind	evangelisch	katholisch	evangelisch	evangelisch
Konfession als Erwachsene	evangelisch	katholisch	evangelisch	evangelisch

Frau	E	F	G	H
Alter	35	36	45	28
Ausbildung	Pharamazeutisch-technische Angestellte	Kinderpflegerin, Arzthelferin	Akademikerin	Studium
Derzeitige Berufstätigkeit	Familienarbeit	berentet	selbstständig tätig	Teamassistentin
Familienstand	verheiratet, zwei Kinder	ledig	ledig, ein Kind	ledig
Konfession als Kind	evangelisch	evangelisch	evangelisch	evangelisch
Konfession als Erwachsene	ohne Bekenntnis	evangelisch	ohne Bekenntnis	evangelisch

IV. Verdichtete Rekonstruktion der Interviews

1. „Das Spüren ist mir ganz wichtig" – Interview mit Frau A

Zur Person und Missbrauchsgeschichte

Frau A ist zum Zeitpunkt des Interviews 35 Jahre alt. Sie ist verheiratet und hat zwei kleine Kinder, die noch nicht den Kindergarten besuchen. Beruflich macht sie gerade eine Pause. In einem Frauenprojekt einer benachbarten Kleinstadt arbeitet sie mit und leitet eine Selbsthilfegruppe für sexuell missbrauchte Frauen. Über diese Arbeit hat sie von dem Interview erfahren und meldet sich, weil sie davon ausgeht, dass es ihr etwas bringt. Sie hat die Erfahrung gemacht, dass das Reden über ihre Missbrauchserfahrungen wichtig ist, damit sie die verdrängten Seiten aus der Verschüttung herausholen kann.

Frau A ist studierte Diplomhaushaltsökonomin und war in diesem Beruf tätig, als sie mit 28 Jahren anlässlich einer Augenerkrankung starke psychische Probleme hatte und dabei entdeckte, dass die Ursache mehr sein musste als die aktuelle Erkrankung. So erinnerte sie sich an den sexuellen Missbrauch durch ihren acht Jahre älteren Bruder, als sie ca. acht Jahre alt war. Diese Erfahrungen kehrten in Bildern stückweise in ihr Gedächtnis zurück und destabilisierten sie bis hin zu Suizidgedanken beträchtlich. Wenn ihr als Erwachsene der Bruder begegnet, reagiert sie stark psychosomatisch und fühlt sich sehr schlecht. Am deutlichsten spürt sie die Beeinträchtigung durch den Missbrauch darin, dass ihr Lebendigkeit fehlte und viel Energie gebunden war. Die Verdrängung kostete sie unbewusst viel Energie. Als die Erinnerung zurückkam, brach alle alltägliche Routine zusammen und sie war körperlich und psychisch schwer belastet.

Zu den negativen Folgen des Missbrauchs rechnet sie auch das eingeschränkte Ausleben ihrer Sexualität. Sie geht selbst davon aus, dass sie nicht verheiratet wäre, wenn sie zum Zeitpunkt der Erinnerung an den Missbrauch nicht schon in Partnerschaft zu ihrem jetzigen Mann gelebt hätte.

Über die Teilnahme an einer Selbsthilfegruppe und eine Psychotherapie konnte sie sich Unterstützung holen. Sie betont, dass sie vor allem im Zusammensein mit anderen Betroffenen lernen musste, sich zu öffnen, wobei sie es als hilfreich erlebte, nicht allein mit ihren Erfahrungen zu sein. Gleichzeitig relativiert sie ihre eigenen Missbrauchserfahrungen in der Konfrontation mit den Geschichten anderer Frauen, die von den eigenen Eltern und über einen langen Zeitraum missbraucht worden waren, an gravierenden psychischen und körperlichen Folgen litten oder erst in höherem Alter mit der Aufarbeitung ihres Missbrauchs begannen. Trotzdem versucht sie, ihre eigenen Erfahrungen ernst zu nehmen, da viele Parallelen zu den anderen Frauen bestehen. Auch ihr Mann unterstützt sie maßgeblich.

Religiöse Sozialisation und Erfahrungen mit Kirche

Frau A erlebte ihre Erziehung als nicht so stark christlich. Sie wurde evangelisch getauft und empfand ihre Konfirmation als gut. Ihre Eltern gingen selten in die Kirche und waren nicht besonders gläubig. Beide Großmütter waren christlich und hatten einen starken Bezug zur Natur, was Frau A als positiv darstellt.

Religiöse Fragen brechen für Frau A verstärkt wieder mit der Erziehung ihrer Kinder auf, die ihr solcherart Fragen stellen. Dabei wurde ihr bewusst, dass ihr das Spirituelle fehlt. Bei der Taufe des ersten Kindes war sie von Äußerungen des Pfarrers über alleinerziehende Frauen so enttäuscht, dass sich ihre Skepsis gegenüber der Kirche verstärkte.

Frau A suchte den Kontakt mit der evangelischen Kirche und einer Freikirche und besuchte theologische Vorträge. Auch wenn sie dabei einige gute Erfahrungen machte, erlebt sie insbesondere die evangelische Kirche als patriarchalisch. Damit verbindet sie die Verpflichtung, als Frau lieb und nett zu sein und ehrenamtliche Arbeit zu leisten. Ihr fehlt die Gleichberechtigung zwischen Mann und Frau und sie wünscht sich, dass auch Frauen die Bibel auslegen.

In der Kirche stört sie die Dominanz eines männlichen Gottesbildes, das verhindert, dass sie sich als Frau findet. Mit Christentum verbindet sie die Vorstellung, dass Mann und Frau eine Einheit bilden, treu sind und dass Familie wunderbar ist. In ihrer eigenen Lebensgeschichte hat sie das Gegenteil erlebt und dieses schmerzlich realisieren müssen. Für die Bewältigung ihres Missbrauchs hat sie von der Kirche keine Hilfestellung erhalten. Christliche Religion empfindet sie als verkopft und reglementierend. Heute ist sie stolz darauf, ein Stück weit aus dem Rahmen dessen, was die Religion vorgibt, auszubrechen.

Zur persönlichen Religiosität

Im Zusammensein mit den Frauen in der Selbsthilfegruppe erlebt sie eine Kraft, die sie als religiös bezeichnet. Sie verbindet damit das Gefühl, geborgen und angenommen zu sein. Für sie ist es eine neue Erfahrung, diese Qualitäten zulassen zu können und sie erlebt dabei, dass sie weiter kommt, indem ihr Inneres gespiegelt wird.

Große Bedeutung für ihre religiöse Praxis hat der Kontakt mit der Natur und deren Elementen. Den Wind empfindet sie als ihren Begleiter, der ihr die Leichtigkeit zurückgibt, die ihr so lange fehlte. In der Begegnung mit der Natur breitet sich in ihr Ruhe aus. Besonders wichtig ist ihr das konkrete Spüren: den Wind, ihren Körper, die Sonne, einen Menschen körperlich zu begreifen.

Herkömmliche Gottesvorstellungen lehnt sie ab, da diese zu stark personifizieren. Sie geht von einer Kraft aus, die in jeder Pflanze, im Wind, in der Sonne, in den Bäumen – in allem – existiert. Zu dieser Kraft will sie Verbindung aufnehmen. Dies gelingt ihr vor allem durch das intuitive Spüren, das sie vom kopfgesteuerten Nachdenken absetzt. Die göttliche Kraft stellt sie sich als immaterielle vor, die einfach da ist und zu der sie dazu gehört. Als Wendepunkt in ihrer religiösen Entwicklung erlebte sie ein Wochenende mit der Selbsthilfegruppe, das von einer sehr spirituellen Frau geleitet wurde, die ihr neue Impulse gab und sie anregte, sich mit der Natur auseinanderzusetzen und andere Wege zu gehen.

Insgesamt ist ihr wichtig, ihre ganz persönlichen und subjektiven, d.h. nicht kopfmäßigen, Erfahrungen im spirituellen Bereich machen zu können. Früher hatte sie keinen persönlichen Bezug zu Religiösem.

Frau A vermisst es, über Spirituelles mit anderen Menschen zu sprechen. In ihrem Alltag ist das Thema im Kontakt mit anderen eher tabu, obwohl sie es als so wichtigen Energiepunkt erlebt.

Frau A sieht eine deutliche Veränderung ihrer Religiosität im Verlauf ihres Bewältigungsprozesses: Früher erlebte sie Religiöses als etwas Interessantes, das jedoch nicht lebensnotwendig war. Nach dem ersten Bewusstwerden des Missbrauchs, was sie als Überfall erlebte, der sie komplett umwarf, wurde ihr Religion immer wichtiger. Heute betrachtet sie ihre Spiritualität als essentiell und als das einzige, was ihr in psychischen Notsituationen wirklich helfen kann.

2. „Ich suche nach Wahrheit und Sinn" – Interview mit Frau B

Zur Person und Missbrauchsgeschichte

Zum Zeitpunkt des Interviews ist Frau B 53 Jahre alt. Sie ist verheiratet und Mutter inzwischen erwachsener Kinder. Ihr gelernter Beruf ist Sekretärin, jedoch arbeitet sie aktuell als Altenpflegerin und freut sich darüber, eine so verantwortungsvolle Aufgabe übernehmen zu können. Frau B gehört zu einer Selbsthilfegruppe für Frauen mit Missbrauchserfahrungen und hat dort von dem Interview erfahren. Sie meldet sich, da sie es wichtig findet, nicht im stillen Kämmerlein vor sich hin zu leiden. Sie will zeigen, dass das Bild der schwachen und kaputten Frau nicht stimmt.

Über zehn Jahre hinweg wurde Frau B als Kind sexuell missbraucht durch einen Mann, der in demselben Haus wohnte. Ihre Familie lebte in einem großen Haus, in dem es keine abgeschlossenen Wohnungen gab, sodass der Täter freien Zugriff auf das Mädchen und seine beiden Brüder hatte. Der Missbrauch bestand nicht nur aus sexualisierten Quälereien und Vergewaltigungen, sondern vollzog sich auch in äußerst gewalttätigen, lebensbedrohlichen und folterähnlichen Handlungen unter drastischen Morddrohungen. Bei diesen Torturen hatte Frau B auch Nahtoderlebnisse, in denen sich ihr eigenes Leben widerspiegelte, jedoch verstand sie erst Jahre später, dass das leidende Kind, das sie dabei sah, sie selbst war. Diese Nahtoderfahrungen sieht sie als Grund für ihr Überleben an, da sie dabei ihre verstorbene Großmutter traf, die sie ins Leben zurückführte und ihr sagte, dass sie nicht bleiben dürfe. Der Missbrauch endete mit dem Tod des Täters.

Frau B erlebte neben dem fast vollzogenen physischen Tod den psychischen Tod. Durch den immensen körperlichen Schmerz verlor sie irgendwann das Bewusstsein, jedoch hörte ihr Hirn nicht auf zu arbeiten, konnte keine Ruhe mehr finden. Diesen Zustand bezeichnet sie als die Hölle.

Als Erwachsene gelang es ihr über Jahre hinweg, diesen Horror zu verdrängen. Als jedoch ihr Kind in der Grundschule selbst Gewalt ausgesetzt war und ihr Vater starb, kamen die abgespaltenen Erinnerungen schlagartig wieder hoch. Oft hatte sie Selbstmordgedanken und massive psychosomatische Beschwerden. Gleichzeitig erlebte sie in sportlichen Aktivitäten und durch die Einbindung in eine Selbsthilfegruppe Unterstützung. Sie ist stolz darauf, trotzdem das Leben zu schaffen. Dazu gehört das ständige Hinterfragen der Dinge, das Suchen nach dem Sinn und der Anspruch, es selbst besser machen zu wollen.

Religiöse Sozialisation und Erfahrungen mit Kirche

Frau B wuchs katholisch auf und besuchte eine Klosterschule. Im katholischen Milieu ihrer Kindheit erlebte sie kaum Hilfreiches. Als sie in der Schule ihre Gewalterfahrungen andeutete, wurde sie als Lügner abgestempelt und musste 50mal schreiben: Du darfst nicht lügen. Im Religionsunterricht ging es oft um den Teufel. Sie interpretierte daraufhin den Gewalttäter als Teufel, der in der Nacht zu ihr kommt, da sie sich nicht vorstellen konnte, dass er ein Mensch ist. Als sie ihren Eltern davon erzählte, empfahlen diese ihr zu beten, was sie nachts stundenlang tat.

Eine Vielfalt an anderen Themen bestimmten ihre religiöse Sozialisation in der Kindheit: Die Jungfräulichkeit und Reinheit der Gottesmutter Maria, der gegenüber die sündige, verführerische Frau stand, die mit der Schlange in Verbindung gebracht wurde. Sexualität verband sie bereits als Kind mit Sünde, außerdem war ihr klar: Wer Opfer wird, ist selbst schuld. Diese Erfahrungen assoziiert sie mit dem, was Pfarrer im Religionsunterricht weiter gaben und womit sie beim Beichten konfrontiert war.

Mit etwa zwölf Jahren ereignete sich in ihr ein großer Bruch, ab dem sie nichts mehr glaubte. Auslöser war ihre Auseinandersetzung mit der Hexenverfolgung, die sie als große Ungerechtigkeit gegenüber Frauen empfand. Außerdem machte sie der Vergleich mit der Gottesmutter Maria todunglücklich: Diese stand ihr als fromme, reine Prinzessin mit Schleier als unerreichbares Ideal vor Augen.

Katholische Kirche erlebt Frau B heute als lebensfremden, lernunfähigen Machtapparat von Männern, in dem ein dümmliches Frauenbild propagiert wird. Im Papst und den Männern im Vatikan sieht sie alte demente Männer, die sich über Blödsinn wie Jungfräulichkeit den Kopf zerbrechen und damit an Kindern Schaden anrichten. Sie vermisst tolerantes Denken.

Zur persönlichen Religiosität

Als Frau B im Erwachsenenalter ihre Gewalterfahrungen stückweise bewusst wurden, empfand sie Unterstützung durch eine alte Muttergottesfigur aus ihrer Kindheit. Dieses damals so unerreichbare, gehasste Ideal fiel ihr durch Zufall beim Ausräumen des Elternhauses in Form einer alten Gipsfigur in die Hände. Im Lauf der Jahre waren Hände und Füße der Figur abgeschlagen, was bei ihr überraschenderweise eine neue Möglichkeit der Identifikation auslöste: Die Superschöne von damals hatte plötzlich Schrammen und Makel wie sie selbst. Diese Erkenntnis half Frau B enorm weiter und rechnet sie zu ihrem Glauben. Ein solches Muttergottesbild hilft ihr heute noch.

Ähnlich ergeht es ihr mit der Figur Jesu: Sie sieht eine Verbindung zwischen ihrem und seinem Leiden. Jesu Kreuzestod erlebt sie nicht als Opfertod, sondern als menschliche Gewalttat, mit der sie ihre eigene Geschichte identifizieren kann. Sie sieht, dass es ihr genauso wie Jesus ergangen ist. Deshalb spielt für sie das Symbol des Kreuzes eine unterstützende Rolle.

Gott stellt sich Frau B als positiv besetztes Machtbündel vor. Sie lehnt das Vaterbild für Gott ab. Sie redet ihn mit Du an und erlebt Gott auch in sich selbst, was ihr unheimlich vorkommt. Warum Menschen so Schreckliches erleiden müssen, wie sie selbst es erlebt hatte, versteht sie nicht und klagt deshalb Gott an, fragt nach seiner Rolle dabei. Sie erlebt seinen Rückzug in der himmlischen Allmacht. Ihre Frage nach dem Sinn und der Ursache der Gewalt wird ihr von Gott nicht beantwortet. Sie versteht nicht, warum das so sein muss, zumal sie sieht, dass jeder Mensch und vor allem jedes Kind gut ist und keine Prüfung nötig ist. Aufgrund dieser Sinnlosigkeit ist sie immer wieder sehr verzweifelt.

Frau B´s religiöse Praxis besteht vor allem in Trancezuständen, in die sie sich täglich versetzen kann, wie auf Knopfdruck. Dabei sieht sie sich von oben, meditiert, holt sich Kraft und betet und macht auch die Erfahrung, dass Verstorbene ihr zu Hilfe kommen und sie stärken. Frau B erfährt in den Trancen immer wieder Außerordentliches, etwa dass ihre Eltern sich anschauen müssen, wie sie als Kind vergewaltigt wurde. Sie geht davon aus, dass Menschen nach dem Tod sich noch einmal ansehen müssen, wofür sie verantwortlich gewesen wären.

Religion verbindet sie stark mit dem Anspruch, es selbst besser zu machen. Sie will nicht über andere urteilen, sondern stetig an sich selbst arbeiten. Das bezeichnet sie als ihre Überlebensstrategie, ohne die sie verrückt werden würde. Sie will zu sich stehen und dazu braucht sie keinen Pfarrer.

Frau F versteht sich als eine, die ständig auf der Suche ist nach dem Sinn des Lebens. Sie beschäftigt sich viel mit anderen Religionen, bereist andere Länder und findet auch dort Wahrheit. Allerdings sieht sie, dass überall, wo Menschen an der Macht sind, Religion in ihrem Sinne benutzt wird. Darüber liest und studiert sie viel.

Religiöses sucht sich Frau B vor allem selbst. Sie ist weder Mitglied in einer Kirchengemeinde noch an eine sonstige Gruppierung gebunden.

3. „Der schlimmste Tod ist der Seelentod" – Interview mit Frau C

Zur Person und Missbrauchsgeschichte

Frau C ist zum Zeitpunkt des Interviews 25 Jahre alt. Sie ist gelernte Floristin und aktuell ohne Beschäftigung. Sie lebt in Partnerschaft mit ihrem Freund. In einem Frauennotruf befindet sie sich in Beratung und engagiert sich dort im Selbsthilfebereich. Auf diesem Weg hat sie vom Interview gehört und sich gemeldet. Sie will durch ihre Beteiligung den Zusammenhalt unter Opfern stärken und anderen Frauen und Kindern helfen.

Frau C hat etwa ein Jahr vor dem Interview eine versuchte Vergewaltigung durch ihren Vermieter erlebt, was sie psychisch massiv destabilisierte und dazu führte, dass sie sich für eine berufliche Auszeit entscheiden musste.

In der Kindheit wurde sie mit drei Jahren, kurz vor Kindergarteneintritt, das erste Mal von ihrem Onkel vergewaltigt. Dieser missbrauchte sie bis zum neunten Lebensjahr, teilweise mehrmals täglich und unter Gewaltanwendung, wovon körperliche Narben zeugen. Auch ihr Vater missbrauchte sie im Alter von elf Jahren beim Campen. Frau C bezeichnet ihre Herkunftsfamilie als Inzestfamilie, in der jeder mit jedem sexuell verkehrte. Ihre Mutter wurde während der Kindheit selbst sexuell missbraucht. Als Kind berichtete Frau C ihrer Mutter vom Missbrauch, woraufhin diese ihr empfahl, still zu halten und meinte, dass sie damit für später lerne.

Aufgrund dieser Familienverhältnisse kam Frau C in ein Kinderheim, in dem sie in einer Gruppe für Missbrauchsüberlebende untergebracht war. Als Jugendliche lebte sie bis zur Vollendung der Volljährigkeit in einem anderen Heim, das von Ordensfrauen geführt wurde.

Neben körperlichen und psychosomatischen Symptomen wie Asthma, Schlafstörungen und Essstörungen wirkte sich der Missbrauch vor allem auch psychisch aus. Am schlimmsten empfindet sie bis heute den Seelentod, der für sie bedeutet, weiter leben zu müssen, ohne Gefühle zu haben, nur noch zu vegetieren. Sie erlebt sich dann als tot: körperlich da, aber geistig weg.

Negative Auswirkungen sieht sie auch in ihren Kontakten mit Männern. Flashbacks machen sexuelle Begegnungen mit ihrem Partner äußerst schwierig. Auch in Alltagskontakten hat sie mit Männern Schwierigkeiten und berichtet von Wiederholungen der Missbrauchsdynamik in Beziehungen mit Männern.

Es vergeht kaum ein Tag, an dem sie nicht an all das, was ihr angetan wurde, denken muss. In ihrer Psychotherapie lernt sie, ihre Gefühle wahrzunehmen und zu leben. Frau C entdeckte im Tanzen, Malen und Schreiben von Gedichten wichtige Ausdrucksformen ihrer Gefühle. Das Tanzen betrachtet sie als ihr wichtigstes Lebenselement, seit sie mitbekommen hat, dass sie während ihrer ganzen Kindheit missbraucht wurde. Dabei erlebt sie, unantastbar zu sein, fühlt sich lebendig statt tot und geschützt, wie ungeboren im Mutterleib. Sie träumt davon, eine Tanztherapieausbildung zu machen und damit anderen Betroffenen helfen zu können.

Religiöse Sozialisation und Erfahrungen mit Kirche

Frau C wurde evangelisch getauft und konfirmiert. Erfahrungen mit religiöser Erziehung schildert sie aus der Zeit im ersten Kinderheim, in dem sie eine Erzieherin als Ersatzmutter erlebte, da diese sich wie ein Engel an ihrer Seite sehr für sie einsetzte und ihr Gottesbild mit dem Satz prägte: „Gott nimmt uns alle so, wie wir sind". Sie ging alle zwei Wochen in den Gottesdienst und empfand Kirche als etwas, wo sie dazu gehörte.

Das zweite Heim, in dem sie in der Jugendzeit untergebracht war, wurde von Franziskanerinnen geführt. Dort fühlte sich Frau C nicht wohl und hatte den Eindruck, streng kontrolliert zu werden. Diese Art von Kontrolle und Machtausübung bringt sie mit katholischer Kirche in Verbindung. Kirchgang war verpflichtend und nur in geziemender Kleidung zulässig, wogegen sie sich sträubte. Sie hatte den Eindruck, nicht angenommen zu sein, auch nicht mit ihrer Religion.

Frau C las als Kind viel in der Bibel und verblüffte ihre Erzieherinnen damit, weite Passagen daraus auswendig zitieren zu können. Auch ihren Konfirmationsspruch aus Jer 1,7f. kann sie heute noch auswendig zitieren. Ihre Konfirmation erlebte sie als außerordentlich tolles Ereignis, da sie im Moment der Konfirmation das Gefühl für die Zeit verlor und eine Wärme spürte, als ob sie jemand umarmt hätte.

Heute verbindet sie mit katholischer Kirche die Verpflichtung zum Beten und zum Beichten und sieht sie als „möchtegern modern", als etwas Starres. In der evangelischen Kirche erlebt sie das weniger, jedoch bezeichnet sie sich selbst als christenfern. Sie fühlt sich dem Glauben entwachsen.

Zur persönlichen Religiosität

Frau C resümiert, dass sie nicht mehr richtig Christin war, als sie aus dem Heim kam, glaubt jedoch, dass ein Restglaube noch da ist. Gott ist für sie ihr

Daddy – der einzige, den sie hat, weil sie keine richtigen Eltern hatte. Dieser Daddy ist für sie da, wenn sie ihn braucht, wenn sie sich allein fühlt. Durch ihn kommt sie zur Ruhe und er gibt ihr Kraft. Sie sieht, dass sie alle 25 Jahre ihres Lebens kämpfen musste und dass sie das ohne ihren Daddy nicht geschafft hätte. In ihm sieht sie den Grund ihres Lebens.

In ihrem bisherigen Leben fühlte sie sich oft alleine, abgeschoben und lebensmüde. Dennoch hatte sie immer ihren Lebenswillen. Darin sieht sie eine gewisse Art von Glauben.

Frau C verbindet mit Religion vor allem das Miteinander. Sie weiß, dass Leben gefährdet ist, dass es jederzeit aus sein kann und versucht deshalb, im Guten mit den Menschen um sich herum zu leben, ein reines Gewissen zu haben. Es ist ihr wichtig, anders zu leben, als das in ihrer Herkunftsfamilie der Fall war, sie will es besser machen.

Auch das Tanzen und die Musik bringt sie mit etwas Religiösem in Verbindung. Angefangen hat ihre Begeisterung dafür auf einem christlichen Wochenendfestival. Das Tanzen bezeichnet sie als ihre Wahrheit, die Ausdrucksform auch für Religiöses ist. Zum Interview brachte sie ein eigenes Gedicht mit, in dem sie beschreibt, was ihr existenziell wichtig ist:

Begegnung
Begegne jedem Menschen mit einem liebevollen Lächeln
und du kannst sehen, welche kleinen Veränderungen du bewirkst
Lass andere so sein, so wie du gern es selbst wärst
Gib denjenigen Hoffnung, die selbst keine mehr haben
Lerne Vertrauen zu entwickeln
und du wirst spüren, welches Element es ist, Freundschaften zu erbauen
Lerne auch, den anderen Elementen zu begegnen
Denn nur so wirst du lernen, die Begegnung deines Lebens zu entdecken:
Die Liebe

4. „Ich sehe das für mich heute sehr gesamtheitlich" – Interview mit Frau D

<u>Zur Person und Missbrauchsgeschichte</u>

Frau D ist zum Zeitpunkt des Interviews 48 Jahre alt. Sie ist gelernte Industriekauffrau und arbeitet als Verwaltungsangestellte in einem Frauennotruf mit. Über diese Arbeit hat sie vom Interview erfahren und sich zur Mitarbeit bereit erklärt. Im Alltag des Frauennotrufs erlebt sie, dass Frauen mit Missbrauchserfahrungen ihr Leben häufig nicht schaffen. Deshalb ist es ihr wichtig, Mutmachendes weiter zu geben. Außerdem befürwortet sie sehr, Gewalterfahrungen von Frauen wissenschaftlich zu sammeln und sie damit dem Vergessen zu entreißen. Frau D ist geschieden, hat zwei erwachsene Kinder und lebt in einer Beziehung.

Frau D wuchs in Ostdeutschland bei ihren Großeltern auf. Sowohl Mutter als auch Vater verließen nacheinander die Familie, um in den Westen zu gehen. In diesem Alleingelassenwerden sieht Frau D ihr erstes Trauma. Der Vater besuchte die Familie einmal jährlich und schlief bei diesen Besuchen immer in ihrem Bett, wo er sie ab ihrem sechsten Lebensjahr regelmäßig und unter Drohungen missbrauchte. Dieser Missbrauch zog sich weiter, bis Frau D 29 Jahre alt war. Sie wurde mit 16 Jahren schwanger und heiratete, doch trotz ihrer Ehe setzte sich der Missbrauch durch den Vater fort. Dieser Umstand war für sie lange Zeit mit extremen Schuld- und Schamgefühlen verbunden. Die Forderungen des Vaters waren an materielle und finanzielle Zuwendungen gekoppelt, weshalb sie eine schizophrene Hassliebe zu ihm empfand. Eine Familienzusammenführung in den Westen ermöglichte ihr die Lösung aus dem Missbrauchsverhältnis, da sie damit aus dem Abhängigkeitsverhältnis zu ihrem Vater herauskam.

Als Kind reagierte Frau D mit starker Verwirrung, Angst und sozialem Rückzug auf den Missbrauch. Als Erwachsene litt sie unter Schuld- und Schamgefühlen sowie Depressionen und unter verschiedenen psychosomatischen Beschwerden wie Asthma und Verspannungen. Sie empfand eine Todessehnsucht, die sie durch den Abbruch des Kontaktes zu den Eltern in Griff bekommen konnte. Die drastischen körperlichen Grenzverletzungen durch den Vater prägten sich in ihre Seele ein: Lange Jahre war es ihr unmöglich, selbst Grenzen zu setzen und sie konnte nicht Nein sagen. Auch im Kontakt mit Männern erlebte sie große Einschränkungen.

Frau D arbeitet seit 16 Jahren ununterbrochen an ihren Missbrauchstraumata. Sie nahm an verschiedenen Selbsthilfegruppen teil, in denen sie das Gefühl entwickeln konnte, nicht allein zu sein; sie machte eine Gruppenpsychotherapie, bildete sich in Wendo (Selbstverteidigung von Frauen für Frauen) aus und fand in verschiedenen kreativen Tätigkeiten eine wichtige Hilfe dabei, die abgespaltenen, extrem schmerzhaften Gefühle des Missbrauchs wieder zu finden und auszuhalten: Malen, Töpfern, Tanzen. Die Leiterinnen entsprechender Workshops waren für sie wichtige Vorbilder und Bezugspersonen. Außerdem erlebt sie große Unterstützung durch ihren Partner, der ihr das Gefühl vermittelt: Du bist so in Ordnung, wie du bist.

Sie entdeckte Stück für Stück ihren Selbstwert wieder, nahm Kontakt zu ihren vitalen, aggressiven Seiten auf und stabilisierte sich durch die Arbeit mit und für andere betroffene Frauen. Darin fand sie den Sinn ihres Lebens wieder. Heute hat sie eine Lebensqualität erreicht, die sie sich immer wünschte. Dazu gehört für sie innerer Friede, Wärme und eine Qualität von Geben und Nehmen.

<u>Religiöse Sozialisation und Erfahrungen mit Kirche</u>

Frau D erlebte ihre religiöse Erziehung als offen. Sie wuchs evangelisch auf und fühlte sich der Kirche durch Singen in einem Kinderchor verbunden. Sie assoziiert mit Kindheit und Religion die schöne Kirche in ihrem Heimatort, die zwei Pfarrer, ihre Konfirmation und Jugendweihe. Dennoch gibt sie an, dass sie sich nicht so wiederfand, wie sie es sich gewünscht hätte. Frauen kamen in ihrer Wahrnehmung nicht vor und sie ärgerte sich darüber, dass diese die Kirche putzen, während die Männer die angenehmen Ämter bekleideten. Als Erwachsene konnte sie mit der männlichen Kirche nichts mehr anfangen und vermisste einen Platz als Frau in der Kirche.

Frau D verbindet mit der evangelischen Kirche die Verpflichtung zu Gehorsam und erinnert sich an die Forderung, die andere Backe hinzuhalten. Im kirchlichen Frauenbild sieht sie eine Konzentration auf die Gebärfähigkeit der Frau, die keine Freude und Lust an Sexualität empfinden darf.

<u>Zur persönlichen Religiosität</u>

Frau D sieht ihre Religiosität als gesamtheitliche. Ihr ist der Bezug zum Universum und zu den Elementen der Natur von großer Bedeutung. Sie macht dabei die Erfahrung, dass die Erde sie trägt und dass sie selbst zu dieser Erde gehört.

Einen männlichen Gott lehnt sie ab. Sie spricht von Göttin. Diese brachte ihr ihre eigene Weiblichkeit wieder näher und ermutigte sie, alle ihre Anteile und Facetten zu leben, auch die kämpferischen.

Mit Jesus verbindet sie, dass er Frauen akzeptiert und verteidigt hat, jedoch spielt er für sie heute keine Rolle mehr.

Sie schätzt, dass ihre Religiosität in den letzen Jahren zugenommen hat. Dies war weniger ein bewusster Prozess als ein Wiederentdecken von verschütteten Schätzen in ihr, die ihr bewusst wurden und die sie dadurch aktivieren konnte. Sie sieht in ihrer Spiritualität eine unwahrscheinliche Hilfe für die Lebensbewältigung, indem sie inneren Frieden, Einfachheit und Freude im Leben wieder entdeckte. Mit Religiosität verbindet sie auch das Gefühl der Dankbarkeit für das Gute und Gelungene in ihrem Leben, zu dem sie neu stehen kann.

Religiöse Sätze sind für Frau D: Man kriegt nur das auf die Schultern geladen, was man tragen kann. Es hat alles seinen Sinn im Leben. Es begegnen mir Menschen, die ich genau zu dieser Zeit für meine Entwicklung brauche. Es ist gesorgt für mich. Die Erde trägt mich.

Einen wichtigen Stellenwert in ihrer Spiritualität räumt Frau D der Verbundenheit mit anderen Frauen ein. Dabei erlebt sie, dass sie Menschen sehr gut annehmen kann. Sie will heilen und dabei von dem Guten, das sie selbst erfährt, weitergeben. Dabei sieht sie, dass Menschen mit schlimmen Lebenserfahrungen eine besondere Tiefe haben und sich deshalb eher für Spiritualität öffnen. Eine bedeutsame Botschaft ist für sie in diesem Zusammenhang die Verzeihung gegenüber sich selbst: Sich selbst alles zu verzeihen, was war. Damit überwand sie ihren lange Zeit bestehenden Wunsch, das Elternhaus möge ihr verzeihen. Erst durch Abbruch des Kontaktes und durch die Erfahrung von vorbehaltsloser Liebe durch ihren Partner konnte sie sich mit ihrer Vergangenheit versöhnen.

Frau D ist sehr dankbar dafür, dass Heilung möglich war. Heute kann sie sehen, dass es noch viel schlimmere Geschichten auf dieser Erde gibt.

5. „Wenn ich den Glauben an Gott nicht hätte, hätte ich das überhaupt nicht durchgehalten" – Interview mit Frau E

Zur Person und Missbrauchsgeschichte

Frau E ist zum Zeitpunkt des Interviews 35 Jahre alt. Sie erfuhr in einem Frauennotruf, in dem sie in Beratung ist, von dem Interview. Sie hat sich gemeldet, um ihre Erfahrungen weiterzugeben, damit andere davon einen Nutzen haben. Immer wieder wurde sie von Freundinnen aufgefordert, ihre Lebensgeschichte aufzuschreiben, doch sie traut sich ein solches Unternehmen nicht zu und nimmt deshalb die Möglichkeit des Interviews wahr. Sie ist verheiratet, hat zwei Kinder und ist Hausfrau.

Frau E wurde als viertes Kind ihrer Eltern geboren und von ihrem Vater bereits als Baby missbraucht. Aufgrund von Streitigkeiten zwischen Vater und Großmutter nahm diese sie mit eineinhalb Jahren in einen 100 Kilometer entfernten Ort mit, so dass sie ihre Eltern nur ab und zu sah. Beim Gedanken an diese abrupte Trennung kriegt sie das kalte Grausen. Mit sechs Jahren wohnte sie mit ihrer Großmutter wieder im selben Ort wie ihre Eltern und Geschwister. Als sie neun Jahre alt war und ihr Vater Frührentner wurde, durfte sie von heute auf morgen nicht mehr zur Großmutter zurück und wurde so erneut verpflanzt.

Während ihrer ganzen Kindheit und Jugend erlitt Frau E Gewalt und Missbrauch in ihrer Familie: Ihre Großmutter missbrauchte sie psychisch, indem sie das Kind für ihre Bedürfnisse instrumentalisierte, der Vater, ein Alkoholiker, missbrauchte sie sexuell, die Mutter schlug sie sehr viel, der älteste Bruder missbrauchte sie ab ihrem neunten Lebensjahr, indem er nachts über sie herfiel und ein zwei Jahre älterer Bruder missbrauchte sie ebenfalls ab dem 12. Lebensjahr. Sie galt in der Familie als Hure und wurde übel beschimpft, als sie sich mit 15 Jahren heftig gegen die Übergriffe wehrte. Mit 16 Jahren zog sie aus der Familie aus, um eine Berufsausbildung als pharmazeutisch-technische Angestellte zu absolvieren. Durch diesen Schritt konnte sie sich der familiären Gewaltspirale entziehen.

Schon als kleines Kind hatte sie das Gefühl, tot zu sein. Sie empfand sich als Hülle, die alles tut, was andere von ihr verlangen. Während der Misshandlungen spaltete sie sich ab, indem sie von der Decke aus das Geschehen beobachtete und darüber triumphierte, dass man zwar ihrem Körper weh tun könne, aber nicht ihr selbst. Auf diese Weise konnte sie das letzte Stück ihres Ichs in Sicherheit bringen.

Schon früh entwickelte sie durch Spaltungen eine multiple Persönlichkeitsstruktur, mithilfe derer es ihr möglich war, an den verschiedenen Schauplätzen ihres Lebens zu funktionieren. So entstanden vier Anteile: das Kind der Großmutter, das Kind der Missbrauchsfamilie, die Schülerin in der Schule und ein verträumtes, zartes Kind, das Ideale hatte und Pflanzen und Tiere liebte. Zwischen diesen Bereichen gab es keine Verbindungen; sie hätte etwa in der Schule nicht sagen können, was zu Hause los war.

Neben einigen detaillierten und gefühlvollen Erinnerungen an positive Begegnungen und Beschäftigungen in ihrer Kindheit gibt es auch Phasen der Amnesie, die sie Filmrisse nennt. Suizidgedanken begleiteten sie ständig, sie fühlte sich schlecht und dreckig und kennt ausgeprägte Selbstmordphasen.

Als Erwachsene erzählte sie über Jahre hinweg niemandem, auch nicht ihrem Mann, von ihren Gewalterfahrungen. Zu groß war die Angst, jemand könne herauskriegen, wie schlecht sie wirklich sei. Sie befürchtete, das Kartenhaus ihrer Beziehungen würde eines Tages zusammenstürzen. Nach ihrer Hochzeit begannen massivste Albträume und sie leidet seitdem an einer chronischen Darmentzündung. Ihr Hausarzt fragte nach psychischen Gründen für die Erkrankung und seit dieser Zeit, also seit mehr als einem Jahrzehnt, wagt sie sich aktiv an die Auseinandersetzung mit ihren Missbrauchserfahrungen.

Ihren ersten Versuch in einer Psychotherapie bezeichnet sie als gründlichen Reinfall: Der Therapeut manipulierte sie so weit, dass es zum Geschlechtsverkehr kam. Dieser Missbrauch in der Therapie, den der Therapeut auch mit anderen Klientinnen vollzog, führte zur Retraumatisierung, also dazu, dass sie komplett durchdrehte, wie sie es selbst bezeichnet.

In den folgenden Jahren war das Leben von Frau E von großen psychischen Schwierigkeiten geprägt und ist es teilweise nach wie vor. Dazu gehörten regressive Ängste vor dem Alleinsein und andere Panikstörungen. Sie konnte phasenweise nur im Bett liegen, verweigerte Nahrungsaufnahme und Kontakte. Ihr Mann, der sehr verständnisvoll reagierte, und eine Nachbarin konnten sie unterstützen. Auch der Eintritt in eine Baptistengemeinde stabilisierte sie, jedoch wurde diese Zugehörigkeit zunehmend zur Quelle weiterer Belastung. Zusätzlich kosten sie ihre beiden Kinder, von denen eines krank ist, große Kraft.

Heute hat Frau E mehrere Aufenthalte in Psychiatrien und psychosomatischen Kliniken hinter sich. Dort erhielt sie Diagnosen wie Borderline-

Störung, multiple Persönlichkeit und Angststörung. Mehrere Faktoren sieht sie als Gründe dafür an, dass sie trotzdem noch am Leben ist:

Sie spürt in sich dennoch eine große Lebensenergie und hat einen Galgenhumor, eine gewisse Fröhlichkeit, ohne die sie nicht überlebt hätte. Eine wichtige Rolle spielen auch Menschen – ihr Mann, Freundinnen, die Beraterin im Notruf, ihre Therapeutin – die sie begleiten und auf alternative Therapieformen wie Atemtherapie oder Ganzkörpermassagen bringen.

Sie bezeichnet es als ihre Überlebensstrategie, dass sie immer überlegte, was schlimmstenfalls passieren könnte. Solange sie entscheidungsfähig ist, würde sie sich für ein Ende mit Schrecken statt eines Schreckens ohne Ende entscheiden.

Religiöse Sozialisation und Erfahrungen mit Kirche

Frau E wurde evangelisch getauft und wuchs in einer katholisch geprägten Umgebung auf. Als Evangelische war sie die einzige in der Klasse und empfand es als kränkend, aus dem Religionsunterricht quasi eliminiert zu werden. Von klein auf wurde ihr vermittelt: Gott liebt nur die Guten; sie schlussfolgerte daraus: Als Evangelische gehörte sie zu den Schlechten. Bibel und Kirche waren ihrer Ansicht nach nur den guten Menschen vorbehalten, zu denen sie nicht gehörte.

Trotzdem berichtet sie von starken Erfahrungen mit Gott in der Kindheit: Sie erlebte etwa in der Phase, als sie bei ihrer Oma lebte, dass Gott als Engel bei ihr war, was sie tröstete und ihr das Gefühl vermittelte, nicht ganz allein zu sein. Diesen Zustand empfand sie zwar als beschissen, aber ertragbar. Das änderte sich abrupt, als sie wieder bei ihren Eltern wohnte und von ihrem Bruder vergewaltigt wurde. Von diesem Zeitpunkt an war ihr klar, dass Gott sie hassen musste, denn sonst würde er das nicht zulassen. Bis heute wirft sie sich phasenweise vor, sie sei schuld daran gewesen, dass sie missbraucht wurde.

Über Jahre betete sie nachts, dass Gott sie in der Nacht sterben lassen möge, damit sie nicht mehr aufstehen müsse. Mit 15 Jahren hatte sie einen Traum, in dem sie ihrem Schutzengel begegnet. In diesem Traum sicherte ihr dieser seinen Beistand zu. Am darauffolgenden Morgen dieses Traums spürte sie in sich eine große Lebenskraft, woraufhin sie sich nie wieder betend in den Schlaf weinte. In ihr alltägliches Leben konnte sie diese jedoch nicht übernehmen und litt weiterhin an dem Gefühl, dass Gott sie hasste.

Einen Wendepunkt sieht Frau E in ihrer Kontaktaufnahme mit einer Baptistengemeinde der evangelischen Freikirche. Weil es ihr psychisch so schlecht ging, hatten sie und ihr Mann kaum noch Freunde und so gingen deshalb sie in die Teestube der Baptistengemeinde, um Leute kennenzulernen. Über die Menschen dort und Gottesdienstbesuche kam sie mit der Bibel in Berührung und lernte Jesus kennen. Sie ließ sich in der Gemeinde taufen und war davon begeistert. Sie erlebte Beheimatung und fühlte sich endlich angenommen in der Gemeinschaft.

Als ihr Kind geboren wurde und sie aufgrund dessen Erkrankung so angestrengt war, dass sie innerhalb von drei Monaten 30 Kilo abnahm, kehrte der Gedanke wieder, dass Gott sie doch nicht mag. Trotz aller Bekehrung müsste er sie hassen. In der Baptistengemeinde wurde ihr vermittelt, dass sie sich als Frau fügen müsse und das Kreuz auf sich zu nehmen habe bzw. ihr Leid aufopfern solle. Als es in ihrer Ehe so schwierig wurde, dass sie an Scheidung dachte, hielt ihr der Pfarrer vor Augen, dass sie dann nicht mehr zur Kommunion gehen dürfe.

Frau E und ihr Mann engagierten sich sehr intensiv in der Baptistengemeinde und lernten nach und nach die Schattenseiten des Vereins kennen. Als es zu einem offenen Machtkampf zwischen dem Gemeindeleiter und dem Pastor kam, erlebte sie sich als Müllabladeplatz für den Ärger aller Beteiligten. Sie litt unter der Verlogenheit und fühlte sich zerrissen zwischen den unterschiedlichen Parteien. Unter großen inneren Qualen trat sie schließlich gemeinsam mit ihrem Mann aus der Gemeinde aus. Daraufhin haderte sie mit Gott und es entwickelten sich massive Angstzustände, was zu einem Klinikaufenthalt führte. Heute sieht sie in ihren Erfahrungen in der Baptistengemeinde geistlichen Machtmissbrauch. Sie will nicht mehr in eine Kirche gehen, um ihren Glauben äußerlich darzustellen und von anderen benutzt zu werden. Nach Erfahrungen mit katholischer Kirche erlebt sie diese als scheinheilig und oberflächlich.

Zur persönlichen Religiosität

Frau E hat ein sehr emotionales und persönliches Verhältnis zu Gott. Nach dem Bruch mit der Baptistengemeinde empfand sie richtigen Hass auf Gott und erlebte es als Erleichterung, sich diesen einzugestehen und ihre Wut zu leben.

Ihr Verhältnis zu Gott umfasst seit ihrem Austritt aus der Baptistengemeinde auch ganzheitliche und körperbezogene Erfahrungen. Etwa erlebt sie in Ganzkörpermassagen, die sie zunächst mit großer Skepsis ausprobierte, dass sie erstmals das Gefühl hat: Ich bin ein wertvoller Mensch. Dabei stellt sie sich vor, Gott selbst würde ihr den Rücken tätscheln. Anstoß zu dieser

Vorstellung erhielt sie in einem Buch von Anselm Grün, in dem er beschreibt, dass Körpererfahrung ein wichtiger Weg sein kann, um Gott zu erfahren. So hat es für sie eine Bedeutung, im Wahrnehmen des Körpers Gott zu begegnen, etwa in der Natur, durch den Wind, der ihr über die Haut streichelt. Auch wenn esoterische Frömmigkeit ihr fern ist, so sieht sie darin einen Bezug zur göttlichen Schöpfung, etwa in Edelsteinen oder Quellen.

Frau E sieht eine große Veränderung darin, wie sie Gott in ihrem Leben erfährt. Früher fürchtete sie ihn als strengen, gesetzmäßigen Gott, der sie bestraft, wenn sie nicht funktioniert. Sie hatte den Eindruck, sie müsse Gott gehorchen und ihm in den Kram passen. Darin sieht sie eine Parallele zu ihrem Vater. Diese Gottesvorstellung wurde in der Baptistengemeinde verstärkt. Heute formuliert sie resümierend: Ich denke Gott heute anders. Gott versteht als einziger die Scheiße, die sie mitgemacht hat. Sie sieht in Gott einen, der die Menschen liebt, der ihr Herz kennt, der Mitgefühl hat, der nicht will, dass sie leiden. Sie erklärt sich das Leid von Menschen als menschliches Versagen. Gott dagegen liebt auch die Armen und am Rande Stehenden: Die missbrauchten Frauen, die Geschiedenen, alle so, wie sie sind.

Diese Liebe Gottes findet sie im Handeln Jesu wieder, der für sie eine wichtige Vorbildfigur darstellt. Er ist in ihren Augen der, der auf der Seite der Kleinen steht und sie zitiert aus der Bibel: Wer einen von diesen Kleinen in die Irre führt, für den wäre es besser, er hätte einen Mühlstein um den Hals.

Frau E macht immer wieder die Erfahrung, dass Gott ihr hellseherische Einsichten – auch über das Leben anderer Menschen – gibt, die sich im Alltag als wahr herausstellen. Sie stellt sich vor, dass Gott ihr kleine Bausteinchen schenkt, die sie sortieren muss und die sie immer wieder ein Stück weiter führen. Im Rückblick auf ihr Leben geht sie davon aus, dass sie ohne den Glauben an Gott, ohne den göttlichen Funken in ihr, überhaupt nicht durchgehalten hätte. Gott ist für sie letztlich die einzige wirkliche Hilfe.

Trotzdem kennt Frau E Phasen, in denen sie in die Kindheit abdriftet und sie wieder den strengen, strafenden Vatergott fürchtet. Sie erlebt, dass dieser an solche regressiven Zustände gekoppelt ist. Diese Spaltung im Gottesbild sieht sie im Zusammenhang mit ihren Persönlichkeitsspaltungen, die durch einen Schalter im Hirn – so ihr Bild dafür – aktiviert werden können.

Frau E erlebt es als großes Glück, dass sie, obwohl sie sich als psychisches Wrack sieht, anderen Menschen Gutes tun kann. Sie erlebt, dass ihre Kontakte nie an der Oberfläche bleiben, sondern dass Menschen ihr in Gesprächen die dunklen Seiten ihres Lebens anvertrauen. Diese besondere Art der zwischenmenschlichen Begegnungen sieht sie als Auftrag von Gott an, der will, dass Menschen sich gegenseitig unterstützen und lieb haben.

6. *„Ich habe eine große Verlassenheit" – Interview mit Frau F*

Zur Person und Missbrauchsgeschichte

Frau F ist zum Zeitpunkt des Interviews 35 Jahre alt. Sie befindet sich in einem Frauennotruf in Beratung und hat dort von dem Interview erfahren. Da sie darüber nachdenkt, ihre Lebensgeschichte aufzuschreiben und zu veröffentlichen, ist sie neugierig auf das Interview und hat sich so zur Mitarbeit bereit erklärt.

Frau F hat zwei Berufsausbildungen erfolgreich abgeschlossen (Kinderpflegerin und Arzthelferin) und denkt über eine Ausbildung zur Erzieherin nach. Aufgrund ihrer massiven psychischen Belastung ist sie berentet und stellte Antrag beim Versorgungsamt auf Opferentschädigung. Nebenbei versucht sie, als Aushilfskraft auf Niedriglohnbasis zusätzlich Geld zu verdienen.

Über einen Zeitraum von 15 Jahren wurde Frau F in der Kindheit und im Jugendalter durch den Vater missbraucht. Zusätzlich erlitt sie Missbrauch durch den Bruder und durch Bekannte des Vaters. Aufgrund von Amnesien ist es ihr nicht möglich, alle Gewalterfahrungen einzuordnen. Über den Bekanntenkreis der Eltern hinaus wurde sie von fremden Männern missbraucht, wobei sie nicht weiß, in welchem Verhältnis diese Männer zu ihrem Vater standen. Sie ist sich nicht sicher, ob es sich um *eine* Gruppe von Tätern oder um *mehrere* Gruppen handelte. Klar jedoch ist, dass sich diese nicht aus Freundschaft trafen, sondern allein mit dem Ziel, Kinder zu missbrauchen. Sie schätzt heute, dass es sich um rituellen Missbrauch gehandelt haben könnte.

Frau F wurde so extrem gequält und gefoltert, dass sie dabei auch hätte sterben können. Dabei verstand sich ihr Vater sehr gut darin, sie so zu peinigen, dass sie gerade eben nicht starb. Als Kind empfand sie es als Hoffnung, dass ihr Vater dran wäre, wenn sie stirbt. Heute bezeichnet sie es als unwahrscheinliche Skrupellosigkeit und ist entsetzt darüber, mit welchem Bewusstsein er an die Sache heran gegangen ist. Als Kind erlebte sie mehrmals, dass ihr Vater mit Zwangsjacke ins Nervenkrankenhaus eingewiesen wurde. Der Missbrauch durch den Vater endete mit seinem Tod.

Als Kind hatte sie in der Schule Schwierigkeiten mit dem Lernen. Um überhaupt zur Schule gehen zu können, musste sie vergessen, was zu Hause los war. Im Erwachsenenalter hatte sie ihre Gewalterfahrungen verdrängt, indem sie diese einfach als gegeben hinnahm, nach dem Motto: Was weg ist, ist weg. Schließlich hat ihre Geschichte sie doch mit Wucht eingeholt und sie brauchte Jahre, um die Erinnerungen zu sortieren. Seit gut zehn Jahren befindet sie sich in psychotherapeutischer und psychiatrischer Behandlung und hat mehrere Aufenthalte in Psychiatrien hinter sich. Sie erlebt es als schwierig, die richtige Hilfe zu finden und hat unterschiedliche Erfahrungen mit Ärzten und Therapeuten gemacht.

Nach den Ausbildungen hatte sie Schwierigkeiten, einen Einstieg in das Berufsleben zu finden. Mehrmals musste sie Arbeitsstellen aufgeben, weil sie Mobbing ausgesetzt war. Dabei spürte sie ihre extremen Selbstzweifel und Minderwertigkeitskomplexe. Ständig überprüft sie ihre Wahrnehmung und ist sich nie sicher, ob diese stimmt. Insgesamt fühlt sie sich sehr belastet und gequält und hat wenig Hoffnung auf Besserung.

Auf Anraten ihrer Therapeutin strukturiert sie die Wochentage mit verschiedenen Tätigkeiten. Sie erlebt den Frauennotruf als Anlaufstelle in psychischen Akutsituationen und hat dort auch an einer Selbsthilfegruppe teilgenommen. Der Kontakt zu anderen betroffenen Frauen ist ihr sehr wichtig. Allerdings hat sie auch erlebt, dass manche Frauen sie ablehnen, da sie sie mit ihren Foltererfahrungen belastet. Diese reagieren mit Angst oder Schock, weil sie begreifen, dass es auch ihnen so hätte ergehen können. Frau F macht die Erfahrung, dass Frauen mit extremen Gewalterfahrungen eher mit Psychiatrie in Kontakt kommen und berentet werden, da sie so zerstört sind, dass sie nicht lebensfähig sind.

Frau F lebt sehr zurückgezogen und leidet an ihrer Isolation. Auch wenn sie sich in Gesellschaft befindet, fühlt sie sich oft allein. Sie sehnt sich nach Zugehörigkeit zu einer Familie, nach einer zweiten Familie, in die sie hätte aufgenommen werden wollen. Ihr derzeitiges Leben empfindet sie als Notlösung und hat den Eindruck, dass ihr Leben immer wieder abbricht und sie neu anfangen muss.

Sie will sich mit ihrer Geschichte nicht mehr verstecken müssen und möchte darüber sprechen. Gleichzeitig erlebt sie, dass der Gesprächskreis um sie herum kleiner wird.

Wichtig ist ihr, sich intellektuell weiterzubilden und in Kontakt mit gebildeten Menschen zu sein. Selbstkritisch stellt sie sich dabei immer in Frage. Sie kann es nicht ertragen, wenn sie das Gefühl hat, abgelehnt zu werden und versucht deshalb immer, alles richtig zu machen.

Religiöse Sozialisation und Erfahrungen mit Kirche

Der Vater von Frau F sagte, dass er nicht an die Kirche glaube, aber seinen eigenen Glauben habe. Ihre Mutter erzog sie in einem religiösen Gedankensystem, in dem sie als Kind nur zusätzliche Beschädigung erlebte.

Sie wurde evangelisch getauft und erinnert sich an Religionsunterricht und Konfirmation. Dabei denkt sie vor allem an den Pfarrer, der sie unterrichtete und konfirmierte. Manchmal denkt sie darüber nach, wie er reagieren würde, wenn sie ihm heute sagen würde, was damals eigentlich mit ihr passierte. Sie hatte den Eindruck, dass er im Religionsunterricht nicht über Schwierigkeiten in der Familie reden wollte. Über alles wurde gesprochen, nur nicht darüber, warum Menschen missbraucht werden. Sie erinnert sich an eine Geschichte im Religionsunterricht von einer Spur im Sand und dass die bedeute, dass Gott den Menschen in einer schwierigen Zeit trägt. In ihrem Leben erfuhr sie diese Art von Schutz nicht, da sie durch die Gewalt jederzeit hätte sterben können.

Mit ihrer Konfirmation wollte sie zeigen, dass ihr der Glaube wichtig war. Dazu gehörte, dass sie sich im Stillen mit Jesus identifizierte. Während der Misshandlungen hatte sie gelernt zu schweben. Dadurch gelang es ihr, von der schmerzlichen Realität abzuheben. Darin sieht sie eine Parallele zu Jesus.

Auch wenn Frau F eigentlich gerne die kirchlichen Feste feiern würde, etwa Ostern und Weihnachten, erlebt sie das als unpassend zu ihrem Leben. Für sie ist Familienleben ein Ort der Schmerzen. Werte, die die Kirche über die Familie vermittelt, empfindet sie als zynisch. Der schlimmste Feind lebte in ihrer Familie, und das Gebot, die Eltern zu ehren, übersteigt ihr Fassungsvermögen. Ähnlich ergeht es ihr mit der Forderung zu verzeihen.

Ihr Vater vermittelte ihr das Bild: Gott will das so. Es sei ihre Bestimmung. Er forderte von ihr, dass sie ihm, dem Vater, verzeiht. Heute hält sie das für eine Perversion, ein Kind nach dem Misshandeln um Verzeihung zu bitten.

Ihre Mutter betete viel und erwartete das auch von ihr. Sie setzte sich nach den Misshandlungen mit dem Kind hin und betete mit ihm, damit es nicht schuldig sei. Die Mutter gab ihr die Botschaft: Wenn du glaubst, wird alles besser. Das veranlasste das Mädchen dazu, viel zu beten, was jedoch zu keiner Verbesserung führte.

Als Kind betete sie oft zu Gott, dass er sie oder den Vater sterben lassen möge. Mit dem Gebet um den Tod des Vaters waren starke Schuldgefühle verknüpft. Der Vater hatte immer wieder Herzanfälle und die Mutter warf dem Kind vor, dass sie daran schuld sei, weil sie sich gegen den Missbrauch wehrte. Aufgrund ihrer Gebete in der Kindheit sind für Frau F auch heute noch Religion und Tod eng verknüpft.

Die Mutter von Frau F ist sich auch heute keiner Schuld bewusst und glaubt, erlöst zu sein. Frau F erkennt, dass der Glaube ihrer Mutter in einer kindlichen Vorstellung verhaftet ist. Sie „verwechselt", was Glaube ist. Frau F sieht, dass sie einen anderen Weg als den Glauben finden muss, um den Missbrauch zu verarbeiten. Auf dem Weg, den sie über ihre Mutter kennengelernt hat, kommt sie nicht weiter. Sie kann ihrer Mutter nicht mehr verzeihen, auch wenn sie das möchte, weil sie zu sehr gequält worden ist.

In der Kirche sucht Frau F etwas Erbauendes, findet dort jedoch nichts. Sie hat Bibelkreise besucht und denkt immer wieder über Gottesdienstbesuche nach, doch die Angebote strengen sie zu sehr an. Zusätzlich befürchtet sie, dass sie im Gottesdienst eventuell zusammen mit Tätern feiern müsste.

<u>Zur persönlichen Religiosität</u>

Auf die Frage nach ihrer persönlichen Religiosität fällt Frau F vor allem ein, dass sie alles in Frage stellt. Es hat ihr zwar eine Zeit lang geholfen zu glauben, aber heute ist sie wahnsinnig enttäuscht vom Glauben.

Gleichzeitig geht sie nicht davon aus, dass die Religion schuld war an ihrem Missbrauch. Ihre Eltern haben sich für etwas entschieden, was damit nichts zu tun hat. Dennoch bleibt in ihr ein großes Warum. Sie kommt beim Nachdenken über ihre Qualen an ihre Grenzen und bekommt keine Antworten auf ihre Fragen.

Das Bild von Jesus ist ihr sehr nah. Sie sieht in ihm einen Menschen, der in seiner Zeit etwas verändern wollte und auf der Seite der Kleinen stand. Dazu zitiert sie aus der Bibel die Stelle: Wer einem dieser Kleinen etwas antut, ist auf ewig verstoßen.

Auch wenn sie nicht in eine andere Religion wechseln will, bringt sie Kirche und Religion viel Skepsis und Distanz entgegen. Gleichzeitig möchte sie sich aber das eine oder andere, was sie mit Religion verbindet und ihr wichtig ist, erhalten. Dazu gehört für sie, dass Menschen mehr miteinander sprechen sollen. Das ist ihr auch deshalb wichtig, um aus den eigenen religiösen Gedankenkreisen heraus zu kommen, etwa ihrem Nachdenken über den Tod, in dem sie einerseits ihre Erlösung sah, andererseits jedoch befürchtete, dass sie nach ihrer Auferstehung auch wieder keine Ruhe haben könnte. Sie ist sich unsicher darüber, ob sie sich damit noch im christlichen Glauben bewegt und würde das gerne überprüfen.

Insgesamt spürt Frau F eine große Verlassenheit. Sie glaubt manches einfach nicht mehr, zum Beispiel, dass man übers Wasser laufen kann. Das Wunderbare von Religion kann sie nicht mehr erleben, sondern sieht nur noch dieses wahnsinnige Leid.

7. *„Das Spirituelle ist das Wichtigste in meinem Leben"* – Interview mit Frau G

Zur Person und Missbrauchsgeschichte

Frau G ist zum Zeitpunkt des Interviews 28 Jahre alt. Über eine Freundin hat sie von dem Interview erfahren und sich dazu bereit erklärt, weil sie es für einen guten Zeitpunkt in ihrem Bewältigungsprozess hält. Sie kennt die Ambivalenz, einerseits vom Missbrauch wissen zu wollen und andererseits auch wieder nicht. Deshalb will sie immer mehr lernen, darüber zu sprechen.

Frau G hat ein geisteswissenschaftliches Studium abgeschlossen, arbeitet in einem großen Unternehmen als Teamassistenz und macht zusätzlich eine Ausbildung zur Heilerin. Diese Ausbildung verbindet therapeutische und spirituelle Aspekte aus verschiedenen Traditionen und Religionen. Seit einem Jahr lebt sie mit ihrem Freund zusammen.

Während ihrer Kindheit wurde sie von ihrem viele Jahre älteren Bruder sexuell missbraucht. Die Erinnerung daran war stark verdrängt und kommt in der mit der Ausbildung verbundenen Sessionarbeit wieder hoch, in der sie in einen körperorientierten Dialog mit dem Unterbewussten tritt. Sie tut sich schwer, diese als Realität einzuordnen. Jeder noch so kleine Hinweis wird von ihr als Beweis gesammelt.

Ihr Vater starb, als sie drei Jahre alt war. Ihre Mutter wird von ihr als mit der Arbeit überfordert beschrieben. Sie erlebt sie als Energievampir, der sie körperlich und psychisch missbrauchte.

Die Auswirkungen des Missbrauchs erlebt sie im gestörten Verhältnis zu ihrem Bruder und in einem generell schwierigen Kontakt mit Männern. Sie kennt eine Seite an sich, die Männer reizt und herausfordert und die dann gleichzeitig Angst bekommt. Um Liebe zu kriegen, ging sie über ihre eigenen Grenzen und bekam doch nie das, wonach sie suchte. Dieses Muster – sie nennt es einen Klassiker – wurde durch den Missbrauch in ihr verankert. Mit ihrer eigenen Weiblichkeit empfindet sie Schwierigkeiten. Durch den Missbrauch musste sie aus ihrem eigenen Körper heraus gehen. In der Sexualität mit ihrem Freund erlebt sie immer wieder Flashbacks und bekommt plötzlich Angst und Atemnot.

Unterstützung bekommt Frau G vor allem durch ihre Ausbildung zur Heilerin und durch ihren Glauben an Gott.

Religiöse Sozialisation und Erfahrungen mit Kirche

Frau G ist evangelisch. Als Kind hatte sie eine Freundin, über die sie die katholische Kirche und Liturgie kennen lernte. Sie genoss die Rituale und das Brimborium sehr und sehnte sich danach, sich da voll reinzugeben. In der evangelischen Kirche vermisste sie Maria und Jesus Christus. Als Kind hatte sie ein sehr klassisches Gottesbild: Den alten Mann mit Bart im Himmel.

Sie erinnert sich, dass sie mit etwa neun Jahren eine große Heiligkeit und Frömmigkeit empfand. Immer wieder in Kindheit und Jugend hatte sie den großen Wunsch, Nonne zu werden, was für sie eine starke Sehnsucht nach Gott und nach der ganzen Hingabe zu ihm bedeutete. Sie empfand ein generelles Streben nach dem Göttlichen und Heiligen.

Mit 16 Jahren lebte Frau G eine Zeit lang in im Ausland, wo sie verschiedene Religionen und Glaubensrichtungen ausprobierte. Sie erlebte das als Gehen auf den Spuren Gottes. In einer Frauenmoschee passte sie sich stark an und trug ein Kopftuch, das sie auf Anraten der Priesterin auch in der Nacht tragen sollte, damit die bösen Geister nicht zu ihr kommen. Dabei wurde ihr deutlich, dass sie in der Gefahr steht, sich zu sehr vereinnahmen zu lassen. In dieser Auseinandersetzung nahm sie das erste Mal bewusst Kontakt mit Jesus Christus auf. Weit weg von ihrer Familie gab ihr das Halt.

Außerdem lernte sie Baptisten kennen und arbeitete mit ihnen in der Krankenhausseelsorge. Es beeindruckte sie die Offenheit, mit der sie ihren Gottesdienst gestalten, dass jeder predigen darf und dass die Gemeinschaft stark einbezogen wird. Gleichzeitig war sie von deren Umgang mit Frauen befremdet. Auch in jüdischen, katholischen, evangelischen und orthodoxen Gemeinden sammelte sie Erfahrungen. Sie lernte im Kontakt mit anderen Religionen das Eigene besser kennen. In allen Religionen erlebte sie keine befriedigende Lösung des Verhältnisses zwischen Mann und Frau.

Mit 18 Jahren reiste sie in Spanien umher und schaute sich dort Klöster an, die auf sie eine große Faszination ausstrahlten. Heute steht sie ihrem Wunsch nach einem Leben im Kloster kritischer gegenüber, weil es ihr wie eine Flucht vorkäme. Sie sieht darin ihre Absicht, den Körper abzuspalten. Durch den Missbrauch sind Körperlichkeit und Sexualität für sie schwierig. Sie meint, dass möglicherweise deshalb in ihr das Bedürfnis nach dem Leben als Nonne entstand. Heute versucht sie, im Inneren Nonne zu sein und zugleich sehr irdisch. Ihre Ausbildung zur Heilerin bietet ihr dazu viele Möglichkeiten.

Zur persönlichen Religiosität

Aufgrund ihrer Ausbildung setzt Frau G sich intensiv mit ihrer Spiritualität auseinander. Sie sieht im Spirituellen das Wichtigste in ihrem Leben und fühlt sich eher als spirituelle Seele und nicht als menschliches Wesen. Dadurch kommt sie immer wieder in innere Kämpfe: Sie spürt in sich das Bedürfnis, sich nicht mit dem konkreten Leben zu beschäftigen, mit allem, was da dazu gehört: Materie, Körperlichkeit etc. Sie unterscheidet zwei Ebenen: die spirituelle und die rein menschliche. Sie fürchtet, den Kontakt nach oben zu verlieren, wenn sie sich zu sehr auf das Leben und all seiner Diesseitigkeit einlässt.

Seit einigen Jahren gehören tägliche Meditation und Gebet zum festen Bestandteil ihres Alltags. Bedeutsam sind ihr auch Körpermeditation, Atemarbeit und der Kontakt mit der Natur, wodurch sie sich energetisch reinigt. Das ist für sie umso wichtiger, weil sie sich im Zusammenhang mit ihrer Heilarbeit für die Klienten verpflichtet fühlt, auf die eigene Seelen- und Körperhygiene zu achten. Sie freut sich über die Disziplin, die sie dabei entwickeln konnte.

Sie versucht, vom alten Gottesbild ihrer Kindheit wegzukommen, da sie das nicht wirklich unterstützt. Ihr Wunsch ist ein geschlechtsneutrales Bild, das nicht die alten Mann-Frau-Klischees trägt. Deshalb stören sie Zuordnungen wie Mutter Erde und Vater Himmel.

Sie fühlt sich von Jesus gestützt und versucht, ihm ihr Herz entgegen zu halten. Mit ihm verbindet sie Reinheit, Klarheit, bedingungslose Liebe, Großmut und Verständnis. Er stärkt ihren männlichen Anteil.

In Maria erlebt sie mütterliche Qualitäten, die sie mit Naturreligion in Verbindung sieht. Sie findet Unterstützung dabei, die Erde als Mutter anzuflehen. Auch Engel spielen eine wichtige Rolle in ihrem Leben. Manchmal fühlt sie sich zum Erzengel Michael hingezogen, der mit seinem Schwert ihre kämpferischen Seiten stärkt. Im tibetischen Buddhismus bezieht sie sich auf Tara, bei der sie die Qualitäten von Disziplin und Strenge empfindet. Des öfteren ruft sie sich auch den Heiligen Geist als Beistand im Alltag herbei.

Frau G nimmt sich aus verschiedenen Religionen, was sie brauchen kann und versucht, sich in ihrem spirituellen Leben ansonsten möglichst direkt auf Gott zu konzentrieren. Sie kennt ein Bild für das Verhältnis der Religionen zueinander, das ihr gefällt: Die Religionen sind wie Fenster, und Gott ist das Licht dahinter. Die Unterschiede bestehen in den verschiedenen Gardinen und Fensterläden, doch wesentlich ist das Licht dahinter.

Den Weg zu Gott findet Frau G durch andere Menschen. Jeder Mensch ist für sie ein Engel, der sie daran erinnert, wer sie ist. Für jeden geht es darum, zur Liebe zu finden und heimzukommen. In ihrer Heilarbeit versucht sie Menschen daran zu erinnern. Die Heilarbeit ist für sie ein spirituelles Hocherlebnis, für das sie große Dankbarkeit empfindet.

Zum Mittelpunkt ihrer Spiritualität gehört das Prinzip der Selbstverantwortung. Dabei fragt sie nach ihrem eigenen Anteil in einem Geschehen und versucht, das Ganze in einen größeren Zusammenhang einzuordnen. Sie nennt dafür ein Beispiel: Wenn ein Betrunkener sie an der Bushaltestelle überfahren würde, dann hat das etwas mit ihr zu tun, weil ihre Seele in diesem Moment reif war für diese Erfahrung – selbst dann, wenn es den Tod bedeutet. Parallel sieht sie das im Falle sexuellen Missbrauchs. Ihre Seele und die des Täters haben diesen Weg gewählt. Für sie ist Reinkarnation eine Tatsache, aufgrund derer sie das Geschehen einordnen kann. Sie geht davon aus, dass sie so etwas nicht zum ersten Mal erlebte und dass es wieder geschehen ist, damit sie es auflösen kann.

Dabei zieht sie den Vergleich mit einer Krankheit heran, die ausbricht, weil der Körper etwas zeigen will oder damit er geheilt werden kann. Ziel der Krankheit ist es, davon loszukommen. Auch Missbrauch sieht sie als Ausdruck von etwas, was in ihr ist und was gesehen und geheilt werden will.

Die nennt sie das Prinzip der Selbstverantwortung und grenzt es von Schuldzuweisung ab. Es ist ihr wichtig, die Opfer-Täter Stereotypen zu überwinden, indem sie ihren Bruder nicht zum Täter stilisiert und ihm damit nicht eine Statistenrolle zuschreibt, sondern ihre eigene Beteiligung am Missbrauch aufdeckt. Es fasziniert und bestürzt sie zugleich, wie sehr ihre Realität dadurch in ihrer eigenen Hand liegt.

8. „Ich möchte eine Portion Urvertrauen" – Interview mit Frau H

Zur Person und Missbrauchsgeschichte

Frau H ist zur Zeit des Interviews 45 Jahre alt. Sie ist alleinerziehende Mutter eines elfjährigen Kindes aus einer langjährigen Partnerschaft, die nicht mehr besteht. Sie ist Akademikerin, selbständig tätig und steht durch ihre Berufstätigkeit in Kontakt mit einem Frauennotruf, in dem sie von dem Interview erfahren hat. Da sie es wichtig findet zu schauen, wie es Frauen mit Missbrauchserfahrungen ergeht, meldet sie sich. Außerdem reizt sie das Angebot, da sie wenig Möglichkeiten hat, etwas von ihren Missbrauchserfahrungen mitzuteilen.

Frau H wurde ihre familiäre Gewaltgeschichte in Schüben bewusst. Immer in klarer Erinnerung war ihr, dass ihr Vater sie bis zum Alter von 14 Jahren häufig und ohne Anlass schlug, mit verschiedenen Gegenständen wie Stöcken oder Waschmaschinenschläuchen. Ebenso erging es ihren drei Geschwistern. Wer den Mund aufmachte, wurde geschlagen, und das in ritualisierter Form: Das Kind wurde ins Badezimmer geführt, musste sich bücken und wurde geschlagen.

Der Vater war Arzt und fütterte die Kinder mit Medikamenten ab. Frau H sieht das heute als Beiwerk des Missbrauchs. Im Mittelpunkt stand es, seine Autorität anzuerkennen und ihm zu gehorchen. Das Erziehungsbild des Vaters war auf Abhärtung eingestellt, das Frau H als Spätauswirkung der Nazierziehung einordnet. Ein fester Begriff der Eltern war deren Polizeigewalt über die Kinder.

Als Erwachsene erinnerte Frau H sich auch wieder an den sexuellen Missbrauch durch den Vater. Auslöser dafür war der sexuelle Druck, den ihr Partner in der Beziehung nach der Geburt ihres Kindes auf sie ausübte. Stückweise kamen die Erinnerungen an den Missbrauch zurück, den der Vater immer als ärztliche Handlungen tarnte. Er quälte sie dabei auch mit Zigarren und anderen Manipulationen im Genitalbereich, was ihre Mutter später im Gespräch bestätigte. Als Kind reagierte sie mit Blasenentzündungen auf den Missbrauch. Sie erinnert sich auch an eigenartige Gefühle in ihrem Bauch, die eine Mischung aus Lust und Angst waren. Mit jedem Schnaufer ihres Vater war ihr klar, worum es ging – kein Wort war nötig.

Frau H wurde als Kind vom Vater immer vermittelt, dass sie die Drecksau sei, die ihrem Vater den Kopf verdrehe. Schuld war sie und nicht er.

Ihre Mutter empfanden Frau H und ihre Geschwister als Schwester, weil sie selbst so viel Angst hatte vor dem Vater, der nicht selten alkoholisiert war. Der Vater verließ die Mutter, als die Kinder erwachsen waren. Frau H erlebt es als unterstützend, dass ihre Mutter sich bei ihr für das entschuldigte, was sie als Kind erleiden musste. Auch wenn sie nicht richtig viel zugab, ordnet es Frau H als Umkehr ihrer Mutter ein und fühlt sich von ihr unterstützt.

Eine gravierende Folge des Missbrauchs sieht Frau H in ihrer früheren Distanzlosigkeit. Ab der Pubertät ging es ihr darum, möglichst stark zu rebellieren und sich der väterlichen Gewalt zu entziehen, indem sie viele sexuelle Kontakte einging. Ihr Vater reagierte darauf mit extremer Eifersucht und beschimpfte sie in sexualisierten Briefen als Nutte. Sie fühlte sich in sexuellen Dingen erpressbar. Für sie war klar, dass ein Mann sie nur mag, wenn sie mit ihm schläft. In Geschlechtsverkehr sah sie die einzige Möglichkeit, Zuwendung zu bekommen. Es dauerte lange, bis sie die Verknüpfung von „Ich mache Sex mit dir und dafür bin ich geliebt" auflösen konnte. Als Erwachsene schämte sie sich sehr für diese Ereignisse in ihrer Pubertät und während des Studiums. Heute lebt sie sexuell abstinent.

Frau H berichtet, dass sie merkwürdige Aussetzer hatte, indem sie sich an den Schenkeln und im Schambereich selbst verletzte. Sie erlebte das als suchtartiges Verhalten, verbunden mit großen Schamgefühlen.

Nach ihrer Trennung vom Lebenspartner und dem Aufbrechen der ersten Missbrauchserinnerungen entwickelte sie Alkoholprobleme, die sie vor allem als Einsamkeitsgeschichte einordnet. Mit einer Kur konnte sie sich aus der Abhängigkeit herausziehen.

Zu den Auswirkungen der erlittenen Gewalt zählt Frau H ihre Gemütsverschiebungen. Sie weiß etwa um einen Teil von sich, der plötzlich sehr aggressiv werden kann und andere Menschen grundlos übel beschimpft. Mit ihren abgespaltenen Personen ist sie in Kontakt, diese reden mit ihr und so wird sie nicht ganz überwältigt davon. Zu ihren Spaltungen gehört auch, dass sie als Kind aufgrund des großen Selbsthasses versuchte, die Schlampe in sich zu beseitigen, indem sie sich vollständig mit dem Vater identifizierte und ihn nach außen hin glühend verteidigte. Diesen Vorgang erlebte sie als einen, der nicht übers Hirn lief; sie wollte sein wie er, andere benutzen dürfen, heucheln, Schuldzuweisungen machen.

Bereits als Jugendliche war Frau H immer wieder suizidal. Sie betrieb Vorsorge, indem sie große Mengen der gefährlichen Beruhigungsmittel des Vaters hortete. Mit 17 Jahren schnitt sie sich die Pulsadern auf. Ihre Schwester fand sie und rief eine Ärztin, die ihren Vater kannte und deshalb keine Einweisung vornahm, da sie das ihrem Vater nicht antun wollte. So erfuhren ihre Eltern nichts von dem Vorfall. Als Erwachsene hatte sie lange Jahre beim Autofahren in einer bestimmten Allee die Vorstellung, dass jeder Baum für sie bestimmt sei. Sie empfand ihre Suizidgedanken nicht als Entschluss, sondern eher als Lebenshaltung: Das alles soll aufhören, und zwar noch heute.

Als Erwachsenen erhielt sie in einer Klinik eine umfangreiche Verdachtsdiagnose, die von manisch-depressiv über Persönlichkeitsstörung hin zur Anpassungsstörung viel umfasste. Sie erlebte es als große Entlastung, als ihr Suchttherapeut ihr empfahl, alle diese Etiketten beiseite zu lassen und stattdessen darauf zu schauen, wie sie mehr mit sich selbst einssein kann.

Einen wichtigen Bestandteil ihrer Auseinandersetzung mit dem Missbrauch sieht sie im Basteln an ihrer Wahrnehmung. Immer wieder versucht sie zu spüren, was hinter ihrem Handeln, ihrer Sucht, ihren Stimmungen steckt und will sich nichts mehr einreden lassen. Aus Angst vor Abhängigkeiten legt sie großen Wert auf Eigenständigkeit, auch beruflich, finanziell und auf der Beziehungsebene. In sozialen Kontakten lernte sie mühsam, sich anzuvertrauen und erlebt es als große Bereicherung, dass auch sie anderen etwas geben kann.

Im therapeutischen Bereich entdeckte sie einige hilfreiche Übungen, die sie auch heute noch praktiziert: Entspannungs- und Atemübungen, Körperarbeit, Bewegung in der Natur und imaginative Techniken wie etwa das Gespräch mit ihrer Angst.

An einem Beispiel verdeutlicht sie, wie sie sich den Umgang mit ihren Gewalterfahrungen vorstellt: Sie hat sich eine alte Weide angeschaut, die richtig zerfressen und zerlöchert war und in die sich eine Traubenkirsche reingesetzt hatte und weiter wuchs. So wie auf dem alten, vom Leben gezeichneten Baum etwas Neues wächst, will auch sie nicht ständig ihre Probleme und ihre Defizite anschauen, sondern auch auf Gutes hoffen, etwa auf eine schöne Zeit als alte Frau.

<u>Religiöse Sozialisation und Erfahrungen mit Kirche</u>

Die Familie war evangelisch, wobei der Vater furchtbar über Gott und die Kirche schimpfte und Frau H ihn als Atheist erlebte. Ihre Mutter hingegen praktizierte eine formal orientierte Religiosität, ging in die Kirche und auf Beerdigungen und drückte dem Pfarrer die Hand. Im Alter von etwa 14 Jahren fragte Frau H ihre Mutter, warum der Vater so furchtbar und grundlos schlägt und die Mutter dagegen nichts unternimmt und stattdessen zuschaut. Danach ging ihre Mutter noch häufiger in die Kirche. Die Kinder mussten keinen Gottesdienst besuchen.

Frau H begleitete eine katholische Schulfreundin in Gottesdienste, die ihr sehr gut gefielen. Im Gegensatz zu den evangelischen Gottesdiensten empfand sie die katholischen Messen viel geballter, die aus ihrer kindlichen Perspektive aus viel Gesang, Gerüchen, Kerzen und Keks kriegen bestanden.

In der Grundschule sang Frau H im kirchlichen Kinderchor mit, was ihr viel Freude bereitete. Auch heute noch singt sie manchmal gern die Kirchenlieder ihrer Kindheit, etwa aus „Lobe den Herren" die Textzeilen „In wie viel Not, hat nicht der gnädige Gott, über dir Flügel gebreitet", allerdings lässt sie dabei das „Lobe den Herren" weg, da sie den Herren ablehnt. Mit ihrem schulischen Religionsunterricht verbindet Frau H Erinnerungen an blutige Bibelgeschichten und an lateinische Ausdrücke, die sie lernen musste.

Als Kind betete Frau H abends im Bett und versuchte, mit Gott einen Deal zu machen: Wenn er für sie dieses oder jenes in Ordnung bringen würde, würde sie mehr beten. Darin sieht sie eine Parallele zum Vaterbezug, von dem sie Liebe erwartete, indem sie ihm Sex gab. Irgendwann fand sie die Verhandlungen mit Gott unanständig und hörte schließlich auf, an ihn zu glauben – noch vor ihrer Konfirmation. Grund dafür war das Gefühl, allein gelassen zu sein. Sie empfand, dass ein Gott, der solche Dinge wie ihre Gewalterfahrungen ermöglicht, nicht gut drauf sein kann. Dieser Eindruck verstärkte sich, als sie in einem Gespräch mit dem Pfarrer andeutete, dass es ihr zu Hause nicht gut geht und er ihr daraufhin vermittelte, dass das an ihr liegen müsse, weil sie unartig sei.

Ihre Konfirmation brachte sie auf massiven Druck ihrer Mutter hinter sich.

Gott stellte sie sich als alten Mann mit langem Bart vor, eine Mischung aus Petrus und Nikolaus, mit harten Wesenszügen. Mit Gottvater, Sohn und Heiligem Geist kann sie heute nichts mehr anfangen, da sie darin eine Patriarchatsgeschichte sieht. Sie vertritt die Meinung, dass in den etablierten Religionen nicht gut mit Frauen umgegangen wird. Im Christentum sollten Frauen vor allem hilfsbereit sein, Kinder kriegen und Füße salben.

Heute tut sich Frau H schwer, sich auf die Jesusfigur einzulassen, auch wenn sie ihn als einzige der christlichen Gestalten achtet – so als ob er eine Frau wäre. In Jesus fand sie als Kind ein Vorbild, mit dem sie ihre eigenen Erfahrungen interpretierte. Jesu Botschaft war für sie: Je mehr du leidest, desto mehr wirst du irgendwann belohnt – lass dich also ordentlich auspeitschen und annageln, dann kannst du es der Welt beweisen. Sie sieht eine Verbindung zwischen ihren Hilferufen durch die Selbstverletzungen und einem solchen Jesusbild. Heute lehnt sie die Jesusgestalt ab, da sie das Geopfert- und Gequältsein so stark repräsentiert.

Frau H resümiert, dass sie als Kind keine Leute kannte, die sich von Gott geliebt fühlten. Religion war ihr fremd. Sie verknüpfte damit nur Stichworte wie letztes Gericht und die Zehn Gebote, aber keinen liebenden Gott.

Als Erwachsene erlebte sie in der Kindergärtnerin ihres Kindes eine Religionsfrau, die für sie ein Urbild darstellte, wie man Menschen annehmen kann und trotzdem nicht auf sich rumtrampeln lassen muss. Ihr Kind erlebte Religionsunterricht, in dem es um das Kind und seine Gefühle ging, was Frau H toll fand. Ähnlich empfand sie es mit ihrem Suchttherapeuten, der als Caritasmitarbeiter zwar Kirchenmann ist, aber nicht ständig zum Beten rennt und ihr trotzdem wichtige religiöse Impulse gegeben hat.

Frau H hat bisher keine aufgeschriebene Religion gefunden, die ihr nicht Gehorsam abfordert. Aufgrund ihrer Gewaltvergangenheit ist sie nicht mehr bereit, gefügig zu sein und sich zu unterwerfen.

Zur persönlichen Religiosität

Frau H entwickelte im Prozess ihrer Auseinandersetzung mit den Gewalterfahrungen einen naturreligiösen Ansatz. Etwa ging sie nachts hinaus und umher, atmete bewusst und versuchte, ihre Angst aufzulösen. Dabei machte sie die Erfahrung: Hier bin ich richtig, hier gehöre ich hin. Sie grenzt sich zwar von einigen esoterischen Praktiken wie dem Anbeten von keltischen Göttinnen oder der Astrologie ab und will so etwas nicht dogmatisch setzen, jedoch erkennt sie für sich, dass sie aus dem Erleben handeln will. Dabei unterstützen sie körper- und atembezogene Übungen, Meditation, Kunst und Musik.

Religion ist für Frau H eine göttlich bestimmte Entwicklung. Damit meint sie, dass das Leben von allem – Menschen, Tieren, Pflanzen – in einen größeren Zusammenhang eingeordnet ist; dass es eine Entwicklung gibt, die größer ist als der einzelne Mensch, und in der nichts verloren geht. Sie vertritt zwar keine ausgefeilte Reinkarnationstheorie, geht jedoch davon aus, dass ihr eine Aufgabe gegeben ist, der sie sich stellen soll.

Mit Religiosität verbindet sie auch, dass es um sie herum wimmelt an Energien, vor denen sie kräftige Ehrfurcht hat. Dazu gehören auch Gestalten wie die Göttin Kali, die ihre Anteile als kämpferische und kräftige Frau stärkt, und überhaupt weibliche Gottheiten, welche sowohl urmütterlich als auch verspielt, verführerisch und sogar unverständlich erscheinen. Sie hegt diesbezüglich pantheistische Vorstellungen und sieht die weiblichen Göttinnen als ihre Begleiterinnen und Ansprechpartnerinnen.

Frau H will Gott nicht personifizieren und hat verschiedene Bezeichnungen: Das Göttliche, die Göttin, die göttliche Autorität. Sie macht die Erfahrung, dass die religiöse Autorität ihr Mut gibt und sie nicht vergisst. Dabei spricht sie von den Momenten, in denen sie sich beleuchtet und angewärmt fühlt und die ihr Sicherheit vermitteln. Auf diese Weise erlebt sie das, an was es ihr so gravierend mangelte: Urvertrauen.

Morgens meditiert sie regelmäßig, damit sie nicht die Bodenhaftung verliert und gleichzeitig die Vertikale pflegt. Sie stellt sich dabei vor, dass in ihr eine Lebenssäule auf- und abflitzt. Das erlebt sie als befreiend. Bei diesen Meditationen kommen ihr Bilder, die sie unterstützen, etwa eine große weiße Frau, die kein Gesicht hat. Ihr Göttinnenbild wird über Vermittlerinnen visualisiert, die für sie etwa Vögel oder fließende Gewässer sind. Sie macht auch die Erfahrung, dass sich ihr die Göttin akustisch mitteilt und sie ruft.

Einen wichtigen Bestandteil ihrer religiösen Praxis stellen Rituale dar. Sie trifft sich dazu mit einer Gruppe von Frauen, um Jahreskreisfeste zu feiern. Dabei wird in der Natur gesungen, getanzt, geschwiegen und gegessen. Eine Frau bereitet eine Meditation vor. Dabei spürte sie eine starke Verbindung mit den Frauen und konnte allmählich das Gefühl entwickeln, dass sie sein darf, wie sie ist, dass sie angenommen ist. Sie erlebt, dass sie anderen helfen kann und selbst viel Unterstützung bekommt.

Im Rückblick stellt Frau H fest, dass Religiöses ihr früher nicht besonders wichtig war. Heute dagegen sieht sie darin fast ihre ganze Lebenskraft. Religiosität ist für sie das, woraus sie Kraft schöpft.

D. Darstellung der Auswertung

Vorweg einige Anmerkungen zur folgenden Darstellungsweise der Auswertung:
- Die Transkriptionsregeln wurden bereits beschrieben.[1]
- Nach jedem Interviewauszug folgt in Klammern mit einem Buchstaben die Angabe des jeweiligen Interviews und mit zwei Zahlen die Zeile im Interview, etwa: (A 13/15), das heißt: Es handelt sich um einen Ausschnitt aus Interview A, der in Zeile 13 beginnt und in Zeile 15 endet. Die Zeilenangaben stammen aus der Zählung im Auswertungsprogramm WIN MAX 97 pro.
- Es spricht immer die in Klammern angegebene Frau, also Frau A, Frau B, Frau C etc. An einigen Stellen wird auch eine Frage oder eine Reaktion der Interviewerin abgedruckt, was dann jeweils eigens kenntlich gemacht wird mit dem Buchstaben I.
- An manchen Stellen werden in Klammern Erklärungen angemerkt, um die Verständlichkeit zu erleichtern. Diese Zusätze sind mit (Anm. d. Verf.) gekennzeichnet.
- Wenn aus dem laufenden Zitat etwas ausgelassen wird, wird das folgendermaßen markiert: (...)
- Unterbrechungen im Satz und grammatikalische Abbrüche werden durch drei Punkte markiert, etwa: „Ich meine... also gestern war das anders".

I. Zum Bewältigungsprozess des Missbrauchs: Wahrnehmung und Deutung der Betroffenen

1. Folgen des Missbrauchs

Die Befragten geben im Gespräch direkt und indirekt Einblick in die Folgen des Missbrauchs: Direkt, indem sie benennen, welche Auswirkungen des Missbrauchs sie in ihrem Leben spüren; indirekt, indem aus der konkreten Lebenssituation der Befragten (etwa Arbeitsunfähigkeit) hervor geht, dass das Trauma ihren Alltag nachhaltig beeinträchtigt.

Diese Folgen illustrieren das breite Spektrum dessen, was bereits im Theorieteil aufgeführt wurde. Auch wenn es wie eine Binsenweisheit klingen

---

[1] Vgl. Teil II B. III.

Wahrnehmung und Deutung des Bewältigungsprozesses

mag, sei doch vorneweg festgestellt: Alle Frauen berichten von massiv negativen Auswirkungen des Missbrauchs auf ihr Leben.

Zur Vereinfachung sollen die von den Frauen angeführten Schwierigkeiten, die sie mit dem Missbrauch in Verbindung bringen, vier Bereichen zugewiesen werden:
* Körperliche Auswirkungen
* Psychische Reaktionen
* Auswirkungen im Sozialbereich
* Auswirkungen auf die Lebenseinstellung

1.1. Körperliche Auswirkungen

Sexueller Missbrauch hat unmittelbar und langfristig Einfluss auf das körperliche Befinden der Betroffenen. Die befragten Frauen berichten von verschiedenen körperlichen Symptomen als Folgen des Missbrauchs. Dabei sehen sie einen deutlichen Zusammenhang zwischen der psychischen Belastung durch den Missbrauch und den körperlichen Symptomen.

Ich glaube mittlerweile daran, dass mein Asthma psychisch bedingt ist, weil zum Beispiel, wenn ich irgendwie in der Therapie hart an mir gearbeitet habe, vor allem in der Vergangenheit, dann schlafe ich erst mal nach der Therapie und dann kann es sein, dass ich Asthma bekomme. (C 43/46)

Und also dann mit ganz vielen körperlichen Verspannungen und Beschwerden, also wirklich so diese Schwere und diese Rückenbeschwerden und es drückt alles so und es zieht mich in den Boden, also das hat sich schon erst so seit zwei Jahren verändert. Also das hat sich schon durch mein ganzes Leben gezogen. (D 119/123)

Also ich habe seit elf Jahren eine chronische Dickdarmentzündung. Das äußert sich halt auch in prima Durchfällen und Blut im Stuhl. Und die Ärzte sagen, das ist unheilbar. Und natürlich auch dementsprechend schlechte Lebenserwartung und so. Na ja und mein Hausarzt, dem ich das damals erzählt habe, hat gemeint, so was kann auch psychische Ursachen haben. Und dann habe ich mich halt sozusagen auf den Weg gemacht, weil mir ja schon klar war, wo das herkommt. (E 34/39)

1.2. Psychische Reaktionen

Missbrauch stellt einen massiven Eingriff in die psychische Entwicklung eines Kindes dar. Bereits in der Kindheit reagieren manche Betroffene mit Auffälligkeiten, während andere als Erwachsene psychische Probleme entwickeln. Vielfach stellen Betroffene erst im Rückblick fest, dass ihre Schwierigkeiten ursächlich mit dem Missbrauch zusammenhängen.

1.2.1. Verdrängung

Einen hochwirksamen Prozess im Umgang mit der Missbrauchserfahrung stellt die Verdrängung dar. Sie hilft, die betroffene Person vor der vernichtenden Dimension des Missbrauchs zu schützen, ist an sich also kein pathologischer Prozess. Gleichzeitig kostet auch das Verdrängen Energien, die eine gesunde psychische Entwicklung behindern. Verdrängung gehört zum Allgegenwärtigen, wenn es um Missbrauch geht. Auch die befragten Frauen beschreiben das:

Also vorher der Missbrauch, ich habe zwar immer gewusst, dass da was war. Aber wenn mich vorher jemand gefragt hat wegen dem Missbrauch, das wäre kein Thema für mich gewesen, hätte ich nicht gedacht, dass ich da jetzt betroffen bin. (A 50/52)

Ich bin im Moment auch in Therapie. Habe also Jahre gebraucht, mich an den Missbrauch zu erinnern. Seltsamerweise. Also es ist mir nicht fremd. Also die Erinnerungen sind schon immer irgendwie da gewesen, aber ich war nie irgendwie kontinuierlich da dran. Ich nehme an, das hängt auch damit zusammen, weil es einfach auch weg geredet war. Und ich das einfach dann so hingenommen habe. Was weg ist, ist weg, so ungefähr, aber ich denke, es ist nicht so. (F 27/32)

1.2.2. Schlechte Lebensqualität – Einschränkungen im Alltag

Auf verschiedene Weisen berichten die Frauen von Einschränkungen im Alltag durch den Missbrauch, als Kind und vor allem als Erwachsene. Die Schwierigkeiten gründen vor allem in den drastischen Gefühlszuständen, die ein „normales" Funktionieren der Betroffenen erschweren. Das Spektrum reicht von körperlicher Unruhe über phasenweise Angstzustände hin zu totalen Zusammenbrüchen.

Einige erleben immer wieder Einbrüche der Missbrauchsproblematik in ihrem Leben, die ihre Lebensqualität phasenweise deutlich verschlechtern. Manche fühlen sich über Jahre schwer belastet und benötigen erhebliche Unterstützung durch therapeutische und psychiatrische Maßnahmen, um einigermaßen überleben zu können.

Da war ich vorher immer so die starke Frau und dann dieser völlige Zusammenbruch, also, da war ich dann einfach so labil dann auch, das hat mich total eingeschränkt. Dass ich vorher alles so gemeistert habe und dann plötzlich nichts mehr auf die Reihe gekriegt habe. (A 111/115)

Und ich weiß, es gibt nichts Schlimmeres, nach dem Schmerz verliert man irgendwann das Bewusstsein, also irgendwann ist Ende. Aber wenn der Verstand, das Hirn, also im Hirn es nicht mehr aufhört zu arbeiten, und das habe ich erlebt, nachts keine Stunde mehr schlafen können. Das ist die Hölle. Sie sind körperlich fertig und finden keine Ruhe, das ist dann die Hölle, das kommt dann. Das ist das Schlimmste. (B 106/110)

Und viele, ich glaube, die gehen ihren Weg nicht weiter, weil sie das aushalten müssen. Und Aushalten ist ja das Schlimmste. Also der Schmerz noch mal und ich denke sich noch mal anzugucken, was ist mir zugefügt worden, was wurde mir alles weggenommen. Die ganze Kindheit ist mir genommen worden, und da auch noch mal so reinspüren, wie weh das getan hat. (D 230/234)

Und es ist halt wirklich so, ich kann im Haushalt nur was machen, wenn mein Mann zu Hause ist. Ansonsten geht es mir so beschissen, dass ich mich nur in das Bett legen kann, mir die Decke über den Kopf ziehen kann oder schlucke meine Beruhigungsmittel oder ich muss halt sehen, dass ich bei einer Freundin bin, dann kann ich auch zu Hause nichts machen. Mich nervt das irgendwo auch. Weil ich weiß es ja von früher, wie ich das noch nicht so stark hatte, ich habe das auch genossen, allein zu sein, und einfach auch mich zu entfalten, künstlerisch und alles und das ist halt heute überhaupt nicht mehr drin. Ja, und das nervt mich, dass ich da keine Kraft habe für. Und das jetzt irgendwo loszuwerden, einfach zu gucken, also mir ist das schon klar, dass die Gründe halt in der Kindheit liegen. (E 116/128)

1.2.3. *Negatives Selbstbild*

Es gehört zur Dynamik des Missbrauchs, dass das betroffene Kind die Ursache für das Geschehen bei sich selbst sucht. Es geht davon aus, dass es aufgrund dessen missbraucht wird, weil es ungehorsam und schlecht ist. Vielfach wird das von Tätern auch direkt ausgesprochen. Die Selbstbeschuldigungen verankern sich in der Seele und können zu einem dauerhaft negativen Selbstbild führen. Dieses führt zu mangelndem Vertrauen in den eigenen Wert und die eigene Leistungsfähigkeit. Die Scham- und Schuldgefühle wirken sich auch in der Beziehungsfähigkeit aus: Mehrere Frauen berichten, dass sie Angst haben/hatten, jemand könne ihren Makel, den Missbrauch, entdecken und sie daraufhin ablehnen.

Und ich denke, es hat mich auch so in meinem Selbstwert geschwächt und habe mich immer minderwertig und schlecht gefühlt und... ja alles mit ganz viel Scham und Schuld. Also ich war schuld, dass ich auch nie Nein gesagt habe. (D 103/106)

Dass ich eigentlich immer gesagt habe, ich habe mich immer dreckig gefühlt und schlecht gefühlt (...) Aber ich hatte immer so, in mir drin hat es immer gesagt: Ach wenn die Menschen wirklich wüssten, wie schlimm du bist, dann würden sie dich nicht mehr angucken. Das war immer so in mir drin, immer diese Selbstzweifel und immer dieses Misstrauen mir selber gegenüber. Dass ich das ja eigentlich gar nicht verdient habe. (...) Und das war eigentlich so ein Selbstzweifel in mir, wo ich immer Angst hatte, dass dieses Kartenhaus an Beziehungen, was ich habe, eines Tages einstürzt. Weil aus irgendeinem blöden Zufall das rauskommt, und das dann alles einstürzt und ich quasi wieder vor meinen Lebenstrümmern stehe. (E 351/372)

Ich komme da immer wieder mit meinen Minderwertigkeitsgefühlen in Konflikt. Also ich fühle mich minderwertig und zweifle an meiner eigenen Leistung. Ich habe festgestellt, immer wieder über Leistung definiert zu werden. (F 204/206)

Ich denke, das ist auch der Hintergrund für meinen ganzen Suff und Selbstverletzungen und was man alles so kriegen kann, das ist furchtbarer Selbsthass. (H 512/513)

Aber es war klar, an wem es lag, nämlich an mir. Diese Botschaft habe ich immer zurück gekriegt von ihm. Schuld. Klar, ich bin es, die Drecksau. Ich habe meinem armen Papa den Kopf verdreht. Und da konnte er nicht anders. (H 504/507)

1.2.4. Dissoziation

Alle (!) befragten Frauen berichten davon, dass sie auf den Missbrauch mit Abspaltung bzw. Dissoziation reagierten. Dieses Abspalten fand während des Missbrauchs statt, indem die Mädchen den Körper nicht mehr wahr nahmen und so wenigstens die Seele in Sicherheit bringen konnten. Einige Befragte beherrschen das derart virtuos, dass sie sich nicht nur seelisch, sondern auch körperlich komplett aus dem Geschehen ziehen konnten und dieses von außen beobachteten. Der Missbrauch und die damit zusammenhängenden Gefühle wurde so einfach aus dem normalen Bewusstsein gelöscht. Diesen Mechanismus praktizieren die Frauen – gewollt und ungewollt – auch als Erwachsene weiter. Durch das Dissoziieren erleben einige Frauen einen Verlust an Lebendigkeit und Lebensfreude.

Dass ich meine Lebensfreude verloren habe und ein Stück erwachsener geworden bin, als ich damals dieses Kind überhaupt nicht gelebt habe, weil ich das abgespalten habe, weil es durfte einfach nicht sein. (A 451/453)

Ich bin halt immer auf meine Art und Weise weggewesen. So körperlich da, aber geistig weg. (C 500/501)

Ich konnte mich als Kind so abspalten. Wenn mein Vater mich halt in den Arm genommen hat und so bedrängt hat, dann habe ich einfach gesagt: Du bist nicht in deinem Körper, der kann mit deinem Körper machen, was er will, aber dich kriegt er nicht. Ich habe das immer so, als müsste ich immer so das letzte Stückchen, das ich (betont) bin, in Sicherheit bringen. Und dann stand ich also echt daneben und habe da zugeguckt (lacht), was da läuft. Und habe mir immer gedacht: Seid ihr blöd. Ich habe mir immer gedacht, seid ihr blöd, ihr könnt mir gar nicht weh tun. Ihr könnt meinem Körper wehtun, aber ihr könnt nicht mir wehtun. (E 291/298)

Ich war auf der einen Seite erstaunt, dass es mir gelungen war, in den Misshandlungen zu schweben. Also dass es mir gelungen war, abzuheben. Aber man hat mir gesagt, das wäre das Fatale gewesen, weil das hat eigentlich dieses ganze Entsetzen verschleiert. (F 303/306)

1.2.5. Seelentod

In der (Selbst-)Hilfeliteratur wird Missbrauch vielfach als Seelentod beschrieben. Auch die befragten Frauen benennen als Folge den Seelentod. Für sie bedeutet er, keine Freude zu empfinden, auf rein körperliche Abläufe reduziert zu sein und von äußeren Ansprüchen gelebt zu werden.

Ich hatte mir damals selber versprochen: Wenn es wieder passiert, dann will ich nicht mehr leben. Dieses jahrelange Missbrauchen, jahrelang irgendwelche Wunden zu haben. Und ich finde auch, der schlimmste Tod ist der Seelentod, wo man weiterleben muss, und man lebt zwar, aber man fühlt nicht. Man ist wirklich tot. Und es geht einem wirklich am Kopf, am Buckel runter und hat am liebsten einfach meine Ruhe. Das ist in gewisser Weise einfach vor sich hin vegetieren. (C 99/106)

Der Hammer kam halt dann, wie ich dann bei meinen Eltern war und nach einein- halb Monaten mein ältester Bruder mich missbraucht hat, der halt einfach nachts, während ich geschlafen bin, über mich hergefallen ist, auf gut deutsch gesagt. Und dann war das für mich aus. Das war also so ein abrupter Schnitt für mich. Für mich war das dann einfach aus. Dass ich das Gefühl hatte, mein Leben ist tot, ich bin jetzt nur noch eine Hülle, die nur noch rumrennt und ihre Pflichten erfüllt, was alle von mir verlangen, was ich tue. (E 233/237)

1.2.6. Suizidgedanken

Alle befragten Frauen berichten von Suizidgedanken, teils auch von Suizidversuchen. Drei der Frauen wenden sich mit ihrem Wunsch zu sterben im Gebet an Gott.

Dann waren manchmal solche Selbstmordgedanken da. Die wären nicht da gewesen, denke ich, wenn dieser Missbrauch nicht gewesen wäre. Weil einfach diese Lebensunfreude, hat das, glaube ich, schon ausgelöst, dass da einfach so viel verdrängt war, und so viel, wo ich nicht mit umgehen konnte, und einfach so schwierig war, weil es einfach verschüttet war. Ja, das kommt sogar jetzt immer noch ab und zu mal. Wo ich dann immer aufpassen muss, jetzt habe ich es zwar immer besser im Griff und weiß dann auch meine Techniken, dass ich dann einfach laufen muss, oder in die Natur gehen muss oder einfach mir Ruhe gönnen muss und mehr vorher schon gucken muss, dass ich meine Grenzen besser setze und auf mich achte. (A 455/464)

Wobei ich sagen muss, wie ich fünfzehn war, ich habe mich jede Nacht in den Schlaf geheult und habe immer gesagt: Lieber Gott, lasse mich heute Nacht sterben, dass ich morgen nicht mehr aufstehen muss. Also das war echt schlimm. (E 284/287)

1.2.7. *Schlafstörungen*

Häufig klagen die Interviewten über Schlafstörungen. Albträume plagen sie und machen es ihnen schwer, auf den normalen Alltag umzuschalten.

Was ich auch bekommen habe ist Schlafstörungen, ich schlafe kaum noch. Was mir mein Freund erzählt hat, dass er mich mehrmals in der Nacht weckt, wenn er was mitbekommt. In gewisser Weise schlafe ich einfach noch im Halbschlaf, und es geht, dass ich mich an ihn rankuschel, andersrum nicht. Das ist so, wenn ich mitbekomme, dass ich einen schlechten Traum habe, dann muss ich auswandern, vom Schlafzimmer ins Wohnzimmer. Das ist auch etwas, was mit meiner Kindheit zu tun hat. (C 286/292)

Und das Schlimmste ist immer an diesen Albträumen, dass ich dann morgens wach werde und ich bin immer noch in diesem Traum, ich komme da nicht raus, ich komme da nicht raus aus diesem Gefühl, aus diesem furchtbaren Gefühl, ich komme da nicht mehr raus. (E 916/918)

Insgesamt taucht in den Aussagen der Fragen eine breite Palette von psychischen Schwierigkeiten und Störungen auf, die im Zusammenhang mit Missbrauchserfahrungen typischerweise auftreten:

- Depression
- Selbstverletzendes Verhalten
- Sucht
- gestörte Wahrnehmung
- Identitätsstörungen wie Borderline-Persönlichkeit und Dissoziative Identitätsstörung
- Essstörungen
- Angst- und Panikstörungen

Einige Frauen berichten aufgrund ihrer Schwierigkeiten von Aufenthalten in Psychiatrien und psychosomatischen Kliniken. Drei Frauen sind aufgrund ihrer Belastung arbeitsunfähig bzw. berentet.

1.3. Auswirkungen im Sozialbereich

Sexueller Missbrauch wirkt nicht nur auf die einzelne Person in Form körperlicher und psychischer Folgen, sondern entfaltet Außenwirkung im sozialen Leben der Betroffenen: auf ihre Fähigkeit, Kontakte zu knüpfen und zu halten; auf ihre Vertrauensfähigkeit; auf ihr Verhalten in partnerschaftlichen und sexuellen Beziehungen.

Wahrnehmung und Deutung des Bewältigungsprozesses

1.3.1. Rückzug – Isolation

Manche Frauen führt das Leiden an ihrer Geschichte in die Isolation. Beide Seiten wirken hier aufeinander ein: Das soziale Umfeld, das im Umgang mit Missbrauchserfahrungen oft überfordert ist und das Tabu häufig fortsetzt, sowie die Betroffene selbst, der es durch ihre psychische Belastung schwer fällt, sich in Kontakten zuzumuten.

Ich habe gemerkt, dass ich eigentlich sehr einsam geworden bin. Ich habe so kleine Kontakte versucht aufzubauen, auch durch eine Selbsthilfegruppe, die ich drei Jahre besucht habe, da bin ich mit einer Frau in kontinuierlichem Kontakt. Das sind jetzt auch so fünf oder sechs Jahre, wo wir eigentlich so in Kontakt sind. Aber so habe ich gemerkt, also je schlechter es ging, desto mehr habe ich mich zurückgezogen. Ich habe zunächst das auch gebraucht, aber habe festgestellt, es fällt mit schwer zurückzukommen. (F 77/81)

(...) eine volle Kontaktarmut. Ich habe das mühsam lernen müssen, jemanden gerade anzuschauen. (H 245/247)

1.3.2. Überforderung für Beziehungen

Viele Befragte machen die Erfahrung, dass die Missbrauchsthematik und die damit zusammenhängenden Schwierigkeiten eine Überforderung für Beziehungen darstellen. Das gilt zum einen für Partnerschaften: Die Auseinandersetzung mit dem Missbrauch kann zur Belastungs- und Bewährungsprobe für Beziehungen werden, an der sie auch scheitern können. Zum anderen erleben die Befragten, dass nur wenige Menschen die Missbrauchsthematik aushalten können. Wenn überhaupt, dann ist es ein sehr kleiner Kreis von Personen, in dem sich die Interviewten zumuten können.

Eine Frau erlebt auch unter anderen Betroffenen, dass sich diese von ihrer Geschichte belastet fühlen und dadurch noch größere Isolation entsteht.

Man kann in einer Beziehung, was ich jetzt mitbekomme, auch zum Störfaktor für den Partner werden. Er toleriert das irgendwie. Aber ich bin schon froh, das ich eine Partnerschaft habe, wo ich offen drüber reden kann. Ich muss aufpassen, weil ich offen drüber rede, damit ich nicht anfange ihn zu belasten. (C 293/296)

Und ich glaube, das ist das, was ich ihm (dem Täter; Anm. d. Verf.) auch ganz ganz sehr übel nehme, dass er so noch in meine Ehe eingebrochen ist, also da ist auch so eine Unverzeihlichkeit in meiner Seite. (D 56/57)

Wobei ich festgestellt habe, da gibt es auch wieder Unterschiede. Das ist einfach so. Das hängt auch von der Lebensgeschichte des Einzelnen ab. Es gibt einfach Unterschiede. Für mich ist der Unterschied... also ich habe für mich den Begriff gefunden: Ich fühle mich gefoltert, also ich bin gefoltert worden. Missbrauch findet ja auch manchmal statt, indem dass der Täter sich einfach nur nackt zeigt einem Kind. Und sich masturbiert oder was in Anwesenheit eines Kindes, das ist für den Betreffenden auch sehr quälend und auch sehr schlimm. Aber ich habe festgestellt, dass Frauen, sage ich jetzt mal in Anführungszeichen, die nur so was erlebt haben, sich unterscheiden von Frauen, die also wirklich körperliche Misshandlungen erfahren haben, richtige Verletzungen. Manche Frauen sind nicht bereit, solchen Frauen zuzuhören, weil sie das einfach belastet. Die Angst oder der Schock ist einfach dann sehr groß, zu wissen oder zu begreifen: Das hätte mir auch passieren können. Diese Ablehnung habe ich erfahren. (F 166/76)

Ich muss mir bewusst werden, mit wem ich spreche. Ich habe festgestellt, dass der Gesprächskreis kleiner geworden ist. Die das aushalten, die wissen wollen. (F 196/198)

1.3.3. Ohnmacht und Rebellion

Die traumatische Zange bringt die Betroffenen in die Klemme: Sie fühlen sich ohnmächtig und ausgeliefert. Die einzigen Handlungsmöglichkeiten stellen Flucht oder Kampf dar, was real nicht möglich ist. Die Mehrzahl der Frauen verschafft sich durch Dissoziation, als psychische Flucht, Abstand zum traumatisierenden Geschehen.

Beide Möglichkeiten, die die Traumatische Zange nach sich zieht, können sich auch für die erwachsenen Frauen in sozialen Kontakten wiederholen, wenn sie in Situationen kommen, die das Trauma aktivieren. So berichten die Befragten davon, sich im Kontakt mit Obrigkeiten ohnmächtig zu fühlen oder dagegen rebellieren zu wollen. Das heißt also, sie reagieren dann im Flucht- bzw. Kampf -Schema.

Und ich will keinen Kontakt mehr, weil das ist so, der Missbrauch hat ja ganz viel mit Macht zu tun, dass jemand Macht über dich hat, und du kriegst keine Macht über dich, wenn du nie deine eigene, also deine Allmacht, deine eigene Macht, wieder nimmst und sagst: Ich will da durch. Weil du bist ja eigentlich nur ohnmächtig, das spielt ja eine ganz große Rolle. Und das erlebe ich, dass ich immer nur gegen Beamten, gegen Obrigkeiten, gegen Männer, also immer wieder diese Ohnmacht. (D 766/770)

Das Ganze ist für mich immer auch noch Trotzgeschichte. Dass ich eine wahnsinnige Rebellion im Grunde da versucht habe, über ausbrechen, über noch sexier ausschauen. Und ich bin mir sicher, dass also sowohl meine beruflichen als auch meine Beziehungsprobleme viel damit zu tun haben, dass ich einfach nicht gehorche. Im Zweifel, wenn mir einer was vorschreibt, werde ich hinterher so sauer drüber, dass ich nie wieder mit dem Menschen rede und auch wieder möglichst den Effekt des Gehorsams rückgängig mache. (H 163/168)

1.3.4. Bezug zu Männern und Sexualität

Alle befragten Frauen sprechen an, dass die Missbrauchserlebnisse ihre Kontakte zu Männern beeinträchtigen. Dabei geht es einerseits um Alltagskontakte zu Männern, andererseits um partnerschaftliche Beziehungen. Durch die Abspeicherung des Missbrauchs im Körpergedächtnis erleben einige Frauen in sexuellen Begegnungen Flashbacks, die eine lustvolle und selbstbestimmte Sexualität schwierig machen.

Ich war da auch schon in der Partnerschaft zu meinem jetzigen Mann, wo das hochkam, und das war auch ganz gut – weil sonst hätte ich jetzt keinen Mann. Ab da, wo das Thema so hochkam, waren Männer für mich völlig, also es war kein Thema mehr, ich konnte keinen Mann mehr anschauen. Das war ganz furchtbar. (A 77/80)

Das (die Aufarbeitung des Missbrauchs, Anm. d. Verf.) hat mir auch dann den Männerhass genommen. Und ich mag Männer. Wo ich eigentlich auch denke, es geht auch nur gemeinsam. Ich denke, es geht auch nicht ohne Männer auf dieser Erde. Und Männer müssen auch lernen. Männer sind genauso okay wie Frauen, wo ich früher schon gedacht habe: Frauen sind die besseren Menschen. (D 657/660)

Mein Mann sagt immer: Warum hast du mich so lange getestet? Da habe ich gesagt: Genau darum, damit ich keinen Alkoholiker zum Mann haben wollte und ich wollte auf keinen Fall, dass mir das so geht wie mit meinem Bruder oder mit meinem Vater. Dann sag ich immer: Ich wollte einen gescheiten Mann haben. Und dann sagt er immer: Ach, du tust immer so, als wäre jeder Mann eine Katastrophe, du tust immer so, als würde es wenig gescheite Männer geben. Sage ich: Es gibt nicht viele gescheite Männer. (E 1274/1279)

1.3.5. Wiederholung und Reinszenierung

Missbrauch im Kindesalter kann sich derart in die Seele des Kindes einprägen, dass es zu Wiederholungen der Missbrauchssituation im Jugend- und Erwachsenenalter kommt. Manche Mädchen werden darauf konditioniert, Zuwendung und Sexualität zu verknüpfen. Diese Verbindung kann sich wiederholen. Der Wunsch nach Zuwendung wird unbewusst mit Sexualität verbunden. Das Schema, in dem der Missbrauch statt fand, inszeniert sich neu. Weil die Betroffene durch den Missbrauch in ihrem Selbstwertgefühl und in ihrer Widerstandsfähigkeit geschwächt wurde, hat sie wenig Möglichkeiten, ein Gespür dafür zu entwickeln, welche Form von Nähe ihr gut tut und was sie wirklich will.

Diese besondere Anfälligkeit von Frauen mit Missbrauchserfahrungen wird von manchen Menschen auch gezielt genutzt, um die Frauen wieder zu

Opfern zu machen, etwa von Therapeuten oder anderen helfenden Personen, die Frauen im Rahmen eines Vertrauensverhältnisses missbrauchen.

Ja und auch, was halte ich für Liebe? Diese Verwirrung, dass wenn ich mich meinem Bruder auf eine Weise hingebe, die für ein Kind nicht gut ist; ich denke, ich kriege da Liebe für. Und dieses Muster habe ich auch in meinen Beziehungen oder Begegnungen mit Männern weiter gelebt. (G 69/72)

Es ist mir so oft passiert, dass dann irgendein Mann, mit dem ich Cafe getrunken habe, dann beleidigt war, weil er keinen Sex kriegt. Und aus lauter Schiss habe ich noch Sex oben drauf geliefert, damit er mir nicht böse ist. Das ist auch so die Grundfrage, ständig: Mag der mich noch? Und was kann ich dafür tun? Das erste, was mir eingefallen ist, war immer Sex. Ich lebe auch aus dem Grund jetzt seit Jahren, jedenfalls in Bezug auf geschlechtliche Kontakte, abstinent. Ich habe erst mal lernen müssen, mich selbst anzufassen. (H 145/159)

Also wie gesagt, mein erster Therapeut war echt ein totaler Reinfall, also das war, also da kam es dann zum sexuellen Beischlaf. Also der hat mich auch nur benutzt. (...) Aber damals war ich ja, also ich meine ich kenne das ja auch von meiner Kindheit: Mir hat nie einer geglaubt, und dann eben, das glaubt mir keiner. (E 499/511)

1.4. Auswirkungen auf die Lebenseinstellung

Das Missbrauchstrauma erschüttert das grundlegende Vertrauen des Kindes in den guten Lauf dieser Welt. Die Betroffene erlebt am eigenen Leib, dass sie der Willkür anderer Menschen ausgeliefert ist, ihre Gefühle keine Rolle spielen und sie keine Möglichkeiten hat, sich zu wehren. Dieser Erschütterung führt bei vielen Betroffenen dazu, dass sie das Leben an sich in Frage stellen. Die Frage nach der Ursache und dem Sinn des Missbrauchs bleibt unbeantwortet und wirkt sich destruktiv auf die Lebenseinstellung der Frauen aus. Die Entwurzelung durch den Missbrauch kehrt im Erwachsenenleben wieder, indem die Frauen immer wieder in depressive Phasen fallen. Die Befragten beschreiben ihr Leben als Suche. Die üblichen Antworten auf Lebensfragen tragen sie nicht und sie müssen sich selbst auf den Weg nach Antworten machen.

Zwei Befragte erlebten durch ihre Gewalterfahrungen eine Weitung der gewöhnlichen menschlichen Wahrnehmung, etwa durch Nahtoderfahrung. Diese Fähigkeit ermöglicht ihnen einen gewissen Weitblick, mit dem sie das Leben besser einordnen und handhaben können.

Aber es passiert immer wieder, dass ich so abrutsche und dann denke ich mir, was soll das Leben überhaupt? (A 465/466)

Also ich stelle alles in Frage. (F 214/214)

Also das ist unvorstellbar, einem Kind bewusst Gewalt zuzufügen, damit man sich selbst befriedigen kann. Also, das ist krankhaft und der war es einfach. Und warum ich überlebt habe, weiß ich nicht. Ja, ich habe dann überlebt, das war eben diese Nahtoderfahrung. (B 50/53)

2. *Förderliches im Bewältigungsprozess*

Die Frauen wurden danach gefragt, was sie in der Auseinandersetzung mit den negativen Folgen des Missbrauchs unterstützte, was und wer ihnen im Bewältigungsprozess half bzw. hilft. Die Antworten können drei Bereichen zugeordnet werden:
- Hilfreiche Erfahrungen im therapeutischen Bereich
- Hilfreiche zwischenmenschliche Beziehungen
- Förderliche Praktiken

2.1. Hilfreiche Erfahrungen im therapeutischen Bereich

2.1.1. Psychotherapie

Mit einer Ausnahme berichten alle Frauen von Erfahrungen mit Psychotherapie. Bei guten Erfahrungen mit Psychotherapie spielt die Person der TherapeutIn für die Befragten eine wichtige Rolle. Sie wird zur Instanz, mit der die Wahrheit über den Missbrauch aufgedeckt werden kann. Für einige Frauen spielt die wöchentliche Therapiestunde eine wichtige Rolle in der Alltagsgestaltung. Gleichzeitig berichten die Befragten von den Anstrengungen und Erschütterungen, die mit der Therapiearbeit verbunden sind.

Und, der Therapeut war auch gut, da habe ich irgendwie immer Glück gehabt. Der war jetzt nicht so vom Persönlichen her jetzt so wichtig für mich, sondern das war, wie wenn der mir einen Spiegel hingehalten hätte, so alle zwei Wochen und ich gucke in diesen Spiegel rein und sehe doch ganz erschreckend vieles da (lacht), und jedes Mal war es ganz schlimm. (A 153/158)

2.1.2. Frauennotruf

Fast alle Frauen erfuhren in einem Frauennotruf von dem vorliegenden Forschungsprojekt, stehen also in Kontakt mit diesen Einrichtungen. Die Befragten beschreiben den Frauennotruf als unterstützenden Ort für ihre Entwicklung. Dort erleben sie Beraterinnen, für die sexuelle Gewalt nichts Ungewöhnliches ist und die mit der Psychodynamik von Missbrauch vertraut sind. Die feministische Parteilichkeit der Beraterinnen in den autonomen

Notrufprojekten wird von den Befragten offensichtlich als positiv wahrgenommen. Über die Einzelberatung hinaus bieten Notrufe den Frauen die Möglichkeit, Workshops zu besuchen und selbsterfahrungsorientierte Angebote zu nutzen.

Und ich muss sagen, hier die Frau xy (Beraterin im Frauennotruf), die ist für mich also wirklich das totale Wunder, weil das ist überhaupt also die erste Frau, wo ich mich total verstanden fühle und wo ich das Gefühl habe, sie nimmt das ernst und sie auch verstehen kann, dass ich eigentlich die gewisse Fröhlichkeit und das alles noch habe, aber, wie gesagt, da steckt halt sehr viel drunter. (E 67/71)

Da habe ich schon so Stellen wie xy (Frauennotruf), wo ich mal anrufen kann und sagen kann, es geht mir schlecht, ich brauche ein Gespräch zusätzlich zur Therapie. Oder manchmal machen die auch Veranstaltungen, dass ich mir da irgendwas raussuche, was mir gefällt, und dann kann ich da hingehen. (F 81/85)

2.1.3. Selbsthilfegruppe

Einige Frauen erleben bzw. erlebten Unterstützung in Selbsthilfegruppen, die sich im Umfeld von Frauennotrufen bilden. Vor allem drei förderliche Erfahrungen aus der Gruppe werden betont:

Die Frauen sind nicht allein mit ihrer Missbrauchsgeschichte. Zu hören, dass andere Ähnliches erlitten haben, führt aus der schambesetzten Sprachlosigkeit heraus.

Im Vergleich mit den Erfahrungen anderer Frauen können manche Befragte das eigene Leid relativieren.

Die gegenseitige Unterstützung wird mancher Frau zur Quelle tiefer Freude darüber, dass sie nicht nur beschädigtes Opfer ist, sondern auch helfen kann.

Ja, dann habe ich einmal ein Gedicht geschrieben und habe es einer Frau in der Gruppe gegeben und das war das erste Mal überhaupt, dass ich jemand so ein Gedicht gegeben habe (lacht) und dann war sie ganz gerührt und hat gemeint, das hat sie so beschäftigt. Das hat ihr so weitergeholfen. Das fand ich ganz toll irgendwie, dass es ihr so weitergeholfen hat. (A 587/591)

Und diese Gruppenauseinandersetzung hat mir so ein Gefühl gegeben, dass ich nie alleine bin, dass andere Frauen gesellschaftlich auch ähnliche Schicksale haben. (D 145/147)

Wo dann so ganz viel Trauer da war und, was Menschen fähig sind, mit anderen zu machen. Und dass da eben viel größere Zerstörung da war. Also wirklich auch nicht wieder gut zu machende Schäden. Also wo ich einfach denke, das finde ich eben auch ganz schön an meiner Geschichte, dass eben Heilung möglich war. Und dass es einfach, es gibt eben noch schlimmere Geschichten auf dieser Erde. Ich habe zeitweise auch gedacht, ich hätte die Schlimmste. Ich bin ganz froh, dass ich so dieses sehen kann: Es ist noch lange nicht die schlimmste Geschichte dieser Erde. (D 707/713)

2.2. Hilfreiche zwischenmenschliche Beziehungen

So wichtig Therapie und Selbsthilfegruppe für die Befragten sind, ist doch festzustellen, dass sie nicht zu den alltäglichen Beziehungen gehören, in denen Betroffene sich bewegen. Deshalb ist es umso interessanter zu sehen, ob und welche Kontakte die Befragten als Erwachsene im Bewältigungsprozess als Unterstützung erleben.

2.2.1. *Frauenverbundenheit und Solidarität unter Betroffenen*

Über den Bereich der direkten Auseinandersetzung mit dem Trauma in verschiedenen therapeutischen Zusammenhängen hinaus erleben die Befragten Unterstützung in freundschaftlichen Beziehungen, etwa im Kontakt mit anderen Betroffenen. Eine besondere Verbundenheit und Solidarität unter Frauen aufgrund ähnlicher Erfahrungen wird als hilfreich empfunden.

Es ist halt, denke ich, allgemein für uns als Opfer eine Möglichkeit zusammenzuhalten (...). Das finde ich halt auch wichtig. (C 414/416)

Also so eine Frauenverbundenheit hat mich das erleben lassen. (D 147/147)

Und so Kontakt zu Frauen auf jeden Fall, die selbst betroffen sind. Ja, das ist mir wirklich ganz wichtig, dieser Kontakt zu Frauen, die selbst betroffen sind. (F 165/166)

2.2.2. *Partnerschaft*

Mehrere der befragten Frauen erleben Unterstützung durch den Lebenspartner.

Ja, das waren einmal die Partnerschaft, dass mein Mann, dass der das mitgetragen hat. Dem habe ich das alles immer erzählt, was da halt war und der hat das auch super mitgemacht. Der hat mich da voll unterstützt, so wie man das in den Lehrbüchern empfehlen würde, wie sich ein Partner zu verhalten hat. Weil er selbst nicht so psychisch krank ist, hat er da echt einen Teil mitgetragen. Das war wirklich eine ganz große Stütze. (A 124/129)

Und dieser Mann, also dass das wirklich der erste Mensch ist, der mich so angenommen hat wie ich bin. (D 621/622)

2.2.3. Wichtige Bezugspersonen und Vorbilder

Die Befragten benennen im Rückblick auf ihre Auseinandersetzung mit dem Missbrauch immer Personen, die sie auf ihrem Weg unterstützen: Die Therapeutin, die Ärztin, eine Nachbarin, eine Freundin etc. Es sind Menschen, die die Frauen entweder professionell oder privat unterstützen, ihre Probleme kennen und in ihrer Sorge und ihrem Bemühen nicht nachlassen. Auf diese Weise bieten sie Orientierung und haben Vorbildcharakter. Solche Bezugspersonen spielen eine zentrale Rolle, um einen Weg aus dem Gefühl zu finden, verrückt und verlassen zu sein.

Und ich glaube diese Wendo Frauen (Selbstverteidigung für Frauen, Anm. d. Verf.) haben mich sehr sehr stabilisiert. (D 137/138)

Und dann war auch immer eine Freundin von mir, die hat mich jeden Mittwoch morgens besucht. Sagt sie: Ich komme jeden Mittwoch morgens, damit du wenigstens einen Vormittag nicht alleine bist, weil die wusste, dass ich nicht alleine sein kann. Sie ist ganz treu gewesen. (E 797/800)

Also wichtig ist mir meine Therapeutin, meine Ärztin und dass es hier den Frauennotruf gibt. (F 164/166)

2.3. Förderliche Praktiken

Die befragten Frauen lernten im Laufe ihres Bewältigungsprozesses verschiedene unterstützende Übungen, Tätigkeiten und Techniken kennen. Fast alle Frauen betonen deren Bedeutung für ihren Alltag. Dazu gehören

- Atem- und Entspannungsübungen
- Sport und Selbstverteidigung
- Musik und Tanz
- Malen
- Dichten und Schreiben
- Massage
- Imaginationsübungen

Charakteristisch für diese Praktiken ist der Bezug zur individuellen Erfahrung der Frauen, zu ihren Gefühlen und ihrem Körper. Durch diese Übungen können die Frauen den Kontakt zu sich und ihren Gefühlen einüben. Außerdem erleben sie dabei Erfolg und Gelingen und können so Wertschätzung für die eigenen Fähigkeiten aufbauen.

Da habe ich meine Musik angemacht und habe Gedichte geschrieben. Da habe ich auch gelernt, dass ich empfinde, ob ich glücklich bin, ob ich traurig bin. Das ist dann auch recht gut. (C 372/375)

Tanzen ist halt das wichtigste Lebenselement für mich gewesen, vor allem nachdem ich es mitbekommen habe, dass man mich eigentlich während meiner ganzen Kindheit missbraucht hat. (C 56/59)

Seelentod habe ich einmal in einer Zeichnung drin gehabt. Das hat man nicht gesehen, aber wenn man sich damit beschäftigt. Halt Worte zu finden, für das, was man eigentlich versucht zu verstehen. (C 411/413)

Ich habe das auch festgestellt, wenn es mir wirklich total schlecht geht, dann gehe ich zu ihr und lasse mich massieren und das ist wirklich so dieses Gefühl, du hast einen wertvollen Körper, der ist es wert, angefasst zu werden, und irgendwie tut sich das scheinbar wirklich auch auf die Seele ausbreiten oder so. (E 928/932)

Also ich bin jetzt 35 und es hat mich mit so einer Wucht eingeholt, dass ich einfach eben diese Aufarbeitungsphase... und habe jetzt auch mal so alles so aufgeschrieben. (...) Und ich versuche, so Stück für Stück, auszusprechen, also mir ist das wichtig, auszusprechen. (F 32/36)

Und als ich dann angefangen habe mit den Entspannungsübungen, dann ist es ganz schwer gefallen, was das betrifft, diszipliniert zu sein. (...) Und dass ich dann aber gemerkt habe: Wenn ich das zwei Wochen mache, geht es mir besser. Ich komme schneller in mein Bewusstsein rein. Was ist hier los? Habe auch richtig so Gefühle von einer Lebenssäule, die mich da auf und ab flitzt. Wenn ich das nicht mache, komme ich eher ins Rudern. Also ich verliere schnell Bodenhaftung. Das ist so meine Vertikale, die ich eigentlich pflegen muss. Ich muss schon wissen, wo ich stehe. (H 866/874)

3. Behinderndes im Bewältigungsprozess

Behinderndes im Bewältigungsprozess benennen die Befragten vor allem im Zusammenhang mit Menschen, mit denen sie in drei Bereichen in Kontakt stehen: Personen aus dem Therapiebereich, die Mitglieder der Herkunftsfamilie und das soziale Umfeld als Erwachsene. Mit feinem Gespür nehmen die Betroffenen wahr, ob ihr Gegenüber den Missbrauch für ein reales und vernichtendes Geschehen hält und sie/er hinter der Wahrnehmung der Frau steht.

3.1. Problematische Therapieerfahrungen

Das Finden der richtigen Therapieform und -person ist für viele Frauen schwierig. Mehrfach beschreiben sie die Schwierigkeiten, adäquate Hilfe zu erhalten. Im therapeutischen Bereich ist die Orientierung in der Fülle der Angebote unterschiedlichster Qualität und Herkunft schwierig, zumal die Frauen gewöhnlich in einer Krisensituation nach Therapie suchen und deshalb geschwächt sind. Eine Frau erlebte sexuellen Missbrauch durch den Therapeuten, was zu einer Retraumatisierung führte.

Manchen Frauen fällt es schwer, Vertrauen im therapeutischen Verhältnis zu entwickeln, da genau dieses Vertrauen vom Täter missbraucht wurde.

(...) von Therapeuten, wie oft hört man das: Wenn Sie sagen, Sie können nicht, dann wollen Sie nicht. Das ist nur Ihr Unterbewusstsein, das sich dagegen wehrt, jetzt diesen Entwicklungsschritt zu tun. Oder Ihr Unterbewusstsein hält aus Gründen, dass Sie da noch einen Vorteil von haben, an diesem Verhaltensmuster fest. Ich kenne sie alle, die Therapeutensprüche. (E 1003/1007)

Also wie gesagt, mein erster Therapeut war echt ein totaler Reinfall, also da kam es dann zum sexuellen Beischlaf. Also der hat mich auch nur benutzt. Und das ist auch, mittlerweile weiß ich, dass er das bei mehreren Frauen gemacht hat, weil ich habe eine Frau kennen gelernt, die bei ihm auch eine Therapie gemacht hat, da hat er das eben auch gemacht. Und man kann davon ausgehen, wenn der das bei zweien macht, dann macht der das bei mehr. Und das ist echt eine Schweinerei. (E 499/506)

3.2. Schuldzuweisungen

Gerade im unmittelbaren Umfeld des Missbrauchs, in der Herkunftsfamilie, erleben Betroffene als Erwachsene bei der Enthüllung des Missbrauchs Schuldzuweisungen. Schuldeingeständnisse durch Täter und Umstehende gehören zur absoluten Ausnahme. Diese Schuldzuweisungen erleben die Befragten als extrem quälend, da sie deutlich zeigen, wie isoliert sie in ihrer Familie sind.

Und ja, ich denke das ganz Schlimme ist, dass ich noch mal dieses Jahr zu meiner Mutter gefahren bin und dass sie mir dann auch noch die Schuld dafür gegeben hat. Dass ich eben gespürt habe, sie hat dann gesagt, du warst schuld, also das war für mich auch so ganz ganz heftig. (D 107/110)

3.3. Verleugnen – Verharmlosen

Missbrauch in der Familie ist nach wie vor so stark tabuisiert, dass Betroffene mit Verleugnung und Verharmlosung rechnen müssen, wenn sie ihre Erfahrungen mitteilen. Die Konfrontation mit dem Missbrauch stößt im Umfeld auf Ablehnung, weil die Umstehenden sich nicht erschüttern lassen wollen. Das Verleugnen des Umfeldes führt auch dazu, dass die Frauen ihre Wahrnehmung generell in Frage stellen.

Weil ich habe mich als Kind auch schon zur Wehr gesetzt und habe das auch in der Schule erzählt, dass ich, also nicht vergewaltigt, ich kannte ja die Ausdrücke nicht, aber so was da passiert halt. Weil von einem anderen habe ich das erfahren gehabt,

Wahrnehmung und Deutung des Bewältigungsprozesses

da habe ich gesagt, das passiert ja mir auch. Ich wurde dann als Lügner hingestellt mit 50 mal schreiben: du darfst nicht lügen, wie halt das damals so war. Also geholfen hat mir keiner. Ja, das war so. (B 125/130)
Also es ist halt so, wo ich angefangen habe, über den Missbrauch zu reden, habe ich schon, ich denke, viele Ohrfeigen einstecken müssen. Also ich war mal zur Kur, habe eine psychosomatische Kur gemacht, das ist jetzt acht Jahre her, und habe damals mich auch getraut so in der Therapiegruppe, wo ich das erste Mal war, wirklich zu sagen, ich bin von meinem Vater missbraucht worden. Und dann ist eine Frau auf mich zugekommen und hat gesagt: Also wie kannst du nur so etwas Schlimmes sagen. Also ich habe schon Schläge einstecken müssen. Dann war ich beim Tanzen, habe ich einen Mann kennen gelernt, da saßen wir im Auto und da habe ich ihm das auch erzählt, da hat der gesagt: Das kannst du doch überhaupt niemandem erzählen! Also es kamen schon heftige Reaktionen, weil es viele nicht hören wollen, weil viele damit selber nicht klarkommen. (D 266/277)

4. Konsequenzen des Bewältigungsprozesses

Missbrauch beeinträchtigt das Befinden der Befragten deutlich. Allen Widerständen zum Trotz ziehen sie jedoch auch positive Konsequenzen, wenn sie auf ihren Bewältigungsprozess blicken. Diese positiven Aspekte existieren nicht unabhängig von anhaltender Belastung.

Die Bewältigung sexuellen Missbrauchs funktioniert nicht nach einem bestimmten (Zeit-)Plan. Jeder Weg sieht unterschiedlich aus und jede Frau zieht ein anderes Resümee über ihren Prozess, das auch davon abhängt, wie lange und intensiv sich eine Betroffene mit ihrer Geschichte beschäftigt. Manche Frauen, insbesondere die, die sich schon länger mit ihrer Missbrauchsgeschichte auseinander setzen, sehen in der Konfrontation mit den negativen Folgen des Missbrauchs auch positive Effekte für ihre eigene Entwicklung.

4.1. Wachstum

Zur Bewältigung sexuellen Missbrauchs gehören vor allem die Zunahme von Selbstvertrauen und die Fähigkeit, selbstbewusst Grenzen zu setzen. Die Entwicklung von Durchsetzungsvermögen und Selbstwertgefühl kostet viel Kraft und Mut, was eine Frau letztendlich jedoch als Bereicherung und inneres Wachstum erlebt.
Und das sind so Sachen, die mich doch haben sehr wachsen lassen. Ich habe mich auseinandergesetzt und ich denke ich war sehr mutig und habe mich auch damit

konfrontiert. Das war unwahrscheinlich heftig, aber das hat mich eben einfach wachsen lassen. (D 153/155)

4.2. Verändertes Selbstvertrauen

Aus der Reflexion der Bewältigungsschritte resümieren die befragten Frauen, was sie auf ihrem Weg vorangebracht hat. Unterstützt durch therapeutische Maßnahmen und durch wichtige Bezugspersonen entwickeln sie die Fähigkeit, Grenzen zu setzen. Die sehr konkrete körperliche Grenzüberschreitung beim Missbrauch suggeriert dem Kind, dass Widerstand zwecklos ist. Als Erwachsene müssen die Frauen oft mühsam ihre Wahrnehmung für die eigenen Grenzen schulen und das Neinsagen lernen. Einige Frauen messen ihren Erfolg im Bewältigungsprozess an ihrer Fähigkeit, solche Grenzen setzen zu können und dadurch für sich selbst einzutreten.

Betroffene erleben all das als unterstützend, was ihnen die Autorinnenschaft für ihr eigenes Leben zurück gibt. Es handelt sich um eine Bewegung von außen nach innen: Weg von der Fremdbestimmung hin zur Selbstbestimmung. Das Vertrauen in die eigenen Fähigkeiten und in die Richtigkeit der eigenen Wahrnehmung und die Achtung für sich selbst sind letztlich oft der wichtigsten Schritte im Bewältigungsprozess.

Es ist nichts Schlimmes dabei, wenn man das so fühlt, sondern ich finde es wichtig, egal was die Umwelt sagt, egal ob der Freund sagt „du spinnst" oder wie auch immer, zu sagen: Okay, wenn es dir nicht passt kannst du auch gehen, da ist die Tür, das Recht darauf, das ist wichtig. (C 366/369)

Und wo ich einfach denke, so also die anderen wollten mir oft meine Wahrnehmung wieder wegnehmen, indem sie gesagt haben: Das kann doch nicht so sein, und das ist nicht so stimmig. Und ich denke, was ganz Entscheidendes ist eben immer wieder auch zu gucken, was ist da eben meine Wahrnehmung. (D 285/288)

Ich habe jetzt speziell beruflich mit dem Mobbing Beratungen aufgesucht, wo man meine Wahrnehmung aber bestätigt hat. Wo man gesagt hat, dass ich mich selbst ernst nehmen soll. Diese Sensibilität, die ich habe, die ist richtig. Das hat mir wieder Mut gemacht. Sonst hätte ich wieder den Boden unter den Füßen verloren. (F 128/131)

4.3. Stolz auf erfolgreiche Lebensgestaltung

Nichts macht so erfolgreich wie Erfolg. Diese simple Lebensweisheit erleben auch einige der befragten Frauen. Sie nehmen wahr, dass sie trotz ihrer Traumaerfahrung ein gutes und selbstbestimmtes Leben führen können.

Ich habe Gott sei Dank eine Aufgabe gefunden und zwar arbeite ich als Altenpflegerin in einer Rehaklinik. Zuerst habe ich mal mit den Leuten Gymnastik gemacht und nach einem Jahr wurde ich angestellt richtig als Pflegerin und arbeite jetzt schon länger dort und habe sehr viel Verantwortung, fast wie eine Krankenschwester. Da bin ich auch stolz darauf, dass ich das so weit geschafft habe. (B 15/19)

Ja, auf diesen Weg bin ich wirklich stolz. Dass ich eine wirklich der missbrauchten Frauen bin, wo ich einfach sage: Ich bin da durch und ich habe jetzt auch die Lebensqualität, die ich mir eigentlich ein Leben lang gewünscht habe, die habe ich einfach seit drei Jahren. Wo es mir gut geht. Da ist so ganz viel Frieden, da ist, also da ist ganz viel so Qualität von Geben und Nehmen, Nähren, Wärmen. Und dass ich das geschafft habe, das finde ich schon eine tolle Sache. (D 251/257)

Oder auch, dass ich wirklich so einen tollen Mann gekriegt habe, obwohl ich nie einen Mann haben wollte. (E 1366/1367)

4.4. Vertiefte Beziehungen

Tiefgreifende innere Transformationsprozesse ziehen häufig eine Veränderung des sozialen Umfeldes nach sich. Während manche Kontakte unwichtig werden oder die Betroffene auf Unverständnis und Verleugnung trifft, können andere Beziehungen sich intensivieren und vertiefen oder es entstehen weitere neue Verbindungen. Die Befragten erleben darin große Unterstützung. Weil persönliche Schwierigkeiten thematisiert werden dürfen, gewinnen tragende Beziehungen an Tiefe und kann Vertrauen wachsen.

Also, vorher war ich immer so die Starke und habe dann eher welche mitgetragen oder so, und dann hat sich das verändert, dann waren das eher gleichberechtigte Beziehungen, weil, was anderes konnte ich dann eh nicht mehr ertragen, weil ich musste dann meine Sachen auch erzählen. Da konnte ich das mit manchen ehemaligen Freundinnen gar nicht mehr machen, weil das nicht mehr gestimmt hat. Die Beziehungen, die vorher waren, die haben angefangen sich zu verändern, weil ich mich verändert habe und dann musste sich die Beziehung auch verändern, das war dann auch ein langer Prozess. (A 133/141)

Und da habe ich auch gedacht, das ist wirklich so, wenn ich einen kennen lerne, oberflächlich bleibt das nie. Das ist irgendwie ganz komisch. Das bleibt nie an der Oberfläche. (E 1212/1213)

Habe halt einfach, seit ich nüchtern lebe, ganz andere Freundschaften, das ist ja auch wichtig. (H 240/240)

Da spüre ich sehr stark Verbindung mit anderen Menschen und auch, wie das Vertrauen da hinein wächst. Dass ich da viel Hilfe kriege, auch gekriegt habe, auch geben kann. Und dass ich mich, soweit es überhaupt geht, zeigen kann, wie ich bin. Das ist ja auch ein sehr anstrengender Anspruch für Leute, die nicht zu sich selber stehen. Weil da kann ich mir fünfmal sagen: Nun sei mal, wie du bist, wenn ich gar nicht weiß, wie ich bin und dazu noch Angst habe. Das ist irgendwie Scheiße, und dann kommt es halt wirklich durch die konkrete Erfahrung. Dass ich manchmal eben da (Frauengruppe, Anm. d. Verf.) aufgetaucht bin und war eben depressiv oder zum Kotzen beieinander oder gesagt habe, nein, ich rede heute nicht mit euch, mir ist heute zum Speien. Das ist dann genau so auch gut. (H 823/831)

4.5. Erhöhte ethische Sensibilität

Viele der Befragten sind durch die eigenen Missbrauchserfahrungen sensibler geworden für Unrecht. Daraus ziehen sie die Konsequenz, es selbst besser machen zu wollen.

Ich glaube und ich bin überzeugt davon und ich lebe auch so, versuche so zu leben, bevor ich Kritik übe, versuche ich, es besser zu machen. Also wenn ich andere an den Pranger stelle und sage: Ihr habt das und das schlecht gemacht und falsch und was ist da passiert, dann nur, wenn ich versuchen kann, das selbst besser zu machen. Das ist meine Überlebensstrategie, weil sonst würde ich verrückt werden. (B 8/12)

Wenn es manchmal nicht so klappt, dann versuche ich halt nach dem Motto zu leben: Ich tu nur das, was ich von dem Anderen auch erwarte, so dieses Nehmen und Geben, das finde ich auch recht wichtig und das hilft dann auch. (C 637/640)

4.6. Soziales und therapeutisches Engagement

Neben dem Anspruch, es selbst besser zu machen, werden die Befragten im sozialen und therapeutischen Bereich aktiv. Das Tätigsein für andere resultiert aus den eigenen guten Erfahrungen im Bewältigungsprozess. Sie wollen aus dem Negativen etwas Positives wachsen lassen. Diese Fähigkeit zu helfen vermittelt ihnen Selbstwertgefühl.

Und was ich für mich jetzt als Ziel gesetzt habe, was ich halt gern machen möchte, dann erst, wenn es mir gut geht, anderen Frauen zu helfen, anderen Kindern zu helfen. (...) Dieses Negative in was Positives umzusetzen. Da denke ich mal, das ist schon wichtig. (C 815/820)

Und ich kenne so viele Frauen (Betroffene, Am. d. Verf.), da fragen jetzt eigentlich schon welche, wann machst du das (ein Kursangebot, Anm. d. Verf.)? Also ich vertraue mir da ganz. Wo ich einfach denke, ich will damit auch nicht das große Geld verdienen, ich möchte heilen. Und möchte aber kleine Teile wieder abgeben. Und ich denke, das wird klappen. Ich vertrau mir da einfach sehr. (D 685/688)

Ich denke, dass menschlich bin ich ja eigentlich psychisch gesehen ein totales Wrack, ich wundere mich halt immer, dass ich anderen Menschen so was Gutes tun kann. (E 1182/1183)

4.7. Anderssein

Manche Frauen betonen, dass es ihnen wichtig ist, ihr Leben anders zu gestalten, als sie es im Elternhaus erlebten. Das Anderssein empfinden sie als kraftvolle, positive Qualität, mit der sie ihr Leben selbst bestimmen können.

Und ich denke mal, wenn man das (gemeint sind die Missbrauchserlebnisse, Anm. d. Verf.) sieht, denkt man auch anders über das Leben nach. Es ist mir umso wichtiger, anders zu sein, ein anderes Umfeld zu haben. (C 659/661)

Ich möchte die Erzieherinnenausbildung machen, die Fachhochschulreife erlangen. Ob mir das gelingt, weiß ich nicht. Ich suche einfach den Kontakt mit gebildeten Menschen. Das andere reicht mir einfach nicht mehr aus. (F 201/204)

II. Erfahrungen mit Religion und Kirche

Im vorhergehenden Teil wurde von der Wahrnehmung und Deutung der Bewältigungsprozesse durch die Befragten berichtet. Dabei ging es um die Folgen des Missbrauchs, um die hilfreichen und behindernden Größen bei der Auseinandersetzung damit und um die positiven Konsequenzen aus diesem Prozess.

Wenn in einer theologischen Arbeit die religiösen Anteile in einem solchen Bewältigungsprozess reflektiert werden, dann ist das kein isolierter Vorgang. Es gibt keine strenge Trennlinie zwischen religiöser und nichtreligiöser Bewältigung. Religiöses kann im Bewältigungsprozess eine Rolle spielen, muss aber nicht.

Im Verlauf der Phase, in der die Interviews aufgenommen wurden, stellte sich zunehmend heraus, dass die Interviewten auf die Frage nach Religiösem immer erst ihre Erfahrungen mit Religion und Kirche schildern wollten. Dies ist insofern logisch, als individuelle Religiosität immer biographisch in der Auseinandersetzung mit dem wächst, was an religiösen Deutungsmustern in der Sozialisation vermittelt wird und welche Erfahrungen mit Kirche vorhanden sind.

Um einer Verwässerung der Begriffe vorzubeugen, sei vorweg angemerkt: Es geht in diesem Teil zum einen um Erfahrungen der Frauen mit den Kirchen. Diese entstehen vor allem durch konkrete Begegnungen und Erlebnisse mit VertreterInnen der Kirchen. Zum anderen berichten die Interviewten auch von Erfahrungen mit Themen, die sie im weiteren Sinne mit Religion assoziieren. Religion wird in diesem Zusammenhang also verstanden als institutionelle Größe, die Glaubenssätze, ethische Richtlinien und Ideale vorgibt. Die Befragten setzen sich mit solchen Themen und Werten ausein-

ander. Ebenso wie religiöse und nichtreligiöse Bewältigung nicht voneinander zu trennen sind, sind auch Kirche und Religion bzw. Religiosität im Erleben und Sprachgebrauch der Befragten nicht genau unterschieden.
Wenn die Befragten von Kirche sprechen, meinen sie damit die Kirche, in der sie aufgewachsen sind bzw. mit der sie als Erwachsene zu tun haben: die evangelisch-lutherische Kirche (Frau A, C, D, F, G, H), die römisch-katholische Kirche (Frau B) oder die Baptisten (Frau E).

1. Religiöse Sozialisation

Religiöse Sozialisation erstreckt sich über das ganze Leben. Allerdings finden gerade in der Kindheit grundlegende Weichenstellungen statt, die für den vorliegenden Zusammenhang bedeutend sind. Deshalb ist es von Interesse, ein besonderes Augenmerk darauf zu werfen, wie die Interviewten Religion und Religiosität in ihrer Kindheit wahr nehmen, sowohl inner- als auch außerfamiliär. In welchem religiösen Klima wachsen Mädchen auf, die sexuell missbraucht werden?

1.1. Familiäre Gepflogenheiten

Die Erfahrungen der Befragten mit religiösem Leben in ihren Herkunftsfamilien weisen in zwei Richtungen: Die einen erleben Religion als Teil ihrer autoritären Erziehung. Andere Frauen nehmen im Rückblick auf ihre Kindheit keine religiöse Erziehung durch die Eltern wahr.

1.1.1. Religiöse Offenheit/Beliebigkeit

Manche der befragten Frauen kommen aus wenig religiösen Elternhäusern. Kirchgang war nicht vorgeschrieben und die Eltern wurden nicht als religiös Praktizierende wahrgenommen.

Das weiß ich jetzt auch nicht. Ich bin nicht so stark christlich erzogen worden. Es gab keine Pflicht, dass wir in die Kirche hätten gehen müssen. Wo ich Konfirmation gehabt habe, also ich bin evangelisch, da fand ich das eigentlich ganz gut. (A 302/305)

1.1.2. Autoritärer Erziehungsstil

Einige der Frauen kommen aus einem Elternhaus, in dem ein autoritärer Stil herrschte, den die Befragten auch mit Religion in Verbindung bringen. Konventionelle Formen religiöser Praxis wie Gottesdienstbesuch und Gebet

Erfahrungen mit Religion und Kirche 297

wurden von den Kindern eingefordert. Die Befragten erlebten dadurch den Vater und die von ihm vermittelte Moral als unglaubwürdig, da Reden und Handeln eklatant auseinander klafften.

Es gab sicher Bemühungen meines Vaters, uns ein paar ethische Grundsätze, zum Beispiel, aber die wurden ja nie eingehalten, das war ja auch der Witz. Das war so was, wo ich immer schon ein tiefes Misstrauen hatte. (...) Und er hat schon mächtige Predigten immer gehalten, wie man sich verhalten sollte im Leben und wie das mit der Liebe ist und dass man den Leuten dies nicht glauben darf und jenes doch und es war also sehr prätentiöses Geschwafel. (H 532/550)

Ich meine, mit der Moral war da nicht weit her. Es war eine ziemlich starre Geschichte, wie es in Offiziersfamilien erwartet wird, und im Wesentlichen Gehorsam. (H 559/560)

1.1.3. *Erfahrungen mit krankmachender Religiosität*

Im Rückblick erkennen einige Frauen krank machende Formen von Religiosität in ihrer Herkunftsfamilie. Insbesondere sind es die Mütter, die durch Gebet versuchen, das Unrecht am Kind wieder gutzumachen. Dadurch entsteht für die Betroffenen der Eindruck, dass es mit Religion nichts Lebensförderliches auf sich haben kann.

Nur meine Mutter hat gebetet, sie hat einfach gebetet, aber sie hat nicht begriffen, das Beten reicht nicht aus, es reicht nicht aus. Sie kann nicht sich hinsetzen und mit einem Kind beten, das vorher missbraucht worden ist. (F 281/283)

Ich habe zu ihr (der Mutter, Anm. d. Verf.) gesagt: Es ist so schrecklich, wie man hier wegen gar nichts geschlagen wird, und wie man da geschlagen wird und du tust gar nichts dagegen anstelle zuschauen noch. Und dann ist sie noch häufiger in die Kirche gerannt. Das weiß ich schon. Doch ihr Gott hat ihr da nichts geholfen. (H 476/479)

1.2. Außerfamiliäre religiöse Sozialisation

Fast alle Frauen erinnern sich im Interview an Religionsunterricht in der Schule und die evangelischen Frauen an ihre Konfirmation – obwohl nach diesen Ereignissen nicht speziell gefragt wurde. Offensichtlich spielt beides in der subjektiven Wahrnehmung von Religiösem in der Kindheit eine wichtige Rolle.

1.2.1. Schulischer Religionsunterricht

Positive Erinnerungen an den schulischen Religionsunterricht tauchen bei keiner der befragten Frauen auf. Zusätzlich haben einige den Eindruck, Missbrauch und Gewalt seien im Religionsunterricht ein unzulässiges Thema gewesen.

Ich habe das Gefühl gehabt, er (der Pfarrer im Religionsunterricht, Anm. d. Verf.) hat das so immer so weg gelassen, die Schwierigkeiten in der Familie. Ich hatte manchmal so das Gefühl, wir hatten Religionsunterricht, wir haben alles besprochen, aber ja nicht darüber reden, warum man zu Hause misshandelt wird. Und darauf vielleicht eine Antwort geben. (F 367/370)

Aber es war auch in der Schule, abgesehen von so einem Kinderreligionsunterricht, nichts, auch nicht in Ethik. Ich weiß gar nicht, was wir da gemacht haben, es muss ein Schmarrn gewesen sein. Bestimmt mussten wir Klassenarbeiten schreiben über den Exodus oder so, an solche lateinischen Ausdrücke erinnere ich mich noch, aber es war eben sonst nichts. (H 597/601)

1.2.2. Konfirmation

Die Befragten erinnern sich an ihre Konfirmation, und zwar überwiegend positiv besetzt. Einige Frauen erlebten dieses Ereignis als selbstbestimmten Akt, in dem sie Stellung nehmen wollten zu ihrem Glauben. Eine Frau empfand ihre Konfirmation als Druckmittel ihrer Mutter.

Ich finde es auch jetzt ganz schön, ich erinnere mich auch sehr an meine Konfirmation zurück. Das war überhaupt so ein tolles Erlebnis für mich, abgesehen, dass meine leibliche Mutter da war, weil die wollte sich das nicht nehmen lassen. Ich wollte eigentlich nicht, dass sie kommt. Und da dieses Erlebnis, das ich halt hatte war so im Nachhinein, so nah war ich noch nie... nie Gott eigentlich, weil ich hatte meinen Konfirmationsspruch aufgesagt und ich war nicht ich. Der Pfarrer meinte dann danach: „Was, du hast das selber gesagt?" (stammelt) Ich weiß nicht, was da war, ich war ja nicht ich. Da hat er gemeint: „Das habe ich auch so empfunden, dass es jemand anders in dir ist." Und diese Zeit, wo ich dann nicht in meiner Person irgendwo war, in meinem Körper war, kam mir ewig vor. Zehn Minuten, Viertelstunde, dabei hatte ich so einen kleinen Konfirmationsspruch (lacht) gehabt, beziehungsweise mittlerweile ist es für mich auch ein Versprechen Gott gegenüber. Weiß nicht, Jeremia 1 Vers 7 und 8: Saget nicht ich bin zu jung, sondern gehet hin und predige ihnen all das, was ich dir gebiete. Fürchte dich nicht vor ihnen, denn ich bin bei dir und will dich erretten, spricht der Herr. (C 689/703)

Wir hatten eine sehr schöne Kirche und das war ein kleiner Ort und ich kannte die zwei Pfarrer und bin dann auch konfirmiert worden und hatte Jugendweihe. Es war

Erfahrungen mit Religion und Kirche 299

eine Verbundenheit da, aber ich habe mich nicht so wiedergefunden, wie ich es mir gewünscht hätte. (D 193/196)
Ich bin zur Konfirmation gegangen, um für mich klarzustellen, wie ich dazu stehe. Es war mir wichtig, Glauben war mir wichtig. (F 301/302)
Ich habe da gar nicht hingehen wollen, das ist mir auch abverlangt worden. Und das ist schon so, dass ein Pfarrer, wenn ich dann sagen würde: Sie, ich habe es mir überlegt, ich will nicht zur Konfirmation, der würde dann wahrscheinlich nicht sagen, nein, du musst, aber so Eltern sind da anders. Und ich glaube, dass meine Mutter so sinngemäß da gesagt hat, das Mindeste, was sie jetzt von mir erwartet, wo ich sonst schon so schrecklich bin und, ich glaube nicht, dass sie es bei dem Anlass gesagt hat, aber sie hat eigentlich aus jedem Anlass, wenn sie nicht mehr weiter gewusst hat, dann hat sie gesagt: Wir haben schließlich noch die Polizeigewalt über dich. Das sind dann einfach eine Sache, die braucht man einem Kind dann gar nicht so oft sagen. Meine Güte, wenn das Kind merkt, es wird Ernst, dann geht man halt hin. Also für mich war das vor der Konfirmation, dass ich zum ersten Mal so empfunden habe, also das ist für mich keine Art, mit Gott umzugehen. (H 569/575)

1.3. Nähe und Distanz zu Glaube und Kirche

Im Rückblick auf ihre religiöse Entwicklung in der Kindheit nehmen die einen eine Verbundenheit wahr, während andere sich bereits früh vom Glauben und der Kirche abwenden.

1.3.1. Verbundenheit

Einige Frauen fühlten sich in der Kindheit im kirchlichen Glauben geborgen, was sich aber im Erwachsenenalter insofern veränderte, als sie eine größere Skepsis und Distanz entwickelten.

Also da hatte ich schon eine Verbindung auch zur Kirche. Also ich bin da oft hin, aber es war nie so dass ich… ich habe damals, ja vielleicht habe ich das auch vergessen, dass ich vielleicht doch auch ein bisschen Hilfe gefunden habe im Glaube, was mir vielleicht damals auch nicht so bewusst war. Also es war schon eine Verbundenheit mit Kirche da. (D 190/194)
Ich kann mich nicht so gut erinnern, wie ich Gott als Kind gesehen habe. Bestimmt das klassische Bild. Aber ich erinnere mich zum Beispiel mit neun Jahren an eine so große Heiligkeit und Frömmigkeit, so ein Bedürfnis nach Frömmigkeit. Ich bin evangelisch und hatte eine Freundin, die ist katholisch und hat das, was die katholische Kirche anbietet an Ritualen und Brimborium sehr genossen. Ich wollte mich da gern voll reingeben. Es gab immer wieder Phasen in meinem Leben, in der Kindheit und in der Jugend, wo ich Nonne werden wollte. Also eine starke Sehnsucht nach Gott und nach der ganzen Hingabe. Aber ich hatte da nicht so ein Gottesbild, so

Jesus Christus oder Maria haben wir ja eh als Angebot nicht bei uns, sondern so generell, so ein Streben nach dem Göttlichen, Heiligen. (G 132/140)

1.3.2. Bruch – Abwendung

Mehrere der Frauen wandten sich bereits als Kind vom Glauben ab. Dazu führten enttäuschende Erfahrungen mit konkreten Vertretern der Kirche oder die Erfahrung, dass Gott den Missbrauch zulässt.

Und dann, was für mich auch ganz schlimm war, das war also dann der große Bruch mit dem ganzen Glauben und alles, dann habe ich dann nichts mehr geglaubt. Als Kind schon. (B 181/182)

Und ich sagte: Nein, mich kriegt da keiner mehr rum. Ich gehe da nicht mehr hin. Ich gehe nicht mehr in die Kirche, um diese Zwecke zu erfüllen, um darzustellen, dass ich gläubig bin, sag ich, tue ich mir das nicht mehr an. Ich habe das damals aus Überzeugung getan, sage ich, aber jetzt weiß ich, dass ich nur benutzt worden bin, sage ich, und ich mache das nicht mehr. Wenn ich heute noch mal in die Kirche gehe, dann gehe ich da hin, wann ich da hingehen will. (E 693/699)

Damals (als Kind, Anm. d. Verf.) habe ich eigentlich eher gemeint, es gibt ihn (Gott, Anm. d. Verf.) eigentlich gar nicht, das kam ziemlich schnell. (...) Noch vor der Konfirmation. Ich glaube schon, dass es damit zusammen fällt, das klingt dann immer so platt: Ein Gott, der solche Dinge (den Missbrauch, Anm. d. Verf.) ermöglicht, der kann nicht gut drauf sein, aber so dass ich mich doch sehr allein gelassen gefühlt habe da. (H 425/432)

2. *Erfahrungen mit Kirche*

Alle befragten Frauen schildern – teils ausgiebig – ihre Erfahrungen mit Kirche (mehr, als das in der ursprünglichen Untersuchungsanlage vorgesehen war). Deutlicher als in allen anderen thematischen Bereichen des Interviews ergibt sich ein recht einheitliches Bild. Die Aussagen bündeln sich um fünf Bereiche, die die Befragten mit Kirche in Verbindung bringen:
- Die Stellung der Frau in der Kirche
- Problematisches kirchliches Frauenideal
- Problematisches kirchliches Familienideal
- Erfahrungen mit Vertretern von Kirche
- Kirche als intoleranter Machtapparat

Außerdem machen einige der befragten Frauen spezielle Erfahrungen mit katholischer Kirche und mit charismatischer Religiosität in einer Baptistengemeinde.

Erfahrungen mit Religion und Kirche 301

2.1. Die Stellung der Frau in der Kirche

Alle befragten Frauen setzen sich mit der Rolle der Frau in der Kirche kritisch auseinander. Sie erleben sich als Mädchen und Frau in der Kirche minderwertig behandelt und reiben sich an der patriarchalen Struktur der Kirche. Diese Wahrnehmung wächst in dem Maße, in dem sich die Frauen mit ihrem Missbrauch auseinander setzen und sie dadurch sensibel werden für Strukturen, die Frauen benachteiligen.

Mit Kirche verbinden die Frauen einen Ort, an dem Männer das Sagen haben und dem sie sich unterordnen müssen. Eine Frau erkennt, dass sie diese Struktur auch beim Missbrauch erlebt hat, weshalb sie abweisend auf die Männerkirche reagiert.

Seit ich mit der Aufdeckung des Missbrauchs angefangen habe, bin ich halt sensibel, wenn Menschen Frauen irgendwie so minderwertig behandeln. (A 318/319)

Also ich habe mir Gedanken gemacht, wieso ich mich da nicht so wohl fühle mit diesem Christlichen, weil ja auch viele gute Sachen drinnen sind, aber. Ja, das Ursprüngliche war vielleicht auch gar nicht zu schlecht, aber irgendwie immer dieses Patriarchat. Oder, wo der Sprung dann kam, ich glaube, ich habe mich dann nie so wohl gefühlt, weil ich mich als Frau oder als Mädchen nicht gefunden habe. (A 372/378)

Weil ja Frauen auch da sehr wenig letztendlich vorkommen. Ich glaube, das hat mich damals (als Kind, Anm. d. Verf.) auch schon immer geärgert, dass eben Frauen die Kirchen putzen und die Herren dann die angenehmen Ämter bekleiden. Ich denke das habe ich damals schon auch gesehen. (D 196/199)

Weil ich denke schon, in den etablierten Religionen wird halt mit Frauen nicht besonders umgegangen. (H 717/718)

2.2. Problematisches kirchliches Frauenideal

Das kirchliche Frauenbild stößt die Interviewten ab, da sie darin Eigenschaften bestätigt finden, die sie in ihrem Bewältigungsprozess überwinden wollen: unterwürfig, liebevoll, aufopfernd und dienend tätig zu sein. Sie wollen als Frau nicht mehr darauf reduziert werden, Kinder zu kriegen und sich dem Mann zu fügen. Im Zuge der Auseinandersetzung mit dem Missbrauch wächst das Bewusstsein, dass das Bild des verführerischen, sündigen Mädchens bzw. Frau von der kirchlichen Tradition geprägt ist. Die Kritik der Befragten am Frauenbild der Kirche bezieht sich auch auf Erfahrungen, die nicht unmittelbar mit dem Bewältigungsprozess zu tun haben, sondern die sie im Kontakt mit VertreterInnen der Kirchen machen.

Ja, vor allem, wie die Kirche halt so lebt in unserer Gesellschaft, dass halt viele Frauen ehrenamtlich da tätig sind, und nicht gerade die Frauen, also, das sind meistens so Frauen, die lieb und nett sind, und das mag ich eigentlich nicht mehr. Also ich mag nicht mehr so lieb und nett sein, ich mag einfach sagen, was ich denke. (A 345/349)

Das dümmliche Frauenbild: Das Kind, das den Mann verführt, oder das schwache Kind, wenn ich das schon immer höre, und dann diese kaputten Frauen vielleicht noch, und schwach und verführt da vielleicht noch jemanden, so einen Schmarrn, also nein. Aber dazu stehen und sagen: Das stimmt ja alles nicht. (B 517/520)

Also ich denke, sie (die Göttin, Anm. d. Verf.) hat mir die ganzen Facetten wiedergegeben, die ich da in der evangelischen Kirche nicht habe. Also in der evangelischen Kirche, da bin ich Frau und ich denke, da bin ich Gebärende. Ich denke, die Sexualität ist auch noch mal bestimmt, an sich auch nur Gebärende, also auch nicht Spaß an Sexualität, und diese Göttin hat mir alle Teile wiedergegeben. (D 509/513)

Und so wenn ich versucht habe, in der Gemeinde da Hilfe zu finden, die haben mir halt auch immer gesagt, das ist halt so, so nach dem Motto: Das ist so, und da musst du dich fügen als Frau. (E 586/588)

Und das habe ich dir ja schon gesagt, das ist immer mein Stein des Anstoßes mit der Kirche. Was ist mit der Rolle der Frauen? Warum werden die jetzt so und so? Das kotzt mich an. Da bin ich so verletzt in meinem Frausein, dann fange ich sehr das Kämpfen an. Also das kann es nicht sein. (G 362/364)

2.3. Problematisches kirchliches Familienideal

Parallel zum kirchlichen Frauenbild kritisieren die Befragten die kirchlichen Familienbilder, da diese im Rückblick auf ihre eigenen Herkunftsfamilien missbrauchsverstärkend wirkten. Es geht dabei um Ideale wie Treue, Gehorsam, Einheit, Liebe und Ehre gegenüber den Eltern.

Ich habe mir gedacht, ich möchte später auch mal nicht so dieses, was halt bei uns dieses Christliche geprägt hat: Mann und Frau und Familie, und das ist eine Einheit, und das ist alles so schön und wunderbar und so war es halt nicht. Das war keine Einheit, und es war nicht wunderschön, und es war auch nicht toll. Und das muss ich halt so langsam realisieren, Stück für Stück, dass halt da wirklich vieles nicht so okay. war und ich denke diese ganze Gesellschaftsstruktur, die auch durch die Kirche geprägt ist, passt für mich nicht. (A 397/404)

Ich halte es für wichtig, dass sie (die Söhne, Anm. d. Verf.) positive Männervorbilder haben, aber für mich als Frau fühle ich mich in dieser Gesellschaftsform als Kleinfamilie mit Ehepartner und Kinder, und dann soll man da immer treu sein, und der Mann soll einem immer treu sein, und die Kinder müssen den Eltern immer alles recht machen. Also, das sehe ich überhaupt nicht so. (A 420/425)

Für mich ist Familienleben ein Ort der Schmerzen. Werte, die man vermittelt bekommt oder was Kirche auch vermittelt über Familie, ist für mich nicht... der schlimmste Feind hat in der Familie gelebt. Und dieses Gebot, dass man seine Eltern ehren soll, das übersteigt mittlerweile mein Fassungsvermögen. (F 350/354)

2.4. Erfahrungen mit Vertretern von Kirche

Erfahrungen mit Kirche werden in erster Linie mit Begegnungen und Erlebnissen mit konkreten Vertretern der Kirche verbunden. Diese haben großen Einfluss darauf, ob sich die Frauen von Kirche angezogen oder abgestoßen fühlen. Alle (!) Frauen berichten ungefragt von Erlebnissen mit Pfarrern und/oder Religionslehrern. Keine Befragte beschreibt Unterstützung in der Kindheit durch eine kirchliche Person. Als Erwachsene setzen sich negative Erfahrungen – mit wenigen Ausnahmen – mehrfach fort, so dass sich die Abgrenzung verstärkt.

Die Befragten berichten davon, als Person nicht ernst genommen worden zu sein im Kontakt mit Vertretern von Kirche. Deshalb erleben sie Kirche als unglaubwürdig. Eine Frau erlebte als Erwachsene Unterstützung durch einen Seelsorger in einer Psychiatrie, indem er ihr auf sehr menschliche Weise begegnete.

Und ich mag nicht einfach, bloß weil jetzt der Pfarrer so und so, oder wer, als ich mag das nicht werden, da fühle ich mich einfach nicht wohl. Weil das nicht so offen ist. (A 349/351)

Also dann als Kind, das war das Schärfste, also ich war in der braven Klosterschule, wurde uns von dem, also das war ein Pfarrer, die Geschichte vom Teufel und dann die Jungfrau, also die Mutter Gottes zum Beispiel, das war auch so ein Thema. Oder ist immer noch. Diese Jungfrau, rein und schön, und wie sich halt so ein Frauenbild, laut Pfarrer, gehört. Und das war das erste Mal Streit, weil ich gesagt habe: Ich verstehe das nicht, ich verstehe auch die Argumentation nicht. Also der Mann ist verlegen und verlegener geworden, rot angelaufen, weiß ich heute noch, das ist mir dann einfach zu blöd geworden. (B 157/163)

Die (psychiatrische Einrichtung, Anm. d. Verf.) hatten einen supergsuten Seelsorger. Also der war wirklich super. Aber der war echt voll ausgebucht (lacht). Bei dem standen sie echt Schlange, weil der wirklich gut war. Ich nehme an, das war auch irgendwie ein Pfarrer oder so, von der evangelischen Kirche, also der war super, der war echt super. Der konnte einem die Bibel echt so richtig menschlich näher bringen und so. Und mit dem hatte ich dann ein paar Gespräche, das hat mich dann echt aufgebaut. (E 722/727)

2.5. Kirche als intoleranter Machtapparat

Außerhalb der Frauen- und Familienthematik bündeln sich die Erfahrungen der Frauen dahingehend, dass sie Kirche als Machtapparat erleben, der menschenferne und autoritäre Entscheidungen trifft und dabei die Einzelsituation und das konkrete Leid nicht berücksichtigt. Die Glaubenslehre der Kirche wird als intolerante Machtausübung empfunden und macht sich dadurch fragwürdig.

Und das finde ich eigentlich schade bei der Religion, die bei uns so vorherrscht, bei der christlichen Religion, dass es da so verkopft alles ist und so reglementiert. Man könnte das ja auch anders. Diese Sachen in der Bibel müsste man ja nicht so stark sehen. Man könnte das ja auch viel lockerer sehen. Man müsste ja auch nicht sagen: Das ist der einzige Gott, man könnte da ja irgendwie toleranter sein. Und das ist eigentlich schade. Und das hat, glaube ich, bei mir vieles blockiert. (A 622/628)

Und ich denke mir einfach so, nach kirchlicher Sicht hat die (eine Freundin, Anm. d. Verf.) bei Gott überhaupt keine Chance. Erstens ist sie geschieden, dann hat sie eine Beziehung zu einem anderen Mann gehabt, dann ist sie als Kind sexuell missbraucht worden, also ist sie ja eigentlich sowieso unrein. Und dann hat sie ja noch zwei kranke Kinder, die mächtig die Umwelt belasten, kann man sagen. Was sollte die nach dem kirchlichen Bild bei Gott für eine Chance haben? Gar keine! (E 994/999)

Und habe halt leider Gottes die Erfahrung gemacht: Wenn die Menschen da mitmischen und das Sagen haben, dann drehen sie das in ihre Richtung, das heißt Macht. So wie beim Islam. (...) Andere Religionen sind genauso. Also objektiv, man muss das betrachten, die haben auch ihre Wahrheit. Die Menschen haben ja überall auf der Welt angefangen zu suchen. Die haben ja auch Nahtoderlebnisse gehabt oder sexuellen Missbrauch, Gewalt und Verzweiflung, nicht nur ich. Und ich finde das wieder genauso schwachsinnig, wenn sie wie heute da in Rom verkünden, unsere Religion ist die einzig wahre, da muss ich sagen: sie sind blöd. Einen alten Mann darf ich halt nimmer zu Wort kommen lassen, das sehe ich bei uns im Altenheim. Die sind vielleicht tolle Leute und alles, aber mit der Wahrheit, da sollen sie ein bisschen vorsichtig sein. Also, Toleranz wäre angebracht. (B 278/290)

2.6. Erfahrungen mit katholischer Kirche

Einige Interviewte äußern sich explizit zu Erfahrungen mit katholischer Kirche, und zwar sowohl positiv als auch negativ. Während die einen mit katholischer Kirche vor allem deren rigide Vorschriften und Morallehre verbinden, haben sich andere als Kind dort in der Liturgie besonders wohl gefühlt. Die konfessionelle Prägung von Christentum spielt für einige Befragte also durchaus eine Rolle.

Und meine Erfahrung mit Katholiken, also so die Linie, du musst zum Beten, zum Beichten gehen. (...) So was Starres, so möchtegern irgendwo modern, aber haben es nicht hingekriegt. (C 678/684)

Und es war eigentlich immer so, also das war auch immer ganz interessant, ich bin ja in einer Gegend geboren, wo alle katholisch sind, und ich war natürlich als Evangelische die Einzige in der Klasse. Und es war für mich auch immer so: Gott liebt nur die Guten. Und die Katholischen sind die Guten und die Evangelischen sind die Schlechten, das war mir ganz klar, dass ich zu den Schlechten gehöre, weil ich ja nicht zu denen gehöre. Und das war ja auch so, man wurde aus dem Religionsunterricht quasi eliminiert. (E 274/279)

Das einzige, was der Pfarrer damals zu mir gesagt hat, wie ich den Clinch mit meinem Mann hatte, der hat da nur gesagt: „Ich sage dir eins, wenn du geschieden bist, kannst du nicht zur Kommunion gehen". Das war das Einzige, was der gesagt, der hat uns überhaupt nicht geholfen auf unserem Lebensweg. Und dann hat die andere Frau gesagt: Ja ja, sagt sie, die Katholiken, die denken, sie sind die einzigen Heiligen und so. (E 1043/1048)

Ich bin evangelisch und hatte eine Freundin, die ist katholisch und hat das, was die katholische Kirche anbietet an Ritualen und Brimborium sehr genossen. Ich wollte mich da gern voll reingeben. Es gab immer wieder Phasen in meinem Leben, in der Kindheit und in der Jugend, wo ich Nonne werden wollte. (G 134/137)

Ich bin auch viel lieber mit einer Schulfreundin zu den Katholiken in den Gottesdienst, vorrangig, weil die musste, wir mussten nicht. Bei der gab es aber so zwei Termine mindestens die Woche, wo sie hinmusste. Ich fand das so toll, weil erstens war das nicht so lange wie bei uns. Also bei uns ist das ja so, da kommen so ein bisschen Gesang und Gebet und die Rituale und dann kommt eine ewig lange Predigt. Bei den Katholiken war das viel geballter. Das bestand zu 60, 70% aus Gesängen und Gerüchen und Kerzen und Keks kriegen. Und das hat mir saugut gefallen. Und da kann ich auch heute noch viel mit anfangen, dass Rituale eben verbinden. Das macht Sinn, sich darüber klar zu werden, was für eine Art Ritual ist das hier eigentlich, aber dass das eine ungeheure Kraft hat, wenn da hundert Leute das gleiche Wort mehr oder weniger schön singen, das trägt, das hat mit getaugt, das gab es bei den Evangelischen nicht. Ja und ich habe es auch gerne, wenn es qualmt, wie Weihrauch eigentlich. Oder die tauchen da einfach ihre Hand ins Wasser, so (bekreuzigt sich), und dann sind sie fürs Erste schon zufrieden. Und das hat mich stark beeindruckt. (H 585/597)

2.7. Erfahrungen mit charismatischer Religiosität in einer Baptistengemeinde

Zwei Frauen machen Erfahrungen mit charismatischer Religiosität bei Baptisten. Eine Befragte wurde als Erwachsene Mitglied in einer Baptistengemeinde. Dort erlebte sie erstmalig im Leben das Gefühl, von Gott geliebt zu sein und zu einer Gemeinschaft zu gehören, die sie trägt. Vor ihrem Eintritt geriet sie aufgrund ihrer psychischen Belastung durch den Missbrauch in Isolation und freute sich deshalb umso mehr über die Aufnahme in die Gemeinde.

Ihre positiven Erfahrungen wandelten sich bald, da sie dort Streitigkeiten unter den Gemeindemitgliedern mitbekam. Diese empfand sie als Verlogenheit, die sie stark erschütterte und zu großen psychischen Schwierigkeiten führte, mit denen sie wieder allein gelassen war. Sie fühlte sich ausgenutzt und betrogen, was zu ihrem Austritt aus der Gemeinde führte. Infolge dieser Erfahrungen will sie keiner Kirchengemeinde mehr beitreten.

Also mit 26 waren wir in einer Teestube in xy (Ort), und da wurde eine Teestube unterhalten von der evangelischen Freikirche, das ist eine Baptistengemeinde. Na ja, und wir (Frau E und ihr Mann, Anm. d. Verf.) wussten das nicht, wir sind da einfach mal hingegangen in die Teestube, weil wir ja auch keine Freunde mehr hatten, dadurch dass es mir so schlecht ging. Die ganzen Freunde, da war nichts mehr. Also wenn es einem schlecht geht, die ganzen Freunde bleiben weg, da ist keiner mehr, der nach dir hustet. Und na ja da haben wir halt jedes Wochenende zu Hause gehangen. Und dann: Ach komm, lass uns da mal hin gehen, vielleicht lernen wir ein paar Leute kennen, paar neue Leute, habe ich gesagt. Na ja und dann waren wir halt da und da hat sich halt rausgestellt, dass die da aus dieser Gemeinde sind. Und genau, und da hatten es die dann so mit der Bibel.

Und ich war mal zwei Jahre vorher bei einem Heilpraktiker. Ich hatte mal gelesen, in der Irisdiagnose könnte man feststellen, ob man ein psychisches Problem hat. Das stimmt wahrscheinlich sowieso nicht. Auf jeden Fall habe ich gesagt: Ach, das musst du mal wissen, bin ich zum Heilpraktiker, und habe gesagt, er soll mir doch so eine Irisdiagnose machen. Bei der Irisdiagnose der Heilpraktiker hat gesagt, dass ich mich vor falschen Propheten in Acht nehmen muss. Und wie wir dann Kontakt mit der Kirchen-, der Baptistengemeinde hatten, wusste ich dann auch, was das bedeutet. Dann sind wir öfters bei denen in den Gottesdienst gegangen. Und dann habe ich mich auch taufen lassen und war wirklich total: Ach prima, super. (E 563/582)

Na gut, also dann waren drei Jahre rum, und auf jeden Fall haben wir dann so langsam mitgekriegt, was da hinter den Kulissen lief. Dass die nämlich gar nicht so lieb sind, dass die sich nämlich, wenn sie unter vier Augen sind, also wenn jetzt quasi zwei zusammen sind und haben einen Hass auf einen anderen aus der Gemeinde, dass die sich dann die schlimmsten boshaften Sachen erzählen. Und dann war es halt auch so, als wir dann Gemeindemitglieder waren, wurden wir auch den anderen quasi auch der Müllabladeplatz. Dann haben dann also auch andere, wenn wir mal zum Essen eingeladen, automatisch kam dann das Thema auf den Gemeindeleiter oder den Pfarrer, und dann wurde erzählt, was der schon alles gemacht hat und so. Da war von Vergebung überhaupt keine Rede mehr. Da wurde alles erzählt, was

schon zehn Jahre her ist und sonst was, und das hat mich schon irgendwo irritiert. Wo ich dachte: Warum erzählen sie Sachen, die schon ewig lang her sind, wenn die dann von Vergebung reden. Na ja, gut, ich habe das dann immer noch nicht so ganz ernst genommen, habe mir gedacht: Das ist nur vereinzelt. (E 600/613)
Das ist ja so was verlogen, habe ich gesagt, jetzt reicht es mir. Also ich habe gesagt: Ich komme mir vor wie bei Eltern, die sich scheiden lassen. So komme ich mir vor. Total zerrissen, jeder versucht einen auf seine Seite zu ziehen. Für mich war das einfach so furchtbar. Und dann habe ich es nämlich da total an den Nerven gekriegt. Und da fing das an mit meinen Angstzuständen, wenn ich alleine bin, weil ich gedacht habe: Ja, jetzt hat Gott mir endlich eine Familie geschenkt, wo ich mich wohl fühle, und die auch irgendwo so meine Ideale vertreten, und wo es einfach gut ist, und dann stellt sich heraus: Mann, die sind nicht besser als jeder Verein. Weil ich gehe nie in einen Verein, weil ich nichts mehr hasse, wie diese Vereine, wo einer die Macht hat und die anderen können schimpfen, das hasse ich. Ich meine, es gibt Leute, die fühlen sich da wohl, und die fühlen sich da nicht ausgenutzt, aber ich fühle mich ausgenutzt, ich fühle mich benutzt und ausgenutzt, ich kann das nicht. (E 645/656)

3. *Religiöser Zündstoff*

Alle befragten Frauen sprechen Themen an, die sie mit Kirche und Christentum verbinden und die sie im Kontext ihrer Lebens- und Missbrauchsgeschichte als Zumutung erleben. Dies ist umso erstaunlicher, als im Interviewleitfaden nicht speziell nach solchen Reibungspunkten gefragt wurde.

Es handelt sich um Themen wie Gehorsam, Jungfräulichkeit, Jüngstes Gericht, Teufel und Schuld. Diese Inhalte sind in den Biographien der Interviewten präsent, obwohl diese teils kaum noch in schulischer und pastoraler Arbeit vorkommen dürften (etwa Teufel, Jungfräulichkeit und das Jüngste Gericht). Mit Themen wie Schuld, Vergebung und Opfer verhält es sich anders: Diese sind nach wie vor eng an den Raum von Kirche und Religion gebunden.

Für die Frauen ist es wichtig zu sehen, dass diese Inhalte sie in der Auseinandersetzung mit dem Missbrauch behindern. In der Konsequenz distanzieren sie sich vom Kontext, den sie mit den Themen verbinden: der Kirche.

3.1. Gehorsam und Eltern ehren

Missbrauch funktioniert, indem der Täter Druck und Macht auf das Kind ausübt. In dieser Dynamik spielt Gehorsam eine wichtige Rolle. Gehorsam gegenüber einer übergeordneten Person wird von den Befragten als christliches Ideal bewertet. Einige sehen auch die Verbindung zum Gebot, die Eltern zu ehren. Beides erleben sie als missbrauchsermöglichend und lebensbeschneidend.

Und die Kinder müssen den Eltern immer alles recht machen. Also, das sehe ich überhaupt nicht so. (A 423/425)

Weil ich einfach denke, so von der evangelischen Kirche wird ja auch viel dieser Gehorsam verlangt. Wenn dir einer auf die Backe haut, dann halte die andere hin. Und das sind so Dinge, wo ich viele Ungerechtigkeiten für mich einfach festgestellt habe. Also dass ich einfach denke: Nein, es war für mich vieles so nicht stimmig, wie es halt eben da gestanden hat. (D 500/504)

Früher habe ich immer gesagt, so wie ich das auch in der Kirchengemeinde gelernt habe, ich muss Gott gehorchen, und ich muss so sein, dass ich Gott in den Kram passe. (E 953/955)

Und dieses Gebot, dass man seine Eltern ehren soll, das übersteigt mittlerweile mein Fassungsvermögen. (F 352/353)

Ich habe noch keine aufgeschriebene Religion erlebt, die mir nicht doch Gehorsam abfordert, ein schwieriger Ort. (H 364/365)

3.2. Teufel, Hexen & Co

Eine Befragte interpretierte als Kind ihre Missbrauchserfahrungen im religiösen Deutungsrahmen ihrer katholischen Kindheit, mit dem Bild von Teufel und Hexen. Bereits als Jugendliche stellte sie fest, dass damit etwas nicht stimmen kann und sie erkannte, dass die Handlungsmöglichkeiten von Frauen mit der Verbreitung solcher Gestalten unter Kontrolle gehalten werden sollen.

Dann habe ich mich der Hexenverfolgung angenommen. Ich habe immer gemeint, das Ganze ist der Teufel, der manchmal in der Nacht kommt (gemeint ist der Missbraucher, Anm. d. Verf.), weil ein Mensch kann das nicht machen, also muss das der Teufel sein. Ich habe zu meinen Eltern gesagt: Da kommt zu mir nachts der Teufel. Die haben nichts anfangen können damit, die haben gesagt: Da musst du halt immer beten. Also habe ich mich dann stundenlang in den Schlaf gebetet. Also dann bin ich der Teufelsgeschichte nachgegangen (lacht). In der Schule, so mit dem Alter 10, 12, 13 Jahren wahrscheinlich, und weil man das ja auch gehört hat, Geschichte. Da war ich in der Bibliothek, werde ich nie vergessen, und prompt steht vor mir das Buch Hexenhammer. Das war natürlich was Tolles. Habe ich es gleich aufgeschlagen. Steht drinnen: Wer das liest, wird ausgeschlossen aus der Kirche (lacht). Da war ich dann, dann habe ich mir gedacht, das kann ja nicht ganz stimmen, dann wäre man nicht mehr fromm und passt man nicht mehr dazu, also das habe ich dann gelesen. Aber nicht recht viel, weil ich muss sagen, ich war nicht fähig dazu. Und ich könnte es auch heute nicht, weil das ist ja so etwas Schreckliches. Dann ist mir allmählich ein Licht aufgegangen, wie diese Sachen da so laufen, dass das nicht der Teufel war. Und wenn man eine Million Frauen aufgrund von Wahnsinn zu Tode quält und foltert, also da kann etwas nicht mehr stimmen. (B 163/180)

3.3. Jungfrau Maria

Die Muttergottes Maria stand einer Befragten in der Kindheit als Ideal vor Augen, das mit Jungfräulichkeit und Reinheit verbunden ist. Gegenüber diesem Idealbild bleibt für das missbrauchte Mädchen kaum eine andere Möglichkeit, als das eigene Leben als Versagen zu werten.

Und dann die Jungfrau, also die Muttergottes zum Beispiel, das war auch so ein Thema. Oder ist immer noch. Diese Jungfrau, rein und schön, und wie sich halt so ein Frauenbild, laut Pfarrer, gehört. (B 158/160)

Das wäre also das Absolute, die (gemeint ist Maria, Anm. d. Verf.) war so rein, dass sie in den Himmel aufgefahren ist zum Beispie, und wie sie schon angezogen ist und ich war das halt nicht. Und ich habe mich an diese Figur immer erinnert und da habe ich geweint. Da war ich todunglücklich, weil ich nicht so war und wäre so gern. (B 191/194)

3.4. Schuld und Sünde

Durch psychodynamische Verschiebungen zwischen Täter und Opfer gehören Schuldgefühle zu den hartnäckigsten Folgen sexuellen Missbrauchs. Schuld ist traditionellerweise ein hoch religiös aufgeladenes Thema, angefangen bei der biblischen Erzählung vom Sündenfall. Durch diese Verknüpfung von Schuld mit Schlange und weiblicher Sexualität ergeben sich problematische Konsequenzen für missbrauchte Frauen. Schuld und Sünde werden in einem Atemzug genannt. Den missbrauchten Mädchen wird suggeriert: Die Schuld am Missbrauch liegt auf der Seite des Mädchens, da es sündig ist. Einige Befragte wurden als Kinder im Kontext religiöser Erziehung sehr deutlich damit konfrontiert, selbst schuld am Missbrauch zu sein.

Genauso mit Sexualität. Das war damals so. Man ist bestraft worden, als schlecht hingestellt, wer Opfer wird, ist selber schuld. Damals war das so, da hat man ja jemanden verführt. Die Frauen waren ja die Schlange, gell (lacht). Und solche Dinge, da haben sich manche Männer das ausgedacht. Kranke. Weil wenn einer Verstand hat oder Verantwortung, der macht das ja nicht. (B 142/146)

Nur meine Mutter hat gebetet, sie hat einfach gebetet, aber sie hat nicht begriffen, das Beten reicht nicht aus, es reicht nicht aus. Sie kann nicht sich hinsetzen und mit einem Kind beten, das vorher missbraucht worden ist. Oder das mit Schuld, du hast

Schuld, und wenn du betest, dann hast du keine Schuld mehr, so ungefähr. Man kann das nicht so verbinden, das ist Chaos, das kann man nicht. (F 281/285)
Ich habe ja auch mit dem Pfarrer mal versucht zu reden und ich habe nicht zum Pfarrer gesagt: Mein Vater schlägt uns so furchtbar, sondern bei so einem Unterricht: Es geht uns zu Hause absolut nicht gut. Und das war aber doch so eine sehr gefestigte Dorfstruktur. Die hatten halt einen Pfarrer und einen Arzt und ein paar Lehrer und einen Schuldirektor. Und das hat der also für ausgeschlossen gehalten. Das ging dann ganz schnell, dass das einfach daran lag, dass ich so unartig bin. Deutlicher konnte ich das aber nicht sagen. (H 432/442)

3.5. Leid – Sühne – Opfer

Missbrauch zieht für das Opfer Leid nach sich. Die Betroffenen suchen nach Interpretationsmöglichkeiten ihres Leides. Welchen Mustern begegnen sie im kirchlich-christlichen Rahmen? Problematische Auslegungen des Kreuzestodes Jesu werden zu Deutungsschablonen, die das Aufopfern und das Ertragen von Problemen nahe legen. Diese Interpretation von Leid als etwas, das weiterbringt und erlöst, hat pathologisierende Wirkung auf die Befragten, weil sie dadurch den Missbrauch nicht als Unrecht an ihnen, sondern als heilsames Opfer oder als göttliche Prüfung interpretieren. Eine Frau grenzt sich deutlich von der Deutung des Kreuzes Jesu als Opfer und Sühne für die Menschen ab und sieht darin statt dessen die Gewalttat von Menschen.

(...) dass ich mich überwinde und das und das für Gott tue, was die mir aber in der Kirche immer so beigebracht haben, so selbst überwinden, und man muss halt leiden und ach. (E 960/962)

Also unser Pastor hat mir in die Klinik einen Brief geschrieben, also dass wir unser Leben auf dem Altar des Leides opfern und sonst was, und habe gesagt: „Mann, lese dir diesen Scheiß durch." Ich habe den einer Mitpatientin gegeben, die hat den durchgelesen, die hat gesagt: „Sag mal, wie alt ist denn der?" Sage ich: „Du wirst das nicht glauben, aber der ist gerade mal 40." Ach, furchtbar, echt furchtbar! Aber das ist, das ist echt schlimm, was man da so alles mitmacht. (E 963/968)

Und ich tue mich ganz schwer damit, mich auf eine Jesusfigur einzulassen, gerade weil er das Geopfertsein und Gequältsein so schön repräsentiert. Das ist so das Erste, was mir einfällt, lass dich mal ordentlich auspeitschen und wo annageln, und dann hast du der Welt bewiesen. Das war aber auch, jetzt fällt es mir ein, schon jahrelang so ein Stück ein christlicher Modus für mich. (H 977/981)

Und die sind ja in der Kirche heute noch nicht in der Lage das zu formulieren und sagen heute noch, du (Jesus, Anm. d. Verf.) bist für uns gestorben. Das stimmt schlicht und einfach gar nicht. Umgebracht haben sie Jesus. Man kann ja nicht einmal heute dazu stehen, und sagen: Wir haben dich abgeschlachtet und umgebracht und schön wars, weil wir alle mitgeplärrt haben. Also das geht nicht rein in die Köpfe, sondern sie sagen halt, du hast dich für uns geopfert. (B 382/386)

3.6. Vergebung

Die Befragten formulieren ihre Sehnsucht danach, dass sie dem Täter vergeben können. Dieses Bedürfnis nach wiederhergestellter Harmonie hängt auch damit zusammen, dass die Täter oft zur unmittelbaren Familie gehören und die Opfer den schmerzvollen Bruch überwinden wollen. Gleichzeitig spüren sie, dass das freien Herzens kaum möglich ist aufgrund der schwer beschädigten Beziehung. Eine Frau berichtet gar von dem Wunsch, die Eltern mögen ihr verzeihen. Hier wird deutlich, wie sehr sich bei diesem Thema die ursprüngliche Bedeutung von Vergebung als freiwilliger Akt des Opfers gegenüber dem Täter, der seine Schuld eingesteht, verdreht.

Neben dem eigenen Wunsch nach Glättung dessen, was nicht glatt zu bekommen ist, wird an das Opfer vielfach von außen die Erwartung heran getragen, Vergebung zu gewähren – von Tätern, vom sozialen Umfeld, von kirchlichen und therapeutischen Personen. Dadurch gerät das Opfer häufig unter massiven Druck und fühlt sich mit seiner Verletzung nicht ernst genommen.

Das Thema Vergebung gehört für alle sich im Gespräch darüber äußernden Frauen zum Bereich von Religion und Kirche. Sie bringen diese Einschätzung mit biblischen Zitaten in Verbindung.

Und der Wunsch war schon eigentlich immer da, dieser Wunsch war schon immer da, also zum Elternhaus zu sagen: Verzeih mir bitte. Ich finde es auch schade, dass es so nicht geht, aber ich kann es nicht ändern. (D 696/698)

Es heißt wohl, wo Jesus sagt: Wer einem der Kleinen was zuleide tut, der ist auf ewig irgendwie... Und das ist eine Sache, wo ich denke, ich möchte verzeihen, aber ich kann nicht mehr. Es ist einfach... ich bin einfach zu sehr gequält worden. (F 246/249)

Ich kann nicht sagen, dass ich damals schon dieses Bewusstsein hatte, nur wenn ich mich an so viele Details erinnere, dann wird mir das so bewusst, was meine Eltern von mir verlangen, dass ich ihnen vergebe, und das kann ich nicht mehr. Ich habe solche Schwierigkeiten. Eine Bekannte, eine Frau, die ich aus der Selbsthilfegruppe kenne, deren Mutter ist letzte Woche gestorben. Sie sagt, sie ist so in einem inneren Widerspruch. Sie sagt, sie ist so erleichtert, und auf der anderen Seite tut es ihr aber auch leid. Und so ähnlich erlebe ich es auch. Ich kann meiner Mutter nicht mehr verzeihen (weil sie den Missbrauch zuließ, Anm. d. Verf.). Ich denke, ich habe es noch in irgendeiner Form getan, weil ich noch zu ihr hingehe oder wir manchmal gemeinsam essen oder ich gehe mit ihr selten, aber auch schon mal in den Gottesdienst, aber die Frau glaubt tatsächlich, sie ist erlöst. Also sie hat keine Schuld. (F 315/324)

Und zu erwarten, dass man verzeiht. Und das ist eine Perversion, ein Kind zu misshandeln und dann von ihm um Verzeihung zu bitten. Eine Perversion. (F 357/359)

III. Zur persönlichen Religiosität im Kontext der Bewältigung sexuellen Missbrauchs

Im vorhergehenden Teil wurden die Erfahrungen der Befragten mit Religion und Kirche geschildert. Diese beziehen sich zu einem Teil auf die Kindheit: auf die Erfahrungen im Elternhaus, in der Schule und der Pfarrgemeinde. Außerdem benennen die Frauen aus der Erwachsenenperspektive einige Themen und Brennpunkte, die sie mit Kirche verbinden und von denen sie sich abgrenzen.

Es fällt auf, dass keine Frau ausdrücklich von guten Erlebnissen und Begegnungen mit Kirche und Religion berichtet. Keine erlebt Unterstützung und Hilfestellung in der Auseinandersetzung mit dem Missbrauch durch das, was sie mit Kirche und institutionalisierter Religion verbindet. Dennoch berichten die Frauen von bereicherndem Religiösem und Spirituellem in ihrem Bewältigungsprozess. Wie sehen diese individualisierten Formen von Religiosität aus? Welchen Stellenwert hat die persönliche Religiosität im Verlauf des Bewältigungsprozesses?

Mit persönlicher Religiosität ist die subjektive, individuelle Religiosität der einzelnen Frau gemeint, die kirchlich-christlich geprägt sein kann, aber nicht muss. Diese individualisierte Form der Religiosität soll in ihren verschiedenen Aspekten ergründet werden. Die folgende Darstellung ist Ergebnis der Kategorienbildung, die mithilfe der computergestützten Auswertung entstand. Die nachstehenden Themen kamen also von den Frauen selbst – zumeist narrativ entfaltet und daher unstrukturiert – und wurden für die Darstellung in eine möglichst lesefreundliche Anordnung gebracht:
- Individuelles religiöses Erleben und Gefühle im Kontext des Bewältigungsprozesses
- Religiöse Praxis
- Religiosität im sozialen Kontext
- Religiöse Interpretationen zur kognitiven Einordnung des Missbrauchs
- Gottesbilder
- Jesusbilder

Persönliche Religiosität im Bewältigungsprozess 313

- Zum Stellenwert der persönlichen Religiosität im Rückblick auf den Bewältigungsprozess

Zunächst soll die Darstellung des individuellen religiösen Erlebens der Befragten die **emotionale Seite** der persönlichen Religiosität zugänglich machen. Darauf folgt die **Praxisseite** ihrer Religiosität, in der die konkreten Formen nachvollziehbar werden, mit denen die Befragten ihre Religiosität gestalten. Dabei ist auch die soziale Gestalt von Interesse, also ob und wie die Befragten Religiöses in sozialen Bezügen erfahren und leben. Nach dieser handlungsorientierten Perspektive folgt die Reflexion **kognitiv-religiöser Muster** der Interviewten. Eine Mischform zwischen emotionalen, pragmatischen und kognitiven Aspekten der persönlichen Religiosität stellen die Gottes- und Jesusbilder dar.

Schließlich dient die Darstellung des Stellenwertes der persönlichen Religiosität im Bewältigungsprozess dazu, die Sichtweise der Befragten auf ihre persönliche Religiosität einzunehmen und nachzuvollziehen.

1. *Individuelles religiöses Erleben und Gefühle im Kontext des Bewältigungsprozesses*

Individuelle Religiosität als die gelebte Seite von Religion bildet sich vor allem über das konkrete Erleben heraus. Im Folgenden soll diese Erlebensebene und die emotionale Seite der subjektiven Religiosität zugänglich gemacht werden. Es geht also um den emotionspsychologischen Anteil von Religiosität. Nach Grom sind Emotionen komplexe Reaktionsmuster auf äußere und innere Reize. Sie bilden eine Trias aus Erleben, Kognition und physiologischen Begleiterscheinungen.[1] Religiöse Gefühle unterscheiden sich von anderen Gefühlen durch die kognitive Bewertung: Dankbarkeit, Hoffnung, Ehrfurcht etc. können sowohl nichtreligiös als auch religiös empfunden werden, etwa indem sie sich auf einen transzendenten Horizont richten.

1.1. Außerordentliches religiöses Erleben

Drei Befragte beschreiben religiöses Erleben, das den gewöhnlichen Rahmen menschlichen Erlebens übersteigt. Dazu gehören Begegnungen mit Engeln und Verstorbenen und die Fähigkeit, von Gott Einblick in das Leben anderer

---

[1] Vgl. Grom, Religionspsychologie, 245f.

Menschen zu erhalten, also hellseherische Kraft. Die Frauen verbinden damit das Gefühl, getröstet und unterstützt zu werden.

Diese außerordentlichen religiösen Erfahrungen können sich im Traum oder in einem religiösen Trancezustand mitteilen. Solche Erlebnisse sprengen gewöhnliches Erleben und ereignen sich in den Frauen visuell und emotional.

Erstens weiß ich, und das wurde mir auch gesagt, ich bekomme Hilfe, sie (Verstorbene, Anm. d. Verf.) helfen mir, und das spüre ich auch, und diese Verstorbenen sind gekommen. Also ich habe mit denen, man spricht ja nicht, das erfährt man einfach. Und das hat mir geholfen, das hilft mir heute noch zum Überleben. Und ich weiß, unsere Verstorbenen, sei es Verwandte, oder es waren dann meine Eltern, die gestorben sind, die halten die Hand schützend. Die versuchen das. Ich würde es auch so machen, also wenn ich tot bin, würde ich genauso reagieren. Und manchmal denke ich, man sollte den Leuten eben sagen, ruft eure guten Geister an, diese guten Mächte, die vorhanden sind. Also die sind vorhanden, weil das Leben nach dem Tod nicht einfach beendet ist. Da ist eine Ebene da, die ich nicht so erklären kann, weil einfach das Verständnis hier fehlt. Aber das ist einfach so. (B 68/77)

Und ich weiß, ich habe zum Beispiel auch diese Ebene erlebt, wie dieser Mann (der Täter, Anm. d. Verf.) da gestorben ist, ich war als Kind im Bett gelegen, und ich weiß ja immer die Tür und da ist er gestanden und reingekommen. Einmal war ein Krach vorm Haus, da sind Leute gekommen, es war eine Macht da, eine unheimliche Macht da. Die sind rauf über die Treppe hoch, dann habe ich Schreie gehört, also Todeskämpfe, es waren Todeskämpfe, und ein Poltern und Lärmen und dann war Schluss. Ich war da gelegen wieder, sowieso egal, tot oder was auch immer. Und auf einmal stand am Bettende jemand, also auch unheimlich, also unheimliche Gewalt, das kann man sich gar nicht vorstellen, und sagt zu mir also: Jetzt (betont) ist er weg. Du brauchst nie mehr Angst zu haben. (B 78/85)

Einmal weiß ich noch ganz genau, da musste ich immer, da war so ein Teppich mit Fransen, und da hat sie (die Großmutter, Anm. d. Verf.) mir immer einen Kamm gegeben, ich soll die Fransen kämmen, weil da war ja eine Zeit lang beschäftigt. Da weiß ich noch ganz genau, wie ich wieder mal die Fransen am Kämmen war im Wohnzimmer, da hatte ich wirklich so das ganz starke Gefühl, da ist ein Engel im Zimmer. Also wirklich ganz stark und ich habe das auch genau gewusst, in der Ecke steht der. Also als Kind habe ich ganz starke Erfahrungen mit Gott gehabt, also ganz stark, das weiß ich. Und na ja, das hat mich dann auch irgendwo getröstet, na ja, du bist ja nicht alleine. Und in der Phase, wo ich da so bei meiner Oma war, da war ich dann eigentlich schon irgendwo auch ein bisschen getröstet: Na ja, du bist ja nicht alleine. Weil ich mir immer gesagt habe: Na ja, das fandst du alles beschissen, und wohl fühlen tust du dich nicht in dem Zustand, wo du bist, aber das ist zu ertragen. (E 215/221)

Und na ja, und dann hatte ich mal einen tollen Traum wie ich fünfzehn war. Wie ich dann immer so geheult habe und habe halt immer gedacht, hoffentlich muss ich morgen früh nicht mehr wach werden und so. Also da habe ich mal geträumt irgendwie, ich sitze so in der Mitte und es war irgendwie so dunkel. Und da unterhalten sich zwei. Und der eine sagt immer: „Das kannst du nicht machen, in die Familie kannst du keinen reinschicken, das überlebt ja keiner, was da los ist." Und der andere sagt: „Doch, wenn das einer schafft, die schafft das und die ist die einzige, die das schaffen kann". Der andere hat gesagt: „Nein, das ist ja eine Zumutung, weil das ist ja furchtbar." Und dann haben sie sich da so eine Zeit lang rumgestritten. Und dann habe ich die dann gefragt:" Ja, was kann denn schlimmstenfalls passieren?" Ja dann haben die gesagt: „Es kann gar nichts passieren. Wir sind immer bei dir." Und das ist also wirklich immer meine Lebensstrategie gewesen, ich habe mir immer überlegt: Was kann schlimmstens passieren? Und ich habe immer gesagt: Lieber ein Ende mit Schrecken als ein Schrecken ohne Ende. Also immer, so war meine Devise, solange ich selber entscheiden kann, habe ich immer gesagt: Lieber ein Ende mit Schrecken als ein Schrecken ohne Ende. Also ich bin überhaupt kein Mensch der sich so, nachdem ich das mit meinen Eltern mitgemacht habe, der sich so unterdrücken lassen würde, also das würde ich nicht mehr machen, das ist einfach, nee. Da gehe ich lieber den größten Knatsch ein oder sonst was, aber das mache ich nicht mehr. Da bin ich morgens wach geworden nach dem Traum und ich hatte auf einmal das Gefühl: Mann, ich habe eine ganz dolle Lebenskraft, das war ganz komisch. Und da habe ich das nie mehr gehabt, dass ich mich nachts in den Schlaf geweint habe, das ist überhaupt, das ist mir auch noch so eindeutig in Erinnerung. Ich habe das meiner Freundin erzählt, hat gesagt: Das waren bestimmt deine zwei Schutzengel, die sich da über dich unterhalten haben (lacht). Sag ich: Ja, vielleicht waren sie das auch. Die haben auch immer viel zu tun gehabt bei mir. (E 299/322)

Das war mal so, da ist von einer Frau in der Baptistengemeinde ist der Mann gestorben, und der war auch nicht gläubig. Der war also auch so, schlechte Kindheit gehabt und der war mit der Kirche so fertig, der ist da nie hin. Der hat zwar seine Frau gehen lassen, aber er nicht. Und das war wirklich hammerhart. Das war also so: Ich bin abends um elf Uhr ins Bett, wir hatten also vorher Hauskreis, und das ist irgendwie manchmal ganz komisch, nach dem Hauskreis, dann kann ich meistens auch nicht so richtig schlafen, aber an dem Tag war ich wirklich müde. Und dann war es dann schon elf Uhr, habe ich gedacht: Na ja, jetzt gehst du ins Bett. Und ich habe gedacht, ich dämmere jetzt gerade so weg, und auf einmal war ich wieder wach, und da sehe ich das so richtig vor meinem Auge, wie der Mann stirbt. Wie der Mann stirbt, und wie der, wie der wirklich Jesus annimmt in dem Moment, wo der stirbt. Und der freut sich wie ein kleines Kind. Der freut sich wie ein kleines Kind, der freut sich, so hat der sich in seinem ganzen Leben noch nicht gefreut und der ist so glücklich, so war der in seinem ganzen Leben noch nicht glücklich. Und das Interessante war, dass Gott mir dann noch dem sein Leben gezeigt hat. Da habe ich auch gedacht: Das ist ja seltsam, ich habe den Mann nie kennen gelernt. (E 1092/1106)

1.2. Belastende religiöse Gefühle

Manche Frauen erleben in der Auseinandersetzung mit dem Missbrauch Religiöses als belastend. Persönliche Religiosität im Kontext des Bewältigungsprozesses hat also nicht nur positive Auswirkungen auf das Befinden der Person, sondern kann dieses auch beschweren. Jedoch können solche Schwierigkeiten sich auch zu einer Vertiefung der Religiosität führen.

1.2.1. Hass auf Gott

Die Erfahrung großen Leides kann zum Bruch der guten Beziehung zu Gott führen. Eine Befragte erlebt(e) Phasen großen Hasses auf Gott, die sie letztlich trotzdem als produktiv erlebt.

Weil also ich hatte immer ein schlechtes Gewissen, weil ich echt manchmal wirklich einen Hass auf Gott hatte (lacht). Ich hatte so einen Hass! Denn irgendwo hat er immer eine Bestätigung geschickt, dass es ihn gibt und dass er es gut meint, und dann habe ich immer wieder ein paar über den Deckel gezogen bekommen. Ich war also wütend, ich habe so einen Hass gehabt auf Gott. (E 781/787)

1.2.2. Verknüpfung von Religiösem mit Sterben und Tod

Eine Frau verknüpfte als Kind das Gebet zu Gott mit der Bitte um den eigenen Tod oder den des Täters. Durch diese Konditionierung fällt es ihr schwer, mit Religion etwas Positives und Lebenszugewandtes zu verbinden.

Ich habe als Kind gebetet: Hoffentlich stirbt der mal. Warum lässt du (Gott, Anm. d. Verf.) ihn nicht sterben, wenn er so herzkrank ist. Und ich war immer wieder erschrocken über meinen Gedanken und habe gedacht, ich binde das in ein Gebet mit ein. Also für mich war Tod und Sterben immer so mit dem Gebet auch gekoppelt. Ich habe lange gebraucht, mich wieder so rauszuholen. Oder ich habe gebetet: Lass mich sterben. (F 385/390)

1.2.3. Verlassenheit

Eine Frau formuliert deutlich ihre Enttäuschung über alles, was sie mit Glauben in Verbindung bringt. Aufgrund dessen kann sie nicht mehr an das Positive und Wunderbare glauben und fühlt sich von Gott verlassen.

Ich habe eigentlich eine große Verlassenheit. Ich spüre das nicht mehr, dieses Wunderbare. Ich spüre nicht mehr dieses Wunderbare, sondern sehe eigentlich nur dieses wahnsinnige Leid. (F 342/344)

Und wir haben auch von einem Religionslehrer mal eine ziemlich schöne Geschichte vorgelesen bekommen, dass man eine Spur am Strand gesehen hat und keine zweite und wir sind dann gefragt worden: Was bedeutet diese Spur? Und da hieß es: Ja er (Gott, Anm. d. Verf.) hat uns getragen in einer schwierigen Zeit. Aber ich habe das überlegt. Ich hätte auch sterben können (beim Missbrauch, Anm. d. Verf.), und dann wäre ich vielleicht beerdigt worden religiös. Ich hätte davon nichts gehabt. (F 370/375)

1.3. Positives religiöses Erleben

Die Befragten benennen eine Reihe von Gefühlen, die sie als religiös erleben und sie im Bewältigungsprozess unterstützen. Diese Erfahrungen sind so unterschiedlich, wie Menschen es entsprechend ihrer individuellen Aufnahme und Verarbeitung von Geschehenem sind, jedoch ermöglichen einige beispielhafte Zitate Einblick in das Erleben der Befragten. Alle genannten Gefühlsqualitäten werden allein durch die Deutungen der befragten Frauen zu religiösen. Es handelt sich also um Erfahrungen, die in einen transzendierenden Zusammenhang eingeordnet werden. Auffallend ist die Konzentration der Interviewten auf Erleben, das sie zu sich selbst, nach innen, führt: Sie wollen Kraft gewinnen, zur Ruhe kommen und inneren Frieden finden.

1.3.1. Kraft gewinnen

Mehrere Frauen beschreiben als religiös, woraus sie Kraft schöpfen können und wodurch sie für den Alltag wieder gerüstet sind.

Dann spüre ich so (Pause) ja, so etwas Religiöses, oder so eine Kraft, so eine Ruhe, die sich in mir verbreitet. (A 239/249)

(...) sondern einfach total fallen lassen, mir Kraft holen und abschalten von diesem Körper. Also ich sehe mich dann von oben, also da einfach meditieren und Kraft holen, dass das wieder weitergeht. Dass man ruhiger wird oder dass das wieder einfach besser geht. Mache ich täglich. Das geht auch schnell und geht immer. Ich habe dann immer wieder ab und zu Erfahrungen. Das hilft mir. (B 327/332)

1.3.2. Zur Ruhe kommen

Zur Verarbeitung von Missbrauch gehören massive Unruhezustände. Eine Frau beschreibt, dass Gott sie zur Ruhe kommen lässt.

Dass er (Gott, Anm. d. Verf.) mich doch langsam, auch wenn es länger dauert, zur Ruhe kommen lässt. Ich weiß, ich werde zwar nie hundertprozentig ruhig sein in mir, aber so im Großen und Ganzen, ja. Und das ist wichtig. (C 626/628)

1.3.3. Innerer Friede

Eine Frau erlebt in religiösen Momenten inneren Frieden. Dabei fühlt sie ihre kontroversen Gefühle überwunden und sie kann über den normalen Gang der Dinge hinausblicken.

Ich habe diesen Winter einen Massagekurs gemacht, und selbst die Massageleiterin hat gesagt, so etwas hätte sie noch nie gehabt, so diese Frauen. Da kam dann auch so ein Gebet, so ein Abschlussgebet, wie hieß das: „Signore, gebe mir bitte so den inneren Frieden." Also so mit Musik und mit so ganz langsam. Und da war so viel Tiefe und so viel Stille, also es ist unglaublich, also die war selber so, also ich glaube, die ist da selber ganz reich beschenkt worden, dass sie eben da sechs, acht Frauen getroffen hat, wo das wie wenn du ein Feld vor dir hast und wirfst den Samen und es geht alles auf. Also so, so dieses Bild habe ich dazu. (D 467/474)

Es hat mich einfacher gemacht. Also es hat mich diese Religiosität oder Spiritualität, ich denke, ich habe mir so alle Teile so angeguckt, von Neid und Hass und Rivalität, und das hat mich irgendwie einen ganz großen Frieden für mich finden lassen. (D 576/578)

1.3.4. Dankbarkeit

Die langjährige Auseinandersetzung mit dem Missbrauch weitet bei einer Frau den Blick über die eigenen Probleme hinaus. Sie kann auch die guten Teile ihres Lebens sehen und fühlt daher große Dankbarkeit, welche sie spirituell deutet.

Und da ist so eine ganz große Dankbarkeit in mir. Also ich denke es gibt ganz schlimme Schicksalsschläge, ein behindertes Kind oder was auch immer, und wo ich einfach denke, das Schicksal hat mir viel aufgebürdet, aber es hat mir auch gute Teile gegeben. Und dieses sehen, was ich alles bekommen habe, also ich habe auch Frauen getroffen zu der richtigen Zeit und ich habe auch diese Arbeitsstelle gefunden. Also wo ich einfach denke, es hat mich dankbar werden lassen, und es hat mich Frieden finden lassen. Und das, denke ich, ist viel bei Missbrauch, jede Menge. Und ich denke, das hat mich sehr weitergebracht in den letzten zwei Jahren. (D 585/592)

1.3.5. Wärme

Religiöses Erleben hat bei manchen Befragten eine konkrete Qualität: Es vermittelt Wärme, was als eine besonders innige Erfahrung bewertet wird.

Und in dem Moment, als ich bei der Konfirmation den Spruch gesagt habe, ich war so in mir, habe angefangen so richtig die Wärme gespürt, es war so, als hätte mich jemand umarmt, total, war total schön. (C 710/712)

Gerade in solchen Momenten, wo ich, ich sage mal, mich so ein bisschen beleuchtet und angewärmt gefühlt habe, war ich mir viel sicherer mit meinen eigenen Sachen. (H 710/712)

1.3.6. Ermutigung und Urvertrauen

Eine Frau erlebt in ihrer spirituellen Praxis einen Zuwachs an Mut und Selbstvertrauen, was ihr gerade als Frau mit Missbrauchserfahrungen zum Teil noch fehlt.

Ja, und es kommt eine Verbindung, durchaus in so einer Form von: Ich gebe dir Mut. Ich löse nicht deine Probleme, die darfst du gerne haben, aber ich, die religiöse Autorität, bin sicher keine, die dich einfach vergisst. Dahin gestellt habe ich dich schon und gucken tue ich auch, und ansonsten machst du eben halt, so ungefähr. Eben anstelle dieses Austauschgebetes. Und da habe ich dann wieder in den Spiegel geschaut und habe gedacht: Komisch, du schaust ganz anders aus. Also so, es kommt genau das Urvertrauen. Das kann einem keiner in der Apotheke geben, ich möchte eine Portion Urvertrauen, ich bin als Kind gequält und sexuell missbraucht worden, läuft nicht. (H 686/693)

1.3.7. Gewollt sein

Mehrere Frauen stellen in Krisenzeiten ihre Existenzberechtigung in Frage. Sie erleben es als religiöse Erfahrung, gewollt zu sein, einen Platz im Leben zu haben und damit zu spüren, dass ihr Leben einen Sinn hat. Diese Erfahrung verbindet sie in besonderer Weise mit allem Lebendigen.

Das holt mich dann irgendwie wieder zurück, dass ich weiß, ich bin halt da, und jemand hat mich gewollt, sonst wäre ich nichts da, so wie dieser Baum gewollt war, sonst wäre er nicht da. (A 281/284)

Und in der Kur habe ich mir lange überlegt, tust du hier überhaupt noch weiter. Und das ist vielleicht auch Bestandteil der religiösen Erfahrung: Es hat dich aber jemand an deinen Platz gesetzt. (H 33/35)

Ich bin in den Wald, ein ursprüngliches Stück Gelände, und habe einfach nur (steht auf und geht langsam umher) Atmung, Auflösung, ganz ganz positive Auflösung. Wo ich gespürt habe: Ich bin hier sehr stark umgeben, es ist ganz offensichtlich. Und habe mich plötzlich gefühlt so wie: Hier bin ich richtig, hier gehöre ich hin, das hat alles mit mir tun. (H 640/644)

2. Religiöse Praxis

Religiosität hat eine pragmatische Dimension. Sie veranlasst Menschen zu bestimmten Handlungen und Ritualen. Wie diese aussehen, hängt in hohem Maße mit dem zusammen, was Menschen in ihrem Umfeld an Modellen und Vorbildern erleben. Durch die Auflösung traditioneller kirchlicher Formen individualisiert sich religiöse Praxis stark. Ein großer Teil der befragten Frauen praktiziert ihre Religiosität in erfahrungsbezogener, subjektorientierter Weise. Das Handeln soll dem inneren Erleben entsprechen. Die religiöse Praxis hat also bestimmte Qualitäten, die den charakteristischen Wünschen der Befragten entspringen.

2.1. Qualitäten religiöser Praxis

Die befragten Frauen artikulieren direkt und indirekt, welche Gestalt ihre persönliche Religiosität hat, was ihnen wichtig ist. Die Erfahrungen mit Kirche zeigten bereits, dass die Frauen sich vom dort Erlebten tendenziell abgrenzen. Daher ist es von besonderem Interesse, die charakteristischen Qualitäten der religiösen Praxis der Befragten herauszufiltern.

2.1.1. Ausgangspunkt: Erfahrung

Den Befragten wünschen sich, ihre Religiosität aus der eigenen Erfahrung heraus zu leben. Die vorgegebenen Formen institutionalisierter Religion können dabei Hilfestellung sein, bilden jedoch keinen verbindlichen Maßstab. Der Ausgang vom eigenen Erleben stellt sicher, dass die religiösen Erfahrungen „stimmen", dass sie „wahr" sind.

Ich versuche, auf der Ebene (die konkrete Erfahrung, Anm. d. Verf.) die Antworten zu finden. Weil das kann ich nicht aus mir heraus zaubern. Und diese Erlebnisse, die ich da habe, das ist dann halt meine Wahrheit dazu. Punkt. (G 375/377)

Ja, es gibt so ein Bild von den Religionen, jemand hat das geprägt, das wurde mir erzählt. Die Religionen seien wie ein Fenster, und Gott ist das Licht dahinter. Unterschiedliche Religionen haben halt unterschiedliche Fensterstrukturen, es geht halt um die Gardinen und Fensterläden. Das ist für mich das Entscheidende. Ich nehme mir hier und da was von den Religionen, aber ansonsten versuche ich mich in meinem spirituellen Leben möglichst direkt auf Gott zu konzentrieren. Und ich brauche den Halt und die Praktiken oder auch mal ein Buch über zum Beispiel Teresa von Avila oder das Beten. Weil andere Menschen haben so viel ja auch schon gemacht und ich bin so neu und jung in dem Bereich und nehme da gerne auch Hilfe an. (G 383/391)

Ich will da nichts Dogmatisches. Das ist mir ganz ganz wichtig. Ich will aus dem Erleben handeln. (H 648/649)

2.1.2. Körperlichkeit

Mit einer Ausnahme berichten alle Interviewten von körperbezogenen Elementen in ihrer Religiosität. Sie wollen konkret und körperlich erfahren, was sie glauben. Mit diesem Wunsch sehen sie sich oft in Kontrast zu einer körpernegierenden Tradition im Christentum.

Die starke Körperorientierung der Religiosität hängt wohl auch mit dem Bewältigungsprozess des Missbrauchs zusammen: In der Regel müssen sich betroffene Frauen mit der Beschädigung und Entgrenzung ihres Körpers auseinander setzen, was zu Spaltung und Dissoziation führte und bei vielen Frauen das Wahrnehmen des Körpers verunmöglicht. Stück für Stück müssen sie sich ihren Körper vertraut machen und ihn wieder spüren lernen. Die Rückeroberung des eigenen Körpers und damit der Aufbau von Selbstbestimmung kann auch religiös gedeutet werden.

Oder wenn ich die Sonne spüre, also dieses Spüren ist mir ganz wichtig, wo ich einfach etwas spüren muss. Und das ist mit Frauen auch so, dass ich die spüren muss, dann muss ich die auch in den Arm nehmen (lacht). Das passt dann manchmal einfach so. (A 248/251)

Auf jeden Fall irgendwann war ich dann soweit, dass ich gesagt habe, das (eine Ganzkörpermassage, Anm. d. Verf.) mache ich jetzt, da gehe ich mal hin. Und das eine wirklich total tolle Frau. Also ich sage: Die Frau hat also wirklich sanfte Hände. Wenn die einen massiert, dann ist das wirklich so, als würde Gott einem selber den Rücken tätscheln, also wirklich super. Und die ist also wirklich so was von gläubig, das gibt es nicht. Und da habe ich fest gestellt, es tut mir wirklich total gut, mal meinen Körper zu spüren, weil ich ja nie so ein Verhältnis zu meinem Körper hatte. Und dann hat sie auch gesagt, sagt sie: Ja, das ist einfach wichtig, dass man seinen Körper spürt. (E 834/841)

Dann war der Anselm Grün noch mal in xy (Ort) und hat da auch noch einen Vortrag gehalten, da war ich da auch. Das war also toll, also der Mann ist toll. Also, das ist für mich echt ein lebendiger Christ. Der ist echt super. Hat gesagt: Ja, also wie man in der Natur Gott so erfahren kann, sagt er: Ja Gott kann einen nicht streicheln, denken viele Menschen, aber das stimmt nicht. Wenn Sie nämlich mal rausgehen und wirklich mal ihre Haut fühlen, dann fühlen Sie, wie sanft der Wind da drüber streichelt, und das ist wie ein Streicheln Gottes. Das habe ich wirklich dann mal gemacht, habe ich gesagt: Mann, was ist das für ein tolles Gefühl, habe ich noch nie darauf geachtet. Und ach so Sachen, die der erzählt, von schöner Musik und so, die

uns beflügeln kann und das einem so durch und durch geht. Und also das fand ich total gut, das macht viel freier und unabhängig. (E 869/879)
Ich habe das wahrgenommen und mir die Option (Ordensfrau zu werden, Anm. d. Verf.) offen gehalten, dass ich das irgendwann mal mache. Inzwischen bin ich davon distanzierter, weil es mir wie eine Flucht vorkommt. Das kann es nicht sein. Das ist eine Abspaltung von etwas, was ich gerne abspalten möchte, weil es mir Schwierigkeiten macht, nämlich das Leben hier auf der Erde, mit dieser Materie, mit meinem Körper, eben auch mit Körperlichkeit und Sexualität. Das wäre natürlich praktisch, wenn ich mich damit nicht auseinandersetzen bräuchte, aber ich glaube nicht, dass es die Aufgabe ist, die ich hier auf Erden habe. Dafür gehe ich jetzt einen anderen Weg. Ich versuche Nonne zu sein irgendwo im Inneren und sehr irdisch zugleich. (G 244/252)

2.1.3. Naturbezug

Viele Frauen gestalten ihre Religiosität mit naturbezogenen Elementen. Damit verbunden ist die Vorstellung von und der Wunsch nach Ganzheitlichkeit: Der Mensch hängt mit allem Lebendigen zusammen und steht nicht isoliert für sich. Auch hier ist die eigene Erfahrung der wichtigste Maßstab. Diese Erfahrungen sollen eine übermäßige kognitive, intellektuelle und dogmatische Ausrichtung im Religiösen überwinden.

Als irgendwie so wie ich das dann halt empfinde, wo ich mich halt nahe fühle zu diesen Bäumen und zu diesen Pflanzen und Tieren und der Erde und dem Wind und was weiß ich alles, zu dieser Natur einfach und die auch ja in mir ist, und die ich manchmal nicht so in mir sehe, weil ich halt so kopfmäßig nur existiere. Es ist eigentlich schon wichtig, die Spiritualität. (A 591/597)

Und in letzter Zeit eben mehr so: Es ist schon gesorgt für mich, die Erde trägt mich. Also im Nachhinein jetzt für mich, also ich sage auch erst so seit eineinhalb Jahren, ich habe so ein ganz großes Vertrauen in diese Erde, in das Universum. Und sehe das für mich heute sehr gesamtheitlich. Also ich denke, ich komme aus der Erde, ich gehe in die Erde, und ich bin ein Teil dieser Erde. (D 415/419)

Und also wenn ich das beschreibe, das ist ein eher naturreligiöser Ansatz. Wobei ich will nichts abwerten, zu sagen, Feuer, Erde, Wasser, die bestimmen mich maßgeblich und obendrauf die Planeten, da kommt man auch schnell in was rein, das ist dann Astrologie oder irgendein Firlefanz. Die ist nicht von vornherein Firlefanz. aber ich will da nichts Dogmatisches. Das ist mir ganz wichtig. (H 644/649)

Persönliche Religiosität im Bewältigungsprozess

2.2. Konkrete Formen religiöser Praxis

2.2.1. Meditation und Trance

Mehrere Frauen meditieren regelmäßig und fühlen sich dadurch gereinigt und mit sich und einer transzendenten Kraft verbunden. Eine Frau versetzt sich in Trancezustände, in denen sie Verstorbenen begegnet, die sie stärken und ihr helfen.

Und ich habe dann auch ein Erlebnis gehabt, vielleicht auf Grund dieser Nahtoderfahrungen habe ich die Möglichkeit, mich in Trance zu versetzen und so Zwischenerlebnisse, also dem Tod nahe Erlebnisse. Also Sie können das glauben oder nicht, das ist mir ganz egal (lacht), ich hole daraus Kraft. Also ich war am Ende und hole daraus Kraft. (B 65/68)

Ja, ich habe diese Trancezustände. Ich setze mich immer in Trance, bete und hole mir die Leute zu Hilfe. Ich habe auch dann, mir hat meine Mutter gesagt, wenn du verzweifelt bist, zünde dir eine Kerze an und hole dir das Licht her sozusagen. Das funktioniert. Und es ist ja auch eine tolle Sache. Ich weiß, mir wird geholfen. (B 301/304)

I: Wenn Sie dann in so einen Trancezustand reingehen, wie würden Sie das beschreiben?
B: Meditation.
I: Berührung mit anderen Ebenen?
B: Und warten auf das, was kommt. Also nicht gezielt. Schon auch manchmal, wenn halt irgendwie, sondern einfach total fallen lassen, mir Kraft holen und abschalten von diesem Körper. Also ich sehe mich dann von oben, also da einfach meditieren und Kraft holen, dass das wieder weitergeht. Dass man ruhiger wird oder dass das wieder einfach besser geht. Mache ich täglich. Das geht auch schnell und geht immer. Ich habe dann immer wieder ab und zu Erfahrungen. Das hilft mir. (B 319/332)

Ja, also ich meditiere täglich und bete. Es ist so, wenn ich mich ins Bett lege, dann habe ich schon das Bedürfnis, das zu tun, andererseits bin ich dann immer so müde, dass dann, ach jetzt schlafe ich halt einfach. Ich kann da nicht schlafen, also kann ich auch gleich beten oder meditieren (lacht). Also das wird immer mehr ganz fester Bestandteil meines Alltages in den letzten zwei, drei Jahren. Ja, und dann eben auch Körpermeditation, wo ich mich energetisch reinige. Wo ich darauf achte, dass sich das, was sich so an Stauungen, Ansammlungen, schlechten Gefühlen, dass ich das abgebe. (G 270/276)

Und da oben da, das nenne ich dann eher Religion, aber die Verbindung muss stimmen, das ist das. Das existiert nicht separat voneinander. Und ich stehe aus dem Grund auch jeden Tag eine halbe Stunde früher auf. Weil ich nehme dann erst mal einen Tee und ein Müsli und dann fange ich an, mich hinzusetzen oder zu liegen, es geht im Sitzen besser, aber so über Kreuz sitzen geht mir ins Kreuz, und dann lege ich mich und ich schlafe auch nicht ein dabei, da bin ich mir ganz sicher. Ich habe am Anfang immer den Wecker gestellt, eine halbe Stunde. Das ist so befreiend und das trägt. Wenn es mir nicht gelingt, an nichts zu denken, manchmal auch streckenweise ziemliches Nichts. Nichts ist bei mir immer rund. So ganz nichts ist es nicht, es ist rund (lacht). Aber es kann so nur höchstens ein bisschen Farbigkeit annehmen, es ist sehr groß und rund und beruhigend. Das Nichts, das ist dann schon toll. Aber ich habe ja auch in diesen entspannten Situationen dann Begegnungen, die mit meinen Alltagsbegegnungen nichts zu tun haben. Es hopsen die dollsten Gestalten durch mich durch, manchmal ziehen die da so und ich freue mich einfach bloß, was bist du eigentlich reich, so im Nachhinein. Manchmal sind da irgendwelche Viecher, aber im Gegensatz zu Träumen habe ich mich da noch nie bedroht gefühlt. Das ist auch so wie, ich sacke mich und es kommt, was da kommt und was da kommt, stimmt immer. (H 874/890)

2.2.2. Bibel lesen

Mehrere Frauen beziehen sich auf die Bibel. Sie suchen in der Lektüre nach Orientierung für den Alltag und nach Antworten für ihre Fragen. Für eine charismatisch geprägte Frau, die Mitglied einer Baptistengemeinde war, spielt die Bibellektüre eine ausgeprägte Rolle in der religiösen Praxis.

Das hat ihnen überhaupt nicht gepasst, im Kloster (Kinderheim, Anm. d. Verf.), als ich das so direkt gesagt habe, wo Jesus gesagt hat: Lasst die Kinder alle zu mir kommen. Und die waren teilweise überfordert, weil, ja momentan nicht mehr so, aber teilweise die Bibel auswendig konnte, konnte sagen, da und da, konnten sie dann nachlesen, das war dann doch zu viel. (C 488/492)

Und von den Sachen, die mir jetzt eigentlich auch gut tun, was jetzt mit Gott angeht, war das dann so, dass es halt dieses Bibellesen teilweise auch dann da war. (C 602/603)

Und wenn der (Gott, Anm. d. Verf.) dich wirklich lieb hat, wenn der mich so lieb hat, wie ich meine Kinder lieb habe, beziehungsweise steht ja in der Bibel, dass er mich noch viel lieber hat, wie ich meine Kinder lieb habe, dann weiß er auch, was ich für Mordsprobleme habe. (E 957/959)

Ich habe auch schon mal Bibelkreise besucht. (...) Es heißt wohl, wo Jesus sagt: Wer einem der Kleinen was zuleide tut, der ist auf ewig irgendwie... Und das ist eine Sache, wo ich denke, ich möchte verzeihen, aber ich kann nicht mehr. Es ist einfach... ich bin einfach zu sehr gequält worden. (F 243/249)

2.2.3. Religiöse Äquivalente: Schreiben, Tanzen, Malen, Musik

Der Großteil der Frauen fühlt sich im Bewältigungsprozess von Praktiken wie Gedichte schreiben, Tanzen, Musik hören, Töpfern, Malen usw. unterstützt. Diese Vollzüge bewerten manche auch als etwas Religiöses. Es handelt sich dabei also um religiöse Äquivalente: Es geht um etwas, was ursprünglich keine religiöse Praxis ist, aber von den Befragten damit in Verbindung gebracht wird.

Alle Praktiken entspringen der subjektiven Erfahrung der Frauen und sind ein Weg, ihr Befinden und ihre Gefühle auszudrücken und in einen größeren Zusammenhang eingebettet zu sehen.

Manchmal schreibe ich dann auch so Gedichte, an diese Kräfte, wo ich was spüre, an den Wind, oder an die Bäume, oder irgend etwas, was ich daraus sehe, wo für mich jetzt so eine Parallele hat. (A 276/278)

I: Und so wie du am Anfang beschrieben hast, das Tanzen, die Musik, das Malen, bringst du das auch mit Religiösem in Verbindung?
C: Habe ich gesehen manchmal ja. Aber unbewusst. Das ist dann halt meine Wahrheit. Und das erste Mal Tanzen war ja eigentlich religiös, das war ein Wochenendfestival der Christen, und da habe das erste Mal echt getanzt. Denke ich mal, dass das irgendwo die Wurzeln da hat. Das ist ja auch eine Ausdrucksform. (C 724/730)

Und das ist mir dann wieder begegnet nach diesen religiösen Erfahrungen auch sehr wohl in Bezug auf die Malerei. Ich habe schon für eigene Zwecke da gesprüht und dann hatte man halt nette Farben. Während, dann war ich manchmal, und das wäre ohne die Meditation nicht gegangen, so versenkt in das, was ich tue. Dass sich das dann eigentlich selber entwickelt. Es malt sich selber. Ich habe dann tatsächlich den Pinsel in der Hand und ich weiß auch ungefähr, ob ich in schwarz eingetaucht habe. Aber es passiert wie von selber, als stände ja jemand und malt mit mir. (H 923/929)

Und so Sachen, die der (Anselm Grün, Anm. d. Verf.) erzählt, von schöner Musik und so, die uns beflügeln kann und das einem so durch und durch geht. Und also das fand ich total gut, das macht viel freier und unabhängig. (E 877/879)

Und das hat mir gut gefallen, ich habe so in der ersten und zweiten Klasse im Kirchenchor mitgesungen. Das war extra so für Kinder, so zehn, zwölf Kinder, die da brav gesungen haben. Und ich singe auch heute noch manchmal gerne Kirchenlieder. Es gibt so bestimmte, die tragen so wahnsinnig, und die singe ich dann einfach den ganzen Tag, ist mir Wurst, wie die heißen, die sind einfach schön. Meine Tochter hat gesagt: Sing mir doch noch mal das Lied mit den Flügeln. Dann habe ich gesagt: Keine Ahnung. Was habe ich denn da gesungen? Ich habe ja zwischendrin auch mal Pink Floyd oder was gesungen. Draußen auf der Treppe, da hast du aufgeräumt, da hast du, das stimmt, da war ich ja schon im Ausziehen, und ziemlich daneben, da habe ich dann immer gesungen: „In wie viel Not, hat nicht der gnädige

Gott, über dir Flügel gebreitet". Nur das mit „Lobe den Herren" habe ich ein bisschen weggelassen, und dann habe ich das 20 Mal hintereinander gesungen und dann war ich beruhigt und die hat sich das gemerkt. Da gab es noch so ein Lied, das kann ich erinnern, aus dem ersten, maximal zweiten Schuljahr, ich war im zweiten Schuljahr erst sechs, bin mit fünf eingeschult worden, wir waren ja eben alle so ehrgeizig. Das Lied:
„Befiehl du deine Wege, und was dein Herze kränkt, der allerhöchsten Pflege, dass der den Himmel lenkt, der Wolken, Luft und Winden gibt Wege, Lauf und Bahn, der wird auch Wege finden, da dein Fuß gehen kann."
Und das haben wir also in diesem Chor gesungen. Ich habe es nie verstanden. Also das ist ganz schwierig. Zehn Jahre später habe ich das dann mal verstanden, das ist so eine tolle Melodie und da ist so ein Optimismus drin und Wolken, Luft und Winde hat mir auch klasse gefallen. Also das fand ich schon nett. (H 391/412)

2.2.4. Rituale

Einige Frauen praktizieren Rituale, in denen durch Wiederholung von bestimmten Handlungen wesentliche biographische Erfahrungen ausgedrückt werden. Diese Rituale sind von körper- und naturbezogenen Elementen bestimmt. Sie können sowohl in einer Frauengruppe als auch allein vollzogen werden. In einer Gruppe stärken sie das Zusammengehörigkeitsgefühl. Den Befragten ist es wichtig, diese Rituale nicht nach rigiden Vorschriften abspulen zu müssen, sondern an der eigenen Lebenssituation auszurichten.

H: Zunächst mal war mir ein Ritual wichtig, sogar damals schon in der katholischen Kirche, fast schon unabhängig von der Religion wichtig. Wobei es eben Rituale gibt, die sind gefährlich. Ich habe zum Beispiel mit Frauen zusammen Sonnenwende gefeiert und ich fand auch, da entsteht eine so tolle Verbindung, wenn man zusammen tanzt oder trommelt, aber ich habe dafür kämpfen müssen, dass ich dann gesagt habe: Ich stell mich jetzt nicht hier hin und schrei, ich bete den Wind oder so an. Ich kann das jeder lassen.
I: Aber keinen Druck.
H: Genau. Wir sind dann auch dazu gekommen, ich mache das lange nicht regelmäßig, weil diese Jahreskreisfeste, diese keltischen, sind oft. Und ich kann ja nicht alle acht Wochen ein Wochenende für so was nehmen, das geht gar nicht. Ich finde es aber auch gut, dass wir uns eher ein Wochenende nehmen und uns treffen. Da sind zwei Vorbereiterinnen. Es geht viel über Tanz, über Gesang, auch über zusammen essen, auch schweigend, das war auch so die Arbeit an diesen Ritualen, dass da nicht alle kommen und freuen sich so, dass sie sich sehen und gickern und gackern da rum, sondern dass da erst mal in Stille eine Feier ist und eine Vorbereiterin einen Text anbietet. Oder eine Meditation machen. Oder wir haben auch schon zusammen aus Schlamm was gebaut, wir sind immer draußen dabei, auch im tiefsten Frost, total schön. (H 804/822)

H: (...) ein ganz tolles Aufnahmeritual, wenn jetzt eine Neue kommt, sie einladen und begrüßen. Die ist übrigens in der evangelischen Kirche, das habe ich erst hinterher erfahren. Das stört mich auch nicht. Die hat gesagt, sie wünscht sich, sie möchte sich in die Mitte legen und jede legt ihr eine Hand wohin. Und wenn mir das vor zwei Jahren eine angeboten hätte, ich wäre fortgerannt, gerade mit dem Anfassen.
I: Gerade als Frau mit Übergriffserfahrungen das auszuhalten.
H: Ja und ich meine, sie war ja diejenige in der Mitte. Diejenige in der Mitte, da wäre ich noch dreimal gehindert, die wollte ich nicht sein, während so Kreisumarmungen schaffe ich ganz gut. Das war dann eigentlich so toll, auch so vorsichtig. Eine hat an den Arm gefasst und eine an die Schulter und eine mehr so unten und dann hatten wir zehn Minuten so die Hand auf ihr und haben dazu geschwiegen. Da entsteht schon Verbindung. Da geht diese blöde Angst weg, ich muss immer das tun, was die anderen wollen. (H 833/846)

Wenn es mir ganz schlecht geht, mache ich das Fenster auf, dann ist das in meinem Schlafzimmer halt, dann kommt der Wind rein. Der Wind ist mein Begleiter. (A 229/230)

3. Religiosität im sozialen Kontext

Auch wenn es um die persönliche, individuelle Religiosität der Befragten geht, heißt das nicht, dass diese nicht auch in einem sozialen Kontext steht. Eine Reihe von Fragen kann den Horizont eröffnen, der mit der Sozialgestalt von Religiosität zu tun hat:

- Spielt für die Religiosität der Befragten der Bezug zu anderen Menschen eine Rolle? Zu welchen Menschen?
- Verändert die Religiosität im Bewältigungsprozess das Verhältnis zu Menschen?
- Ist Religiosität eher eine sehr private Angelegenheit oder eingebunden in gemeinschaftliche Zusammenhänge?

3.1. Vorbilder

Alle Befragten erzählen von Menschen, die in ihrem Bewältigungsprozess eine wichtige Rolle spielen und eine Art Vorbildfunktion innehaben. Auch im Bereich ihrer persönlichen Religiosität benennen sie Personen, die sie ermutigten, ihre eigenen Wege zu gehen.

Einige begegnen solchen spirituellen Vorbildern im Zusammenhang ihrer Auseinandersetzung mit dem Missbrauch im therapeutischen Bereich: einem Therapeuten, einem Seelsorger in der Psychiatrie oder einer Frau in der Selbsthilfegruppe. Wichtig ist dabei nicht die kirchliche Anbindung, sondern ihre persönliche Ausdrucksstärke, ihre Glaubwürdigkeit und die parteiliche Zuwendung zur Betroffenen. Auch Menschen im alltäglichen Umfeld können eine solche Vorbildfunktion einnehmen, etwa eine Nachbarin. Einige Frauen erzählen von Büchern, die sie unterstützen und ihre religiöse Praxis anregen.

Auffallend ist, dass die Interviewten allesamt problematische Erfahrungen mit Vertretern von Kirche beschreiben und mehrere davon im Laufe ihres Prozesses anderen Menschen begegnen, die ihnen neue Perspektiven anbieten können. Diese sind teilweise auch kirchliche Mitarbeiter, werden jedoch von den Frauen nicht als solche wahrgenommen.

Das war einmal, da war ich aber schon in der Selbsthilfegruppe, da war vielleicht so ein Wendepunkt, wo ich dann so ein Wochenende mitgemacht habe, mit einer Frau, die sehr spirituell war, dann bin ich da auch so für mich auf andere Ideen gekommen. Auch mit diesen Natursachen, das habe ich immer so ein bisschen gelebt gehabt für mich, aber ich habe das nie jemandem gesagt gehabt. (A 385/389)

Und ich brauche den Halt und die Praktiken oder auch mal ein Buch über zum Beispiel Teresa von Avila oder das Beten. Weil andere Menschen haben so viel ja auch schon gemacht und ich bin so neu und jung in dem Bereich und nehme da gerne auch Hilfe an. (G 388/391)

Also ich habe auch bestimmt viel von dieser Bereitschaft von Religiosität von diesem Caritastherapeuten. Ich glaube, der ist eigentlich Zen Buddhist, der macht auch viele so asiatische Geschichten. Und der aber ganz gut so einzelne Sätze mal in die Debatte wirft, wo auch klar ist, auf diesen Satz bist du jetzt zurück geworfen. Da geht nichts mehr mit vorne und hinten lamentieren. Und solche Leute wie den Therapeuten kenne ich wenige. (H 1089/1093)

3.2. Religiosität in Verbundenheit und Empathie mit anderen

Ein guter Teil der Befragten verbindet die religiösen Erfahrungen im Bewältigungsprozess mit einer Intensivierung zwischenmenschlicher Beziehungen. Sie erleben Verbundenheit und Angenommensein im Kontakt mit anderen und interpretieren dieses Geschehen als religiöse Erfahrung. Manche Frauen beziehen das vor allem auf Begegnungen mit Frauen, andere auch auf Kontakte mit Männern. In diesen Verbindungen spielt es eine wichtige Rolle, sich nicht verstellen zu müssen, zu sich zu stehen und dadurch Vertrauen entwickeln zu können. Durch die Tiefen des eigenen Bewältigungsweges haben die Frauen eine Einfühlungsgabe entwickelt, die sie als Geschenk und Aufgabe im Kontakt mit anderen Menschen sehen.

Insofern, dass das Zusammensein mit Frauen, das ist für mich jetzt schon etwas (Pause) religiös weiß ich jetzt nicht, also, wie auch immer man das nennt, aber, wo

Persönliche Religiosität im Bewältigungsprozess 329

ich spüre, da entsteht so eine Kraft. Wo ich mit Männern nicht erlebe, also diese Kraft, wo dann entstehen kann, wo ich merke, die hat mir dann auch weitergeholfen, diese Kraft, wo dann entstanden ist. (A 204/208)

I: Wie hat sich aufgrund von diesen spirituellen Einstellungen, wie hat sich da Ihr Umgehen mit Menschen verändert?

D: Also ich denke schon, dass ich mich in den letzten zwei Jahren aufgrund dessen, dass ich mich da sehr beschäftige, also für mich ist jeder Mensch auf dieser Erde gleichwertig. Und ich glaube, wenn ich mit Menschen zusammen bin, dass das sehr spürbar ist. Also dass Menschen sich von mir schon sehr angenommen auch fühlen in ihrer Person, was mir natürlich auch manchmal ganz viele Schwierigkeiten bereitet, weil ich habe selber eine Gruppe, also jede Woche. Das sind auch alles missbrauchte Frauen. (D 544/553)

Also da ist so viel, wo ich einfach so angenommen bin, mit all meinen Teilen, mit allen Facetten, mit allen meinen Äußerlichkeiten, also wirklich als wäre er (Partner, Anm. d. Verf.) so da, und hätte wirklich so gesagt: Du bist so in Ordnung, wie du bist. Weil ich denke, das ist ja Liebe. Also wirklich: Du bist so okay wie du bist. Und das hat mich so mit meinem Missbrauch aussöhnen lassen. (D 652/656)

Also für mich ist es so: ich finde den Weg zu Gott durch andere Menschen. Weil für mich ist jeder Mensch ein Engel, der mir begegnet, damit ich mich erinnern kann, wer ich bin und wer er ist oder sie ist. Und das Entscheidende ist eben, sich zu erinnern, also wirklich nicht zu vergessen, dass er oder sie eigentlich auch ein Engel ist und auch heim möchte. Und so gehe ich also durch die U-Bahn und schaue mir an und dann verändert sich auch mein Blick. Wenn ich alle anschaue und weiß, dass die eigentlich alle ein Ziel haben. Ich will ihnen nichts unterstellen, aber das denke ich mir dann halt einfach, dass es für jeden darum geht, heim zu kommen, zur Liebe zu finden. Ja dadurch verändert sich eben mein Verhältnis zu Menschen.

Und ich weiß, dass ich ohne andere Menschen einfach nicht leben könnte, da wäre ich nicht hier, wo ich jetzt bin. Und so ganz besonders erlebe ich es eben in der Heilarbeit, warum es so wichtig ist, immer mit Menschen zu arbeiten, weil das ist immer für mich so ein Hocherlebnis von Spiritualität in den verschiedensten Formen, wie jeder Mensch die manifestiert. Da bin ich sehr dankbar, dass ich durch diese Arbeit da so nahe rankommen darf. Mich Menschen da so nah rannehmen. Ich unterstütze sie, sich zu erinnern und sie helfen mir, mich zu erinnern. (G 417/430)

Aber was dann (in einer religiösen Frauengruppe, Anm. d. Verf.) ziemlich schnell und oft und auf eine Art, die wenig nachvollziehbar ist, entstanden ist, ist erstens mal das Gefühl von Angenommensein, zweitens auch so viel eher andere Leute und mich annehmen zu können. (H 666/669)

3.3. Wunsch nach Miteinander

Zwei Frauen assoziieren mit Religiosität das Miteinander von Menschen, erleben jedoch genau dieses als Mangel. Religiös sein bedeutet für sie, miteinander zu sprechen, wie Menschen gut miteinander leben können.

Ich denke mal, ich weiß nie, wann es zu Ende geht. Ich kann einschlafen und kann nicht mehr aufwachen, egal wie alt man ist, da kann es passieren. So und ich denke mal, dass das dann schon wichtig ist, dass das eigentlich schon etwas mit Religion zu tun hat, dieses Miteinander. (C 741/744)

Ich denke, man muss mehr miteinander sprechen. (F 406/406)

3.4. Religiosität ohne soziale Bezüge

Eine Befragte will ihre Religiosität ohne Einbindung in eine religiöse Gruppierung leben. Sie sieht ihren religiösen Weg als Suche, die sie selbst bestimmt und gestaltet.
Eine andere Frau erlebt das Alleinsein im Glauben als Belastung und wünscht sich Austausch.

Aber das Religiöse suche ich mir selber. (B 469/469)

Ich habe festgestellt, dass ich eigentlich sehr wie so ein Einsiedler gelebt habe, so im Glauben. Das macht einen zum Einsiedler. (F 391/392)

4. *Religiöse Interpretationen zur kognitiven Einordnung des Missbrauchs*

Religiosität vollzieht sich nach Daiber/Lukatis in drei Dimensionen: emotional, pragmatisch und kognitiv.[2] Religiöse Gefühle und religiöse Praxis der Befragten wurden bereits beschrieben. Nun geht es darum, die kognitive Dimension zu erkunden. Da persönliche Religiosität sich von institutionalisierter Religion und ihren inhaltlichen, dogmatischen Vorgaben unterscheidet, sind insofern keine klaren Themen vorgegeben, so dass im Interview nicht direkt nach kognitiven religiösen Deutungsmustern gefragt wurde. Die folgenden Themen ergeben sich aus den Aussagen der Befragten, die sie selbst mit ihrer Religiosität assoziieren. Es handelt sich dabei um Erklärungen und Interpretationen, mit denen sie ihr Leben religiös deuten und einen Umgang mit ihren Missbrauchserfahrungen suchen.

---

[2] Vgl. Daiber/Lukatis, Bibelfrömmigkeit als Gestalt gelebter Religion, 22.

4.1. Leid als Folge menschlichen Unrechts

Die Frage nach der Ursache für menschliches Leid gehört zu den zentralen religiösen Themen. Einige Frauen sehen in der Auseinandersetzung mit ihren Missbrauchserfahrungen, dass diese durch Menschen verursacht wurden und nichts mit Gott bzw. Religion zu tun haben. Sie suchen also keine Ursache bei Gott, indem sie eine Prüfung oder ähnliches durch ihn annehmen.

Zwei Frauen gehen davon aus, dass jeder Mensch am Ende des Lebens zur Verantwortung gezogen wird für seine Taten und dafür vor Gott Rechenschaft ablegen muss. Der Täter also trägt die Verantwortung für sein Tun vor Gott. Die Auseinandersetzung mit den eigenen Taten findet beim Sterben in einer Art Gericht statt. In dieser Konfrontation vor Gott erkennen die Täter ihr Unrecht.

Und dass wir so leiden müssen, das liegt leider daran, dass wir Menschen alle Fehler machen und uns manchmal gegenseitig auf die Füße treten und Mist bauen, und dass viele Menschen auch irgendwie so ein Streben nach Macht haben, und dass dieses Machtstreben auch viel kaputt macht. (E 989/983)

Und ich finde auch diese Schwarzweißmalerei, ich meine, gut, dass die so fanatisch sind in Afghanistan, das ist auch nur ein Machtproblem. Das ist ein Machtproblem. Das hat was mit Macht zu tun und das hat nichts mit Gott zu tun. (E 1058/1061)

Also wenn ich mit den anderen Religionen vergleiche, und ich mir überlege, könnte ich meinen Glauben wechseln, kann ich nicht sagen. Trotzdem ich misshandelt worden bin, kann ich nicht sagen: Und die Religion war tot. Ich sehe nicht, dass die Religion Schuld hat. Sondern meine Eltern haben sich zu etwas entschieden, was damit, glaube ich, nichts mehr zu tun hat. Und es ist ja so wahrscheinlich. (F 277/281)

Und ich weiß, wenn jemand so etwas macht, Verbrechen begeht, dann kommt irgendwann mal die Abrechnung oder das Bloßstellen oder der wird geholt. (B 90/92)

4.2. Religiöse Sinngebung für Leid

Mehrere Befragte finden in ihrer Religiosität Sinngebung für ihr Leben, auch für den Missbrauch. Offensichtlich tun sich die Befragten leichter, wenn sie einen Sinn für den Missbrauch finden. Diesen Sinn kann sowohl der Glaube an den Willen eines personalen Gottes stiften als auch das Vertrauen in ein unpersönliches Prinzip.

Also ich würde so im Nachhinein sagen, dass mir geholfen haben zum Beispiel so Sätze, die ich natürlich auch manchmal in Frage stelle: Man kriegt nur das auf die Schultern geladen, was man tragen kann. Es hat alles seinen Sinn im Leben. (D 411/414)

Also das finde ich wirklich, also wo ich öfter sage: Da ist Gottes Wille dahinter. (E 1364/1365)

Und was mich da (im Bewältigungsprozess, Anm. d. Verf.) einfach unterstützt ist mein Glaube an Gott, der in Zeit noch wachsen konnte. Und dieser Glaube, dass es für etwas gut ist, dass es einen Sinn hat. (G 110/112)

4.2.1. Vorbestimmung

Auch als Antwort auf die Frage nach der Ursache von Leid kann die Vorstellung angesehen werden, dass alles im Leben von einer übermenschlichen Macht vorbestimmt ist. Dieser Bestimmung durch eine jenseitige Macht muss sich der Mensch fügen.

Und ich sehe das so, dass das meine Engel für mich so kreiert haben, dass ich das auf diese Art und Weise lernen kann. (G 118/119)

Ich glaube nicht, dass das Universum diese Erfahrung jetzt noch mal für mich vorgesehen hat. Also aber bitte, es liegt nicht in meiner Hand, wenn sie meinen, dass das noch mal wichtig ist, aber ich kann mir vorstellen, dass ich das jetzt schon mal überarbeitet habe, dass jetzt sicher andere Sachen kommen. (G 528/531)

Auch dass das hier nicht mein kleines Ego ist, was ständig nur schreien muss, damit es dies und das noch auf die Reihe kriegt, sondern dass ich in einem Zusammenhang stehe, den ich allenfalls erahnen kann, und dem ich mich ohnehin füge, ob ich das will oder nicht, das sind keine Gesetze. (H 712/715)

4.2.2. Selbstverantwortung

Die Frage nach der Ursache vom Leid am Missbrauch findet unterschiedliche Antworten. Eine Frau deutet sie mit dem Prinzip der Selbstverantwortung, das zu ihrer spirituellen Weltdeutung gehört. Etwas passiert mit einer Person, weil sie diese Erfahrung anzieht und durch diese wachsen soll. Die Verantwortung liegt also nicht beim Täter oder bei Gott, sondern in der betroffenen Person selbst.

Es geht um das Prinzip der Resonanz. Ich bin für etwas empfänglich, ich sehne etwas, was ich auch in mir trage, für das ich empfänglich bin. Und das hat immer auch etwas mit mir zu tun, auch wenn es so aussieht, als wäre es einfach nur ein Eingriff von außen. Das ist nicht so, weil, wie soll ich das sagen? Ich ziehe es auch an, und zwar nicht in Form von Schuld. (G 95/99)

Ja, ich habe jetzt gerade das Bild von einer Krankheit, die ausbricht, weil mir der Körper was zeigen will und damit es geheilt werden kann. Damit ich davon loskomme. Dieser Vergleich mit Krankheit hat so was Negatives, aber es ist letztendlich nur ein Ausdruck. Wenn ich jetzt diesen Missbrauch auch als Ausdruck nehme,

Persönliche Religiosität im Bewältigungsprozess 333

von etwas, was in mir ist und das gesehen werden will und was heilen will, dann finde ich das positiv sogar. (G 464/468)

Aber wenn ich dann meine Grundeinstellung verändern kann, dann glaube ich, dass ich auch andere Erfahrungen anziehe und das habe ich erlebt in den letzten Jahren. Das meine ich mit Eigenverantwortung und Resonanz. Ich sehe, was ich sehen will. (G 499/502)

4.2.3. Reinkarnation

Anknüpfend an das Konzept der Selbstverantwortung nehmen manche Frauen die Vorstellung der Reinkarnation auf: Das aktuelle Leben hängt mit dem zusammen, was in einem früheren Leben geschehen ist. Dadurch wird etwa auch der Missbrauch zur Entwicklungsaufgabe für die Betroffene, der sie sich stellen muss.

Wir haben jetzt nicht mehr so die theoretische Komponente von Eigenverantwortung beleuchtet, aber vielleicht habe ich es trotzdem irgendwie erklären können. Also es gibt dieses Beispiel, wenn mich an der Bushaltestelle ein Besoffener überfährt, dann hat das was mit mir zu tun. Weil ich in dem Moment reif war für diese Erfahrung. Und wenn das heißt, dass ich dann tot bin, dann ist das so. Weil meine Seele in dem Moment reif dafür war. Und genauso sehe ich das mit dem sexuellen Missbrauch. Auch wenn ich weiß, dass es für viele harter Tobak ist und schwer anzunehmen, für mich ist es so, dass ich in dem Moment reif war dafür. Weil meine Seele halt diesen Weg gewählt hat jetzt. Und die des anderen auch. Da kann man dann ja auch noch mal extra gucken, was das für die Person bedeutet so was. Und das ist nicht das erste Mal, dass mir so was passiert. Weil für mich ist Reinkarnation auch eine Tatsache, ich beziehe das ein in meinem Selbstbild und wer ich bin. Und dann weiß ich, dass so was nicht zum ersten Mal da ist und dass es auch wieder geschieht, damit es aufgelöst werden kann. Damit ich es bearbeiten kann. Und ich weiß, in anderen Leben war ich fähig, das auf andere Weisen zu bearbeiten. Jetzt kann ich es mir auf diese Weise angucken. Das ist schön. Und ich bin dankbar, wenn ich es dadurch ein Stück abgeben darf. (G 440/455)

Ich bin mir jetzt sicher, es geht überhaupt nichts verloren. Ich habe keine konkreten Erinnerungen, ob ich irgendwo mal Zigeunerin war und das scheint mir auch alles etwas zu eng, so Modelle. Aber ich bin sicherlich nicht erst am xy (Geburtstag von Frau I) entstanden und wenn ich morgen sterbe, dann verschwinde ich auch nicht damit. Ich bin schon immer irgendwo und auch ganz lange schon immer irgendwo dabei gewesen. (...) Und ich finde solche Reinkarnationsmodelle ganz nett, wenn sich eine vorstellt, sie wird dann ein Regenbogen oder nicht (lacht). Ich finde sie auch bedeutend in dem Umfang, ja, wie eine Aufgabe zu haben und sich der zu stellen. Und nicht einfach sagen, ich gammel jetzt mal rum, bis ich achtzig bin, und dann wird man schon sehen. Das ist es nicht. Also so was wie eine Verpflichtung. (H 755/767)

5. Gottesbilder

Gottesbilder – der Terminus meldet bereits Reflexionsbedarf an. In einem Interview, das versucht, den individuellen religiösen Vorstellungen der Befragten auf die Spur zu kommen, ist bereits der Begriff Gott ein zu klärender. Natürlich stecken einige Schwierigkeiten in der Begrifflichkeit: Gott, Göttin, das Göttliche etc. Genau darin steckt jedoch auch die Chance, Wichtiges von den befragten Frauen zu erfahren, weil sich in der Frage nach dem Gottesbild die Einstellungen und Erfahrungen der Befragten verdichten.

Gottesbilder sind mehr als ein Bild. Sie haben Einfluss auf das Selbstbild der Person und stoßen Handlungsimpulse an. Ein autoritäres Gottesbild verleitet zu anderen Handlungen als das Bild eines einfühlsamen Gottes. Im Rahmen dieser Arbeit die Gottesbilder unter die Lupe zu nehmen ist somit deshalb besonders interessant, weil sie höchst handlungsrelevant sind. Gottesbilder ermöglichen Einblick in tiefliegende menschliche Wünsche und Motive.

5.1. Abschied vom alten Gottesbild

Einige Frauen wollen bewusst Abschied nehmen vom alten Gottesbild ihrer Kindheit. Sie berichten vom klassischen kindlichen Gottesbild, dem alten Mann mit Bart, mit dem sie ihre Lebenssituation nicht verbinden können und weshalb sie nach neuen Worten und Bildern suchen.

Ich habe immer noch das Bild von dem alten Gott. Aber ich versuche, da ein bisschen von weg zu kommen, weil es mich nicht wirklich unterstützt. (G 290/291)

Vielleicht ist sogar das Göttliche jetzt der eheste Ansatz (um Abstand vom Gottesbild der Kindheit zu gewinnen, Anm. d. Verf.). Weil ich dann Zugang zu Bildern habe, wo ich mir ganz sicher bin, das ist nicht Gott. Das ist auch Ausdruck meiner Bescheidenheit, dass mir das nicht zusteht. Und das war in meiner kindlichen Religiosität sicher ein alter Herr mit langem Bart, so eine Mischung aus Petrus und Nikolaus. Ziemlich hart, ein ziemlich harter. (H 940/945)

5.2. Wunsch nach weiblichen Bildern für Gott

Viele Befragte wünschen sich explizit weibliche Bilder für Gott. Sie haben schlechte Erfahrungen mit dominanten Männlichkeitsbildern und erleben diese auch in den herkömmlichen Gottesbildern. Die Vorbehalte gegenüber männlichen Gottesbildern hängen sowohl mit Erfahrungen der Befragten als Frau in Kirche und Gesellschaft als auch mit dem Missbrauch durch einen Mann zusammen.

In androzentrischen Bildern finden sie sich nicht wieder. Deshalb suchen sie bewusst nach weiblichen Anteilen im Gottesbild, da sie sich durch diese selbst ernstgenommen und aufgewertet erleben. Eine Frau beschreibt, dass das Bild der Göttin ihre vitalen Widerstandskräfte stärkt, die ihrer Meinung nach das christliche Gottesbild verbietet.

Oder, wo der Sprung dann kam, ich glaube, ich habe mich dann nie so wohl gefühlt, weil ich mich als Frau oder als Mädchen nicht gefunden habe. Es gab nur diesen Gottvater, und es gab keine Gottmutter, also, das hat mir einfach gefehlt. Jetzt weiß ich zwar, dass dieser Heilige Geist ursprünglich weiblich war, aber das hat mir niemand gesagt gehabt. Wenn mir das jemand gesagt hätte, dass es da halt auch eine Weiblichkeit gegeben hat, oder dass es nicht nur diese Männer, diesen Vater und den Sohn, gegeben hat, also dann wäre das vielleicht auch anders gewesen. (A 375/383)

Das spielt bei mir eine ganz große Rolle, Göttin und Spiritualität, so eine weibliche Form, die ich für mich gefunden habe. (D 3/4)

Und die letzten drei Jahre, da habe ich mal einen Töpferkurs gemacht, und da bin ich dann das erste Mal wieder so ganz tief, also ich denke so mit Spiritualität, mit Göttin. Also das Thema war Göttin und ich habe damals mir eine Göttin getöpfert und ich habe gedacht: Ja, das ist es, weil ich konnte irgendwie mit diesem Männlichen, mit der männlichen Kirche nichts anfangen. Alles war immer so dieser Herr, und ich hatte immer die Verbindung: Ein Mann hat mir das angetan. Und dieses: Ich habe als Frau wieder Platz und ich kann eine Göttin rufen, ich glaube, das war es dann für mich. (D 171/178)

Nein, es gab das vorher wirklich nicht so. Also diese Göttin mit ihren vielen Teilen hat mich meiner eigenen Weiblichkeit wieder nahe gebracht. Weil ich habe mit Herr und Gott, ich konnte damit nichts anfangen. Und diese Göttin mit ihren Teilen, also mit all ihren Facetten, eben wirklich von Amazone, von Kämpferin, das ist mir auch noch mal so bewusst geworden, auch so mein Schwert rauszuholen, wenn es wirklich sein muss. (D 491/495)

Erstens ist es (das Gottesbild, Anm. d. Verf.) bei mir notgedrungen eine Frau. Oder bestenfalls ungeschlechtlich, wenn ich noch eine Etage höher gehe, aber alles, was da so mit Männern zu tun hat, das ist gar nicht der Ekel vor Männern, ich komme mit manchen Männern gut klar, aber ich werde sie in so einer Instanz nicht dulden. (H 628/632)

5.3. Konkrete Gottesbilder im Kontext des Bewältigungsprozesses

Jede befragte Frau hat ein sehr individuelles Bild von Gott. Aus den Aussagen der Befragten sollen einige ihrer Gottesbilder benannt und illustriert werden, um die Vielfalt der Vorstellungen zugänglich zu machen und gleichzeitig zu verdeutlichen, mit welchen Idealen, Wünschen und Schwierigkeiten im Gottesbild die Interviewten leben.

5.3.1. Gott als Lebensgrund

Zwei Frauen bringen Gott als Grund ihres Lebens ins Spiel. Trotz aller Schwierigkeiten und depressiver Fragen erleben sie es, gewollt zu sein.

(...) wo ich mir manchmal Fragen stelle: Was will ich jetzt überhaupt? Die Bäume wissen genau: Sie sind halt der Baum soundso, und der wird immer da stehen, und der fragt sich nicht, und der macht nicht, der steht einfach da und wächst. Das holt mich dann irgendwie wieder zurück, dass ich weiß, ich bin halt da, und jemand hat mich gewollt, sonst wäre ich nichts da, so wie dieser Baum gewollt war, sonst wäre er nicht da. (A 278/284)

Weil ich denk mal, ohne diesen Daddy (gemeint ist Gott, Anm. d. Verf.) würde ich hier nicht sitzen. Diese 25 Jahre habe ich eigentlich alleine durchgekämpft, immer wieder gekämpft. Ich kenne (hält Luft an) nichts anderes als allein zu sein, abgeschoben zu sein und zu kämpfen. (C 630/634)

5.3.2. Gott als Vater

Das Bild von Gott als Vater wird explizit nur von einer Frau genannt. Sie sieht in Gott ihren Vater als Opposition zu ihrem leiblichen Vater, der sie missbrauchte.

Ich bin zwar nicht mehr so richtig Christin, wie ich damals aus dem Heim kam, aber im Endeffekt habe ich ja nur einen Dad und der ist da oben irgendwo, sage ich immer. Weil Eltern habe ich ja keine. (C 586/589)

5.3.3. Gott der Rache und Strafe

Ein rächender und strafender Gott taucht in zwei Interviews auf. Die Befragten werden von einem Gottesbild gequält, das den erlittenen Missbrauch und/oder Schwierigkeiten im Leben als Strafe Gottes erscheinen lässt. Eine Frau sieht den Zusammenhang zwischen diesem Bild eines strafenden Gottes und ihrem eigenen strafenden Vater. Diese destruktiven Gottesbilder erleben die Betroffenen vor allem in Phasen, in denen sie Schuldgefühle haben und mit der Vergangenheit kämpfen.

Aber mit Gott, ich glaube, ich habe natürlich ewige Diskussionen, allmählich denke ich mir... Sogar da denke ich mir, ich mache es besser, wenn sie dich an das Kreuz geschlagen haben und getötet haben, egal, was mit mir war, ich würde nie Rache üben. Also manchmal denke ich mir, vielleicht braucht der das, diese Macht, Rache zu nehmen, dass er die Menschen so quält. (B 345/349)

Und vor allen Dingen war es auch für mich so, dass mir irgendwo ganz klar war, Gott hasst mich, weil sonst würde er das nicht zulassen. Das war für mich total klar. Und dass ich ja auch ein ganz schlechter Mensch bin. Das war ja so, ich gebe mir ja heute noch manchmal die Schuld dafür oder wenn ich schlecht drauf bin, dann gebe ich mir die Schuld dafür, dass das mein Bruder mit mir gemacht hat. (E 237/241)

Ja, also es (das Gottesbild, Anm. d. Verf.) hat sich dahingehend verändert, dass ich früher halt so arg Gott so ganz fürchtete, und er mir halt so ganz streng, eigentlich so wie mein Vater, es gibt direkt Strafe, wenn das nicht funktioniert und so. Und das habe ich auch manchmal heute noch, also wenn es mir schlecht geht und ich so in meine Kindheit abdrifte, dann fängt das auch wieder an. Das ist einfach so, das ist irgendwo damit für mich gekoppelt. (E 974/978)

5.3.4. *Gott als Mitfühlender*

Eine Frau beschreibt Gott in Abgrenzung zum Bild des rächenden und strafenden Gottes als den, der als Einziger ihre Probleme versteht, ihre Gefühle kennt und sie liebt. Es ist dieselbe Frau, die Gott sowohl als strafenden als auch als liebenden erlebt. Ihr Erleben hängt stark mit dem psychischen Befinden zusammen: Geht es ihr schlecht, fürchtet sie Gottes Strafe, geht es ihr gut, fühlt sie sich von Gott geliebt.

Und mittlerweile denke ich: Also wenn überhaupt einer weiß, was ich für einen Scheiß mitgemacht habe und das überhaupt verstehen kann, dann ist das Gott. Und wenn der mich wirklich lieb hat, wenn der mich so lieb hat, wie ich meine Kinder lieb habe, beziehungsweise steht ja in der Bibel, dass er mich noch viel lieber hat, wie ich meine Kinder lieb habe, dann weiß er auch, was ich für Mordsprobleme habe, und da wird der mich nicht noch zusätzlich unter Druck setzen und noch verlangen, dass ich mich überwinde und das und das für ihn tue, was die mir aber in der Kirche immer so beigebracht haben, so selbst überwinden, und man muss halt leiden und ach. (E 955/962)

Und ich einfach denke: Und Gott ist nicht so. Gott ist nicht so. Ich sage also immer: Gott liebt auch die, ich habe zum Beispiel eine Freundin, die ist geschieden. (E 988/990)

Und ich denke, Gott hat da Mitgefühl. Weil Gott hat Mitgefühl, weil nämlich sonst würde der nicht auch immer wieder so Leute zusammenführen, die sich gegenseitig helfen können. (E 1247/1249)

5.4. Personale und unpersönliche Gottesbilder

Im Interview wurden die Frauen nicht direkt danach gefragt, ob sie ein personales oder ein unpersönliches Bild von Gott haben, da diese theoretische, reflektierende Frage wohl irritiert hätte. Die Befragten haben also nicht geäußert: „Ich habe ein personales bzw. ein unpersönliches Gottesbild", stattdessen ist dies aus der Art und Weise, wie sie von ihren religiösen Erfahrungen und ihren Vorstellungen von Gott reden, zu erschließen. Bei der Erstellung der Kategorien jedoch fiel auf, dass diese Unterscheidung eine weiterführende Perspektive für die Auswertung liefert, weshalb im Folgenden entsprechende Interviewausschnitte Raum haben sollen. Die Befragten ziehen, abhängig davon, ob sie unpersönliche oder personale Gottesvorstellungen haben, unterschiedliche Konsequenzen, um sich ihr Leben und den Missbrauch zu erklären.

Freilich existieren auch Mischformen aus personalen und unpersönlichen Gottesbildern. Manche Befragte kombinieren: Sie wünschen sich keine Personifizierungen im Gottesbild und treten gleichzeitig in Kontakt mit verschiedenen religiösen Gestalten wie Maria, dem Erzengel Michael, der Göttin Kali etc. Vermutlich steckt dahinter vor allem der kreative Versuch, das alte Gottvaterbild zu überwinden.

5.4.1. *Unpersönliches Gottesbild*

Mehrere Frauen bevorzugen unpersönliche Vorstellungen für Gott. Sie sehen in den gewöhnlichen Gottesbildern problematische Personifizierungen und favorisieren deshalb unpersönliche Metaphern wie den Wind, das Licht oder die Kraft. Gleichzeitig spielt eine wichtige Rolle dabei, vom männlichen Gottesbild wegzukommen und deshalb geschlechtsneutrale Metaphern zu finden.

Ja, Gott gibt ist für mich in dem Sinn nicht so. Gott ist irgendwie eine Personifizierung, von irgendetwas. Aber ich stelle mir das so vor, dass es so eine Kraft gibt, und diese Kraft ist in allem, das existiert. Die ist im Wind, und die ist in der Sonne, und die ist in mir, und die ist in jeder Pflanze und die ist überall drinnen, und diese Kraft, die habe ich verloren gehabt. Zu dieser Kraft muss ich dann halt kommen, vor allem wenn ich dann so verzweifelt bin oder irgendwie die Krise gerade habe, dann ist es ganz wichtig, dass ich wieder zu dieser Kraft die Verbindung aufnehme. Dass ich da

zumindest einen Teil habe. Dann lebe ich wieder lebendiger oder lebe nicht so stumpfsinnig vor mich hin. (A 256/263)
Aber ich habe noch nicht ein so gutes Bild für das Göttliche, was das eigentlich für mich ist. Das Licht, damit kann ich was anfangen. Das göttliche Licht, das ist geschlechtsneutral für mich. (G 332/334)
Also inzwischen wird Gott immer geschlechtsneutraler. (...) Dieses Personifizieren, das klappt nicht. (G 339/342)

5.4.2. Personales Gottesbild

Einige Frauen sprechen Gott als Person an, zu der sie ihre Gebete richten und mit der sie in Kontakt treten können. Dabei hat Gott menschliche Qualitäten, indem er sich um die Menschen kümmert, sie umsorgt und liebt. Der Mensch kann in ein dialogisches Verhältnis zu ihm kommen und mit ihm sprechen.

Und dann war auch dieser Satz dabei von der xy (Name), das war im Kinderheim die Erzieherin, die hat immer gesagt: Gott nimmt uns alle so, wie wir sind. Das war so wichtig dann auch. (C 485/487)

Ich glaube, dass (Pause) ich glaube, dass der Glaube, so ein Restglaube an Gott noch da ist, so dieses, ja, für mich ist Gott einfach nur mein Daddy. Und in der Hinsicht, dass dieser Daddy für mich dann da ist, wenn ich ihn brauche, egal, wenn ich alleine bin, ich bin nicht immer alleine, dieses (Pause) zu wissen, dass jemand noch da ist, auch wenn man nicht sieht, aber man fühlt ihn. Diese Erfahrung zu machen, ja, da ist jemand da, und vor allem wenn ich nicht gleich immer eine Antwort bekomme, das ist halt auch, was ich mitbekommen habe. Und ich denke mir, er weiß genau, was er tut. (C 611/618)

Ich denke einfach, es (das Gottesbild, Anm. d. Verf.) hat sich gewandelt von einem sehr strengen gesetzmäßigen Gott über, was weiß ich, über diese Baptistengesetzmäßigkeit hat es sich gewandelt. Ja gut. Ich denke Gott heute anders. Und selbst wenn unsere Gebete so gestammelt sind oder so hilflos sind, dass wir nicht wissen, wie wir mit Gott reden sollen, der guckt das Herz an, der weiß ja, was im Herzen drinnen ist. (E 1353/1358)

5.5. Theodizee

Die Konfrontation mit Leid gehört zu den dramatischsten Anfragen an das Gottesbild eines Menschen. Das Erleiden von Gewalt und Missbrauch stellt eine große Herausforderung an das Vertrauen in einen guten Gott dar. Darauf folgt die Frage, warum Gott das Leid zulässt. Die Theodizeefrage resultiert aus dem Auseinanderfallen zwischen der Realität und dem Gottesbild einer Person. Wenn das Bild von Gott nicht mehr kompatibel ist mit dem, was eine Person erlebt, woran sie leidet, dann stellt sich die Theodizee. Das Missbrauchstrauma zerstört grundlegend das Vertrauen in die Welt, weshalb viele Betroffene nach dem Sinn dessen fragen, was geschieht. Auch die befragten Frauen fragen nach dem Sinn ihres Lebens, der Rolle Gottes in ihrem Leben und in ihrer Missbrauchsgeschichte. Es taucht die Frage auf, ob der Missbrauch als Strafe, als Prüfung oder Rache von Gott zu werten ist. Eine Antwort auf diese Frage gibt es nicht. Folge sind Gefühle wie Verlassenheit, Verzweiflung, Angst und Enttäuschung.

Es fällt auf, dass vor allem diejenigen Frauen die Theodizeefrage stellen, die ein personales Gottesbild haben. Dies ist freilich auch als logische Konsequenz eines persönlichen Verhältnisses zu Gott zu werten. Interessanterweise stellen Frauen mit einem unpersönlichen Gottesbild nicht die Theodizeefrage, sondern tendieren dazu, die Frage nach der Ursache ihres Leides mit anderen Konzepten zu erklären, etwa mit der Vorstellung von Selbstverantwortung oder dem Modell der Reinkarnation.

Ich sehe keinen Sinn, warum ich Kinder verhungern lasse oder Kriege oder warum ich Menschen ausstatte mit was Schlechtem. Also ich würde lieber, wenn ich könnte, die Menschen einfach mit guten Eigenschaften alle ausstatten, dass sie halt friedlich miteinander umgehen (lacht). Also, da denke ich mir, ist das Rache? Brauchst du das? Also ich täte es nicht so machen. (B 349/352)

Aber warum, das verstehe ich nicht, warum das so sein muss, und warum diese Prüfung. Also offensichtlich ist ja jeder Mensch gut. Schauen Sie ein kleines Kind an, das ist gut, da gibt es ja gar nichts. Da brauche ich doch nicht noch eine Prüfung. Also diese Dinge verstehe ich nicht, warum das so sein muss. (B 369/372)

Also ich habe dann auch in meiner Verzweiflung, ich war ja oft also, weil ich auch keinen Sinn in dem Ganzen sehe. Natürlich, das weiß ich ja, ist ein Prozess, Anklage Gott. Warum muss das so sein? Oder wo bist du? Du ziehst dich ja zurück in deiner Allmacht da oben. Und ich habe dann auch immer so ein Bild gehabt, ja alles halt, alles mir vorgestellt gehabt, was vorstellbar ist und dann habe ich immer gesagt: Ja wo bist denn du? (B 433/437)

Na ja, und auf jeden Fall habe ich also dann auch mit Gott ganz schön schwer gehadert, habe gesagt: Also wie kannst du das nur vor die Hunde gehen lassen, wie kannst du das nur vor die Hunde gehen lassen, wo ich jetzt endlich mal gedacht habe, ich habe eine Familie. Na ja, und dann fing das halt mit meinen Angstzuständen an. (E 706/709)

Man kann nicht von einem Kind verlangen oder von einem jungen Mädchen: Wenn du glaubst, dann wird alles besser. Es glaubt ja. Also ich habe geglaubt, dass alles besser wird, und ich habe geglaubt, er (der Täter, Anm. d.Verf.) wird sich ändern, er hat sich aber nicht geändert. Und da denke ich, da kommt man an die Grenzen. Ich frage mich heute noch, warum hat er das gemacht. Warum? Warum? (F 285/289) Damals (als Kind, Anm. d. Verf.) habe ich eigentlich eher gemeint, es gibt ihn eigentlich gar nicht, das kam ziemlich schnell. (...) Noch vor der Konfirmation. Ich glaube schon, dass es damit zusammen fällt, das klingt dann immer so platt: Ein Gott, der solche Dinge ermöglicht, der kann nicht gut drauf sein, aber so dass ich mich doch sehr allein gelassen gefühlt habe da. Das stimmt auch. (H 425/432)

6. *Jesusbilder*

Die Figur Jesu erfährt in den verschiedenen Interviews sehr unterschiedliche Gewichtungen. Vier Frauen sprechen von sich aus von ihm, zwei Frauen auf Nachfrage. In zwei Interviews wird Jesus nicht erwähnt.

6.1. Jesus – solidarisch mit Benachteiligten

Manche Frauen erleben Jesu Verhalten als Solidarität mit Benachteiligten. Das Vorbild für diese Einschätzung geben ihnen biblische Erzählungen. Die Befragten rechnen sich selbst zu den Menschen, denen Jesu Solidarität gilt. Sie stellen also eine Beziehung her zwischen der Botschaft Jesu und ihrem konkreten Leben.

Sagt sie (eine Freundin, Anm. d. Verf.): Jesus war ganz anders. Der ist zu den armen Leuten gegangen. Und der hat auch die geliebt, die geschieden worden sind und so, das hat sie da so gesagt. Und da habe ich auch zu mir gesagt: Genau so ist es. Genau so ist es. Jesus hat die lieb. Das ist genau wie das mit den Zöllnern und mit den, was weiß ich, Dieben und so, wo er sich an den Tisch gelegt hat, so würde er sich heute mit den Geschiedenen an einen Tisch legen. Der würde mit denen heulen. (E 1048/1054)

Und ich bin sogar von überzeugt, weil Jesus ja auch gesagt hat: Wer einen von diesen Kleinen in die Irre führt, für den wäre besser, er hätte einen Mühlstein um den Hals. (E 1063/1065)

I: Und wenn du das so vergegenwärtigst, was bedeutet dir dann dieser Jesus? Was erlebst du da? Warum sagst du, er ist dir wichtig?
F: Er sagt ja ganz klar, ich bringe jetzt leider diese Textstelle nicht zusammen, aber er spricht sich gegen Personen aus, die den Kleinen was antun. Er nimmt ja dieses Kind, sieht es an, ich weiß nicht, ob er es liebkost oder so, und sagt: Wer einem dieser Kleinen was antut, ist auf ewig, ich weiß nicht mehr. Das muss ich mir noch mal durchlesen. (F 291/297)

6.2. Jesus – nahe und menschlich

Eine Frau betont, dass Jesus als Mensch in dieser Welt war und sich für Menschen einsetzte. Darin erfährt sie ihn als nahe an ihrem Leben.

I: Wie würdest du beschreiben, wie hat sich denn dein Gottesbild verändert im Lauf der Zeit?
G: Mir ist das Bild von Jesus sehr nah.
I: Was bedeutet dir das?
G: Sehr viel. Also das ist eigentlich, also wenn ich bete, dass ich das Gespräch an ihn richte. Weil ich das begreife, ich begreife diese Umschreibungen auch in der Bibel. Und das hat uns auch der Pfarrer erklärt, dass das oft Umschreibungen sind, um etwas deutlich zu machen. Im Prinzip war er Mensch. Und er hat versucht, was zu verändern in seiner Zeit damals. Man muss ja immer das Weltbild, das damals vorherrschte, berücksichtigen. Da hat er was aufgestellt, das muss enorm gewesen sein. Also ich glaube schon da dran, ich glaube da dran. (F253/273)

6.3. Jesus als bedingungslos Liebender

Eine wichtige Assoziation im Zusammenhang mit Jesus stellt die Liebe dar. Eine Befragte beschreibt diese als wichtige Hilfe für ihre eigene Orientierung.

Also er hat mich sehr gestützt. Wenn ich ihn rufe, ist er da. Wenn ich sein Herz fühle, das für mich voller Reinheit, Liebe und Klarheit ist, dann kann ich mich daran ausrichten und versuchen, auch mein Herz ihm so entgegenzuhalten. Bedingungslose Liebe, Großmut, großes Verständnis. (G 297/301)

Aber ich habe oftmals das Bild, dass ich Jesus und Maria an meiner Seite habe und dadurch diese beiden Seiten in mir gestärkt werden. Ja, das ist eine Chance, auf jeden Fall. Er ist so, ich habe da so ein Bild von ihm, wenn ich ihm da in die Augen schaue, dann sagt der halt: Ich bin die Liebe. Jeden Tag, das ändert sich auch nicht, das ist sehr... Ich bin die Liebe in dir auch, sehr schön. (G 304/309)

6.4. Jesus als Mann

Für einige Frauen spielt das Mannsein Jesu eine Rolle. Eine erlebt es als positiv, indem sie ihren männlichen Anteil gestärkt sieht, da sie davon ausgeht, dass jede Person sowohl einen männlichen als auch einen weiblichen Anteil hat. Andere Frauen problematisieren Jesu Männlichkeit. Auch wenn sie Jesus als ursprünglich nicht autoritären Mann einstufen, verbinden sie mit Mannsein in Religion patriarchale Strukturen, in denen Frauen kritisiert werden. Aus diesem Grund lehnen sie es ab, sich auf eine männliche Figur wie Jesus zu beziehen.

Er stärkt auch den männlichen Anteil in mir, weil das bei mir ein Ungleichgewicht ist. Indem er ein Mann ist, kann er mich da auch stärken. Wobei er im Grunde ja beides hat, ist ja vollkommen ausgeglichen, ist ja eigentlich wurscht, was er für ein Geschlecht hat für ihn wahrscheinlich. (G 301/304)

Also ich denke, mit Jesus verbinde ich schon, dass ich das als Kind auch viel gehört habe, so im Kindergottesdienst, und dass Jesus für mich schon irgendeine Gestalt ist, der schon auch Frauen gelassen hat. Aber ich denke, wo nicht so viel Kritik auch von ihm kam, also wo er Frauen auch verteidigt hat, aber heute spielt das für mich überhaupt keine Rolle mehr, also nicht die kleinste. Vielleicht waren das mal so diese Bilder, man hat ja im Kindergottesdienst so Bildchen gekriegt. Und da habe ich das schon alles, also ich habe die auch eingeklebt und so alles, aber also heute spielen Männer auf meinem Lebensweg also wirklich zu meiner Findung kaum noch eine Rolle. Das muss ich einfach sagen. (D 537/542)

Er ist eigentlich der Einzige von diesen ganzen Gestalten, die ich achte. Von den klassischen christlichen. So als wäre er eigentlich eine Frau. (H 975/977)

Aber das stimmt schon, das ist schon so ein Stück negative Prägung da drauf. Ich kann im Grunde damit nichts anfangen, weil das immer so mit Vater, Sohn und Heiliger Geist dann so eine Patriarchatsgeschichte ist, so ich denke, o Graus! Was brauche ich jetzt wirklich noch drei Männer, nein danke. Wenn man so Jesus unabhängig von diesen Strukturen anschauen würde, könnte schon sein, dass da was Positives raus käme. (H 993/997

6.5. Jesu Leiden als Identifikationsmodell

Jesu Kreuzestod liefert für einige Frauen ein Deutungsmodell für das eigene Leiden. Auffällig ist dabei, dass es die Frauen sind, die besonders stark körperlich gequält wurden. Sie haben bereits als Kind eine Parallele zwischen dem Leiden Jesu und ihren eigenen Misshandlungen gesehen und sie identifizierten sich mit ihm. Das Kreuz Jesu wurde zum Vorbild und spornte sie an, immer mehr zu leiden, da sie dafür belohnt würden.

Als Erwachsene setzen sich die Befragten sehr kritisch mit diesen Vorstellungen auseinander und sehen darin eine Verschleierung dessen, was ihnen angetan wurde. Eine Frau sieht eine Verbindung zwischen ihren Selbstverletzungen als Erwachsene und einem Jesusbild, das sie zum freiwilligen Leiden auffordert.

Ich bin (zur Konfirmation, Anm. d. Verf.) gegangen, um für mich klarzustellen, wie ich dazu stehe. Es war mir wichtig, Glauben war mir wichtig. Ich habe mich mit Jesus fast definiert und bin, um Gotteswillen, was mir einfällt, mich zu vergleichen mit ihm, aber ich habe das für mich im Stillen getan. Ich war auf der einen Seite erstaunt, dass es mir gelungen war, in den Misshandlungen zu schweben. Also dass

es mir gelungen war, abzuheben. Aber man hat mir gesagt, das wäre das Fatale gewesen, weil das hat eigentlich dieses ganze Entsetzen verschleiert. (F 300/306)
H: Das war aber auch, jetzt fällt es mir ein, doch schon jahrelang so ein Stück so ein christlicher Modus für mich.
I: Sie haben sich damit identifiziert?
H: Wenn du nämlich noch mehr leidest, dann kriegst du es irgendwann belohnt. Anstelle wenn du mal aufhörst zu leiden, könnte ja alles noch ganz nett werden. Oder bestimmt, es gibt auch eine Verbindung zwischen diesen Hilferufen durch Selbstverletzungen und so einem Jesusbild. Verstümmel dich mal gescheit, und auf einmal wirst du dann noch entdeckt als religiöse Instanz. (H 980/989)

7. Zum Stellenwert der persönlichen Religiosität im Rückblick auf den Bewältigungsprozess

In der Rückschau auf ihren Prozess der Auseinandersetzung mit dem Missbrauch sehen und/oder reflektieren die Befragten auch den Stellenwert ihrer persönlichen Religiosität. Sie erleben dabei vor allem eine Veränderung der Bedeutung, der Inhalte und Formen ihrer religiösen Einstellungen.

7.1. Religiosität als Suchbewegung

Einige Befragte beschäftigten sich mit anderen Religionen, Glaubensrichtungen und religiösen Praktiken. Dabei erlebten sie viele Gemeinsamkeiten in den verschiedenen Traditionen und entwickelten ihre eigene Religiosität. Sie haben keine Schwierigkeiten, Elemente aus anderen religiösen Traditionen zu übernehmen. Gleichzeitig erleben sie in der Auseinandersetzung mit dem Fremden das Eigene deutlicher.

Das Positive an dem Ganzen war die Suche. Die Suche im Leben nach der Wahrheit, nach dem Sinn, und diese Erlebnisse, diese Nahtoderlebnisse, durch die habe ich dann eine andere Sensibilität auch, wenn was geschehen ist. Ich habe dann mich auch mit anderen Religionen befasst. Ich finde das positiv, denn eine jede Religion hat ihre Wahrheit, im Prinzip ja immer dieselbe, auch die Suche nach dem Sinn des Lebens und auch: Wo kommen wir her? Wer hat die Macht? Das war dann der Hinduismus, Buddhismus, ich bin auch in diese Länder gereist, habe mir das alles angesehen, habe mich ausführlich mit diesem Glauben befasst einfach, mit der Lebenseinstellung, wie leben die und wie machen die das und so. Ich habe dann mit der chinesischen Geschichte und dann mit der russisch-orthodoxen, die waren ja auch tief religiös. Und habe mich halt immer mit anderen Religionen auseinander gesetzt, das finde ich positiv. (B 268/278)

Ich war mit 16 in xy (Land) und bin dort auf den Spuren Gottes gegangen sozusagen, alle möglichen Formen und Religionen, Glaubensrichtungen ausprobiert und beschnuppert. Moslems sind da ja, der Islam. Bin in die Frauenmoschee gegangen. Eine Priesterin für Frauen dort gibt es auch. Da habe ich dann eine kennen gelernt, die mich dann versucht hat zum Beispiel zu überzeugen, dass unsere Religion nicht richtig ist, weil wir ja drei, den dreifaltigen Gott haben, aber es gäbe ja nur einen. Da hat sie mich fest verwirrt (lacht). Ich wollte so gern, ich bin dann sehr adaptierend sofort, ich bin mit weißem Kopftuch rumgelaufen, mit dem soll ich auch schlafen, hat sie mir gesagt, damit die bösen Geister zu mir nicht in der Nacht kommen. Irgendwann bin ich dann mal nachts aufs Klo gegangen und habe mich im Spiegel gesehen und gedacht: Irgendwie tickst du jetzt auch nicht mehr ganz richtig. Also ich habe das sehr angenommen einerseits, aber auch daran mich gerieben und gemerkt, nein, also. Ich ertappte mich in der Nacht wie ich so: Im Namen des Vaters und des Sohnes und des Heiligen Geistes. Amen (betont). Wo ich wirklich noch mal so gesagt habe, für mich ist es jetzt halt so, und ein bisschen Distanz geschaffen habe, weil sie hat mich sehr vereinnahmt. Ich habe mich vereinnahmen lassen. Das war interessant. (G 197/211)

7.2. Veränderte Wichtigkeit der Religiosität

Alle Frauen sehen eine Veränderung des Stellenwertes ihrer Religiosität im Bewältigungsprozess. Veränderung kann sowohl Zunahme als auch Abnahme von Religiosität bedeuten.

Eine Frau erlebt in der Auseinandersetzung mit ihrem Missbrauch Religion als große Enttäuschung. Sie findet nichts Unterstützendes und kommt zum Schluss, dass sie ihren Missbrauch nicht durch den Glauben verarbeiten kann.

Es hat mir eine Zeitlang geholfen zu glauben. ... Ich habe einfach gemerkt, ja wie soll ich sagen? (Pause) Also ich bin so wahnsinnig enttäuscht. Ich bin einfach wahnsinnig enttäuscht. (F 218/219)

Also mir hat hier zum Beispiel eine Frau, von der ich hier Beratung bekommen habe, die war, glaube ich, mehr auch so in Richtung Feminismus, und die hat gesagt: Ich muss als missbrauchte Frau versuchen, einen anderen Weg zu finden als durch den Glauben den Missbrauch zu verarbeiten. Man kommt da an einen Punkt, wo... Und ich muss sagen, es stimmt. Ich komme nicht mehr weiter. (F 392/396)

Alle anderen Frauen sehen eine Zunahme ihrer Religiosität, die mit der wachsenden Verarbeitung des Missbrauchs und der damit verbundenen Auseinandersetzung mit sich selbst zusammen hängt. Eine Frau vergleicht Spiritualität mit einem Schatz, der im Laufe des Bewältigungsprozesses gehoben werden muss.

Früher habe ich die (Spiritualität, Anm. d. Verf.) gar nicht gelebt. Also nicht so, wie ich sie heute lebe. (A 371/371)

Das (die Spiritualität, Anm. d. Verf.) hat sich dann erst so entwickelt. Vielleicht weil am Anfang habe ich noch so funktioniert und dann kam halt dieser Überfall und diese Krankheit, wo ich dann gemerkt habe, das muss ich jetzt bearbeiten. Ja, dann kamen erst diese ganzen Sachen. Vorher habe ich mich auch so damit auseinander gesetzt gehabt mit Religion, aber es war vielleicht etwas anderes. Es ist jetzt wirklich essentiell. Also es ist jetzt lebensnotwendig. Vorher war das ganz nett oder so, irgendwie ist ja ganz interessant, aber ich habe nicht so diese Notwendigkeit gehabt. Und jetzt ist das immer mehr, dadurch dass diese Aufarbeitung so eine Sensibilität irgendwie, als ich bin viel empfindlicher für alles Mögliche, ach Gott oh Gott, das ist dann ganz schrecklich immer wieder (lacht). Ja, und dann muss ich dann auch mir mehr Hilfe holen oder ich brauche mehr Kraftquellen dann einfach dadurch auch wieder, weil ich dann meine Kraft auch mehr lebe und dann mir das auch so wichtig ist, dass ich meine Kraft nicht vergeude, sondern ich will jetzt einfach mit meiner Kraft leben und mit meiner vollen Kraft. Und die kann ich nur leben, wenn ich meine Spiritualität lebe oder habe oder wie auch immer. Deswegen ist es jetzt wirklich ganz wichtig geworden. Und ich denke mir halt, das wird es immer mehr werden. (A 551/567)

Ja, und ich denke, es hat einfach zugenommen, meine Religiosität. Das hat sie einfach in den letzten Jahren. (D 431/432)

Also ich glaube es hat weniger eine bewusste Rolle gespielt. Also ich glaube, ich bin mir dessen nicht bewusst gewesen, also wie viel Spiritualität ich habe. Aber ich glaube, sie war immer in mir. Also ich denke, das ist so etwas, wo ich denke, was ich jetzt manchmal den Frauen sage, also ich glaube, dass jeder Mensch auch ganz viele Schätze in sich birgt und dass die eben mit schlimmen Geschichten verschüttet werden. Und dass man einfach wieder anfangen muss, wie eine goldene Kugel oder ich sag mal wie Edelsteine, die sind (betont) in mir, nur ich muss sie wieder suchen. Ich glaube, sie waren immer in mir, also diese Teile, die ich heute habe, die habe ich nicht ganz verloren gehabt, aber ich war mir dessen nicht bewusst. Und ich glaube, dass so mit diesen ganz vielen Sachen, die ich getan habe, so ein Bewusstwerdungsprozess, einfach wieder so eine Aktivierung stattgefunden hat, dass ich dann einfach Sachen, die ich hatte, einfach wieder aktiviert habe oder ich sie mir geholt habe.(D 437/448)

Mir war das (die Spiritualität, Anm. d. Verf.) eigentlich nie wichtig. Es war so was, wie halt mal da war, so einzelne Ansätze irgendwie, dass es mal gut gerochen hat oder dass man schön singen kann oder dass einen manchmal auch Kirchenmänner beeindrucken können, so ist es ja nicht, da bin ich ja froh. Aber so jetzt ist das fast meine ganze Lebenskraft. Das ist das, wo ich Kraft draus hernehme. (H 1002/1006)

7.3. Einzige Hilfe

Mehrere der Befragten erlebe ihre Religiosität als wichtigste Hilfe im Bewältigungsprozess. Die religiöse Bewältigung stellt ihnen Möglichkeiten zur

Verfügung, die ihnen andere Wege nicht bieten können. Evtl. ergänzen sich an diesem Punkt Wirklichkeit und Wunsch, d.h. eine Frau macht die Erfahrung, dass das Religiöse ihr hilft und äußert den Wunsch, dass das zunimmt. Eine Frau beschreibt ihre Religiosität als große Hilfe und als Lebenskraft, die die Blockaden löst. Eine andere sieht in Gott den Grund dafür, weshalb sie überhaupt noch lebt, weil sie ihn ihre schweren Lebensphasen nicht durchgehalten hätte.

Ja, deswegen konnte ich das lange nur allein für mich leben. Ich konnte das halt niemandem mitteilen. Aber das war das Einzige, wo mir halt Hilfe gegeben hat dann auch so. Weil nachts um drei, da kann ich auch nirgends hingehen, mit zwei Kindern, die schlafen, also, wo soll ich denn dahin, um mir Hilfe zu holen. Und mein Mann versteht es auch nicht dann, natürlich, weil ich mich dann nirgends verstanden fühle und ich dann auch keinen Zugang habe, weil dann irgendwie alle Blockaden wieder da sind manchmal. Und dann war nur das der einzige Zugang und die einzige Hilfe. Weil es einfach das Einzige war, was geholfen hat. Einfach die Erfahrung: Nur das hilft, und dann kann ich nirgendwo anders hin wie nur dahin, weil das das Einzige ist. Also, das ist eigentlich mehr, das kommt mir so vor, wie wenn diese Kraft, die halt da existiert, wie wenn die halt das lenkt dann. Und wenn ich mich ein bisschen öffne, dann kommt das alles, aber ich kann mich halt nur manchmal öffnen, und deshalb habe ich jetzt halt noch wenig Verbindung dazu. (A 607/621)

Und das weiß ich, wenn ich den Glauben an Gott nicht hätte, dann hätte ich das überhaupt nicht durchgehalten. Also wenn da nicht irgendwo so dieser, dieser göttliche Funke in mir wäre, dann hätte ich das all die Jahre nicht durchgehalten. Weil ich einfach denke: Das ist echt komisch, dass so viele Leute überfahren werden oder umgebracht werden oder sonst was, und ich, wo ich wirklich jahrelang nichts dagegen gehabt hätte, wenn mich irgend was dahingerafft hätte, ich lebe immer noch. Also das finde ich wirklich, also wo ich öfter sage: Da ist Gottes Wille dahinter. (E 1359/1365)

Und das Spirituelle ist das Wichtigste in meinem Leben. Also ich sehe das als die Hauptaufgabe an, sich damit zu beschäftigen und das dann auf die Erde zu bringen. (G 392/393)

7.4. Besondere religiöse Tiefe

Ein Trauma erschüttert die Welt eines Menschen so gravierend, dass sich der Blick auf diese nachhaltig verändern kann. Einige Frauen erleben das als etwas Religiöses: Die traumatisierenden Erfahrungen geben ihnen eine besondere Tiefe, die sie für Spirituelles öffnen kann.

Und ich denke mal, wenn man das sieht, denkt man auch anders über das Leben nach. (C 659/660)

Also meine Arbeitskollegin, die sehr, sehr spirituell ist, also noch mehr als ich. Die hat mal zu mir gesagt: Menschen, die so schlimme Geschichten erlebt haben, die haben eine andere Tiefe. Und ich glaube, da ist was dran. Dass man eben diese Tiefe, die man eben auch erfährt, ich denke vielleicht auch mal sich eher da für Spiritualität öffnet. Weil ja da auch ein Erstaunen ist, was ist eigentlich alles möglich. Oder wie sehr kann Heilung auch geschehen und ich wieder anfange zu trauen. (D 607/612)

7.5. Kein Alltagsthema

Einige Befragte erleben es als Mangel, dass Religiöses im Alltag nicht thematisiert wird. Da sie im Spirituellen etwas Förderliches erleben, wünschen sie sich mehr Kommunikationsräume für ihre Religiosität. Grund für die Sprachlosigkeit sehen sie darin, dass sie unsicher sind und bei anderen auf Unverständnis treffen könnten.

A: Spiritualität. Da habe ich die Erfahrung gemacht, ab da, wo ich mich geöffnet habe, wo ich gesagt habe, wie ich das lebe selber, auch mit dem Wind und so (lacht), das habe ich nur in der Gruppe gesagt, in der Selbsthilfegruppe, in der ich bin. Und da kam von den anderen auch Einiges, da habe ich dann gemerkt: Jede hat eigentlich so ihre Strategie, wie sie das macht und wie sie ihre Spiritualität da lebt, aber man oder frau redet darüber nicht, weil es einfach...
I: Kein Thema im Alltag ist?
A: Ja, genau. Und jede fühlt sich unsicher. Irgendwie ist es schade, weil es wirklich ein Energiepunkt ist. (A 537/547)

Dieses Spirituelle, da rede ich eigentlich kaum mal darüber. Drei- oder viermal im Leben habe ich vielleicht mal länger darüber geredet, also mehr war es nicht. Ansonsten traue ich mir das eigentlich noch nicht so. (A 649/650)

Da sind Sie im Übrigen die Einzige und die Erste, der ich das sage und werde es auch nie sagen, weil sonst meinen die jetzt spinnt sie, jetzt gehört sie in die Psychiatrie. (B 454/456)

7.6. Trotz allem religiös

Religiosität im Bewältigungsprozess wird von manchen Befragten als etwas Ambivalentes wahrgenommen: Einerseits erleben sie ihr Leiden an den Folgen des Missbrauchs, an denen auch Religiöses nicht viel ändern kann, andererseits wollen sie trotz allem am Glauben festhalten.

Das ist irgendwo, wenn es mir schlecht geht und wenn ich dann irgendwo so Probleme habe mit dem, was da noch alles in mir ist, dann denke ich immer: Ich halte es nicht aus, weil da wirklich dieses Trauma in meinem Kopf totales Chaos verursacht. Aber wenn es mir dann so gut geht und ich so dran denke, denke ich mir: Mann, das

Persönliche Religiosität im Bewältigungsprozess

ist echt phänomenal, das ist phänomenal, wie viel Mist man in seinem Leben erleben kann und immer noch lebt, und eigentlich immer noch so denkt: Gott ist da. (E 1376/1382)

Ich höre mir das alles (feministische und esoterische Angebote, Anm. d. Verf.) an, bin aber trotzdem so, dass ich sagen kann: Nein, ich möchte es (das Christliche, Anm. d. Verf.) mir doch ein Stück weit bewahren. Ich könnte jetzt nicht in den Hinduismus gehen oder in den Islam. Das befremdet mich wieder zu sehr. (F 402/404)

7.7. Lebenshilfe

In den Interviews zeichnet sich eine gemeinsame Erwartung der Befragten an Religiöses ab: Es soll helfen, das Leben mit dem Missbrauch zu meistern, es zu erleichtern.

Die (Spiritualität, Anm. d. Verf.), wo ich denke, unwahrscheinliche Hilfe für die Lebensbewältigung sein kann. Also was es wieder leichter macht und was wieder Freude und Spaß in das Leben bringt. Und eine Einfachheit. Also ich mache mir heute über viele Sachen nie mehr diese Gedanken, die ich mir früher gemacht habe. Also meine Wertigkeiten haben sich total verändert. Und ich kann viel schneller loslassen. Ich bin auch nicht mehr so im Kopf. Also mir geht es mehr so, was passiert im Körper, fühle ich mich wohl. (D 454/460)

Jetzt versuche ich gerade, ich habe immer noch das Bild von dem alten Gott. Aber ich versuche, da ein bisschen von weg zu kommen, weil es mich nicht wirklich unterstützt. (G 290/291)

7.8. Persönliche Entwicklung

Religiosität ist aus der Perspektive der Befragten nichts Statisches, das unabänderlich durch das ganze Leben besteht. Religiös sein bedeutet für sie, sich zu entwickeln und weiterzukommen. Dazu gehört ein starker Bezug zu den eigenen Gefühlen, eine Erkundung der eigenen Persönlichkeit.

Was vielleicht auch noch etwas Religiöses war, wenn man das religiös benennt, also Religion, ich habe da eigentlich immer keinen Begriff dafür, ist für mich etwas, wo ich weiterkomme. Das ist auch das mit dem Therapeuten immer gewesen. Dass der mir so einen Spiegel vorgehalten hat, das ist eigentlich in dem Sinn auch etwas Religiöses, weil die mir wirklich mein Inneres gezeigt haben, mich in mein Inneres schauen ließen, dadurch dass sie mich gespiegelt haben. (A 219/225)

Also wo ich einfach denke, es (die Religiosität, Anm. d. Verf.) hat mich dankbar werden lassen, und es hat mich Frieden finden lassen. Und das, denke ich, ist viel bei Missbrauch, jede Menge. Und ich denke, das hat mich sehr weitergebracht in den letzten zwei Jahren. Und ich stehe zu mir. Also ich habe Boden unter den Füßen, und ich habe Boden. Und das ist mir das wichtigste. (D 588/592)

I: Das verbinden Sie auch mit Religiosität, nicht nur auf die Verletzung schauen, sondern was da Neues wächst?

H: Auf jeden Fall. Das ist für mich eigentlich sogar der Ursprung. Das ist Religiosität. Ich glaube schon, in Religion steckt Entwicklung, und zwar eine göttlich bestimmte Entwicklung. (H 742/746)

Teil III

Reflexion und Interpretation

Sexueller Missbrauch und Religiosität.
Wenn Frauen das Schweigen brechen: eine empirische Studie

- **Teil I: Theoretischer Bezugsrahmen**
  - Sexueller Missbrauch
  - Sexueller Missbrauch als Thema der Kirchen
  - Religiosität
  - Bewältigung

- **Teil II: Empirische Studie**
  - Praktisch-theologische Verortung der Studie
  - Zur Methodik der Untersuchung
  - Biographische Verdichtungsprotokolle
  - Darstellung der Auswertung

- **Teil III: Reflexion und Interpretation**
  - Die zentralen Ergebnisse
  - Herausforderung an Theologie und Kirchen
    - Solidarität
    - Sinn
  - Impulse für die Praxis

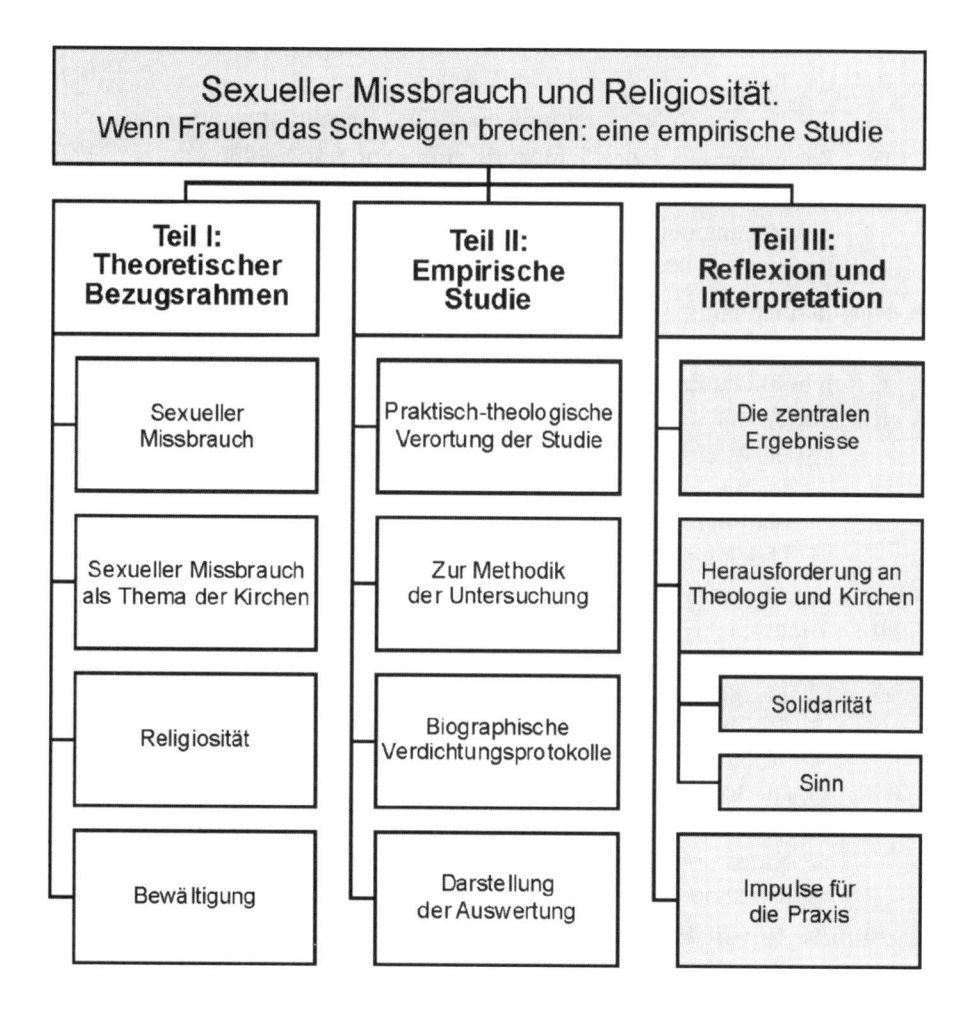

Kurzübersicht zu Teil III

Teil III: Reflexion und Interpretation   351

A. Die zentralen Ergebnisse: Zusammenfassende Darstellung
und theoretische Einordnung 353
    I. Wahrnehmung und Deutung des Bewältigungsprozesses 353
    II. Erfahrungen mit Kirche und Religion 363
    III. Persönliche Religiosität im Kontext des Bewältigungsprozesses. 369
    IV. Zusammenfassende Charakterisierung von Entwicklung,
       Gestalt und Rolle von Religiosität im Bewältigungsprozess 380
    V. Einordnung der Ergebnisse der Auswertung in
       Praktische Theologie 383

B. Herausforderung an Theologie und Kirchen: ....
Zur Suche nach Sinn und Solidarität im Bewältigungsprozess 386
    I. Inhaltliche Zuspitzung 386
    II. Solidarität 388
       1. Der Wunsch nach Solidarität aus der Perspektive
          der Befragten 388
       2. Warum ist Solidarität so wichtig? 391
       3. Theologisches Ausbuchstabieren von Solidarität
          im Kontext von Missbrauch 397
    III. Sinn 414
       1. Der Wunsch nach Sinn aus der Perspektive der Befragten 414
       2. Theologische Zuspitzung: Hat Leid Sinn? 416
       3. Was bieten esoterische und charismatische Sinnangebote? 419
       4. Problematische Sinnangebote im Raum der Kirchen 431
       5. Die Rede vom gelingenden Leben 434
       6. Für eine Diätetik der Sinnerwartung 437
       7. Kreuz und Sinn 441
       8. Mit anderen Worten: Leiden ist einfach nur Leiden 448

C. Impulse für die Praxis 450

A. Die zentralen Ergebnisse: Zusammenfassende Darstellung und theoretische Einordnung

Im Folgenden sollen die Ergebnisse der Auswertung zusammengefasst werden. Der Ablauf orientiert sich dabei am inhaltlichen Duktus der ausführlichen Darstellung im vorhergehenden Teil. Die zentralen Gemeinsamkeiten und Unterschiede der Befragten kommen zum Vorschein. Die zusammenfassenden Ergebnisse sollen mit den Resultaten bereits vorhandener Studien und Erkenntnisse verglichen und erweitert werden. Sie werden vor allem im Rückgriff auf die Ergebnisse des theoretischen Bezugrahmens dieser Arbeit diskutiert und damit in den aktuellen Forschungsstand eingeordnet.[1]

I. Zwischen Überleben und Leben – Wahrnehmung und Deutung des Bewältigungsprozesses

1. Die Folgen

Alle Befragten berichten von gravierenden Folgen des Missbrauchs für ihr Leben. Manche erinnern sich daran, bereits als Kind eher verwirrt und desorientiert gewesen zu sein. Der Großteil der Frauen verdrängte die Missbrauchserfahrungen. Verdrängung heißt allerdings nicht, dass überhaupt keine Erinnerung vorhanden gewesen wäre – es waren vor allem die damit zusammenhängenden Gefühle, die durch Dissoziation nicht mehr zugänglich waren. Durch Ereignisse im Erwachsenenleben wie einer Erkrankung, der Konfrontation mit sexualisierter Gewalt im beruflichen Kontext oder Gewalterfahrungen des eigenen Kindes wurde die Verdrängung aufgelöst und die abgespaltenen Gefühle und Körpererinnerungen kehrten mit dramatischer Wucht in das Leben der Frauen zurück.

Dass Bewusstwerden des Missbrauchs führt zu einer Vielzahl von somatischen bzw. psychosomatischen und psychischen Schwierigkeiten. Das Spektrum reicht von chronischen körperlichen Erkrankungen wie z.B. Essstörungen, Sucht, Schlafstörungen, Angstzuständen und Persönlichkeitsstörungen. Alle Frauen kämpften/kämpfen mit Suizidgedanken.

---

[1] Vgl. Teil I, Theoretischer Bezugsrahmen in dieser Arbeit.

Viele schämen sich für ihre Geschichte und wagen es nicht, sich anderen Menschen damit zuzumuten. Sie sind in ihrer Wahrnehmung sehr unsicher und leiden an Minderwertigkeits- und Schuldgefühlen. Einige Frauen geraten aufgrund ihrer Schwierigkeiten in soziale Isolation. Sie fühlen sich in vielen Situationen ohnmächtig ausgeliefert – gerade gegenüber Männern – und ziehen sich deshalb zurück. Sie erleben, dass ihre Missbrauchsgeschichte an ein Tabu rührt und deshalb in den meisten Alltagsbeziehungen eine Überforderung darstellt.

Manche Frauen sind mit Wiederholungen und Reinszenierungen der Missbrauchsdynamik konfrontiert. Sie sind es gewohnt, sexuell benutzt und ausgebeutet zu werden und sind deshalb diesem Mechanismus hilflos ausgeliefert.

Durch die Traumatisierungen und das daran anschließende Leiden ist für die Interviewten nichts selbstverständlich. Sie stellen das Leben in Frage und suchen nach Sinn für das, was mit ihnen geschehen ist. Depressive Phasen verstärken ihr Gefühl, dass sie fremd sind in dieser Welt.

Drei Frauen sind in ihrem Alltag so stark durch die frühkindlichen Traumatisierungen eingeschränkt, dass sie keiner „gewöhnlichen" Form der Familien- und/oder Erwerbsarbeit nachgehen können (Frau C, Frau E, Frau F). Sie kämpfen sich mithilfe psychotherapeutischer und psychiatrischer Unterstützung durch das Leben. Einige Befragte setzen sich zum Zeitpunkt des Interviews aktiv mit ihrer Missbrauchsgeschichte auseinander und können dennoch einen halbwegs stabilen Alltag aufrecht erhalten (Frau A, Frau G, Frau H). Zwei Frauen blicken auf einen längeren Bewältigungsweg zurück und haben mehr als die anderen Befragten eine gewisse Sicherheit im Umgang mit der eigenen Geschichte erreichen können (Frau B, Frau D).

Keine der Frauen geht davon aus, den Missbrauch völlig überwunden zu haben. Sie leben mit dem Wissen und der Angst vor plötzlichen Einbrüchen, Flashbacks, des Traumas in ihren Alltag. Die Auseinandersetzung mit den Folgen des Missbrauchs bleibt für alle Befragten eine langfristige Herausforderung, über die sie bisweilen nicht selbst verfügen können, sondern der sie sich im Akutfall stellen müssen. Es handelt sich also nicht um ein freies Erkunden der eigenen Persönlichkeit, sondern um eine zwingende Notwendigkeit. Einige Frauen beschreiben, dass sie dabei immer wieder an neue Ebenen des Traumas herangeraten und dabei neue Dimensionen ergründen, etwa in Form von Veränderungen im Beziehungsbereich, im Körperbewusstsein etc.

Die genannten Folgen des Missbrauchs im Erleben der Frauen spiegeln die Bandbreite dessen, was psychotraumatologische Forschung ermittelt hat.² Van der Kolk listet die Langzeiteffekte von Traumatisierung auf und stellt fest, dass diese „zahlreich und kompliziert"³ sind:

Generalisierte Übererregung und Schwierigkeiten bei der Erregungsmodulation:
Aggressionen gegen sich selbst und andere
Unfähigkeit, sexuelle Impulse zu modulieren
Probleme mit sozialen Bindungen: übertriebene Abhängigkeit oder Isolation

Veränderung neurobiologischer Prozesse, die an der Reizdiskriminierung beteiligt sind:
Aufmerksamkeits- und Konzentrationsstörungen
Dissoziation
Somatisierung
Konditionierte Angstreaktionen auf traumabezogene Reize

Erschütterung der Sinnzusammenhänge
Verlust von Vertrauen, Hoffnung und dem Gefühl, etwas bewirken zu können

Soziale Vermeidung
Verlust wichtiger Bindungen
Mangelnde Anteilnahme an der Zukunftsplanung

Alle von den Befragten genannten Folgen des Missbrauchs illustrieren die von van der Kolk vorgelegten Kategorien. Es handelt sich bei den Erfahrungen der Interviewten also um Reaktionen auf traumatisierende Erfahrungen. Diese sind in den vorliegenden Fällen besonders gravierend, da es sich um interpersonale Traumata handelt, die nachhaltigere und tiefgreifendere Auswirkungen auf die betroffene Person haben als unpersönliche.⁴ Dies geschieht insbesondere dann, wenn die Missbrauchserfahrungen langfristig und frühzeitig statt fanden und damit das Trauma auch auf der kognitiven Ebene verinnerlicht wurde. Van der Kolk spricht von Landkarten, die durch Lebenserfahrungen aufgebaut werden und Orientierung für spätere Handlungen und Einschätzungen geben.⁵ Das Trauma wird in diese internalen Muster aufgenommen und immer wieder reproduziert. Beispielsweise wird bei Missbrauch durch nahe Bezugspersonen die Entwicklung des Urvertrauens beschädigt, was die Fähigkeit zu vertrauensvollen Beziehungen und zu einer grundsätzlichen Sicherheit im Leben gravierend erschwert.

---

[2] Vgl. Huber, Trauma und Folgen; Resick, Stress und Trauma.
[3] Kolk, Die Vielschichtigkeit der Anpassungsprozesse nach erfolgter Traumatisierung, 170; Übersicht 171.
[4] Vgl. ebd., 170f.
[5] Vgl. ebd., 184.

Durchgehend zeigen sich in den Aussagen der Befragten die negativen Auswirkungen des Missbrauchs auf die Identität. „Traumatisierten Menschen gelingt es oftmals nicht, ein persönliches Gefühl von Bedeutung, Kompetenz und ihres inneren Wertes aufrecht zu erhalten."[6] Huber betont den Zusammenhang von frühkindlicher Traumatisierung und Persönlichkeitsstörungen: „Traumatisierungen wie frühe Vernachlässigung, Verwahrlosung, körperliche, seelische und/oder sexuelle Gewalt erklären mehr als 80 Prozent aller Persönlichkeitsstörungsdiagnosen."[7] Die Folgen können also dramatisch sein. Sofsky formuliert in seiner Analyse der Folgen von Gewalt: „Mit der Zerstörung der subjektiven Welt verwandelt sich das Selbstverhältnis des Menschen. Fluchtpunkt der Angst und des Schmerzes ist die Verzweiflung. Aus dem Schmerz führt kein Ausweg zur Hoffnung. Wehrlos ist ihm das Opfer preisgegeben."[8]

Diejenigen Frauen, die sich zum Interview bereit erklärten, haben Auswege gefunden – trotz allem. Einer der Wege ist es, ihre Erfahrungen mitzuteilen und sie nicht weiterhin destruktiv unterdrücken zu müssen und an dieser Last zu ersticken. Dennoch muss an dieser Stelle daran erinnert werden, dass das Erleben von Missbrauch oft genug die Betroffenen so stark beschädigt, dass sie sich nicht mehr mitteilen können. Die Gewalt hat sie zu sehr verändert. Sie können nicht mehr darauf vertrauen, dass sie ihr Leben selbst in der Hand haben und werden durch das Trauma wieder und wieder aus der normalen Welt herausgeschleudert. Sofsky beschreibt es für Gewaltüberlebende folgendermaßen: „Die Gewalt hat die Kontinuität der Lebenslinie durchgetrennt. Der Überlebende ist nicht nur anders, er ist ein anderer. Die Identität ist in ihren Grundfesten erschüttert. Die Welt ist keine Heimstatt mehr, sondern eine Quelle wiederkehrender Bedrohung. Das Vertrauen in ihren friedlichen Fortbestand ist zersprengt."[9]

2. *Förderliches und Behinderndes*

Alle Befragten sammelten Erfahrungen in einem oder mehreren der folgenden Bereiche: Psychotherapie, Selbsthilfegruppen, Beratung in einem Frauennotruf. Dabei erleben sie es als hilfreich, mit ihren Missbrauchserfahrungen verstanden zu werden und nicht mehr das Gefühl haben zu müssen, dass etwas mit ihnen nicht stimmt.

---

[6] Kolk, Die Vielschichtigkeit der Anpassungsprozesse nach erfolgter Traumatisierung, 185.
[7] Huber, Trauma und Folgen, 118.
[8] Sofsky, Traktat über die Gewalt, 76.
[9] Ebd., 80.

In Einzeltherapien arbeiten einige an der Rekonstruktion und Integration des Traumas, außerdem an den verschiedenen Auswirkungen des Missbrauchs, die ihren Alltag beeinträchtigen. In Frauennotrufen können sie auf die spezifische Kompetenz der Beraterinnen im Bereich Gewalt gegen Frauen setzen. Die feministische Parteilichkeit der Notruffrauen und die einzelfallübergreifenden Angebote autonomer Notrufprojekte schaffen den Frauen einen Raum, in dem sie sich mit ihren Erfahrungen nicht mehr verstecken müssen. In Selbsthilfegruppen wächst das Vertrauen, dass Leben mit Missbrauchserfahrungen möglich ist.

Der Kontakt zu anderen Betroffenen wird für die Mehrzahl der Frauen zum Ort solidarischer Unterstützung, an dem sie ein wechselseitiges Geben und Nehmen erleben. In den Begegnungen sind die Frauen nicht mehr „nur" Opfer, sondern werden zu Expertinnen für sich selbst und zum Vorbild für andere. Manche Befragte erfüllt es mit Glück, dass sie durch ihre gewachsene Sensibilität für ihre eigenen Abgründe anderen Frauen in Not beistehen können.

Einige Frauen fühlen sich im Bewältigungsprozess durch ihre Lebenspartner unterstützt. Außerdem benennen fast alle bestimmte Personen, die für ihren Weg eine wichtige Vorbildfunktion einnehmen. Es handelt sich um Menschen, die über den Missbrauch Bescheid wissen, die die Wahrnehmung der Betroffenen ernst nehmen und ihre Probleme nicht glätten wollen.

Die guten Erfahrungen im therapeutischen Bereich und in zwischenmenschlichen Beziehungen bewirken in den Frauen eine Stärkung des Selbstwertgefühls. Dieses wird gesteigert durch verschiedene Praktiken, die die Kommunikation der Frauen mit sich selbst fördern: Malen, Tanzen, Schreiben, körperbezogene Übungen etc. Diese wirken sich ermutigend auf die Frauen aus, indem sie ihre Fähigkeit zur Abgrenzung von invasiven Impulsen stärken und ihr Vertrauen in den eigenen Wert erhöhen.

Problematisches im Bewältigungsprozess erleben die Befragten in denselben Bereichen, die eben als positive genannt wurden, vornehmlich im zwischenmenschlichen Bereich. Manche Frauen haben Schwierigkeiten, eine passende TherapeutIn zu finden. Der Aufbau einer tragfähigen therapeutischen Beziehung stellt einige Frauen vor eine schwere Herausforderung, vor allem nach schwierigen Ersterfahrungen, die zu einer Retraumatisierung führen können. Vertrauensbrüche erschweren ein Vorankommen im Bewältigungsprozess.

Im unmittelbaren sozialen Umfeld erfahren viele Frauen Unverständnis für ihre Situation. Diese wird bagatellisiert und tabuisiert. Schlimmstenfalls wird den Betroffenen die Schuld am Missbrauch zugeschoben und damit die problematische Psychodynamik das Missbrauchs reaktiviert. Schädigend wirken alle Interventionen des sozialen Umfeldes, die den Missbrauch als Unrecht am Opfer verleugnen und ihm die Schuld daran zuschreiben.

Es zeigt sich also: Die Frauen erleben Förderliches und Behinderndes gleichermaßen, und zwar in denselben Bereichen. Der Interviewverlauf sah eine Konzentration auf die guten Erfahrungen der Frauen vor, um diese nicht durch das Negative zu stark zu belasten. Deshalb fallen die Ergebnisse in diesem Bereich etwas „schmäler" aus. Die Befragten erleben Situationen und Kontakte als unterstützend, in denen ihre Wahrnehmung ernstgenommen wird und in denen sie Selbstvertrauen entwickeln können. Förderlich ist alles, was ihre Handlungsfähigkeit stärkt und sie ihre eigenen Fähigkeiten spüren lässt. Es geht also darum, die Missbrauchsdynamik einzuholen und innerlich neu zu verankern, dass die Ohnmachtserfahrungen der Kindheit sich nicht wiederholen müssen. Dazu braucht es die parteiliche und einfühlsame Anteilnahme des Umfeldes der Frauen.

Diese Erfahrungen der befragten Frauen können mit dem Konzept des posttraumatischen Wachstums verbunden werden. Tedeschi/Calhoun benennen verschiedene Faktoren, die die Bewältigung von Traumata erleichtern. Das sind zum einen individuelle Charakteristika: Sie ermitteln die Eigenschaften Extraversion und Offenheit für Erfahrungen, die traumatisierten Menschen die Verarbeitung ihrer Erfahrungen vereinfachen können.[10] Auch wenn solche individuellen Charakteristika mit der vorliegenden Untersuchung nicht empirisch verifiziert werden können, sind diese Ergebnisse jedoch auf der Basis einfacher Beobachtung nachvollziehbar. Bei den Frauen, die sich zum Interview bereit erklärten, kann davon ausgegangen werden, dass sie ihre Erfahrungen nach außen bringen wollen und sie offen sind für weitere Auseinandersetzungen. Neben solchen individuellen Faktoren spielt das soziale Umfeld der Frauen eine wichtige Rolle. Im Mittelpunkt steht dabei, dass sie ihre Erfahrungen mitteilen können und gehört werden. Tedeschi/Calhoun nennen diesen Vorgang Selbstenthüllung, *„self-disclosure in supportive social environments"*[11]. Die soziale Unterstützung muss dauerhaft und stabil sein, um Wachstum zu ermöglichen. Idealerweise lässt die Umgebung es zu, dass die betroffene Person von ihrem Trauma erzählen kann und so die Veränderung der kognitiven Schemata voran gebracht wird. Tede-

---

[10] Vgl. Tedeschi/Calhoun, Posttraumatic Growth: Conceptual Foundations and Empirical Evidence, 8.
[11] Ebd., 11.

schi/Calhoun sehen die Möglichkeit, durch Traumaerzählung und Schemataänderung die Identität zu gestalten.[12]

Selbstenthüllung in Beziehungen – sei es nun in einer Psychotherapie, in einer Selbsthilfegruppe, im seelsorglichen Kontext, in freundschaftlichen Kontakten – kann nur gelingen, wenn eine Atmosphäre herrscht, in der sich die Frauen angenommen fühlen. Deshalb fragt die Traumatherapeutin Huber in ihrem Buch zu Wegen der Trauma-Behandlung als erstes: „Mögen wir uns?"[13] Vor aller (zweifellos notwendigen) Kompetenz im professionellen und therapeutischen Umgang mit sexuell missbrauchten Frauen steht die beidseitige Sympathie.

Die Ergebnisse von Antonvsky können auch für die befragten Frauen einen Interpretationsrahmen bieten: Die Frauen fühlen sich unterstützt durch den Aufbau des Vertrauens in ihre Stärken und Fähigkeiten. Aus gesundheitspsychologischer Perspektive spricht man von Ressourcenorientierung. Diese gehört zu den Grundlagen traumatherapeutischer Arbeit.[14] „Ressourcen sind alle Kräfte, auch scheinbar destruktive, die sich entwickeln konnten, teilweise sogar nicht trotz, sondern *wegen* der traumatischen Erfahrungen, und die für ein Überleben und für den Genesungsprozess eingesetzt werden können."[15] Die Betonung der eigenen Kräfte gibt der Betroffenen den Schlüssel für das eigene Leben in die Hand. Sie ist kein komplett pathologischer und beschädigter Mensch, sondern hat die Möglichkeit zur Genesung in sich. Sie – und niemand sonst – ist die Expertin für ihr Leben. Der Weg zur Veränderung der posttraumatischen Symptomatik kann nicht von außen in die Betroffene implementiert werden, sondern muss in ihr selbst entstehen. Um die Konfrontation mit dem Schwierigen zu wagen, braucht sie die Gewissheit, auf vorhandene Fähigkeiten zurück greifen zu können.

3. *Konsequenzen*

Neben allen negativen Folgen des Missbrauchs resümieren die Befragten auch Positives, das sie als Konsequenz ihres Bewältigungsprozesses wahrnehmen. Vor allem diejenigen Frauen, die sich schon länger mit ihrer Missbrauchsgeschichte auseinander setzen, resümieren, dass sie durch die Kon-

---

[12] Vgl. Tedeschi/Calhoun, Posttraumatic Growth: Future Directions, 232.
[13] Huber, Wege der Trauma-Behandlung, 26.
[14] Vgl. Herman, Narben der Gewalt, 215-245; Huber, Wege der Trauma-Behandlung, 91-127; Olbricht, Wege aus der Angst, 174-177.
[15] Olbricht, Wege aus der Angst, 174.

frontation mit den zerstörenden Dimensionen des Missbrauchs Weiterführendes und Wertvolles entdecken und entwickeln konnten.

Einige Frauen erleben, dass sie im Laufe ihres Bewältigungsprozesses gestärkt wurden, was sie als Wachstum bezeichnen. Dieses eher generelle Gefühl hängt mit konkreter benennbaren Wandlungen zusammen: Dazu gehört das gestiegene Selbstvertrauen der Frauen. Sie trauen ihrer Wahrnehmung und lassen sich nicht mehr fremd bestimmen. Sie beschreiben es als wichtigen Schritt, Grenzen setzen zu können.

Manche Frauen schöpfen Kraft aus dem Stolz über ihre erfolgreiche Lebensgestaltung. Diese sehen sie als Ergebnis ihrer mutigen Konfrontation mit der eigenen Geschichte. Trotz ihrer Traumatisierungen können sie einer Berufstätigkeit nachgehen und ein zufriedenstellendes Leben führen, was ihr Selbstbewusstsein und ihre Zuversicht stärkt.

Auffallend häufig schildern die Befragten Veränderungen in ihren sozialen Kontakten. Während des Bewältigungsprozesses werden manche Freundschaften unwichtig, während andere neu entstanden. Sie stellen fest, dass ihre Freundschaften tiefer und offener geworden sind. Die Frauen können sich in Beziehungen besser zumuten und erleben ein gegenseitiges Geben und Nehmen. Ihre Kontakte gewinnen an Tiefe und Intensität.

Die Interviewten erleben, dass ihre eigene Auseinandersetzung sie sensibler macht für Situationen, in denen Menschen benachteiligt werden und leiden. Sie wollen durch ihr Handeln dazu beitragen, dass das, was sie selbst als Unrecht erfahren haben, nicht mehr geschieht. Aus dieser Motivation heraus sind einige Frauen im sozialen und therapeutischen Bereich tätig.

Manchen Frauen ist es infolge ihrer Missbrauchsgeschichte wichtig, anders zu leben, als sie es in ihren Herkunftsfamilien sahen. Sie wollen sich intellektuell fordern und ihre partnerschaftliche Beziehung sehr bewusst gestalten.

Insgesamt ziehen fünf Frauen (A, B, D, G, H) solche positiven Konsequenzen im Rückblick auf ihren bisherigen Bewältigungsprozesses. Sie sind also der Meinung, dass ihre Auseinandersetzung mit dem Missbrauch Impulse freisetzt, von denen sie profitieren. Eine Frau formuliert, dass sie aus dem Schlechten auch etwas Gutes machen konnte. Alle Frauen sind jedoch nicht frei von weiterhin belastenden posttraumatischen Symptomen. Immer wieder sehen sie sich neu herausgefordert, sich dem Negativen zu stellen, im Rückgriff auf bereits vorhandene Ressourcen dagegen zu kämpfen und dadurch weiterzukommen.

Drei Frauen (C, E, F) sind so heftig von den Folgen der Traumatisierung belastet, dass ihnen ein resümeeartiger Blick auf die Konsequenzen des Bewältigungsprozesses schwer fällt. Vermutlich ist für sie bereits der Begriff „Bewältigungsprozess" irritierend, da sie sich – zum Zeitpunkt des Interviews – nicht als Bewältigende wahrnehmen, sondern als gegen die Übermacht des Traumas Kämpfende. Sie befinden sich mitten in der Auseinandersetzung mit den destruktiven Folgen des Missbrauchs, weshalb ihnen zu diesem Zeitpunkt die Vorstellung zu bewältigen fern liegt. Offensichtlich brauchen Betroffene eine gewisse emotionale Distanz und einen längeren Zeitraum der Auseinandersetzung mit dem Trauma, um auch Konsequenzen daraus ziehen zu können, außerdem spielt die Schwere der traumatischen Erfahrungen eine Rolle.

Dennoch ist festzustellen: Alle Befragten nehmen Veränderungen wahr. Die einen sehr reflektiert und prägnant, die anderen eher indirekt. Diese Konsequenzen aus dem Bewältigungsprozess sollen mit den Ergebnissen der Erforschung posttraumatischen Wachstums korreliert werden. Tedeschi/Calhoun nehmen drei Bereiche an, in denen posttraumatische Reifung statt findet.[16] Die Ergebnisse der vorliegenden Studie können ähnlich geordnet werden: Einige Befragte benennen ihre Veränderungen als Wachstum. Dieses fächert sich auf in:

Konsequenzen aus dem Bewältigungsprozess für die Befragten der vorliegenden Studie	Posttraumatisches Wachstum nach Tedeschi/Calhoun
Verändertes Selbstvertrauen	Verändertes Selbstvertrauen
Stolz auf erfolgreiche Lebensgestaltung	
Vertiefte Beziehungen	Veränderung der Beziehung zu anderen Menschen
Erhöhte ethische Sensibilität	Veränderung der Lebensphilosophie
Soziales und therapeutisches Engagement	
Anders sein	

---

[16] Vgl. Tedeschi/Park/Calhoun, Posttraumatic Growth. Conceptual Issues, 10-16.

Die genannten Wachstumserfahrungen bedeuten keine Abwesenheit von Belastung. Obwohl die Befragten ihr wachsendes Selbstvertrauen und vertiefte Beziehungen positiv werten, werden sie nach wie vor von posttraumatischer Symptomatik eingeholt. Mit Maercker/Zoellner kann von der Janusgesichtigkeit der Bewältigung gesprochen werden: Auch für die Befragten hat sie sowohl die konstruktive als auch die illusionäre Seite.[17] Das Feststellen von positiven Konsequenzen im Bewältigungsprozess kann nicht nur Ergebnis, sondern auch Mittel der Bewältigung sein, das weiter voranbringt. Der Erfolg kann zu weiteren Schritten motivieren.

Das Leiden am Trauma kann – so Janoff-Bulman – als Katalysator für Weiterentwicklung dienen, wobei es sich nicht um einen linearen Weg vom Trauma zur Heilung handelt, sondern Positives und Negatives stehen nebeneinander. „In den Nachwirkungen des Traumas erleben Überlebende Desillusionierung und Dankbarkeit, Unvorhersagbarkeit und Vorbereitetsein, Verletzbarkeit und Stärke."[18] Es sind diese Gegensätze, die es auszuhalten und zu überbrücken gilt. Was sich entwickelt, könnte Ambiguitätstoleranz genannt werden. Nicht der Missbrauch ist es, der die Veränderungen in Gang setzt, sondern die Auseinandersetzung mit den Extremen in Erfahrungen, Gefühlen und Beziehungen.

---

[17] Vgl. Maercker/Zoellner, The Janus Face of Selve-Perceived Growth, 45.
[18] Janoff-Bulman, Posttraumatic Growth: Three Explanatory Models, 34.

II. Kritische Distanz und enttäuschte Abwendung von problematischen Traditionen – Erfahrungen mit Kirche und Religion

1. Religiöse Sozialisation

Die Erfahrungen mit Religion und Kirche in der Kindheit laufen in zwei Richtungen: Ein Teil erlebt Religion bereits in der Kindheit als etwas Autoritäres, Bedrängendes, mit dem sie gemaßregelt werden sollen. Die anderen kommen wenig mit Religiösem in Berührung. Erstere hatten bereits als Mädchen/Jugendliche das Bedürfnis, sich von Religion abzuwenden, da sie diese als missbrauchsverstärkend erlebten. Letztere hatten ein eher unproblematisches Verhältnis zu Religion und Glaube, wodurch sie sich damit als lose verbunden erlebten.

Als Orte religiöser Sozialisation tauchen in den Erzählungen der befragten Frauen vor allem die Herkunftsfamilie, der schulische Religionsunterricht und einschneidende Ereignisse wie die Konfirmation bzw. Firmung auf.

In der Kindheit einiger Frauen herrschte ein autoritärer Erziehungsstil, der von den Kindern Gehorsam und Unterordnung forderte und mit einer rigiden moralischen und religiösen Erziehung verbunden war. Diese Frauen begegneten in ihren Familien verschiedenen Formen von krank machender Religiosität. Es sind vor allem die Mütter, an die die Befragten dabei denken, etwa an deren Vorstellung, mit Gebet und Buße die Schuld des Kindes am Missbrauch durch den Vater wieder gut zu machen.

Viele Frauen erinnern sich an den schulischen Religionsunterricht, den sie in der Regel als lebensfremd und uninteressant empfanden. Manche hätten damals gerne den Missbrauch thematisiert, jedoch war das nicht möglich, weil die Lehrperson dafür kein offenes Ohr hatte. Mehrere Frauen haben angenehme Erinnerungen an ihre Konfirmation, da sie dabei eine besondere Nähe zu Gott spürten.

Inwiefern ergeben sich nun Verbindungen zwischen der Wahrnehmung der Befragten zu ihrer religiösen Sozialisation und der Tatsache, dass sie Missbrauch erlebten? Imbens-Fransen beschreibt einen Zusammenhang zwischen einem repressiv-religiösen Klima in Familien und dem Vorkommen von Inzest.[1] Sie geht davon aus, dass Kinder, die nicht über sich selbst

---
[1] Vgl. Imbens-Fransen, Es ist wohl besser, wenn wir darüber (nicht) reden, 142.

bestimmen dürfen, gefährdeter sind, missbraucht zu werden. Gleichzeitig sind Eltern, die ihre Kinder besonders autoritär erziehen, anfälliger, ihr Bedürfnis nach Macht auf dem Weg sexualisierter Gewalt auszuleben. Imbens-Fransen nennt einige Aspekte religiöser Erziehung, die sich auf die Ermöglichung sexueller Gewalt auswirken:[2]
- Die Unterordnung der Frau in Kirche und Gesellschaft
- Einstellungen zu Ehe, Familie und Sexualität
- Das Gottesbild der kirchlichen Verkündigung

Diese Themen wurden von den befragten Frauen deutlich problematisiert und werden im folgenden Abschnitt zusammen gefasst. Die Vermutung von Imbens-Fransen über den Zusammenhang von Religion und sexueller Gewalt trifft für die vorliegende Studie zum Teil zu. Eine weitere Erforschung des religiösen Klimas in Inzestfamilien steht noch aus, um klarere Aussagen machen zu können.

2. *Erfahrungen mit Kirche*

Alle Frauen berichten im Interview ausführlich von ihren Erfahrungen mit Kirche. Dabei ergibt sich ein recht einheitliches Bild. Fast alle äußern sich zu fünf Themen, die sie mit Kirche verbinden und an denen sie sich stoßen:
- Die Stellung der Frau in der Kirche
- Problematisches kirchliches Frauenideal
- Problematisches kirchliches Familienideal
- Erfahrungen mit Vertretern von Kirche
- Kirche als intoleranter Machtapparat

Die Frauen ärgern sich darüber, in der Kirche als Frau minderwertig behandelt zu werden. Sie grenzen sich von kirchlichen Frauenidealen ab, die mit ihrem Leben nichts mehr zu tun haben sollen: unterwürfig, dienend, fürsorglich, hingebungsvoll zu sein. Diese problematischen Ideale finden sie auch im kirchlichen Familienbild, das sie als eine propagierte Idylle erleben, die von ihrer Lebensrealität nicht getragen wird. Die Befragten sehen genau in diesem Bild eine Voraussetzung, die Missbrauch und Gewalt ermöglicht.

Auffallend häufig berichten die Befragten von Erfahrungen mit Vertretern von Kirche: Vor allem mit Pfarrern, einmal mit Ordensfrauen. Diese Begegnungen scheinen starken Einfluss darauf zu nehmen, ob sich eine Frau von Kirche abgrenzt oder dazugehörig fühlt. Alle Frauen machen negative

---

[2] Vgl. ebd. 143-150.

Erfahrungen und stehen deshalb weiteren Kontakten zu Kirche eher skeptisch gegenüber.

Das Unbehagen verstärkt sich durch die Wahrnehmung von Kirche als hierarchischer Institution. Die Befragten vermissen die tolerante Offenheit der Kirche gegenüber menschlicher Lebensrealität. Stattdessen fühlen sie sich von Kirche von oben herab behandelt und bewertet.

Einige Frauen sehen diese problematischen Machtstrukturen von Kirche vor allem auch im Kontext der katholischen Kirche, weshalb sie sich von dieser sehr klar abgrenzen. Zwei Frauen erlebten als Kind die sinnenfrohe katholische Liturgie als etwas sehr Bereicherndes, was sie jedoch im Erwachsenenalter durch die Wahrnehmung der Machtstrukturen in der katholischen Kirche kritischer sehen.

Die Erfahrungen der befragten Frauen entsprechen den Ergebnissen dreier anderer Studien zur Einstellung von Frauen zu Kirche:

In einer **Repräsentativbefragung von Katholikinnen im Jahr 1993** zum Thema „Frauen und Kirche" werden tiefgreifende Veränderungen in der Lebenssituation und im Selbstverständnis von Frauen ermittelt, die ein verändertes Verhältnis zur Kirche beeinflussen. Vor allem reiben sich die Befragten am kirchlichen Frauenbild – ein „festgefügtes Frauenbild, das die eindimensional familienorientierte, aufopfernde, sich dem Mann unterordnende Frau zum Leitbild erklärt."[3] Zwei Drittel der Befragten sehen in der katholischen Kirche eine unzureichende Gleichberechtigung von Frau und Mann.[4] Es werden kirchliche Positionen ermittelt, die das Verhältnis zur Kirche belasten. Genannt werden vor allem:[5]

- Empfängnisverhütung
- Zölibat
- Abtreibung
- Ehescheidung
- Rolle des Papstes
- Haltung zur Sexualität
- Umgang mit Kritikern innerhalb der katholischen Kirche
- Ehen ohne Trauschein
- Rolle der Frau in der Kirche

---

[3] Sekretariat der Deutschen Bischofskonferenz, Frauen und Kirche, 97.
[4] Vgl. ebd., 105.
[5] Ebd., 114.

Kirche wird als Institution wahr genommen, die mit einer problematischen hierarchischen Struktur Macht ausübt, was sich im Bereich von spezifischen Frauenthemen äußerst negativ ausprägt. Auch wenn in dieser Studie ausschließlich Katholikinnen befragt wurden, ist davon auszugehen, dass deren Einstellungen sich nicht drastisch von evangelischen Frauen unterscheiden.

Einen Blick über den Rahmen der katholischen Kirche hinaus erlaubt das dreißigjährige Forschungsprojekt **"Religion im Leben der ÖstereicherInnen 1970-2000"**.[6] Die Untersuchung erforscht auch die Haltung der Befragten zu Frauenfragen; die Frauen wurden nach ihrer Selbsteinschätzung als Feministin gefragt.[7] Das ist bei durchschnittlich 9 % der Frauen der Fall. Am höchsten ist der Feministinnenanteil unter Protestantinnen in Großstadtgebieten mit 17 %, gefolgt von Ausgetretenen mit 15 %. Die Katholikinnen liegen mit 9 % im österreichweiten Schnitt. Für die vorliegende Arbeit ist davon auszugehen, dass die befragten Frauen überdurchschnittlich von feministischen Fragestellungen und Motivationen geprägt sind. Es ist festzustellen, dass die aktive Auseinandersetzung mit Missbrauchserfahrungen an einer grundlegende Reflexion des Geschlechterverhältnisses nicht vorbei kommt und diese zu einer grundsätzlichen Sensibilisierung für das Frau-Mann-Verhältnis führt, auch und gerade in Kirche und Religion.

Beide Studien (die Befragung der Katholikinnen und die österreichische Untersuchung) beschreiben sehr ähnliche Erfahrungen von Frauen mit Kirche wie die der vorliegenden Arbeit. Es ist deshalb davon auszugehen, dass es sich um frauenspezifisches Erleben von Kirche im mitteleuropäischen Kontext handelt, das für Frauen mit Missbrauchserfahrungen ähnlich gilt wie für andere Frauen.

Im Rahmen des Projektes **"Ökumenische Dekade – Solidarität der Kirchen mit den Frauen von 1988-1998"** dagegen wurden Aussagen von Frauen speziell zur Gewaltthematik gesammelt, die den Ergebnissen der vorliegenden Studie entsprechen. Die Dekade schärfte das Bewusstsein, dass die Situation von Frauen mit Gewalt- und Missbrauchserfahrungen Gegenstand kirchlicher (Selbst-)Reflexion werden muss. In einem Brief katholischer Frauen zum Thema "Gewalt gegen Frauen und Mädchen" an katholische Amtsträger, Verantwortliche in der katholischen Kirche und die kirchliche und gesellschaftliche Öffentlichkeit wurden 1996 fünf Bereiche genannt, in

---

[6] Vgl. Zulehner/Hager/Polak, Kehrt die Religion wieder?
[7] Vgl. ebd., 276.

Erfahrungen mit Kirche und Religion 367

denen Frauen in Gesellschaft und Kirche Gewalt erleben. Die Ergebnisse basieren auf 576 Zuschriften von Frauen, zu denen auf einem Katholikentag und über Verbandszeitschriften aufgefordert wurde. Die Frauen problematisierten:[8]
- Frauenbilder – Männerbilder und ihre Folgen
- Sprache und Verhaltensmuster als Gewalterfahrung
- Erfahrungen mit personaler Gewalt und sexuellen Übergriffen
- Gewalt in und durch kirchliche(n) Strukturen
- Gewalterfahrungen in der Liturgie

Der Brief beschreibt also, dass Frauen ihre Gewalterfahrungen mit den kirchlichen Männer- und Frauenbildern in Verbindung setzen. Sie erleben in den kirchlichen Strukturen einen Rahmen, der Gewalt ermöglicht. In kirchlicher Sprache und Liturgie fühlen sie sich als Frauen ausgegrenzt.

Die Ergebnisse der drei benannten Studien erklären, ergänzen und erweitern die Themen der befragten Frauen. Es wird deutlich, dass es sich um Inhalte handelt, die nicht nur von Frauen mit Missbrauchserfahrungen, sondern von Frauen generell benannt werden, wenn sie nach Kirche befragt werden.

3. Religiöser Zündstoff

Die Interviewten sprechen eine Vielzahl von Themen an, die sie mit Kirche und Religion in Verbindung bringen und die sie in der Auseinandersetzung mit ihrer Missbrauchsgeschichte als hinderlich und beschwerend erleben:
- Gehorsam und Eltern ehren
- Teufel, Hexen & Co
- Jungfrau Maria
- Schuld und Sünde
- Leid – Sühne – Opfer
- Vergebung

Solche Themen können als religiöser Zündstoff bezeichnet werden, da sie tatsächlich explosive Gefühle entfachen. Die Frauen erleben diese Inhalte in ihrem Leben als derartig verletzend, unpassend und absurd, dass sie sie nicht mehr ernst nehmen und alles, was damit zusammen hängt, weit hinter sich lassen wollen.

---

[8] Vgl. Katholische Arbeitsgruppe, Frauen und Mädchen – Gewalt – Kirche, 13-22.

In eine ähnliche Richtung weisen die Ergebnisse des Rates der Evangelischen Kirche in Deutschland, der eine Untersuchung zum Thema Gewalt gegen Frauen in Auftrag gab, in der auch theologisch relevante Themen reflektiert werden sollten. Im Bericht dieser Studie sind einige theologische Probleme und Anfragen benannt, die die Ergebnisse zum religiösen Zündstoff in der vorliegenden Studie ergänzen:[9]

- Herrschaft, Gewalt und Geschlechterdifferenz: Nach wie vor sind Herrschaft und Macht zwischen Männern und Frauen ungleich verteilt. Dieses Ungleichgewicht herrscht auch im Raum der Kirche und wird dort durch biblische Weisungen problematisch weiter tradiert (etwa durch Gebote wie Gehorsam und Elternliebe).
- Die doppelte Last der Frauen: Schuld an der Sünde und Verpflichtung zu freiwilliger Selbstverleugnung in der Nachfolge: An biblische Erzählungen anknüpfende christliche Tradition brachte zwei Modelle hervor, die für Frauen, die Gewalt erleiden, keine förderlichen Maßstäbe darstellen können. Es handelt sich dabei um den von Eva provozierten Sündenfall und um das jesuanische Ideal der freiwilligen Selbstverleugnung.
- Jesus Christus als Opfer: Die Vorstellung von Jesus als Opfer kann unterschiedliche Impulse frei setzen. Problematisch wird es für Frauen mit Gewalterfahrungen, wenn das Ideal Jesu sie dazu auffordert, im Opfersein auszuharren.

Die angesprochenen Brennpunkte zeigen, dass die negativen Erfahrungen der Befragten sich nicht nur auf äußere, soziostrukturelle Rahmenbedingungen von Kirche oder auf einzelne missglückte Kontakte mit deren Vertretern beziehen, sondern auch auf zentrale theologische Inhalte: Kreuz, Opfer oder Vergebung gehören zu den Essentials christlicher Botschaft. Die Missbraucherfahrungen stellen also eine grundlegende Anfrage an christliche Glaubenslehre.

---

[9] Vgl. Kirchenamt der EKD, Gewalt gegen Frauen als Thema der Kirche, 132-148.

III. Zwischen Erfahrungsbezug, Wunsch nach weiblichen Gottesbildern und der Suche nach Sinn – Persönliche Religiosität im Kontext des Bewältigungsprozesses

1. Religiöses Erleben und Gefühle

In den Interviews stellt sich deutlich heraus, dass die Befragten ihre individuelle Religiosität stark mit Gefühlsqualitäten beschreiben. Wichtiger als die Schilderung der konkreten religiösen Praxis ist ihnen, ihr subjektives religiöses Erleben zu benennen.

Zwei Befragte schildern religiöses Erleben, das den gewöhnlichen Rahmen menschlicher Erfahrung übersteigt, etwa sehen sie sich in Kontakt mit Verstorbenen oder können Dinge und Ereignisse vorhersehen. Diese Erlebnisse stufen sie als etwas Religiöses ein, die sie unterstützen und ihnen den Weg weisen. Es ist zu fragen, inwieweit eine Differenzierung zwischen spirituellem und psychotischem Erleben in diesem Zusammenhang weiter führt. Menschen, die extreme Gewalt erleben und/oder früher, chronischer Traumatisierung ausgesetzt sind, können im spirituellen Bereich die Ebene der gewöhnlichen Realität verlassen und dabei zu Lösungen kommen, die von außen betrachtet als „verrückt" bezeichnet werden könnten. Dennoch ist große Zurückhaltung mit Wertungen, ob positiv oder negativ, geboten. Galuska ordnet solche Erfahrungen als paranormale Erlebnisse ein: „Sie sind für eine religiöse oder spirituelle Entwicklung nicht erforderlich und bedeuten zunächst auch nicht, dass hier eine Höherentwicklung vorliegt. Sie verweisen jedoch auf bisher rational nicht ausreichend erschlossene Zusammenhänge und stellen eine Herausforderung für das Menschen- und Weltbild dar."[1] Hilsenbeck bringt diese Erfahrungen mit traumatischer und kreativer Dissoziation in Verbindung, die in Alltagsformulierungen wie „einen Vogel/einen Sprung in der Schüssel haben" wieder zu finden sind.[2] Dissoziation führt zum Verlassen des gewöhnlichen Erlebens, weil die Person mit aversiven Reizen überflutet wird und diese sie zu zerstören drohen. Dieser Wech-

---

[1] Galuska, Spirituelle Krisen, 241.
[2] Vgl. Hilsenbeck, Welche ist die Grenzgängerin: Therapeutin oder Klientin? 309; Galuska sieht einen Zusammenhang zwischen Dissoziation und außerordentlichem religiösen Erleben, vgl. Galuska, Spirituelle Krisen, 243f.

sel der Ebenen kann auch im spirituellen Leben eine Rolle spielen und findet sich in Beschreibungen von Menschen mit Grenzerfahrungen wie Nahtod und schweren Unfällen. Da Dissoziation für Missbrauchte eine wichtige Rolle spielt, kann von Auswirkungen der dissoziativen Vorgänge, die sich nicht selten in die Persönlichkeit einprägen, auch auf die persönliche Religiosität ausgegangen werden. Diese sollen an dieser Stelle jedoch nicht weiter problematisiert werden, da die Grenzen zwischen „normalem" und „paranormalem" Erleben fließend sind und die vorliegende Studie keinen pathozentrischen Fokus darauf nehmen soll.

Die religiösen Gefühle der Interviewten können sich sowohl belastend als auch förderlich auf den Bewältigungsprozess auswirken. Manche berichten davon, Hass auf Gott zu empfinden und sich verlassen zu fühlen. Gleichzeitig sehen sie auch, dass das Zulassen solcher beschwerender Gefühle im Religiösen wichtig ist und nicht zensiert werden soll. Der Großteil der Befragten erzählt lebhaft von positiven religiösen Gefühlen, die in folgende Subkategorien geordnet wurden:
- Kraft gewinnen
- Zur Ruhe kommen
- Innerer Friede
- Dankbarkeit
- Wärme
- Ermutigung und Urvertrauen
- Gewollt sein

Die genannten Gefühle zeigen, dass Emotionen gegenüber Gott bzw. zu einem transzendierenden Horizont in Analogie zu zwischenmenschlichem Erleben beschrieben werden.[3] Dass die Befragten vor allem von positiven Gefühlen berichten, dürfte verschiedene Ursachen haben. Genannt seien hier zwei Aspekte, ein individueller und ein struktureller:
- Es ist nicht üblich, problematische Gefühle wie Angst, Hass, Verlassenheit, Zweifel usw. im religiösen Bereich zu artikulieren. Es scheint Überwindung zu kosten, solche Emotionen zuzulassen. Im Kontext der Lebensgeschichte der befragten Frauen ist dies umso mehr nachvollziehbar, als diese allzu intensive negative Gefühle fürchten und diese durch Spaltung unter Verschluss halten.
- Religiös ist für die Befragten vor allem das, was hilft und was als positiv empfunden wird. Das hängt auch mit gegenwärtigen Tendenzen zusam-

---

[3] Vgl. Grom, Religionspsychologie, 248.

men, die Spirituelles im Lebenshilfesektor anbieten und die „dunkle Seite Gottes"[4] damit ausblenden. Diese jedoch ist es, mit der traumatisierte Menschen fast zwangsläufig konfrontiert sind. Postmoderne Sinnsuche konzentriert sich eher auf angenehme und förderliche Dimensionen. Es ist zu fragen, inwieweit das der komplexen und ambivalenten Lebensrealität gerecht wird und wo ein spezifisch christlicher Auftrag liegen könnte.

2. Religiöse Praxis

Die Frage nach konkreten Formen religiöser Praxis liefert relativ wenig tatsächliche Beschreibungen. Da der Großteil der Befragten wenig kirchlich gebunden ist, entfallen viele übliche Formen gemeindlicher Praxis wie Gottesdienstbesuch, Bräuche zu kirchlichen Festen etc.

Zwei Frauen üben sich in Meditation. Für eine Frau mit charismatischem Hintergrund spielt die Auseinandersetzung mit der Bibel eine Rolle, während die Bibel zum Zeitpunkt des Interviews im Leben der übrigen Befragten keinen maßgeblichen Raum einnimmt.

Manche Frauen bringen verschiedene Praktiken und Tätigkeiten, die sie im Bewältigungsprozess als unterstützend erleben, mit etwas Religiösem in Verbindung. Es handelt sich dabei also um religiöse Äquivalente, die primär nicht aus dem Raum von Religion kommen, aber mit diesem identifiziert werden. Es geht dabei um Erleben beim Tanzen, Malen, massiert werden etc.

Einige Frauen machen im Umkreis esoterischer Gruppierungen Erfahrungen mit Ritualen. In diesen werden in einer Gemeinschaft von Frauen Jahreskreisfeste oder wichtige Lebenserfahrungen miteinander gefeiert.

Wichtiger als konkret benennbare Akte und Rituale religiöser Praxis sind für die Frauen bestimmte Qualitäten, die die gelebte Seite ihrer Religiosität maßgeblich bestimmen. In allen Interviews finden sich Beschreibungen von religiöser Praxis, die folgende Charakteristika haben:
- Erfahrung als Ausgangspunkt
- Körperlichkeit
- Naturbezug

Die Befragten wünschen sich religiöse Praxis, die beim eigenen Leben und Fühlen ansetzt. Ihre persönliche Erfahrung steht im Mittelpunkt. Zwei wichtige Dimensionen davon stellen Körper- und Naturbezug dar. Diese Kon-

---

[4] Vgl. Gebara, Die dunkle Seite Gottes.

zentration auf das individuelle Erleben hängt mit dem Bewältigungsprozess zusammen: Die Frauen entdecken dabei ihre eigenen Gefühle, setzen sich mit ihrem Körper auseinander und lernen, Grenzen zu setzen und ihrer eigenen Wahrnehmung zu trauen. Dabei spielt oft der Kontakt mit der Natur (also einem Ort außerhalb riskanter zwischenmenschlicher Beziehungen) eine Rolle, um das Spüren zu lernen. Diese im Laufe des Bewältigungsprozesses steigende Aufmerksamkeit für Körper und Natur findet sich auch im Bereich der religiösen Praxis wieder.

Die ermittelten zentralen Qualitäten der pragmatischen religiösen Dimension der Befragten sind auch in den Ergebnissen von Studien zu weiblicher Religiosität zu finden. Franke etwa untersuchte die religiöse Praxis bei kirchlich-christlich und feministisch geprägten Frauen und resümiert die gemeinsamen Wünsche der Befragten:[5]

- Erfahrungs- und Alltagsbezug,
- Einbeziehung von Körperlichkeit und Bewegung,
- Raum für meditative Elemente,
- Freiraum für eigene Interpretation, Reflexion und individuelle Gestaltung,
- Naturbezogenheit,
- Wahl einer frauenfreundlichen Sprache im religiösen Handeln sowie der Bezug auf neutrale/oder weibliche Symbolisierungen des Göttlichen/Heiligen.

Zentrale Aspekte religiöser Praxis von Frauen zeigen sich in deren Bedürfnisorientierung und Erfahrungsbezug. Die Ergebnisse der vorliegenden Studie liegen also im Rahmen dessen, was auch andere Untersuchungen zu frauenspezifischer Religiosität ermitteln. Darüber hinaus stehen diese Resultate in einer Linie mit zunehmender gesellschaftlicher Erlebnisorientierung und Individualisierung.[6]

3. Religiosität im sozialen Kontext

Einige Befragte benennen einzelne Personen, die ihre persönliche Religiosität maßgeblich angestoßen haben. Dabei spielt deren institutionelle Anbindung an eine Glaubensgemeinschaft keine Rolle, sondern ihre persönliche Glaubwürdigkeit.

---

[5] Franke, Die Göttin neben dem Kreuz, 228.
[6] Vgl. Teil I, C. III. 3.

Alle Frauen erleben im Bewältigungsprozess Veränderungen im sozialen Nahbereich: Manche Kontakte werden intensiver, andere werden unwichtiger. Der Großteil der Befragten erlebt eine starke empathische Verbundenheit in Beziehungen, die sie auch religiös deuten. Sie gewinnen in den Begegnungen (vor allem mit weiteren betroffenen Frauen) Kraft und schöpfen Mut. Religiös zu sein hat für viele der Interviewten etwas mit Gemeinschaft zu tun. Eine Frau lehnt ein solches Miteinander ab, da sie ihre eigene Form der Religiosität gewählt hat und sich nicht beeinflussen lassen möchte.

Die Befragten finden das Religiöse in der Verbundenheit mit anderen vor allem in dem Gefühl, sich echt und ungeschützt mitteilen und zumuten zu können. Keine der Frauen erlebt das in einer kirchlichen Gemeinschaft, sondern in kleineren, frauenorientierten Zusammenhängen, die oft mit der Bewältigung des Missbrauchs zusammenhängen.

Die Erfahrungen der Befragten mit kirchlichen Vertretern und Gemeinden hinterlassen bei ihnen den Eindruck, dass sie sich dort nicht mit ihrer Geschichte und ihren Bedürfnissen beheimaten können – wenngleich viele den Wunsch nach einer solchen Gemeinschaft äußern und sie deshalb in anderen Bereichen suchen und erleben. Diese Suche beobachten auch Polak/Zulehner: Sie beschreiben, dass der Wunsch nach einem anderen Miteinander im Kontrast zur Leistungsorientierung modernen Lebens entsteht. „Die Kultur individualistischer ‚Hinrichtung' hat wenig Vorrat an solidarischer Liebe untereinander."[7] Auf der Suche nach solchen Orten, an denen Menschen nicht hingerichtet, sondern aufgerichtet und ermutigt werden, bilden sich immer mehr spirituelle Biotope außerhalb institutioneller Religion. „Viele der neuen spirituellen Gemeinschaften versuchen hier, neue Wege zu gehen – und legen Wert darauf, dass sie völlig anders sind als die normale Welt. Sie verstehen sich als ‚Kontrastgesellschaften', in denen man miteinander menschlich umgeht – und nicht selten kann man dort einen Umgang und Kommunikationsstil miteinander erleben, den man in so mancher christlichen Gemeinde heute vergeblich sucht."[8] Dieser kontrastierende soziale Umgangsstil findet sich in der vorliegenden Untersuchung bei den Frauen mit Nähe zu esoterischen und charismatischen Gruppierungen.

---

[7] Polak/Zulehner, Theologisch verantwortete Respiritualisierung, 211.
[8] Ebd., 211.

4. Religiöse Interpretationen zur kognitiven Einordnung des Missbrauchs

Die Frage nach dem Warum des Missbrauchs treibt die befragten Frauen um. Sie suchen auch im religiösen Bereich nach einer Erklärung für ihr Leid. Zwei grundsätzlich verschiedene Modelle tauchen auf:

Modell 1:

Die Frauen sehen, dass ihr Leid durch menschliches Unrecht entstanden ist. Die Schuld am Missbrauch liegt beim Täter, der sich damit gegen Gott entschieden hat. Der Missbrauch und das Leid daran wird also nicht religiös interpretiert.

Modell 2:

Die Frauen versuchen, ihrer Erfahrung durch religiöse Interpretation Sinn zu verleihen: Sie gehen davon aus, dass sie dem Willen einer übergeordneten Instanz (Gott, Schicksal, Universum etc.) entspricht und eine Art Läuterungsinstrument darstellt.

Das zweite Modell kann sich in verschiedenen Versionen konkretisieren:
- Der Missbrauch ist von einer jenseitigen Macht vorbestimmt, der sich die Betroffene unterordnen muss.
- Der Missbrauch hat mit der Eigenverantwortung der Betroffenen zu tun. Sie zieht aufgrund ihrer Persönlichkeit die Erfahrung an sich. Deshalb muss sie ihre Persönlichkeit entsprechend entwickeln und verändern.
- Erfahrungen in einem früheren Leben ziehen den Missbrauch im aktuellen Leben nach sich, der von der Betroffenen aufgelöst werden muss.

So unterschiedlich die beiden Modelle sind, so klar zeichnet sich eines ab: Die Frage nach der Ursache ihres Leides ist für die Befragten ein Dreh- und Angelpunkt in der Auseinandersetzung mit dem Missbrauch. Auch und gerade im religiösen Bereich suchen sie Antworten darauf. Der Schmerz ist leichter ertragbar, wenn er einen Sinn hat und in einen übergeordneten Rahmen eingeordnet werden kann.

Was dabei passiert, kann mit Antonovskys Modell des Kohärenzgefühls erklärt werden: Eine Person erfährt sich und ihre Lebensgeschichte umso kohärenter, je mehr sie ihr Leben als verstehbar, bewältigbar und bedeutsam erlebt. Dabei spielen religiöse Einstellungen eine wichtige Rolle.

Das Konzept posttraumatischen Wachstums von Tedeschi/Calhoun betont die Wichtigkeit kognitiver Einordnung des Traumas in die Lebensgeschichte.[9] Diese kann auch religiös gefärbt sein. Janoff-Bulmann beschreibt dies als Prozess der existentiellen Neubewertung. Das Trauma soll verständlich werden, nachvollziehbar und begreifbar, besonders im unmittelbaren Zeitraum nach dem Trauma. Längerfristig suchen die Betroffenen nach Möglichkeiten, seine Bedeutung zu erschließen, es einzuordnen. Das Geschehen soll einen Sinn haben. Die Traumatisierten müssen sich von ihren Annahmen über die eigene Unverletzbarkeit infolge des Traumas verabschieden, sie sind sinnlos geworden. Nun fragen sie, warum es passiert ist, und das oft weniger generell, sondern weshalb es speziell sie getroffen hat.[10]

5. *Gottesbilder*

Nach Gottesbildern wurde im Rahmen des Interviews sehr vorsichtig gefragt, um vorschnelle Festlegungen zu vermeiden und den Befragten den Raum für ihre persönlichen Vorstellungen zu öffnen. Die offenste und zugleich ertragreichste Form bot die Auseinandersetzung mit den Begriffen Gott – Göttin – das Göttliche. Johnson beschreibt, warum sich im Gottesbild individuelle Erfahrungen bündeln: „Da das Gottessymbol der Brennpunkt des gesamten religiösen Systems ist, sind in ihm eine ganze Weltordnung und eine Weltanschauung mitgegeben. Bestimmte Gottesvorstellungen unterstützen ganz bestimmte Formen von Beziehungen und berücksichtigen andere nicht. (...) Das Gottessymbol wirkt, und sein Inhalt ist von höchster Bedeutung für das persönliche und öffentliche Wohl oder Wehe."[11]

Den Frauen wurde als Kind das klassische Bild von Gott als altem, bärtigem Mann im Himmel vermittelt, wovon sich mehrere verabschieden wollen. Viele Befragte wünschen sich weibliche Bilder für Gott. Sie stören sich an den männlichen Darstellungen, die kirchlich vermittelt werden.

Manche Frauen lehnen paternalistische und patriarchale Strukturen im Gottesbild ab und sehen das auch als Folge ihrer Auseinandersetzung mit dem Missbrauch. Weil Männer sie missbrauchten, wollen sie mit einem mächtigen, männlichen Gott nichts zu tun haben. Destruktiv wirkt sich vor allem das Bild eines strafenden, rächenden Gottes aus, der die menschliche

---

[9] Vgl. Tedeschi/Calhoun, Posttraumatic Growth: Conceptual Foundations and Empirical Evidence, 11.
[10] Vgl. Janoff-Bulman, Posttraumatic Growth: Three Explanatory Models, 33.
[11] Johnson, Ich bin die ich bin, 60.

und vor allem weibliche Sündhaftigkeit ahndet. Das Bild von Gott als Vater wird lediglich von einer Frau verwendet, und zwar in Opposition zu ihrem eigenen Vater, der sie missbrauchte.

Ein Auswertungsergebnis beschreibt die Art des Gottesbildes der Befragten hinsichtlich seines personalen bzw. unpersönlichen Charakters. Die Interviewten teilen sich in dieser Frage in etwa zwei gleich große Gruppen. Während die einen Frauen ein eher personales Gottesbild haben, bevorzugen die anderen unpersönliche Bilder für das Göttliche. Erstere sehen in Gott einen, zu dem sie sprechen können und der ihre Probleme verstehen kann. Sie fühlen sich unterstützt vom Bild eines mitfühlenden Gottes, den sie mit „Du" anreden, der sie bejaht und der Grund ihres Lebens ist. Ebenso zweifeln Befragte mit persönlichem Gottesbild an der Existenz Gottes, fühlen sich von ihm verlassen, hassen ihn, stellen die Theodizee. Frauen mit unpersönlichen Gottesbildern fühlen sich mit einer Kraft verbunden, die sie stärkt und sie mit dem Leben verbindet. Diese Frauen wählen bewusst geschlechtsneutrale Bilder.

Es ist auffallend, dass die Frauen je nachdem, ob sie ein personales oder unpersönliches Gottesbild bevorzugen, unterschiedliche Auffassungen hinsichtlich der Ursache für ihr Leid vertreten:

- Frauen, die sich Gott als persönliches Gegenüber vorstellen, richten die Frage nach der Ursache ihres Leides an Gott. Sie fragen nach Gottes Rolle und Verantwortung an ihrem Missbrauch und Leid.
- Frauen mit unpersönlichen Bildern für das Göttliche suchen die Ursache für den Missbrauch und ihr Leid daran bei sich selbst, indem sie an Reinkarnation glauben, von Selbstverantwortung ausgehen etc. Sie erleben den Missbrauch als Prüfung durch das Schicksal, der sie sich stellen müssen. Diese Frauen stehen in deutlicher Nähe zu esoterischen Praktiken und Anschauungen.

Zum Gottesbild gehört im weiteren Sinn auch die Theodizeefrage. Bei dieser wird die Vorstellung von einem guten Gott angesichts des konkreten Erlebens von Missbrauch und Leid fragwürdig. Sie stellt sich vor allem für die Frauen mit personalem Gottesbild. Die Frage, warum Gott den Missbrauch und ihr Leid zulässt, findet keine Antwort und erschüttert den Glauben an einen menschenfreundlichen Gott dramatisch.

6. Jesusbilder

Jesus spielt für einen (zahlenmäßig kleinen) Teil der Frauen eine wichtige Rolle, für andere gar keine. Einige erleben in den biblischen Geschichten von seiner Solidarität mit Benachteiligten dessen Nähe zu ihrem Leben. Sie fühlen sich von seiner Liebe und Parteilichkeit unterstützt. Für manche Frauen hat es eine Bedeutung, dass Jesus ein Mann war, der Frauen respektvoll behandelte und damit den patriarchalen Rahmen seiner Zeit sprengte.

Einen zentralen Stellenwert im Umgang mit der Figur Jesu haben sein Kreuz und Leiden. Einige Frauen ziehen Parallelen zwischen ihrem Leid und Jesu Leid, was sie sich jedoch kaum auszusprechen trauen, da sie sich dabei als anmaßend erleben. Sie sehen die problematischen Konsequenzen der Botschaft vom Kreuz, die ihnen als Kind vermittelt wurde: Das Kreuz ist eine Prüfung, die sie freiwillig auf sich nehmen müssen. Leiden ist also gut für etwas. So wie Jesus sein Kreuz trug, sollen auch die Frauen ihr Leid ertragen und sich aufopfern.

Es sind vor allem problematische Kreuzestheologien, die in den Aussagen der Befragten zum Vorschein kommen. Das Kreuz wirkt für die Befragten unterschiedlich:

- Es narkotisiert den eigenen Schmerz.
- Es ist Erziehungsmittel, weil Gott den Tod seines Sohnes wegen der Sündhaftigkeit des Menschen wollte. Es steht als unerreichbares und anzustrebendes Ideal vor Augen.
- Es fordert zum bereitwilligen Leiden auf und verspricht dafür Erlösung.
- Es vermittelt die Solidarität Jesu im Leid.
- Es bietet ein Deutungsmuster für das Erleben von Gewalt.
- Es ist Folge menschlichen Unrechts.

Diese Konsequenzen aus der Kreuzesbotschaft wirken sich eher Leid verstärkend oder ermutigend auf die Frauen aus, und zwar je nachdem, ob sie Gewaltstrukturen festigen und Opfer in ihrem Opfersein festhalten oder dazu beitragen, Gewalt zu überwinden.

Solche problematischen Kreuzestheologien sind von feministischen Theologinnen bereits beschrieben und erörtert worden. Die Kritik feministischer Theologinnen betrifft nicht irgendwelche Randbereiche der Theologie, sondern auch einige der zentralen theologischen Aussagen und Grundstrukturen. Dazu gehört die Vorstellung des von Gott gebilligten Kreuzestodes seines eigenen Sohnes Jesus von Nazareth, der sein Leben aus Liebe zu den Menschen und zur Erlösung von aller menschlichen Sünde gehorsam dem Willen seines Vaters opfert.

Bereits Daly verwies auf die Problematik des Kreuzesleidens Jesu als Vorbild für Frauen: „Auch die Eigenschaften, die das Christentum idealisiert, besonders für Frauen, sind die eines Opfers: Aufopfernde Liebe, passives Hinnehmen des Leidens, Demut, Sanftheit etc. Da diese Eigenschaften in Jesus, ‚der für unsere Sünden starb', idealisiert wurden, verstärkte sein Vorbild noch das Sündenbock-Syndrom für Frauen."[12] Die Amerikannerinnen Brown/Parker kritisieren verschiedene traditionelle Kreuzestheologien, die zur Akzeptanz von Gewalt beigetragen haben sollen.[13] Sie gehen davon aus, dass sich im Kontext sexuellen Missbrauchs der problematische Charakter mancher christologischer Aussagen zu Kreuz und Leiden Jesu erhöht. Brown und Parker beschreiben ihre These am Anfang ihrer Ausführungen:

„Das Christentum war eine grundlegende – im Leben vieler Frauen *die* grundlegende – Macht, die unsere Bereitschaft, Missbrauch zu akzeptieren, formte. Das zentrale Bild vom gekreuzigten Christus als Retter der Welt verbreitet die Botschaft, dass Leiden erlösend ist (...). Unser Leiden für Andere wird die Welt retten. Die Botschaft wird noch verkompliziert durch eine Theologie, die sagt, dass Christus, dem Willen seines Vaters gehorchend, litt. Der göttliche Kindesmissbrauch wird als rettend dargestellt und das Kind, das leidet, ohne auch nur die Stimme zu erheben, wird als Hoffnung der Welt gepriesen. Diejenigen, deren Leben zutiefst von der christlichen Tradition geprägt wurde, fühlen, dass Selbstopfer und Gehorsam nicht nur Tugenden sind, sondern die Definition einer gläubigen Identität. Die Zusage der Auferstehung überredet uns zum Aushalten von Schmerz, Erniedrigung und der Verletzung unserer heiligen Rechte nach Selbstbestimmung, Ganzheit und Freiheit."[14]

7. *Zum Stellenwert der persönlichen Religiosität im Rückblick auf den Bewältigungsprozess*

Alle Interviewten resümieren im Rückblick auf ihren Bewältigungsprozess, dass sich in diesem auch ihre Religiosität veränderte. Die Frauen begeben sich aus ihrer Not heraus auf Suche nach etwas, das ihnen Kraft gibt und hilft. Einige erfahren im Religiösen eine sehr wichtige – manchmal die bedeutsamste – Hilfe für die Missbrauchs- und Lebensbewältigung. Mehrere erleben das Religiöse als die wichtigste Dimension, um mit dem Missbrauch leben zu können. Im spirituellen Bereich können sie sich entfalten und entwickeln.

Eine Frau erlebt, dass das Religiöse keine weiterführenden Perspektiven bieten kann, sondern eher destruktiv wirkt. Sie kommt zu dem Ergebnis,

---

[12] Daly, Jenseits von Gottvater, 96.
[13] Brown/Parker, For God so loved the world?
[14] Ebd., 2 (Übersetzung durch d. Verf.).

dass sie ihre Gewalterfahrungen nicht durch Religiöses bewältigen kann und möchte. Andere finden in ihrer Religiosität eine Möglichkeit, die Gegensätze zu tolerieren und „trotz allem" zu glauben. Sie erleben durch die Traumatisierung eine besondere Offenheit und Tiefe für existentielle und religiöse Fragen.

Im Rückblick auf den Bewältigungsprozess lassen sich zur persönlichen Religiosität der Befragten folgende Charakteristika benennen:
- Religiöses spielt im Bewältigungsprozess eine Rolle.
- Religiöses ist nicht einfach da, sondern wird individuell gesucht.
- Religiöses braucht authentische Vorbilder.
- Religiöses zieht Verbundenheit mit Menschen nach sich.
- Religiöses stiftet Sinn.
- Religiöses ist kein Alltagsthema.
- Religiös sein heißt, sich persönlich zu entwickeln.
- Religiosität kann helfen.
- Religiosität kann behindern.
- Religiöses hilft, Gegensätze tolerieren zu können.
- Durch die Traumaerfahrung kann eine besondere religiöse Tiefe entstehen.

Diese Charakteristika können mit den Ergebnissen zur Rolle von Spirituellem in der Erforschung posttraumatischen Wachstums verglichen werden. Tedeschi/Calhoun nehmen posttraumatische Reifung in drei Bereichen wahr, unter anderem eine Veränderung der Lebensphilosophie.[15] Zu dieser zählen sie die Offenheit für existentielle Themen, die Sensibilität für Sinnfragen und spirituelle Entwicklung. Janoff-Bulman beschreibt:[16] Traumabetroffene haben erlebt, dass ihr Leben gefährdet und angreifbar ist. Die Auseinandersetzung mit dieser durch die Missbrauchserfahrungen sinnlos gewordenen Welt wird vor allem durch neue spirituelle Einsichten gelöst, die es ermöglichen, trotz Zerstörung und Leid Sinn zu finden. Dazu trägt vor allem das Aushalten von Ambivalenzen bei. Unvereinbares kann nebeneinander bestehen. Es handelt sich um den „Prozess des Wiederaufbaus der inneren Welt, besonders um den Prozess der ausdrücklichen Sinnsuche im Angesicht des Verlustes."[17]

---

[15] Vgl. Tedeschi/Park/Calhoun, Posttraumatic Growth. Conceptual Issues, 10-16
[16] Vgl. Janoff-Bulman, Posttraumatic Growth: Three Explanatory Models.
[17] Ebd., 32.

IV. Zusammenfassende Charakterisierung von Entwicklung, Gestalt und Rolle von Religiosität im Bewältigungsprozess von Frauen, die sexuell missbraucht wurden

Die Befragten nehmen Veränderung wahr: Aufgrund der durch den Missbrauch ausgelösten Belastung – die nicht selten so unerträglich ist, dass sie lebensbedrohlich wird – machen sie sich auf die Suche nach Hilfe und Unterstützung. Um von der posttraumatischen Symptomatik erleichtert zu werden, lassen sie sich auf einen Veränderungsprozess ein. Sie entwickeln Vertrauen zu einer therapeutischen Person und lernen, ihrer Wahrnehmung zu trauen und sich selbst zu achten. Im sozialen Umfeld der Befragten finden Veränderungen statt: Schädigende und entmutigende Kontakte nehmen ab, bestärkende Beziehungen nehmen zu. Ähnlich verhält es sich mit ihrer Religiosität: Alle berichten von einer veränderten Wichtigkeit dieser Dimension im Bewältigungsprozess. Sie verändert sich von der in der Kindheit von Eltern und Kirche vermittelten Form hin zu einer sehr individuellen Gestalt. Der Wandel zeigt sich an vielen Punkten, etwa im Gottesbild, der religiösen Praxis, dem sozialen Bezug und kognitiven Erklärungsmustern. Destruktive und entmündigende religiöse Themen und Strukturen lehnen sie ab und sie suchen stattdessen nach emanzipierenden Bildern und Formen.

Diese im Bewältigungsprozess wahrgenommene Veränderung setzt sich wie ein Mosaik aus verschiedenen Steinen zusammen, zu dem etwa Selbstbild, Beziehungen und die persönliche Religiosität gehören. Letztere ist im Rahmen der vorliegenden Untersuchung von besonderem Interesse. Es ist zu beobachten: Ein Bewältigungsprozess ergibt kein abgeschlossenes Bild. Immer wieder sortieren sich die Mosaikteile neu, manche werden aussortiert, weitere kommen hinzu, abhängig von äußeren Einflüssen und persönlichen Faktoren.

Im Folgenden sollen die charakteristischen Ergebnisse dieser Studie zu Entwicklung, Rolle und Gestalt der Religiosität im Bewältigungsprozess benannt werden. Dabei geht es nicht um repräsentative Aussagen, die für alle Befragten zutreffen, sondern um generalisierende Tendenzen und Trends, die sich in den Interviews abzeichnen. Es gibt im Einzelnen natürlich Differenzierungen und Abweichungen. Da eine Unterscheidung in religiöse und nicht-religiöse Bewältigung weder möglich noch sinnvoll ist, soll den bisher

Entwicklung, Gestalt und Rolle der Religiosität

wenig beleuchteten Zusammenhängen zwischen religiösen und anderen Anteilen im Bewältigungsprozess besondere Aufmerksamkeit gelten.

Zu den Erfahrungen der Befragten mit Religion und Kirche im Kontext der Bewältigung sexuellen Missbrauchs lassen sich folgende Charakteristika beschreiben:
- Der sexuelle Missbrauch beeinträchtigt die Lebensqualität der Befragten gravierend.
- Konventionelle religiöse Erziehung bietet den Frauen wenig Förderliches, weder als Kind noch als Erwachsener. Stattdessen sind sie mit Themen konfrontiert, die ihre Auseinandersetzung mit dem Missbrauch behindern. Dazu gehört insbesondere eine Verflechtung von autoritärer Gehorsamserziehung mit dem Bild eines strafenden Gottes.
- Religiöser Zündstoff wie Gehorsam, Schuld, Sünde, Opfer oder Vergebung ist für die Befragten Thema und behindert sie – solche Themen sind also nach wie vor aktuell.
- Keine der Befragten wandte sich im Bewältigungsprozess an die Kirche, um dort Unterstützung in ihren Problemen zu erhalten.
- Die Begegnungen mit Vertretern von Kirche bestätigen das Bild der Frauen, dass Kirche in Sachen Missbrauch nicht ansprechbar und unsensibel ist.
- Kirche – sowohl evangelische als auch katholische – wird als ein von Männern dominierter Machtapparat erlebt, in dem Frauen durch eine konservatives Frauen- und Familienideal in eine dienende Rolle gedrängt werden.
- Trotz der Enttäuschung über die Kirche kommt es nicht zum Kirchenaustritt.

Zur Entwicklung, Gestalt und Rolle der persönlichen Religiosität im Bewältigungsprozess:
- Die Entwicklung einer persönlichen Religiosität findet oftmals im Kontrast zu den schwierigen Erfahrungen mit Kirche und Religion statt.
- Das Wachsen der persönlichen Religiosität hängt mit der Auseinandersetzung der Befragten mit sich selbst im Bewältigungsprozess zusammen.
- Die Ergebnisse feministischer Forschung zu Frauen und Religiosität treffen für die vorliegende Studie in markanter Weise zu. Da geht es um „klassische" Themen wie die Rolle der Frau in der Kirche, den Wunsch

nach weiblicher Repräsentanz im Gottesbild und individualisierte und erfahrungsbezogene religiöse Praxis.
- Die Auseinandersetzung mit dem Missbrauch macht die Frauen für feministische Themen sensibel, was sich auch in ihrem Wunsch nach weiblichen und/oder geschlechtsneutralen Bildern von Gott zeigt.
- Ihr persönliches religiöses Erleben beschreiben die Frauen vor allem mit Gefühlsqualitäten. Der Bezug zu Religion und Gott läuft über Gefühle.
- Ausgangspunkt religiöser Praxis ist die eigene Erfahrung, die sich vielfach im Wunsch nach körper- und naturbezogenen Elementen verwirklicht.
- Gerade die Elemente, die die Frauen im Bewältigungsprozess unterstützen, werden von ihnen auch als religiös empfunden, also auch ursprünglich nichtreligiöse Praktiken, die damit zu religiösen Äquivalenten werden.
- Rituale und Symbole sprechen die Befragten an und werden von ihnen praktiziert. Diese stehen in Zusammenhang mit (Lebens-)Situationen aus dem konkreten Leben.
- Die Entwicklung der persönlichen Religiosität wird als höchst individueller Vorgang erlebt, wenngleich darauf auch andere Menschen maßgeblich Einfluss nehmen; einzelne Personen dienen ihnen als glaubwürdige Vorbilder, die Orientierung bieten und zum eigenen Weg ermutigen.
- Im Bewältigungsprozess fühlen sich die Frauen im Kontakt mit anderen Betroffenen gestärkt, was einige mit Religiösem assoziieren. Die gegenseitige Solidarität trägt sie in Phasen der Verzweiflung und gibt ihnen die Möglichkeit, anderen zu helfen und nahe zu sein. Es besteht der ausdrückliche Wunsch nach einem Mehr an solchem gemeinsamen Miteinander.
- Jesus wird auf zwei Weisen wahr genommen: Die einen sehen in ihm ein problematisches Vorbild, das bereitwillige Aufopferung und freiwilliges Leid propagiert, damit die menschliche Sündigkeit überwunden werden kann. Die anderen erleben ihn als Verbündeten, mit dem sie sich im Leid und der Qual des Missbrauchs verbunden wissen.
- Die Frage nach der Ursache und dem Sinn ihres Leides beschäftigt die Frauen. Als „Lösung" zeichnen sich zwei verschiedene Interpretationen ab: Einige richten ihre Frage als Klage an Gott. Sie sehen, dass der Täter sie unwiderruflich geschädigt hat und zweifeln an der Menschenfreundlichkeit Gottes. Andere erklären sich ihren Missbrauch durch esoterisch orientierte Prinzipien, mit denen sie ihre Eigenverantwortung am Miss-

brauch sehen und ihr Leid daran als läuternde Prüfung analysieren. Während erstere ein personales Gottesbild vertreten, haben letztere unpersönliche Bilder für das Göttliche.
- Die Befragten stoßen im Bewältigungsprozess im therapeutischen Lebenshilfebereich und auf dem Marktplatz religiöser Angebote auf esoterische und charismatische Angebote und Strömungen, die sie unterstützen und ihnen einen Rahmen bieten, in dem sie ihre Erfahrungen einordnen und nach einem bestimmten Muster auflösen können.
- Der Stellenwert von Religiosität verändert sich. Wenn Religiöses als hinderlich und beschuldigend erlebt wird, findet eine Distanzierung statt. Je länger die Frauen sich mit dem Missbrauch auseinander setzen und je mehr sie sich dabei von ihrer persönlichen Religiosität unterstützt fühlen, desto stärker konzentrieren sie sich darauf.

V. Einordnung der Ergebnisse der Auswertung in Praktische Theologie

Die zusammenfassende Charakterisierung von Entwicklung, Gestalt und Rolle der persönlichen Religiosität im Bewältigungsprozess ermöglicht Einblick in die komplexen Konstruktionsvorgänge einer Person und in die gelebte Seite ihrer Religion. Viele Dimensionen greifen ineinander, die wechselseitigen Einfluss ausüben.

Die Ergebnisse der Untersuchung sind zahlreich und vielfältig. Sie können Impulse in verschiedene Richtungen geben: An pastorale Praxis, an Professionelle im therapeutischen Bereich, an Betroffene selbst, an praktisch-theologische Forschung, an psychotraumatologisch Interessierte usw. Die vorliegende Arbeit versteht sich als Beitrag zur praktisch-theologischen Forschung. Deren wichtigster Bezugspunkt ist der Mensch als Subjekt. Es sind die Zeichen der Zeit, die das Befinden des Menschen wesentlich prägen. Diese werden wissenschaftlich verantwortet wahrgenommen und theologisch reflektiert. In der Praktischen Theologie hat religionssoziologische Forschung inzwischen ihren festen Platz, in der Religiosität mit sozialwissenschaftlichen Mitteln erforscht wird. Praktische Theologie steht unter dem Anspruch, durch den Dialog mit humanwissenschaftlicher Forschung Wirklichkeitsnähe herzustellen.[1]

---

[1] Vgl. Teil II, A. IV.

Dieser Dialog mit humanwissenschaftlicher Forschung findet in der vorliegenden Arbeit sowohl in der inhaltlichen Akzentuierung als auch in der methodischen Ausführung statt. Im Theorieteil werden Erkenntnisse zu sexuellem Missbrauch und zu Bewältigung (insbesondere zu posttraumatischem Wachstum) herangezogen, um einen sensibilisierenden Bezugsrahmen für den Fragebogen der empirischen Untersuchung und für die Auswertung ebendieser zu schaffen. Die empirische Untersuchung als solche wurde nach den Vorgaben empirischer Sozialforschung erstellt.

Wie bereits beschrieben wurde, sind es vor allem zwei Themen, die aktuelle religionssoziologische Forschung beschäftigen: „Die Spannung von Globalisierung und Individualisierung sowie die Erfahrungs- und Erlebnisbezogenheit des Aufbaus von lebensgeschichtlicher Identität."[2] Individualisierung und Erlebnisorientierung sind zwei Größen, die sich auch in der vorliegenden Studie als Brennpunkte zeigen.

Feige/Lukatis stellen fest, dass sich in den steigenden Publikationszahlen religionssoziologischer Forschung seit den 90er Jahren neben den klassischen Gegenständen neue Themenschwerpunkte heraus bilden, unter anderem die Frage nach der Religion in der Lebensgeschichte, also biographische Verfahren, und die Gender-Thematik in Religion und Kirche.[3] In dieser Hinsicht reiht sich die vorliegende Untersuchung in die aktuelle Diskussion ein.

Eine empirische Untersuchung liefert nicht nur Ergebnisse. Es geht darum, sie in ihrem Anwendungszusammenhang zu sehen. Ziebertz bezeichnet eine empirisch-theologische Untersuchung als einen „Diskursraum (, der) mögliche Interpretations- und Deutungsschemata zur Verfügung stellt."[4] Ein solcher Diskursraum soll durch die folgende praktisch-theologische Reflexion der Ergebnisse entstehen. Dabei soll eine Spaltung zwischen empirisch erhobener Wirklichkeit und wissenschaftlicher Theologie als Beurteilungsinstanz vermieden werden, indem das zweistufige System der Theoriebildung von Klein zur Anwendung kommt:[5]
- Erhebung und Theoriebildung: Das Deuten und Handeln von Menschen wird methodisch reflektiert erhoben. Daraus bilden sich Theorien, die den sozialen und gesellschaftlichen Kontext einbeziehen und dadurch menschliches Deuten und Handeln verständlich machen.

---

[2] Grözinger, Wandlungen in der Praktischen Theologie?, 480.
[3] Vgl. Feige/Lukatis, Empirie hat Konjunktur, 25-27.
[4] Ziebertz, Empirische Forschung in der Praktischen Theologie als eigenständige Form des Theologietreibens, 55.
[5] Vgl. mehr zu diesem Vorgehen unter Teil II, A. IV. 3.

- Reflexion und Vermittlung: Die Ergebnisse aus Erhebung und Theoriebildung werden für die jeweiligen Verwendungszusammenhänge reflektiert und vermittelt. Das können theologische Fächer ebenso sein wie die pastorale Praxis.

Es geht im folgenden Teil also nicht um die Anwendung theologischer Erkenntnisse in der Praxis, sondern um die Reflexion der erhobenen Praxis und deren Vermittlung auf Praxis hin. Aufgrund der Fülle der empirisch ermittelten Ergebnisse in der vorliegenden Untersuchung können nicht alle in einer breiteren praktisch-theologischen Reflexion thematisiert werden. Als Auswahlkriterium soll gelten: Im Folgenden wird das reflektiert, was praktisch-theologisch noch wenig thematisiert wurde. Deshalb werden folgende Inhalte nicht weiter vertieft, obwohl sie in der Auswertung wichtigen Raum einnehmen:

- Frauenspezifisches Erleben in und von Kirche und Religion
- Erlebnisorientierung und Individualisierung von Religiosität
- Problematische kirchliche Frauen- und Familienideale

Die genannten Themen werden bereits in anderen Studien ausführlich diskutiert und in praktisch-theologischer Forschung reflektiert.[6] Hier soll sich der Diskursraum auf ausgewählte Brennpunkte beziehen, die für die Bewältigung sexuellen Missbrauchs Bedeutung haben und in praktisch-theologischer Literatur noch nicht beschrieben wurden.

---

[6] Vgl. eine Übersicht zu diesen Studien im Internet unter: http://www.efh-hannover.de/fb_institute/psi/emp-1990.pdf.; vgl. Feige/Lukatis, Empirie hat Konjunktur.

B. Herausforderung an Theologie und Kirchen: Zur Suche nach Sinn und Solidarität im Bewältigungsprozess

I. Inhaltliche Zuspitzung

Mit Blick auf die Ergebnisse der Studie wird deutlich: Frauen, die sexuell missbraucht wurden, leiden an einer nachhaltigen Vergiftung. Die von außen aufoktroyierte Gewalt breitet sich im Selbstwertgefühl der Betroffenen destruktiv aus. Sie schwanken zwischen der gefürchteten und doch internalisierten Fremdbestimmung und wünschen sich Autonomie. Gleichzeitig brauchen sie lebensnotwendig Beziehungen, in denen sie vertrauen lernen können. Dieser Spagat vollzieht sich auch im Kontakt mit Religion und den Kirchen. In obigen zusammenfassenden Charakteristika zur persönlichen Religiosität der Befragten konkretisieren sich die Erfahrungen und Wünsche der Frauen.

Welche Impulse können daraus nun an Theologie und christliche Praxis wachsen? Sie nehmen ihren Ausgang bei der Situation der Befragten, beim „Alltag als theologiegenerativen Ort"[1]. An welchen Punkten im Alltag der Betroffenen brechen religiöse Fragen ein? Welche Situationen im Bewältigungsprozess sind solche, die Nelly Sachs als „Gottdurchlässig"[2] bezeichnen würde?

Wenn einer der Befragten ein exemplarischer Satz in den Mund gelegt werden könnte, der die zentralen Momente ihrer Religiosität zugespitzt in Worte bringt, dann würde sie vielleicht sagen: „Ich suche nach Solidarität und Sinn." Mit diesen drei Stichworten lässt sich beschreiben, was die Befragten erleben:

Sie erleben ihre persönliche Religiosität als Suche.
Suchen heißt, auf dem Weg zu sein und sich noch nicht für etwas entschieden zu haben. Vielleicht ist diese Unentschlossenheit ein bewusstes Wollen: Gegen ihre schlechten Erfahrungen mit bevormundender Kirchlichkeit wollen sie sich nicht von einem geschlossenen System festlegen lassen und stattdessen immer wieder offen sein für neue Erfahrungen. Gleichzeitig kann

---
[1] Klein, Subjekte und Orte Praktischer Theologie, 62.
[2] Sachs, Gedichte, 439.

die Suche auch mit einem Mangel zusammen hängen: Die Frauen finden in ihrer Biographie nichts, was ihnen hilft, die Missbrauchserfahrungen einzuordnen und zu bewältigen. Deshalb müssen sie sich selbst etwas suchen, was ihnen in der Haltlosigkeit Halt gibt.

Sie suchen nach Solidarität.
Die Psychodynamik des Missbrauchs veranlasst bereits das Kind, die Ursache für das Geschehen bei sich selbst zu suchen. Gefühle wie Scham, Schuld, Ohnmacht und Angst fressen sich in das Opfer hinein. Das verstärkt sich durch eine patriarchal und über Jahrhunderte hinweg kirchlich geprägte Sexualmoral, die voreheliche Sexualität und weibliche Sexualität im Allgemeinen mit dem Stigma der Sünde kennzeichnete. Diese destruktiven Muster internalisiert das Opfer und gerät dadurch in Isolation. Das Tabu umgibt die Person wie eine undurchdringbare Dornenhecke.

Das Überwinden der sprachlosen Beziehungslosigkeit führt aus der Absonderung heraus. Das Opfer braucht die Erfahrung, nicht allein, aussätzig und schuld zu sein. Dieses erleben die Frauen im Kontakt mit anderen Betroffenen. Das Gefühl des Angenommenseins in der gegenseitigen Unterstützung interpretieren viele als etwas Religiöses. Ebenso wichtig sind Menschen, die sich solidarisch an ihre Seite stellen.

Die Frauen fragen: Wer glaubt mir? Wer hilft mir zu erinnern? Wer steht auf meiner Seite? Wer bietet Worte aus der Sprachlosigkeit?

Sie suchen nach Sinn.
Missbrauch hat keinen Sinn. Er zerstört das Vertrauen der Betroffenen zu sich selbst und zu nahen Bezugspersonen. Dieser Vertrauensbruch wirkt sich auch auf die persönliche Religiosität aus. Was soll der Glaube an einen liebenden und allmächtigen Gott, der den Missbrauch zulässt?

Das Unauflösbare verlangt nach Auflösung. Was verstanden, eingeordnet und mit Sinn versehen werden kann, ist leichter erträglich. Um bewältigen zu können, braucht es Wege aus dem Überwältigtsein. Im religiösen Sektor bietet sich eine Fülle an Modellen, wie Sinn hergestellt werden kann.

Die Frauen fragen: Wer bzw. was ist schuld an meinem Leid? Warum ist der Missbrauch *mir* passiert?

Bei allen individuellen Unterschieden in den Bewältigungsprozessen der Befragten kann die Suche nach Solidarität und Sinn als gemeinsamer Nenner einen Ausgangspunkt bieten, von dem aus theologisch weitergedacht werden

kann. Im Folgenden wird vertieft, welche theologischen Implikationen und Konsequenzen der Wunsch der Frauen nach Solidarität und Sinn nach sich ziehen kann. Dabei geht es etwa um folgende Fragen:
- Wie kommt der Wunsch nach Solidarität und Sinn in den Interviews vor?
- Wer und was bietet den Befragten Solidarität und Sinn?
- Wie steht es um theologische Aussagen und christliche Praxis zu Solidarität und Sinn?
- Welche Gefährdungen und Chancen stellen sich für die Rede von Solidarität und Sinn im Raum von Kirchen und Theologie.

II. Solidarität

1. Der Wunsch nach Solidarität aus der Perspektive der Befragten

Bereits als Kind erleben die Frauen als Reaktionen ihres Umfeldes wenig Hilfreiches:
- Ihre Signale werden übersehen oder verleugnet.
- Ihnen wird nicht geglaubt.
- Ihnen wird die Schuld zugeschoben.
- Missbrauch darf nicht thematisiert werden.
- Es handelt sich um etwas Sündiges.

Diese beeinträchtigenden Einschätzungen und Botschaften bestätigen sich für die Befragten im Kontakt mit Vertretern der Kirchen: Missbrauch kommt nicht vor. Er taucht weder im Religionsunterricht noch in Gottesdiensten auf. Die allgemeine Sprachlosigkeit zu der Problematik setzt sich auch in den Kirchen fort. Manche Frauen erleben sogar, dass Missbrauch als Thema angesehen wird, das mit Sexualität zu tun hat und insofern als Sünde tabuisiert wird. Außerdem soll das christliche Ideal von der heilen Familie nicht erschüttert werden. Dadurch fühlen sie sich verraten und im Stich gelassen.

Eine Frau, die während ihrer Kindheit missbraucht und gequält wurde, beschreibt mit einer Geschichte, wie sie sich als Kind fühlte:[1]

---

[1] Beitrag aus der Mailingliste der ökumenischen Arbeits- und Selbsthilfegruppe im Internet Gottessuche im Februar 2005; im Internet unter: http://www.gottes-suche.de; vielen Dank an S., die den Beitrag zur Veröffentlichung frei gab.

Stell´ dir vor, Du bist ein kleines Mädchen, irgendwo in der Stadt stehst Du, vor dir ein Mann mit einem Hammer und haut Dir immer kräftig auf die Zehen. Du hast nichts getan. Dein einziger Fehler: Du bist da. Er hat keinen Grund. Er hat einfach nur Lust drauf. Der findet es toll, dass er das kann. Dir brechen die Zehen, Du hast Schmerzen, die sind nicht mehr vorstellbar. Und die Leute, die da herumlaufen, sehen einfach nicht hin. Sie gucken pikiert in die Luft. Irgendeine Alte Tante läuft an Dir vorbei und zischt: „Muss das denn hier sein!" Es gibt Leute, die laufen in der Nähe vorbei und sehen Dich nicht. Aber es gibt viele andere, die sehen das, die müssen das sehen, die müssen ja um Dich herumgehen. Aber sie tun so, als ob nichts wäre. Und der Hammermann haut und haut. Zwischendurch freut er sich, weil das Geräusch so schön ist, wenn deine Knochen kaputt gehen. Manche Zehen spürst du schon nicht mehr, die sind nur noch Matsch.

Deine Mutter kommt vorbei und sagt: „Aber um fünf Uhr bist du zuhause!" Schulkameradinnen kommen vorbei, stecken die Köpfe zusammen, „Ih, wie das aussieht!" hörst Du. Ein Lehrer kommt vorbei, sieht Dich an und sagt mit dem Ausdruck tiefster Missbilligung kopfschüttelnd „also wirklich...". Ein Pfarrer kommt vorbei und sagt vor sich hin sinnend: „Ja ja, die Welt." Der Kaufmann aus dem Geschäft, vor dem das Ganze stattfindet, kommt herausgefegt, mit bösem Gesicht, und sagt: „Was ist das hier für eine Sauerei! Die machst Du nachher aber wieder weg!" Und er geht durch und durch beleidigt in den Laden zurück. Und alle Leute gehen einfach weiter. Niemand hilft Dir. Du stehst da allein unter all den Menschen, wie in einer Blase aus Schmerz und Entsetzen. Und der Hammermann haut und haut mit diesem verdammten Hammer. Und dann kommt jemand vorbei, guckt sich neugierig diese Szene an, und Du wartest, was wohl kommt, und dieser Jemand fragt Dich: „Sag mal, Mädchen, was ich schon immer wissen wollte, glaubst Du eigentlich, dass der Hammermann Angst davor hat, sich auf die Finger zu hauen? Was muss das wohl für ein Gefühl sein – ob das wohl seinen Genuss schmälert?" Das ist dann nur noch Absurdistan.

Die beschriebene Unberührbarkeit der Vorbeigehenden für das Leid des Mädchens suggeriert dem Opfer, sein Schmerz sei irrelevant. Die mangelnde Solidarität mit dem Kind führt zu einer Internalisierung der traumatischen Gefühle, die für das Opfer gültig bleiben:

Es tut heute noch so weh wie damals. Nein, es tut mehr weh als damals. Das ist der beschissene „Witz" an einer Posttraumatischen Belastungsstörung. Der Hammermann war nicht vor 20 Jahren, sondern vor 20 Minuten, und das immer wieder. Und alle versuchen, den Hammermann irgendwie in die Vergangenheit zu schicken, wo er hingehört. Nur der will nicht.[2]

---

[2] Ebd.

Die Psychodynamik des Missbrauchs führt dazu, dass das Kind die fehlenden Gefühle des Täters übernimmt: Es schämt sich, hat Angst, fühlt sich schuldig. Auch als Erwachsene setzen sich diese Erfahrungen fort. Der Wunsch, verstanden und angenommen zu werden ist ungebrochen groß – vor allem dann, wenn die Missbraucherfahrungen immer deutlicher aus der Verdrängung ins Bewusstsein zurückkehren und das Befinden der Frauen beeinträchtigen. Im Austausch mit anderen Betroffenen erleben viele Frauen erstmalig, dass sie nicht allein sind. Diese Erfahrung benennen manche auch als etwas Religiöses.

Alle Frauen beschreiben die Veränderung sozialer Kontakte im Laufe des Bewältigungsprozesses. Sie empfinden es als Gewinn, sich intensiver und authentischer anvertrauen zu können. Das Mitteilen ihrer Erfahrungen und die Eingebundenheit in eine Gruppe, die ihre Gefühle ernst nimmt, spielen eine wichtige Rolle für die Frauen. In diesen Beziehungen können sie erleben, sich nicht schuldig zu fühlen und schämen zu müssen.

Im Kontext der christlichen Großkirchen weiß keine der Befragen von solcherart Erfahrungen zu berichten. Eine Frau stabilisiert die Gemeinschaft in einer Baptistengemeinde, jedoch nur vorübergehend. Mehrere suchen solidarisches Miteinander in Frauengruppen und in esoterisch orientierten Zusammenhängen. Was finden die Frauen dort?

- Sie erkennen, dass Missbrauch viele Frauen betrifft.
- Sie können ein Wir-Gefühl entwickeln und entkommen damit der Vereinzelung.
- Sie können von ihren Erlebnissen erzählen, ohne auf Unverständnis, Überforderung oder Skepsis zu treffen.
- Ihnen werden Worte für das Unaussprechbare angeboten.
- Sie erhalten glaubwürdige Unterstützung.
- Sie können sich fallen lassen und müssen keine Fassade aufrecht erhalten.
- Ihnen wird die Schuld nicht zugeschoben.
- Sie können an der Stärke anderer wachsen.
- Sie erleben ihre eigenen Stärken, indem sie andere unterstützen können. Sie sind also nicht „nur" Opfer.
- Sie erleben, dass sich andere für sie parteilich einsetzen.
- Der Einsatz gegen Missbrauch geht über die eigene Person hinaus. Es entsteht so etwas wie politisches Engagement: Eine Lobby für Missbrauchsopfer.

Wenn das Anliegen der Befragten hier unter dem Begriff Solidarität gebündelt wird, dann heißt Solidarität aus deren Perspektive: Nicht allein zu sein mit der Missbrauchserfahrung, ernst genommen zu werden und miteinander handelnd Wege aus den destruktiven Mustern zu suchen – sowohl aus individuellen als auch aus gesellschaftlich strukturellen. Solidarische Unterstützung erleben die Frauen vor allem unter Betroffenen, was jedoch nicht heißt, dass sie sich diese Solidarität nicht auch von „Nichtbetroffenen" wünschen würden. Betroffene brauchen sensible Aufmerksamkeit auch von Menschen, die selbst nicht missbraucht worden sind. Sie sind nötig, damit der Hammermann dem Mädchen aus obiger Geschichte nicht weiterhin ungehindert auf die Zehen schlagen kann. So werden die Umstehenden zu „Verbündeten"[3], die das Opfer nicht im Unglück stehen lassen, sondern seine Situation feinfühlig wahrnehmen.

2. *Warum ist Solidarität so wichtig?*

2.1. Individuelle Perspektive: Von der Unmöglichkeit ethischer Neutralität

Warum brauchen Frauen, die sexuell missbraucht wurden, engagierte Solidarität? Warum reicht es nicht, ihnen eine spezialisierte Beratungsstelle anzubieten? Bloom spricht von der „Unmöglichkeit ethischer Neutralität"[4], wenn es um die Begleitung von Menschen mit Traumaerfahrung geht. Sie bezeichnet Gewalt als die „Pest des 20. Jahrhunderts"[5]. Anhand eines Vergleichs veranschaulicht sie die Parallele:

Früher suchte man die Schuld für Erkrankungen bei den Erkrankten selbst – Lepra etwa gilt in Pakistan auch heute noch als Fluch Gottes, und in manchen christlich-fundamentalistischen Kreisen wird auch in Deutschland die Aidserkrankung in Zusammenhang mit der angeblichen moralischen Verderbtheit von homosexuellen Menschen gebracht. Die Entdeckung Pasteurs, dass Krankheiten durch Krankheitserreger verursacht werden, revolutionierte die Welt. Allerdings wurde bald klar: Antibiotika allein entscheiden nicht, ob Infektionskrankheiten weiterhin auftreten. Es können sich Resistenzen entwickeln. Entscheidender noch ist die Beobachtung, dass der Immunstatus der betroffenen Person wesentlich den Behandlungserfolg beein-

---

[3] Vgl. Davis, Verbündete.
[4] Bloom, Die Erregertheorie des Traumas, 235.
[5] Ebd., 249.

flusst. Arme, schlecht ernährte und wenig gebildete Menschen sind einem wesentlich höheren Risiko ausgesetzt, an einer Infektion schwer zu erkranken bzw. zu sterben. Deshalb ist inzwischen klar, dass die Vergabe von Medikamenten unbedingt um Gesundheitserziehung, Bildungsmaßnahmen, Entschuldungskampagnen etc. ergänzt werden muss.

Ebenso wie die Pest zur Zeit des 30-jährigen Krieges haben auch Gewalt und Missbrauch dramatische Auswirkungen auf das seelische und körperliche Befinden der Opfer. Um im Bild von Pasteur zu bleiben: Der zu verhindernde Erreger ist der Missbrauch. „Ebenso wie Bakterien und Viren gewöhnlich die Auslöser von Infektionen sind, sind Gewalttäter die Überträger der Traumainfektion."[6] Nach dem Modell von Pasteur müsste nun alles darangesetzt werden, diesen Krankheitsverursacher zu bekämpfen. Das mag auf den ersten Blick so einfach aussehen: die Täter hinter Gitter zu bringen, damit nichts mehr passiert. Die Realität beweist, dass dieses Vorgehen nicht effektiv ist. Missbrauch wird nicht einfach dadurch beseitigt, indem Täter eingesperrt und therapiert werden. Deshalb muss dem Nährboden, auf dem Missbrauch offensichtlich so gut gedeiht, systematisch die Zufuhr entzogen werden. Zur Ermöglichung von Missbrauch tragen verschiedene Größen bei: individuelle wie strukturelle. Es gilt, alle diese Komponenten im Blick zu haben, wenn eine nachhaltige Veränderung initiiert werden soll.

Wer Traumatisierten wirklich zuhört, muss Position beziehen, da es nicht möglich ist, wertneutral zu bleiben. Bloom spricht von der Unmöglichkeit ethischer Neutralität. Es handelt sich nicht (nur) um bedauerliche Einzelschicksale, sondern um unverschuldet zugefügtes Unrecht. Gültigkeit hat die feministische Aussage: Das Private ist politisch. Missbrauch ist kein Problem, das irgendeiner Eigenschaft des Opfers angelastet werden könnte. Im individuellen Fall zeigen sich übergreifende Strukturen, die Missbrauch an Kindern ermöglichen. Deshalb brauchen die Opfer über die individuelle Unterstützung hinaus engagierte Parteilichkeit, die die Verhältnisse klarstellt.

Insbesondere in der Holocaustforschung wurde überdeutlich, wie wichtig für Überlebende die Anerkennung des ihnen geschehenen Unrechts ist. Diese darf sich nicht nur in Lippenbekenntnissen ausdrücken. Die Anteilnahme der Umwelt spielt eine zentrale Rolle für die Überlebenden.[7] Als Opfer war es ihnen unmöglich, um Mitgefühl von Außenstehenden für ihre Situation zu bitten. Deshalb ist es umso wichtiger, dass andere das „nachträglich" von

---

[6] Ebd., 237.
[7] Vgl. de Levita, Über das Schweigen, 72-75.

Solidarität

393

sich aus tun. Neben der individuellen Zuwendung bedarf es der gesellschaftlichen Anerkennung: „Da im Prinzip die traumatische Situation nicht mit dem Ende des Geschehens aufhört, sondern erst nach der Wiederherstellung der zerstörten zwischenmenschlichen und ethischen Beziehungen, sind Schuldanerkennung, Wiedergutmachung und Strafe von Bedeutung für die Überwindung der traumatischen Situation. (...) Es muss eine Anerkennung geben, dass etwas Unrechtes getan wurde. Diese Anerkennung ist unabdingbar."[8]

Warum sind die Aufrufe zur engagierten Parteilichkeit für die Opfer so notwendig? Ganz offensichtlich gehört entsprechendes Handeln zu den selteneren Reaktionen, wenn Menschen von Gewalt und Missbrauch hören. Das kostet Kraft und verunsichert die eigenen Gewissheiten. Es ist einfacher, Leid zu individualisieren, es zum Spezialproblem einer einzelnen Frau zu machen. Sofsky sieht darin ein gesellschaftliches Grundmuster, das sich durch Indifferenz selbst festigt:

„Jeder soziale Kreis ist von einer Zone der Indifferenz umgeben, der nur gelegentlich Aufmerksamkeit gezollt wird. Für die fremden Zeitgenossen, die diese Region bevölkern, gelten die internen Pflichten der Gruppe nicht. Ihr Schicksal mag bisweilen aufmerken lassen. Dennoch gehören sie einer sozialen Fernwelt an, für die sich niemand zuständig fühlt. Nur für kurze Zeit sind sie Objekt der Anteilnahme, der Hilfe oder des Mitgefühls. Moral und Solidarität enden an der Grenze der sozialen Gruppe. Dies entlastet die Menschen von den Ungelegenheiten der Zuwendung. (...) Gewalt, die anderswo geschieht, geht die Menschen so lange nichts an, wie sie sich nicht direkt bedroht fühlen. Insofern entspricht ihre Indifferenz der Differenzierung und Abschottung der sozialen Kreise."[9]

Wenn Menschen sexuellen Missbrauch als Problem „der anderen" einstufen, konsolidieren sie damit die eigenen Strukturen. Wenn die Opfer Einzelfälle sind – weil sie in unterprivilegierten Familien leben, in Alkoholikerkreisen aufwachsen, Ausländer sind etc. – stellen sie die eigenen Wertvorstellungen über Familie und menschliches Zueinander nicht in Frage. In der Konsequenz bleibt die beste Handlungsmöglichkeit, sich unbeteiligt zu geben. Sofsky beschreibt das als aktive Passivität:

„Da ist der Unbeteiligte. Er geht zügig am Ort des Geschehens vorüber, wirft allenfalls einen Blick zur Seite. Der Unbeteiligte schaut nicht hin; er sieht zu, dass er weiter kommt. Er will nicht bemerken, was ihn selbst betreffen könnte. Er tut nicht mit, und er versucht, sich innerlich raus zu halten. Dies ist nicht mit Unkenntnis zu

---

[8] Rossberg, Die Zeit heilt die Wunden nicht, 110.
[9] Sofsky, Traktat über die Gewalt, 104f.

verwechseln. Der Unbeteiligte ist keinesfalls ahnungslos. Er weiß so viel, wie er wissen will. Was er nicht weiß, das will er nicht wissen. (...) Seine innere Distanz, seine moralische Teilnahmslosigkeit versteht sich keinesfalls von selbst. Sie benötigt Maßnahmen des Reizschutzes, der Wahrnehmungsabwehr. Er tut etwas dafür, dass ihn die Gewalt nichts angeht. Er rüstet sich auf und entrüstet sich, hält sich den Anblick vom Leib, wehrt den unwillkürlichen Impuls ab, auf das hinzusehen, was sich nicht übersehen lässt. Was wie dumpfe Gleichgültigkeit erscheinen mag, ist mithin nicht die Voraussetzung, sie ist das Ergebnis einer überaus aktiven Passivität. Auch das Nichtstun, das Vorübereilen, das Wegsehen sind Handlungen. Sich taub zu stellen, sich selbst mit Blindheit zu schlagen, ist eine Aktivität."[10]

Das Vorbeigehen der Unbeteiligten ergänzt die Strategie des Täters. Auf verschiedene Weisen versucht er, dem Kind zu vermitteln:
- Es ist normal, dass Erwachsene so etwas mit Kindern tun.
- Was du fühlst, stimmt nicht.
- Du bist selbst schuld.

Dem Kind wird damit klar, dass Widerstand zwecklos ist. Somit gelingt es dem Täter, die Wahrnehmung des Opfers zu vernebeln und darüber hinaus die seines Umfeldes. Deshalb sieht die Traumatherapeutin Herman die Notwendigkeit, klare ethische Stellungnahmen für die Opfer abzugeben. „Die Versuchung, sich auf die Seite des Täters zu schlagen, ist groß. Der Täter erwartet vom Zuschauer lediglich Untätigkeit. Er appelliert an den allgemein verbreiteten Wunsch, das Böse nicht zu sehen, nicht zu hören und nicht darüber zu sprechen. Das Opfer hingegen erwartet vom Zuschauer, daß er die Last des Schmerzes mitträgt. Das Opfer verlangt Handeln, Engagement und Erinnerungsfähigkeit."[11]

Ethische Neutralität wiederholt problematische Muster aus der Missbrauchssituation. Da ist keiner, der deutlich ausspricht, dass Unrecht passiert. Ein neutraler Beobachter wird das nicht leisten können, eher jemand, der die Anwaltschaft für das Opfer übernimmt. Was in der Kindheit an Zutrauen in Menschen und Welt zerbrochen wurde, kann das Opfer im Erwachsenenalter nicht durch rein private Bewältigung wiedergutmachen. Dazu bedarf es solidarische Beziehungen, die die Würde des Opfers durch parteiliche Anteilnahme wieder herstellen.

Der engagierte Einsatz für die Opfer birgt freilich Gefahren: Als Zeugen werden Begleitende in das Trauma hineingezogen und es bedarf eines hohen Maßes psychohygienischer und supervisorischer Maßnahmen, um kompetent

---

[10] Ebd., 104
[11] Herman, Die Narben der Gewalt, 18.

Solidarität 395

begleiten zu können. Es wäre eine Überforderung für Menschen, die Opfer unterstützen wollen, wenn ihre Aufgabe wäre, „als soziale Raubritter zu fungieren oder gesellschaftlichen Illusionen in bezug auf Familienwerte und die Schattenseite menschlichen Verhaltens gegenüberzutreten."[12] Um missbrauchte Frauen solidarisch unterstützen zu können, braucht es gute Selbstsorge, um die Mitempfindens-Müdigkeit zu verhindern.[13]

2.2. Strukturelle Perspektive: Soziale Transformation durch Enthüllung

Das Befinden von Frauen mit Missbrauchserfahrungen hängt deutlich mit den Reaktionen ihres Umfeldes zusammen. Um die eigene Hilflosigkeit und Ohnmacht zu überwinden, muss Unterstützung durch das soziale Umfeld mobilisiert werden. Dieses kann auf sie wie eine „protektive Membran"[14] wirken. Die Realität allerdings sieht anders aus. Vielfach kommt es zu Konflikten zwischen Betroffenen und Nichtbetroffenen, da diese das Trauma unterschiedlich deuten. Während Menschen zu kurzfristigen Hilfsangeboten in akuten Notsituationen (wie etwa nach der Tsunamikatastrophe Ende 2004) bereit sind, wirkt die fortdauernde Anwesenheit von Opfern irritierend und störend. Sie erinnern allzu unangenehm daran, dass Leben verletzbar ist. Gewalt- und Missbrauchsbetroffene konfrontieren darüber hinaus mit der unbehaglichen Realität, zu welchen Taten Menschen fähig sind. „Konflikte zwischen Opfern und nicht direkt Betroffenen hinsichtlich der Einschätzung der Bedeutung des Traumas können einen Schritt in Richtung auf eine Fortsetzung des Traumas innerhalb eines größeren sozialen Rahmens einleiten; in kurzer Zeit kann die Zuweisung von Schuld und Verantwortung, nicht das Trauma selbst, zum Hauptproblem werden."[15] Das Irrationale und Unplanbare des Traumas wird rational dadurch handhabbar, indem den Opfern unterstellt wird, daran beteiligt zu sein.

Traumaerfahrung stellt eine Herausforderung an die Gesellschaft dar.[16] McFarlane/van der Kolk erinnern an die Gefahr der Reinszenierung des Traumas in der Gesellschaft.[17] Die Opfer verharren vielfach in Scham und

---

[12] McFarlane/Kolk, Trauma und seine Herausforderung an die Gesellschaft, 68.
[13] Vgl. Huber, Wege der Traumabehandlung, 275-296.
[14] McFarlane/Kolk, Trauma und seine Herausforderung an die Gesellschaft, 47.
[15] Ebd., 49.
[16] Im vorliegenden Zusammenhang soll die Kirche als gesellschaftliche Größe besonders betont werden.
[17] Vgl. McFarlane/Kolk, Trauma und seine Herausforderung an die Gesellschaft, 54-56.

Ohnmacht, während die Zuschauer diagnostizieren und bewerten, was zur Aufrechterhaltung der traumatischen Dichotomie zwischen Unterwerfung und Herrschaft führt. Diese Klippe kann nur überwunden werden, wenn das „Vermächtnis des Traumas an die Gesellschaft"[18] ernst genommen wird. Auf verschiedenen Ebenen hat sich diese mit dem Trauma auseinander zu setzen: in der Rechtssprechung, im medizinischen und sozialen Bereich, in der Pädagogik, im kulturellen Sektor (Gedenktage und –stätten) etc. Über solche Wege kann der Kreislauf fortwährender Viktimisierung durchbrochen werden.

Die gemeinschaftliche Auseinandersetzung mit dem Trauma kann sich förderlich für die Gesellschaft auswirken, wie es die ForscherInnen um Tedeschi/Calhoun zu posttraumatischem Wachstum beschreiben. Parallel zum individuellen Reifungsprozess kann auch ein sozialer Transformationsprozess in Gang gesetzt werden. „Positive Veränderungen können sich aus solchen Ereignissen ergeben, wenn individuelle Erzählungen geteilt und in die sozialen Erzählungen integriert werden, und zwar derart, dass die Ereignisse als Wendepunkte bewertet werden."[19]

Im Mittelpunkt der sozialen Transformation steht das Enthüllen des Traumas. Das soziale Umfeld übt maßgeblich Einfluss darauf aus, ob Betroffene sich trauen, von ihrer Traumatisierung und den anschließenden Veränderungen zu erzählen. Mehrere Studien ermitteln einen Zusammenhang zwischen intrusiven bzw. depressiven Gedanken und sozialem Druck.[20] Soziale Unterstützung ist umso hilfreicher, je konstanter und langfristiger sie die Betroffenen umgibt. Bloom nimmt an, dass die soziale Transformation des Traumas so alt ist wie die Menschheit selbst.[21] Die gemeinschaftliche Bewältigung der traumatischen Widerfahrnisse im Leben hat bestimmte Riten und Gebräuche, etwa zu Trauer. Solche Formen bieten einen hilfreichen Rahmen, in dem Unaussprechbares artikulierbar zu machen und das Leid der Einzelnen aus der Isolation heraus zu holen.

Solche Formen der Solidarität tragen nicht nur zur Linderung der individuellen Schwierigkeiten bei, sondern verändern auch die Gesellschaft. Insofern „profitiert" eine Gemeinschaft von der parteilichen Auseinandersetzung mit Traumatisierten.

---

[18] Ebd., 63.
[19] Tedeschi/Calhoun, Posttraumatic Growth: Conceptual Foundations and Empirical Evidence, 14
[20] Vgl. ebd., 11.
[21] Vgl. Bloom, By the crowd they have been broken, by the crowd they shall be healed. The social transformation of trauma, 179.

3. Theologisches Ausbuchstabieren von Solidarität im Kontext von Missbrauch

Welche theologischen Impulse kann der Wunsch der Frauen nach Solidarität freisetzen? Wie kann das, was in der empirischen Studie an menschlicher Realität eingefangen wurde, theologisch ausbuchstabiert werden? Wie muss Theologie – die Rede von Gott – aussehen, damit die Befragten damit leben können, statt daran zu leiden?

3.1. Optionalität als theologische Grundhaltung

Die vorausgehende Argumentation hat gezeigt: Aus humanwissenschaftlicher Perspektive sprechen einige Faktoren dafür, den Blickwinkel der Opfer ernst zu nehmen. Nur auf diesem Weg ist eine psychotherapeutische Linderung der posttraumatischen Symptomatik zu erwarten, nicht durch distanzierte Abstinenz. Zudem kann daran auch die Gesellschaft wachsen, indem sie durch die Auseinandersetzung sozial transformiert wird. Auch ethische Gesichtspunkte mahnen an, nicht neutral zu bleiben, sondern sich engagiert für die Opfer einzusetzen.

Diese Erkenntnisse zur notwendigen Parteilichkeit mit Gewaltbetroffenen finden ein theologisches Echo. Wenn in der vorliegenden Arbeit empirisch gearbeitet wird, dann versteht sich das als Beitrag zu einer Theologie, die bei der Lebenswirklichkeit von Menschen ansetzt. Eine solche Theologie steht nicht unparteiisch über oder neben der Wirklichkeit. Sie ergreift Option. Es handelt sich um eine Theologie, die sich dem Einsatz Gottes für sein geknechtetes Volk verpflichtet weiß.

Haslinger/Stoltenberg mahnen an, die Optionalität von Theologie als „fundamentales theologisches Motiv"[22] nicht als Relikt lateinamerikanischer Befreiungstheologie zu betrachten, sondern als theologische Zentralkategorie, mit der mitteleuropäische Realität eingefangen werden kann. Wie sieht das konkret aus?[23]

Optionale Theologie schärft den Blick für einengende und benachteiligende Lebenssituationen. Sie ist ein kritisches Instrument, indem sie zur Differenzierung herausfordert und sich dabei postmoderner Beliebigkeit enthält. Die Option Gottes wird nicht nach dem Zufallsprinzip in der Gießkanne auf alle Menschen ausgegossen, sondern gilt vorrangig den Opfern.

---

[22] Haslinger/Stoltenberg, Ein Blick in die Zukunft der Praktischen Theologie, 527.
[23] Vgl. ebd., 528-530.

Für die vorliegende Studie kann formuliert werden: Bei sexuellem Missbrauch handelt es sich um ein Verbrechen an der unantastbaren Würde des Menschen. Das ist von Theologie und Kirchen klar, kritisch und differenziert zu benennen.

Es geht um eine konkrete Verantwortung für benachteiligte Menschen. Diese fordert zu tatsächlichem Engagement auf. Dabei kann es zu Auseinandersetzungen und Konflikten im eigenen System (Theologie, Kirche) und mit anderen Systemen (Politik, Rechtssprechung, Wirtschaft etc.) kommen. Es ist zu beachten: Kirchen und Welt sind aufeinander verwiesen und keine polarisierenden Größen. Die Kirchen können sich der Welt nicht einfach nach Beliebigkeit entziehen oder zuwenden, sondern spielen als Größen in dieser Welt immer ihre Rolle und müssen sich dieser bewusst sein.

Option für Opfer sexuellen Missbrauchs zu ergreifen heißt, sich für die Linderung individuellen Leids einzusetzen. Dieses ist immer im größeren familiären, sozialen und gesellschaftlichen Kontext zu sehen, auf den für eine Veränderung eingewirkt werden muss. Dabei stehen Theologie und Kirchen vor der Herausforderung, auch die eigenen Strukturen und Glaubenssätze zu überprüfen und missbrauchsfördernde Anteile zu beseitigen. Die Verantwortung für die Opfer hat eine politische Dimension, die über die akute Anästhesierung des individuellen Schmerzes hinaus geht. Das Opfer ist nicht die Patientin, die durch eine professionelle Größe betreut wird, sondern die Kirche wird durch ihren Einsatz für die Betroffenen ihre eigenen Qualifikationen erweitern. Theologie und Kirchen werden sich durch ihre Option selbst verändern.

Die Option gilt der individuellen Person, die Vorrang hat. Erste und letzte Bezugsgröße ist das Individuum. Gerade im kirchlichen Bereich ist die problematische Engführung auf die Gemeindesituation nicht zuzulassen. Das vielgestaltige und individuelle Leben auch außerhalb des kirchlichen Kontextes ist wahrzunehmen.

Sexueller Missbrauch erklärt ein Kind zu einem Gebrauchsgegenstand, der beliebig manipuliert werden kann. Deshalb ist es umso wichtiger, nicht nur Option für *die* Opfer im Plural, sondern für das ganz individuelle, singuläre Opfer zu ergreifen. Dessen Situation steht im Mittelpunkt, sei sie noch so fremdartig, anders und unkirchlich. Gegen den Trend der „verdinglichenden Systemmechanismen der Gesellschaft"[24] erklärt eine optionale Theologie die absolute Priorität des Individuums und übt sich damit in einer Per-

---

[24] Ebd., 529.

spektive, die die Individualität und Pluralität christlichen Glaubens ernst nimmt.
Wenn Theologie und Kirchen sich optional verstehen, transportieren sie damit ein Bild von Gott, der sich mit den Leidenden solidarisiert. Gott ist dann kein isolierter Mächtiger, der von oben auf das Missbrauchsopfer schaut, das hilflos wie ein Käfer auf dem Rücken liegt und strampelt. Es ist klar zu benennen, wo Gott steht: Er ist nicht Handlanger des Täters, der durch den Missbrauch Macht ausübt, sondern er will das Opfer zu einem freien Leben ermächtigen.[25] Optionalität bedeutet, Gott von den falschen Göttern zu unterscheiden. Es entsteht eine unselige Allianz, wenn Gott in die Nähe von Prädikaten wie Herrschaft, Macht und Gewalt gerückt wird. Gott ist verbündet mit den Machtlosen, wie er sich selbst am Kreuz in die ultimative Ohnmacht begeben musste.

3.2. Für eine Kultur der Klage

Optionalität ist keine intellektuelle Angelegenheit; sie verlangt nach Ausdrucksweisen, welche Ernst machen mit dem Anspruch, parteilich an der Seite der Opfer sexuellen Missbrauchs zu stehen. Eine konkrete Form stellt die Klage dar.

3.2.1. Die Sprachlosigkeit von Opfern und Umstehenden

Die Psychodynamik des Missbrauchs erzeugt in den Opfern das Gefühl, selbst verantwortlich für das Geschehen zu sein. Scham treibt sie in die sprachlose Isolation, welche durch die Abspaltung der traumatisierenden Erfahrungen und der damit verbundenen Gefühle verstärkt wird. Wenn schließlich Bruchstücke des Traumas wieder im Leben auftauchen, entwickeln die Betroffenen ein feines Gespür für die Belastbarkeit der sie umgebenden Menschen. Wie viel von der grausamen Wahrheit können diese ertragen?

Die Konfrontation mit großem Leid kann sprachlos machen, Opfer wie Umstehende. Die befragten Frauen erleben es im Bewältigungsprozess als unterstützend, wenn sie sich mit ihrer Geschichte anvertrauen können. Gegen alle inneren Widerstände, gegen Scham- und Schuldgefühle, allen Täterintrojekten zum Trotz bricht das Eis. Sie erobern ihre Sprechfähigkeit zu-

---

[25] Zum Zusammenhang von Solidarität und Ermächtigung vgl. Prüller-Jagenteufel, Option für die Opfer, 273f.

rück und erlangen damit wieder Selbstbestimmung. Aus der Perspektive einer biblischen Anthropologie gehört die Fähigkeit zum Sprechen zur menschlichen Grundverfassung:[26] Das hebräische Wort für Tiere „behema" ist vom Wort „stumm" und „verstummen" abgeleitet. Der Mensch jedoch ist nicht Tier und daher nicht stumm. Sich zur Sprache zu bringen gehört also zu den Charakteristika menschlicher Existenz.

Sprechen braucht Adressaten. Die von Tedeschi/Calhoun als förderlich erkannte Enthüllung traumatischer Erfahrungen funktioniert nur, wenn auch jemand zuhört. Die befragten Frauen geben an, wer ihnen zuhört: Es sind vor allem andere betroffene Frauen und ihre TherapeutInnen. Es sind also solche, die sich bereits mit sexuellem Missbrauch auseinander gesetzt haben und die daher – teils aus eigener Erfahrung – wissen, wie wichtig die Parteilichkeit für die Opfer ist.

3.2.2. *Schweigen wäre gotteslästerlich*

Die Versuchung, sich durch Schweigen auf die Seite des Täters zu schlagen, ist groß. Gerade auch – so wenigstens erleben es die Befragten – in der Theologie und den Kirchen. Offensichtlich gibt es hier Muster, die zum Schweigen und Vergessen verführen. Jedoch: „Schweigen wäre gotteslästerlich"[27]. Wenn Gott Option ergreift für die Opfer, kann er nicht wollen, dass diese mundtot gemacht werden. Hieke sieht in der Klage einen Weg aus dem verzweifelten Verstummen und entdeckt in der Hebräischen Bibel viele Formen, wie Menschen ihr Leid klagend artikulieren.[28] Im Angesicht der enormen Zerstörung, die Missbrauch und Gewalt einem Menschen zufügen, bietet die Klage einen angemessenen Weg, um Worte zu finden, ohne billige Lösungen anbieten zu müssen. Es ist eine Klage, die auf Antworten verzichtet. ChristInnen scheinen Hemmungen zu haben, diesen Weg zu gehen. Was hindert missbrauchte Frauen und ihr Umfeld daran, das Leid klagend, laut, vielleicht zornig und verzweifelt zu formulieren? Ist die Ursache
- die Angst, das Leid des Opfers könne abgrundtief und verschlingend werden durch das klare Aussprechen dessen, was belastet?
- die Abscheu vor dem Unvorstellbaren und Unappetitlichen des Missbrauchs, das wie ein Krankheitserreger andere infizieren könnte?

---

[26] Für diesen Hinweis danke ich Frau Erika Kerstner.
[27] Hieke, Schweigen wäre gotteslästerlich, 45.
[28] Vgl. ebd. 45.

- die Tendenz, Leid als individuelle Angelegenheit zu sehen, die allein und unter Ausschluss der Öffentlichkeit zu verhandeln ist?
- die Skepsis, dass die Öffentlichkeit der Klage provozieren und bestehende Strukturen und Ideale in Frage stellen könnte?
- die Befürchtung, es entspräche nicht dem christlichen Glauben, keine Lösung und keinen Trost zu haben?
- ein Gottesbild, das Klage nicht zulässt?

Tatsache ist, dass Betroffene wenig Räume finden, in denen Menschen sie zur Klage ermutigen und diese mittragen. Solche Orte, an denen Worte wachsen gegen die Dynamik des einsamen Verstummens bei den Opfern und der hilflosen Distanz bei den Umstehenden. Dabei geht es nicht um Antworten, sondern um Fragen. Das Entsetzen über die Zerstörung des Selbst und der Vertrauensfähigkeit, die Frage nach dem Warum, der Schmerz über die verlorene Kindheit – solche Themen sind nicht zu lösen, sondern zu leben.

3.2.3. *Dem Meer des sprachlosen Todes Land abgewinnen*

Im Klagen geschieht das, was Sölle in folgendem Bild beschreibt: „Dem Meer des sprachlosen Todes Land abgewinnen"[29]. Der Seelentod und die damit verbundene Ortlosigkeit in der Welt verliert an Macht. Der Würgegriff des Missbrauchs lockert sich mit jedem Wort, das Betroffene angstfrei und unzensiert artikulieren dürfen und Umstehende Anteil nehmend hören. Darin sieht Sölle eine zentrale Aufgabe an Theologie – „das wäre Theologie, die diesen Namen verdiente."[30] Eine solche Theologie setzt bei den konkreten Erfahrungen von Tod und Gewalt an und vermag Zukunft und Trost zu vermitteln, ohne billig zu vertrösten. Das Leid an sich verliert durch die Klage nichts an seiner Provokation, jedoch initiiert es einen Veränderungsprozess.

3.2.4. *Kultur der Klage*

Beirer plädiert für eine neue Kultur der Klage.[31] Eine solche Kultur eröffnet ein Lernfeld: „Wieder klagen zu lernen, ist existentieller Kompetenzgewinn, der sich primär in der Fähigkeit zur Selbstwahrnehmung, zur Kommunikati-

---

[29] Sölle, Leiden, 14.
[30] Ebd., 14.
[31] Vgl. Beirer, Die heilende Kraft der Klage, 37-39.

on und in der Sensibilität für die Wirklichkeit zeigt."[32] Klage übt Kritik an Mechanismen, die Menschen benachteiligen, ob in Gesellschaft, Wirtschaft, Politik oder Kirchen. Darüber hinaus wird Klage zu gelebter Religionskritik: „Sie klagt jeden Missbrauch Gottes zur immanenten Stabilisierung kirchlicher und gesellschaftlicher Wirklichkeit an, widersteht jeder (gerade auch psychologischen) Funktionalisierung Gottes."[33] Klage hat damit die Kraft, Götzen zu entmachten.

Die kritische Dimension der Klage richtet sich jedoch auch gegen Gott selbst. Die Frage nach der Ursache des Leides steht als Dreh- und Angelpunkt in den Bewältigungsprozessen der befragten Frauen und stellt eine harte Probe an das in der Kindheit vermittelte Gottesbild dar. Ist Gott einer, der den Missbrauch und das Leid daran sieht und nicht eingreift? Eine objektive Antwort auf diese Frage gibt es nicht, vielmehr muss die Frage gelebt werden. „Dann erfordern das eigene Leid und vor allem das Leid anderer, wo Hilfe nicht möglich ist, Klage und Anklage gegen Gott, der die Verantwortung dafür als Schöpfer und Erhalter seiner Schöpfung nicht abweisen kann. Alles andere wäre mangelnde Solidarität mit den Leidenden, es wäre unengagierte Heiterkeit, billiger Trost der Unbetroffenen angesichts der Leiden anderer."[34]

Im Akt der Klage überschreitet die Person sich selbst. Sie ist auf jemanden hin gerichtet und schafft insofern Beziehung. Ungehörte Klage macht das Leid größer. Die Reaktion des Adressatenkreises entscheidet darüber, ob Klage heilsam wirken kann. Die Frage ist, ob die Umstehenden sich von der Klage berühren lassen. „Klage aber, die ankommt, verändert den Angesprochenen. Nicht nur dass sich der Blick für den anderen und sein Leid schärft, vor allem durchbricht das Hören die Berührungs- und Beziehungsangst zum Klagenden selbst."[35] Solches Hören befähigt zum solidarischen Mitklagen. Das Leid einer missbrauchten Frau verbietet den Umstehenden jede Art von aktionistischer Problem- und Lösungsorientierung. Wenn ein anderer weiß, was gut für sie ist, entsteht wieder eine Hierarchie zwischen der Rat erteilenden und der hilflosen Person. Ein solches Gefälle ermutigt nicht zur mündigen Rückeroberung des eigenen Lebens, was die befragten Frauen als wichtigste Konsequenz ihres Bewältigungsprozesses sehen. Insofern ist geteilte Klage eine solidarische Bewegung zweier oder mehrerer Menschen auf glei-

---

[32] Ebd., 37.
[33] Ebd., 38.
[34] Gross, Ein Schwerkranker betet, 116.
[35] Beirer, Die heilende Kraft der Klage, 32f.

cher Höhe, die die Autorität des Opfers ernst nimmt. Die Klage wird zum Lernort von Beziehung und Autonomie. Solidarität wird im „mit" gelebt, nicht im „für".

Klage deckt auf. Sie kann auf die Bedingungen aufmerksam machen, die das Leid verursachen, etwa ein patriarchales Familien- oder Frauenbild. Die Klage enthüllt und fordert zu Konsequenzen auf.

Solidarität im Klagen bleibt manchmal auch stumm. Wenn der Missbrauch das Leben des Opfers so stark überschattet, dass Licht nicht mehr zu sehen, zu ahnen und zu erwarten ist, dann wird Klagen zum Ausharren an der Seite des Opfers. Vielleicht können Worte angeboten werden, um das Leid zu kanalisieren. Mehr ist nicht möglich. Diese Ohnmacht im Blick auf das Grauenhafte, das Menschen einander antun können, auszuhalten, kann zur spirituellen Zerreißprobe und Entwicklungschance werden.

3.3. Wider die falsche Toleranz – Wiederentdeckung der Kategorie Sünde

Um ein Kind zu missbrauchen, muss der Täter die Wahrnehmung des Kindes und seines Umfeldes systematisch vernebeln und damit über seine wahren Absichten hinweg täuschen. Was nach besonderer Fürsorge und Kinderfreundlichkeit aussieht, entpuppt sich als Wolf im Schafspelz. Das Kind hat keine Möglichkeit zu fragen, was falsch und richtig ist. Der erwachsene Täter hat die Macht, die Welt zu definieren. Diese Verunsicherung führt bei den Opfern zu Misstrauen und Skepsis gegenüber anderen Menschen und sich selbst. Sie suchen die Ursache für das Geschehen eher bei sich als beim Täter. Die verwirrte Wahrnehmung des Opfers wird durch die Umstehenden nicht entlastet, weil keine Worte für das Unrecht gefunden werden. Der Mantel des Schweigens hüllt das Verbrechen am Kind ein.

3.3.1. Die Sowohl-als-auch Falle

Eine optionale Theologie nimmt das Leid der Betroffenen nicht nur solidarisch wahr, sondern rehabilitiert die Betroffenen als Opfer. Es geht darum, die Wahrnehmungsverwirrung durch klare Aussagen zu entlasten. Dazu sind ethische Stellungnahmen unerlässlich. Dies jedoch scheint mit einem anderen Wert zu kollidieren: dem der Toleranz. Sölle nennt es die „Sowohl-als-auch-Falle"[36]. Wenn alles zu tolerieren ist, wenn jeder Mensch auf irgendei-

---

[36] Sölle, Die Sowohl-als-auch-Falle, 30.

ne Weise Recht hat, wenn Täter wie Opfer in einem Atemzug genannt werden, dann ist Differenzierung nicht mehr nötig. Statt aufreibender Kontroverse ist friedliche Harmonie angesagt. Dieses Denken ordnet Sölle in den postmodernen Diskurs ein. Es gibt kein Entweder-oder mehr, was zu einer ethischen Beliebigkeit führt. Jeder hat auf seine Weise Recht. Was für den einen ein Verbrechen ist, ist für den anderen legitimer Ausdruck pädophiler Neigung. Alles hat gute Gründe und die Toleranz gebietet, alles gutzuheißen und sich – bei aufkommenden Zweifeln – auf die eigenen Angelegenheiten zurückzuziehen.

Diese vornehme Zurückhaltung führt bei Traumatisierten zur Verstärkung des Gefühls, irgendwie doch selbst schuld zu sein. Selbstgemachte Probleme sind selbst zu lösen. Die falsch verstandene Toleranz lässt die Marginalisierten allein im Regen stehen. Was dagegen erforderlich ist, hat theologisch einen Namen: die Wiederentdeckung der Kategorie Sünde.

3.3.2. *Sünde, die Frauen klein macht*

Sünde taucht in den Interviews durchgehend negativ belegt auf. Sie gehört zum religiösen Zündstoff. Die Frauen erleben Sünde als kirchliches Thema, mit dem sie klein gehalten werden und ein ständiges Schuldig- und Schmutzigsein verbinden. Solche Erfahrungen sind Konsequenz einer problematischen kirchlichen Tradition, die bei einer zweifelhaften Interpretation des biblischen Sündenfalls ihren Ausgang nimmt. Die fragwürdige Verbindung von Sünde, Frau und Sexualität wirkt unterschwellig nach wie vor, im Raum der Kirchen ebenso wie im gesellschaftlichen Rahmen, auch wenn sie theologisch längst nicht mehr aktuell ist. Alles, was Spaß macht und gut tut, gilt gemeinhin als sündig. Diese Ausweitung des Begriffes Sünde hat nicht annähernd mit dem zu tun, was der biblische Befund vorgibt – und was im Kontext sexuellen Missbrauchs nötig wäre.

3.3.3. *Sünde, die Klarheit schafft*

Mit dem Begriff der Sünde bietet das Christentum einen Maßstab an, mit dem Unrecht interpretiert werden kann.[37] Klassisch wird Sünde als Trennung von Gott formuliert. Doch was bedeutet das? Eine Reihe von TheologInnen verbinden Sünde mit Stolz, Hochmut, Hybris und Egoismus. Auf diese Wei-

---

[37] Zum Begriff der Sünde vgl. Sölle, Gott denken, 77-105; Scherzberg, Sünde/Schuld. Gegenwartsdiskussion, 526-528. Als eine der ersten Theologinnen benannte Fortune bereits 1983 sexuelle Gewalt als Sünde, vgl. Fortune, Sexual Violence. The Unmentionable Sin.

se ist Sünde ein individueller Zustand. Befreiungstheologische Reflexion weitete den Blick auf strukturelle Zusammenhänge, in denen Sünde „als fundamentale Entfremdung und Wurzel einer Situation, die durch Ungerechtigkeit und Ausbeutung gekennzeichnet ist"[38], erscheint. Diese Perspektive übernahmen feministische Theologinnen, die die ungerechten Strukturen des sexistischen Patriarchates als strukturelle Sünde einordnen. Hierarchische Verhältnisse, die Frauen benachteiligen und zu Opfern machen, werden als sündig gebrandmarkt. Insofern als sexueller Missbrauch eng mit patriarchalen Verhältnissen und traditionellen Geschlechterrollen zu tun hat, liegt nahe, dass die feministische Interpretation relevant ist.

Über die strukturelle Dimension hinaus schafft der Begriff der Sünde ein Differenzierungsinstrument. Sünde in biblischer Perspektive ist nicht nur Unrecht zwischen Menschen, sondern auch Verstoß gegen Gott, der die Täter zur Rechenschaft auffordert.[39] Das Benennen von sexuellem Missbrauch als Sünde des Täters vermag die verwirrte Wahrnehmung zu klären: Das Opfer kann aus der Spirale der Selbstbezichtigung heraustreten, weil es klare Worte für das Geschehene an der Hand hat: Der Täter trägt die Verantwortung und nicht das Opfer. Wo auf menschliche Gerichtsbarkeit wenig Verlass ist, kann das Bild eines parteilichen Gottes dazu beitragen, zu einer menschenwürdigeren Bewertung des Missbrauchs zu führen.

Anders sieht es Jäger, der davon ausgeht, dass das Böse zur göttlichen Wirklichkeit gehört: „Im mystischen Erleben ist das, was wir ‚böse' nennen, aus der göttlichen Wirklichkeit nicht heraus zu nehmen. Menschen, die Opfer von Gewalt wurden, berichteten mir vom Zustand der Ruhe und des Einverständnisses in dieser Situation. Es gibt dort keine Schuldzuweisung und keine Angst und keine Wertung mehr, sondern eine große Gewissheit, dass auch das zweifellos zum göttlichen Vollzug des Lebens gehört, was wir Sünde nennen."[40] Eine solche Stellungnahme rückt Täter und Gott in eine fragwürdige Nähe. Die Erfahrung von Gewalt wird zum Reifungsinstrument, das zur Bewusstseinstransformation beiträgt und transpersonale Erfahrungen

---

[38] Gutierrez, Theologie der Befreiung, 169.
[39] Eine Auseinandersetzung mit dem Sündenverständnis im Alten und Neuen Testament ist an dieser Stelle nicht zu leisten. Zum Weiterlesen: Krobath, Evi, Sünde/Schuld; Schaumberger/Schottroff, Schuld und Macht.
[40] Jäger, Die Welle ist das Meer, 96.

ermöglicht.[41] Zu fragen wäre außerdem, ob der Zustand außerordentlicher Ruhe im Angesicht vernichtender Gewalt – wie er tatsächlich immer wieder von Gewaltopfern beschrieben wird – psychotraumatologisch als dissoziativer Mechanismus gedeutet werden kann, etwa als Derealisierung[42] – ein großartiger Trick der Seele, mit Extrembelastungen umzugehen, aber nicht unbedingt eine Transzendenzerfahrung.

Freilich stehen auch die Opfer nicht außerhalb der Möglichkeit, sündig zu handeln. Einfache Schwarzweißmuster entsprechen nicht der Realität. Mit der Betonung der Kategorie Sünde geht es vor allem darum, einen grundsätzliche Perspektive in der Bewertung sexuellen Missbrauchs einzunehmen, wie sie der Wunsch der Interviewten nach Solidarität fordert. Der Begriff Sünde an sich ist im Gespräch mit missbrauchten Frauen mit großer Vorsicht zu verwenden, da er stark mit negativen Assoziationen verknüpft ist. Der Vorschlag zur Wiederentdeckung der Kategorie Sünde im Kontext sexuellen Missbrauchs bezieht sich vor allem auf die Ebene theologischer Reflexion.

3.4. Die Forderung nach Vergebung – Verrat an den Opfern

An einem Thema scheint sich die Problematik des Wunsches nach Solidarität auf Seite der Betroffenen und der vorsichtigen Zurückhaltung auf Seite der Umstehenden zu bündeln: Es handelt sich um die Frage der Vergebung. Vielfach erleben Betroffene, dass ihnen Vergebung gegenüber den Tätern empfohlen wird, gerade im Raum der Kirchen, zunehmend aber auch im Bereich der Psychoszene und Esoterik. Eine Befragte erzählt davon, dass der Täter – ihr Vater – nach dem Missbrauch ihre Vergebung einforderte. Darin sieht sie eine „Perversion".[43] Als Erwachsene plagt sie sich mit dem Gefühl, das Ziel der Vergebung nicht erreichen zu können, das von ihrer Muttern an sie heran getragen wird. Damit ist sehr anschaulich ausgedrückt, worum es geht, wenn im Kontext sexuellen Missbrauchs von Vergebung die Rede ist. Vergebung als nicht einforderbarer freier Akt eines Menschen wird zum Druckmittel. Damit dreht sich der Sinn von Vergebung komplett um – er wird pervertiert.

---

[41] Im Bereich der Transpersonalen Psychologie wird von der Numinosität des Traumas gesprochen, vgl. Wirtz, Die spirituelle Dimension der Traumatherapie; Madert, Trauma und Spiritualität.
[42] Vgl. Huber, Trauma und Folgen, 59-62.
[43] Vgl. Interview F 357/359.

3.4.1. Heilsames Vergeben?

Die Rede von der lebensfördernden Kraft des Verzeihens hat sowohl in den Kirchen als auch im Feld charismatischer Gruppierungen und esoterischer Psychoszene hohe Bedeutung. Opfern von Missbrauch, Aidsinfizierten oder Menschen, deren Leben durch ärztliche Kunstfehler nachhaltig beeinträchtigt ist, wird etwa Folgendes empfohlen: „Aufhören, sich an die Wunden der Vergangenheit zu klammern, die eigene Verletztheit, die eigenen Wut loslassen, sich aussöhnen mit dem eigenen Geschick, das sind schwierige Übungen des Vergebens. Aber es sind heilsame Übungen."[44] Das Bedürfnis nach (Er-)Lösung von posttraumatischer Symptomatik kennt keine Grenzen. So sieht es Jäger als notwendig an, Terroristen zu umarmen: „Diese Liebe umarmt auch Gegner, jene die hassen, die Taliban und einen Osama bin Laden und die verletzten Soldaten, die geschändeten Frauen und die verhungernden Kinder. (...) wer sich nicht öffnen kann zum Anderen hin, verhält sich nicht evolutionsgemäß und wird krank."[45] Der marktführende Anbieter von Familienaufstellungen Hellinger gar vermag durch die Wiederherstellung der Ordnungen der Liebe eine blitzschnelle Spontanheilung von Frauen mit Missbrauchserfahrungen herzustellen. Er rät Inzestbetroffenen: „Der Kampf und die Vorwürfe können die Lösung nicht bringen. Lösung ist ein doppeldeutiges Wort. Die Lösung ist immer ein Sich-Wegbegeben-von. Im Kampf gibt es keine Lösung, weil er verbindet."[46] Stattdessen sollen sie den Missbrauch aus Liebe zur Mutter gern auf sich nehmen.[47]

Alle diese Ansichten sind von der Vorannahme geprägt, dass eine liebevolle Haltung und das Vergeben Ideale darstellen, deren Nichtbefolgung mit verhärtetem Leiden des Opfers am Widerfahrenen geahndet werden. Vergebung als Leitbild, das als Anspruch an die Opfer heran getragen wird, ist in verschiedenen Hinsichten problematisch:
- Die Perspektive des Opfers wird nicht eingenommen.
- Wenn die Betroffene nicht aus freiem Herzen vergibt, ist sie selbst schuld an ihrer Misere. Die Schuld liegt also wieder beim Opfer.

---

[44] Vorländer, Die beste „Rache" ist, glücklich zu werden, 12.
[45] Jäger, Terroristen umarmen?, 48f.
[46] Hellinger, Ordnungen der Liebe, 283; in Hellingers Perspektive ist Inzest nur selten ein Verbrechen, vgl. ebd. 283.
[47] Vgl. Hellinger, Ordnungen der Liebe, 279; Hellinger rät nicht direkt zur Vergebung, jedoch sieht seine Strategie ein Verbünden mit dem Täter vor, indem der Täter einen Platz im Herzen bekommt, vgl. ebd. 281. Vgl. zur kritischen Auseinandersetzung mit Familienaufstellungen nach Bert Hellinger: Goldner, Der Wille zum Schicksal.

- Die Täter werden nicht erwähnt. Sie bleiben unsichtbar. Ein Schuldgeständnis von deren Seite wird nicht als Voraussetzung für einen Vergebungsakt durch das Opfer vorausgesetzt.
- Der Missbrauch wird nicht mit seinen dramatischen Auswirkungen für das Opfer benannt, sondern wie eine zwischenmenschliche Kränkung eingestuft.
- Wird die Forderung nach Vergebung nicht erfüllt, droht fortgesetztes Leiden.

Von Traumatisierten die Vergebung gegenüber den Tätern abzuverlangen zeugt auch von einer unbedarften Unwissenheit im Bereich der Psychotraumatologie. Gerade kumulatives Trauma, wie es sexueller Missbrauch von Kindern in der Regel darstellt, kann das Leben der Betroffenen nachhaltig beeinträchtigen und irreparabel schädigen. Psychotraumatologische Forschung beschreibt, dass sich das posttraumatische Oszillieren zwischen Konstriktion und Intrusion, zwischen Lähmung und Übererregung, bis in neurophysiologische Vorgänge nachweisen lässt und deshalb langjährige psychotherapeutische Auseinandersetzung nötig ist, um zu einer Linderung zu kommen.[48]

3.4.2. Vergebung in biblischer Perspektive

Auch aus biblisch-theologischer Perspektive lässt sich die Vergebungsforderung an die Opfer kaum legitimieren. Gerade im Bereich von Seelsorge und geistlicher Begleitung sind Frauen mit Missbrauchserfahrungen mit der Frage nach der Vergebung und der Liebe zu den Tätern konfrontiert. Das an sie herangetragene Ideal hat sicherlich viel mit der ohnmächtigen Hilflosigkeit der Umstehenden zu tun, die nicht weiter tatenlos zusehen wollen und nach einem Zaubermittel suchen, um zerstörte Familienbande wieder zu kitten und individuelles Leid zu reduzieren. Ein solches Vergeben hat viel mit Vergessen zu tun. Dieses wünschen sich selbst die Betroffenen sehr – und wissen doch nur allzu gut, dass das kaum möglich ist.

Die neutestamentliche Rede von Vergebung[49] erweist Gott selbst als den, der vergibt. Jesu Vergebungsbitte am Kreuz ist an den Vater gerichtet. In dieser Situation äußerster Auswegslosigkeit und Ohnmacht kann nicht Jesus selbst vergeben. Die Textstellen, in denen die Thematik der zwischen-

---

[48] Vgl. Teil I, A. III. 4.2.
[49] Vgl. zu Vergebung im Neuen Testament Lehner-Hartmann, Wider das Schweigen und Vergessen, 237-243; 27-33.

menschlichen Vergebung vorkommt, setzen ein hierarchisches bzw. ein mindestens gleichwertiges Verhältnis der beteiligten Personen voraus. Vergebung wird von oben nach unten gewährt, wie es die Bitte des Vaterunsers formuliert: Vergib uns unsere Schuld, wie auch wir vergeben unseren Schuldigern. Dabei ist nichts gesagt über Vergebung, die abhängige und versklavte Menschen zu geben haben. Im Gegenteil regeln die neutestamentlichen Schriften in großer Deutlichkeit, wie mit Menschen, die den Machtlosen und Kleinen etwas antun, umgegangen werden soll.[50]

Die Opfer von Unrecht sollen sich Unterstützung durch die Gemeinschaft holen, da Sünde immer auch die ganze Gemeinschaft betrifft. Vergebung ist in neutestamentlicher Perspektive an Bedingungen gebunden: Der Täter soll unterwiesen werden und seine Schuld bekennen. So wird er wieder integrierbar. Die biblische Rede von der Vergebung ist „konkret, situationsbezogen und sehr differenziert"[51], sie reflektiert die Strukturen, in denen Unrecht zugefügt wird. Vergebung verlangt eine wenigstens „egalitäre Beziehung"[52] zwischen Opfer und Täter, die dem Opfer Entscheidungsfreiheit lässt. Dies ist für sexuell missbrauchte Frauen oftmals auch als Erwachsene schwer möglich, vor allem, wenn der Täter zur Elterngeneration gehört. Hartmann-Lehner resümiert: „Vergebung bedeutet letztendlich für Täter und Opfer gänzlich Unterschiedliches. Vergebung darf der Täter erst nach einem aufrichtigen Bekenntnis und tätiger Reue, aus denen nachweislich Schritte der Umkehr zur Schaffung gerechterer Verhältnisse erkennbar sind, erhoffen. In seiner Hoffnung bleibt er aber auf das Opfer angewiesen."[53]

3.4.3. *Vergebung in der Selbsthilfeliteratur*

Der Wunsch nach Vergebung entspricht oft dem Bedürfnis der Betroffenen, eine glatte und schmerzarme Lösung der persönlichen Probleme zu erzielen.

---

[50] Vgl.: Wer einen von diesen Kleinen, die an mich glauben, zum Bösen verführt, für den wäre es besser, wenn er mit einem Mühlstein um den Hals im tiefen Meer versenkt würde. (Mt 18,6) Diese Bibelstelle wurde auffallender Weise von mehreren Befragten im Interview zitiert. Diese Textstelle steht in unmittelbarem Zusammenhang mit der scheinbar grenzenlosen Aufforderung zur Vergebung in Mt 18,21f: Herr, wie oft muss ich meinem Bruder vergeben, wenn er sich gegen mich versündigt? Siebenmal? Jesus sagte zu ihm: Nicht siebenmal, sondern siebenundsiebzigmal. Im Kontext von Mt 18 wird deutlich, dass Vergebung nicht bedingungslos zu gewähren ist.
[51] Jung, Sexuelle Gewalt gegen Mädchen und Frauen, 30.
[52] Lehner-Hartmann, Wider das Schweigen und Vergessen, 241.
[53] Ebd., 243.

Vermutlich haben deshalb entsprechende Angebote großen Zulauf. In seriöser Selbsthilfeliteratur wird mit Nachdruck betont, dass die Vergebung der Opfer gegenüber sich selbst – und nicht gegenüber den Tätern – große Bedeutung hat:

„Viele glauben, der letzte Schritt der Heilung von sexuellem Kindesmissbrauch bestehe darin, dem Täter zu verzeihen. Vielleicht hast du irgendwo gehört, dies sei das Ziel deiner Heilung. Meiner Erfahrung nach ergibt sich das vielleicht als Nebenprodukt, es ist aber nicht notwendigerweise das, worauf es bei deiner Heilung ankommt. Wenn du Vergebung, Wärme und Mitgefühl für deinen Täter empfindest, dann heiße das willkommen als einen Teil deines Herzens, der weich wird. Aber vergiss nicht, deine Heilung besteht darin, mindestens ebensoviel Liebe, Wärme und Mitgefühl *für dich selbst* zu empfinden."[54]

Wenn der Begriff der Vergebung also einen Ort hat im Bewältigungsprozess auf der Seite des Opfers, dann als Vergebung gegenüber sich selbst, um einen Weg aus den ständigen Selbstbeschuldigungen herauszufinden. Auf diese Weise ist Vergebung nicht Druckmittel, sondern wirkt entlastend, weil innere Freiheit möglich wird. Insofern geht es nicht mehr um das, was biblisch unter Vergebung verstanden wird, sondern um den förderlichen Prozess der Selbstannahme. Bass/Davis beschreiben in ihrem Standardwerk zur Selbsthilfe für missbrauchte Frauen die Tragweite einer solchen Haltung gegenüber sich selbst:

„Wirklich wichtig ist nur, daß du dir selbst vergibst. Du mußt dir vergeben, daß du Bedürfnisse hattest und daß du klein warst. Du mußt dir vergeben, daß du dich arrangiert hast, so gut du konntest. (...) Du mußt dir vergeben, daß du als Erwachsene mit Einschränkungen gelebt hast. Du mußt dir vergeben, daß du deine Opferrolle weitergelebt hast (...). Du mußt dir vergeben, daß du jetzt Zeit zum Heilen brauchst."[55]

3.4.4. *Von der Langsamkeit der Vergebung*

Damit Betroffene die ihnen widerfahrene Gewalt als Unrecht erkennen können, ist es nötig, die Tat zu erinnern, und das scheint auf den ersten Blick mit dem Wert der Vergebung zu kollidieren. Mit dem Erinnern sind vitale Impulse wie Wut und Hass verbunden. Oft richten sich deshalb die Gefühle der Betroffenen gegen sich selbst und sie können sie nicht gegenüber dem adäquaten Ort, den Tätern, äußern. Ergebnisse aus dem Bereich der Psychotherapie zeigen, dass die Wahrnehmung und das Ausleben von Zorn und Wut

---

[54] Haines, Ausatmen, 336.
[55] Bass/Davis, Trotz allem, 143.

für die Betroffenen von zentraler Bedeutung für den Aufarbeitungsprozess sind.[56] Die traditionelle geschlechtsspezifische Sozialisation vermittelt Mädchen wenig Handlungsräume, in denen Gefühle wie Wut, Rache und Zorn Platz haben. Liturgische Texte schweigen zu solchen Gefühlen, da sie nicht zu Idealen wie Liebe und Vergebung zu passen scheinen. Gerade die Texte des Alten Testamentes, die Rachegedanken zu Wort bringen (z. B. in den Psalmen), wurden in der christlichen Tradition häufig gestrichen.[57] So stehen den ohnehin schon sprachlosen Opfern kaum Artikulationsmöglichkeiten auf religiöser Ebene zur Verfügung. Die Versprachlichung ihres Leidens muss dem Ideal der Vergebung unterliegen.

Jedoch: „Das Aussprechen der erlittenen Gewalt, und sei es mit Worten der Rache, ist Voraussetzung dafür, daß Vergebung buchstabiert werden kann."[58] Bail spricht vom Buchstabieren der Vergebung und meint damit, dass es ein langwieriger Prozess ist, statt eines „Vergeben und Vergessens" zu einer bewussten Integration der traumatischen Erfahrungen zu gelangen: „Zwischen Rache und Schweigen buchstabiert sich Überleben."[59] Zum Überleben gehört es, die Tat und den Täter sichtbar zu machen und die verlorenen Gefühle neu zu erspüren. Dies ist ein langsamer und langwieriger Prozess.

Natürlich ist unbestritten, dass Vergebung ein Vorgang sein kann, der auf der Seite des Opfers neue Kräfte frei setzt, der menschliche Beziehungen klären und Verstrickungen lösen kann. Doch die Forderung nach Vergebung ist nicht einforderbar, sie setzt die Opfer erneut unter Druck. „Verweigern Opfer Tätern die Vergebung, müssen sie erneut mit Diskriminierung und Schuldzuweisungen rechnen. Vergeben sie aber, obwohl ihre Verletzungen in keiner Weise benannt und vernarbt sind, geschweige denn der Täter seine Tat, seine Schuld eingestanden hat, können Haß und Selbsthaß die Folge sein. Mit der Forderung nach Vergebung wird den Opfern erneut Gewalt angetan."[60]

Den Opfern bleibt nichts anderes übrig, als sich der eigenen Geschichte zu stellen. Sie haben keine Wahl. „Die erlittene Gewalt kann nicht und niemals ungeschehen gemacht werden. Vielleicht kann Vergebung buchstabiert

---

[56] Vgl. ebd. 113 ff.
[57] Vgl. Bail, Von der Langsamkeit der Vergebung, 102.
[58] Ebd. 121 f.
[59] Ebd., 121.
[60] Gemeinschaftswerk der Evangelischen Publizistik: Gewalt gegen Frauen – theologische Aspekte, 6.

werden. Vergessen werden kann die Gewalt nie."[61] Dabei hängt viel davon ab, ob das Umfeld in diesem Prozess Direktiven erteilt, die die Betroffenen zusätzlich unter Rechtfertigungsdruck setzen, oder ob es sich um ein solidarisches Mühen handelt, das deren Ermächtigung zum Ziel hat.

3.4.5. „Wir sind nicht neutral"

Vergebung des Opfers gegenüber dem Missbraucher ist zu unterscheiden von Versöhnung in intrapersonalen Konflikten. Bei letzter geht es darum, die eigenen Grenzen, Schwächen und Gebrochenheiten anzunehmen, im Vertrauen auf die zuvorkommende Liebe Gottes.[62] Ohne Zweifel handelt es sich dabei um einen heilsamen und notwendigen Vorgang. Die Rede von Vergebung im Kontext sexuellen Missbrauchs führt jedoch über die intrapersonale Ebene hinaus. Nicht jeder Konflikt ist gleich, weshalb unterschiedliche Wege der Auseinandersetzung nötig sind. Vergebung und Versöhnung sind zwar eine christliche Grundkategorie, aber nicht das Allheilmittel für jede Art von Schwierigkeiten. Die dramatisch weite Verbreitung von Kindesmissbrauch macht deutlich, dass es sich um mehr als um vereinzelte Schicksale handelt. Die Aufforderung zur Vergebung an die Opfer gehört zu den Strategien, diese beunruhigende Dimension zu reduzieren. Es ist zu fragen, ob ein solcher Umgang mit Opfern sexuellen Missbrauchs im Licht des Evangeliums angemessen ist. Missbrauch ist nicht ein vereinzeltes Problem besonderer Risikogruppen, weshalb die glaubwürdige Auseinandersetzung mit Vergebung aus christlicher Perspektive nur in Verbindung mit Befreiung gedacht werden kann. Am Beispiel der Rolle der katholischen Kirche im südafrikanischen Apartheids-Konflikt lässt sich das gut nachvollziehen, was der südafrikanische Bischof Fritz Lobinger beschreibt.[63]

Im Jahr 1986 versuchte eine interkonfessionelle Arbeitsgruppe von etwa hundert, meist schwarzen, Theologen, die Rolle der Kirche im Apartheidsregime zu beschreiben. Dabei stellten sie fest, dass der Aufruf zur Versöhnung nicht christlicher Botschaft entspreche, bevor nicht die bestehenden ungerechten Strukturen aufgedeckt würden. „Ein solcher Aufruf spielt in die Hände des Unterdrückers, indem man uns, den Unterdrückten, zureden will, unsere Unterdrückung hinzunehmen und uns mit den schrecklichen Verbre-

---

[61] Bail, Von der Langsamkeit der Vergebung, 122.
[62] Vgl. Baumgartner, Konflikt und Versöhnung im Licht der Psychologie, 127 f.
[63] Vgl. Lobinger, Versöhnung oder Befreiung?.

chen auszusöhnen, die man gegen uns begeht."[64] Versöhnung braucht die Klarstellung und Überwindung des widerfahrenen Unrechts. Die Bischofskonferenz von Südafrika reagierte 1986 in einem Hirtenbrief mit dem Satz: „Es muss ganz klar gesagt werden – wir sind nicht neutral in diesem Konflikt."[65] Die Kirche erkannte, dass sie ihrer Botschaft nur gerecht werden kann, wenn sie sich nicht distanziert und unbeteiligt verhält. Parteilichkeit ist die angemessene Haltung in Kontroversen, in denen eine klare Unrechtsstruktur zu erkennen ist. So multidimensional und verflochten die Probleme menschlicher Lebenswelt sich darstellen und deshalb häufig eine neutrale Haltung empfehlenswert sein mag, so wenig ist eine solche für den Fall sexuellen Missbrauchs förderlich. Die Aufdeckung der Gewalt geht nicht mit distanzierter Neutralität, sondern erfordert solidarische Stellungnahme. Eine Kirche als Verbündete, die die Sichtweise der Opfer einnimmt und ihre Befreiung aus den missbrauchenden Strukturen fördert, hat keine großen Lösungen, sondern sucht mit den Betroffenen kleine Schritte.

---

[64] Challenge to the Church. A theological Comment on the Political Crisis in South Africa. The Kairos Dokument, zitiert nach: Lobinger, Versöhnung oder Befreiung?, 378.
[65] Pastoral Letter of the Southern African Catholic Bishops Conferenc on Christian Hope in the Current Crisis, Mariannhill, 1. May 1986, 2, zitiert nach: Lobinger, Versöhnung oder Befreiung?, 383.

III. Sinn

1. Der Wunsch nach Sinn aus der Perspektive der Befragten

Sexueller Missbrauch zerstört das Vertrauen des Kindes in den guten Lauf dieser Welt. Er brennt sich in seine innere Landkarte ein und sagt: Dein Leben ist nicht kalkulierbar. Jederzeit kann alles anders sein. Auf nichts ist Verlass, schon gar nicht auf Menschen. Diese Erfahrung der Ausgesetztheit menschlicher Existenz verlangt nach Lösung und Interpretation. Die Befragten versuchen, ihr Leid zu deuten, um es verstehen, einordnen und bewältigen zu können. Es soll einen Sinn haben, für irgendetwas gut sein. Leid ohne Ziel und Zweck ist nicht zu akzeptieren. Die Frage nach dem Sinn ist in der Konfrontation mit den Widerfahrnissen des Lebens verortet. Sie entsteht vor allem an den Grenzen, also da, wo das normale Leben brüchig wird. Wenn der normale Boden, auf dem eine Person gewöhnlich fest steht, zur gefährlichen Eisdecke auf einem See wird, wird jeder Schritt zum Wagnis. Orientierung tut Not.

Sinngebung ist vor allem und zuerst ein Thema von Religion, was auch der Traumatherapeut van der Kolk beschreibt: „Die Religion erfüllt die wichtige Funktion, angesichts der erschreckenden Wirklichkeit für ein Gefühl der Sinnhaftigkeit zu sorgen, indem das Leiden in einen größeren Kontext gesetzt und Betonung darauf gelegt wird, dass über Generationen, Zeit und Raum hinweg das Leiden eine allgemeine menschliche Erfahrung darstellt. Daher kann die Religion den Menschen dabei eine Hilfe sein, ihr Eingemauertsein in ihr individuelles Leid zu überwinden."[1] Für die Befragten gilt letztgenanntes in besonderer Weise: Das Trauma mit all seinen Konsequenzen treibt sie in Isolation und Handlungsunfähigkeit. Aus dieser Situation heraus fragen sie, warum sie als Kind so unmenschlich leiden mussten und ihr Alltag häufig nach wie vor davon überschattet ist.

Was schafft den Frauen Sinn? Um Zugang zu den Sinninterpretationen in den Bewältigungsprozessen der Befragten zu schaffen, werden diese in Form von religiösen Sinnsätzen aufgelistet:[2]

---

[1] Kolk, Die Vielschichtigkeit der Anpassungsprozesse nach erfolgter Traumatisierung, 48.
[2] Dabei handelt es sich zum Teil um wörtliche Zitate aus den Interviews, zum Teil um nachgezeichnete Aussagen aus der Auswertung vgl. Teil II, D. III. 4.

- Es hat alles seinen Sinn im Leben.
- Man kriegt nur auf die Schultern geladen, was man tragen kann.
- Das Universum hält Erfahrungen für mich bereit.
- Engel kreieren Situationen, an denen ich lerne.
- Der Missbrauch ist passiert, weil die Seele reif dafür war.
- Der Missbrauch ist eine Entwicklungsaufgabe aus einem früheren Leben.
- Ich stehe in einem größeren Zusammenhang, dem ich mich unterordne.
- Was ich ausstrahle, kommt zu mir zurück.
- Weil der Mensch sündig ist, stellt ihn Gott auf die Probe.
- Der Missbrauch war eine Strafe Gottes.
- Leiden ist erlösend.
- Jesus hat auch gelitten und steht mir bei.
- Der Wille Gottes lenkt mein Leben.
- Der Täter wird von Gott zur Rechenschaft gezogen.

Solche Sätze kommen in den Berichten der Befragten vor. Ein Teil der Frauen bedient sich im Bereich des religiösen Marktes, der eher esoterisch geprägt ist. Deren Sinnsätze stehen ihnen wie Ideale oder Autosuggestionen vor Augen. Sie summieren ihre Hoffnung auf Eingebundenheit in einen Plan, der ihr Leben überschreitet. Manche Frauen greifen auf christliche Interpretationsmuster zurück: Sie gehen von der Allmacht Gottes aus und sehen in Leid und Tod Jesu ein nachzuahmendes Ideal. Die Sinnsätze dieser Frauen reichen oft in die religiös vermittelten Sätze ihrer Kindheit zurück. Dabei gelten diese Sätze nicht uneingeschränkt und dauerhaft. Etwa trifft die Vorstellung „Gott lenkt mein Leben" eher in guten Zeiten zu, während die Ansicht „Gott straft mich" eher in psychischen Krisen formuliert wird. Die Sinnsätze zeigen an:

- Die Frauen wollen in der Lage sein, ihr Leben zu verstehen und zu steuern. Religiöses bietet ihnen Möglichkeiten, ihr Leben und ihr Leid einzuordnen. Es wird überschaubarer. Die Ursachen sind benennbar.
- Außerdem binden die religiösen Sinngebungen die Frauen in einen größeren Rahmen ein, sowohl in einen konkreten menschlichen Zusammenhang als auch in einen überschreitenden Kreis. Es gibt so etwas wie Solidarität im Leid.
- Sie sind bereit, sich einer übergeordneten Macht unterzuordnen.

Ein kleinerer Teil der Frauen ist in obigen Sinnsätzen nicht mitbeschrieben. Auch für sie wird die Frage nach dem Sinn ihres Lebens und ihrer Probleme virulent, aber sie ziehen daraus andere Konsequenzen. Die Frage nach der Ursache und dem Sinn ihres Leides bleibt unbeantwortet. Aus der Frage erwachsen weitere Fragen, deren Unbeantwortbarkeit zur Theodizeefrage führt. Sie erleben ihr Alleingelassenwerden und Zweifeln an der Menschenfreundlichkeit Gottes, der ihr Leid unbeteiligt mit ansieht. Sie halten die Sinnlosigkeit ihres Leides Gott hin und klagen ihn an.
- Wo bist du, Gott?
- Warum ziehst du dich zurück in deiner Macht?
- Warum ist mir das passiert?
- Ein Gott, der das zulässt, kann nicht gut drauf sein.
- Warum lässt du mich allein?

Obige sinngebende religiöse Ansichten und die Theodizee sind aber auch nicht gegeneinander auszuspielen. Auch diejenigen Frauen, die sich durch genannte Sinnsätze neu im Leben verorten können, stellen zum Teil die Theodizeefrage. Fragen und Antworten stehen oft nebeneinander. Dies entspricht auch der inneren Dynamik von traumatisierten Menschen: Auf Phasen relativer Ruhe folgen Krisen; die Frauen werden getriggert und die Dynamik des Traumas beherrscht sie. Alles, was bisher als beständig, gelöst und beantwortet angenommen wurde, steht in Frage. Das spiegelt sich auch entsprechend im religiösen Bereich.

Zusammenfassend lässt sich also sagen:
- Die Frage nach dem Sinn ist für alle Befragten drängend.
- Sie bricht mit der Erfahrung des Leides ins Leben ein.
- Die Befragten finden religiöse Deutungsmuster im esoterischen und christlichen Bereich.
- Die Frage nach dem Sinn des Leides bleibt für einige unlösbar und führt zur Theodizee.

2. *Theologische Zuspitzung: Hat Leid Sinn?*

Im Leben der Befragten taucht die Sinnfrage eindeutig im Zusammenhang mit dem Problem des Leides am Missbrauch auf. Sölle unterscheidet im Umgang mit Leid zwei Fragen:[3]

---

[3] Vgl. Sölle, Leiden, 11.

- Aus welchen Ursachen entsteht Leiden?
- Welchen Sinn hat Leiden?

Die genannten Sinnsätze der Befragten sind vor allem Antwortversuche auf die zweite Frage, wobei sich manchmal die zwei Fragerichtungen auch mischen. Ursache und Sinn von Leid hängen eng zusammen. Im Folgenden sollen die grundsätzlichen Sinnkonstruktionen der Befragten im Angesicht ihrer Missbrauchserfahrungen rekonstruiert und geordnet werden.

Es kommen zwei grundsätzlich verschiedene Interpretationsweisen vor, in deren Mittelpunkt die Bewertung des Missbrauchs – und mehr noch: das Leiden daran – steht. Die einen sehen darin eine Prüfung, eine Strafe, etwas, woran sie wachsen können. Die anderen finden keine Erklärung und keinen Sinn darin.

Daran knüpfen sich entsprechende religiöse Vorstellungen, Interpretationen und Bilder. Frauen mit Erfahrungen im Bereich charismatischer oder/und autoritärer Religiosität wollen sich dem Willen Gottes unterwerfen. Sie sehen darin eine Prüfung, die sie als Kreuz zu ertragen haben. Esoterisch geprägte Frauen dagegen reflektieren ihre eigene Beteiligung am Leid. Vielfach spielt die Vorstellung der Reinkarnation eine Rolle. Sie sehen ihre Erfahrungen als Konsequenz von Verfehlungen und verpassten Chancen in früheren Leben. Den Frauen, die keine kausalen Verbindungen zwischen ihrem Leid und ihrer Person sehen, stehen keine Lösungen zur Verfügung. Sie richten ihre Gebrochenheit an Gott – klagend, fragend und um Antwort ringend.

Auf der Reflexionsebene ist zu hinterfragen, welche Menschen- und Gottesbilder hinter diesen religiösen Interpretationsmustern stehen. Welche diesbezüglichen Konsequenzen sind zu ziehen aus Vorstellungen wie:

- Das Schicksal hat die Erfahrung für den Menschen vorgesehen.
- Leid läutert den Menschen.
- Gott prüft den Menschen.
- Der Mensch muss sich dem Willen Gottes fügen.
- Leid gehört zum Leben und muss deshalb angenommen werden?

Solche Aussagen entwerfen ein Menschenbild, in dem
- sich der Mensch einer übergeordneten Macht unterordnen muss.
- der Mensch aufgrund seiner Defizite geläutert, geprüft und gestraft werden muss.
- der Mensch sich der Prüfung stellen und die Probleme selbst lösen muss.
- der Mensch bei nicht erfüllter Leistung selbst schuld ist an seinem Leid.

Dahinter steht ein Gottesbild, das
- ein personaler Gott oder eine abstrakte numinose Größe sein kann.
- eine große Macht auf das menschliche Leben ausübt.
- menschliches Leid zum pädagogischen Instrument macht.
- menschliches Leid als notwendiges Übel legitimiert.
- die Kriterien für das göttliche Einwirken in das menschliche Leben nicht offen legt.
- einen großen Abstand schafft zwischen menschlicher und göttlicher Sphäre.

Wie sehen die Wirkungen solcher Menschen- und Gottesbilder im Kontext der vorliegenden Studie aus? Wenn eine übergeordnete Macht den Menschen aufgrund seiner Fehlerhaftigkeit prüft – ist dann das Leid und der Missbrauch gewollt? Wenn hinter dem Leid ein erwünschter Sinn steht – hat dann das Leiden an sich einen Wert? Ist es gut und göttlich beabsichtigt? Steckt da ein Plan dahinter? Schließlich: Auf welcher Seite steht dann Gott bzw. die transzendente Größe? Steht er dann nicht in verdächtiger Nähe zum Täter?

Das Stellen der Theodizeefrage stellt Menschen- wie Gottesbild unter den Konjunktiv. Könnte es sein, dass der Mensch von Gott geliebt ist? Könnte es sein, dass für Gott der Mensch egal ist? Könnte es sein, dass es keinen Gott gibt? Zugespitzt formuliert geht es also um zwei Modelle:
- Die einen nehmen an, dass der Missbrauch und das Leid dem Willen einer höheren Macht entspricht, etwa weil Gott oder das Schicksal diese Erfahrung für die Betroffene bestimmt hat. In der Konsequenz könnte das heißen: Der Missbrauch ist gewollt.
- Die anderen sehen den Missbrauch als Unrecht des Täters, der eigenständig handelte und damit letztverantwortlich ist für die Tat. Der Missbrauch hat nichts mit dem Opfer und auch nichts mit der Vorbestimmung durch eine übergeordnete Größe zu tun. Er ist nicht gewollt. Das führt entsprechend zu einer Krise im Gottesbild, da nach der göttlichen Rolle im persönlichen Leid gefragt wird.

Sinn des Leides	Religiöse Vorstellungen/ Muster	Menschenbild	Gottesbild	Konsequenz
Prüfung/ Chance/ Läuterung	Reinkarnation Resonanz Selbstverantwortung Selbsterlösung	Mensch ist fehlerhaft Mensch ist für sein Glück verantwortlich	Jenseitige Macht bestimmt Leben Unpersönliches Gottesbild	→ Missbrauch und Leid gewollt?
Strafe	Unterwerfung unter Willen Gottes Kreuz tragen	Mensch ist sündig Mensch braucht Prüfung	Gott ist mächtiger Herrscher	
Kein Sinn	Theodizee	Ist Mensch von Gott geliebt?	Wo/wer ist Gott?	→ Missbrauch und Leid ungewollt?

Um keine Verzerrungen und Missverständnisse aufkommen zu lassen: Die beschriebenen Zusammenhänge sind nicht die bewussten Gedanken und Konstruktionen der befragten Frauen. Vielmehr geht es darum, ihre Sinnsätze zuzuspitzen und für eine theologische Auseinandersetzung über die Frage nach Sinn im Kontext sexuellen Missbrauchs zugänglich zu machen. Es gilt, die Bedürfnisse der Frauen ernst zu nehmen und im Folgenden gleichzeitig zu reflektieren, welche Gefährdungen und Chancen in den verschiedenen religiösen Sinnangeboten liegen.

3. *Was bieten esoterische und charismatische Sinnangebote?*

In auffallender Intensität kommen in den Interviews religiöse Ansichten vor, die dem Feld esoterischer Religiosität zuzuordnen sind. Weniger häufig, aber nicht mehr wegzudenken aus dem Feld postmoderner Sinnstiftung sind Bezüge zu freikirchlich-charismatisch geprägten Angeboten. Deshalb ist zu fragen: Welche Sinnangebote finden die Befragten dort? Was davon unterstützt sie im Bewältigungsprozess?

3.1. Unterstützende esoterische Inhalte

Esoterik liegt im Trend. Was in den 80er Jahren noch als New Age bezeichnet wurde und damals den Anbruch eines neuen Zeitalters verkündete, entwickelte sich seit den 90er Jahren zu einem breiten Panaroma von Angeboten unterschiedlicher Herkunft.[4] Diese Entwicklung hängt mit der zunehmenden Pluralisierung der Lebenswelten zusammen. Religiöses wird immer weniger im Umkreis institutionalisierter Religion vermittelt, sondern individuell gesucht und erfahren. Stenger benennt drei elementare Begriffe esoterischer Konstruktion von Wirklichkeit: Bewusstseinsentwicklung, größere Realität und Ganzheitlichkeit. „Bewußtseinsentwicklung eröffnet den Zugang zu einer größeren Realität. Daraus ergibt sich die Chance eines ganzheitlichen Bewußtseins."[5] Es handelt sich also um eine aufsteigende Entwicklung, die das konkrete Leben mit all seinen Schwierigkeiten in einen größeren Zusammenhang stellt. Das Erstarken esoterischer Religiosität ist „als Gegenpol zu den menschenverachtenden Spielregeln einer ausbeuterischen und fortschrittsgläubigen gottvergessenen Moderne"[6] zu beobachten. Sie bietet Orientierung in orientierungsloser Zeit. Esoterische Praxis wird vielfach als Kontrast zum gewöhnlichen Alltag erlebt.

Es sind vor allem Frauen, die sich für Lebenshilfe und Deutungsmuster esoterischer Herkunft interessieren. Welche Charakteristika esoterischer Sinnkonstruktion sind für die befragten Frauen wichtig?

Selbstbestimmung
Die Frauen wollen Selbstbestimmung über ihr Leben erlangen und das auch im religiösen Bereich. Mit bevormundender Religion verbinden sie schlechte Erfahrungen. Im Bereich der Esoterik gibt es keine strenge Glaubenslehre, die angenommen und befolgt werden muss. Es bleibt jeder Person selbst überlassen, was sie sich aussucht. Das bezieht sich nicht nur auf Inhalte und Praktiken, sondern auch auf Personen. Es gibt keine Hierarchien und Ämter, die den Zugang erschweren. Diese Freiheiten ermächtigen die Frauen, sich selbst in den Mittelpunkt zu stellen.

---

[4] An dieser Stelle kann keine ausgiebige Reflexion von esoterischen Gruppierungen und Ansichten statt finden. Zum Weiterlesen sei empfohlen: Ruppert, Suche nach Erkenntnis und Erleuchtung; zur konstruktiven Auseinandersetzung mit Esoterik aus kirchlicher Perspektive vgl. Widl, Christentum und Esoterik.
[5] Stenger, Die soziale Konstruktion okkulter Wirklichkeit, 21.
[6] Widl, Christentum und Esoterik, 170.

Frauen im Mittelpunkt

Gerade Frauen finden sich in erfahrungs- und körperbezogenen Ritualen wieder. Diese beziehen sich auf konkrete frauenbezogene Lebenserfahrungen und verleihen ihnen damit eine große Bedeutung. Der normale Alltag in Haushalt und Beruf, die Erziehung der Kinder und die altersbezogenen Veränderungen im Lebenslauf werden zu sakralen Orten. Im Kleinen ist das Große zu finden. Diese Aufwertung weiblichen Lebens findet sich in der religiösen Sprache und den Symbolen wieder. Die schmerzlich vermisste weibliche Repräsentanz im christlichen Gottesbild wird abgelöst von kreativen Ausdrucksweisen in weiblichen und geschlechtsneutralen Bildern für das Göttliche. Für Frauen, die von Männern missbraucht und vergewaltigt wurden, ist das in besonderer Weise ansprechend. Zudem können sich Frauen auf Frauen beziehen und an deren Kompetenz und Erfahrung orientieren – anders als in den Kirchen, die von Frauen nach wie vor als Männerdomäne erlebt werden.

Das Leben verstehen

Das Trauma des Missbrauchs legt sich immer wieder wie ein Schatten über das Leben der Betroffenen und stellt grundlegende Sicherheiten in Frage. Diese Zustände sind quälend – und die Betroffenen sind gerne und dankbar bereit, verständliche Handlungsanweisungen und einleuchtende Interpretationsmuster an der Hand zu haben. Esoterische Religiosität bietet solche Möglichkeiten, in klarer Sprache und in akademisch niederschwelliger Form. Das Leben wird wieder koordinierbar und verstehbar, wenn es eine Ordnung hat, zu der sich das Individuum zugehörig fühlt. Esoterische Sinnmuster verschaffen so Wege aus Ohnmacht und Ausgeliefertsein.

Angenommen sein

So vielfältig das esoterische Feld sich darstellt, so breit sind die Variationen der sozialen Zugehörigkeit. Von festen Gruppen mit verbindlicher Gemeinschaft über gelegentliche Workshops bis hin zum anonymen Konsumieren im Internet ist alles möglich. Die Gemeinschaft Gleichgesinnter steht allerdings nicht im Mittelpunkt esoterischer Richtungen, wichtig ist vor allem der individuelle Weg. Dennoch bilden sich aus der Perspektive der Befragten Gemeinschaften heraus, in denen sie sich in besonderer Weise getragen und angenommen fühlen. Oft sind es Frauen mit ähnlichen Erfahrungen, die sich zusammenfinden und gegenseitig unterstützen.

Die genannten Inhalte esoterischer Sinnkonstruktion zeigen wie Seismographen an, wo die wunden Punkte der Frauen zu orten sind und wohin ihre Hoffnungen und Wünsche gehen.

3.2. Theologische Gedanken zu den Gefährdungen esoterischer Sinnmuster

Die genannten Botschaften, die die Frauen in esoterischen Zusammenhängen finden, legen die Finger in die Wunden kirchlicher Pastoral, der es ganz offensichtlich an Nähe und Sensibilität für die Lebenssituation der Befragten mangelt. Hier ist ein gutes Maß an selbstkritischer Hinterfragung pastoraler, liturgischer und strukturell-gemeindlicher Aspekte notwendig. Gleichzeitig entbindet die nötige Selbstkritik nicht davon, esoterische Sinnmuster theologisch zu reflektieren und zu hinterfragen – im Wissen um eigene Unzulänglichkeiten, also nicht aus der Überheblichkeit einer unfehlbaren Instanz heraus. Es ist kritisch zu beleuchten, welche Konsequenzen esoterische Deutungen von Leid als gewolltes Läuterungsinstrument haben. Bei einigen Aspekten sind aus theologischer Perspektive Bedenken zu formulieren, und zwar vor allem die, die für die vorliegende Studie relevant sind:

3.2.1. Problematisches Menschenbild

Die Einbindung des Menschen in einen größeren Zusammenhang wertet ihn auf. Weil im Alltäglichen das Außerordentliche zu entdecken ist, wird es zu etwas Besonderem. In dieser Hinsicht zeigt sich der „Ausdruck eines optimistischen, geradezu ekstatischen Lebensgefühls"[7]. Dieses wird zu einer religiösen Weltanschauung erhoben, deren Realitätstauglichkeit zu prüfen ist. Wie sieht es aus mit Biographien, die nicht in diese aufsteigende Entwicklungslinie passen, sondern von Brüchen und Erfolglosigkeit geprägt sind? In esoterischer Perspektive soll sich der Mensch durch sein Bewusstsein von allem befreien, was ihn an der Öffnung für eine größere Realität hindert. Die Verantwortung für das eigene Glück liegt in der Hand des einzelnen. Jede Art von Schwierigkeiten – psychische Probleme, Krankheiten, finanzielle Engpässe etc. – werden mit der betroffenen Person in Zusammenhang gebracht. Deren Aufgabe ist es, durch entsprechende eigene Energiearbeit die Verstrickung zu lösen. Reinkarnationskonzepte sehen einen kausalen Zusammenhang zwischen Erfahrungen im früheren und aktuellen

---

[7] Grom, Zum Menschen- und Weltbild heutiger Esoterik, 27.

Leben und interpretieren jetzige Konflikte als Wiederkehr einer uneingelösten Aufgabe aus einem früheren Leben. Die Person muss sich dieser Aufgabe stellen, um sich aus den Schwierigkeiten herauszuwinden. Die Betonung des positiven Wertes solcher Weiterentwicklungsmöglichkeiten legt den Schluss nahe, dass es sich bei den Problemen um grundsätzlich zu befürwortende Läuterungsinstrumente handelt, die die Öffnung des Bewusstseins für die größere Realität fördern. Mit andere Worten, zugespitzt formuliert, kann gesagt werden:

- JedeR ist selbst schuld, wenn er/sie nicht glücklich ist.
- Aus Problemen muss sich die Person selbst erlösen.

Es ist zu fragen, inwiefern ein solches Muster nicht ein geradezu gnadenlos optimistisches Machbarkeitsdenken darstellt, das an der Realität von Menschen vorbei geht, die Opfer konkreter menschlicher Gewalt wurden. Schuld taucht nur mehr als Eigenschuld auf. Situationen, in denen Menschen grundlos der Willkür eines Menschen ausgeliefert sind, unterliegen dann einem zynischen Druck, der den Opfern die Lösung der Probleme auferlegt. Die Benennung von Unrecht oder gar Sünde ist nicht mehr nötig, ebenso wie Parteilichkeit mit den Opfern überflüssig wird. Ruppert sieht darin ein „esoterisch-elitäres Selbstermächtigungsstreben (und) Übermensch-Utopien"[8]. Benachteiligte Menschen verbleiben im Elend, weil es ihnen an Ressourcen zur eigenständigen Problemlösung mangelt. Dieses Scheitern liegt in der Verantwortung des Einzelnen und ruft nicht zu gemeinschaftlicher Verpflichtung auf. Die Welt teilt sich auf in Gewinner und Verlierer. Die einen sind geschickt genug, um sich selbst zu erlösen, während die anderen selbst schuld sind an ihrem Los, da sie den dunklen Verstrickungen nicht gewachsen sind.

Ein solches Menschenbild stellt eine fundamentale Herausforderung an die christliche Anthropologie dar. Diese sieht den Menschen als Abbild Gottes als grundsätzlich bejahten, dem – nach Rahner – das „Existential der Begnadetheit"[9] als übernatürliches Existential, also „als unentrinnbare Ausstattung des Menschen"[10], immer schon zugesagt ist. Durch diese entgegenkommende Bewegung Gottes steht der Mensch nicht unter dem Diktat der Selbsterlösung. Schneider-Flume liest die Bibel als Modell „gegen die Reduktion des Lebens auf Leistung ebenso wie gegen die Annahme seiner

---

[8] Ruppert, Suche nach Erkenntnis und Erleuchtung, 306.
[9] Rahner in: Zulehner, „Du kommst unserem Tun mit deiner Gnade zuvor...", 41.
[10] Ebd., 42.

schicksalhaften Geworfenheit."[11] Der Mensch ist schon gut, bevor er Gutes tut. Die humanisierende Kraft des christlichen Menschenbildes vermag Impulse zu setzen gegen Verkürzungen, die den Menschen als unausgebildetes Wesen sehen, das erst durch eine selbstkasteiende Aufwärtsbewegung zur Fülle gelangt.

Besonders zu betonen ist die Problematik der Selbsterlösung gerade im Fall sexuellen Missbrauchs. Durch die esoterische Betonung der Selbstverantwortung für das eigene Glück befinden sich die Betroffenen in einem Deutungsmuster, von dem sie sich eigentlich durch die Abwendung von den Kirchen bewusst distanzieren wollten. Weil sie sich nicht ständig sündig und minderwertig fühlen wollen, kehren sie den Kirchen den Rücken und suchen in anderen Feldern nach Sinn. Es ist kritisch zu fragen, wo esoterische Sinnmuster die Frauen nicht ein zweites Mal um eine gerechte Bewertung ihres Missbrauchs betrügen.

3.2.2. Verkürztes Gottesbild

Wichtigster und letztendlich einziger Maßstab für esoterische Erkenntnis ist die eigene, subjektive Erfahrung. Diese als Dreh- und Angelpunkt relativiert institutionalisierte Religion. Die Auseinandersetzung mit biblischer Offenbarung wird belanglos bzw. biblische Inhalte werden in verharmloster und verfremdeter Form aufgenommen.[12] Das Gottesbild ist ungeschichtlich und unpersönlich geprägt und jederzeit relativierbar auf dem Weg zu einer universalen Heilsreligion. Auf diese Weise unterliegt das Göttliche dem menschlichen Zugriff. In mystischer Erfahrung nähern sich Menschen an das Göttliche und setzen dieses Erleben absolut. Es ist kritisch zu fragen, ob damit nicht ein Gottesbild entsteht, das vor allem etwas über den Menschen und dessen Wunsch nach Wirkmächtigkeit aussagt. Kann sich der Mensch Gottes derart bemächtigen, dass er in der absolut gesetzten subjektiven Erfahrung das Ganze erfassen kann? Wird da Gott nicht reduziert zum „Streichelzoo-Exemplar" – also zu einem gezähmten, umzäunten und ungefährlichen Wesen, dessen unkalkulierbare Seiten sorgfältig wegdressiert wurden? Ein Geschöpf, das solange gestreichelt wird, bis es durch ein neues ersetzt wird? Wo bleiben die unbekannten und dunklen Seiten Gottes? Widerständiges und Unbequemes ist streich- bzw. ersetzbar.

---

[11] Schneider-Flume, Leben ist kostbar, 26.
[12] Vgl. Ruppert, Suche nach Erkenntnis und Erleuchtung, 301-305.

Wenn die Öffnung für eine höhere Realität durch Bewusstseinserweiterung und der damit verbundene Aufstieg zur Erleuchtung im Mittelpunkt stehen, wird Gott gar zur Nebensache. Dann werden die biblisch erzählte Hinwendung Gottes zum Menschen im Bundesschluss, deren Konkretisierung in der Menschwerdung Gottes in Jesus und dessen ultimative Verbindung mit menschlicher Existenz im Kreuz zu netten Geschichten, die jederzeit überholt werden können. Das Interesse Gottes am Menschen und seine Suche nach Adam im Garten Eden werden unwichtig.

Esoterische Sinnkonstruktionen, über die Gott selbstmächtig transpersonal erlebt und bestimmt werden soll, setzen Menschen, die keine ausgeprägten Fähigkeiten und Ressourcen für bewusstseinserweiternde Erleuchtungswege mitbringen, unter Druck. Wie soll die Auseinandersetzung mit dem eigenen Selbst zur Lösung der Probleme führen, wenn der Kern der Person stark beschädigt wurde? Da Gott nicht als Person angesprochen wird, findet kein Dialog statt, in dem das göttliche Du den Menschen anerkennen und vom Zwang der Selbsterlösung befreien könnte. Das monotheistische jüdisch-christliche Gottesbild mit seiner Option Gottes für den Menschen, die keine versklavenden Götzen duldet, kann einen wichtigen Bezugspunkt für Traumatisierte bilden. Nicht die Einzelne muss Gott selbst erfahren und erschaffen, sondern kann auf die Erfahrungen und Zeugnisse biblischer und kirchlicher Überlieferung zurückgreifen. Die geschichtliche Offenbarung Gottes befreit den Menschen von dem überfordernden Anspruch, die Wahrheit selbst finden zu müssen. Eine Frau mit Missbraucherfahrungen beschreibt, warum für sie der Bezug auf Erfahrungen anderer Menschen mit Gott wichtig ist:

„Der Rückgriff auf meine eigene Gottverbundenheit ist immer störanfällig und wird es wohl auch bleiben. Zerschlagenes Urvertrauen kann nicht rückgängig gemacht werden. Linderung und täglich neues Aufbauen sind möglich. Beides gelingt jedoch nicht zuverlässig. Für mich sind daher die geschichtlichen Zeugnisse von Menschen, die ihre Erfahrungen mit ihrem Gott erzählen, kostbar. In ihnen finde ich trotz aller patriarchaler Verzerrungen Halt, weil ich erkennen kann, dass die Menschen der Bibel immer neu erfuhren, dass Gott sich in ihrer menschlichen Geschichte an sie, die Menschen, gebunden hat. Auf diese Tradition kann ich zurückgreifen, wenn es in mir keinen Halt mehr gibt. Diese Tradition erlaubt mir zu hoffen, dass Gott seine Selbstbindung an Mensch und Welt bis heute nicht zurückgenommen hat und dass sie auch mir gilt."[13]

---

[13] Einige Überlegungen zu esoterischem Christentum, im Internet unter: http://www.gottessuche.de.

3.2.3. Marktförmigkeit des Religiösen

Esoterische Sinnsuche dient der Steigerung des subjektiven Wohlbefindens. In unüberschaubarer Fülle bietet der Markt Spirituelles im Bereich Lebenshilfe, Gesundheit und Erfolg an. Das Angebot richtet sich nach der Nachfrage. Menschen sind daran gewöhnt, für gute Leistung gut zu zahlen. Entsprechend haben sie auch das Recht auf individuelle Bedürfnisbefriedigung. Dieses Anliegen darf nicht generell unter Verdacht gestellt werden und zeigt einmal mehr die Defizite gegenwärtiger Pastoral. Jedoch ist zu fragen, ob Religiöses tatsächlich nach kapitalistischen Gesichtspunkten angeboten werden darf. Problematisch wird es vor allem, wenn die Inhalte marktförmig bestimmt werden. Auch in dieser Hinsicht versteht sich esoterische Sinnkonstruktion in einer aufsteigenden Linie, die sich auch in konkreten Zahlen ausdrücken lässt.

Die Nachfrage steuert das Angebot, welches für Menschen, die wirtschaftlich und/oder psychisch mit wenig Ressourcen ausgestattet sind, zur problematischen Heilsbotschaft werden kann. Es taucht der Verdacht auf, dass es sich um einen zynischen Umgang mit dem Leid von Menschen handelt. Wieder sind sie es, die etwas zu geben haben. Die Leistungsorientierung des Sinnangebotes überträgt sich auf die LeistungsnehmerInnen.

3.3. Hilfreiche Erfahrungen mit charismatischer Religiosität

Es kann nicht redlich von *der* charismatischen Religiosität gesprochen werden, zu vielfältig sind ihre Erscheinungsformen und Gruppierungen. Bereits die Bezeichnungen für das, worum es geht, sind zu klären. Die Zunahme neuer religiöser Formen bezieht sich nicht nur auf den Bereich der Esoterik und damit auf den außerchristlichen Bereich, sondern findet auch im Gebiet der christlichen Groß- und Freikirchen statt. Diese Entwicklungen lassen sich unter den Begriffen „evangelikal" und „pfingstlich-charismatisch" bündeln.[14] Ersteres bedeutet die bewusste Glaubensentscheidung für das Evangelium und die damit verbundene missionarische Sendung, bei zweitem tritt das Moment der Geistesgabe hinzu. Charismatische Gruppierungen gehören zur sich ausdifferenzierenden Moderne, in der institutionalisierte Religion an

---

[14] Vgl. die ausführliche Darstellung neuer christlicher Religiosität in: Hempelmann, Sehnsucht nach Gewissheit; außerdem Zimmerling, Die charismatischen Bewegungen. In Anlehnung an diese Veröffentlichungen soll im Folgenden der Begriff „*charismatische* Religiosität" gebraucht werden, wobei damit eine starke Vereinfachung eines multidimensionalen Geschehens vorgenommen wird.

Bedeutung verliert und an deren Stelle die persönliche Suche und das entschiedene Bekenntnis zur eigenen Glaubensform tritt. Oft handelt es sich dabei um eine Gegenbewegung zur Vielfalt der Angebote pluraler Gesellschaft, als „religiöse Alternativkultur"[15] gegen eine immer unübersichtlicher werdende Welt, in der der moderne Fortschrittsglaube dominiert. Im Mittelpunkt steht die subjektive Erfahrung der Geistergriffenheit, die als Wendepunkt im Leben verstanden wird. Diese Bekehrung zieht eine völlige Neuorientierung im Leben nach sich.

Auch einige der befragten Frauen berichten von Kontakten mit charismatischen Gruppierungen. Offensichtlich bieten diese ihnen Hilfreiches auf dem Bewältigungsprozess, das sie in ihrer Sinnsuche unterstützt:

Ein Neuanfang ist möglich
Kaum etwas wünschen sich Frauen mit Missbrauchserfahrungen so sehr als die Möglichkeit, die schlimmen Erfahrungen der Kindheit rückgängig zu machen. Wenn sie sich in ihrem sozialen Umfeld als Betroffene outen, werden sie oft als Opfer stigmatisiert, stoßen auf Unverständnis und werden als Belastung wahrgenommen. Charismatische Gemeinschaften können ihnen solche Ängste nehmen. Dort erleben sie, dass kompletter Neubeginn möglich ist. Andere Menschen in der Gemeinschaft bezeugen ihnen, dass diese eine grundlegende Neuorientierung des Lebens realisieren können.

Gemeinschaftssinn
Charismatische Gruppierungen binden in ein starkes Zusammengehörigkeitsgefühl ein. Die schmachvolle Isolation hat ein Ende. Ein sehr gut organisiertes und aufwendiges System regelt die liturgischen und gemeinschaftlichen Vollzüge. Die Türen der zuständigen Seelsorger sind offen. Alle Gläubigen haben ihre Aufgaben in der Gemeinschaft. Kinder werden durch besondere Angebote ernst genommen und eingebunden. Menschen in Krisen werden geschwisterlich unterstützt. Die Gemeinschaft hat hohe Bindekraft und steht im Mittelpunkt.

Gott heilt
Die Sehnsucht nach Heilung der frühen Verletzungen ist groß. Selbst langjährige Psychotherapie vermag keine Wunder zu bewirken. Missbrauchsbetroffene wissen: Die Transformation der traumatischen Wunden ist mit er-

---

[15] Zimmerling, Die charismatischen Bewegungen, 69.

heblichen Mühen verbunden und selbst dann bleiben Narben, die wieder aufbrechen können. Charismatische Religiosität stellt die Heilung in den Mittelpunkt ihrer Verkündigung. Die Beschädigung durch den Missbrauch kann durch die Annahme Jesu geheilt werden. In Heilungsgottesdiensten beten Menschen für andere, sie legen ihnen die Hände auf und wenden sich ihnen damit sehr persönlich zu. Mit solchen Heilungsritualen erfährt auch der Körper eine Aufwertung.

Klare Ordnungen
Charismatische Religiosität vermittelt klare Ordnungen. Es gibt bestimmte Modelle des Zusammenlebens, die durch verbindliche Werte einen verbindlichen Rahmen schaffen. Das hilft gerade Menschen, deren bisheriges Leben wenig Sicherheiten und Verbindlichkeiten hatte. Frauen aus Inzestfamilien haben dramatisch erlebt, was die Auflösung von Generationsgrenzen in Familien an Leid bedeuten kann. In charismatischen Gemeinschaften unterliegt das Eltern-Kind-Verhältnis und das Geschlechterverhältnis feststehenden Normen. Die Ämterverteilung in der Gemeinschaft ist klar und hierarchisch gegliedert und vermittelt dadurch Sicherheit. Auch die religiösen Inhalte sind – bei aller Offenheit für die spontanen Eingaben des Geistes – überschaubar und zugänglich. Was Gott vom Menschen will, ist kein großes Geheimnis, sondern unmittelbar einleuchtend und wird auch immer wieder gesagt.

Insgesamt wird deutlich: Charismatische Sinnangebote vermitteln den Frauen Sicherheit und Stabilität. Sie erleben Zugehörigkeit und Unterstützung.

3.4. Kritische Gedanken zu charismatischen Versprechungen

Charismatische Sinnangebote beziehen sich auf christliche Inhalte und nehmen dabei spezifische Schwerpunktsetzungen vor, die sich in Stichworten wie Geistgabe, Charisma, Heilung oder Bekehrung zeigen. Es ist zu fragen, wie diese Akzentuierungen aus theologischer Perspektive einzuschätzen sind und wie sich diese im Kontext der Bewältigung sexuellen Missbrauchs problematisch auswirken können.

3.4.1. Ist eine totale Kehrtwendung sinnvoll?

Die Schilderung von Bekehrungsgeschichten gehört beinahe konstitutiv zu charismatischen Gruppierungen. Diese sind verbunden mit überwältigenden

Gefühlen, mit ekstatischen Körperempfindungen und einer anschließenden völligen Neuorientierung des Lebens. Eine wichtige Rolle spielen dabei charismatische Persönlichkeiten, die der Person den Weg weisen.

Welche Botschaften transportiert die Auffassung, dass eine solche komplette Richtungsänderung im Leben erwünscht ist? Es besteht die Gefahr, dass damit folgendes Bild vom Menschen entworfen wird: Er kann ohne Weiteres mit seiner Vergangenheit brechen und soll das auch. Ein solches Ideal kann unter Druck setzen und wird vielfach auch nicht den vernetzten und komplexen Lebensgeschichten von Menschen gerecht. So sehr sich Frauen mit Missbrauchserfahrungen das Aussteigen aus ihrem bisherigen Leben wünschen, so wenig ist das von heute auf morgen möglich. Das zeigen gerade die Erkenntnisse psychotraumatologischer Forschung. So vermag eine blitzschnelle Konversion momentan den Schmerz zu betäuben, jedoch ist deren Nachhaltigkeit fragwürdig.

Auch das Erleben von spontanen Heilungen körperlicher Beschwerden ist zu problematisieren: Wer bereits als Kind erlebte, dass ein anderer Mensch die Macht und Kontrolle über den eigenen Körper gewalttätig übernimmt und dadurch Mühe hat, ein positives Körpergefühl aufzubauen, braucht vorsichtige und kleine Schritte, um den eigenen Raum zu erforschen und zurück zu erobern. Überwältigendes Besitzergreifen durch eine übergeordnete Macht erscheint in diesem biographischen Kontext problematisch.

3.4.2. Dualistische Strukturen

Charismatische Gemeinschaften verstehen sich oft als Orte, die eine neue Art des Miteinanders pflegen. Der Alltag wird von Gottesdienst und bibelbezogenen Elementen geprägt. Es entsteht also eine Gegenkultur zur Welt. Die eigene Gruppe wird zum leuchtenden Beispiel gegenüber den dunklen Mächten der Welt, die als Feindbild warnend vor Augen steht. Solche Dualismen kennzeichnen das Welt-, Menschen- und Gottesbild charismatischer Religiosität. Gott ist einerseits der liebevolle Vater, der alle Sünden vergibt, andererseits greift er hart durch und bestraft den sündigen Menschen, wenn er die Auflagen nicht erfüllt. Auf den ersten Blick bieten diese Bilder zugängliche Erklärungen und Lösungen für alle Arten von Problemen. Es ist zu fragen, ob diese mit der biblischen Botschaft in Einklang stehen oder nicht vielmehr durch absolut gesetzte biblizistische Verkürzungen entstehen.

Für missbrauchte Frauen gehört es gerade zu den wichtigen Schritten im Bewältigungsprozess, Ambivalenzen aushalten zu lernen. Die Aufspaltung in „nur gut" und „nur böse" entspricht Borderline-ähnlichen Persönlichkeitsstrukturen, die sich wenig förderlich auswirken. Wer im System der Guten und Gerechten nicht entsprechend mithalten kann, gerät schnell in die Gefahr, auf der anderen Seite zu landen. Auf diese Weise wäre dann auch wieder das Missbrauchsmuster für gültig erwiesen: Die Schuld für das eigene Unglück liegt im Zweifelsfall immer beim Opfer.

3.4.3. Autoritäre Ordnungen

Das Gottesbild charismatischer Religiosität ist von starker Hierarchie geprägt: Gott ist der omnipotente Herrscher im Himmel, der den Alltag des Menschen bestimmt und seine Unterordnung fordert. Gott handelt direkt und greift in das Leben des Menschen ein. Gleichzeitig gießt sich der Heilige Geist auf die Gläubigen aus, der subjektiv erfahren wird und uneingeschränkten Wahrheitscharakter trägt. Das gesamte System funktioniert also über strikte Unter- und Überordnungen, die sich auch auf menschliche Beziehungen auswirken. Nicht zufällig gilt gerade in charismatischen Gemeinschaften die traditionelle Rollenverteilung zwischen Frau und Mann in besonderer Weise. Die Einnahme des eigenen Platzes in der Gemeinschaft schafft einen fragwürdigen Sinn, wenn keine Reflexion darüber mehr stattfinden darf. Die enorme Wichtigkeit bestimmter Führungspersönlichkeiten schafft ein Klima, das religiöse Mündigkeit und Selbstständigkeit wenig fördert. Hempelmann sieht die Gefahr: „Religiöse Hingabebereitschaft kann ausgenutzt und missbraucht werden."[16] Die Ermöglichung sexuellen Missbrauchs hängt wesentlich mit undurchsichtigen Machtstrukturen zusammen, die nicht offen gelegt werden dürfen. Deshalb ist für Missbrauchsbetroffene ein transparenter Umgang mit Macht nötig, um eine Wiederholung der traumatisierenden Strukturen zu vermeiden. Das gilt in jeder Hinsicht: im Gottesbild, im Geschlechterverhältnis, in den Ämterhierarchien etc.

3.4.4. Zusammenfassung

Die befragten Frauen finden Sinn vor allem in esoterischen Vorstellungen, aber auch in charismatischer Religiosität. Für beides wurde dargestellt, was Betroffene dort als sinnstiftend erleben. Frauen, die sich in esoterischen Formen wieder finden, geht es um:
- Selbstbestimmung
- Frauen im Mittelpunkt

---

[16] Hempelmann, Sehnsucht nach Gewissheit, 411.

- Das Leben verstehen
- Angenommen sein

Charismatisch geprägte Religiosität bietet den Frauen Sinn in Form von folgenden Schwerpunkten:
- Neuanfang ist möglich
- Gemeinschaftssinn
- Gott heilt
- Klare Ordnungen

Gleichzeitig kamen auch die problematische Seiten esoterischer und charismatischer Sinnkonstruktion zu Wort. Manche Zuspitzungen esoterischer Religiosität stehen unter folgenden Vorzeichen:
- Problematisches Menschenbild
- Verkürztes Gottesbild
- Marktförmigkeit des Religiösen

Auch charismatische Sinnkonstruktion ist kritisch zu prüfen:
- Ist totale Kehrtwendung sinnvoll?
- Dualistische Strukturen
- Autoritäre Ordnungen

Zusammenfassend lassen sich zwei heikle Muster heraus stellen:

<u>Gottesbild</u>: Sowohl das esoterische als auch das charismatische Gottesbild entwirft eine Ordnung, der sich der Mensch fügen muss. Ob Schicksal oder strafender Vatergott – in letzter Konsequenz steht die überschreitende Größe als Macht fern vom menschlichen Lebens, die zu spüren, zu erkennen und zu befolgen ist.

<u>Menschenbild</u>: Jeder Mensch ist seines Glückes eigener Schmied. Auf unterschiedliche Weise und in der Konsequenz doch wieder übereinstimmend bieten das beide Modelle: Wer nicht bereit ist, sich den Entwicklungschancen des Lebens zu stellen oder wer Jesus nicht genug annimmt und sich der Heilung durch Gott verschließt, ist selbst schuld am eigenen Unglück.

4. *Problematische Sinnangebote im Raum der Kirchen*

Ergebnis dieser Studie ist: Im Raum der Kirchen finden die Befragten kaum Tragfähiges, das sie dabei unterstützt, ihren durch den Missbrauch erschütterten Lebenszusammenhanges deuten zu können. Wenn sie aus der „Seinsgeborgenheit herausfallen und die Grenzen und die vielfältigen Entfremdungen schmerzlich spüren, dann beginnt die Suche nach dem inneren Kompaß, um im Labyrinth der Werte eine neue Orientierung zu finden."[17] Mit diesem Bild beschreiben Wirtz/Zöbeli die Bewegung der Frauen, die sich in verschlungene Wege wagen, dabei immer wieder in Sackgassen landen und sich neu auf die Suche machen. Weshalb bietet sich den Befragten im Raum der Kirchen so wenig Orientierung?

Da das Leid am Missbrauch den Anlass liefert, nach dessen Sinn und Unsinn zu fragen, müssen die christlichen Umgangsweisen mit menschlichem Leid reflektiert werden. Esoterische und charismatische Muster bieten einen Rahmen, in dem das Leid als Läuterungsmöglichkeit und/oder als Wille Gottes verstanden werden kann. Solche Deutungen kommen den Frauen entgegen, insofern sie ihnen wieder einen Handlungsspielraum verschaffen. Sie können sich aktiv ihrem Leben stellen und durch entsprechende Akte wie Selbstannahme, Selbstüberschreitung, Verbindung mit dem Kosmischen oder Versöhnung Sinn durch Selbstbestimmung, durch Verbundenheit mit anderen Menschen und mit einer größeren Macht erreichen. Im Raum christlicher Religion gibt es zwei Modelle, die den Umgang mit Leid bestimmen: Entweder wird es als unhinterfragbarer Bestandteil christlichen Lebens gesehen, der als Kreuz hinzunehmen ist, oder es herrscht eine seltsame Stumpfheit in der Wahrnehmung von Leid.

4.1. Das Kreuz als Narkotikum

Bis in die Alltagssprache ist eine Interpretation zu finden, die das erste Modell illustriert: Jeder Mensch hat sein Kreuz zu tragen. Es handelt sich um eine Version des Christentums, in dessen Mittelpunkt das Leid steht. Das Kreuz steht darin für einen sadomasochistischen Umgang mit Leid, der also nicht die aktive Auseinandersetzung mit Leid und eine damit verbundene konstruktive Veränderung vorsieht, sondern das Leid als solches verklärt und glorifiziert, weshalb von einer Leidverliebtheit gesprochen werden könnte. So wie Jesus für die Sünde der Menschheit gelitten hat, so soll auch der Mensch sein Leid auf sich nehmen. Das Leid wird zum pädagogischen Mittel, um den Menschen zu läutern und in Gott bzw. Jesus besonders nahe zu bringen. Eine solche verzerrte Botschaft senden im Kontext sexuellen Missbrauchs etwa Heiligengestalten wie Maria Goretti, die in den 50er Jahren des 20. Jahrhunderts von ihrem Vergewaltiger umgebracht wurde und sich dagegen nicht wehrte. Frauen steht damit ein Ideal vor Augen, das das

---

[17] Wirtz/Zöbeli, Hunger nach Sinn, 10.

Erdulden von Qualen als heiligmachendes Mittel empfiehlt und problematische Keuschheitsideale vermittelt.[18] An dieser Stelle ist der Diagnose Nietzsches zuzuhören: „Wenn man das Schwergewicht des Lebens *nicht* ins Leben, sondern ins ‚Jenseits' verlegt – ins *Nichts* –, so hat man dem Leben überhaupt das Schwergewicht genommen. (...) So zu leben, daß es keinen *Sinn* mehr hat zu leben, *das* wird jetzt zum ‚Sinn' des Lebens."[19]

Christliche Botschaft, die Leid mit tieferem religiösen Sinn versieht und es damit stabilisiert und legitimiert, verkündet das Kreuz Jesu als Narkotikum. Es wirkt anästhesierend gegen den Schmerz des individuellen Leides. In der geplagten Person wird Widerstand gegen das Leid im Keim erstickt, und die Umstehenden stehen nicht in der Pflicht, sich für unbequemen Einsatz und Solidarität zu engagieren. Ein solcher Umgang mit Leid knüpft an eine Interpretation des Kreuzestodes Jesu an, die im Kontext sexuellen Missbrauchs zu problematisieren ist. Auch Strobel sieht die verhängnisvolle Botschaft vom freiwilligen Leiden Jesu:

„Können wir eine Gewalttat an einem Unschuldigen – was die Ermordung Jesu am Kreuz ist – überhaupt als Erlösungshandeln interpretieren, ohne in einen der beiden Abgründe zu stürzen: entweder in die *Nekrophilie*, die das Mordinstrument in das Zentrum des christlichen Glaubens stellt, den Gekreuzigten anbetet und seinen Tod als Überhöhung seines Lebens zum alleinigen Symbol unseres Heils, unserer Erlösung macht, oder aber in die *Verharmlosung*, die diese Gewalt beschönigt, abschwächt im Sinn: der Wille Gottes sei unergründlich, Gott schreibe auch auf krummen Wegen gerade, Jesus habe sein Kreuz freiwillig und geduldig auf sich genommen."[20]

4.2. Apathisches Christentum

Die Verharmlosung von konkretem Leid in christlicher Regie stellt Sölle deutlich heraus. Mehr noch als die Gefahr der Leidverliebtheit im Christentum entdeckt sie die zunehmende Apathie der Christen gegenüber Leid.[21] Diese sieht sie mit der wachsenden Apathie der Gesellschaft verbunden, die bestimmte Formen von Leid aus ästhetischen Gründen aus dem öffentlichen Diskurs streicht. Da das Leid anstecken könnte, muss sich die Gesellschaft dagegen immunisieren.

---

[18] Vgl. Stenzel, Maria Goretti oder wie Heilige gemacht werden.
[19] Nietzsche, Der Antichrist, 1205.
[20] Strobel, Feministische Kritik an traditionellen Kreuzestheologien, 59f.
[21] Vgl. Sölle, Leiden, 56.

„Der Mensch, der solche Art von Leidfreiheit sucht, begibt sich in Quarantäne, an einen keimfreien Ort, wo Schmutz und Bakterien ihn nicht berühren. (...) Hunger und Kälte als elementare Formen des Mangels sind in den Industrienationen vergangen, die Bedürfnisse sind abgesättigt. Dieser private Wohlstand verschleiert die strukturelle Armut und hilft so, das Leiden der Menschen zu verdecken. Die Apathie wächst am Bewußtsein der Sättigung."[22]

Die Notwendigkeit, Apathie nicht weiter aufrecht zu erhalten, bezieht sich weniger auf das leidende Individuum, das sich das Freisein vom Leiden wünscht, sondern vor allem auf die Institution, in der das Leid statt findet. Wenn diese sich satt und wohlgefällig um die Anliegen der Betuchten und Bessergestellten dreht, bleibt kein Platz für das unsichtbare und sinnlose Leid. Sinnfragen verunsichern die leidfreie Gesellschaft und werden deshalb bereits im Vorfeld zensiert. Es ist zu fragen, inwieweit diese Unfähigkeit zur Wahrnehmung von Leid auch im Raum der Kirchen zu finden ist.

Sowohl eine Interpretation des Kreuzes, die akutes Leid narkotisieren soll, als auch ein leidunempfindliches Christentum gehen letztlich dramatisch an der persönlichen Situation eines leidenden Menschen vorbei.

5. Die Rede vom gelingenden Leben

Das Leben in einer pluralen Gesellschaft erfordert hohe Selbstverantwortung von der einzelnen Person und eröffnet dieser eine Vielzahl von Alternativen. Ein breites Spektrum bietet Sinn an. Kirchliche Sinnangebote sind nur ein Ausschnitt auf dem Markt der Sinnstiftung.

Jenseits von Leidverklärung und apathischer Teilnahmslosigkeit findet derzeit im kirchlichen Bereich eine Zunahme von Angebot und Nachfrage im Bereich Lebenshilfe statt. An dieser Stelle erreicht christliche Botschaft Menschen tatsächlich da, wo es nötig ist: in Krisen, in Krankheit, in Situationen persönlicher Übergänge – also in Lebenssituationen, die Sinnfragen aufwerfen und nach Deutung verlangen. Gefragt ist das, was zum Gelingen des Lebens beiträgt. Mit entsprechenden Angeboten liegen die Kirchen in guter Tradition: Es sind theologische Schlüsselworte wie Gesundheit, Leben, Fülle, Glück und Ganzheit, die dem biblisch bezeugten Heilshandeln Gottes entspringen.[23]

---

[22] Ebd., 54.
[23] Vgl. zu diesen und weiteren theologischen Schlüsselworten: Jacobs, Salutogenese, 455-522.

5.1. Die Tyrannei des Gelingens

Schneider-Flume fragt kritisch, wo die Rede vom gelingenden Leben in der Sprache der Kirchen – die sie von der Sprache der Theologie unterscheidet – zur „Tyrannei des gelingenden Lebens"[24] werden kann. Wird es christlichem Lebensverständnis gerecht, wenn die Bewertung menschlichen Lebens vom Gelingen abhängt? Gibt es so etwas wie „misslingendes" Leben? Ist Leben nur gut, wenn ...? Die Unterscheidung in Ge- und Misslingen von Leben bietet dem Individuum ein Leistungsschema an, an dem es sich messen muss. Deshalb ist differenziert zu beobachten, wohin die wachsende Aufnahme von Kategorien wie Entfaltung, Gelingen oder Selbstannahme im Raum der Kirchen führt. Keineswegs soll damit die dringend notwendige Orientierung christlicher Praxis auf individuelle und subjektive Wirklichkeit angezweifelt werden – nur durch diese wahrlich jesuanische Bewegung wird Christentum sich als glaubwürdig erweisen. Ein skeptischer Blick ist vor allem dann nötig, wenn die Orientierung auf das Gelingende zur Ausblendung des Misslingenden führt und damit Ausgrenzungen vorgenommen werden. Es besteht eine gewisse Analogie zu esoterischer Sinnkonstruktion, die die gesamte Lust und Last menschlichen Lebens dem Einzelnen auferlegt und ihm allein die Verantwortung für Wohlbefinden, Gesundheit und Lebenskraft aufbürdet. Virulent werden solche Denkmuster vor allem dann, wenn die Frage nach dem Sinn auftaucht, etwa bei Krankheit:
„Die Tyrannei des gelingenden Lebens verleitet zur unrealistischen Verdrehung der Tatsachen: Weil ein Sinn der Krankheit angenommen werden muss, muss der Kranke selbst diesen Sinn ständig leisten. Damit wird zwar die Angst des Gesunden beschwichtigt, aber die Last des Kranken wird keinesfalls erleichtert. In das Konzept des gelingenden Lebens passt kein unerklärtes, nicht sinnvolles Leiden."[25]
Damit findet eine fragwürdige Verkürzung des biblischen Gottes- und Menschenbildes statt. Auf diese Weise wird christliches Bekenntnis zur Strategie für geglücktes Leben und tritt neben andere Angebote zur Lebensbewältigung – christliches Gedankengut als Ergänzung zum Positiven Denken? Für Menschen mit ernsthafter Erkrankung oder für Traumatisierte, deren Sicherheiten komplett weg brechen, werden solche Botschaften zur zynischen Ideologie, die den christlichen Gott zum Götzen instrumentalisiert. Ist Gott zuständig für Gelingen, nicht aber für individuelle Zuwendung zu Menschen

---

[24] Schneider-Flume, Leben ist kostbar, 13.
[25] Ebd., 97f.

in unlösbaren Verstrickungen oder gar Einsatz für ein menschengerechtes Leben?

5.2. Esoterisches Christentum

Die Hineinnahme psychologischer Erkenntnisse in die Kirchen stellt eine wichtige Bereicherung dar. Damit werden die Zeichen der Zeit gelesen: Menschen suchen nach Lebenshilfe, nach individueller Unterstützung und Orientierung. Die Angebote in kirchlichen Bildungshäusern und Seelsorgereferaten versuchen redlich, den Bedürfnissen menschlicher Lebenswelt im angehenden dritten Jahrtausend gerecht zu werden. Dies jedoch entledigt nicht der Aufgabe, sich differenziert mit dem eigenen christlichen Profil auseinander zu setzen und kritisch abzuwägen, ob und wie die Aufnahme esoterischer Denkmuster zu verantworten ist. Es ist davon auszugehen, dass gerade unter ChristInnen eine breite und unbefangene Akzeptanz gegenüber Angeboten wie Pendeln, Reiki, Familienaufstellungen nach Hellinger, reinkarnatorischen Vorstellungen etc. herrscht. Es handelt sich um eine Gebrauchsesoterik, deren weltanschauliche Hintergründe weitgehend unbekannt sind. Die Bedürfnisorientierung im Kontext kirchlicher Verkündigung geht nicht um jeden Preis, denn sie steht in Gefahr, die Verliererinnen und Verlierer zu übersehen oder sie mit einer Welt funktionalistischen Gelingens zu konfrontieren, der sie nicht gewachsen sind. Christliche Sinnangebote dürfen nicht zur Nabelschau werden, die den Blick für VerliererInnen vermeidet. Grundsätzlich gutgemeinte Vorschläge können zur Tyrannei werden, wenn Gelingen an Bedingungen gebunden ist.[26]

Aufzugeben ist jede Art von Leistungsorientierung. Weder Versöhnung, Auseinandersetzung mit dem inneren Kind, Aufgehen im Kosmos, Akzeptanz der Ordnungen der Liebe, Aufgeben der Opferrolle noch die Liebe zu Terroristen stellen Aufnahmekriterien dar, die die Gotteskindschaft des Menschen ausmachen. Der Mensch ist in den Augen Gottes kostbar, noch bevor er irgendetwas leisten muss.

---

[26] Etwa: „Verwundbar, verletzlich, berührbar bleiben ist das Ziel eines spirituellen Weges. Sich darin nicht verlieren, nicht in der Opferrolle bleiben, ist uns verheißen – im Annehmen unserer wunden Punkte und im Wissen um unsere blinden Flecken." In: Stutz, Verwundet bin ich aufgehoben, hintere Umschlagseite.

6. Für eine Diätetik der Sinnerwartung

Christentum als Gebrauchsanweisung für gelingendes Leben greift im Kontext der Bewältigung sexuellen Missbrauchs zu kurz. Schneider-Flume fragt zugespitzt: „Garantiert der christliche Glaube gelingendes Leben, auch und gerade im Blick auf das Ganze, also in der Totalperspektive?"[27] Der biblische Gott zeigt sich im geschichtlichen Mitgehen mit den Menschen und nicht in der wuchtigen, ein für allemal gültigen Sinnausschüttung auf die gesamte Menschheit. Dieser Weg der Selbstoffenbarung Gottes gebietet es, Abstand von der Totalperspektive zu nehmen. Christlicher Glaube bietet keine umfassende Lösung, sondern eröffnet einen Raum, in dem Menschen so miteinander leben können, dass Leben glücken kann.

6.1. Das schwierige Bedürfnis nach sensationellem Sinn

Marquard sieht im Bedürfnis nach umfassenden Sinnlösungen ein Charakteristikum spätmoderner Anspruchsgesellschaft.[28] „Das – diese Sehnsucht nach dem total gemütsbewegenden, dem spruchband- und theaterdonnerfähigen Supersinn – ist eine aufklärungskompensatorische Nostalgiewelle großen Stils, die die spätmoderne Szene zu beherrschen scheint: die trunkene Sehnsucht nach dem sensationellen Sinn."[29] Der große Wunsch nach schneller und überwältigender Heilung und Erlösung von Problemen, wie er gerade in charismatischen Gruppierungen zu finden ist, vermag keine nachhaltige Sinnstiftung zu leisten. Deshalb ist – mit Marquard – für eine Diätetik der Sinnerwartung zu plädieren, auch und gerade im Bereich der Kirchen. Die Fokussierung auf die Sinntotale widerspricht nicht nur biblischem Befund, sondern hat fatale Folgen für Menschen in Krisen. „Die Forderung, nur das Vollkommene zu akzeptieren, führt zu Entmutigung und Sinnlosigkeitsgefühlen: zur Leugnung des Guten im Unvollkommenen, zur Infernalisierung des Vorhandenen. Der Ausschließlichkeitsanspruch des Perfekten negativiert das Imperfekte".[30] Wer Gott als den verkündet, der Sinn als Komplettpaket anbietet, das durch bestimmte Leistungen und Anstrengungen verdient werden muss, verzerrt damit „diese absolute Zustimmung Gottes, als endliche Menschen absolut berechtigt und erwünscht zu sein"[31].

---

[27] Schneider-Flume, Leben ist kostbar, 114.
[28] Vgl. Marquard, Zur Diätetik der Sinnerwartung, 40f.
[29] Ebd., 47.
[30] Ebd., 50.
[31] Baumgartner, Pastoralpsychologie, 591.

Welche Sinnperspektiven lässt christlicher Glaube zu, wenn absolute Lösungen nicht zu vereinbaren sind? Schlichte Gesten und Worte sind es, die einüben in einen Sinn, der Menschen ernst nimmt. Die Kirchen sind gut beraten, wenn sie Marquards Vorschlag ernst nimmt: „Ich plädiere gegen die Perfektion der Allsamkeitseintracht und Gruppenverzückung für die Bonität der einschlägig zweitbesten Möglichkeiten: des zaghaften Lächelns, der guten Geste, der transitorischen Konversation, der hilfreichen Routine."[32]

Es sind selten die großen Erleuchtungserlebnisse, die krisengeschüttelten Menschen sensationellen neuen Sinn vermitteln. Das, was Janoff-Bulman existentielle Neubewertung nennt und als posttraumatisches Wachstum einordnet, ist Ergebnis eines intensiven und langwierigen Prozesses:

„Überlebende erwähnen häufig ihr erneuertes religiöses Vertrauen oder ihre tiefe Dankbarkeit für die Natur und ihre Schönheit. Mit der Dankbarkeit für das Leben geht eine Sensibilität für erneuerte Prioritäten einher – eine Anerkennung, was wirklich wichtig ist – und diese beinhalten meistens engere soziale Beziehungen und den Bezug zu Gott oder der Natur. Diese faszinierenden, sogar verbreiteten Antworten können nicht einfach damit erklärt werden, dass Überlebende bewältigten und ihre fundamentalen Einschätzungen erfolgreich erneuerten, um ihre Erfahrungen zu verbinden. Eher benötigt es eine größere Vertrautheit mit dem existentiellen Kampf von Überlebenden um den Prozess des Wiederaufbaus der inneren Welt, besonders um den Prozess der ausdrücklichen Sinnsuche im Angesicht des Verlustes."[33]

Traumatisierte – also auch Frauen mit Missbrauchserfahrungen – brauchen Räume, in denen sie sich in kleinen Schritten üben können, mit solidarischer Unterstützung auf Augenhöhe. Der Verlockung, auf große Sensationen zu setzen, darf nicht nachgegeben werden.

6.2. Theodizee offen halten

Die befragten Frauen suchen Sinn und werden dabei in den Kirchen kaum fündig. Kirchen stehen in der Gefahr, Leid entweder zu idealisieren oder apathisch nicht wahrzunehmen. Zunehmend findet die Auseinandersetzung mit Sinnfragen im kirchlichen Rahmen in selbsterfahrungsorientierten Zusammenhängen statt, die zum Teil esoterisch geprägt sind. Dabei ist kritisch zu fragen, inwieweit der dort angebotene Sinnhorizont als christlich zu bezeichnen ist und welche Konsequenzen aus dem angebotenen Sinn für Marginalisierte und Traumatisierte zu ziehen sind. Aufgrund oben genannter Bedenken tun Kirchen gut daran, zurückhaltende Sinn-Anbieterinnen zu

---

[32] Marquard, Zur Diätetik der Sinnerwartung, 51.
[33] Janoff-Bulman, Posttraumatic Growth: Three Explanatory Models, 32.

sein. Wer Missbrauch erlebt hat, kennt die Erfahrung, entmündigt und entgrenzt worden zu sein. Wenn Betroffene überhaupt so etwas wie Sinn für ihr Leben gewinnen können, dann kann das nur höchst individuell vonstatten gehen. Hier ist der Ort, an die Kirchen ihren Platz haben, wenn sie sinnvoll sein wollen: Sie können Raum schaffen für jene Sinnfragen, die den Betroffenen das Leben schwer machen. Hier stehen sie vor der Herausforderung, eine Klagekultur zu fördern, die Leid nicht zensiert oder bagatellisiert. Indem der Missbrauch klar als Verbrechen, als Seelenmord, als Sünde bezeichnet wird, stehen sie auf der Seite der Opfer und müssen deren Sinnfragen solidarisch mittragen. Dadurch passiert das, was im Volksmund bekannt ist als: Geteiltes Leid ist halbes Leid. Die sinnstiftende Kraft einer solchen Erfahrung ist nicht zu unterschätzen. Jede andere Art von Sinnschaffung wäre überheblich.

Letztendlich führt die durch den Missbrauch zerstörte Vertrauensfähigkeit zu erheblichen Schwierigkeiten, an einen geregelten Ablauf der Welt und an einen guten Gott zu glauben. Einige der Befragten formulieren das eindrücklich: „Ein Gott, der so was zulässt, kann nicht gut drauf sein", oder: „Wo bist du, Gott?". Da die Frage nach dem Sinn des Missbrauchs und des Leids unbeantwortet bleibt, ist die Theodizee nicht nur eine konsequente Reaktion, sondern auch eine Form der Auseinandersetzung mit der eigenen Lebensgeschichte, die die Würde des Opfers wahrt. Das Leid wird nicht glorifiziert oder verharmlost – es im Fragemodus an den zweifelhaft gewordenen Gott hinzuhalten ist immerhin ein selbstbestimmter und möglicherweise konstruktiver Weg, mit der eigenen Erschütterung umzugehen. Gerd Neuhaus setzt die Theodizeefrage in den Kontext der jüdischen Messiaserwartung: „Die Theodizeefrage kündigt durch ihre bloße Möglichkeit zugleich von der Möglichkeit jener Erlösung, deren Ausstehen sie gleichwohl beklagt."[34]

Wer klagt, streckt sich auf einen Horizont aus, an den Erwartungen gestellt werden. Es wäre jedoch naiv, diesen Vorgang als selbst-bewusstes Agieren zu kennzeichnen. Das bestimmende Gefühl der Theodizee dürfte die verzweifelte Ohnmacht und unstillbare Sehnsucht darstellen. „Im ‚Durchschmerzen', im passiv-aktiven Durchmachen dieses maßlosen Leidens öffnen sich Wege und zeigt sich Hoffnung."[35] Diesen Hoffnungshorizont offen zu halten ist Aufgabe an das Umfeld der Leidenden. Nicht durch Vertrösten,

---

[34] Neuhaus, Menschliche Identität angesichts des Leides, 48.
[35] Fuchs, Im „Durchschmerzen" des Leides, 168.

sondern durch mutiges und spürsames Mittragen der Theodizeefrage. Dann wird die Theodizee zum Abenteuer, wie es Metz beschreibt: „Wem sollte man die abenteuerliche Vorstellung zumuten, für andere da zu sein, ehe man überhaupt etwas von ihnen hat?"[36] Wer sich ernsthaft auf die Abgründe und Sinnfragen von Menschen einlässt, wird dabei selbst in Frage gestellt. Diese Zumutung und Verunsicherung muss ausgehalten werden. Antworten im Sinne von Lösungen braucht es nicht, vielmehr geht es um die Erfahrung der Verbundenheit an den Grenzen des Lebens. Sölle formuliert das vorsichtig: „So missbrauchbar das ist, so verrückt ist es: Wir alle sind miteinander verbunden, alle Leiden sinken in den Wurzelgrund des Lebens, keine Träne ist umsonst geweint."[37]

6.3. Kritische Unruhe kultivieren

Zu einem maßvollen Umgang mit Sinnerwartung in Gestalt religiöser Beruhigungsangebote fordert auch die eschatologische Erwartung jüdisch-christlichen Glaubens auf. Luther unterscheidet zwei Motive für Religion: Während manche Religionen beruhigend wirken wollen angesichts der bedrängenden Wirklichkeit, zielen andere auf bewusste Weltgestaltung ab.[38] Erstere vermitteln dem Individuum Trost und schaffen Oasen des Wohlbefindens in einer unübersichtlichen Welt, in der Menschen sich gegenseitig zu Löwen werden. Es handelt sich um ursprungsorientierte, rückwärtsgerichtete und mythische religiöse Richtungen, wie sie auch im Bereich der Esoterik und der feministischen Spiritualität zu finden sind. Das als ursprünglich angenommene Matriarchat oder der Göttinnenkult sollen den Sinn erzeugen, den der Alltag und das Gewöhnliche schuldig bleiben. Auf diese Weise wird eine Gegenwelt geschaffen, in der alle Spannungen harmonisiert werden können. Sölle nennt das die „Touchy-feely-Kultur":

„Der Mond und die Blumen machen unser Verhältnis zur Natur noch nicht heil, solange Wackersdorf weiter gebaut wird. Die Touchy-feely-Kultur hat eine Tendenz, sich im Einklang zu fühlen, die gute Energie aufsteigen zu spüren – und die Lösung der realen Probleme dann von selber zu erwarten."[39]

Um keinen falschen Eindruck aufkommen zu lassen: Positive Gefühle, Trost und Aufrichtung sind in christlicher Perspektive wichtig und richtig. Mit gutem Recht suchen Frauen mit Missbrauchserfahrungen danach, um ver-

---

[36] Metz, Gott und die Übel dieser Welt, 590.
[37] Sölle, Leiden, 372.
[38] Vgl. Luther, Religion und Alltag, 28.
[39] Sölle, Mutanfälle, 109.

Sinn 441

zweifelte Niedergeschlagenheit und quälende Einsamkeit zu unterbrechen. Die Frage ist, ob die religiösen Angebote den Blick für Gegenwart und Zukunft offen halten. Das momentane Ruhigstellen nimmt das wahre Ausmaß der biographischen Komplexität der Frauen nicht ernst, denn die „Beruhigungsangebote bleiben dabei immer prekär: der erloschene Vulkan kann jederzeit ausbrechen. Die religiösen Antworten können jederzeit von den religiösen Fragen überholt werden."[40]

Christliche Botschaft hält die Augen offen und erwartet das Kommen einer gerechteren Welt. Ziel ist nicht die Weltflucht, sondern die Weltzuwendung. Mit radikaler Diesseitigkeit ist die biblische Botschaft in der Welt verankert und fordert dazu heraus, „kritische Unruhe (zu) kultivieren"[41]. Dazu gehört das Offenhalten eines Horizontes, der Gott als parteiliche und lebensgeschichtlich erfahrbare Größe zugänglich macht, die sich leidenschaftlich für den Menschen und insbesondere für die Benachteiligten und Entrechteten einsetzt.

7. *Kreuz und Sinn*

Sexueller Missbrauch stellt auch zentrale theologische Inhalte in Frage. Es ist gerade die Botschaft des Kreuzes, die die Befragten in der kirchlichen Vermittlung sehr ambivalent erleben. Damit steht das Zentrum des christlichen Glaubens unter Verdacht. Dient es in erster Linie dazu, das individuelle Leid zum Läuterungsinstrument zu erklären? Ist das konkrete menschliche Leid angesichts des freiwilligen Leidens Jesu für die menschliche Sünde unwichtig? Fordert das Kreuz zur Idealisierung von Leid auf? Führt das Kreuz zu einer Gewöhnung an Opfer? Die problematischen Anteile solcher Kreuzestheologien, die wie Narkotika Leidende und ihr Umfeld betäuben, wurden angesprochen. Dennoch gibt es gute Gründe dafür, das Kreuz im Zentrum zu lassen und seine uneinholbare Botschaft gerade im Kontext sexuellen Missbrauchs zu übersetzen. Im Kreuz steckt Sinn, der für Opfer von Gewalt und Missbrauch hoch relevant ist.[42] Zugespitzt können zwei ver-

---

[40] Luther, Religion und Alltag, 28.
[41] Ebd., 28.
[42] An dieser Stelle kann keine ausführliche Auseinandersetzung mit unterschiedlichen christologischen Konzepten geleistet werden. Die folgenden Gedanken beziehen sich auf befreiungstheologische und feministische Entwürfe, vgl. Eichler, Weil der geopferte Mensch nichts ergibt; Gebara, Die dunkle Seite Gottes; Janssen/Joswig, Erinnern und aufstehen; Strahm, Jesus Christus; Sölle, Gott denken;

schiedene Modelle in der Interpretation des Kreuzes Jesu unterschieden werden, die sich sehr verschieden auswirken. Ausgangsfrage dabei ist, welche Rolle Gott einnimmt:

Was hat Gott mit dem Kreuz Jesu zu tun?

Das Kreuz ist der Wille Gottes	Das Kreuz ist Ausdruck der Solidarität Gottes mit leidenden Menschen
Kreuz als Zentrum des göttlichen Heilsplanes	Kreuz als Konsequenz des Eintretens Jesu für Gerechtigkeit
Sühnetod Jesu für die Vergehen der Menschen	Kreuz als Preis der Befreiung und Erlösung
Opfer zum Heil der Welt	Kreuz als Zeichen des Widerstandes gegen Strukturen, die Opfer erzeugen
Loskauf aus der Macht des Bösen	Kreuz als Lebensbaum

7.1. Das Kreuz als Wille Gottes

Wenn das Kreuz der Wille Gottes ist, dann ist er es, der die Fäden in der Hand hält und dessen Sohn bereitwillig den Heilsplan erfüllt. Problematisch daran ist, dass das Opferwerden Jesu mit Sinn verknüpft wird. Die englische Unterscheidung von *victim* und *sacrifice* schärft den Blick:

„victim: bezeichnet ein Lebewesen, das durch die beabsichtigte oder unbeabsichtigte Gewalttat anderer oder durch eine Naturkatastrophe getötet oder verletzt wird. Das Opfer selbst kommt nur als passives Objekt in den Blick.

sacrifice: meint dem gegenüber ursprünglich ein religiöses Opfer, das durch eine besonders geheiligte Person, z.B. durch einen Priester oder durch gottesfürchtige Menschen aus unterschiedlichen Motiven wie Dank, Lob, der Bitte um Vergebung, Gnade oder Nähe der Gottheit dargebracht wird. (...) Opfer als ‚sacrifice' hat einen (höheren) Sinn, der aus der subjektiven Perspektive der Opfernden das Opfer verlangt und dem das Opfer dient. Opfer im Sinn von ‚sacrifice' ist somit subjektiv und aus der Beobachterperspektive ein ‚Opfer-für'."[43]

Ist Jesus am Kreuz victim oder sacrifice? Traditionell wird sein Opfertod sakrifiziell gedeutet, was für Menschen mit Gewalterfahrungen problematische Deutungen nach sich ziehen kann. Das Opfer Jesu als Heil für die Welt macht die ihm angetane Gewalt zum Heilmittel. Indirekt ergibt sich eine fragwürdige Konsequenz: Wenn das Leid Jesu am Kreuz sinnvoll war, ist

---

Strobel, Feministische Kritik an traditionellen Kreuzestheologien, Strobel, Der Beihilfe beschuldigt. Christliche Theologie auf der Anklagebank; Strobel, Kreuz
[43] Kirchenamt der EKD, Gewalt gegen Frauen, 138.

dann nicht Leiden generell heilsam? Sollen also ein Opfer von Gewalt und Missbrauch, victim, sein Leid in diesem Horizont, also als sacrifice, deuten? Strobel sieht darin eine Gefahr: „Damit wird eine Gewaltakzeptanz geschaffen, die nicht primär im Interesse dieser Theologien liegt, aber Menschen gegen ebensolche Redeweisen (...) unempfindlich macht."[44] Weil Opfer für etwas gut sind, werden sie als notwendig hingenommen. Es besteht die Gefahr, auf diese Weise das Skandalöse der Gewalt unsichtbar zu machen. Die in der vorliegenden Studie befragten Frauen beschreiben eine solche verschleiernde Wirkung des Kreuzes.

7.2. Das Kreuz als Ausdruck der Solidarität Gottes

Ist das Kreuz dagegen Ausdruck der Solidarität Gottes mit dem Menschen, dann wird damit nichts Positives über das Leid Jesu ausgesagt. Jesus Kreuzestod ist kein heilbringendes Opfer, sondern er ist die ultimative Konsequenz seines Einsatzes für Gerechtigkeit. Seine Botschaft kostet ihn den Tod. So wird das Kreuz zum Zeichen des Widerstandes gegen Strukturen, in denen Menschen unterdrückt, gefoltert, geknechtet und missbraucht werden. Das Kreuz zeigt, dass die Gewalt nicht das letzte Wort hat – es eröffnet einen Hoffnungshorizont.

Nicht ganz unproblematisch ist die Rede vom Kreuz als Lebensbaum.[45] Auch für Jesus war das Kreuz der Ort der absoluten Gottverlassenheit. Das Kreuz zum Symbol von wachsendem Leben zu machen läuft Gefahr, es zum Ideal von Reifung und Gelingen zu (v)erklären. Das Kreuz ist und bleibt Folterinstrument. Das gewinnt eine neue Relevanz im Kontext von Lebensgeschichten, die von Folterqualen, extremen Schmerzen und Nahtoderfahrungen gezeichnet sind (wie mehrere der befragten Frauen). Zwei der Befragten beschreiben, dass sie während ihrer Misshandlungen das Bild des gequälten Jesus bzw. parallel dazu das der Gottesmutter Maria unterstützte, da sie sich mit ihnen identifizierten.

Im Blick auf Jesus ist festzustellen: Sein Engagement für Gerechtigkeit ist freiwillig, nicht aber sein Kreuz und Leiden. Eine solche Botschaft vermittelt einen solidarischen Gott, der selbst Ohnmacht kennt und im Geschehen der Auferstehung zeigt, dass das letzte Wort nicht gesagt ist mit dem Tod – für die Opfer nicht und auch nicht für die Täter. Es ist kein spektakulärer Gott, der mächtig eingreift, und auch keine jenseitige prüfende Instanz,

---

[44] Strobel, Kreuz, 248.
[45] Vgl. Schottroff/von Wartenberg-Potter/Sölle, Das Kreuz – Baum des Lebens.

die bestimmte Leistungen fordert. Es handelt sich um eine ebenso schlichte wie anspruchsvolle Bewegung, die Schneider-Flume so beschreibt: „Das Kreuz Christi ist nicht Symbol für gelingendes Leben und die Auferstehung macht das Kreuz nicht rückgängig, vielmehr erschließt sich im Geschehen von Kreuz und Auferstehung die Macht, die Leben trägt auch in Situationen vermeintlicher Gottverlassenheit und durch den Tod hindurch. Diese Macht aber ist konkret und schärft den Sinn für die Wahrnehmung dessen, dass Leben kostbar ist."[46] Ein solcher Blick auf das Kreuz vermittelt Sinn, indem er

- Leiden nicht für sinnvoll erklärt
- den Blick für Situationen schärft, in denen Menschen Opfer werden
- zu konkreten Schritten heraus fordert
- einen Hoffnungshorizont eröffnet
- Gottes Gerechtigkeit und Solidarität verdeutlicht
- keine Leistungen fordert.

7.3. Das Kreuz Jesu als Gewaltüberwindung

Der französische Kulturanthropologe Girard setzt sich mit dem Opferbegriff auseinander und versucht zu erklären, warum das Kreuz Jesu nicht als sakrifizielles Opfer verstanden werden kann. Er studiert die Mythen verschiedener Gesellschaften und Religionen und sieht ein durchgehendes Muster: Der Opfermechanismus dient als Grundlage des Religiösen.[47] Der Mensch lernt sein Verhalten durch Nachahmung – Mimesis. Die Nachahmung produziert Neid und Rivalität, weil nicht jeder alles haben kann, was der andere sich nimmt. Freilich finden durch Verzicht und Höflichkeit gewissen Formen der Umgehung des Konkurrenzverhältnisses statt, jedoch prägt sich dieser Mechanismus der mimetischen Gewalt menschlicher Existenz maßgeblich ein. Was bei Kindern noch als Eifersucht und Futterneid zu erleben ist, setzt sich im Erwachsenenleben in verschiedenen Formen der Gewalttätigkeit fort, welche durch Verbote in Zaum gehalten werden soll (etwa Inzesttabu, Blutrache).

Die wichtigste Funktion im Umgang mit der Gewalt kommt dem rituell-religiösen Bereich zu. Die allgemeine Gewaltbereitschaft entlädt sich an einem einzelnen Sündenbock.[48] „Auf die Opposition jedes gegen jeden folgt

---

[46] Schneider-Flume, Leben ist kostbar, 128.
[47] Vgl. Girard, Das Ende der Gewalt, 14ff.
[48] Vgl. Girard, Der Sündebock; Schwager, Brauchen wir einen Sündenbock?.

brüsk die Opposition aller gegen einen."[49] Dieser Mechanismus ist in vielen religiösen Traditionen vorhanden. Während zu früheren Zeiten noch reale Menschen und später Tiere geopfert wurden, veränderte sich das Objekt im Laufe der Jahrhunderte und ist bis heute kulturgebunden geprägt. Das Opfer wirkt wie ein Blitzableiter und führt zur Entlastung der Gemeinschaft. Deshalb wird es auch nachträglich sakralisiert. Es wird heilig gesprochen für seine (er-)lösende Wirkung. Das Opfer steht im Mittelpunkt der Gruppe, da diese durch den Mord näher zusammen rückte.

„Diese Erfahrung eines höchst unheilbringenden und sodann heilbringenden Wesens, dessen Auftreten und Verschwinden durch den kollektiven Mord skandiert sind, muß buchstäblich *ergreifend* sein. Die schrecklich geprüfte Gemeinschaft ist mit einem Schlag von jedem Antagonismus erlöst, vollständig befreit."[50]

Das Überschreitende und als religiös Empfundene dieser Erfahrung ist in den Ritualen verschiedener Religionen beheimatet. Dieses Sündenbockmuster sieht Girard in den archaischen Religionen verwirklicht, von denen er das Christentum abgrenzt. „Der entscheidende Unterschied ist, dass der biblische Text die Unschuld des Opfers erkennt. In den archaischen Religionen ist das Opfer immer schuldig. Nach Christus können wir Opfer nicht mehr töten wie zu Zeiten der archaischen Religion".[51] Er spricht sich gegen eine sakrifizielle Deutung des Todes Jesu aus und räumt damit dem Kreuz Jesu eine Botschaft ein, die einen Weg der Gewaltüberwindung darstellt und ermöglicht. „Die Evangelien sprechen nie von (sakrifiziellen, Anm. d. Verf.) Opfern, außer um sie auszuschließen und ihnen jede Gültigkeit abzusprechen."[52] Jesus wurde nicht zum heilbringenden und damit gewollten Opfer für die Menschheit, sondern zeichnete mit seinem Lebensweg ein Modell radikaler Gewaltlosigkeit. Girard sieht ihn als die „direkte, aber unfreiwillige Ursache der Spaltungen und Meinungsverschiedenheiten, die seine Botschaft unwillkürlich hervorruft, weil sie von fast allen mißverstanden wird"[53] Wie bereits die alttestamentlichen Propheten verweigerte er die wiederkehrenden Mechanismen der Gewalt, indem er der unheilvollen Spirale konsequent Gewaltlosigkeit und Liebe entgegen stellte. Damit deckte sein Leben opfergenerative Strukturen auf.

---

[49] Girard, Das Ende der Gewalt, 35.
[50] Ebd., 39.
[51] Assheuer, Jesus, unser Sündenbock, im Internet unter: http://zeit.de/2005/13/Interview_Girard.
[52] Girard, Ende der Gewalt, 187.
[53] Ebd., 212.

Wichtiger als der exegetische Befund der Diagnose Girards ist die Frage nach dem Gottesbild hinter der verschiedenen Interpretationen seines Todes.[54] Ist der Gott der Bibel ein Gott der Gewalt? Ein Gott, der erst besänftigt ist, wenn es unschuldige Opfer gibt? Handelt es sich um einen mächtigen Sadisten, der freiwillige Unterwerfung fordert? Hinkelammert stellt – in Anbindung an Girard – dagegen eine biblische Perspektive, die eine menschenwürdige Form der Beziehung zwischen Gott und den Menschen und das menschlichen Miteinanders entwirft: „Die Botschaft von Evangelium und Christentum verlangt menschliche Beziehungen jenseits von Menschenopfern."[55] Der Sinn des Lebens Jesu war nicht das erlösende Leid, sondern sein gewaltfreies, gewaltaufdeckendes und humanisierendes Evangelium.

Dennoch bleibt das Kreuz Skandalon und es ist zu fragen, inwiefern es nicht ein unwichtiger und besser zu vermeidender Nebeneffekt des Lebens Jesu war. „Der Gott Jesu wollte und will kein Blut, wohl aber will er, daß der Hirt von der Suche nach dem Verlorenen auch dann nicht abläßt, wenn das Böse in den Menschen voll entbrennt und den Hirten selbst trifft."[56] Jesus hätte seine Botschaft preis gegeben, hätte er alles widerrufen, wenn es ernst und gefährlich wird. Der Kreuzestod Jesu ist insofern nicht überflüssig, weil er mit aller grausamen Deutlichkeit zeigt: Gott steht in absoluter Konsequenz auf der Seite der Wehrlosen. Darin zeigt sich seine ultimative Hingabe. Der bestialische Mord war vielleicht die einzige Möglichkeit, Gott in dieser gewalttätigen Welt glaubwürdig zu machen als einen, der ganz und gar, mit Haut und Haar, Teil dieser Welt wurde. Eine solche Deutung des Kreuzestodes hat im Kontext der Erfahrungen von Gewalt- und Missbrauchsbetroffenen besondere Realität, wie an folgender Aussage einer Betroffenen deutlich wird:

„Ich sehe das so: Jesus hat in seinem Leben zu denen gestanden, die von den anderen rausgedrängt wurden. Zu den Jungs und Mädels mit der A-Karte. Zu uns. Darum ging es ihm. Sein ganzes Leben inklusive Tod war der Beweis dafür, dass Gott wirklich und in vollem Ernst uns mit der A-Karte haben will, dass er uns wahrnimmt, wie es ein idealer Vater tut, sogar besonders uns. Jesus hat zusammen mit den Losern gelebt, weil er einer von uns sein wollte, sogar heimatlos, und er wollte mit Losern befreundet sein. Den zu der damaligen Zeit miesesten Tod zu sterben war insofern die ultimative Erfüllung: Nun war er in der allerletzten und vollsten Konsequenz wirklich einer von uns, noch mehr ging nicht.

---

[54] Vgl. Pixley, Fordert der wahre Gott blutige Opfer?, 132.
[55] Hinkelammert, Paradigmen und Metamorphosen des Opfers von Menschenleben, 104.
[56] Schwager, Lieblos und unversehrt, 5.

Wenn es mir nicht so gut geht, brauche ich diesen Foltertod, um Gott abkaufen zu können, dass er sich für jemanden wie mich interessiert und mich wirklich sehen und hören will. Dass es einmal nicht darum geht, mir etwas durch irgendeine Leistung zu verdienen. Dann stehen wir uns auf Augenhöhe gegenüber. Weil er die Augenhöhe wirklich will, kann ich sie ihm glauben."[57]

Anders als in den sakrifiziellen Deutungen hat das Kreuz Jesu keinen heilvollen, pädagogisierenden und erlösenden Sinn. In einer anderen Hinsicht stellt das Kreuz eine unüberbietbare Botschaft dar: Sie stellt das Leid eines Gewaltopfers in den Mittelpunkt. Der Blick auf das Kreuz und das sehr reale brutale Leid glorifiziert dieses nicht, sondern ruft im Gegenteil dazu auf, alles menschenmögliche in Gang zu setzen, damit Menschen einander nicht mehr zum Opfer fallen. Leiden ist nie gut für etwas und darf nicht instrumentalisiert werden. Sichtbares Leid legt die Finger in die Wunden gewalttätiger Strukturen, die es zu überwinden gilt.

7.4. Christentum als Gewaltanschauung

Christliche Botschaft liefert keine Garantie für Glück und Wohlbefinden. Dennoch hat sie im Kontext sexuellen Missbrauchs hohe Relevanz, insofern sie radikal die Opfer in den Mittelpunkt stellt. Das Kreuz im Zentrum fordert dazu auf, das Leid der Opfer nicht zu verstecken, deren Unschuld klar zu benennen und opferproduktive Strukturen aufzudecken. „Der christliche Glaube an den gekreuzigten Auferstandenen ist Gewaltanschauung."[58] Fuchs formuliert das in Anbindung an Girard und sieht im Christentum die ehrlichste Weise des Umgangs mit menschlicher Gewalttätigkeit. Keine Religion stellt derart offen das Problem der Gewalt in die Mitte. Die Bibel berichtet häufig und ehrlich von brutaler Gewalt. Sie beschönigt und verleugnet nicht das grausame Geschehen. Sie thematisiert die Gewalt, wie sie ist: Als nackte Tatsache, die mit entsetzlicher Regelmäßigkeit zum menschlichen Leben dazu gehört. Als Töchter und Söhne Kains müssen Menschen ihr Gewaltpotential nicht mehr länger verleugnen und abspalten.[59]

Das Kreuz lenkt den Blick auf den verwundeten Jesus, der für seine gewaltfreie Botschaft mit letzter Konsequenz einstand. An diesem Kreuz führt

---

[57] Beitrag aus der Mailingliste der ökumenischen Arbeits- und Selbsthilfegruppe im Internet Gottessuche im Februar 2005; im Internet unter: http://www.gottes-suche.de; vielen Dank an S., die den Beitrag zur Veröffentlichung frei gab.
[58] Fuchs, Wir Söhne und Töchter Kains, im Internet unter: www.phil.uni-sb.de/projekte/imprimatur/2000/imp000402.html.
[59] Vgl. ebd.

kein Weg vorbei, wer sich mit sexuellem Missbrauch auseinander setzt. Es deckt benachteiligende Strukturen auf und macht verstecktes Leid sichtbar. Es lädt nicht zur Glorifizierung und Bagatellisierung von Schmerz ein, sondern konfrontiert und enthüllt die Gewalt. Zu dieser aufdeckenden Bewegung kommt eine zweite Dimension dazu:

„Wir können auch sagen, im biblischen Gottesglauben steckt eine Art Doppelstrategie: einerseits wird die faktische Geschichte der Menschheit und des Menschen desillusionierend bloßgestellt und illusionslos aufgedeckt als das, was sie ist – eine Mordsgeschichte; aber diese durchaus konfrontative und auch schmerzhaft nüchterne Diagnose ist andererseits nur möglich, weil sie immer schon unterfangen ist von der begründeten Hoffnung auf jene zuvorkommende Liebe, deren Maß nicht unsere Taten oder Untaten sind, sondern allein sie selbst."[60]

Jesu Bereitschaft, für seine Botschaft Leib und Leben dran zu geben, lässt eine Dimension des Vertrauens auf einen Gott ahnen, der Hoffnung für eine hoffnungslos gewalttätige Welt zu bieten hat. Sein Kreuz ist nicht Zeichen des Gelingens, sondern die darin sich andeutende Erwartung auf Überwindung von Gewalt und Leid, die Hoffnung auf Gottes Fülle und Heil gerade für die, die ihr Leben nicht mehr in der Hand haben, machen es zum Zeichen der Überwindung von Gewalt und Missbrauch.

8. *Mit anderen Worten: Leiden ist einfach nur Leiden*

„Vom Leiden
Leiden ist Leiden und nichts daneben. Keine göttliche Prüfung für Menschengehorsam, nicht die karmische Quittung für Untaten aus früheren Leben und auch nicht eine leider unabdingbare Voraussetzung für angeblich höhere spirituelle Weihen. Leiden ist einfach nur Leiden. Und Gott hat damit gar nichts zu tun. Leiden ist nicht von Gott verhängt, nicht von Gott gewollt, nicht durch Gott zu verhindern. Wer irgendeinen höheren Sinn in das Leiden hinein konstruiert, der oder die weicht dem vollen Schmerz nur aus. Bei sich selbst und bei anderen. Und dieses Ausweichen hat Folgen. Es ist der sicherste Weg für immer im ohnmächtigen, dumpfen Leiden gefangen zu sein, ruhig gestellt durch ein spirituelles Trostpflästerchen.

Gott will nicht, dass wir leiden. Nicht eine Sekunde glaube ich daran, dass Gott die schrecklichen Erlebnisse meiner Kindheit für mich gewollt hat. Gott wollte mich als fröhliches, glückliches Kind, nicht als vergewaltigtes und misshandeltes Opfer. Eine andere Frage ist es, ob und wie die Erfahrung

---

[60] Ebd.

solcher Zerstörung umgewandelt werden kann in die Erfahrung von etwas anderem, in die Erfahrung von Heilung, in die Stärke einer Überlebenden. Es ist möglich, dass dies geschieht. Es ist in besonderem Maße möglich, wenn ich mich dabei auf Gott als Verbündete stütze. Und Gott ist mit allen verbündet, die unschuldig leiden.

Gott ist stärker als alles Leid dieser Welt und kann es trotzdem nicht verhindern. Das verstehe, wer will oder kann. Ich verstehe es nicht. Aber es ist das, was ich erlebe. Gott hat die Macht, aus der vollen Wucht meines Schmerzes etwas Neues entstehen zu lassen. Auch die schrecklichste Kindheit, auch die schlimmste Erniedrigung konnte mich nicht endgültig vernichten. Gott umschließt meine Wunden mit ihrer gewaltigen Liebe. Manche dieser Wunden heilen durch Gottes Berührung – nicht alle. Die anderen brechen an manchen Tagen wieder auf, und es tut weh. Dann stelle ich mir vor, wie Gott mit unendlicher Sanftheit in meine Seele hineinpustet und mich auf diese Weise zu trösten versucht. Danach tut es immer noch weh, aber anders."[61]

---

[61] Moosbach, Lobet die eine, 61f.

C. Impulse für die Praxis[1]

I. Sich verbünden

Sexueller Missbrauch fordert heraus. Die Erregertheorie des Traumas macht deutlich:[2] Um die Epidemie Gewalt einzudämmen, ist ein breit angelegtes Interventions- und Präventionsprogramm notwendig. Es genügt nicht, die Täter als Verursacher hinter Gitter zu bringen. Gewalt und Missbrauch sind nicht monokausal erklärbar, vielmehr gedeihen sie auf einer Basis, zu der mehrere Komponenten beitragen. Grundlegende familiäre Ideale, gesellschaftliche Ordnungen und Wertvorstellungen werden in Frage stellt. Eben weil das Feld, in dem sich Missbrauch ereignet, so multifaktoriell aufgefächert ist, kann das zu entmutigter Resignation führen. Wo anfangen?

Wer in der hilflosen Überforderung stehen bleibt, dem/der sind die Hände gebunden, das Tabu zu brechen. Deshalb sind es die konkreten und alltäglichen Situationen, in denen die eigene Sensibilität und Handlungsfähigkeit zu entwickeln sind. Vor der eigenen Haustüre – oder besser noch: im eigenen Haus – fängt der Einsatz gegen sexuellen Missbrauch an. Erstaunlicherweise gehen viele Menschen davon aus, dass sie persönlich keine Missbrauchsopfer kennen. Ein Blick auf die Zahlen zeigt, dass diese Annahme unmöglich stimmen kann. Offensichtlich brauchen Betroffene bestimmte Signale, die ihnen ermöglichen, sich mit ihrer Geschichte zu outen. Wie bereits deutlich wurde, hat die Enthüllung des Traumas eine zentrale Bedeutung im Bewältigungsprozess. Damit das gelingen kann, brauchen die Opfer die parteiliche Stellungnahme ihres Umfeldes. Ethische Neutralität ist unmöglich, wenn das Gespräch mit Betroffenen sinnvoll und hilfreich sein soll.

---

[1] Mit den Impulsen denke ich in erster Linie an Menschen, die im pastoralen und sozialen Bereich arbeiten und sich vielleicht erstmalig mit sexuellem Missbrauch auseinander setzen. Langjährige Erfahrungen mit kirchlichen MitarbeiterInnen zeigen: Der gute Wille ist da, Räume für Betroffenezu schaffen. Die Umsetzung setzt jedoch vor hohen Hürden. Unsicherheiten und Berührungsängste mit der Thematik teilen die Welt in die der Betroffenen und die der Nichtbetroffenen. So bleibt das Tabu wirksam und führt zur Isolierung der Opfer. Die Impulse stellen den Versuch dar, eine Brücke über den Graben zu bauen.
Die Impulse für die Praxis sind entstanden aus der Reflexion von Praxiserfahrungen (vgl. auch http://www.gottes-suche.de). Diese habe ich in kreativer und bereichernder Zusammenarbeit mit Frau Erika Kerstner evaluiert und diskutiert, wofür ich ihr sehr herzlich danke.

[2] Vgl. Teil III, B. II. 2.1.

Mit den Begriffen für die beiden beteiligten Seiten fängt die Problematik bereits an. Sprache deckt Wirklichkeit auf. Da sind auf der einen Seite die Betroffenen, die Opfer, die Überlebenden. Die ambivalenten Bedeutungen dieser Bezeichnungen wurden bereits angesprochen. Keine will in der Perspektive anderer Menschen nur Opfer sein, schon gar nicht lebenslang, und gleichzeitig braucht es die Anerkennung des widerfahrenen Unrechts und damit die Rehabilitierung als Opfer. Auf der anderen Seiten sind die – ja wer eigentlich? Die Nichtbetroffenen? Je nach Art des Verhältnisses und der Selbsteinschätzung können verschiedene Bezeichnungen zutreffen. Bei eher unbeteiligten Personen kann es sich um ZuschauerInnen und Umstehende handeln. Menschen, die sich engagiert für die Betroffenen einsetzen, werden sich vielleicht eher als Verbündete oder Zeugen erleben. Im sozialen, therapeutischen und pastoralen Kontext handelt es sich vermutlich um Personen, die sich als Begleitende, TherapeutInnen, Helfende und/oder SeelsorgerInnen bezeichnen würden. Jeder Begriff hat seinen Sitz im Leben und seine Vor- und Nachteile. Grundsätzlich ist festzustellen: Zwei Menschen mit verschiedenen Erfahrungen und Rollen treffen aufeinander. Damit die Begegnung gelingen kann, gilt es eine elementare Haltung einzunehmen: Es muss sich um eine ebenbürtige Bewegung handeln. Missbrauch ist Machtmissbrauch, der im Opfer Ohnmacht erzeugt. Diese Dynamik darf sich nicht wiederholen. Deshalb brauchen Betroffene die solidarische Stellungnahme der Umstehenden, die diese zu Verbündeten macht. Im Folgenden ist von Umstehenden die Rede, wenn es um Personen im Umfeld der Betroffenen geht.

Von Verbündeten wird gesprochen, wenn Menschen aus dem Umfeld sich an die Seite der Opfer stellen, sich mit ihnen und für sie engagieren und ihrer Sicht der Dinge Glauben schenken. Verbündete sind Menschen, die wissen, dass Menschen mit Missbrauchserfahrung das Opfer eines oder mehrerer übermächtiger Menschen wurden und die die Erfahrung einer Ohnmachts-Übermachtsbeziehung nicht wiederholen. Verbündete können Menschen im sozialen, therapeutischen, pastoralen und freundschaftlichen Bereich sein. Es handelt sich freilich nicht um einen Bund fürs Leben. Das Verbündet-Sein bezieht sich auf einen Lebensabschnitt und auf einen Lebensausschnitt des Missbrauchsopfers: Das Missbrauchsopfer braucht für diesen Aspekt seines Lebens Menschen, die nicht im Karussell des Schweigens mitdrehen und stattdessen die Opfer parteilich ernst nehmen. Sich zu verbünden ist ein ebenbürtiges Miteinander, das die Aktivität beider BündispartnerInnen voraussetzt.

II. Was das Gespräch zwischen Opfern und Umstehenden so schwierig macht

Die Praxis zeigt: Das Gespräch zwischen Opfern und Umstehenden ist schwierig. Auf beiden Seiten stehen Ängste, die einander erstaunlich entsprechen:
- Beide haben Schwierigkeiten, sich klar auszudrücken. Jedes Wort könnte eine Bombe sein. Sprachlosigkeit bestimmt die Atmosphäre.
- Beide sind besorgt, sie könnten dem Gegenüber zu viel zumuten – durch falsche Reaktionen oder durch Überforderung.
- Beide haben Angst, die Kontrolle über die eigenen Gefühle zu verlieren. Deshalb versuchen sie, möglichst nüchtern zu bleiben.
- Beide befürchten, sich nicht korrekt zu verhalten und das Gesicht zu verlieren – weil sie Schwäche zeigen, weil sie überfordert oder nicht kompetent genug sein könnten.
- Beide können nicht wissen, wie ihr Gegenüber reagieren wird, was Skepsis und Unsicherheit erzeugt.

Das Gespräch zwischen Opfern und Umstehenden setzt ein enorm hohes Maß an Verunsicherung und Angst in Gang, das nicht von ungefähr kommt. Es aktiviert einige der Gefühle, die das Opfer in der Missbrauchssituation erlebte. Im Gespräch überträgt sich die Verwirrung und Schwere, die der Missbrauch auslöste. Jedoch handelt es sich nicht ausschließlich um Übertragung von Gefühlen der Opfer. Auch das Erleben der Umstehenden hat Einfluss auf die Gesprächsdynamik. Das Thema Missbrauch rührt bei den Umstehenden Erfahrungen an, die vielfach unreflektiert aus Medien entnommen werden und oft Klischees entsprechen.

Sehr häufig führen die Ängste auf beiden Seiten zum Schweigen. Damit bestätigt sich für betroffene Frauen das, was der Missbrauch ihnen beigebracht hat: Ihre Erfahrungen sind unwichtig, nicht der Rede wert, eine Schande. Irgendetwas an ihnen ist nicht in Ordnung, weshalb völliges Stillschweigen und Tabuisieren die einzige Umgangsmöglichkeit darstellen.

III. Womit Sie rechnen müssen, wenn Sie sich auf das Gespräch mit Betroffenen einlassen

Wenn Sie sich auf das Gespräch mit betroffenen Frauen einlassen, ist mit verschiedenen Schwierigkeiten zu rechnen. Je bewusster Sie damit umgehen können, desto leichter können Sie sich redlich und hilfreich in den Kontakt begeben.

1. Mit intensiven und gegensätzlichen Gefühlen rechnen

Die Auseinandersetzung mit Missbrauch erzeugt eine ganze Bandbreite intensiver Gefühle. Vielleicht fühlen Sie sich unbehaglich bei der Vorstellung, dass wahrscheinlich auch in Ihrem unmittelbaren Umfeld Betroffene zu finden sind – die Nachbarin, die Kollegin, die Tante, die eigene Schwester. Außerdem drängt sich die unabweisliche Frage auf: Wo stecken denn die Täter? Etwa auch in meiner Umgebung? Oder Sie finden es bedrohlich, wenn Sie feststellen, dass Sie selbst ebenso betroffen sein könnten. Die grundlegenden Sicherheiten Ihres Lebens werden in Frage gestellt. Eventuell empfinden Sie Schuldgefühle, dass Sie selbst im Leben so ungeschoren davon gekommen sind. Mitleid und Trauer im Angesicht der Scherben des zerbrochenen Lebens missbrauchter Frauen können Sie in einen Strudel des Entsetzens über die menschliche Gewalttätigkeit reißen. Im Kontakt mit Betroffenen können auch bisher verdrängte eigene Erfahrungen von Missbrauch, Benutztwerden und Ohnmacht bewusst werden. Vielleicht sind Sie manchmal auch genervt und ungeduldig mit der Betroffenen. Sie ärgern sich über deren Leidensschema und möchten ihr eine Lösung aufdrängen.

Nehmen Sie Ihre Gefühle wahr und ernst. Sie erzählen Ihnen etwas über sich selbst. Die Konfrontation mit Missbrauch kann zu extremer Belastung führen, deren Verarbeitung nicht auf die leichte Schulter zu nehmen ist. Sprechen Sie in einem geeigneten Rahmen darüber. Halten Sie sich bewusst, dass es sich um Ihre eigenen Gefühle handelt, die ihre Geschichte haben und bearbeitet werden wollen.

2. Mit eigenen Widerständen rechnen

Vielleicht wächst Ihnen die Missbrauchsthematik über den Kopf und Sie reagieren mit Abneigung. Nehmen Sie es sich selbst nicht übel, wenn Sie merken, dass Sie des Themas überdrüssig werden und Sie sich abwehrend abschotten. Es könnte sein, dass Sie die Opfer beschuldigen und deren Leid bagatellisieren. Dieser Vorgang ist psychologisch nachvollziehbar, denn Missbrauch funktioniert genau nach diesem Muster. Er ist so angelegt, dass die Umstehenden die Strategien des Täters übernehmen: Sie schweigen, verleugnen den Missbrauch und suchen die Ursache beim Opfer. Es handelt sich um einen Mechanismus, den Opfer als die Identifikation mit dem Aggressor kennen. Weil Widerstand zwecklos erscheint und der Missbrauch die normalen menschlichen Einordnungsraster komplett sprengt, bleibt der einzige Ausweg, um nicht gänzlich zusammenzubrechen, sich mit der Sicht des Täters zu identifizieren, sein Vorhaben für gut zu heißen. Ähnlich wie dem Opfer kann es auch den Umstehenden ergehen: Sie gehen dem Täter auf den Leim. Die Täterstrategien verhindern die Parteilichkeit mit dem Opfer. Nehmen Sie wahr, dass Ihre Solidarisierung mit dem Täter Ausdruck Ihrer Ohnmacht gegenüber der Missbrauchsdynamik ist. Solange Sie diesen Zusammenhang selbst bemerken und analysieren können, haben Sie eine gutes Gegenmittel, um zu verhindern, dass Sie tatsächlich das sagen und tun, was Sie gerade an Widersprüchlichem fühlen. Sprechen Sie Ihr Gefühl der Unterlegenheit und Ohnmacht aus, damit es im Gespräch mit der Betroffenen nicht untergründig Wege verbaut.

3. Mit äußeren Widerständen rechnen

Nach wie vor herrscht ein hochwirksames Tabu, das die Auseinandersetzung mit Missbrauch verunmöglichen will. Wenn Sie sich für Betroffene einsetzen und das Thema Missbrauch thematisieren, brechen Sie damit das Schweigegebot. Deshalb müssen Sie davon ausgehen, dass in Ihrem Umfeld teilweise erhebliche Widerstände gegen Ihr Engagement entstehen. Die häufigste Reaktion besteht im Schweigen. Sie könnten den Eindruck gewinnen, dass Ihre Arbeit nichtig und unsichtbar ist, wenn Reaktionen im Umfeld total ausfallen. Sie beginnen also, an sich selbst und Ihrer Wahrnehmung zu zweifeln. Damit ergeht es Ihnen ähnlich wie dem Opfer: Sie werden als SpielverderberIn ausgeschlossen, weil Sie die Erinnerung an Unanständiges, Schambesetztes und Verdrängtes wach halten. Deutlicher werden die Widerstände, wenn Sie belächelt, für unrealistisch gehalten oder gar als NestbeschmutzerIn beschimpft und verleumdet werden. Die Abwehr des Umfeldes hat viele Gesichter: Sie könnten als männerhassende Feministin, als idealistischer Träumer oder unmännlicher Softie beschimpft werden. Oder Sie werden darauf hingewiesen, wie (unbestreitbar) immens viel Gewalt auf der Welt passiert, der gegenüber so ein bisschen Missbrauch nicht ins Gewicht fällt. Zu den verbreiteten Taktiken zählen das Bagatellisieren der Verbreitung und der Folgen von Missbrauch, Argumente aus dem Backlash (Missbrauch mit dem Missbrauch) und das Beschuldigen der Opfer. Ordnen Sie all diese abwehrenden Strategien als normale Reaktionen auf den Bruch des Schweigetabus ein. Indem Sie den Mechanismus verstehen, können Sie besser darauf reagieren und bestimmter das Eigene tun.

IV. Ermutigende Impulse zum Gespräch mit Betroffenen

Bei allen Schwierigkeiten: Das Gespräch zwischen Betroffenen und Umstehenden findet statt und es entstehen dabei belastbare Beziehungen, die beide Seiten wachsen lassen. Für die Betroffenen sind solche Kontakte überlebenswichtig. Im Auf und Ab des Bewältigungsprozesses ist das Bündnis mit einem Menschen, der keine Leistung verlangt und sich um die Perspektive des Opfers bemüht, ein wichtiger Bezugspunkt. Die Verbündeten werden Zeugen großer Zerstörung und außerordentlicher persönlicher Kräfte. Die Begegnung mit Betroffenen lässt ahnen, was Überleben nach dem Seelentod bedeutet. So kann sie zur Quelle tiefer Freude und persönlicher Bereicherung werden.

Deshalb: Lassen Sie sich zum Gespräch mit Betroffenen ermutigen! Folgende Impulse sollen Sie zum Nachdenken anregen, Sie aufmerksam machen auf Aspekte, die auf Sie zukommen, wenn Sie zur Verbündeten werden wollen.

Die Kunst, Missbrauch wahrzunehmen

Täter arbeiten vor allem mit der Vernebelung der Wahrnehmung: Es handele sich um eine Bagatelle, um ein Kavaliersdelikt oder eine besondere Form der Liebe, die für das Kind keine negativen Folgen habe; das Kind habe es selbst gewollt und den Täter gereizt – insofern sei er zum Opfer geworden; der Täter selbst hatte eine schlimme Kindheit und sei daher nicht verantwortlich für sein Tun. Über solche Muster appelliert der Täter an das verbreitete Bedürfnis, das Unglaubliche nicht zu glauben. Missbrauch wird ermöglicht durch gesellschaftlich verankerte Strukturen, die die Täterstrategie stabilisieren. Besser nichts sehen, hören und sagen. Es bedarf einiger Kraft, um in diesem undurchsichtigen und nebulösen Feld eigene Klarheit zu gewinnen. Der sicherste Weg zur Kunst, Missbrauch wahrzunehmen, besteht darin, den Opfern zuzuhören. Wenn Sie Erfahrungsberichte von Betroffenen lesen, werden Sie mit großer Wahrscheinlichkeit auf wiederkehrend beschriebene Erfahrungen stoßen, die die Schwierigkeiten der Frauen schildern, mit denen Sie zu kämpfen haben, um gehört zu werden. Informieren Sie sich, indem Sie Fach- und Selbsthilfeliteratur lesen, Fortbildungen besuchen, im Internet recherchieren, Arbeitskreise bilden.

Gefühle zulassen, ohne sich in ihnen zu verlieren

Die Konfrontation mit sexuellem Missbrauch löst intensive Gefühle aus. Entsetzen, Angst, Lähmung, Erschrecken, Ohnmacht, Wut auf die Täter, Ungeduld mit den Opfern können gerade bei Menschen, die sich erstmalig mit Missbrauch auseinander setzen, zu einer Achterbahnfahrt der Gefühle führen. Vor allem ist es die Erfahrung, nichts tun zu können, die in Anbetracht der Situation des Opfers an die Grenzen des Ertragbaren bringt und die eigenen Machbarkeitsvorstellungen als Mythos entlarvt. Die Ohnmacht, die Sie dabei empfinden, ähnelt der Ohnmacht des Opfers. Zeigen Sie Ihre eigene Verletzlichkeit und scheuen Sie sich nicht, Ihre Gefühle auszudrücken. Das zeigt Sie dem Opfer als glaubwürdige und berührbare Person, die solidarisch mit ihr empfindet. Gleichzeitig ist es unabdingbar, sich nicht in den Gefühlen zu verlieren. Zum einen, um eine nötige Distanz zur Betroffenen zu wahren. Das Opfer darf nicht den Eindruck gewinnen, es müsse Sie trösten. Zum anderen tun Sie sich selbst keinen Gefallen, wenn Sie im Mitleid zerfließen, denn Sie haben ein

Recht auf Abstand und Berücksichtigung der eigenen Belastbarkeit

Der negativen Sogwirkung von sexuellem Missbrauch ist unbedingt etwas entgegen zu setzen. Sie haben das Recht, Abstand zu nehmen. Ihre Gefühle müssen und sollen nicht die des Opfers sein. Niemandem ist geholfen, wenn Sie sich derart verausgaben, dass Sie schließlich komplett handlungsunfähig sind. Die Betroffene kann an Ihnen sehen: Es gibt mehr als Missbrauch und Verzweiflung – und es ist nötig, Grenzen zu setzen. Sie können so zum Modell werden, an dem das Opfer sich orientieren kann. Achten Sie gut auf die Signale Ihres Körpers und Ihrer Seele, wenn Ihre Ressourcen zur Neige gehen und pflegen Sie sich. Die Begleitung Traumatisierter benötigt einen langen Atem. Um Mitempfindens-Müdigkeit zu verhindern, brauchen Sie bewährte Mittel der Psychohygiene. Machen Sie sich mit Ihren inneren Tankstellen vertraut.

Nicht mit dem Opfer verschmelzen

Das Opfer braucht Sie als Verbündeten und nicht als doppeltes Ich, das von der Wucht des Schmerzes und dem Grauen in demselben Maße überflutet wird. Wenn die Betroffene abdriftet, braucht sie einen Menschen, der mit beiden Beinen in der Wirklichkeit steht. Versuchen Sie, die Gefühle der Frau wahrzunehmen und gleichzeitig in der Gegenwart zu bleiben. Sie sind eine eigene Person mit eigenen Gefühlen. An diesem Vorbild kann die Betroffene lernen.

Der Versuchung des Aktionismus widerstehen

Angesichts der Verbreitung und des immensen Ausmaßes an Leid, das sexueller Missbrauch verursacht, könnten Sie derart in Wut geraten, dass Sie sich mit Leib und Seele für Veränderungen einsetzen wollen. Diese Wut ist eine große Gabe, jedoch dürfen Sie nicht in blinden Aktionismus verfallen. So wichtig Ihr Engagement ist, so sehr müssen Sie sich vor Anstrengungen schützen, deren Erfolg fragwürdig ist. Die Bekämpfung von Missbrauch erfordert ein breites Bündnis von Menschen und Institutionen. Sie sind ein Teil davon. Schützen Sie sich vor allzu großen Ansprüchen an sich selbst und vor hoffnungsloser Überforderung, die schnell in Resignation umschlagen kann.

Die eigenen Möglichkeiten nicht unterschätzen

Beginnen Sie im Alltag, sich gegen Missbrauch einzusetzen. Es sind weniger die spektakulären großen Aktionen, sondern die kleinen Gesten und das offene Ohr. Diese sind anspruchsvoll genug und fordern nicht selten hohes Standvermögen: Wer dem Kind das Küsschen für der Oma nicht abverlangt, den Sohn mit Puppen spielen lässt oder von Gott als Mutter spricht, wird schnell belächelt und nicht für ernst genommen. Seien Sie stolz auf die eigenen Möglichkeiten und fördern Sie ihren Ideenreichtum. Ihr Einsatz verändert die Welt!

Sich Hilfe holen

Haben Sie keine Hemmungen, sich selbst Unterstützung und Rat einzuholen, um die eigenen Gefühle in der Auseinandersetzung mit Missbrauch zu bearbeiten. Sie zeigen sich als verantwortungsvoll und kompetent, wenn Sie sich entsprechend vernetzen und beraten lassen. Suchen Sie kollegiale Beratung und/oder Supervision, wenn Ihnen solche Möglichkeiten zur Verfügung stehen.

Worte anbieten

Betroffene wagen oft kaum, ihre Gefühle und ihre Erlebnisse auszusprechen. Vielleicht sind sie auch in so extremer körperlicher und psychischer Spannung, dass kein Wort mehr möglich ist. Diese Sprachlosigkeit kann anste-ckend wirken und Sie übernehmen das sprachlose Entsetzen. Das allerdings erzeugt in der Betroffenen das Gefühl, Sie zu überfordern oder sie beginnt zu grübeln, ob Sie ihr glauben. Üben Sie sich darin, vorsichtig Worte anzubie-ten. Wenn die Betroffene vom Missbrauch erzählt, geben Sie dem Mitgeteil-ten den richtigen Namen. So werden die Taten als das sichtbar, was sie sind: Unrecht, das auch einen juristischen Namen hat. Haben Sie keine Angst vor Nachfragen. Bleiben Sie bei den Gefühlen der Betroffenen und formulieren Sie diese. Auf diese Weise hat sie nicht das Gefühl, allein im Regen zu ste-hen. Sie halten Ihr mit Worten einen Regenschirm hin.

Manchmal gilt es auch, das Schweigen auszuhalten, wo keine Worte mehr sind. Allerdings setzt dieses stumme Teilen des Grauens eine solide Beziehungsbasis voraus, die im Gespräch hergestellt wird. Erst wenn die Betroffene weiß, dass Sie zu ihr stehen und dass Sie das Schlimme schwei-gend aushalten können, handelt es sich um ein Schweigen, das die Betroffe-ne nicht allein lässt, sondern verbindet.

Nicht über die Täter reden wollen

Auch wenn Sie noch so entsetzt und irritiert sind über das, was die Betroffe-ne Ihnen erzählt – geben Sie nicht der Versuchung nach, über die Täter und Ihre Motive reden zu wollen. Damit tun Sie nämlich das, was zur Täterstra-tegie gehört: Das Opfer und seine Gefühle werden unwichtig. Wenn die Frau über ihr Verhältnis zum Täter sprechen will, lassen Sie ihr den Raum. Ver-mutlich wird sie die Erlaubnis brauchen, extrem unterschiedliche Gefühle auszubreiten: Liebe und Hass, Rachegedanken und den Wunsch, alles glatt zu bügeln. Als Verbündete brauchen Sie nicht den Täter zu verstehen, son-dern das Opfer.

Nicht zum Opfer stempeln

Im Kontakt mit Opfern von sexuellem Missbrauch kann schnell die angstein-flößende Erkenntnis entstehen, es gäbe im Leben der Betroffenen nichts anderes als Vernichtung und Missbrauch. Vielleicht ist das im Moment des Gespräches so. Möglicherweise sind Sie die einzige oder eine der wenigen, handverlesenen Personen, mit denen die Frau sprechen kann. Das darf Sie jedoch nicht dazu verleiten, die Frau nur als Opfer zu sehen. Keiner klebt das Opferstigma auf der Stirn. Vergegenwärtigen Sie sich, dass sie verschiedene andere Rollen im Leben hat. Niemand will auf die Opferrolle reduziert werden. Die Betroffene wird es angenehm und stärkend erleben, wenn Sie ihr Lebendigkeit und Vielfalt zutrauen.

Ehrlich und realistisch bleiben

Machen Sie sich Ihre Rolle im Leben der Betroffenen bewusst. Diese hat bisher auch ohne Sie gelebt. Sie brauchen sie nicht zu erlösen. Aus Hilflosigkeit wollen Sie vielleicht positive Perspektiven für die Betroffene öffnen. Versprechen Sie nichts, was Sie nicht halten können, denn sonst schaden Sie Ihrer Vertrauenswürdigkeit. Es könnte schnell als billiger Trost empfunden werden, mit dem Sie die Situation der Betroffenen nicht ernst nehmen und bagatellisieren. Bleiben Sie realistisch in der Einschätzung Ihres Einflusses auf die tragischen Verstrickungen eines anderen Menschen. Ihre bescheidene Ehrlichkeit gegenüber der Betroffenen gehört zum tragfähigen Grund, auf dem sich eine belastbare Beziehung aufbauen kann.

Störungen klären

Vielleicht haben Sie gegenüber der Betroffenen zwiespältige Gefühle: Sie ärgern sich über ihre Unzuverlässigkeit oder sind genervt, weil sich im Leben der Frau Muster wiederholen. Eventuell entdecken Sie bei sich auch Ansichten, von denen Sie fürchten, sie könnten politisch nicht korrekt sein („Warum hat sie sich nicht gewehrt?"). Sie müssen davon ausgehen, dass solche unausgesprochenen Irritationen Auswirkungen haben. Sie wirken subtil in das Gespräch hinein. Deshalb ist es sinnvoll, solche Störungen anzusprechen, da sie sonst zu großen Verletzungen und Brüchen führen können. Frauen mit Missbrauchserfahrungen haben in der Regel ein sehr feines Gespür für atmosphärische Störungen. Wenn diese nicht klar angesprochen werden, vergiften sie das Gespräch, bis es schließlich auseinanderdriftet.

Ich als Frau/Mann

Es spielt eine Rolle, ob Sie als Frau oder als Mann in Kontakt mit einer missbrauchten Frau stehen. Oft wünschen sich Betroffene mit Entschiedenheit eine weibliche Verbündete, da sie dabei weniger eher Vertrauen fassen können. Andere legen Wert darauf, von einem Geistlichen unterstützt zu werden. Es gibt kein gut oder schlecht – einziges wirkliches Kriterium für eine hilfreiche Beziehung ist die ebenbürtige Begegnung. Allerdings ist es sinnvoll zu reflektieren, welchen Einfluss das eigene Geschlecht auf den Kontakt hat. Es könnte sein, dass sich eine Betroffene von einem Mann schneller dominiert fühlt als von einer Frau. Körperkontakt stellt eine Intimität her, die sich mit der oft sehr langsam entwickelnden Vertrautheit nicht zusammen passt. Hier ist Vorsicht geboten – wahren Sie also Abstand. Sexuelle Kontakte sind tabu. Sie führen zu Retraumatisierung.

<u>In Kontakt bleiben</u>

Betroffene erleben oft, dass sie wie eine heiße Kartoffel fallen gelassen werden, wenn sie ihren Missbrauch preisgeben. Das Schweigen auf ihre Offenbarung hängt meist mit der Hilflosigkeit der Umstehenden zusammen, die nicht wissen, wie sie reagieren sollen. Versuchen Sie Signale zu setzen, die der Betroffenen sagen: „Ich habe es gehört und ich weiß es. Du kannst damit wieder kommen." Fragen Sie nach, welche Art von Kontakt sich die Frau wünscht. Scheuen Sie sich nicht vor Verbindlichkeit.

<u>Nicht in Panik geraten</u>

Oft haben Menschen im Umfeld von Betroffenen Angst, die Frau könne im Gespräch angesichts der überwältigenden Gefühle zusammenbrechen. Es sind oft Klischees in den Köpfen der Umstehenden, die die Opfer sexuellen Missbrauchs zu hysterischen, ausflippenden und unberechenbaren Zeitbomben machen wollen. Der Alltag sieht anders aus. Oder es besteht die Befürchtung, die Betroffene könnte Unmengen schrecklicher Missbrauchsdetails erzählen. Auch das ist nicht die Regel. Die meisten können höchstens im geschützten Rahmen einer Therapie oder in der Verschwiegenheit eines Tagebuches Details weitergeben. Anderen Menschen erzählen sie meist nur stichwortartig. Sie versehen ihre Vergangenheit mit einem Etikett und fügen vielleicht eine allgemeine Diagnose hinzu. Es ist also höchst unwahrscheinlich, dass Ihnen große Gefühlsausbrüche bevorstehen. Missbrauchte Frauen erzählen tendenziell eher zu wenig als zu viel, weil sie sich selbst und ihr Gegenüber schützen wollen.

Außerdem: Was spricht dagegen, Gefühle zuzulassen? Was wäre so schrecklich daran, wenn die Betroffene über den Seelenmord weint – und Sie vielleicht mit ihr? Die Angst vor diesem Gefühl dürfte größer sein als die Bedrohung, die von zugelassener Trauer und Erschütterung ausgeht. Im Gegenteil kann das heilsam wirken.

Ermutigende Impulse zum Gespräch mit Betroffenen 461

Schutzbedürfnisse ernst nehmen

Auf beiden Seiten des Gespräches bestehen Ängste: vor Überforderung, vor Entgrenzung, vor allzu großer Nähe etc. Sprechen Sie solche Ängste an. Schutzbedürfnisse sind ernst zu nehmen, von beiden Seiten. Vereinbaren Sie Regeln, wie sie im Fall des Falles miteinander umgehen sollen.

Ressourcen stärken

Im Gespräch wird die Betroffene das Entsetzliche thematisieren. Sie wird aber auch von Gelungenem und Glückenden erzählen können. Überhören Sie das Förderliche nicht und bestärken Sie es. An Ihrer Ermutigung kann die Betroffene sich orientieren und unmittelbar spüren, dass sie Stärken und Talente besitzt. Das ist eine sichere Ausgangsbasis, von der aus sie in Abgründe blicken kann, ohne gleich den Halt zu verlieren. Gleiches gilt auch für Sie selbst: Machen Sie sich bewusst, wo Ihre Ressourcen liegen. Damit schützen Sie sich vor Überanstrengung.

Vorsicht vor religiösen Interpretationen

Leben mit Missbrauchserfahrungen bedeutet für viele Betroffene, immer wieder aus der Normalität heraus zu fallen und von existentiellem Leid betroffen zu sein. Als SeelsorgerIn müssen Sie dieses Leid solidarisch mittragen. Versuchen Sie nicht, den Schmerz religiös zu deuten und darin einen Sinn zu sehen. Sie würden auf unerträgliche Weise dem Täter in die Hände spielen, dem die Deutung gefallen würde: Weil das Opfer fehlerhaft und schuldig ist, muss es durch das Leid geadelt und geläutert werden. Raten Sie der Betroffenen auch nicht dazu, dem Täter zu vergeben. Damit wird das Opfer unter enormen moralischen Druck gesetzt. Erfahrungen mit bevormundender Religiosität hat sie in der Regel zur Genüge gemacht.

Spirituelle Präsenz

Über persönliche Religiosität zu sprechen ist peinlich. Nehmen Sie es deshalb als Vertrauensbeweis, wenn die Betroffene mit Ihnen über Religiöses sprechen will. Wahrscheinlich tut sie das nicht auf direktem Wege, sondern sie probiert in kleinen Schritten, ob Sie Fragen aushalten können, ohne sofort Lösungen zu bieten oder in abgrundtiefes Schweigen zu versinken. Achten Sie ganz besonders auf Symbole und Rituale, die der Frau wichtig sind. Sie sind oft Schlüssel zum religiösen Innenleben einer Person. Religiöses kann zu einer der wichtigsten Ressourcen im Bewältigungsprozess werden. Seien Sie deshalb hellhörig, wenn die Betroffene die religiöse Dimension ins Gespräch bringt und lassen Sie Raum dafür, ohne Glaubenssätze anzubieten. Üben Sie sich in spiritueller Präsenz.

Die eigene spirituelle Verankerung pflegen

Die Konfrontation mit Missbrauch fordert Ihre persönlichen Grundeinstellungen heraus. Vielleicht stellt sie Ihr Menschenbild in Frage oder lässt Sie am Glauben an einen gerechten und liebenden Gott zweifeln. Wenn Sie Zeuge werden, wie die Würde eines Menschen mit Füßen getreten wird, brauchen Sie selbst die Verankerung in einem System, das Ihnen Sinn gibt. Sie werden kaum glatte Antworten finden – doch einen Raum zu haben, in dem Sie Ihre Fragen los werden können, ist schon viel wert. Vielleicht erleben Sie dort das „Trotzdem": Dass Missbrauch und Gewalt nicht das letzte Wort haben und trotzdem Hoffnung besteht auf neues Leben und neue Kraft. Solche Erfahrungen sind außerordentlich kostbar. Schaffen Sie sich Räume, in denen Sie Kontakt aufnehmen können zu Ihrer spirituellen Kraftquelle. Die Auseinandersetzung mit Missbrauch und Trauma kann – paradoxerweise – Ihre eigene Einstellung zum Leben vertiefen und zu erhöhter Wertschätzung alles Lebendigen führen. Auch Sie werden an die Grenzen menschlicher Existenz geführt und sind dadurch gezwungen, wesentlich zu werden und Tragfähiges zu entdecken.

Schluss

Was kann abschließend zu Religiosität in Bewältigungsprozessen von Frauen, die sexuell missbraucht wurden, festgehalten werden? Diese Frage wird in zwei Schritten beantwortet: Erst geht es um die Zusammenfassung wesentlicher Aspekte der Bewältigung sexuellen Missbrauchs, die in der Auswertung der Interviews zu finden sind. In einem zweiten Schritt wird die Rolle von Religiosität im Bewältigungsprozess aus der Betroffenenperspektive und auf der Ebene theologischer Auseinandersetzung reflektiert.

Zur Bewältigung sexuellen Missbrauchs ergeben sowohl die Erkenntnisse humanwissenschaftlicher Forschung als auch die Ergebnisse der vorliegenden Studie ein sich ergänzendes und zugleich differenziertes Bild:

- Bewältigung ist ein andauernder Prozess. Dieser stellt Betroffene immer wieder – evtl. lebenslang – vor neue Herausforderungen. Oft brechen neue Erkenntnisse mit krisenhaften Erfahrungen in das Leben ein. Plötzliche Lösungen gehören zu den Ausnahmen und sollten eher skeptisch machen. Wirklich Tragfähiges entsteht in einer längerfristigen Auseinandersetzung, in der die kognitiven Schemata neu sortiert werden.
- Bewältigung braucht ein förderliches Umfeld. Die Reaktionen der Umstehenden haben deutlichen Einfluss auf das Befinden der Betroffenen. Es gilt, die Gefühle der Frauen ernst zu nehmen und an ihrer Seite auszuharren. Um das Trauma in die Lebensgeschichte integrieren zu können, brauchen die Betroffenen engagierte und empathische Menschen, denen sie ihre Geschichte und Gefühle unzensiert mitteilen können.
- Bewältigung ist möglich. Keine der Frauen ist bereit, ihr Leben der Missbrauchsdynamik zu überlassen. Kreativ und mutig suchen sie nach Wegen, mit den Beeinträchtigungen umzugehen. Wer den Seelentod kennt, kann jedes mühsam errungene Stück Lebendigkeit neu schätzen. Bewältigung fängt im Kleinen an.

Die Thesen zeigen an: Sexueller Missbrauch ist kein Schicksal, dem das Opfer auf Gedeih und Verderb ausgeliefert ist. Seine Bewältigung hängt von verschiedenen Bedingungen ab: von den Frauen und deren psychischen Ressourcen ebenso wie von deren Umfeld. Bewältigung ist keine geradlinige Entwicklung, sondern immer prozesshaft und mehrdimensional. In dieser Hinsicht kann vom Janusgesicht der Bewältigung gesprochen werden. Sie hat also doppelte, zweiköpfige Gestalt. Einerseits erleben Betroffene tatsächliche, konstruktive Bewältigung, andererseits gibt es die illusionäre Seite, die kurzfristige palliative Lösungen in Krisensituationen bietet, die jedoch keine intensive Auseinandersetzung voraussetzt und insofern weniger tragfähig ist.[1] Dieser Befund aus der Erforschung posttraumatischen Wachstums vermag im Kontext sexuellen Missbrauchs nicht weiter zu erstaunen, da es sich um eine gravierende Traumatisierung handelt. Bewältigung und Einschränkung bleiben nebeneinander stehen – alles andere wäre unrealistisch.

Das Bild des Janusgesichtes vermag eine Interpretationshilfe zum Verständnis von Bewältigung zu bieten:[2] Der römische Gott Janus war die rätselhafte Gottheit der Tordurchgänge, des Ein- und Ausgangs. Er personifizierte Anfang und Ende, weshalb nach ihm der Monat Januar benannt ist. Auf der kleinsten römischen Kupfermünze, dem As, wurde er doppelköpfig abgebildet. Die Figur der Gottheit ist also eine ambivalente: Anfang und Ende, Vergangenheit und Zukunft, Vorwärts und Rückwärts stehen nebeneinander. Janusgesichtigkeit gilt auch als Merkmal gespaltener Persönlichkeitsstrukturen – eine Person hat mehrere Gesichter. Das Bild des Janusgesichtes im Kontext eines Bewältigungsprozesses kann vom Druck der umfassenden Bewältigung und Heilung befreien. Leben läuft nicht linear wie ein Bausparvertrag – vorprogrammiert mit einem absehbaren Ergebnis, das sich sehen lassen kann. Der Profit ist nicht kalkulierbar. Leben hat sehr unterschiedliche Facetten, die sich bereits in der einzelnen Persönlichkeit auffächern. Als Gott des Durchgangs macht Janus deutlich: Zwischen Anfang und Ende, zwischen Zerstörung und Bewältigung, zwischen Vergangenheit und Zukunft ist es die Gegenwart, die zu durchschreiten ist und in der sich die Weichenstellungen ergeben.

Was diese Interpretation des Januskopfes zeigt, ist auch über die Bewältigungsprozesse der Befragten zu sagen: Bewältigung findet im Hier und Jetzt statt und braucht genau dort günstige Rahmenbedingungen. Die Frauen erobern sich stückweise ihre Selbstbestimmung zurück, indem sie sich mutig an ihre Geschichte wagen. Ihre Handlungsmöglichkeiten wachsen. Mit solcherart Zuwachs, der keine festgelegten Prognosen zulässt, erleben sie vertiefte Zufriedenheit und Lebensfreude. Gleichzeitig kostet dieser Prozess Kraft. Bewältigung passiert nicht von alleine, sondern fordert den Frauen viel ab, und nicht selten übersteigt sie ihre Möglichkeiten. Bei allen Erfolgserlebnissen steht neben dem Gelingen weiterhin andauernde Beeinträchtigung. Bei manchen Frauen ist von dauerhafter Zerstörung auszugehen. Eventuell bestehen auch innerhalb einer Person diese unterschiedlichen Antei-

---

[1] Maercker/Zoellner, The Janus Face of Selve-Perceived Growth, 45.
[2] Vgl. Bellinger, Mythologie, 216; Lurker, Lexikon der Götter und Dämonen, 158; Holzapfel, Lexikon der abendländischen Mythologie, 220f.

le – mal mehr, mal weniger verbunden.³ Die Erkenntnisse der Erforschung posttraumatischen Wachstums benennen es sogar als Merkmal von Reifung, wenn eine Person aufgrund ihrer Auseinandersetzung mit dem Trauma zu einer verstärkten Akzeptanz der Gegensätze in ihrem Leben gelangt.⁴ Leben ist – ebenso wie Bewältigung – paradox und ambivalent.

Welche Rolle nimmt Religiosität in den Bewältigungsprozessen der befragten Frauen ein? Die Studie zeigt: Die Befragten suchen – trotz schlechter Erfahrungen mit kirchlich vermitteltem Christentum – individuell nach religiösen Sinngebungen und Ritualen für ihr Leben. Sie erleben positive Erfahrungen im Bewältigungsprozess als etwas Religiöses und schöpfen daraus neue Kraft. Religiöses gewinnt für die Befragten an Bedeutung, und zwar in erneuerter Form.

In der theologischen Reflexion der Auswertungsergebnisse zeigte sich: Ethische Neutralität der Umstehenden behindert die Opfer. Die Frauen brauchen Menschen, die sich mit ihnen solidarisieren, die Partei für sie ergreifen, die mit ihnen klagen, die den Missbrauch klar und bestimmt als Unrecht bzw. Sünde werten und nicht zum Vergeben und Vergessen raten. In einem solchen Klima kann vielleicht Sinn in dem bzw. trotz des Schrecklichen gefunden werden. Viele der gängigen Sinnstiftungsmuster heutiger Zeit, die auch im kirchlichen Raum zu finden sind, betrügen die Betroffenen: Sie suggerieren schnell wirkende Lösungen und laden ihnen die Verantwortung für das Gelingen ihres Lebens auf. Die gegenwärtig zunehmende Wellnessbewegung mag für gewöhnliche Stresserfahrungen Hilfreiches anbieten, wenn es jedoch um existentielle Themen geht, bietet sie wenig Tragfähiges. Ebenso problematisch wirken sich solche Umgangsweisen mit Leid aus, die die vernichtende Tragweite des Missbrauchs umdeuten in eine religiöse Aufgabe; als Kreuz, das in der Nachfolge Jesu zu tragen sei. Aus christlicher

---

3   Auch Tedeschi/Calhoun gehen davon aus, dass Fortschritt und Beeinträchtigung nebeneinander bestehen bleiben können: „Posttraumatisches Wachstum ist nicht das Gleiche wie die Zunahme an Wohlbefinden oder die Abnahme von Belastung. Außerdem liefert den Anstoß zum Wachstum der Kampf des Individuums mit einer Reihe hoch belastender Umstände, die die menschlichen Annahmen über die Welt und ihren Platz darin signifikant heraus fordern. Die Beibehaltung von Wachstum könnte auch immer wieder kognitive und emotionale Erinnerungen benötigen, die nicht angenehm sind: daran, was verloren wurde, und paradoxerweise auch daran, was gewonnen wurde.", vgl. Tedeschi/Calhoun, Posttraumatic Growth: Conceptual Foundations and Empirical Evidence, 13.
4   Vgl. Janoff-Bulman, Posttraumatic Growth: Three Explanatory Models.

Perspektive lassen sich keine universalen Lösungen ableiten. Vielmehr sind es die kleinen Schritte, die einen gehbaren Weg ermöglichen.

Zuerst ist christliche Religion Gewaltanschauung. Das bedeutet konkret eine Schärfung des Blickes für Menschen, die zum Opfer eines anderen Menschen werden. Christentum muss einen ehrlichen, enthüllenden und konfrontierenden Umgang mit Gewalt bieten. Die Erschütterung des Glaubens an den guten und gerechten Gott muss ausgehalten werden. Den Betroffenen ist die Last abzunehmen, für alles verantwortlich und schuldig zu sein. Das konkrete Leid fordert zu solidarischem Handeln heraus, um Lebensbedingungen so zu ändern, dass Opfer freier werden und Gehör finden. Auf diese Weise buchstabiert sich Sinn in das Leben der Betroffenen, über den der menschennahe Gott der biblischen Verkündigung spürbar wird.

Bewältigung sexuellen Missbrauchs bedeutet oft, das „Trotzdem" zu leben – schwierigen Startbedingungen in der Kindheit, beeinträchtigter Vertrauensfähigkeit und grenzenlosen Schamgefühlen widerständig Leben entgegenzusetzen, das dennoch selbstbestimmt und unversehrt ist. Trotzig daran zu erinnern, dass der Missbrauch nicht das letzte Wort hat. So erlebt es eine betroffene Frau: „Und trotzdem bin ich nicht gänzlich auseinandergefallen." Dieses Trotzdem beschreibt sie als religiöse Erfahrung:

„Gott ist für mich deshalb und trotz allem so existentiell wichtig, weil sie das für mich ist, was mich zusammenhält. Ich bin so oft ohne Vorwarnung auseinander gesprengt worden, in alle Einzelteile zerlegt, diese an der falschen Stelle wieder eingefügt, dass ich oft nicht mehr wusste, wo oben und unten ist, dass es weder Boden noch Luft gab, die mich trugen. Und da war auch kein Gott da, die mich wieder zusammen gefügt hat. <u>Und trotzdem bin ich nicht gänzlich auseinander gefallen.</u>

Trotzdem habe ich irgendwoher meine Kraft genommen, trotzdem wurden mir Menschen zum Beistand geschenkt. Und irgendwie habe ich gespürt, was ich nicht begreifen kann, wofür es keine Worte gibt.

Es zerreißt mich immer noch, wenn ich irgendwo lese: ‚Du bist bei deinem Namen gerufen.' Es zerreißt mich, weil ich gleichzeitig weiß, dass das nicht passiert ist und gleichzeitig wieder doch. Diese unendliche Sehnsucht, dass das wirklich sein könnte; die Hoffnung, nicht egal zu sein; nicht an Leistung/Schönheit oder sonst wie gemessen zu werden, sondern dass Gott vielleicht wirklich auch so jemanden wie mich meint und beim Namen ruft, das lässt mich weiter suchen und suchen und suchen. Und verschafft mir auf dem Weg schwierige und schöne Begegnungen. Früher konnte ich Gott schlecht spüren, schon gar nicht, wenn es mir nicht gut ging. Auch Reden mit Gott ging nur in positiven Momenten. Ganz vorsichtig und langsam hab ich mich an die Klagen nähern können. Und als dann nicht die Welt zusammen brach, als mich Pfarrerinnen und Freunde und Gott nicht verließen, merkte ich, wie gut es tat. Ich lerne das mit dem Vertrauen. Und jetzt geht es manchmal ... mit Gott zu reden."[5]

- Langjährigen Missbrauch und Gewalt erleben –
und trotzdem nicht auseinanderfallen.
- Sich minderwertig fühlen –
und trotzdem hoffen, beim Namen gerufen zu sein.
- Ohnmacht erleben –
und trotzdem die Sehnsucht haben, nicht egal zu sein.
- Sprachlos und verzweifelt sein –
und trotzdem klagen dürfen.
- Misstrauen kennen –
und trotzdem Menschen erleben, die vertrauenswürdig sind.
- Zweifel haben –
und trotzdem Vertrauen zu Menschen und Gott entwickeln.

Neben der Beeinträchtigung steht positive Veränderung, was zu einer neuen religiösen Tiefe und Verwurzelung führt. Bewältigung in christlicher Sicht spaltet das Unangenehme nicht ab. Sie hält das „Trotzdem" offen. Die Janusköpfigkeit der Bewältigung zeichnet sich auch im Bereich der Religiosität ab. Auch das zentrale Zeichen des Christentums kann als paradox bezeichnet werden: Im Kreuz stehen Zerstörung und Heil nebeneinander. Der Blick auf das Kreuz stellt das Opfer in den Mittelpunkt, seine zertrümmerten Perspektiven und seine beschädigte Vertrauensfähigkeit. Das Fragmenthafte und Gebrochene gehört zum Leben dazu, und zwar nicht als hinzunehmendes Übel, sondern als Imperativ, der kritische Unruhe wach hält und zu konkretem Engagement auffordert. Das Kreuz erinnert an die Hoffnung, die dem Menschen im Kreuz verheißen ist. Die entgegenkommende gewaltlose Liebe Gottes befreit vom Druck der Selbsterlösung und lässt ahnen, was Gotteskindschaft bedeuten kann – gerade für Frauen, die als Kind von den Eltern wenig von dieser vorbehaltlosen Zusage mitbekommen haben.

Das Kreuz hält die gefährliche Erinnerung wach, dass Gewalt und Missbrauch nicht das letzte Wort haben. Jesus selbst ist zum Opfer geworden. Er kommt unter die Räder von Intrigen und politischen Auseinandersetzungen. Er ist gefährlich, weil er die Augen nicht zumacht vor Leid und Ungerechtigkeit. Ähnlich wie schon die ProphetInnen des Alten Testaments prangert

---

[5] Beitrag aus der Mailingliste von http://gottes-suche.de; danke an N. für die Freigabe zur Veröffentlichung.

er unsolidarische Verhältnisse an und holt die Menschen vom Rande in die Mitte. Furchtlos begibt er sich auf Augenhöhe mit denen, deren An-Sehen verloren ist. Er schafft denen Raum, die keinen mehr haben. Diese Bewegung ist so gefährlich, dass Jesus dafür selbst mit dem Leben zahlen muss. Damit erinnert er an einen Gott, der sein Reich hier und jetzt verwirklichen will. Dieses fängt im Kleinen an. Es hält das Trotzdem offen.

Literaturverzeichnis

Abels, Gabi, Zur Methodologie-Debatte in der feministischen Forschung, in: Friebertshäuser, Barbara/Prengel, Annedore (Hg.), Handbuch Qualitative Forschungsmethoden in der Erziehungswissenschaft, Weinheim-München 1997, 131-143.

Aldwin, C.M., Stress, coping, and development, New York 1994.

Alexander, Robin, Auschwitz ist ein Witz, in: Die Tageszeitung (3. Mai 2005) 13.

Amann, Gabriele/Wipplinger, Rudolf (Hg.), Sexueller Mißbrauch. Überblick zu Forschung, Beratung und Therapie. Ein Handbuch, Tübingen 1997.

Antonovsky, Aaron, Salutogenese. Zur Entmystifizierung der Gesundheit. Deutsche erweiterte Herausgabe von Alexa Franke, Tübingen 1997.

Arnold, Franz Xaver/Rahner, Karl/Schurr, Viktor/Weber, Leonhard M./Klostermann, Ferdinand (Hg.), Handbuch der Pastoraltheologie. Praktische Theologie der Kirche in der Gegenwart. Band I, Freiburg-Basel-Wien ^{2}1970.

Assheuer, Thomas, Jesus, unser Sündenbock. Was das Christentum über menschliche Gewalt lehrt: Ein Gespräch mit dem Religionsphilosophen Rene Girard, in Zeit 13 (2005), im Internet unter: http://zeit.de/2005/13/Interview_Girard, (Stand: 05.06.05).

Augst, Kristina, Religion in der Lebenswelt junger Frauen aus sozialen Unterschichten, Stuttgart-Berlin-Köln 2000.

Bail, Ulrike, Gegen das Schweigen klagen. Eine intertextuelle Studie zu den Klagepsalmen Ps 6 und Ps 55 und der Erzählung der Vergewaltigung Tamars, Gütersloh 1998.

Baltes, P.B./Staudinger, U.M./Maercker, A./Smith, J., People nominated as wise: A comparative study of wisdom-related knowledge, in: Psychology and Aging 10 (1995) 155-166.

Bange, Dirk, Ausmaß, in: Bange, Dirk/Körner, Wilhelm (Hg.), Handwörterbuch Sexueller Missbrauch, Göttingen 2002, 20-25.

Bange, Dirk, Definitionen und Begriffe, in: Bange, Dirk/Körner, Wilhelm (Hg.), Handwörterbuch Sexueller Missbrauch, Göttingen 2002, 47-52.

Bange, Dirk, Die dunkle Seite der Kindheit. Sexueller Mißbrauch an Mädchen und Jungen, Köln 1992.

Bange, Dirk, Geschichte, in: Bange, Dirk/Körner, Wilhelm (Hg.), Handwörterbuch Sexueller Missbrauch, Göttingen 2002, 135-142.

Bange, Dirk, Soziale Schicht, in: Bange, Dirk/Körner, Wilhelm (Hg.), Handwörterbuch Sexueller Missbrauch, Göttingen 2002, 566f.

Bange, Dirk, Verführungstheorie, in: Bange, Dirk/Körner, Wilhelm (Hg.), Handwörterbuch Sexueller Missbrauch, Göttingen 2002, 691-696.

Bange, Dirk/Deegener, Günter, Sexueller Mißbrauch an Kindern. Ausmaß – Hintergründe – Folgen, Weinheim 1996.

Bange, Dirk/Körner, Wilhelm (Hg.), Handwörterbuch Sexueller Missbrauch, Göttingen 2002.

Bass, Ellen/Davis, Laura, Trotz allem. Wege zur Selbstheilung für sexuell mißbrauchte Frauen, Berlin 1997.

Baumgartner, Isidor, Auf der Suche nach einer überzeugenden Form der kirchlichen Diakonie, in: Fürst, Walter (Hg.), Pastoralästhetik. Die Kunst der Wahrnehmung und Gestaltung in Glaube und Kirche, Freiburg-Basel-Wien 2002, 221-234.

Baumgartner, Isidor, Konflikt und Versöhnung im Licht der Psychologie, in: Garhammer, Erich/Gasteiger, Franz/Hobelsberger, Hans/Tischler, Günter (Hg.), ... und führe uns in Versöhnung. Zur Theologie und Praxis einer christlichen Grunddimension, München 1990, 118-129.

Baumgartner, Isidor, Pastoralpsychologie, Düsseldorf 1990.

Baurmann, Michael C., Sexualität, Gewalt und psychische Folgen. Eine Längsschnittuntersuchung bei Opfern sexueller Gewalt und sexueller Normverletzungen anhand von angezeigten Sexualkontakten, Wiesbaden ^{2}1996.

Baurmann, Michael C., Straftaten gegen die sexuelle Selbstbestimmung. Zur Phänomenologie sowie zu Problemen der Prävention und Intervention, in: Schuh/Killias (Hg.), Sexualdelinquenz, Chur 1991.

Beinert, Wolfgang, Wenn Frauen Gott sagen – und man(n) hört nicht hin, in: Spendel, Stefanie (Hg.), Weibliche Spiritualität im Christentum, Regensburg 1996.

Beirer, Georg, Die heilende Kraft der Klage, in: Steins, Georg, Schweigen wäre gotteslästerlich. Die heilende Kraft der Klage, Würzburg 2000, 16-44.

Bellinger, Gerhard J., Knaurs Lexikon der Mythologie. Mit über 3000 Stichwörtern zu den Mythen aller Völker, München 1989.

Bender, Doris/Lösel, Friedrich, Risiko- und Schutzfaktoren in der Genese und Bewältigung von Mißhandlung und Vernachlässigung, in: Egle, Ulrich Tiber/Hoffmann, Sven Olaf/Joraschky, Peter (Hg.), Sexueller Mißbrauch, Mißhandlung, Vernachlässigung. Erkennung und Behandlung psychischer und psychosomatischer Folgen früher Traumatisierungen, Stuttgart 1997, 35-53.

Bengel, Jürgen, Salutogenese, in: Schwarzer, Ralf/Jerusalem, Matthias/Weber, Hannelore (Hg.), Gesundheitspsychologie von A bis Z, Göttingen-Bern-Toronto, Seattle 2002, 483-486.

Bengel, Jürgen/Strittmatter, Regine/Willmann, Hildegard, Was erhält Menschen gesund? Antonovskys Modell der Salutogenese – Diskussionsstand und Stellenwert, Eine Expertise von Jürgen Bengel, Regine Strittmatter und Hildegard Willmann im Auftrag der Bundeszentrale für gesundheitliche Aufklärung, Köln 2001.

Berger, Peter L./Luckmann, Thomas, Die gesellschaftliche Konstruktion der Wirklichkeit, Frankfurt 1980.

Beschluss der BDKJ-Bundesfrauenkonferenz 2003, Stellungnahme der BDKJ-Bundesfrauenkonferenz zu den „Leitlinien der Deutschen Bischofskonferenz zum Vorgehen bei sexuellem Missbrauch Minderjähriger durch Geistliche im Bereich der Deutschen Bischofskonferenz", im Internet unter: http://www.bdkj.de/meinung/position/2003_bukofrauen.pdf, (Stand 05.06.2005).

Bilden, Helga, Geschlechtsspezifische Sozialisation, in: Hurrelmann, Klaus/Ulrich, Dieter (Hg.), Handbuch der Sozialisationsforschung, Weinheim - Basel [2]1982, 777-812.

Bloom, Sandra L., By the crowd they have been broken, by the crowd they shall be healed. The social transformation of trauma, in: Tedeschi, Richard G./Park, Crystal R./Calhoun, Lawrence G. (ed.), Posttraumatic growth: Positive change in the aftermath of crisis, Mahwah 1998, 179-213.

Bloom, Sandra L., Die Erregertheorie des Traumas. Über die Unmöglichkeit ethischer Neutralität, in: Hudnall Stamm, B. (Hg.), Sekundäre Traumastörungen. Wie Kliniker, Forscher & Erzieher sich vor den traumatischen Auswirkungen ihrer Arbeit schützen können, Paderborn 2002, 235-249.

Blumenstein, Hans-Alfred, Strafvorschriften gegen sexuellen Missbrauch, in: Bange, Dirk/Körner, Wilhelm (Hg.), Handwörterbuch Sexueller Missbrauch, Göttingen 2002, 614-616.

Boal, Augusto, Theater der Unterdrückten, Frankfurt 1979.

Boehme, Ulfert, Jungen als Opfer, in: Bange, Dirk/Körner, Wilhelm (Hg.), Handwörterbuch Sexueller Missbrauch, Göttingen 2002, 245-253.

Breitenbach, Eva, Mütter mißbrauchter Mädchen. Eine Studie über sexuelle Verletzung und weibliche Identität, Pfaffenweiler [2]1994.

Brief der KEK und des CCEE zu Gewalt gegen Frauen, im Internet unter: http://www.cec-kek.org/Deutsch/Violence.htm, (Stand: 05.06.2005).

Brockhaus, Ulrike/Kolshorn, Maren, Sexuelle Gewalt gegen Mädchen und Jungen. Mythen, Fakten, Theorien, Frankfurt-New York 1993.

Brown, Joanne Carlson/Parker, Rebecca, For God So Loved the World ?, in: Brown, Joanne Carlson/Bohn, Carole R. (ed.), Christianity, Patriarchy and Abuse. A Feminist Critique, New York 1989, 1-30.

Brownmiller, Susan, Against our will. Men, women and rape, New York 1976.

Brüderl, Leokadia (Hg.), Belastende Lebenssituationen. Untersuchungen zur Bewältigungs- und Entwicklungsforschung, Weinheim-München 1988.

Brüderl, Leokadia (Hg.), Theorien und Methoden der Bewältigungsforschung, München-Weinheim 1988.

Bulman, R./Wortman, C., Attributions of blame and coping in the „real world": Severe accident victims react to their lot, in: Journal of Personality and Social Psychology 35 (1977) 351-363.

Bundeskriminalamt (Hg.), Polizeiliche Kriminalstatistik Bundesrepublik Deutschland. Berichtsjahr 2003, Wiesbaden 2004.

Bundesministerium für Familie, Senioren, Frauen und Jugend (Hg.), Mutig fragen – besonnen handeln. Informationen für Mütter und Väter zum sexuellen Missbrauch von Mädchen und Jungen, Berlin 2002.

Bundesministerium für Familie, Senioren, Frauen und Jugend (Hg.), Lebenssituation, Sicherheit und Gesundheit von Frauen in Deutschland. Eine repräsentative Untersuchung zu Gewalt gegen Frauen in Deutschland, Berlin 2004.

Busse, Detlef/Steller, Max/Volbert, Renate, Sexueller Mißbrauchsverdacht in familiengerichtlichen Verfahren, Bonn 2000.

Calhoun Lawrence G./Tedeschi, Richard G., Posttraumatic Growth: Future Directions, in: Tedeschi, Richard G./Park, Crystal R./Calhoun, Lawrence G. (ed.), Posttraumatic growth: Positive change in the aftermath of crisis, Mahwah 1998, 215-238.

Clark, Crystal L., The notion of Growth Following Stressful Life Experiences: Problems and Prospects, in: Psychological Inquiry 15 (2004) 69-80.

Concilium 3 (2004): Struktureller Verrat. Sexueller Missbrauch in der Kirche.

Concilium 5 (2000): Die Macht der Weisheit. Feministische Spiritualität.

Craske, Nikki, Women & Politics in Latin America, Padstow 1999.

Daiber, Karl-Fritz, Grundriß der Praktischen Theologie. Kritik und Erneuerung der Kirche als Aufgabe, Mainz 1977.

Daiber, Karl-Fritz, Predigt als religiöse Rede, München 1991.

Daiber, Karl-Fritz, Religion unter den Bedingungen der Moderne. Die Situation in der Bundesrepublik Deutschland, Marburg 1995.

Daiber, Karl-Fritz/Lukatis, Ingrid, Bibelfrömmigkeit als Gestalt gelebter Religion, Bielefeld 1991.

Daly, Mary, Jenseits von Gottvater, Sohn & Co. Aufbruch zu einer Philosophie der Frauenbefreiung, München ⁵1988.

Damm, Sigrid (Hg.), Schwer traumatisierende Erfahrungen. Auswirkungen und Psychotherapie, Tübingen 1999.

Literaturverzeichnis 473

Dannecker, Martin, Pädosexualität, in: Bange, Dirk/Körner, Wilhelm (Hg.), Handwörterbuch Sexueller Missbrauch, Göttingen 2002, 390-394.

David, Klaus-Peter, Jugendliche Täter, in: Bange, Dirk/Körner, Wilhelm (Hg.), Handwörterbuch Sexueller Missbrauch, Göttingen 2002, 234-240.

Davis, Laura, Verbündete. Ein Handbuch für Partnerinnen und Partner sexuell missbrauchter Frauen und Männer, Berlin 1992.

DeMause, Lloyd, Hört ihr die Kinder weinen. Eine psychogenetische Geschichte der Kindheit, Frankfurt 1977.

Diekmann, Christian, Empirische Sozialforschung. Grundlagen, Methoden, Anwendungen, Reinbek bei Hamburg 2004.

Dulz, Birger/Sachsse, Ulrich, Dissoziative Phänomene: vom Tagtraum über die Multiple Persönlichkeitsstörung zur Dissoziativen Identitätsstörung, in: Kernberg, Otto F./Dulz, Birger/Sachsse, Ulrich (Hg.), Handbuch der Borderline-Störungen, Stuttgart 2000, 237-257.

Düring, Sonja/Hauch, Margret (Hg.), Heterosexuelle Verhältnisse, Stuttgart 1995.

Durkheim, Emile, Die elementaren Formen des religiösen Lebens, Frankfurt 1981.

Eberhardt, Bernd, Die unverstandenen Opfer: Sexuelle Gewalt gegen Jungen, in: Enders, Ursula (Hg.), Zart war ich, bitter war's. Handbuch gegen sexuellen Missbrauch, Köln 2003, 355-360.

Ebertz, Michael N., Kirche im Gegenwind. Zum Umbruch der religiösen Landschaft, Freiburg 1997.

Eckhardt, Annegret/Hoffmann, Sven Olaf, Dissoziative Störungen, in: Egle, Ulrich Tiber/Hoffmann, Sven Olaf/Joraschky, Peter (Hg.), Sexueller Mißbrauch, Mißhandlung, Vernachlässigung. Erkennung und Behandlung psychischer und psychosomatischer Folgen früher Traumatisierungen, Stuttgart 1997, 225-236.

Eder-Rieder, Maria, Juristische Aspekte des sexuellen Mißbrauchs an Kindern, in: Amann, Gabriele/Wipplinger, Rudolf (Hg.), Sexueller Mißbrauch. Überblick zu Forschung, Beratung und Therapie. Ein Handbuch, Tübingen 1997, 797-822.

Egle, Ulrich Tiber/Hoffmann, Sven Olaf/Joraschky, Peter (Hg.), Sexueller Mißbrauch, Mißhandlung, Vernachlässigung. Erkennung und Behandlung psychischer und psychosomatischer Folgen früher Traumatisierungen, Stuttgart 1997.

Egle, Ulrich Tiber/Hoffmann, Sven Olaf/Steffens, Markus, Pathogene und protektive Entwicklungsfaktoren in Kindheit und Jugend, in: Egle, Ulrich Tiber/Hoffmann, Sven Olaf/Joraschky, Peter (Hg.), Sexueller Mißbrauch, Mißhandlung, Vernachlässigung. Erkennung und Behandlung psychischer und psychosomatischer Folgen früher Traumatisierungen, Stuttgart 1997, 3-20.

Ehlers, Anke, Posttraumatische Belastungsstörung, Göttingen-Bern-Toronto-Seattle 1999.

Eichler, Ulrike, Weil der geopferte Mensch nichts ergibt. Zur christlichen Idealisierung weiblicher Opferexistenz, in: Ulrike Eichler/Ilse Müllner (Hg.), Sexuelle Gewalt gegen Mädchen und Frauen als Thema der feministischen Theologie, Gütersloh 1999, 124-141.

Eichler, Ulrike/Müllner, Ilse (Hg.), Sexuelle Gewalt gegen Mädchen und Frauen als Thema der feministischen Theologie, Gütersloh 1999.

Enders, Ursula (Hg.), Zart war ich bitter war's. Handbuch gegen sexuellen Missbrauch, Köln 2003.

Enders, Ursula, Missbrauch mit dem Missbrauch, in: Bange, Dirk/Körner, Wilhelm (Hg.), Handwörterbuch Sexueller Missbrauch, Göttingen 2002, 355-362.

Ernst, Cecile, Zu den Problemen der epidemiologischen Erforschung des sexuellen Mißbrauchs, in: Amann, Gabriele/Wipplinger, Rudolf (Hg.), Sexueller Mißbrauch. Überblick zu Forschung, Beratung und Therapie. Ein Handbuch, Tübingen 1997, 55-71.

Faltermaier, Toni, Gesundheitspsychologische Forschungsmethoden, qualitative, in: Schwarzer, Ralf/Jerusalem, Matthias/Weber, Hannelore (Hg.), Gesundheitspsychologie von A bis Z, Göttingen-Bern-Toronto, Seattle 2002, 201-204.

Faulde, Cornelia, Wenn frühe Wunden schmerzen. Glaube auf dem Weg zur Traumaheilung, Mainz 2002.

Fechtner, Kristian/Friedrichs, Lutz/Grosse, Heinrich/Lukatis, Ingrid/Natrup, Susanne (Hg.), Religion wahrnehmen, Marburg 1996.

Feige, Andreas/Lukatis, Ingrid, Empirie hat Konjunktur. Ausweitung und Differenzierung der empirischen Forschung in der deutschsprachigen Religions- und Kirchensoziologie seit den 90er Jahren – ein Forschungsbericht, in: Praktische Theologie 1 (2004) 12-32.

Ferenczi, Sandor, Sprachverwirrung zwischen den Erwachsenen und dem Kind. Die Sprache der Zärtlichkeit und der Leidenschaft (1933), in: Balint, Michael (Hg.), Sandor Ferenczi. Schriften zur Psychoanalyse II, Frankfurt 1970, 303-313.

Fiedler, Peter, Dissoziative Identitätsstörung, multiple Persönlichkeit und sexueller Mißbrauch in der Kindheit, in: Amann, Gabriele/Wipplinger, Rudolf (Hg.), Sexueller Mißbrauch. Überblick zu Forschung, Beratung und Therapie. Ein Handbuch, Tübingen 1997, 217-234

Finkelhor, David u.a., a sourcebook on child sexual abuse, Newbury Park-London-New Delhi 1990.

Finkelhor, David, Child Sexual Abuse. New Theory and Research, New York 1984.

Finkelhor, David, Zur internationalen Epidemiologie von sexuellem Mißbrauch an Kindern, in: Amann, Gabriele/Wipplinger, Rudolf (Hg.), Sexueller Mißbrauch. Überblick zu Forschung, Beratung und Therapie. Ein Handbuch, Tübingen 1997, 72-88.

Fischer, Gottfried/Riedesser, Peter, Lehrbuch der Psychotraumatologie, München 1998.

Fischer, Irmtraut, „Geh und laß dich unterdrücken!". Repression gegen Frauen in biblischen Texten, in: Concilium 2 (1994) 155-160.

Flick, Uwe, Qualitative Forschung. Theorie, Methoden, Anwendung in Psychologie und Sozialwissenschaften, Reinbek bei Hamburg ^{2}1996.

Flick, Uwe/von Kardorff, Ernst/Keupp, Heiner/von Rosenstiel, Lutz/Wolff, Stephan (Hg.), Handbuch qualitative Sozialforschung. Grundlagen, Konzepte, Methoden und Anwendungen, München 1991.

Fortune, Marie M., Sexual Violence. The Unmentionable Sin, New York 1983.

Franke, Alexa, Zum Stand der konzeptionellen und empirischen Entwicklung des Salutogenesekonzeptes, in: Antonovsky, Aaron, Salutogenese. Zur Entmystifizierung der Gesundheit. Deutsche erweiterte Herausgabe von Alexa Franke, Tübingen 1997, 169-190.

Franke, Edith, Die Göttin als Bezugspunkt feministischer Religiosität, in: Lukatis, Ingrid/Sommer, Regina/Wolf, Christof (Hg.), Religion und Geschlechterverhältnis, Opladen 2000, 131-138.

Franke, Edith, Die Göttin neben dem Kreuz. Zur Entwicklung und Bedeutung weiblicher Gottesvorstellungen bei kirchlich-christlich und feministisch geprägten Frauen in der Bremischen Evangelischen Kirche, Hannover 1999.

Franke, Edith/Matthiae, Gisela/Sommer, Regina (Hg.): Frauen Leben Religion. Ein Handbuch empirischer Forschungsmethoden, Stuttgart-Berlin-Köln 2002.

Frankl, Viktor E., Der Mensch vor der Frage nach dem Sinn. Eine Auswahl aus dem Gesamtwerk, München 1979.

Frankl, Viktor E., Der Wille zum Sinn. Ausgewählte Vorträge über Logotherapie. Mit einem Beitrag von Elisabeth S. Lukas, Bern-Stuttgart-Wien ^{2}1978.

Freud, Sigmund, „Selbstdarstellung", in: Freud Sigmund, Gesammelte Werke. Chronologisch geordnet. Vierzehnter Band, London 1952.

Freud, Sigmund, Briefe an Wilhelm Fliess 1887-1904. Ungekürzte Ausgabe. Herausgegeben von Jeffrey Moussaiefff Masson. Bearbeitung der deutschen Fassung von Michael Schröter. Transkription von Gerhard Fichtner, Frankfurt 1986.

Freud, Sigmund, Zur Ätiologie der Hysterie, in: Freud, Sigmund, Gesammelte Werke. Chronologisch geordnet. Erster Band. Werke aus den Jahren 1892-1899, London 1952.

Friebertshäuser, Barbara, Interviewtechniken – ein Überblick, in: Friebertshäuser, Barbara/Prengel, Anndore (Hg.), Handbuch Qualitative Forschungsmethoden in der Erziehungswissenschaft, Weinheim-München 1997, 371-395.

Friesl, Christian/Polak, Regina, Theoretische Weichenstellungen, in: Polak, Regina (Hg.), Megatrend Religion? Neue Religiositäten in Europa, Ostfildern 2002.

Fuchs, Brigitte/Haslinger, Herbert, Die Perspektive der Betroffenen, in: Haslinger, Herbert zusammen mit Bundschuh-Schramm, Christiane/Fuchs, Ottmar/Karrer, Leo/Klein, Stephanie/Knobloch, Stefan/Stoltenberg, Gundelinde (Hg.), Handbuch Praktische Theologie. Band 1. Grundlegungen, Mainz 1999, 220-230.

Fuchs, Gotthard, Im „Durchschmerzen" des Leidens. Klage und Trost in den Jakob-Gedichten von Nelly Sachs, in: Steins, Georg, Schweigen wäre gotteslästerlich. Die heilende Kraft der Klage, Würzburg 2000, 168-174.

Fuchs, Gotthard, Wir Söhne und Töchter Kains. Warum ist die Bibel voll von Gewaltgeschichten?, im Internet unter:
www.phil.uni-sb.de/projekte/imprimatur/2000/imp000402.html
(Stand 05.06.2005).

Gabriel, Karl (Hg.), Religiöse Individualisierung oder Säkularisierung. Biographie und Gruppe als Bezugspunkte moderner Religiosität, Gütersloh 1996.

Gabriel, Karl, Christentum im Umbruch zur „Post"-Moderne, in: Kochanek, Hermann (Hg.), Religion und Glaube in der Postmoderne, Nettetal 1996, 39-59.

Galtung, Johan, Strukturelle Gewalt. Beiträge zur Friedens- und Gewaltforschung, Hamburg 1975.

Galuska, Joachim, Spirituelle Krisen, in: Bock, Thomas/Weigand, Hildegard (Hg.), Hand-werks-buch Psychiatrie, Bonn [4]1998, 236-248.

Garmezy, N., Stress resistant children: The search for protective factors, in: Stevenson, J. (ed.), Recent research in developmental psychopathology, Oxford 1985, 213-233.

Gebara, Ivone, Die dunkle Seite Gottes. Wie Frauen das Böse erfahren, Freiburg-Basel-Wien 2000.

Gemeinschaftswerk der Evangelischen Publizistik e. V. (Hg.), Gewalt gegen Frauen – theologische Aspekte (2). Beiträge zu einer Konsultation im Gelnhausener Frauenstudien- und -bildungszentrum der EKD, (epd-Dokumentation 17/97), Frankfurt am Main 1997.

Gildemeister, Regine, Geschlechtsspezifische Sozialisation. Neuere Beiträge und Perspektiven zur Entstehung des "weiblichen Sozialcharakters", in: Soziale Welt XXXIX (1988) 486-503.

Girard, Rene, Das Ende der Gewalt. Analyse des Menschheitsverhängnisses, Freiburg-Basel-Wien 1983.

Girard, Rene, Das Heilige und die Gewalt, Zürich 1987.

Girard, Rene, Der Sündenbock, Zürich 1988.

Glaser, Barney G./Strauss, Anselm L., Grounded Theory. Strategien qualitativer Forschung, Bern 1998.

Glock Charles Y., Über die Dimensionen der Religiosität, in: Matthes, Joachim (Hg.): Einführung in die Religionssoziologie II, Hamburg 1969, 150-168.

Gloor, R./Pfister, T., Kindheit im Schatten. Ausmaß, Hintergründe und Abgrenzung sexueller Ausbeutung, Bern 1995.

Godenzi, Alberto, Bieder, brutal. Frauen und Männer sprechen über sexuelle Gewalt, Zürich 1995.

Goldner, Colin (Hg.), Der Wille zum Schicksal. Die Heilslehre des Bert Hellinger, Wien 2003.

Göttner-Abendroth, Heide, Die Göttin und ihr Heros. Die matriarchalen Dichtungen in Mythos, Märchen und Dichtung, München 1980.

Greinacher, Norbert, Das Theorie-Praxis-Problem in der Praktischen Theologie, in: Klostermann, Ferdinand/Zerfaß, Rolf (Hg.), unter Mitarbeit von Bertsch, Ludwig/Greinacher, Norbert/Spiegel, Yorick, Praktische Theologie heute, Mainz 1974, 103-118.

Greinacher, Norbert, Der Geschichtliche Weg zur Praktischen Theologie, in: Haslinger, Herbert zusammen mit Bundschuh-Schramm, Christiane/Fuchs, Ottmar/Karrer, Leo/Klein, Stephanie/Knobloch, Stefan/Stoltenberg, Gundelinde (Hg.), Handbuch Praktische Theologie. Band 1. Grundlegungen, Mainz 1999, 46-52.

Grom, Bernhard, Hoffnungsträger Esoterik?, Regensburg 2002.

Grom, Bernhard, Religionspsychologie, München 1992.

Grom, Bernhard, Zum Menschen- und Weltbild heutiger Esoterik, in: Baumgartner, Hans Michael (Hg.), Verführung statt Erleuchtung. Sekten – Scientology – Esoterik, Düsseldorf 1993, 12-34.

Gross, Walter, Ein Schwerkranker betet. Psalm 88 als Paradigma, in: Fuchs, Gotthard (Hg.), Angesichts des Leids an Gott glauben? Zur Theologie der Klage, Frankfurt 1996, 101-118.

Groth, A. Nicholas/Birnbaum, H. Jean, Men who rape: The psychology of the offender, New York 1979.

Groth, A. Nicholas/Burgess, Ann W./Hollstrom, Lynda L., Rape: Power, anger ans sexuality, American Journal of Psychiatry 134 (11) 1239-1243.

Grözinger, Albrecht, Wandlungen in der Praktischen Theologie? Beobachtungen zu zehn Jahren „Pastoraltheologie", in: Pastoraltheologie 92 (2003) 480-487.

Grözinger, Albrecht/Luther, Henning (Hg.), Religion und Biographie. Perspektiven zur gelebten Religion, München 1987.

Günther, Jörn, Wenn die Ehe scheitert. Eine empirisch-theologische Studie zur Trennungskrise und Religiosität bei Ehepartnern, Würzburg 2003.

Gutierrez, Gustavo, Theologie der Befreiung, München 1973.

Habermas, Jürgen, Theorie des kommunikativen Handelns. Band 1: Handlungsrationalität und gesellschaftliche Rationalisierung. Band 2: Zur Kritik der funktionalistischen Vernunft, Frankfurt 1981.

Haines, Staci, Ausatmen. Wege zu einer selbstbestimmten Sexualität für Frauen, die sexuelle Gewalt erfahren haben, Berlin 2001.

Haisch, Jochen, Gesundheitspsychologie, Verhaltensmedizin und Public Health, in: Schwarzer, Ralf/Jerusalem, Matthias/Weber, Hannelore (Hg.), Gesundheitspsychologie von A bis Z, Göttingen-Bern-Toronto, Seattle 2002, 197-200.

Haslinger, Herbert, Diakonie zwischen Mensch, Kirche und Gesellschaft. Eine praktisch-theologische Untersuchung der diakonischen Praxis unter dem Kriterium des Subjektseins des Menschen, Würzburg 1996.

Haslinger, Herbert, Die wissenschaftstheoretische Frage nach der Praxis, in: Haslinger, Herbert, zusammen mit Bundschuh-Schramm, Christiane/Fuchs, Ottmar/Karrer, Leo/Klein, Stephanie/Knobloch, Stefan/Stoltenberg, Gundelinde (Hg.), Handbuch Praktische Theologie. Band 1. Grundlegungen, Mainz 1999, 102-121.

Haslinger, Herbert, zusammen mit Bundschuh-Schramm, Christiane/Fuchs, Ottmar/Karrer, Leo/Klein, Stephanie/Knobloch, Stefan/Stoltenberg, Gundelinde (Hg.), Handbuch Praktische Theologie. Band 1. Grundlegungen, Mainz 1999.

Haslinger, Herbert, zusammen mit Bundschuh-Schramm, Christiane/Fuchs, Ottmar/Karrer, Leo/Klein, Stephanie/Knobloch, Stefan/Stoltenberg, Gundelinde (Hg.), Handbuch Praktische Theologie. Band 2. Durchführungen, Mainz 2000.

Haslinger, Herbert/Bundschuh-Schramm, Christiane/Fuchs, Ottmar/Karrer, Leo/Klein, Stephanie/Knobloch, Stefan/Stoltenberg, Gundelinde, Ouvertüre. Zu Selbstverständnis und Konzept dieser Praktischen Theologie, in: Haslinger, Herbert, zusammen mit Bundschuh-Schramm, Christiane/Fuchs, Ottmar/Karrer, Leo/Klein, Stephanie/Knobloch, Stefan/Stoltenberg, Gundelinde (Hg.), Handbuch Praktische Theologie. Band 1. Grundlegungen, Mainz 1999, 19-36.

Haslinger, Herbert/Stoltenberg, Gundelinde, Ein Blick in die Zukunft Praktischer Theologie, in: Haslinger, Herbert, zusammen mit Bundschuh-Schramm, Christiane/Fuchs, Ottmar/Karrer, Leo/Klein, Stephanie/Knobloch, Stefan/Stoltenberg, Gundelinde (Hg.), Handbuch Praktische Theologie. Band 2. Durchführungen, Mainz 2000, 511-530

Heiliger, Anita, Täterstrategien und Prävention, in: Bange, Dirk/Körner, Wilhelm (Hg.), Handwörterbuch Sexueller Missbrauch, Göttingen 2002, 657-663.

Heiliger, Anita, Täterstrategien und Prävention. Sexueller Missbrauch an Mädchen innerhalb familialer und familienähnlicher Strukturen, München 2000.

Heiliger, Anita/Engelfried Constance, Sexuelle Gewalt. Männliche Sozialisation und potentielle Täterschaft, Frankfurt 1995.

Hempelmann, Reinhard, Sehnsucht nach Gewissheit – Neue christliche Religiosität, in: Hempelmann, Reinhard/Dehn, Ulrich/Fincke, Andreas u.a. (Hg.) im Auftrag der Evangelischen Zentralstelle für Weltanschauungsfragen (EZW) Berlin, Panorama der neuen Religiosität. Sinnsuche und Heilsversprechen zu Beginn des 21. Jahrhunderts, Gütersloh 2001, 409-498.

Hempelmann, Reinhard/Dehn, Ulrich/Fincke Andreas u.a. (Hg.), Panorama der neuen Religiosität. Sinnsuche und Heilsversprechen zu Beginn des 21. Jahrhunderts, Gütersloh 2001.

Henning, Christian/Murken, Sebastian/Nestler, Erich (Hg.), Einführung in die Religionspsychologie, Paderborn-München-Wien-Zürich 2003.

Herman, Judith Lewis, Die Narben der Gewalt. Traumatische Erfahrungen verstehen und überwinden, München 1993.

Herman, Judith Lewis/Hirschman, Lisa, Father-Daughter Incest, Cambridge-Massachusetts-London 1981.

Heynen, Susanne, Vergewaltigt. Die Bedeutung subjektiver Theorien für Bewältigungsprozesse nach einer Vergewaltigung, Weinheim-München 2000.

Hieke, Thomas, Schweigen wäre gotteslästerlich. Klagegebete – Auswege aus dem verzweifelten Verstummen, in: Steins, Georg, Schweigen wäre gotteslästerlich. Die heilende Kraft der Klage, Würzburg 2000, 45-68.

Hillauer, Rebecca, Sexualstraftäter sind ekelhaft normal, in: Süddeutsche Zeitung 174 (31. Juli/1. August 1999) 6.

Hilsenbeck, Polina, Welche ist die Grenzgängerin: Therapeutin oder Klientin?, in: Bock, Thomas/Weigand, Hildegard (Hg.), Hand-werks-buch Psychiatrie, Bonn ^{4}1998, 294-314.

Hinkelammert, Franz J., Paradigmen und Metamorphosen des Opfers von Menschenleben, in: Assmann, Hugo (Hg.), Götzenbilder und Opfer. Rene Girard im Gespräch mit der Befreiungstheologie, Thaur-Wien-München 1991, 103-130.

Hintersberger, Benedikta, Elemente und Strukturformen weiblicher Spiritualität, in: Spendel, Stefanie, Weibliche Spiritualität im Christentum, Regensburg 1996, 20-33.

Hirsch, Mathias, Familiendynamik, in: Bange, Dirk/Körner, Wilhelm (Hg.), Handwörterbuch Sexueller Missbrauch, Göttingen 2002, 97-101.

Hirsch, Matthias, Realer Inzest. Psychodynamik des sexuellen Missbrauchs in der Familie, Gießen 1999.

Hochstaffl, Josef, Die Konzeption von Praxis, in: Haslinger, Herbert, zusammen mit Bundschuh-Schramm, Christiane/Fuchs, Ottmar/Karrer, Leo/Klein, Stephanie/Knobloch, Stefan/Stoltenberg, Gundelinde (Hg.), Handbuch Praktische Theologie. Band 1. Grundlegungen, Mainz 1999, 318-332.

Hofmann, Arne, unter Mitarbeit von G. Fischer, N. Galley, R. Solomon, EMDR in der Therapie posttraumatischer Belastungssyndrome, Stuttgart-New York 1999.

Holzapfel, Otto, Lexikon der abendländischen Mythologie, Freiburg-Basel-Wien 1993.

Hopf, Christel, Qualitative Interviews – ein Überblick, in: Flick, Uwe/Kardorff, Ernst von/Steinke, Ines (Hg.), Qualitative Forschung. Ein Handbuch, Reinbek bei Hamburg 2000, 349-359.

Horkheimer, Max, Traditionelle und kritische Theorie. Fünf Aufsätze, Frankfurt 1992.

Horowitz, Mardi Jon, Essential Papers on Posttraumatic Stress Disorder, New-York London 1999.

Horowitz, Mardi Jon, Stress Response Syndromes, New York 1976.

Huber, Michaela, Multiple Persönlichkeiten. Überlebende extremer Gewalt. Ein Handbuch, Frankfurt 1995.

Huber, Michaela, Trauma und die Folgen. Teil 1: Trauma und Traumabehandlung, Paderborn 2003.

Huber, Michaela, Wege der Trauma-Behandlung. Trauma und Traumabehandlung Teil 2, Paderborn 2003.

Imbens, Anni/Jonker, Ineke, Christianity and Incest, Burns&Oates 1992.

Jacobs, Christoph, Salutogenese. Eine pastoralpsychologische Studie zu seelischer Gesundheit, Ressourcen und Umgang mit Belastung bei Seelsorgern, Würzburg 2000.

Jäger, Willigis, Die Welle ist das Meer, Freiburg 2000.

Jäger, Willigis, Terroristen umarmen? Über einen Text aus der Bergpredigt, der bei Lukas steht, in: Publik-Forum 16 (2004) 48f.

Janoff-Bulman, Ronnie, Posttraumatic Growth. Three Explanatory Models, in: Psychological Inquiry 15 (2004) 30-34.

Janssen, Claudia/Joswig, Benita (Hg.), Erinnern und aufstehen – Antworten auf Kreuzestheologien, Mainz 2000.

Jerusalem, Matthias, Gesundheitspsychologie in Deutschland, in: Schwarzer, Ralf/Jerusalem, Matthias/Weber, Hannelore (Hg.), Gesundheitspsychologie von A bis Z, Göttingen-Bern-Toronto, Seattle 2002, 186-189.

Jerusalem, Matthias/Weber, Hannelore (Hg.), Psychologische Gesundheitsförderung. Diagnostik und Prävention, Göttingen-Bern-Toronto, Seattle 2003.

Johnson, Elizabeth A., Ich bin, die ich bin. Wenn Frauen Gott sagen, Düsseldorf 1994.

Joraschky, Peter, Sexueller Mißbrauch und Vernachlässigung in Familien, in: Egle, Ulrich Tiber/Hoffmann, Sven Olaf/Joraschky, Peter (Hg.), Sexueller Mißbrauch, Mißhandlung, Vernachlässigung. Erkennung und Behandlung psychischer und psychosomatischer Folgen früher Traumatisierungen, Stuttgart 1997, 79-92.

Julius, Henri/Boehme, Ulfert, Sexuelle Gewalt gegen Jungen. Eine kritische Analyse des Forschungsstandes, Göttingen 1997.

Jung, Lisa, Sexuelle Gewalt gegen Mädchen und Frauen. Ein Thema für Theologie und Kirche, in: Eichler, Ulrike/Müllner, Ilse (Hg.), Sexuelle Gewalt gegen Mädchen und Frauen als Thema der feministischen Theologie, 13-39.

Kardiner, Abram, The traumatic neuroses of war, Menasha 1941.

Katholische Arbeitsgruppe in der Ökumenischen Projektgruppe in der „Ökumenischen Dekade – Solidarität der Kirchen mit den Frauen (1988-1998)" (Hg.), Frauen und Mädchen – Gewalt – Kirche. Ein Brief katholischer Frauen zum Thema „Gewalt gegen Mädchen und Frauen" an katholische Amtsträger, Verantwortliche in der katholischen Kirche und die kirchliche und gesellschaftliche Öffentlichkeit, ³1997.

Katholische Nachrichtenagentur, Missbrauch ist Verbrechen, im Internet unter: http://www.kna.de/doku_aktuell/papst_sexskandal.html (Stand 05.06.05)

Kavemann, Barbara/Braun, Gisela, Frauen als Täterinnen, in: Bange, Dirk/Körner, Wilhelm (Hg.), Handwörterbuch Sexueller Missbrauch, Göttingen 2002, 121-131.

Kavemann, Barbara/Lohstöter, Ingrid, Väter als Täter. Sexuelle Gewalt gegen Mädchen. „Erinnerungen sind wie eine Zeitbombe", Reinbek bei Hamburg 1984.

Kecskes, Robert/Wolf, Christof, Christliche Religiosität. Dimensionen, Messinstrumente, Ergebnisse, in: KZSS 47 (1995) 494-515.

Kelle, Udo, Computergestützte Analyse qualitativer Daten, in: Flick, Uwe/Kardorff, Ernst von/Steinke, Ines (Hg.), Qualitative Forschung. Ein Handbuch, Reinbek bei Hamburg 2000, 485-501.

Kerkhofs, Jan, Einstellung der Gläubigen zu prosozialem Verhalten, in: Kerber, Walter (Hg.), Religion und prosoziales Verhalten, München 1995, 135-151.

Kernberg, Otto F./Dulz, Birger/Sachsse, Ulrich (Hg.), Handbuch der Borderlinestörungen, Stuttgart 2000.

Kirchenamt der Evangelischen Kirche in Deutschland (Hg.), Gewalt gegen Frauen als Thema der Kirche. Ein Bericht in zwei Teilen. Im Auftrag des Rates der Evangelischen Kirche in Deutschland, Gütersloh 2000.

KirchenVolksBewegung Wir sind Kirche, (Mehr als) sieben Jahre krähte der Hahn, Hannover 2002, im Internet unter: http://www.ikvu.de, (Stand: 16.05.05).

Kirchhoff, Sabine, Sexueller Missbrauch im SPIEGEL der Medien, in: Enders, Ursula, Zart war ich bitter war's. Handbuch gegen sexuellen Missbrauch, Köln 2003, 485-502.

Klaus Kienzler, Der religiöse Fundamentalismus. Christentum – Judentum – Islam, München 1996.

Klein, Stephanie, Methodische Zugänge zur sozialen Wirklichkeit, in: Haslinger, Herbert, zusammen mit Bundschuh-Schramm, Christiane/Fuchs, Ottmar/Karrer, Leo/Klein, Stephanie/Knobloch, Stefan/Stoltenberg, Gundelinde (Hg.), Handbuch Praktische Theologie. Band 1. Grundlegungen, Mainz 1999, 248-259.

Klein, Stephanie, Subjekte und Orte der Praktischen Theologie. Der Alltag als theologiegenerativer Ort, in: Haslinger, Herbert, zusammen mit Bundschuh-Schramm, Christiane/Fuchs, Ottmar/Karrer, Leo/Klein, Stephanie/Knobloch, Stefan/Stoltenberg, Gundelinde (Hg.), Handbuch Praktische Theologie. Band 1. Grundlegungen, Mainz 1999, 60-67.

Klein, Stephanie, Theologie und empirische Biographieforschung: methodische Zugänge zur Lebens- und Glaubensgeschichte und ihre Bedeutung für erfahrungsbezogene Theologie, Stuttgart-Berlin-Köln 1994.

Klinkhammer, Gritt, Moderne Formen islamischer Lebensführung. Eine qualitativ-empirische Untersuchung zur Religiosität sunnitisch geprägter Türkinnen in Deutschland, Marburg 2000.

Knoblauch, Hubert, Religionssoziologie, Berlin-New York 1999.

Knoblauch, Hubert, Über den Tellerrand hinaus. Empirische Religions- und Kirchensoziologie im internationalen Kontext, Praktische Theologie 1 (2004) 33-36.

Knobloch, Stefan, Praktische Theologie. Ein Lehrbuch für Studium und Pastoral, Freiburg 1996.

Knobloch, Stefan, Was ist Praktische Theologie?, Freiburg 1995.

Kobasa, S.C., Stressful life events, personality, and health: An inquiry into hardiness, in: Journal of Personality and Social Psychology 37 (1979) 1-11.

Kobasa, S.C./Maddi, R.S./Puccetti, M.C./Zola, M.A., Effectiveness of hardiness, exercise, and social support as resources against illness, in: Journal of Psychosomatic Research 29 (1985) 525-533.

Kohler-Spiegel, Helga, Erfahrung, in: Gössmann, Elisabeth/Kuhlmann, Helga/Moltmann-Wendel, Elisabeth u.a. (Hg.), Wörterbuch der Feministischen Theologie, Gütersloh 2002.

Kohli, Martin, Erwartungen an eine Soziologie des Lebenslaufes, in: Kohli, Martin (Hg.), Soziologie des Lebenslaufs, Darmstadt/Neuwied 1978, 9-31.

Kohlmann, Carl-Walter, Stress- und Copingtheorien, in: Schwarzer, Ralf/Jerusalem, Matthias/Weber, Hannelore (Hg.), Gesundheitspsychologie von A bis Z, Göttingen-Bern-Toronto, Seattle 2002, 558-560.

Kolk, Bessel A. van der (ed.), Psychological Trauma, Washington 1987.

Kolk, Bessel A. van der, Der Körper vergisst nicht. Ansätze einer Psychophysiologie der posttraumatischen Belastungsstörung, in: Kolk, Bessel A. van der/McFarlane, Alexander C./Weisaeth, Lars (Hg.), Traumatic Stress: Grundlagen und Behandlungsansätze. Theorie, Praxis und Forschung zu posttraumatischem Streß sowie Traumatherapie, Paderborn 2000, 195-217.

Kolk, Bessel A. van der, Die Vielschichtigkeit der Anpassungsprozesse nach erfolgter Traumatisierung: Selbstregulation, Reizdiskriminierung und Entwicklung der Persönlichkeit, in: Kolk, Bessel A. van der/McFarlane, Alexander C./Weiseath, Lars (Hg.), Traumatic Stress: Grundlagen und Behandlungsansätze. Theorie, Praxis und Forschung zu posttraumatischem Stress sowie Traumatherapie, Paderborn 2000, 169- 194.

Kolk, Bessel A. van der, Trauma und Gedächtnis, in: Kolk, Bessel A. van der/McFarlane, Alexander C./Weisaeth, Lars (Hg.), Traumatic Stress: Grundlagen und Behandlungsansätze. Theorie, Praxis und Forschung zu posttraumatischem Streß sowie Traumatherapie, Paderborn 2000, 221-240.

Kolk, Bessel A. van der/McFarlane, Alexander C./Weisaeth, Lars (ed.), Traumatic Stress. The effects of Overwhelming Experience on Mind, Body and Society, New York-London 1996.

Kollmann, Roland, Religion als Risiko. Entwicklungsfördernde und entwicklungshemmende Aspekte von Religion, in: Detlef/Mölle, Herbert/Ruster, Thomas (Hg.), Lebenswege und Religion. Biographie in Bibel, Dogmatik und Religionspädagogik, Münster 2000, 23-55.

Kolshorn, Maren/Brockhaus, Ulrike, Modell der vier Voraussetzungen – David Finkelhors Ursachenmodell, in: Bange, Dirk/Körner, Wilhelm (Hg.), Handwörterbuch Sexueller Missbrauch, Göttingen 2002, 362-366.

Kolshorn, Maren/Brockhaus, Ulrike, Mythen über sexuelle Gewalt in: Bange, Dirk/Körner, Wilhelm (Hg.), Handwörterbuch Sexueller Missbrauch, Göttingen 2002, 373-379.

Kolshorn, Maren/Brockhaus, Ulrike, Traditionelles Ursachenverständnis, in: Bange, Dirk/Körner, Wilhelm (Hg.), Handwörterbuch Sexueller Missbrauch, Göttingen 2002, 663-668.

Kremer, Raimar, Interne Copingressource Religiosität. Bedeutung und Effekte bei der Bewältigung des Schlaganfalls, Erlangen-Nürnberg 1999.

Kretschmann, Ulrike, Das Vergewaltigungstauma. Krisenintervention und Therapie mit vergewaltigten Frauen, Münster 1993.

Krobath, Evi, Sünde/Schuld. Altes Testament, in: Gössmann, Elisabeth/Kuhlmann, Helga/Moltmann-Wendel, Elisabeth u.a. (Hg.), Wörterbuch der Feministischen Theologie, Gütersloh 2002, 521f.

Krutzenbichler, Sebastian, Sexueller Mißbrauch als Thema der Psychoanalyse von Freud bis zur Gegenwart, in: Egle, Ulrich Tiber/Hoffmann, Sven Olaf/Joraschky, Peter (Hg.), Sexueller Mißbrauch, Mißhandlung, Vernachlässigung. Erkennung und Behandlung psychischer und psychosomatischer Folgen früher Traumatisierungen, Stuttgart 1997, 93-102.

Kuckartz, Udo, Qualitative Daten computergestützt auswerten: Methoden, Techniken Software, in: Friebertshäuser, Barbara/Prengel, Anndore (Hg.), Handbuch Qualitative Forschungsmethoden in der Erziehungswissenschaft, Weinheim-München 1997, 584-598.

Lamnek, Siegfried, Qualitative Sozialforschung. Lehrbuch. 4., vollständig überarbeitete Auflage, Basel 2005.

Lange, Carmen, Sexuelle Belästigung und Gewalt. Ergebnisse einer Studie zur Jugendsexualität, in: Behörde für Schule, Jugend und Berufsbildung Hamburg (Hg.), Weiblichkeit und Sexualität. Beiträge aus den Vortragsreihen des Modellprojektes Berufsbegleitende Sexualpädagogische Fortbildung, Hamburg 2000, 17-27.

Lansen, Johan, Was ist ein Trauma, in: Rossberg, Alexandra/Lansen, Johan (Hg.), Das Schweigen brechen. Berliner Lektionen zu Spätfolgen der Schoa, Frankfurt 2003, 147-150.

Larson, NR/Maddock, JW, Structural and functional variables in incest family systems: implications for assessment and treatment, in: Trepper, Terry S./Barret, Mary Jo (ed.), Treating incest: a multiple systems perspective, New York 1986.

Laux, Lothar/Weber, Hannelore, Emotionsbewältigung und Selbstdarstellung, Stuttgart-Berlin-Köln 1993.

Lazarus, Richard S., Emotion and Adaptation, New York-Oxford 1991.

Lazarus, Richard S., Streß und Streßbewältigung – Ein Paradigma, in: Filipp, Sigrun-Heide (Hg.), Kritische Lebensereignisse, München ²1990, 198-232.

Lazarus, Richard S., The life and Work of an eminent psychologist. Autobiography of Richard S. Lazarus, New York 1998.

Lazarus, Richard S./Folkan, Susan, Stress, Appraisal and Coping, New York 1984.

Lazarus, Richard S./Launier, Raymond, Stressbezogene Transaktionen zwischen Person und Umwelt, in: Nitsch, Jürgen R. (Hg.), Stress. Theorien, Untersuchungen, Maßnahmen, Bern-Stuttgart-Wien 1981, 213-259.

Lazarus, Richard S./Lazarus, Bernice N., Passion and Reason. Making sense of our emotions, New York-Oxford 1994.

Lehner-Hartmann, Andrea, Wider das Schweigen und Vergessen. Gewalt in der Familie: Sozialwissenschaftliche Erkenntnisse und praktisch-theologische Reflexion, Innsbruck-Wien 2002.

Leistner, Herta (Hg.), Laß spüren deine Kraft. Feministische Liturgie, Gütersloh 1997, 36-41.

Leitlinien der Deutschen Bischofskonferenz „Zum Vorgehen bei sexuellem Missbrauch Minderjähriger durch Geistliche im Bereich der Deutschen Bischofskonferenz, in: Herbert Ulonska/Michael J. Rainer (Hg.), Sexualisierte Gewalt im Schutz von Kirchenmauern. Anstöße zur differenzierten (Selbst-)wahrnehmung, Münster 2003, 143-149.

Lerner, Gerda, Die Entstehung des Patriarchates, Frankfurt 1991.

Levita, de David, Über das Schweigen, in: Rossberg, Alexandra/Lansen, Johan (Hg.), Das Schweigen brechen. Berliner Lektionen zu Spätfolgen der Schoa, Frankfurt 2003, 71-80.

Libreria delle donne di Milano, Das Patriarchat ist zu Ende, Berlin 1996.

Libreria delle donne di Milano, Wie weibliche Freiheit entsteht. Eine neue politische Praxis, Berlin ³1999.

Lobinger, Fritz, Versöhnung oder Befreiung? Politisches und theologisches Ringen in Südafrika, in: Garhammer, Erich/Gasteiger, Franz/Hobelsberger, Hans/Tischler, Günter (Hg.), ... und führe uns in Versöhnung. Zur Theologie und Praxis einer christlichen Grunddimension, München 1990, 373-384.

Luckmann, Thomas, Die unsichtbare Religion 1991.

Luckmann, Thomas, Privatisierung und Individualisierung. Zur Sozialform der Religion in spätindustriellen Gesellschaften, in: Gabriel, Karl (Hg.), Religiöse Individualisierung oder Säkularisierung. Biographie und Gruppe als Bezugspunkte moderner Religiosität, Gütersloh 1996.

Luhmann, Niklas, Funktion der Religion, Frankfurt ²1990.

Lurker, Manfred, Lexikon der Götter und Dämonen. Namen. Funktionen. Symbole/Attribute, Stuttgart 1984.

Luther, Henning, Das unruhige Herz. Über implizite Zusammenhänge zwischen Autobiographie, Subjektivität und Religion, in: Sparn, Walter, Wer schreibt meine Lebensgeschichte? Biographie, Autobiographie, Hagiographie und ihre Entstehungszusammenhänge, Gütersloh 1990, 360-385.

Luther, Henning, Religion und Alltag. Bausteine zu einer Praktischen Theologie des Subjekts, Stuttgart 1992.

Maaßen, Monika, Biographie und Erfahrung von Frauen. Ein feministisch-theologischer Beitrag zur Relevanz der Biographieforschung für die Wiedergewinnung der Kategorie Erfahrung, Münster 1993.

Madert, Karl-Klaus, Trauma und Spiritualität, in: Transpersonale Psychologie und Psychotherapie 1 (2003) 18-35.

Maercker, Andreas, Extrembelastungen ohne psychische Folgeschäden: Gesundheitspsychologische Konzepte und Befunde, in: Schüffel, Wolfram/Brucks, Ursula/Johnen, Rolf/Köllner, Volker/Lamprecht, Friedhelm/Schnyder, Ulrich (Hg.), Handbuch der Salutogenese: Konzept und Praxis, Wiesbaden 1998, 341-350.

Maercker, Andreas, Posttraumatische Belastungsstörungen, in: Jerusalem, Matthias/Weber, Hannelore, Psychologische Gesundheitsförderung. Diagnostik und Prävention, Göttingen-Bern-Toronto-Seattle 2003, 635-654.

Maercker, Andreas, Psychische Folgen politischer Inhaftierung in der DDR, in: Aus Politik und Zeitgeschichte 38 (1995) 30-38.

Maercker, Andreas/Ehlert, Ulrike (Hg.), Psychotraumatologie, Göttingen-Bern-Toronto-Seattle 2001.

Maercker, Andreas/Schützwohl, M., Long-term effects of Political Imprisonment: A group comparison study, in: Social Psychiatry and Psychiatric Epidemilogy 32 (1997) 435-442.

Maercker, Andreas/Zoellner, Tanja, The Janus Face of Self-Perceived Growth: Toward A Two-Component Model of Posttraumatic Growth, in: Psychological Inquiry 15 (2004) 41-48.

Maoz, Benyamin, Salutogenese – Geschichte und Wirkung einer Idee, in: Schüffel, Wolfram/Brucks, Ursula/Johnen, Rolf/Köllner, Volker/Lamprecht, Friedhelm/Schnyder, Ulrich (Hg.), Handbuch der Salutogenese. Konzept und Praxis, Wiesbaden 1998.

Marquard, Odo, Zur Diätetik der Sinnerwartung, Philosophische Bemerkungen, in: Marquard, Odo, Apologie des Zufälligen. Philosophische Studien, Reclam 1986, 33-53.

Matthiae, Gisela, Clownin Gott. Eine feministische Dekonstruktion des Göttlichen, Stuttgart-Berlin-Köln 1999.

Mayring, Philipp, Einführung in die qualitative Sozialforschung. Eine Anleitung zu qualitativem Denken. 3., überarbeitete Auflage, München 1996.

Mayring, Philipp, Einführung in die qualitative Sozialforschung: eine Anleitung zum qualitativen Denken, München 1990.

Mayring, Philipp, Grundlagen und Techniken qualitativer Inhaltsanalyse, München 1983.

Mayring, Philipp, Qualitative Inhaltsanalyse, in: Flick, Uwe/Kardorff, Ernst von/Steinke, Ines (Hg.), Qualitative Forschung. Ein Handbuch, Reinbek bei Hamburg 2000, 468-474.

Mayring, Philipp, Qualitative Inhaltsanalyse. Grundlagen und Techniken, Weinheim ^{5}1995.

McFarlane, Alexander C./Kolk, Bessel A. van der, Trauma und seine Herausforderung an die Gesellschaft, in: Kolk, Bessel A. van der/McFarlane, Alexander C./Weiseath, Lars (Hg.), Traumatic Stress: Grundlagen und Behandlungsansätze. Theorie, Praxis und Forschung zu posttraumatischem Stress sowie Traumatherapie, Paderborn 2000, 47-70.

Mehnert, Anja/Koch, Uwe, Religion und Gesundheit, in: Schwarzer, Ralf/Jerusalem, Matthias/Weber, Hannelore (Hg.), Gesundheitspsychologie von A bis Z, Göttingen-Bern-Toronto, Seattle 2002, 459-462.

Mette, Norbert, Praktisch-theologische Erkundungen, Münster 1998.

Mette, Norbert, Theorie der Praxis. Wissenschaftsgeschichtliche und methodologische Untersuchungen zur Theorie-Praxis-Problematik innerhalb der praktischen Theologie, Düsseldorf 1978.

Metz, Johann Baptist, Gott und die Übel der Welt. Vergessene, unvergessliche Theodizee, in: Concilium 5 (1997) 586-590.

Miles, Matthew B./Huberman, Michael A., Qualitative Data Analysis. An expanded sourcebook, Thousand Oaks-London-New Delhi 1994.

Moggi, Franz, Folgen, in: Bange, Dirk/Körner, Wilhelm (Hg.), Handwörterbuch Sexueller Missbrauch, Göttingen 2002, 116-121.

Moggi, Franz, Sexuelle Kindesmißhandlung: Traumatisierungsmerkmale, typische Folgen und ihre Ätiologie, in: Amann, Gabriele/Wipplinger, Rudolf (Hg.), Sexueller Mißbrauch. Überblick zu Forschung, Beratung und Therapie. Ein Handbuch, Tübingen 1997, 187-200.

Moltmann-Wendel, Elisabeth/Ammicht-Quinn, Regina, Körper der Frau/Leiblichkeit. In der Geschichte des Christentums, in: Gössmann, Elisabeth/Kuhlmann, Helga/Moltmann-Wendel, Elisabeth u.a. (Hg.): Wörterbuch der Feministischen Theologie, Gütersloh 2002.

Moosbach, Carola, Gottflamme Du Schöne. Lob- und Klagegebete. Mit einem Vorwort von Dorothee Sölle, Gütersloh 1997.

Moosbach, Carola, Himmelsspuren. Gebete durch Jahr und Tag, Neukirchen-Vluyn 2001.

Moosbach, Carola, Lobet die Eine. Schweige- und Schreigebete, Mainz 2000.

Moosbrugger, Helfried/Zwingmann, Christian/Frank, Dirk (Hg.), Religiosität, Persönlichkeit und Verhalten. Beiträge zur Religionspsychologie, Münster-New York 1996.

Morschitzky, Hans, Angststörungen. Diagnostik, Konzepte, Therapie, Selbsthilfe. 2., überarbeitete und erweiterte Auflage, Wien 2002.

Müllner, Ilse, Sexuelle Gewalt im Alten Testament, in: Eichler, Ulrike/Müllner, Ilse (Hg.), Sexuelle Gewalt gegen Mädchen und Frauen als Thema der feministischen Theologie, Gütersloh 1999, 40-75.

Murken, Sebastian, Gottesbeziehung und psychische Gesundheit. Die Entwicklung eines Modells und seine empirische Überprüfung, Münster 1998.

Nachtwey, James, Inferno, Berlin 2003.

Nassehi, Armin, Religion und Biographie. Zum Bezugsproblem religiöser Kommunikation in der Moderne, in: Gabriel, Karl (Hg.), Religiöse Individualisierung oder Säkularisierung. Biographie und Gruppe als Bezugspunkte moderner Religiosität, Gütersloh 1996, 41-56.

Neimeyer, Robert A., Fostering Posttraumatic Growth: A Narrative Elaboration, in: Psychological Inquiry 1 (2004) 53-59.

Neuhaus, Gerd, Menschliche Identität angesichts des Leidens. Wonach fragt die Theodizeefrage?, in: Fuchs, Gotthard (Hg.), Angesichts des Leids an Gott glauben? Zur Theologie der Klage, Frankfurt 1996, 17-52.

Nietzsche, Friedrich, Werke in drei Bänden. Zweiter Band. Herausgegeben von Karl Schlechta, München 1955.

Northup, Lesley, Frauenrituale, in: Belliger, Andrea/Krieger, David (Hg.), Ritualtheorien. Ein einführendes Handbuch, Opladen 1998, 391-414.

Olbricht, Ingrid, Wege aus der Angst. Gewalt gegen Frauen. Ursachen – Folgen – Therapie, München 2004.

Oswald, Hans, Was heißt qualitativ forschen?, in: Friebertshäuser, Barbara/Prengel, Anndore (Hg.), Handbuch Qualitative Forschungsmethoden in der Erziehungswissenschaft, Weinheim-München 1997, 71-87.

Otto, Gert, Grundlegung der Praktischen Theologie. Band 1, München 1986.

Otto, Rudolf, Das Heilige, München 1987.

Pahnke, Donate, Rituale in der feministischen Spiritualität, in: Pahnke, Donate/Sommer, Regina, Göttinnen und Priesterinnen. Facetten feministischer Spiritualität, Gütersloh 1995, 114-135.

Pahnke, Donate/Sommer, Regina (Hg.), Göttinnen und Priesterinnen. Facetten feministischer Spiritualität, Gütersloh 1995.

Pals, Jennifer/Dan P., McAdams, The Transformed Self: A Narrative Understanding of Posttraumatic Growth, in: Psychological Inquiry 15 (2004) 65-69.

Pargament, Kenneth I., The psychology of religion and coping. Theory, research, practice, New York-London 1997.

Park, C.L./Cohen, L.H./Murch, R.L., Assessment and prediction of stress-related growth, in: Journal of Personality (1995) 71-105.

Peukert, Helmut, Was ist eine praktische Wissenschaft? Handlungstheorie als Basistheorie der Humanwissenschaften: Anfragen an Praktische Theologie, in: Fuchs, Ottmar (Hg.), Theologie und Handeln. Beiträge zur Fundierung der Praktischen Theologie als Handlungstheorie, Düsseldorf 1984, 64-79.

Peukert, Helmut, Wissenschaftstheorie – Handlungstheorie – Fundamentale Theologie. Analysen zu Ansatz und Status theologischer Theoriebildung, Frankfurt ²1988.

Pfeiffer, Christian/Wetzels, Peter/Enzmann, Dirk, Innerfamiliäre Gewalt gegen Kinder und Jugendliche und ihre Auswirkungen, Hannover 1999.

Pfeiffer, Christin/Wetzels, Peter, Kinder als Täter und Opfer. Eine Analyse auf der Basis der PKS und einer repräsentativen Opferbefragung, Hannover 1997.

Pixley, Jorge, Fordert der wahre Gott blutige Opfer?, in: Assmann, Hugo (Hg.), Götzenbilder und Opfer. Rene Girard im Gespräch mit der Befreiungstheologie, Thaur-Wien-München 1991, 131-160.

Polak, Regina (Hg.), Megatrend Religion? Neue Religiositäten in Europa, Ostfildern 2002, 298-317.

Polak, Regina/Zulehner, Paul M., Theologisch verantwortete Respiritualisierung: Zur spirituellen Erneuerung der christlichen Kirchen, in: Zulehner, Paul M., Spiritualität – mehr als ein Megatrend. Gedenkschrift für Kardinal DDr. Franz König, Ostfildern 2004, 204-227.

Pollack, Detlef, Was ist Religion? Probleme der Definition, Zeitschrift für Religionswissenschaft 5 (1995) 163-190.

PONS Wörterbuch für Schule und Studium Englisch – Deutsch. Vollständige Neuentwicklung 2001, Stuttgart 2001.

Popp-Baier, Ulrike, Qualitative Methoden in der Religionspsychologie, in: Henning, Christian/Murken, Sebastian/Nestler, Erich (Hg.), Einführung in die Religionspsychologie, Paderborn-München-Wien-Zürich 2003, 184-229.

Porzelt, Burkard, Qualitativ-empirische Methoden in der Religionspädagogik, in: Porzelt, Burkard/Güth, Ralph (Hg.), Empirische Religionspädagogik. Grundlagen – Zugänge – Aktuelle Projekte, Münster-Hamburg-London 2000, 63-84.

Prüller-Jagenteufel, Gunter M., Option für die Opfer. Versuch einer ethischen Kriteriologie zur „christlichen" Tugend der Solidarität, in: Theologie und Glaube 91 (2001) 262-276.

Radford Ruether, Rosemary, Unsere Wunden heilen, unsere Befreiung feiern. Rituale in der Frauenkirche, Stuttgart 1988.

Radio Vatican, Papst Johannes Paul II ruft 1996 zum Kampf gegen Kindesmissbrauch in Asien aus, im Internet unter:
http://www.vaticanradio.org/tedesco/tedarchi/2004/Juli04/ted24.07.04htm, (Stand 05.06.05)

Rahner, Karl, Ekklesiologische Grundlegung, in: Arnold, Franz Xaver/Rahner, Karl/Schurr, Viktor/Weber, Leonhard M./Klostermann, Ferdinand (Hg.), Handbuch der Pastoraltheologie. Praktische Theologie der Kirche in der Gegenwart, Band I, Freiburg-Basel-Wien ²1970, 121- 156.

Raupp, U./Eggers, Ch., Sexueller Mißbrauch von Kindern. Eine regionale Studie über Prävalenz und Charakteristik, in: Monatsschrift Kinderheilkunde 141 (1993) 316-322.

Regula Strobel, Der Beihilfe beschuldigt. Christliche Theologie auf der Anklagebank, in: Fama. Feministisch-Theologische Zeitschrift 9 (1993) 3-6.

Renöckl, Helmut/Blanckenstein, Miklos (Hg.), Neue Religiosität. Fasziniert und verwirrt, Budapest-Würzburg 2000.

Resick, Patricia A., Stress und Trauma. Grundlagen der Pychotraumatologie. In deutscher Sprache herausgegeben und ergänzt von Andreas Maercker, Bern-Göttingem-Toronto-Seattle 2003.

Richter-Appelt, Hertha, Dissoziation in: Bange, Dirk/Körner, Wilhelm (Hg.), Handwörterbuch Sexueller Missbrauch, Göttingen 2002, 53-55.

Richter-Appelt, Hertha, Sexuelle Traumatisierungen und körperliche Mißhandlungen in der Kindheit. Geschlechtsspezifische Aspekte, in: Düring, Sonja/Hauch, Margret (Hg.), Heterosexuelle Verhältnisse, Stuttgart 1995, 57-76.

Riedel-Pfäfflin, Ursula/Strecker, Julia, Flügel trotz allem. Feministische Seelsorge und Beratung. Konzeption - Methoden - Biographien, Gütersloh 1998.

Rijnaarts, Josephine, Lots Töchter. Über den Vater-Tochter-Inzest, München 1987.

Romer, Georg, Kinder als "Täter", in: Bange, Dirk/Körner, Wilhelm (Hg.), Handwörterbuch Sexueller Missbrauch, Göttingen 2002, 270-277.

Rossberg, Alexandra, Die Zeit heilt die Wunden nicht, in: Rossberg, Alexandra/Lansen, Johan (Hg.), Das Schweigen brechen. Berliner Lektionen zu Spätfolgen der Schoa, Frankfurt 2003, 99-114.

Rossberg, Alexandra/Lansen, Johan (Hg.), Das Schweigen brechen. Berliner Lektionen zu Spätfolgen der Schoa, Frankfurt 2003.

Rossetti Stephen J./Lothstein, L.M., Mythen über Kindesmißhandler, in: Rossetti, Stephen J./Müller, Wunibald, Sexueller Mißbrauch Minderjähriger in der Kirche. Psychologische, seelsorgliche und institutionelle Aspekte, Mainz 1996.

Rothschild, Babette, Der Körper erinnert sich. Die Psychophysiologie des Traumas und der Traumabehandlung, Essen 2002.

Ruppert, Hans Jürgen, Suche nach Erkenntnis und Erleuchtung – moderne esoterische Religiosität, in: Hempelmann, Reinhard/Dehn, Ulrich/Fincke, Andreas/Nüchtern, Michael/Pöhlmann, Matthias/Ruppert, Hans-Jürgen/Utsch, Michael (Hg.), Panorama der neuen Religiosität. Sinnsuche und Heilsversprechen zu Beginn des 21. Jahrhunderts, Gütersloh 2001, 210-309.

Russell, D. E. H., The secret trauma. Incest in the lives of girls and women, New York 1986.

Rutter, M., Psychosocial resilience and protective mechanism, in: American Journal of Orthopsychiatry 57 (1987) 316-331.

Sachs, Nelly, Gedichte, Zürich 1966.

Sachsse, Ulrich (Hg.), Traumazentrierte Psychotherapie. Theorie, Klinik, Praxis, Stuttgart-New York 2004.

Sachsse, Ulrich, Die normale Stressphysiologie, in: Sachsse, Ulrich (Hg.), Traumazentrierte Psychotherapie. Therapie, Klinik und Praxis, Stuttgart-New York 2004, 31-47.

Sachsse, Ulrich, Die peri- und posttraumatische Stressphysiologie, in: Sachsse, Ulrich (Hg.), Traumazentrierte Psychotherapie. Therapie, Klinik und Praxis, Stuttgart-New York 2004, 48-58.

Sachsse, Ulrich, Selbstverletzendes Verhalten. Psychodynamik-Psychotherapie. Das Trauma, die Dissoziation und ihre Behandlung, Göttingen ^{5}1999.

Sachsse, Ulrich/Özkan, Ibrahim/Streeck-Fischer, Annette (Hg.), Traumatherapie – Was ist erfolgreich?, Göttingen 2002.

Saß, Henning/Wittchen, Hans-Ulrich/Zaudig, Michael/Houben, Isabel (deutsche Bearbeitung und Einführung), Diagnostisches und Statistisches Manual Psychischer Störungen – Textrevision – DSM-IV-TR. Übersetzt nach der Textrevision der vierten Auflage des Diagnostic and statistical Manual of Mental Disorders der American Psychiatric Association, Göttingen-Bern-Toronto-Seattle 2003.

Schaumberger, Christine/Schottroff, Luise, Schuld und Macht. Studien zu einer feministischen Befreiungstheologie, München 1989.

Scheier, M.F./Carver, C.S., Optimism, coping, and health: Assessment and implications of generalized outcome expectancies, in: Health Psychology 4 (1985) 219-247.

Scherzberg, Lucia, Sünde/Schuld. Gegenwartsdiskussion, in: Gössmann, Elisabeth/Kuhlmann, Helga/Moltmann-Wendel, Elisabeth u.a. (Hg.), Wörterbuch der Feministischen Theologie, Gütersloh 2002, 526-528.

Schleiermacher, Friedrich, Die praktische Theologie nach den Grundsätzen der evangelischen Kirche im Zusammenhange dargestellt. Aus Schleiermachers handschriftlichem Nachlasse und Nachgeschriebenen Vorlesungen, herausgegeben von Jacob Frerichs, Berlin 1850, Nachdruck Berlin/New York 1983.

Schmidinger, Heinrich (Hg.), Religiosität am Ende der Moderne. Krise oder Aufbruch?, Innsbruck-Wien 1999.

Schneider-Flume, Gunda, Leben ist kostbar. Wider die Tyrannei des gelingenden Lebens, Göttingen 2002.

Schottroff, Luise/von Wartenberg-Potter, Bärbel/Sölle, Dorothee, Das Kreuz – Baum des Lebens, Stuttgart 1987.

Schröder, Harry, Klinische Gesundheitspsychologie, in: Schwarzer, Ralf/Jerusalem, Matthias/Weber, Hannelore (Hg.), Gesundheitspsychologie von A bis Z, Göttingen-Bern-Toronto, Seattle 2002, 194-197.

Schrötensack, K./Elliger, T./Gross, A. /Nissen, G., Prevalence of sexual abuse of children in Germany, in: Acta Paedopsychiatrica 55 (1992) 211-216.

Schüffel, Wolfram/Brucks, Ursula/Johnen, Rolf/Köllner, Volker/Lamprecht, Friedhelm/Schnyder, Ulrich (Hg.), Handbuch der Salutogenese. Konzept und Praxis, Wiesbaden 1998.

Schuhrke, Bettina, Sexuelle Entwicklung von Kindern bis zur Pubertät, in: Bange, Dirk/Körner, Wilhelm (Hg.), Handwörterbuch Sexueller Missbrauch, Göttingen 2002, 548-554.

Schumacher, Jörg, Kohärenzgefühl, in: Schwarzer, Ralf/Jerusalem, Matthias/Weber, Hannelore (Hg.), Gesundheitspsychologie von A bis Z, Göttingen-Bern-Toronto, Seattle 2002, 267-269.

Schüssler Fiorenza, Elisabeth, Gewalt gegen Frauen, in: Concilium 2 (1994) 95-107.

Schwager, Raymund, Brauchen wir einen Sündenbock? Gewalt und Erlösung in den biblischen Schriften, Thaur-Wien-München ^{3}1994.

Schwager, Raymund, Lieblos und unversehrt. Will Gott Opfer?, in: Entschluss 1 (1993) 4-7.

Schwartzberg, S.S., Struggling for meaning: How HIV-positive gay men make sense of Aids, in: Professional Psychology: Research & Practice 24 (1993) 483-490.

Schwarzer, Ralf (Hg.), Gesundheitspsychologie. 2., überarbeitete Auflage, Göttingen-Bern-Toronto, Seattle 1997.

Schwarzer, Ralf, Geschichte der Gesundheitspsychologie, in: Schwarzer, Ralf/Jerusalem, Matthias/Weber, Hannelore (Hg.), Gesundheitspsychologie von A bis Z, Göttingen-Bern-Toronto, Seattle 2002, 190-193.

Schwarzer, Ralf, Gesundheitspsychologie, in: Schwarzer, Ralf/Jerusalem, Matthias/Weber, Hannelore (Hg.), Gesundheitspsychologie von A bis Z, Göttingen-Bern-Toronto, Seattle 2002, 175-179.

Schwarzer, Ralf/Jerusalem, Matthias/Weber, Hannelore (Hg.), Gesundheitspsychologie von A bis Z, Göttingen-Bern-Toronto, Seattle 2002.

Schwenkmezger, Peter/Schmidt, Lothar R., Gesundheitspsychologie: Alter Wein in neuen Schläuchen?, in: Schwenkmezger, Peter/Schmidt, Lothar R. (Hg.), Lehrbuch der Gesundheitspsychologie, Stuttgart 1994, 1-8.

Schwenkmezger, Peter/Schmidt, Lothar R., Lehrbuch der Gesundheitspsychologie, Stuttgart 1994.

Seifert, Ruth, Krieg und Vergewaltigung. Ansätze zu einer Analyse, in: Stiglmayer, Alexandra (Hg.), Massenvergewaltigung. Krieg gegen die Frauen, Freiburg 1993, 85-108.

Sekretariat der Deutschen Bischofskonferenz (Hg.), Brief Papst Johannes Pauls II. an die Frauen. 29.Juli 1995 (Verlautbarungen des Apostolischen Stuhles 122), Bonn 1995.

Sekretariat der Deutschen Bischofskonferenz (Hg.), Brief Papst Johannes Pauls II. an die Familien 1994 (Verlautbarungen des Apostolischen Stuhles 112), Bonn 1994.

Sekretariat der Deutschen Bischofskonferenz (Hg.), Frauen und Kirche. Eine Repräsentativbefragung von Katholikinnen im Auftrag des Sekretariats der Deutschen Bischofskonferenz durchgeführt vom Institut für Demoskopie Allensbach, Bonn 1993.

Sekretariat der Deutschen Bischofskonferenz (Hg.), Kongregation für die Glaubenslehre, Schreiben an die Bischöfe der Katholischen Kirche über die Zusammenarbeit von Mann und Frau in der Kirche und in der Welt. 31. Juli 2004 (Verlautbarungen des Apostolischen Stuhles 166), Bonn 2004.

Selye, Hans, Stress beherrscht unser Leben, Düsseldorf 1957.

Siegrist, J./Neumer, S./Margraf, J., Salutogeneseforschung: Versuch einer Standortbestimmung, in: Margraf, Jürgen/Siegrist, Johannes/Neumer (Hg.), Simon, Gesundheits- oder Krankheitstheorie. Saluto- versus pathogenetische Ansätze im Gesundheitswesen, Berlin-Heidelberg-New York 1998, 3-12.

Sofsky, Wolfgang, Die Ordnung des Konzentrationslagers, Frankfurt 1993.

Sofsky, Wolfgang, Traktat über die Gewalt, Frankfurt 1996.

Sölle, Dorothee, Gott denken. Einführung in die Theologie, Stuttgart 1990.

Sölle, Dorothee, Die Sowohl-als-auch-Falle. Über postmoderne Toleranz, in: Sölle, Dorothee, Mutanfälle. Texte zum Umdenken, München 1996, 30-33.

Sölle, Dorothee, Leiden, in: Gössmann, Elisabeth/Kuhlmann, Helga/Moltmann-Wendel, Elisabeth u.a. (Hg.), Wörterbuch der Feministischen Theologie, Gütersloh 2002, 370-372.

Sölle, Dorothee, Wider den Luxus der Hoffnungslosigkeit. Die Kritik am Zuschauen, in: Sölle, Dorothee, Mutanfälle. Texte zum Umdenken, München 1996, 34-37.

Sommer, Regina, „So manches, was man so Demut nennt, damit habe ich meine Probleme. Also, ich suche den befreienden Gott." Zur lebensgeschichtlichen Aneignung und Verarbeitung religiöser und geschlechtsspezifischer Sozialisation, in: Becker, Sybille/Nord, Ilona (Hg.), Religiöse Sozialisation von Mädchen und Frauen, Stuttgart-Berlin-Köln 1995, 146-165.

Sommer, Regina, Geschlechtsspezifische Alltagserfahrungen und Religion. Zur Funktion von Religion und Religiosität im Leben berufstätiger Mütter, in: Lukatis, Ingrid/Sommer, Regina/Wolf, Christof (Hg.), Religion und Geschlechterverhältnis, Opladen 2000, 139-148.

Sommer, Regina, Lebensgeschichte und gelebte Religion von Frauen. Eine qualitativ-empirische Studie über den Zusammenhang von biographischer und religiöser Orientierung, Gütersloh 1998.

Sommer, Regina, Musik und religiöse Erfahrung. Zur Bedeutung von Musik in religiösen Sozialisationsprozessen, in: Fechtner, Kristian/Friedrichs, Lutz/Grosse, Heinrich/Lukatis, Ingrid/Natrup, Susanne (Hg.), Religion wahrnehmen, Marburg 1996, 175- 184.

Steinhage, Rosemarie, Psychodynamik sexuell missbrauchter Mädchen und Frauen, in: Bange, Dirk/Körner, Wilhelm (Hg.), Handwörterbuch Sexueller Missbrauch, Göttingen 2002, 470-475.

Steinhage, Rosemarie, Sexueller Missbrauch an Mädchen. Ein Handbuch für Beratung und Therapie, Hamburg 1992.

Steins, Georg, Schweigen wäre gotteslästerlich. Die heilende Kraft der Klage, Würzburg 2000.

Literaturverzeichnis

Stellungnahme der KEK zu Gewalt gegen Frauen „Es geschieht überall – und auch in unserer Gemeinschaft", im Internet unter: http://www.cec-kek.org/Deutsch/Violence2.htm, (Stand 05.06.05).

Stenger, Horst, Die soziale Konstruktion okkulter Wirklichkeit. Eine Soziologie des „New Age", Opladen 1993.

Stenzel, Eileen, Maria Goretti oder wie Heilige gemacht werden, in: Concilium 2 (1994) 165-171.

Stiglmayer, Alexandra (Hg.), Massenvergewaltigung. Krieg gegen die Frauen, Freiburg 1993.

Stoltenberg, Gundelinde, Menschen: Frauen und Männer vor Gott und Subjekte ihres Lebens, in: Haslinger, Herbert zusammen mit Bundschuh-Schramm, Christiane/Fuchs, Ottmar/Karrer, Leo/Klein, Stephanie/Knobloch, Stefan/Stoltenberg, Gundelinde (Hg.), Handbuch Praktische Theologie. Band 1. Grundlegungen, Mainz 1999, 123-143.

Strack, Hanna, Spiritualität. Gegenwart, in: Gössmann, Elisabeth/Kuhlmann, Helga/Moltmann-Wendel, Elisabeth u.a. (Hg.), Wörterbuch der Feministischen Theologie, Gütersloh 2002, 515-517.

Strahm, Doris, Befreiungstheologie(n), in: Gössmann, Elisabeth/Kuhlmann, Helga/Moltmann-Wendel, Elisabeth u.a. (Hg.): Wörterbuch der Feministischen Theologie, Gütersloh 2002, 56-60.

Strahm, Doris, Jesus Christus. Feministische Christologien, in: Gössmann, Elisabeth/Kuhlmann, Helga/Moltmann-Wendel, Elisabeth (Hg.), Wörterbuch der Feministischen Theologie, Gütersloh 2002, 306-313.

Strauss, Anselm L., Grundlagen qualitativer Sozialforschung. Datenanalyse und Theoriebildung in der empirischen soziologischen Forschung, München 1991.

Strobel, Regula, Feministische Kritik an traditionellen Kreuzestheologien, in: Doris Strahm/Regula Strobel (Hg.), Vom Verlangen nach Heilwerden. Christologie in feministisch-theologischer Sicht. Fribourg-Luzern 1991, 52-64.

Strobel, Regula, Gegen die Gewalt an Frauen, im Internet unter: http://www.kathbern.ch/index.php?na=1,1,0,38674,d (Stand 05.06.05).

Strobel, Regula, Kreuz, in: Gössmann, Elisabeth/Kuhlmann, Helga/Moltmann-Wendel, Elisabeth u.a. (Hg.), Wörterbuch der Feministischen Theologie, Gütersloh 2002, 247-250.

Stroebe, Wolfgang/Stroebe, Margaret S., Lehrbuch der Gesundheitspsychologie. Ein sozialpsychologischer Ansatz, Eschborn bei Frankfurt am Main 1998.

Stutz, Pierre, Verwundet bin ich aufgehoben. Für eine Spiritualität der Unvollkommenheit, München ³2003.

Taylor, S./Wood, J./Lichtman, R., It could be worse: selective evaluation as a response to victimisation, in: Journal of Social Issues 39 (1983) 19-40.

Taylor, S.E., Adjustment to threatening events: A theory of cognitive adaptation, in: American Psychologist 38 (1983) 1161-1173.

Taylor, S.E./Armor, D.A., Positive illusions and coping with adversity, in: Journal of Personality 64 (1996) 873-989.

Taylor, S.E./Kemeny, M.E./Reed, G.M./Bower, J.E./Gruenewald, T.L., Psychological ressources, positive illusions, and health, in: American Psychologist 55 (2000) 99-109.

Tedeschi, R.G./Calhoun, L.G., Trauma and transformation: Growing in the aftermath of suffering, Thousand Oaks 1995.

Tedeschi, Richard G./Calhoun, Lawrence G., Postttraumatic Growth: Conceptual Foundations and Empirical Evidence, in: Psychological Inquiry 1 (2004) 1-18.

Tedeschi, Richard G./Park, Crystal R./Calhoun, Lawrence G. (Hg.), Posttraumatic growth: Positive change in the aftermath of crisis, Mahwah 1998.

Tedeschi, Richard S./Park, Crystal M./Calhoun, Lawrence G., Posttraumatic Growth. Conceptual Issues, in: Tedeschi, Richard G./Park, Crystal R./Calhoun, Lawrence G. (ed.), Posttraumatic growth: Positive change in the aftermath of crisis, Mahwah 1998, 1-22.

Terr, Lenore, Childhood Traumas. An outline and overview, in: Horowitz, Mardi J. (ed.), Essential Papers on Posttraumatic Stress Disorder, New-York London 1999, 61-81.

Terr, Lenore, Schreckliches Vergessen, heilsames Erinnern. Traumatische Erfahrungen drängen ans Licht, München 1997.

Terr, Lenore, Too scared to cry. Psychic Trauma in Childhood, New York 1990.

Tiber Egle, Ulrich/Hoffmann, Sven Olaf/Joraschky, Peter (Hg.), Sexueller Mißbrauch, Mißhandlung, Vernachlässigung. Erkennung und Behandlung psychischer und psychosomatischer Folgen früher Traumatisierungen, Stuttgart 1997.

Trautmann-Sponsel, Definition und Abgrenzung des Begriffs Bewältigung, in: Brüderl, Leokadia (Hg.), Theorien und Methoden der Bewältigungsforschung, München-Weinheim 1988, 14-24.

Trepper, Terry S./Barrett, Mary Jo, Inzest und Therapie. Ein (system)therapeutisches Handbuch, Dortmund 1991.

Trube-Becker, Elisabeth, Historische Perspektive sexueller Kontakte zwischen Erwachsenen und Kindern bzw. Jugendlichen und die soziale Akzeptanz dieses Phänomens von der Zeit der Römer und Griechen bis heute, in: Amann, Gabriele/Wipplinger, Rudolf (Hg.), Sexueller Mißbrauch. Überblick zu Forschung, Beratung und Therapie. Ein Handbuch, Tübingen 1997, 39-51.

Ulich, D., Krise und Entwicklung. Zur Psychologie der seelischen Gesundheit, München 1987.

Ulonska, Herbert, Kommentar zu den Leitlinien der Deutschen Bischofskonferenz, in: Herbert Ulonska/Michael J. Rainer (Hg.), Sexualisierte Gewalt im Schutz von Kirchenmauern. Anstöße zur differenzierten (Selbst-)wahrnehmung, Münster 2003, 150-156.

Ven, Johannes A. van der, Praktische Theologie und Humanwissenschaften. Der Modus der Kooperation, in: Haslinger, Herbert/Bundschuh-Schramm, Christiane/Fuchs, Ottmar/Karrer, Leo/Klein, Stephanie/Knobloch, Stefan/Stoltenberg, Gundelinde (Hg.), Handbuch Praktische Theologie. Band 1. Grundlegungen, Mainz 1999, 267-278.

Ven, Johannes A. van der, Entwurf einer empirischen Theologie, Kampen/Weinheim 1990.

Ven, Johannes A. van der, Unterwegs zu einer empirischen Theologie, in: Fuchs, Ottmar (Hg.), Theologie und Handeln, Beiträge zur Fundierung der Praktischen Theologie als Handlungstheorie, Düsseldorf 1984, 102-128.

Volbert, Renate, Sexuelles Verhalten von Kindern: Normale Entwicklung oder Indikator für sexuellen Mißbrauch? in: Amann, Gabriele/Wipplinger, Rudolf (Hg.), Sexueller Mißbrauch. Überblick zu Forschung, Beratung und Therapie. Ein Handbuch, Tübingen 1997, 385-398.

Vorländer, Karin, Die beste „Rache" ist, glücklich zu werden, in: Die Mitarbeiterin – Frauen gestalten Kirche und Gesellschaft, 6 (2003).

Weber, Hannelore, Ressourcen, in: Schwarzer, Ralf/Jerusalem, Matthias/Weber, Hannelore (Hg.), Gesundheitspsychologie von A bis Z, Göttingen-Bern-Toronto, Seattle 2002, 466-469.

Weber, Max, Gesammelte Aufsätze zur Religionssoziologie Bd. I, Tübingen [7]1978.

Weinberg, S., Incest behaviour, New York 1955.

Weltgesundheitsorganisation, Internationale Klassifikation psychischer Störungen. ICD-10 Kapitel V (F). Klinisch-diagnostische Leitlinien. Herausgegeben von H. Dilling, W. Mombour und M.H. Schmidt, Bern-Göttingen-Toronto 1991.

Werner, E.E., High-risk children in young adulthood: A longitudinal study from birth to 32 years, in: American Journal of Orthopsychiatry 59 (1989) 72-81.

Wetzels, Peter, Gewalterfahrungen in der Kindheit. Sexueller Missbrauch, körperliche Misshandlung und langfristige Konsequenzen, Baden-Baden 1997.

Wetzels, Peter/Enzmann, Dirk/Mecklenburg, Eberhard/Pfeiffer Christian, Jugend und Gewalt. Eine repräsentative Dunkelfeldanalyse in München und acht anderen deutsche Städten, Baden-Baden 2001.

Widl, Maria, Christentum und Esoterik. Darstellung – Auseinandersetzung – Abgrenzung, Graz-Wien-Köln 1995.

Widl, Maria, Die esoterisch-synkretistische Welle – Herausforderung für Pastoral und Bildung, in: Renöckl, Helmut/Blanckenstein, Miklos (Hg.), Neue Religiosität. Fasziniert und verwirrt, Budapest-Würzburg 2000.

Wipplinger, Rudolf/Amann, Gabriele, Zur Bedeutung der Bezeichnungen und Definitionen von sexuellem Mißbrauch, in: Amann, Gabriele/Wipplinger, Rudolf (Hg.), Sexueller Mißbrauch. Überblick zu Forschung, Beratung und Therapie. Ein Handbuch, Tübingen 1997, 13-38.

Wirtz, Ursula, Das Unbewältigbare bewältigen, in: Schlangenbrut 76 (2002) 23-25.

Wirtz, Ursula, Die spirituelle Dimension der Traumatherapie, in: Transpersonale Psychologie und Psychotherapie 1 (2003) 4-17.

Wirtz, Ursula, Seelenmord. Inzest und Therapie, Zürich 1989.

Wirtz, Ursula/Zöbeli, Jürg, Hunger nach Sinn. Menschen in Grenzsituationen der Psychotherapie, Zürich 1995.

Witzel, Andreas, Verfahren der qualitativen Sozialforschung, Frankfurt 1982.

Wohlrab-Sahr, Monika, Die Sektion Religionssoziologie in der Deutschen Gesellschaft für Soziologie (DGS). Ein Profil, Praktische Theologie 1 (2004) 37-42.

Wulf, Andreas, Die Zukunft der Vergangenheit, medico-Rundschreiben 3/2003, im Internet unter: http://www.medico.de/rundschr/0303/0303almaata.htm (Stand: 23.11.2004).

Zechmeister, Martha, Die Leiden der anderen beredt werden lassen, in: Geist und Leben 73 (2000) 81-83.

ZENIT, Vatikan: Kindesmissbrauch soll zum Verbrechen gegen die Menschlichkeit erklärt werden, im Internet unter:
http://www.zenit.org/german/archiv/0010/zd001014.html#3. (Stand: 16.05.05)

Zerfaß, Rolf, Praktische Theologie als Handlungswissenschaft, in: Klostermann, Ferdinand/Zerfaß, Rolf (Hg.), unter Mitarbeit von Bertsch, Ludwig/Greinacher, Norbert/Spiegel, Yorick, Praktische Theologie heute, Mainz 1974, 164-178.

Zerssen, v. D./Türk, Saluto- und pathogenetische Ansätze – zwei Seiten einer Medaille, in: Margraf, Jürgen/Siegrist, Johannes/Neumer (Hg.), Simon, Gesundheits- oder Krankheitstheorie. Saluto- versus pathogenetische Ansätze im Gesundheitswesen, Berlin-Heidelberg-New York 1998, 41-48.

Ziebertz, Hans-Georg, Empirische Forschung in der Praktischen Theologie als eigenständige Form des Theologietreibens, Praktische Theologie 1 (2004) 47-55.

Ziebertz, Hans-Georg, Objekt – Methode – Relevanz: Empirie und Praktische Theologie, in: Pastoraltheologische Informationen 18 (1998) 305-321.

Ziegelmann, Jochen Philipp, Gesundheits- und Krankheitsbegriffe, in: Schwarzer, Ralf/Jerusalem, Matthias/Weber, Hannelore (Hg.), Gesundheitspsychologie von A bis Z, Göttingen-Bern-Toronto, Seattle 2002, 149-152.

Zulehner, P. Michael/Hager, Isa/Polak, Regina, Kehrt die Religion wieder? Religion im Leben der Menschen 1970-2000, Ostfildern 2001.

Zulehner, Paul M. (unter Mitarbeit von Haas, Johannes/Heller, Andreas/Widl, Maria K./Stadler, Rupert), Pastoraltheologie. Band 1. Fundamentalpastoral. Kirche zwischen Auftrag und Erneuerung, Düsseldorf 1989.

Zulehner, Paul M., „Du kommst unsrem Tun mit deiner Gnade zuvor...". Zur Theologie der Seelsorge. Paul M. Zulehner im Gespräch mit Karl Rahner. Unter Mitarbeit von Andreas Heller, Düsseldorf 1984.

Zulehner, Paul M./Hager, Isa/Polak, Regina, Kehrt die Religion wieder? Religion im Leben der Menschen 1970-2000.

Zulehner, Paul. M. u. a. (Hg.), Solidarität. Option für die Modernisierungsverlierer, Wien 1996, 157-195; 214-217.

Geschlecht – Gewalt – Gesellschaft
hrsg. von Prof. Dr. Herbert Ulonska,
PD Dr. Monika Friedrich und
Dr. Marlene Kruck (Universität Münster)

Marlene Kruck
Das Schweigen durchbrechen
Band I: Sexueller Missbrauch in der deutschsprachigen Kinder- und Jugendliteratur
Sexueller Missbrauch ist auch in Kinder- und Jugend- büchern zu einem Thema geworden. Marlene Kruck legt mit ihrer Studie erst- malig eine umfangreiche Auseinandersetzung mit dieser problemorientierten Literatur für Kinder und Jugendliche vor. Während Band I dieses Doppelban- des neben der grundlegenden Theorie die analytische Bewertung von 70 Kin- der- und Jugendbücher zur Thematik des sexuellen Missbrauchs beinhaltet, bietet Band II einen umfangreichen Einblick in den präventiven Nutzen dieser thematischen Literatur in der Schule. Dargestellt werden Schulprojekte in der Grundschule (3. Schuljahr), der Förderschule (4./5. Schuljahr) und der Real- schule (9. Schuljahr).
Bd. 2, 2006, 528 S., 49,90 €, br., ISBN 3-8258-8987-4

Marlene Kruck
Das Schweigen durchbrechen
Band II: Einsatzmöglichkeiten von Kinder- und Jugendliteratur zur Thematik des sexuellen Missbrauchs im Rahmen der schulischen Präventionsarbeit
Bd. 3, 2006, 240 S., 19,90 €, br., ISBN 3-8258-8988-2

Tim Bürger
MännerRäume bilden
Männer und die evangelische Kirche in Deutschland im Wandel der Moderne
Mit *MännerRäume bilden* unternimmt Tim Bürger „den höchst lohnenden und ehrgeizigen Versuch, durch systematische Aufarbeitung des aktuellen sozialwissenschaftlichen Forschungsstandes zur Geschlechter- und Männerforschung sowie des praktisch-theologischen Diskurses über Männer und (evangelische) Kirche religionspädagogische Perspektiven für die kirchliche Männerarbeit zu entwickeln, die den aktuellen gesellschaftlichen Umbrüchen und dem theologischen Diskussionstand Rechnung trägt." (Rolf Eickelpasch)
Bd. 5, 2006, 312 S., 24,90 €, br., ISBN 3-8258-8642-5

Christa Spilling-Nöker
Wir lassen Dich nicht, Du segnest uns denn
Zur Diskussion um Segnung und Zusammenleben gleichgeschlechtlicher Paare im Pfarrhaus
Die Frage nach der Segnung von Menschen, die in gleichgeschlechtlichen Partnerschaften leben, wurde und wird in den evangelischen Landeskirchen unterschiedlich diskutiert. Sind die biblischen Aussagen zur Homosexualität wortwörtlich zu verstehen oder müssen sie aus ihrem zeitbedingten, geschichtlichen Kontext gelöst und in einer gewandelten Welt neu interpretiert werden? Wie findet man zu ethischen Kriterien, die zur Bewältigung dieser Problemstellung hilfreich sein können? Darüber hinaus: Dürfen gleichgeschlechtlich lebende Pfarrerinnen und Pfarrer offiziell zusammen im Pfarrhaus wohnen oder gefährden sie damit das „Leitbild Ehe"? Wichtige Fragen, denen in diesem Buch differenziert nachgegangen wird.
Bd. 6, 2006, 408 S., 29,90 €, br., ISBN 3-8258-9610-2

Wissenschaftliche Paperbacks
Theologie

Rainer Bendel (Hg.)
Die katholische Schuld?
Katholizismus im Dritten Reich zwischen Arrangement und Widerstand
Die Frage nach der „Katholischen Schuld" ist spätestens seit Hochhuths „Stellvertreter" ein öffentliches Thema. Nun wird es von Goldhagen neu aufgeworfen, aufgeworfen als moralische Frage – ohne fundierte Antwort. Wer sich über den Zusammenhang von Katholizismus und Nationalsozialismus fundiert informieren will, wird zu diesem Band greifen müssen: mit Beiträgen u. a. von Gerhard Besier, E. W. Böckenförde, Heinz Hürten, Joachim Köhler, Johann Baptist Metz, Rudolf Morsey, Ludwig Volk, Ottmar Fuchs und Stephan Leimgruber.
Bd. 14, 2., durchges. Aufl. 2004, 400 S., 19,90 €, br., ISBN 3-8258-6334-4

Theologie:
Forschung und Wissenschaft

Michael Welker;
Friedrich Schweitzer (Eds./Hg.)
Reconsidering the Boundaries Between Theological Disciplines.
Zur Neubestimmung der Grenzen zwischen den theologischen Disziplinen
Die traditionellen Grenzen zwischen theologischen Disziplinen verschieben sich. Diese Entwicklung,

LIT Verlag Berlin – Hamburg – London – Münster – Wien – Zürich
Fresnostr. 2 48159 Münster
Tel.: 0251 – 62 032 22 – Fax: 0251 – 23 19 72
e-Mail: vertrieb@lit-verlag.de – http://www.lit-verlag.de

die sich in den letzten Jahren in deutschen und nordamerikanischen Kontexten beobachten läßt, betrifft vor allem den intensivierten Austausch zwischen Exegetischer und Systematischer Theologie und die Annäherung zwischen Praktischer Theologie und Theologischer Ethik. In den Beiträgen dieses Bandes werden diese interdisziplinären Grenzüberschreitungen von führenden Fachvertretern aus Nordamerika und Deutschland vergleichend reflektiert und auf ihre inneren Zusammenhänge hin befragt. The traditional boundaries between theological disciplines are shifting. This development of recent years, particulary obvious in German and North American contexts, mainly concerns the intensifying dialogue between Exegetical and Systematic Theology, and the convergence of Practical Theology and Theological Ethics. In their contributions to this volume, leading scholars from North America and Germany reflect these interdisciplinary border crossings and investigate into their inner connectivity.
Bd. 8, 2005, 232 S., 19,90 €, br., ISBN 3-8258-7471-0

Paul Weß
Glaube zwischen Relativismus und Absolutheitsanspruch
Beiträge zur Traditionskritik im Christentum. Mit einer Antwort von Hans-Joachim Schulz
In seinem Kommentar zur Konstitution über die göttliche Offenbarung des Zweiten Vatikanums räumt Joseph Ratzinger ein, dass dieses Konzil „das traditionskritische Moment so gut wie völlig übergangen" hat. Die Kirche habe „die Herausarbeitung einer positiven Möglichkeit und Notwendigkeit innerkirchlicher Traditionskritik" versäumt, obwohl sich dieses Konzil „bewusst als Reformkonzil verstand". In diesem Band werden im Anschluss an Überlegungen zur Dogmenkritik von Karl Rahner und Hans-Joachim Schulz erste Schritte unternommen, diese „bedauerliche Lücke" (Ratzinger) zu schließen; zunächst in grundsätzlichen Ausführungen über die Möglichkeiten und Grenzen theologischer Erkenntnis (auch des Lehramts), dann in Beiträgen zu zentralen Fragen des Glaubens und der Kirche: Christologie und Gotteslehre, Erlösungslehre und Ekklesiologie, Theologie des Amtes und der Gemeinde.
Bd. 9, 2004, 224 S., 19,90 €, br., ISBN 3-8258-8026-5

Rupert Klieber; Martin Stowasser
Inkulturation
Historische Beispiele und theologische Reflexionen zur Flexibilität und Widerständigkeit des Christlichen
Der Sammelband ist Frucht einer ökumenischen Ringvorlesung an der Universität Wien und dem Phänomen steter Transformation des Christlichen gewidmet: Wurzelnd in der semitischen Welt des Nahen Ostens und zu festeren Formen geronnen in der geistigen Großwetterlage des Hellenismus, reagiert es seither mit dieser komplexen „genetischen Struktur" auf unterschiedliche kulturelle Umfelder. Gibt es einen stabilen oder gar vorgegebenen „Kern des Christlichen"? Aus verschiedenen theologischen Perspektiven werden Verläufe, Erfordernisse und Grenzen der Anpassung sowie die Brauchbarkeit dafür verwendeter Begriffe (z.B. „Inkulturation") ausgelotet.
Bd. 10, 2006, 288 S., 19,90 €, br., ISBN 3-8258-8080-x

Heinrich Greeven; Eberhard Güting (Hg.)
Textkritik des Markusevangeliums
Professor Dr. H. Greeven D.D., Herausgeber einer ntl. Synopse, hinterließ 1990 eine Textkritik des Markusevangeliums. Dieses Buch, durch Beigaben ergänzt, wird von dem Neutestamentler und Editionswissenschaftler Dr. Dr. E. Güting herausgegeben. Auf diese Weise treten die textkritischen Analysen Greevens in den Zusammenhang einer mehr als hundertjährigen Geschichte der textkritischen Forschung. Die Stellungnahmen aller Editoren, von Carl Lachmann bis zu den neuesten Auflagen des Nestle-Aland, werden vollständig mitgeteilt. Fehlerhafte Zeugenangaben in den Apparaten von Synopsen und Texteditionen werden richtiggestellt. Mehr als 420 Variationseinheiten werden unter Erörterung der verwendeten Argumente analysiert.
Bd. 11, 2005, 784 S., 99,90 €, gb., ISBN 3-8258-6878-8

Christoph Barnbrock; Werner Klän (Hg.)
Gottes Wort in der Zeit:
verstehen – verkündigen – verbreiten
Festschrift für Volker Stolle
In dieser Festschrift haben Kollegen und Schüler, Freunde und Weggenossen von Volker Stolle fast drei Dutzend Beiträge zusammengetragen. Anlässlich seines 65. Geburtstages legen sie Überlegungen zur Geschichte des Judentums und des Christentums, zur Exegese und Dogmatik, zur Missionswissenschaft und zur Praktischen Theologie vor. Die Autorinnen und Autoren greifen damit auch Impulse auf, die der Jubilar in die Fachdiskussion eingebracht hat, und treten so mit ihm das Gespräch ein, an dem ihm um der Sache willen so sehr gelegen ist: dass Gottes Wort in der Zeit verstanden, verkündigt und verbreitet wird.
Bd. 12, 2005, 616 S., 39,90 €, gb., ISBN 3-8258-7132-0

Ilona Nord, Fritz-Rüdiger Volz (Hg.)
An den Rändern
Theologische Lernprozesse mit Yorick Spiegel. Festschrift zum 70. Geburtstag
Ränder irritieren, sie machen neugierig und ängstlich zugleich. Sie sind oft die interessantesten Orte:

LIT Verlag Berlin – Hamburg – London – Münster – Wien – Zürich
Fresnostr. 2 48159 Münster
Tel.: 0251 – 62 03 22 – Fax: 0251 – 23 19 72
e-Mail: vertrieb@lit-verlag.de – http://www.lit-verlag.de

vom Rand der Phänomene und des Lebens her, an den Rändern des Alltäglichen bilden und bewähren sich Erfahrung und Erkenntnis.
In der Festschrift zum 70. Geburtstag von Yorick Spiegel sind einunddreißig sehr unterschiedliche Beiträge versammelt aus Kulturtheologie und Religionsphilosophie, aus Ethik und Sozialethik, zu Diagnostik und Therapeutik einschließlich Praktischer Theologie. Sie berichten von Erkundungen an den Rändern theologischen und sozialwissenschaftlichen Fragens zu Beginn des 21. Jahrhunderts. Der Band umfasst eine sozialethische „Zeitansage" von Wolfgang Huber und biographische „Rückblicke" von Ulrich Kabitz. Eine „Bibliographie Yorick Spiegel" schließt den Band ab.
Bd. 13, 2005, 528 S., 29,90 €, br., ISBN 3-8258-8319-1

Gerhard Gäde (Hg.)
Hören – Glauben – Denken
Festschrift für Peter Knauer S. J. zur Vollendung seines 70. Lebensjahres
An seinem 70. Geburtstag kann Peter Knauer S. J. auf ein reiches und fruchtbares akademisches Leben zurückblicken. Seine zahlreichen Veröffentlichungen zu theologischen, ethischen, pastoralen und spirituellen Themen in verschiedenen Sprachen sind Zeugnis dafür. Knauer überrascht immer wieder damit, dass er die Dinge in verblüffend scharfsinniger Weise auf den Punkt bringt. Das gehört zu seinen Stärken und ist wohl das, was vielen einen neuen Blick auf den alten Glauben erschlossen hat und ihn neu verstehen lässt. 21 Autorinnen und Autoren ehren Knauer in diesem Band durch ihre Beiträge. Diese sind verschiedenen Schwerpunkten des Knauerschen Schaffens gewidmet und zeigen die Aktualität seiner Fragestellungen und die Kraft seines Denkens, das zum Weiterdenken anregt.
Bd. 14, 2005, 424 S., 34,90 €, br., ISBN 3-8258-7142-8

Donath Hercsik
Die Grundlagen unseres Glaubens
Eine theologische Prinzipienlehre
Worauf beruft sich ein Katholik, wenn er sagt: »Ich glaube«? Das vorliegende Buch benennt drei Themenkreise: die Offenbarung Gottes, die Bibel und die Kirche. Im 1. Teil werden ein Kommentar des Konzilsdokumentes »Dei Verbum« vorgelegt und Modelle vorgestellt, die drei bekannte Fundamentaltheologen zur Veranschaulichung der Offenbarung erarbeitet haben. – Im 2. Teil werden drei Fachbegriffe erläutert, die mit der Bibel zu tun haben: Inspiration, Kanonizität und Hermeneutik. – Im 3. Teil geht es um den Glaubenssinn, d.h. um das in den Gläubigen verankerte innere Kriterium der Offenbarung Gottes, und um das theologische Qualifikation von Glaubensaussagen, die in der katholischen Kirche seit 1998 verbindlich geregelt ist.
Bd. 15, 2005, 200 S., 19,90 €, br., ISBN 3-8258-8427-9

Karl Matthäus Woschitz
Parabiblica
Studien zur jüdischen Literatur in der hellenistisch-römischen Epoche. Tradierung – Vermittlung – Wandlung
Die geistig religiöse Begegnung des Judentums mit der Weltkultur des Hellenismus leitet einen differenzierten Prozess der Auseinandersetzung und der Teilnahme ein. Die vorliegende Untersuchung will die Literatur- und Theologiegeschichte dieser vielfältigen „Bibliothek" von „parabiblischen" Schriften darstellen und zwar hinsichtlich des religiösen und geistesgeschichtlichen Horizonts in der apokalyptischen Literatur und der ihr verwandten Werke, in der Testamentarliteratur, in den Schriften der „rewriting bible", in den legendarischen Weiterschreibungen und Amplifikationen biblischer Stoffe, dann in der apologetischen und polemischen sowie der weisheitlichen und philosophischen Literatur, ferner den Komplex der Gebete und des liturgische Gut in primärer und sekundärer Tradition.
Bd. 16, 2005, 928 S., 69,90 €, gb., ISBN 3-8258-8667-0

Tilman Beyrich (Hg.)
Unerwartete Theologie
Festschrift für Bernd Hildebrandt
Das Unterlaufen von allzu festgelegten Erwartungen ist das Markenzeichen jeder guten Theologie. Das galt besonders für die theologische Arbeit an den Hochschulen der DDR. Diese Festschrift für Bernd Hildebrandt versammelt solche Begegnungen mit dem Unerwarteten: im Spannungsfeld von Theologie und Kirche, im Gespräch der Theologie mit der Philosophie, in der Bibel selbst und schließlich in Form poetischer Theologie.
Bd. 17, 2005, 296 S., 24,90 €, br., ISBN 3-8258-8811-8

Ulrich Feeser-Lichterfeld; Reinhard Feiter in Verbindung mit Thomas Kroll, Michael Lohausen, Burkard Severin und Andreas Wittrahm (Hg.)
Dem Glauben Gestalt geben
Festschrift für Walter Fürst
Dem Glauben Gestalt zu geben, ist das zentrale Anliegen von Walter Fürst, geb. 1940 in Stuttgart, von 1985 bis 2006 Professor für Pastoraltheologie in Bonn. Viele seiner Themen hat er dabei im Dialog mit Frauen und Männern in der pastoralen Praxis entdeckt, viele seiner Gedanken im Austausch mit Kollegen, Schülern und Freunden entwickelt. Die Festschrift führt dieses Gespräch fort. Ausgehend von Impulsen Walter Fürsts diskutieren

LIT Verlag Berlin – Hamburg – London – Münster – Wien – Zürich
Fresnostr. 2 48159 Münster
Tel.: 0251 – 62 032 22 – Fax: 0251 – 23 19 72
e-Mail: vertrieb@lit-verlag.de – http://www.lit-verlag.de

Kollegen und Mitarbeiterinnen und Mitarbeiter die Ausrichtung der Pastoraltheologie im Dienst einer glaubwürdigen pastoralen Praxis.
Bd. 19, 2006, 384 S., 34,90 €, br., ISBN 3-8258-8783-9

Ottmar John; Matthias Möhring-Hesse (Hg.)
Heil – Gerechtigkeit – Wahrheit
Eine Trias der christlichen Gottesrede.
Mit Beiträgen von Ottmar John, Matthias Möhring-Hesse, Klaus Müller, Hans-Joachim Sander, Magnus Striet, Saskia Wendel und Knut Wenzel
Dieser Sammelband nimmt die Monotheismusdebatte zum Anlass, neu über die Eigenschaften Gottes nachzudenken. Er geht von der Grundannahme aus, dass der einzige Gott durch die Trias von Heil-Gerechtigkeit-Wahrheit ausgesagt werden muss. Die Beiträge suchen aus der Perspektive verschiedener theologischer Disziplinen und von unterschiedlichen theologischen Ansätzen die Trias von Heil, Gerechtigkeit und Wahrheit auszuleuchten. Sie machen deutlich, dass die moderne Monotheismuskritik vor allem dann Plausibilität erheischen konnte, wenn die Einheit von Glaube, Praxis und Vernunft aus dem Blick gerät.
Bd. 22, 2006, 200 S., 19,90 €, br., ISBN 3-8258-5588-0

Austria: Forschung und Wissenschaft – Theologie

Wilhelm Rees (Hg.)
Katholische Kirche im neuen Europa
Religionsunterricht, Finanzierung und Ehe in kirchlichem und staatlichem Recht – mit einem Ausblick auf zwei afrikanische Länder
Das Verhältnis von Staat und Kirche ist durch die Erweiterung der EU auf 27 Mitgliedstaaten (1.1.2007) zu einem interessanten Thema geworden. Für die Bereiche Religionsunterricht, Kirchenfinanzierung und Ehe werden die geschichtliche Entwicklung und die religionsrechtlichen Grundlagen in der Republik Österreich, der Bundesrepublik Deutschland, der Republik Italien und der Republik Frankreich grundlegend bearbeitet und durch einen Blick auf die übrigen Länder der Europäischen Union, die Republik Togo und die Demokratische Republik Kongo sowie die theologisch-kirchenrechtlichen Vorgaben der römisch-katholischen Kir- che ergänzt. Tabellen erleichtern den Vergleich zwischen den Ländern.
Bd. 2, 2007, 616 S., 34,90 €, br., ISBN 978-3-8258-0244-8

Religion – Geschichte – Gesellschaft
Fundamentaltheologische Studien
hrsg. von Johann Baptist Metz (Münster/Wien), Johann Reikerstorfer (Wien) und Jürgen Werbick (Münster)

Bertil Langenohl;
Christian Große-Rüschkamp (Hg.)
Wozu Theologie?
Anstiftungen aus der praktischen Fundamentaltheologie von Tiemo Rainer Peters.
Mit Beiträgen von U. Engel, J. Manemann, J. B. Metz, O. H. Pesch, H. Steinkamp u. a.
Theologie hat mindestens zwei Subjekte: Gott und ein Ich, das „Gott sagt". Was meine ich aber, wenn ich Gott sage? Warum rede ich überhaupt von Gott? Wozu Theologie? Diese Frage kommt so einfach daher. Sie ist aber die schwerste, eine „kinderschwere Frage" (J.B. Metz), weil sie das Ganze der eigenen Glaubensexistenz und des eigenen Denkens betrifft und weil sie dort, wo es um das Ganze geht, zur Klarheit zwingt. Zu Ehren des 2004 emeritierten Münsteraner Fundamentaltheologen Tiemo Rainer Peters (OP) stellen sich einige seiner Lehrer, Kollegen, Freunde, Schülerinnen und Schüler in teils sehr persönlichen Beiträgen dieser Frage.
Bd. 32, 2005, 328 S., 24,90 €, br., ISBN 3-8258-8119-9

Peter Hardt
Genealogie der Gnade
Eine theologische Untersuchung zur Methode Michel Foucaults
20 Jahre nach dem Tod Karl Rahners ist dessen Theologie bleibend aktuell. Die Methode der *Genealogie* des Philosophen Michel Foucault eröffnet eine neuartige Perspektive auf Rahners Gnadenlehre, die ihre befreiende Rolle in den Machtprozessen und Diskursen des katholischen Denkens beleuchtet. Diese „Genealogie der Gnade" ist das Ergebnis einer kritischen Diskussion der Methode Foucaults, die der Verfasser mit Hilfe des Denkens von Michel de Certeau SJ führt. Sie ist die Grundlage für eine anregende Skizze, wie die Gnadenlehre Rahners durch eine „Theologie des Begehrens" zu ergänzen sei.
Bd. 34, 2005, 408 S., 34,90 €, br., ISBN 3-8258-8484-8

Ernst-Wolfgang Böckenförde
Kirche und christlicher Glaube in den Herausforderungen der Zeit
Beiträge zur politisch-theologischen Verfassungsgeschichte 1957 – 2002
Bd. 36, 2004, 456 S., 39,90 €, gb., ISBN 3-8258-7554-7

LIT Verlag Berlin – Hamburg – London – Münster – Wien – Zürich
Fresnostr. 2 48159 Münster
Tel.: 0251 – 62 032 22 – Fax: 0251 – 23 19 72
e-Mail: vertrieb@lit-verlag.de – http://www.lit-verlag.de

Michaela Willeke
Lev Šestov: Vom Nichts durch das Sein zur Fülle
Eine russisch-jüdische Perspektive auf Glauben und Wissen

Die Frage nach dem philosophie- und kulturkritischen Potential von Religion bestimmt das Werk des russisch-jüdischen Religionsphilosophen Lev Šestov (1866-1938). In der ersten deutschsprachigen Monographie zu Šestov stellt M. Willeke dessen Leben und Werk eingehend vor. Unter Berücksichtigung der zeit- und geistesgeschichtlichen, interkulturellen und interdisziplinären Hintergründe zeichnet sie die Koordinaten seines Denkens nach, wobei insbesondere Šestovs Verhältnisbestimmung von griechisch-christlicher Tradition (*Athen*) und jüdischem Denken (*Jerusalem*) erschlossen wird. Vor diesem Hintergrund erscheint sodann die Frage nach Gott als geistig-kulturelle Kardinalfrage nach der Zukunft des Menschen.
Bd. 37, 2006, 352 S., 29,90 €, br., ISBN 3-8258-9012-0

Stephan van Erp; André Lascaris (Eds.)
Who is Afraid of Postmodernism?
Challenging Theology for a Society in Search of Identity. With a Preface by Robert Schreiter

To the authors of this book, today's world is "postmodern". They see a fragmented world. It seems to have become implausible to find a common point of view, a unity in purpose or truth. Postmodernity challenges Christian faith, because it appears to go against the very grain of a sense of tradition, communion, and commitment. On the eve of his election pope Benedict XVI warned against the "dictatorship of relativism". Would it still be possible to find genuine Christian ways to live in postmodern times? This collection of essays by a group of Dutch theologians will stimulate the imagination of anyone who reads them.
Bd. 38, 2006, 120 S., 19,90 €, br., ISBN 3-8258-8781-2

Andreas Hellgermann
Vom Design zur Sache
Eine fundamentaltheologische Untersuchung zum Umgang mit den Dingen

Design ist einer der schillerndsten Begriffe des ausgehenden 20. und des beginnenden 21. Jahrhunderts. Alles ist Design und das Design selbst ist zur Sprache der Globalisierung geworden. Eine eingehende Analyse dieses Phänomens bringt die „andere Seite" von Design und damit auch eine politisch-theologische Dimension in den Blick: Das Gestalten, das nicht in die Enge übergestülpter Formen führt, sondern einen an der Sache und ihrem Gebrauch orientierten Umgang mit den Dingen ermöglicht. In Abgrenzung zu ästhetisierenden Ansätzen kann das unscheinbare Verb „gestalten", durch die politisch-ökonomischen Rahmenbedingungen in der Postmoderne in höchstem Maße bedroht, entscheidend dafür sein, dass die Dinge, die wir machen, auch zu Dingen für andere werden können.
Bd. 39, 2006, 272 S., 24,90 €, br., ISBN 3-8258-9321-9

Jürgen Werbick
Von Gott sprechen an der Grenze zum Verstummen

Schweigen oder Sprechen? Als Glaubender wie als Theologe hat man nicht die Freiheit, das Eine zu tun und das Andere zu lassen. Einerseits: „Wovon man nicht sprechen kann, darüber muss man schweigen" (Wittgenstein). Aber andererseits: Das Zeugnis darf nicht verschweigen, wovon es hervorgerufen ist: Erfahrungen mit dem Elend der Menschen, die Herausforderung, Gottes Ruf ins Leben zu folgen. Dieses Buch will Rechenschaft geben über die Bedeutung der Grundworte, die die Theologie dabei in den Mund nehmen muss: Wahrheit, der Eine, Leben, Menschwerdung, Erlösung, Geist, Geschenk, Handeln Gottes, Ewiges Leben.
Bd. 40, 2004, 368 S., 29,90 €, gb., ISBN 3-8258-7946-1

Martin Rohner
Glück und Erlösung
Konstellationen einer modernen Selbstverständigung

Die Philosophie hat die Frage nach dem Glück wiederentdeckt. Doch eine Herausforderung hat sie dabei vernachlässigt: „Es schwingt in der Vorstellung des Glücks unveräußerlich die der Erlösung mit" (W. Benjamin). Ist die Sehnsucht nach Erlösung für ein gutes Leben in der (Nach-)Moderne noch (philosophisch) relevant? Der Verfasser skizziert abgewogen die ethischen, kulturtheoretischen und religionsphilosophischen Facetten einer komplexen Problemlage. Dabei nimmt er neben philosophischen Positionen – vor allem Charles Taylors Theorie der Moderne – auch theologische Perspektiven auf. Damit zeigt das Buch exemplarisch, wie sich Philosophie unter Bedingungen moderner Selbstverständigung auf den spannungsreichen Dialog mit der Theologie einlassen kann.
Bd. 41, 2004, 288 S., 24,90 €, br., ISBN 3-8258-7991-7

LIT Verlag Berlin – Hamburg – London – Münster – Wien – Zürich
Fresnostr. 2 48159 Münster
Tel.: 0251 – 62 032 22 – Fax: 0251 – 23 19 72
e-Mail: vertrieb@lit-verlag.de – http://www.lit-verlag.de